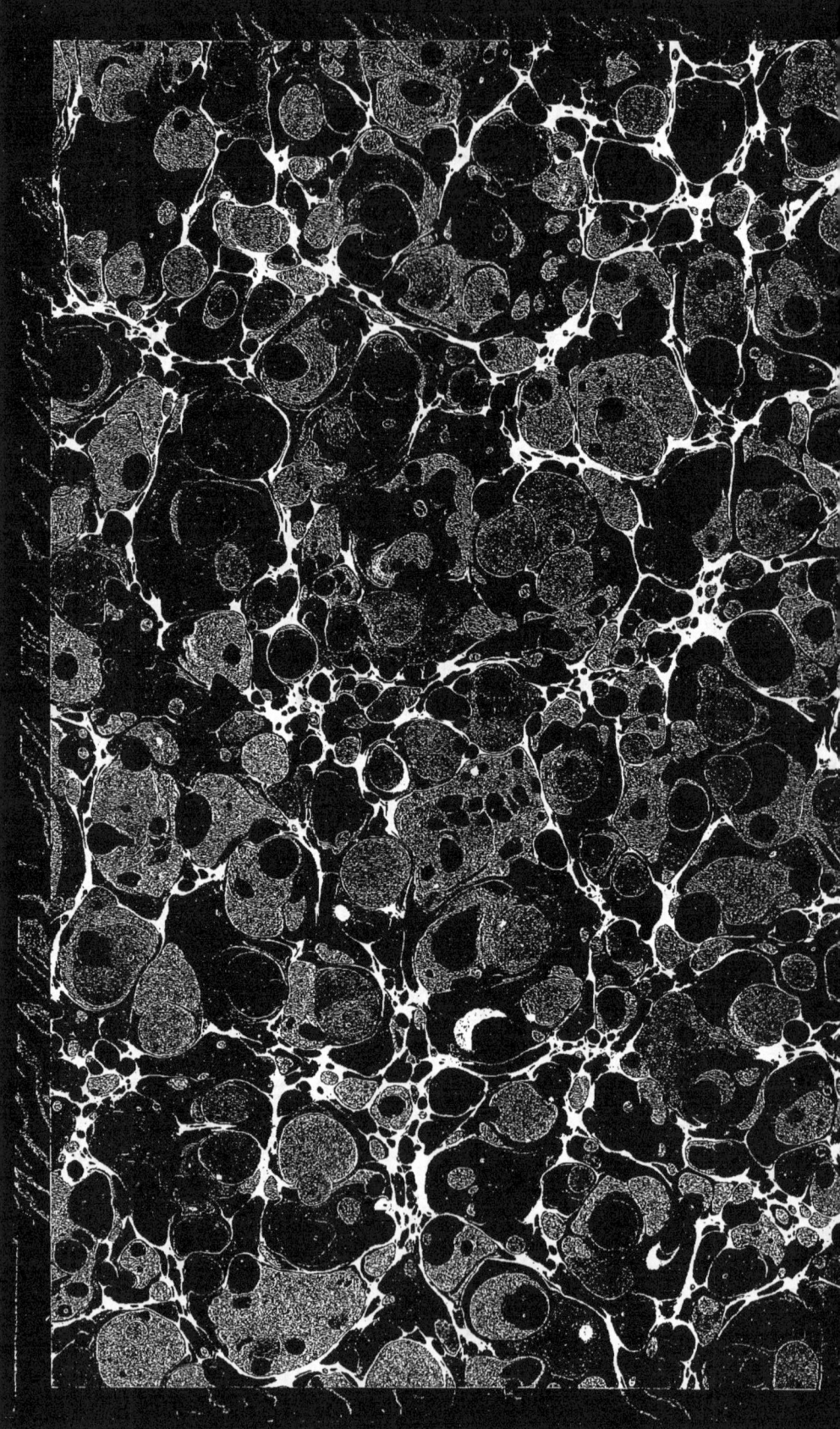

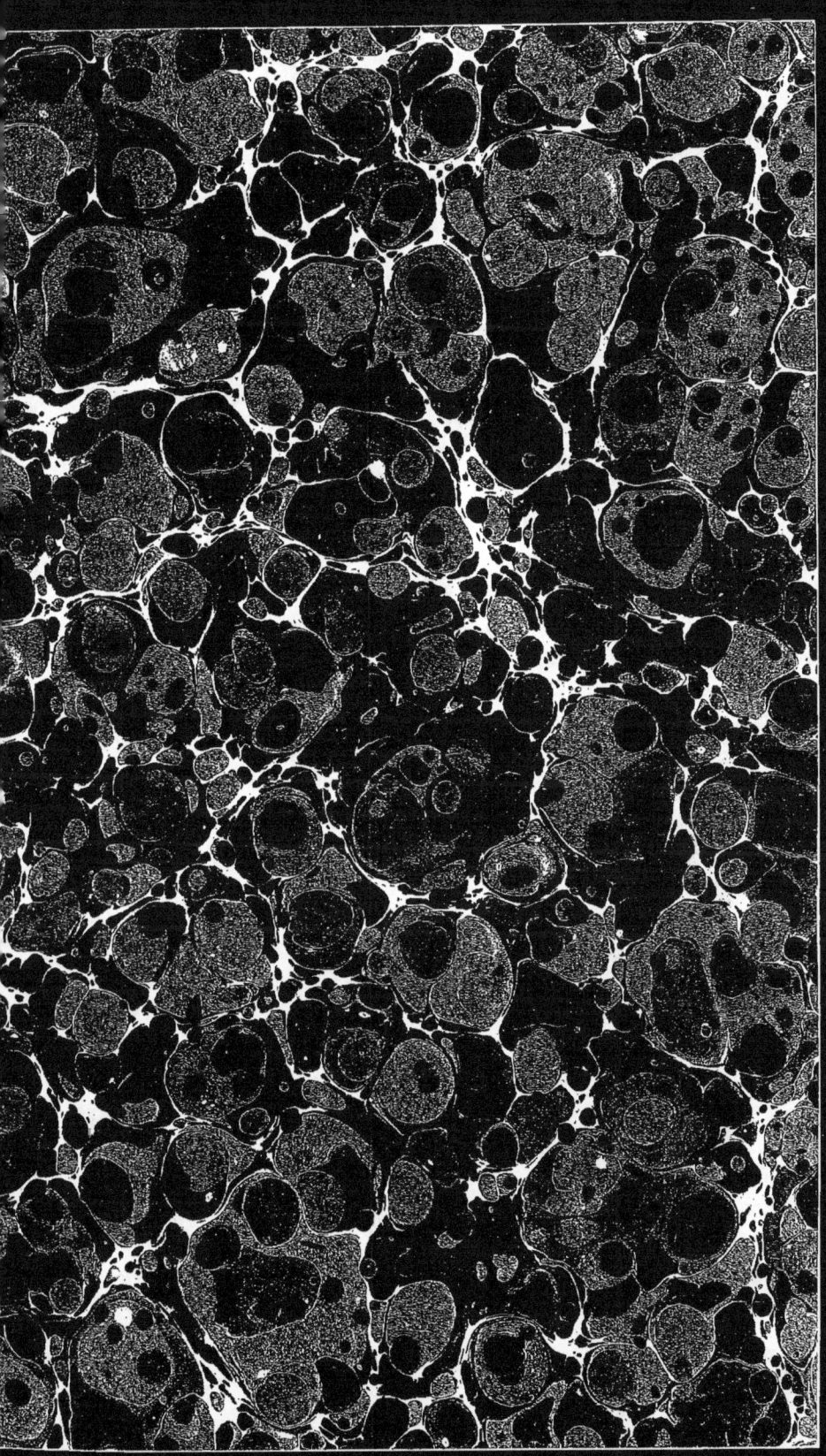

HISTOIRE PITTORESQUE

DE LA

FRANC-MAÇONNERIE.

SAINT-DENIS. — IMPRIMERIE DE PREVOT ET DROUARD.

FRONTISPICE.

HISTOIRE PITTORESQUE

DE LA

FRANC-MAÇONNERIE

ET DES SOCIÉTÉS SECRÈTES

ANCIENNES ET MODERNES;

PAR

F.-T. B.-CLAVEL;

ILLUSTRÉE

DE 25 BELLES GRAVURES SUR ACIER.

DEUXIÈME ÉDITION.

PARIS.

PAGNERRE, ÉDITEUR,

14 bis, rue de Seine.

1843.

PRÉFACE.

L'ouvrage que nous offrons à nos frères contient la substance de tout ce qui a
é publié en France et à l'étranger sur la franc-maçonnerie et sur les sociétés se-
ètes, indépendamment de beaucoup de faits nouveaux dont nous avons été
rsonnellement témoin ou que nous avons puisés à des sources authentiques.
Nous avons divisé cet ouvrage en deux parties : la première est consacrée tout
tière à la franc-maçonnerie; la seconde embrasse la généralité des autres so-
étés secrètes anciennes et modernes.

Il nous a paru indispensable de faire précéder la première partie d'une *intro-
uction*, où se trouvent décrits les symboles, les cérémonies et les usages divers
l'association maçonnique, et où les mystères de cette association sont expli-
ués et comparés avec les mystères de l'antiquité.

Et, à ce propos, nous nous hâtons de remarquer que nous n'avons rien dit qui
éjà n'eût été cent fois imprimé, non-seulement par les ennemis de la société ma-
onnique, mais même par beaucoup de ses membres les plus zélés et les plus re-
ommandables, avec l'approbation implicite ou formellement exprimée des gran-
es-loges et des grands-orients.

Comme une assertion de cette nature a besoin d'être justifiée, qu'il nous soit
ermis de l'appuyer de quelques preuves.

Dès 1723, la Grande-Loge de Londres elle-même donnait à un de ses membres,
frère Anderson, la mission de publier les statuts, les doctrines, les instructions
plusieurs des cérémonies intérieures de la franc-maçonnerie. Ce recueil parut
eu de temps après, avec le visa de la Grande-Loge.

Toutes les autres administrations maçonniques ont traduit ou réimprimé le livre
Anderson, ou en ont publié d'analogues.

Le Grand-Orient de France est même allé plus loin. En 1777, il fit paraître un
urnal ayant pour titre : *État du Grand-Orient*, dans lequel se trouvaient rap-
ortés et décrits ses travaux les plus secrets. Ce journal est remplacé, depuis 1813,
ar la publication des procès-verbaux des deux fêtes solsticiales annuelles. On
eut y lire les discours des orateurs, les comptes-rendus des travaux opérés

dans le semestre, et jusqu'à nos formulaires les plus mystérieux. De nos jours, il n'y a pas une loge de ce régime qui ne se serve pour la tenue de ses assemblées, pour la réception des profanes, des rituels imprimés de la maçonnerie *française*. Ces rituels se vendent même publiquement. Ils ont été insérés en entier dans l'édition de 1810 de l'*Histoire des cérémonies religieuses*, de Bernard Picard.

Si quelques membres du Grand-Orient répugnent à ce genre de publications, la majorité s'y montre favorable, comme étant de nature à propager parmi les frères les notions trop peu répandues de la franc-maçonnerie. Cela est si vrai, qu'il y a quelques années, le Grand-Orient nomma chef de son secrétariat le frère Bazot, qui avait précédemment mis au jour un *Manuel*, où sont reproduits les rituels maçonniques, et un *Tuileur*, où sont rapportés les mots, les signes et les attouchements de tous les grades; donnant conséquemment, par un tel choix, une sanction implicite à la publication de ces ouvrages.

Cette tendance du Grand-Orient à favoriser la propagation des connaissances maçonniques s'est manifestée tout récemment encore d'une manière non moins frappante. Il a autorisé en 1841, par une délibération spéciale, l'impression du *Cours interprétatif* du frère Ragon, qui contient l'explication des symboles et des mystères les plus cachés de la franc-maçonnerie.

Les autres orients maçonniques se sont généralement montrés tout aussi désireux de voir ces connaissances se répandre parmi les frères de leurs juridictions. En 1812, la Mère-Loge du rit écossais philosophique autorisa le frère Alexandre Lenoir à publier son livre intitulé : *la franc-maçonnerie rendue à sa véritable origine*, où, comme dans l'ouvrage du frère Ragon, les mystères maçonniques sont décrits et interprétés. D'un autre côté, le Suprême-Conseil de France, qui comptait au nombre de ses membres le frère Vuillaume, auteur d'un *Tuileur* de tous les grades, s'empressa, lors de la reprise de ses travaux, en 1821, d'adresser ce tuileur à tous les ateliers de son régime qui lui en firent la demande.

Nous pourrions sans peine multiplier les citations de ce genre; mais que prouveraient-elles de plus? Les seuls exemples que nous venons de rapporter nous autorisaient suffisamment à publier notre *introduction*. Il nous paraissait évident que ce que d'autres avaient fait avant nous, que ce que les grands orients avaient approuvé ou toléré, nous était également permis. Dès-lors, toutes nos hésitations ont cessé, tous nos scrupules se sont évanouis. Cependant nous nous sommes abstenu d'aborder certaines matières qui nous semblent devoir rester voilées ; nous nous sommes gardé de même avec soin de décrire aucun des moyens qui servent aux francs-maçons à se reconnaître entre eux.

On objectera que les livres dont nous parlons n'étaient destinés qu'aux seuls membres de l'association maçonnique. Cela est vrai; et c'est pour eux seuls aussi que nous avons écrit. Mais, de même que les auteurs de ces livres ne pouvaient répondre qu'ils ne tomberaient pas entre des mains profanes, nous ne garantissons pas non plus que le nôtre échappera à cette destinée commune à tout ce qui est imprimé. Au reste, à parler franchement, nous n'y verrions pas un inconvénient bien grave. Le secret de la franc-maçonnerie ne réside pas, les frères instruits le savent bien, dans les cérémonies et dans les symboles. Quel danger y aurait-il donc à ce que les profanes apprissent de nous-mêmes ce que nous sommes, ce que nous faisons et ce que nous voulons ? Ne serait-ce pas une réponse victorieuse à toutes les plaisanteries, à toutes les calomnies qu'on a répandues sur notre compte ? Une telle publicité ne pourrait même qu'être favorable à la franc-maçonnerie, et lui ferait certainement de nombreux prosélytes. Il est à remarquer, en effet, que l'immense développement qu'a pris notre société date seulement de l'époque où le livre d'Anderson a soulevé pour le public le voile épais qui avait couvert jusque là les mystères maçonniques.

Quoi qu'il en soit, cette portion de notre travail, qui constitue d'ailleurs un véritable Manuel, était nécessaire pour faciliter l'intelligence de l'histoire de la maçonnerie, et pour justifier la parenté que nous nous proposions d'établir entre cette institution et les mystères de l'antiquité.

Ceci nous conduisait naturellement à traiter de l'origine de la franc-maçonnerie. Nous pensons en avoir résolu le problème plus heureusement que ne l'ont fait nos devanciers. Nous ne nous sommes pas borné à marquer le point de départ de cette association ; nous l'avons suivie pas à pas, et nous avons indiqué, avec une attention scrupuleuse, les transformations successives qu'elle a éprouvées, depuis les premiers temps jusqu'à nous.

Nous avons abordé l'histoire de la franc-maçonnerie sans aucune préoccupation d'esprit de parti. Nous avons appartenu à tous les rites ; nous avons rempli dans tous les régimes et dans plusieurs des corps dirigeants des fonctions plus ou moins importantes ; nous avons contracté sous tous les drapeaux des amitiés qui nous sont chères ; nous sommes donc placé dans les conditions de la plus complète impartialité.

Notre histoire embrasse les diverses branches de la franc-maçonnerie et les divers pays où elle a fondé des établissements. Nous n'y avons passé sous silence aucun fait essentiel, de quelque nature qu'il fût, lors même qu'il trahissait une faute. Plus que toute autre agrégation, la société maçonnique doit accueillir la vérité, quelque dure qu'elle soit, et s'attacher à retirer de la connaissance de ses erreurs passées un utile enseignement pour l'avenir. Au reste, une considération qui est bien propre à lui faire concevoir la plus haute opinion de la constitution qui la régit et à lui faire placer la plus grande confiance dans ses forces personnelles, c'est que les guerres intestines qui l'ont tant de fois déchirée, que les persécutions qui l'ont si souvent et si cruellement atteinte, n'ont eu le pouvoir ni d'entraver sérieusement sa marche ni de la détourner de l'accomplissement de la vaste et généreuse tâche qu'elle s'est imposée.

Le livre que nous publions contient, soit dans la partie maçonnique, soit dans celle qui est consacrée aux autres sociétés secrètes, une si grande abondance de faits généraux et anecdotiques qu'il échappe par cela même à toute espèce d'analyse. Le seul moyen que nous ayons de donner une idée de l'attrait que présentent les matières qui s'y trouvent traitées est de signaler au hasard quelques-uns des sujets principaux.

Nous pensons qu'on ne lira pas sans intérêt les démêlés des deux grandes loges d'Angleterre; les luttes qui, après avoir amené l'établissement du Grand-
Orient de France, se sont perpétuées jusqu'à nos jours entre ce corps et les diverses fractions de l'écossisme; les épisodes tout aussi curieux qui se rattachent
aux schismes de la stricte et de la late observance; aux convents de Wilhelmsbad
et de Paris; à la maçonnerie égyptienne de Cagliostro; aux illuminés de Bavière;
aux grandes maîtrises de Philippe d'Orléans et de Joseph Bonaparte; à la guerre
des suprêmes conseils du Prado et de Pompéi; aux vicissitudes du rit de Misraïm; à la tentative de réforme maçonnique faite dans les Pays-Bas par le prince
Frédéric; à l'existence secrète et publique des templiers modernes; à l'anti-ma-
çonnerie américaine.

Au nombre des chapitres qui fixeront encore, nous l'espérons, l'attention du
lecteur, nous signalerons notamment ceux où sont passés en revue les mystères
existant chez les païens, chez les juifs et chez les premiers chrétiens; les sociétés
de la sagesse, en vigueur en Égypte au début de la domination musulmane; l'ordre des assassins; les francs-juges; les templiers, les frères de la Rose-Croix;
les initiations encore subsistantes dans l'Inde, dans la Syrie, au Congo et en Guinée; les associations mystérieuses des sauvages américains; les sociétés secrètes
politiques de la Russie, de la Pologne, de l'Allemagne, de l'Italie, de l'Espagne
et de la France; les compagnons du devoir, etc., etc.

On peut juger par la simple énumération qui précède, et qui n'indique qu'une
bien faible partie des sujets dont nous avons traité, de combien de longues et pénibles recherches notre livre est le fruit. Au reste beaucoup de frères aussi instruits que zélés ont bien voulu nous faciliter l'accomplissement de notre tâche,
en nous indiquant les sources où nous devions puiser, ou en mettant généreusement à notre disposition les riches et précieuses collections qu'ils possèdent.
Au nombre de ceux qui ont prêté un si utile concours, nous citerons plus spécialement les frères Morison de Greenfield, Fœlix et de Marconnay. La collection
du frère Morison de Greenfield, la plus belle et la plus complète de toutes les
collections connues, la plus abondante en livres rares, en exemplaires uniques,
renferme, indépendamment de beaucoup de manuscrits originaux et inédits,
plus de deux mille volumes imprimés dans toutes les langues sur la franc-maçonnerie et sur les sociétés secrètes. Elle s'est successivement grossie de ce que
contenaient de plus important et de plus curieux les archives des frères Thory,
Dubin, Lerouge et Alexandre Lenoir. Les frères Fœlix et de Marconnay nous ont
particulièrement communiqué des documents relatifs à la franc-maçonnerie en
Allemagne et en Amérique. On comprendra que nous ne terminions pas cette
préface sans exprimer publiquement à ces frères toute notre gratitude.

HISTOIRE PITTORESQUE

DE LA

FRANC-MAÇONNERIE

ET DES SOCIÉTÉS SECRÈTES.

PREMIÈRE PARTIE.

INTRODUCTION.

L'attention des passants est particulièrement attirée à Paris par certains signes hiéroglyphiques et mystérieux qui décorent les enseignes d'un assez grand nombre de marchands. Ici, ce sont trois points disposés en triangle ; là, une équerre et un compas entrelacés ; plus loin, une étoile rayonnante ayant au centre la lettre G ; ailleurs, des branches d'acacia. Quelquefois ces divers signes sont réunis et groupés. Au Palais-Royal, rue aux Fers, rue Saint-Denis, on voit aussi figurer dans l'étalage de plusieurs boutiques des objets du même genre : de petits tabliers de peau, de larges rubans bleus, rouges, noirs, blancs, orange, chargés des emblèmes dont nous venons de parler, ou de croix, de pélicans, d'aigles, de roses, etc.

Ces symboles et ces insignes appartiennent à la franc-maçonnerie, association secrète, que le gouvernement tolère à Paris et dans les autres villes de la France, et qui a des établissements sur tous les points du globe.

Peut-être n'y a-t-il pas un habitant de cette capitale, pas un étranger, qui n'ait été vivement sollicité de se faire agréger à la société maçonnique.

« C'est, dit-on à ceux que l'on veut enrôler, une institution philantropi-que, progressive, dont les membres vivent en frères sous le niveau d'une douce égalité. Là, sont ignorées les frivoles distinctions de la naissance et de

1

la fortune, et ces autres distinctions, plus absurdes encore, des opinions et des croyances. L'unique supériorité qu'on y reconnaisse est celle du talent; encore faut-il que le talent soit modeste, et n'aspire pas à la domination. Une fois admis, on trouve mille moyens et mille occasions d'être utile à ses semblables, et, dans l'adversité, on reçoit des consolations et des secours. Le franc-maçon est citoyen de l'univers : il n'existe aucun lieu où il ne rencontre des frères empressés à le bien accueillir, sans qu'il ait besoin de leur être recommandé autrement que par son titre, de se faire connaître d'eux autrement que par les signes et les mots mystérieux adoptés par la grande famille des initiés. » Pour déterminer les curieux, on ajoute que la société conserve religieusement un secret qui n'est et ne peut être le partage que des seuls francs-maçons. Pour décider les hommes de plaisir, on fait valoir les fréquents banquets où la bonne chère et les vins généreux excitent à la joie et resserrent les liens d'une fraternelle intimité. Quant aux artisans et aux marchands, on leur dit que la franc-maçonnerie leur sera fructueuse, en étendant le cercle de leurs relations et de leurs pratiques. Ainsi l'on a des arguments pour tous les penchants, pour toutes les vocations, pour toutes les intelligences, pour toutes les classes.

Dès que le sujet qu'on s'efforce d'attirer a cédé aux instances ou à l'éloquence de l'apôtre maçon, il est averti qu'il aura à payer un droit de réception et plus tard une cotisation annuelle, destinés à subvenir aux frais d'assemblées et aux autres dépenses de la *loge* à laquelle il sera présenté. Car les membres de la société sont distribués, même dans une seule ville, en petites communautés séparées, ou loges, distinguées entre elles par des titres spéciaux, tels que les *Neuf-Sœurs,* la *Trinité,* la *Bonne-Union,* les *Trinosophes,* la *Clémente-Amitié,* etc. Dans la plupart des villes, chaque loge a un *local* ou un *temple* particulier. A Paris, à Londres, un même local sert à plusieurs loges (1).

Le *profane,* qui doit être majeur, de condition libre, de mœurs honnêtes, de bonne réputation et sain de corps et d'esprit, est *proposé à l'initiation* dans la plus prochaine *tenue* de la loge. Son nom, ses prénoms, son âge, sa profession, et toutes les autres désignations propres à le faire reconnaître, sont inscrits sur un bulletin, et jetés, à la fin des *travaux,* dans un sac, ou dans une boîte, appelé *sac des propositions,* qui est présenté à chacun des assistants, dans l'ordre de ses fonctions ou de son grade. Le bulletin est

---

(1) Les principaux locaux de Paris sont situés rue de Grenelle-Saint-Honoré, 45; rue Saint-Merry, 41 ; place du Palais de Justice, au Prado; rue du Four-Saint-Germain, 47, et rue de la Douane, 12.

A Londres, il y a trente-sept locaux de loges; les plus fréquentés sont ceux de Cornhill, de Covent-Garden, de Great-Queen-Street, et de Bishopsgate-Street.

par le *vénérable*, ou président, à l'assemblée, qui est appelée à voter au
scrutin de boules sur la prise en considération de la demande. Si toutes les
boules contenues dans la capse sont blanches, il est donné suite à la proposition. S'il s'y trouve trois boules noires, le postulant est repoussé définitivement et sans appel. Une ou deux boules noires font ajourner la délibération à un mois. Dans l'intervalle, les *frères* qui ont voté contre la prise en
considération sont tenus de se transporter chez le vénérable, pour lui faire
connaître les motifs qui les ont dirigés dans leur vote. Si ces motifs paraissent
suffisants au vénérable, il le fait savoir à la loge dans la séance qui suit, et la
proposition est abandonnée. Dans le cas contraire, il engage les frères à se
désister de leur opposition. S'il n'y peut réussir, il rend la loge juge des raisons alléguées contre l'admission du profane ; et, lorsque la majorité partage
son avis, il est passé outre à la prise en considération.

Le règle veut qu'après ce premier scrutin, quand il est *pur et sans tache*,
le vénérable donne secrètement à trois frères la mission de recueillir des
renseignements sur la moralité du profane. Mais trop souvent ce devoir est
enfreint : le vénérable néglige de nommer les commissaires, ou bien ceux-ci
ne remplissent point leur mandat ; et la loge ferme les yeux sur ces irrégularités. De là vient qu'on admet dans les temples maçonniques beaucoup de
gens qu'on eût mieux fait de laisser dehors.

A la tenue suivante, les commissaires jettent leurs rapports écrits dans le
sac des propositions, et le vénérable en donne lecture à l'assemblée. Si les
renseignements obtenus sont défavorables, le profane est repoussé, sans qu'il
soit nécessaire de consulter la loge ; dans le cas contraire, le scrutin circule
de nouveau, et, quand les votes sont unanimes, la réception du profane est
fixée à un mois de là.

Le profane n'est jamais amené au local de la loge par le *frère présenta-
teur*. Un frère qu'il ne connaît pas est chargé de ce soin. A son arrivée, il
est placé dans une chambre tapissée de noir, où sont dessinés des emblèmes
funéraires. On lit sur les murs des inscriptions dans le genre de celles-ci :
— « Si une vaine curiosité t'a conduit ici, va-t-en. — Si tu crains d'être
éclairé sur tes défauts, tu n'as que faire ici. — Si tu es capable de dissimu-
lation, tremble ; on te pénétrera. — Si tu tiens aux distinctions humaines,
sors ; on n'en connaît point ici. — Si ton ame a senti l'effroi, ne va pas plus
loin. — On pourra exiger de toi les plus grands sacrifices, même celui de
la vie. Y es-tu résigné ? »

Cette chambre est ce qu'on appelle le *cabinet des réflexions*. Le candidat doit y rédiger son testament et répondre par écrit à ces trois questions :
— « Quels sont les devoirs de l'homme envers Dieu ? — Envers ses semblables ? — Envers lui-même ? »

Pendant que le profane, laissé seul, médite dans le silence sur ces diver
sujets, les frères, réunis dans la loge, procèdent à l'*ouverture des travaux*

Ce qu'on nomme la *loge* est une grande salle ayant la forme d'un pa
rallélogramme, ou carré long. Les quatre côtés portent les noms des poin
cardinaux. La partie la plus reculée, où siége le vénérable, s'appelle l'*o
rient* et fait face à la porte d'entrée. Elle se compose d'une estrade élevé
de trois marches et bordée d'une balustrade. L'*autel,* ou bureau, plac
devant le *trône* du vénérable, porte sur une seconde estrade haute d
quatre marches; ce qui fait *sept* marches pour arriver du parvis à l'autel
Un dais de couleur bleu-ciel, parsemé d'étoiles d'argent, surmonte le trôn
du vénérable. Au fond du dais, dans la partie supérieure, est un delt
rayonnant, ou *gloire,* au centre duquel on lit en caractères hébraïques l
nom de Jéhovah. A la gauche du dais, est le disque du soleil; à la droite
le croissant de la lune. Ce sont les seules images qui soient admises dan
la loge.

A l'occident, des deux côtés la porte d'entrée, s'élèvent deux colonne
de bronze dont les chapiteaux sont ornés de pommes de grenades entr'ou
vertes. Sur la colonne de gauche, est tracée la lettre J ; sur l'autre, on lit l
lettre B. Près de la première, se place le premier surveillant, et, près de l
deuxième, le second surveillant. Ces deux officiers ont devant eux un aute
triangulaire chargé d'emblèmes maçonniques. Ils sont les aides et les sup
pléants du vénérable, et, ainsi que lui, ils tiennent à la main un maillet
comme signe de leur autorité.

Le templé est orné dans son pourtour de dix autres colonnes; ce qui er
porte le nombre total à *douze.* Dans la frise ou architrave, qui repose su
les colonnes, règne un cordon qui forme douze nœuds en lacs d'amour
Les deux extrémités se terminent par une houpe, nommée *houpe dentelée,*
et viennent aboutir aux colonnes J et B. Le plafond décrit une courbe; il es
peint en bleu-ciel, et parsemé d'étoiles. De l'orient, partent trois rayons,
qui figurent le lever du soleil.

La Bible, un compas, une équerre, une épée à lame torse, appelée *épé
flamboyante,* sont placés sur l'autel du vénérable, et trois grands flambeaux
surmontés d'un long cierge sont distribués dans la loge; l'un à l'est, au bas
des marches de l'*orient;* le deuxième à l'ouest, près du premier surveil
lant; et le dernier au sud.

Des deux côtés de la loge, règnent plusieurs rangs de banquettes, où
prennent place les frères non fonctionnaires. C'est ce qu'on désigne sous les
noms de *colonne du nord* et de *colonne du midi.*

Dans quelques loges, le dais qui ombrage le trône du vénérable est de
soie cramoisie; et alors le second surveillant occupe le centre de la colonne du

idi. C'est ce qui a lieu dans les loges dites *écossaises*, et dans toutes les ges anglaises et américaines. Aux États-Unis, le vénérable *(worshipful aster)* est coiffé d'un claque garni intérieurement de plumes noires et dé-.ré d'une large cocarde de la même couleur. Au lieu de maillet, il tient une .asse assez semblable à une sonnette de table. Les surveillants *(senior war-* .n et *junior warden)* sont placés dans une espèce de niche ornée de dra-.ries à franges, et ils portent, appuyé sur la cuisse, comme les hérauts d'ar-.es, un bâton d'ébène tourné en forme de colonne.

Indépendamment du vénérable et des surveillants, qu'on appelle figuré-.ent *les trois lumières*, on compte dans la loge un certain nombre d'au-.es officiers qui, de même que les trois premiers, sont élus au scrutin, cha-.ue année, à la saint Jean d'hiver. Tels sont l'*orateur*, le *secrétaire*, le .ésorier, l'*hospitalier*, l'*expert*, le *maître des cérémonies*, le *garde des* .eaux, l'*archiviste*, l'*architecte*, le *maître des banquets*, et le *couvreur* .u *garde du temple*. Les loges *écossaises* ont en outre un *premier* et un *se-*.nd *diacres*, un *porte-étendard*, et un *porte-épée*.

En Angleterre et aux États-Unis, les loges n'ont pas un aussi grand nom-re d'officiers. Elles ont seulement un vénérable *(worshipful master)*, un .remier et un secod surveillants *(senior and junior wardens)*, un secré-.ire *(secretary)*, un trésorier *(treasurer)*, un chapelain *(chaplain)*, un pre-.ier et un second diacres *(senior and junior deacons)*, un garde intérieur .*inner guard)*, un garde extérieur, ou tuileur *(outer guard, or tyler)*, et un .xpert *(steward)*.

Dans les loges dites *misraïmites*, les surveillants ont le nom d'*assesseurs*, .es diacres celui d'*acolytes*, et l'hospitalier s'appelle *élémosinaire*.

La plupart des officiers occupent dans la loge une place déterminée. .'orateur et le secrétaire ont leur siége à l'orient, près de la balustrade ; le .remier à la gauche du vénérable ; le second à sa droite. Le trésorier est à .'extrémité de la colonne du midi, au-dessous de l'orateur ; l'hospitalier, à .'extrémité de la colonne du nord, au-dessous du secrétaire. Chacun de ces .onctionnaires a devant lui un bureau. L'expert et le maître des cérémonies .ont assis sur des pliants au bas des marches de l'orient, l'un devant l'hos-.italier ; l'autre devant le trésorier. Le premier diacre siége à l'orient, à la .roite du vénérable ; le second diacre, à l'occident, à la droite du premier .urveillant ; le couvreur, derrière le second diacre, près de la porte d'entrée. .'extérieur, qu'on nomme les *pas perdus*, est habituellement gardé par un .rère *servant*, rétribué par la loge.

Des insignes particuliers servent à distinguer les officiers des membres .ans fonctions. Tous portent un large ruban bleu-ciel moiré, en forme de ca-.mail, dont la pointe leur descend sur la poitrine. A ce cordon, sur lequel sont ordinairement brodés des branches d'acacia et d'autres emblèmes maçonniques, est attaché un *bijou* symbolique dont la nature varie suivant les attributions de l'officier qui en est décoré. Ainsi, le vénérable porte une équerre ; le premier surveillant, un niveau ; le second surveillant, une ligne d'aplomb ; l'orateur, un livre ouvert ; le secrétaire, deux plumes en sautoir ; le trésorier, deux clés ; le premier expert, une règle et un glaive ; le second expert, ou *frère terrible,* une faux et un sablier ; le garde-des sceaux, un rouleau et un cachet ; l'hospitalier, une main tenant une bourse ; le maître des cérémonies, une canne et une épée croisées ; le maître des banquets, une corne d'abondance ; l'architecte, deux règles en sautoir ; le garde du temple, ou couvreur, une massue. Les diacres ont des brassards. Les experts et le couvreur portent une épée ; le maître des cérémonies une canne ; les diacres, un long bâton blanc, et quelquefois une lance.

En Angleterre, en Hollande, aux États-Unis, les cordons des officiers ne sont pas uniformément bleu-ciel. Il sont de la couleur particulière adoptée par la loge. Les frères qui n'ont pas de fonctions y sont décorés d'un simple tablier de peau blanche, doublé et bordé d'étoffe de soie de la couleur de la loge.

C'est le vénérable qui convoque et préside les assemblées ; qui ouvre et ferme les travaux ; qui communique aux initiés les mystères de la francmaçonnerie ; qui met en délibération toutes les matières dont s'occupe l'*atelier ;* qui accorde, refuse ou retire la parole ; qui résume les avis, ferme les discussions et fait voter ; et qui surveille l'administration de la loge.

Les surveillants dirigent les colonnes du nord et du midi. C'est par leur entremise que les maçons qui y siégent demandent la parole au président. Ils rappellent à l'ordre les frères qui s'en écartent.

L'orateur prononce les discours d'instruction et d'apparat. Il requiert l'observation des statuts généraux de la maçonnerie et des règlements particuliers de la loge, s'il s'aperçoit qu'on les enfreigne. Dans toutes les discussions, il donne ses conclusions motivées, immédiatement avant le résumé du vénérable.

Les procès-verbaux des tenues, ou *tracés d'architecture,* les *planches* de convocations, et en général toutes les écritures de la loge, sont expédiés par le secrétaire. Il fait partie, de même que le vénérable, de toutes les commissions, et il en rédige les rapports.

Le trésorier est le dépositaire des finances de la loge. L'hospitalier a la garde de tous les dons que les frères déposent dans le *tronc de bienfaisance,* à la fin de chaque tenue. Les Anglais et les Américains n'ont pas d'hospitalier. Chez eux, chaque maçon fait un don annuel pour le soulagement des frères indigents, lequel est adressé à la Grande-Loge, qui en fait elleême la distribution, par l'entremise de son *committee of charity*, ou comission de bienfaisance.

Les francs-maçons étrangers à la loge, qui se présentent pour la *visiter*, nt *tuilés*, c'est-à-dire examinés par le frère expert. Ce soin est confié en ngleterre et en Amérique à l'*outer guard*, ou tuileur. C'est aussi l'expert à son suppléant, le frère terrible, qui prépare le récipiendaire et le guide ans le cours des *épreuves* auxquelles il est soumis.

Les fonctions du maître des cérémonies, du garde des sceaux, de l'archiste, du maître des banquets, sont suffisamment désignées par les titres que rtent ces officiers.

L'architecte est le dépositaire du mobilier de la loge. C'est lui qui ordonne surveille tous les travaux de construction et de décoration que l'atelier a à délibérer.

Le couvreur a la garde des portes, qu'il n'ouvre aux frères ou aux profanes u'après l'accomplissement des formalités voulues.

Le premier diacre est chargé de transmettre les ordres du vénérable au remier surveillant et aux autres officiers de la loge, pendant la durée des avaux qui ne peuvent être interrompus, tels que les délibérations, les ceptions et les discours. Le second diacre est, dans les mêmes circonances, l'intermédiaire du premier surveillant avec le second, et des deux rveillants avec les frères qui *décorent les colonnes*, c'est-à-dire qui garnisent les deux côtés de la loge.

C'est seulement dans les cérémonies d'apparat, dans les députations sonnelles, et, en Amérique et en Écosse, dans les processions publiques, ue le porte-étendard et le porte-épée ont des fonctions à exercer. Dans ces ivers cas, le porte-étendard ouvre la marche du cortège, et le porte-épée récède immédiatement le vénérable.

Le chapelain des loges anglaises prononce les invocations et les prières ans les grandes occasions. Habituellement, c'est un ministre du culte, apartenant indifféremment à l'une ou à l'autre des communions existantes.

C'est toujours le soir que les frères se réunissent. Le temple, qui n'a oint de fenêtres, est éclairé par un nombre déterminé de lumières ou d'é-oiles: Ce nombre est de neuf, de douze, de vingt-un, de vingt-sept, de rente-six, de quatre-vingt-un, suivant la grandeur de la salle ou l'importance de la solennité.

Lorsque le vénérable veut *ouvrir les travaux*, il frappe plusieurs coups ur l'autel avec son maillet. Alors les frères se mettent à la place qu'ils doient occuper; le couvreur ferme les portes. Tout le monde reste debout.

Ce préalable accompli, le vénérable se place au trône, se couvre, saisit e la main gauche l'épée flamboyante, dont il appuie le pommeau sur l'au-

tel; prend, de la droite, son maillet; frappe un coup, que les surveill
répètent; et le dialogue suivant s'établit :

Le vénérable. Frère premier surveillant, quel est le premier devoir c
surveillant en loge ?

Le premier surveillant. C'est de s'assurer si la loge est *couverte*.

Sur l'ordre que lui en donne le vénérable, le premier surveillant cha
le second diacre de s'informer auprès du couvreur s'il n'y a point de p
fanes dans le parvis, et si, des maisons voisines, on ne peut ni voir ni en
dre ce qui va se passer. Le couvreur ouvre la porte, visite les pas per
s'assure que tout est clos à l'extérieur, et vient rendre compte de cet exar
au second diacre, qui en fait connaître le résultat au premier surveillant.

Dans les loges anglaises et américaines, les choses se passent plus sim
ment : le garde intérieur se borne à heurter à la porte avec le pommeau
son épée, et le *tyler* lui répond, du dehors, par une semblable percussic
cela veut dire que le temple est couvert. Cette précaution prise, le dialo
continue.

Le premier surveillant. Vénérable, la loge est couverte.

Le vénérable. Quel est le second devoir ?

Le premier surveillant. C'est de s'assurer si tous les assistants s
maçons.

Le vénérable. Frères premier et second surveillants, parcourez le nc
et le midi, et faites votre devoir. A l'ordre, mes frères.

A cet appel du vénérable, tous les frères se tournent vers l'orient, et
mettent dans la posture consacrée. Les surveillants quittent leurs places,
dirigent de l'ouest vers l'est, et examinent successivement tous les ass
tants, qui, à leur approche, font le signe maçonnique, de manière que ce
qui se trouvent devant eux n'en puissent rien voir. Cet examen terminé,
de retour à leur poste, les surveillants informent le vénérable qu'il n'y a da
la loge aucun profane, aucun *cowan* (ennemi), suivant l'expression des n
çons anglais.

Après avoir interrogé les diacres et la plupart des autres officiers sur
place qu'ils occupent en loge et sur les fonctions qu'ils y remplissent,
vénérable continue ses interpellations.

Le vénérable. Pourquoi, frère second surveillant, vous placez-vous
sud ?

Le second surveillant. Pour mieux observer le soleil à son méridie
pour envoyer les ouvriers du travail à la récréation et les rappeler de la r
création au travail, afin que le maître en tire honneur et contentement.

Le vénérable. Où se tient le frère premier surveillant ?

LE VÉNÉRABLE. Pourquoi, frère premier surveillant?

LE PREMIER SURVEILLANT. Comme le soleil se couche à l'ouest pour fermer le jour, de même le premier surveillant s'y tient pour fermer la loge, payer les ouvriers et les renvoyer contents et satisfaits.

LE VÉNÉRABLE. Pourquoi le vénérable se tient-il à l'est?

LE PREMIER SURVEILLANT. Comme le soleil se lève à l'est pour ouvrir le jour, de même le vénérable s'y tient pour ouvrir la loge, la diriger dans ses travaux et l'éclairer de ses lumières.

LE VÉNÉRABLE. A quelle heure les maçons ont-ils coutume d'ouvrir leurs travaux?

LE PREMIER SURVEILLANT. A midi, vénérable.

LE VÉNÉRABLE. Quelle heure est-il, frère second surveillant?

LE SECOND SURVEILLANT. Vénérable, il est midi.

LE VÉNÉRABLE. Puisqu'il est midi, et que c'est à cette heure que nous devons ouvrir nos travaux, veuillez, mes frères, me prêter votre concours.

Le vénérable frappe trois coups, que les surveillants répètent. Il se tourne ensuite vers le premier diacre, et, la tête découverte, il lui dit *la parole* à l'oreille. Le premier diacre va transmettre la parole au premier surveillant, qui, par le second diacre, l'envoie au deuxième surveillant.

LE SECOND SURVEILLANT. Vénérable, tout est juste et parfait.

LE VÉNÉRABLE. Puisqu'il en est ainsi, au nom du Grand Architecte de l'univers, je déclare cette loge ouverte. A moi, mes frères.

Tous les assistants, les regards tournés vers le vénérable, font, à son exemple, *le signe et la batterie d'apprenti*, avec l'acclamation *houzzé!*

LE VÉNÉRABLE. Les travaux sont ouverts. En place, mes frères.

Ce formulaire est le plus généralement adopté; c'est celui des loges dites *écossaises*, et de toutes les loges qui suivent le *rite des anciens maçons*, ou *rite anglais*, et sont répandues dans les vastes possessions de la Grande-Bretagne, dans les divers Etats de l'Union américaine, dans le Hanôvre, etc. Il diffère peu de celui des loges dites *françaises*. L'acclamation de celles-ci est *vivat!* l'acclamation des loges *misraïmites* est *alléluya!* Les Anglais et les Américains n'ont ni acclamation, ni batterie manuelle.

Aussitôt que la loge est ouverte, le vénérable engage le secrétaire à donner connaissance à l'assemblée de la *planche tracée* des derniers travaux, c'est-à-dire du procès-verbal de la séance précédente. Lorsque la lecture est terminée, il invite les surveillants à provoquer les observations des frères de leurs colonnes sur le *morceau d'architecture* qui vient de leur être communiqué. Puis, si aucune rectification n'est demandée, il requiert l'orateur de conclure, et les frères de manifester leur sanction; ce qui se fait en élevant les deux mains et en les laissant retomber avec bruit sur le tablier.

C'est à peu près de cette manière qu'il est procédé dans les autres délibérations.

Quand des frères étrangers à la loge se présentent pour *visiter les travaux,* il sont introduits après cette adoption du procès-verbal, qui n'a jamais lieu qu'*en famille.* Jusque-là, ils se tiennent dans une pièce voisine où le frère servant leur fait inscrire, sur un livre appelé *registre de présence,* leurs noms, leurs grades, et les titres des loges auxquelles ils appartiennent. On n'admet aucun *visiteur* qui ne soit au moins pourvu du grade de maître, et qui ne soit porteur de son *diplôme.*

Sur l'avis donné par le couvreur qu'il se trouve des visiteurs dans les pas perdus, le vénérable envoie auprès de ces frères le maître des cérémonies pour leur tenir compagnie, et l'expert pour les *tuiler,* c'est-à-dire pour s'assurer qu'ils sont réellement francs-maçons. Cette formalité accomplie, l'expert se fait remettre les diplômes, et va les déposer, avec le registre de présence, sur le bureau de l'orateur de la loge. Cet officier compare les signatures apposées, *ne varietur,* sur les diplômes, avec celles que les frères ont tracées sur la feuille de présence ; et, lorsqu'il en a reconnu l'identité, il fait part du résultat de son examen au vénérable, qui ordonne alors d'introduire les visiteurs.

Les *honneurs* qu'on leur rend varient suivant le grade ou les fonctions dont ils sont revêtus.

Si ce sont de simples maîtres, on leur donne l'entrée dans les formes consacrées, et le vénérable leur fait une courte allocution, à laquelle un d'eux répond ; puis, après avoir applaudi maçonniquement à leur présence, on les fait asseoir sur l'une des deux colonnes.

Dans quelques loges qui se piquent de se conformer aux traditions anciennes, le vénérable adresse au visiteur les questions qui suivent, avant de l'autoriser à prendre place.

— Frère visiteur, d'où venez-vous?

— De la loge de Saint-Jean, vénérable.

— Qu'en apportez-vous?

— Joie, santé et prospérité à tous les frères.

— N'en apportez-vous rien de plus?

— Le maître de ma loge vous salue par trois fois trois.

— Que fait-on à la loge de Saint-Jean?

— On y élève des temples à la vertu et l'on y creuse des cachots pour le vice.

— Que venez-vous faire ici?

— Vaincre mes passions, soumettre ma volonté, et faire de nouveaux progrès dans la maçonnerie.

— Que demandez-vous, mon frère?

— Une place parmi vous.

— Elle vous est acquise.

Quand le visiteur est décoré des hauts grades, les membres de la loge se réunissent sur son passage, et, joignant leurs épées au-dessus de sa tête, forment ce qu'on appelle la *voûte d'acier*. Pendant ce temps, le vénérable et les surveillants frappent alternativement des coups de maillets sur leurs autels, et ne s'arrêtent que lorsque le visiteur est parvenu à l'orient. Alors les frères retournent à leurs places ; le vénérable exprime au visiteur les félicitations de la loge ; le visiteur y répond ; on applaudit, et chacun se rassied.

Lorsque le visiteur appartient à l'autorité maçonnique, on lui envoie, dans les pas perdus, une députation de sept frères, porteurs de glaives et d'*étoiles*. Le maître des cérémonies, qui marche en tête, le prend par la main et le conduit à la porte de la loge. Là, il trouve le vénérable, qui lui présente sur un coussin les trois maillets de l'atelier, et prononce un discours approprié à la circonstance. Le visiteur prend les maillets, et s'avance vers l'orient, sous la voûte d'acier, escorté du vénérable, des surveillants, du maître des cérémonies et des sept membres de la députation. Arrivé au trône, il rend les maillets au vénérable et aux surveillants, en adressant à chacun d'eux quelques paroles obligeantes. Ensuite la loge applaudit, et les travaux reprennent leur cours.

Les plus grands honneurs sont réservés au grand-maître. Quand il se présente *en visiteur* dans une loge, on lui envoie d'abord, dans la salle d'attente, deux maîtres des cérémonies accompagnés de sept frères avec des étoiles ; puis, le vénérable, précédé du porte-étendard et du porte-épée, entouré des deux surveillants et de douze frères avec des étoiles, se rend près de lui, le harangue, lui offre sur un coussin les trois maillets, les clés du trésor et celles de la loge, et le conduit ensuite à l'orient, à travers une double haie de frères qui forment la voûte d'acier sur le passage du cortège. Là, s'accomplit le même cérémonial que dans le cas précédent. Lorsque le grand-maître veut se retirer, le cortège qui l'a introduit se forme de nouveau et le reconduit jusque dans le parvis du temple. Le vénérable et les surveillants restent en place, et battent de leurs maillets sur l'autel jusqu'à ce qu'il soit parti.

On rend aussi des honneurs aux vénérables de loges qui se présentent comme visiteurs. Ce sont les mêmes que ceux qu'on attribue aux frères des hauts grades, et que nous avons décrits ci-dessus.

Généralement, quand les honneurs ont été rendus au commencement d'une séance, les frères qui surviennent sont introduits sans cérémonie, et conduits à la place que leur grade leur donne le droit d'occuper dans la loge.

On est très prodigue en France des honneurs maçonniques. Dans le loges anglaises et américaines, on procède plus simplement. Après avo été convenablement tuilé par l'*outer guard*, qui le décore d'un tablier au couleurs de la loge, et ne lui permet pas de porter d'autres insignes, le visi teur est introduit avec les formalités d'usage. Il s'arrête un moment entr les deux colonnes, fait le salut maçonnique au *worshipful master* et au deux *wardens*, et va s'asseoir ensuite à la place qu'il lui plaît de choisir. C n'est que dans les grandes occasions que ces loges reçoivent les visiteur avec quelque apparat.

Le moment étant venu de recevoir le profane, le frère terrible se rend au près de lui, dans le cabinet des réflexions, prend à la pointe de son épée so testament et ses réponses, et les apporte au vénérable, qui en donne con naissance à la loge. S'il ne s'y trouve aucune proposition contraire aux prin cipes de la franc-maçonnerie, le frère terrible retourne près du candidat lui bande les yeux, et lui ôte tous les objets de métal qu'il peut avoir su lui; ensuite il lui découvre le sein et le bras gauche, le genou droit, lui fai chausser du pied gauche une pantoufle, lui entoure le cou d'une corde don il tient l'extrémité; puis, dans cet état, il l'amène à la porte du temple, o il le fait heurter trois fois avec violence.

— Vénérable, dit le premier surveillant, on frappe à la porte en profane

— Voyez, dit le vénérable, quel est le téméraire qui ose ainsi trouble nos travaux!

En cet instant, le couvreur, qui a entr'ouvert la porte, pose la pointe de son épée sur la poitrine nue du récipiendaire, et dit d'une voix forte :

— Quel est l'audacieux qui tente de forcer l'entrée du temple?

— Calmez-vous, répond le frère terrible; personne n'a l'intention de pé nétrer malgré vous dans cette enceinte sacrée. L'homme qui vient de frapper est un profane désireux de voir la lumière, et qui vient la solliciter hum blement de notre respectable loge.

— Demandez-lui, dit le vénérable, comment il a osé concevoir l'espérance d'obtenir une si grande faveur.

— C'est, répond le frère terrible, parce qu'il est né libre, et qu'il est de bonnes mœurs.

— Puisqu'il en est ainsi, dit le vénérable, faites-lui décliner son nom, le lieu de sa naissance, son âge, sa religion, sa profession et sa demeure.

Le profane satisfait à toutes ces demandes; ensuite le vénérable donne l'ordre de l'introduire. Le frère terrible le conduit entre les deux colonnes, c'est-à-dire au centre de la loge, et lui appuie la pointe de son épée sur le sein gauche.

— Que sentez-vous? que voyez-vous? dit le vénérable.

— Je ne vois rien, répond le profane ; mais je sens la pointe d'une arme.

— Apprenez, dit le vénérable, que l'arme dont vous sentez la pointe est l'image du remords qui déchirerait votre cœur, si jamais vous étiez assez malheureux pour trahir la société dans laquelle vous sollicitez votre admission, et que l'état d'aveuglement dans lequel vous vous trouvez figure les ténèbres où est plongé tout homme qui n'a pas reçu l'initiation maçonnique. Répondez, monsieur. Est-ce librement, sans contrainte, sans suggestion, que vous vous présentez ici ?

— Oui, monsieur.

— Réfléchissez bien à la démarche que vous faites. Vous allez subir des épreuves terribles. Vous sentez-vous le courage de braver tous les dangers auxquels vous pourrez être exposé ?

— Oui, monsieur.

— Alors je ne réponds plus de vous !... Frère terrible, reprend le vénérable, entraînez ce profane hors du temple, et conduisez-le partout où doit passer le mortel qui aspire à connaître nos secrets.

On entraîne le récipiendaire dans le parvis. Là, pour le dérouter, où lui fait faire quelques tours sur lui-même ; ensuite on le ramène à l'entrée du temple. Le couvreur a ouvert les deux battants de la porte ; on a placé, un peu en avant, un grand cadre dont le vide est rempli par plusieurs couches de fort papier, et que soutiennent des frères de chaque côté.

— Que faut-il faire du profane ? demande le frère terrible.

— Introduisez-le dans la caverne, répond le vénérable.

Alors deux frères lancent violemment le récipiendaire sur le cadre, dont le papier se rompt et lui livre passage. Deux autres frères le reçoivent, du côté opposé, sur leurs bras entrelacés. On referme avec force les deux battants de la porte. Un anneau de fer, ramené plusieurs fois sur une barre crénelée de même métal, simule le bruit d'une serrure qu'on fermerait à plusieurs tours. Pendant quelques instants, on observe le plus profond silence. Enfin, le vénérable frappe un grand coup de maillet, et dit :

— Conduisez le récipiendaire près du second surveillant, et faites-le mettre à genou. Profane, ajoute-t-il, quand cet ordre est exécuté, prenez part à la prière que nous allons adresser en votre faveur à l'auteur de toutes choses. Mes frères, continue le vénérable, humilions-nous devant le Souverain Architecte des mondes ; reconnaissons sa puissance et notre faiblesse. Contenons nos esprits et nos cœurs dans les limites de l'équité, et efforçons-nous, par nos œuvres, de nous élever jusqu'à lui. Il est un ; il existe par lui-même, et c'est de lui que tous les êtres tiennent l'existence. Il se révèle en tout et par tout ; il voit et juge toutes choses. Daigne, ô Grand Architecte de l'univers, protéger les ouvriers de paix qui sont réunis dans ton temple ;

anime leur zèle, fortifie leur ame dans la lutte des passions; enflamme le
cœur de l'amour des vertus, et donne-leur l'éloquence et la persévéran
nécessaires pour faire chérir ton nom, observer tes lois et en étendre l'e
pire. Prête à ce profane ton assistance, et soutiens-le de ton bras tutéla
au milieu des épreuves qu'il va subir. *Amen!*

Tous les frères répètent : *Amen!*

— Profane, reprend le vénérable, en qui mettez-vous votre confiance?

— En Dieu, répond le récipiendaire.

— Puisque vous mettez votre confiance en Dieu, suivez votre guide d'
pas assuré, et ne craignez aucun danger.

Le frère terrible relève le récipiendaire et le conduit entre les deux c
lonnes. Le vénérable poursuit :

— Monsieur, avant que cette assemblée vous admette aux épreuves, il
bon que vous lui donniez la certitude que vous êtes digne d'aspirer à la r
vélation des mystères dont elle conserve le précieux dépôt. Veuillez répond
aux questions que je vais vous adresser en son nom.

On fait asseoir le récipiendaire. Il est d'usage que le siége qu'on lui p
sente soit hérissé d'aspérités et porte sur des pieds d'inégale hauteur. On ve
voir jusqu'à quel point la gêne physique qu'il en éprouve influe sur la lu
dité de ses idées.

Le vénérable lui adresse diverses questions sur des points de métaphy
que. De ses réponses, il doit résulter qu'il croit en Dieu, et qu'il est pe
suadé que tous les hommes se doivent réciproquement affection et dévo
ment, quelles que soient d'ailleurs leurs opinions religieuses et politiqu
leur patrie et leur condition. Le vénérable commente toutes les réponses
récipiendaire, les développe, et lui fait, en quelque sorte, un cours de p
losophie et de morale. Puis il ajoute :

— Vous avez convenablement répondu, monsieur. Cependant ce que
vous ai dit vous a-t-il pleinement satisfait, et persistez-vous dans le desse
de vous faire recevoir franc-maçon?

Sur la réponse affirmative du récipiendaire, le vénérable reprend :

— Alors, je vais vous faire connaître à quelles conditions vous ser
admis parmi nous, si toutefois vous sortez victorieux des épreuves qu
vous reste à subir. Le premier devoir dont vous contracterez l'obligatio
sera de garder un silence absolu sur les secrets de la franc-maçonnerie.
second de vos devoirs sera de combattre les passions qui dégradent l'homr
et le rendent malheureux et de pratiquer les vertus les plus douces et l
plus bienfaisantes. Secourir son frère dans le péril; prévenir ses besoir
ou l'assister dans la détresse; l'éclairer de ses conseils quand il est s
le point de faillir; l'encourager à faire le bien quand l'occasion s'en pr

sente : telle est la conduite que doit se tracer un franc-maçon. Le troisième de vos devoirs sera de vous conformer aux statuts généraux de la franc-maçonnerie, aux lois particulières de la loge, et d'exécuter tout ce qui vous sera prescrit au nom de la majorité de cette respectable assemblée. Maintenant que vous connaissez les principaux devoirs d'un maçon, vous sentez-vous la force et êtes-vous résolu de les mettre en pratique?

— Oui, monsieur.

— Avant d'aller plus loin, nous exigeons votre serment d'honneur; mais ce serment doit être fait sur une coupe sacrée. Si vous êtes sincère, vous pourrez boire avec confiance; mais si la fausseté est au fond de votre cœur, ne jurez pas : éloignez plutôt cette coupe, et craignez l'effet prompt et terrible du breuvage qu'elle contient! Consentez-vous à jurer?

— Oui, monsieur.

— Faites approcher cet aspirant de l'autel, dit le vénérable.

Le frère terrible conduit le récipiendaire au bas des degrés de l'autel.

— Frère sacrificateur, poursuit le vénérable, présentez à cet aspirant la coupe sacrée, si fatale aux parjures !

Le frère terrible met dans les mains du profane une coupe à deux compartiments, tournant sur un pivot. D'un côté, il y a de l'eau; de l'autre, une liqueur amère. Le vénérable reprend :

— Profane, répétez avec moi votre obligation : « Je m'engage à l'observation stricte et rigoureuse des devoirs prescrits aux francs-maçons; et si jamais je viole mon serment... (Ici, le frère terrible fait boire au récipiendaire une partie de l'eau contenue dans la coupe. Puis, en lui pesant sur la main, pour l'empêcher de boire davantage, il fait pivoter le vase de manière que le compartiment qui contient le bitter vienne prendre la place de celui qui renferme l'eau, et se trouve à son tour du côté du profane), je consens que la douceur de ce breuvage se change en amertume, et que son effet salutaire devienne pour moi celui d'un poison subtil. (Le frère terrible fait boire le bitter au récipiendaire.)

Le vénérable frappe un grand coup de maillet.

— Que vois-je, monsieur? dit-il d'une voix forte. Que signifie l'altération qui vient de se manifester dans vos traits? Votre conscience démentirait-elle les assurances de votre bouche, et la douceur de ce breuvage se serait-elle déjà changée en amertume! Éloignez le profane.

On conduit le récipiendaire entre les deux colonnes.

— Si vous avez dessein de nous tromper, monsieur, reprend le vénérable, n'espérez pas y parvenir : la suite de vos épreuves le manifesterait clairement à nos yeux. Mieux vaudrait pour vous, croyez-moi, vous retirer à l'instant même, pendant que vous en avez encore la faculté; car un instant de plus, et il sera trop tard. La certitude que nous acquerrions de votre p fidie vous deviendrait fatale : il vous faudrait renoncer à revoir jamais la mière du jour. Méditez donc sérieusement sur ce que vous avez à faire. Fr terrible, ajoute le vénérable après avoir frappé un grand coup de mail emparez-vous de ce profane, et faites-le asseoir sur la sellette des réflexic (Le frère terrible exécute cet ordre avec rudesse.) Qu'il soit livré à sa c science, et qu'à l'obscurité qui couvre ses yeux, se joigne l'horreur d'solitude absolue !

Tous les assistants observent, pendant quelques minutes, le silence le p complet.

— Eh! bien, monsieur, reprend le vénérable; avez-vous bien réfléc la détermination qu'il vous convient de prendre? Vous retirerez-vous, persisterez-vous, au contraire, à braver les épreuves?

— J'y persiste, répond le récipiendaire.

— Frère terrible, dit le vénérable, faites faire à ce profane son prem voyage, et appliquez-vous à le garantir de tout accident.

Le frère terrible exécute cet ordre. Dirigé par lui, le récipiendaire trois fois le tour de la loge. Il marche sur des planchers mobiles posés des roulettes et hérissés d'aspérités, qui se dérobe sous ses pas. Il gr d'autres planchers inclinés, à bascule, qui, tout à coup, fléchissent sous l et semblent l'entraîner dans un abîme. Il monte les innombrables deg d'une *échelle sans fin;* et lorsqu'il croit être parvenu à une élévation co dérable, et qu'il lui est enjoint de s'en précipiter, il tombe à trois pieds dessous de lui. Pendant ce temps, des cylindres de tôle remplis de sable, tournant sur un axe, à l'aide d'une manivelle, imitent le bruit de la grê d'autres cylindres, froissant, dans leur rotation, une étoffe de soie fortem tendue, imitent les sifflements du vent; des feuilles de tôle suspendues à voûte par une extrémité, et violemment agitées, simulent le roulement tonnerre et les éclats de la foudre. Enfin, des cris de douleur, des vagis ments d'enfants se mêlent à cet épouvantable fracas. Le *voyage* termi le frère terrible conduit le récipiendaire près du second surveillant, sur l paule duquel il lui fait frapper trois coups avec la paume de la main. A moment, le second surveillant se lève, pose son maillet sur le cœur du ré piendaire, et dit brusquement :

— Qui va là?

— C'est, répond le frère terrible, un profane qui demande à être re maçon.

— Comment a-t-il osé l'espérer?

— Parce qu'il est né libre et qu'il est de bonnes mœurs.

— Puisqu'il est ainsi, qu'il passe.

— Profane, dit alors le vénérable, êtes-vous disposé à faire un second voyage ?

— Oui, monsieur, répond le récipiendaire.

Le second voyage a lieu. Dans celui-ci, le récipiendaire ne rencontre pas les obstacles qui ont entravé sa marche dans le précédent. Le seul bruit qu'il entende est un cliquetis d'épées. Lorsqu'il a fait ainsi trois tours dans la loge, il est conduit par le frère terrible au premier surveillant. Là, se répètent le cérémonial, les questions et les réponses qui ont suivi le premier voyage. Alors le frère terrible saisit la main droite du récipiendaire et la plonge à trois reprises dans un vase contenant de l'eau.

Le troisième voyage a lieu ensuite, au milieu d'un profond silence. Après le troisième tour, le frère terrible conduit le récipiendaire à l'orient, à la droite du vénérable. Là, se répètent encore le cérémonial, les questions et les réponses qui ont terminé les deux premiers voyages.

— Qui va là ? demande le vénérable, quand le récipiendaire lui a frappé sur l'épaule.

— C'est, répond le frère terrible, un profane qui sollicite la faveur d'être reçu maçon.

— Comment a-t-il osé l'espérer ?

— Parce qu'il est né libre et qu'il est de bonnes mœurs.

— Puisqu'il en est ainsi, qu'il passe par les flammes purificatoires, afin qu'il ne lui reste plus rien de profane.

Au moment où le récipiendaire descend les marches de l'orient pour se rendre entre les deux colonnes, le frère terrible l'enveloppe de flammes à trois reprises. L'instrument dont il se sert à cet effet s'appelle la *lampe à lycopode*. C'est un long tube de métal, se terminant, à une extrémité, par une embouchure, et, à l'extrémité opposée, par une lampe à esprit de vin entourée d'un crible en forme de couronne dont les trous livrent passage à une poudre très inflammable, appelée lycopode, renfermée dans l'intérieur, et que le souffle de celui qui embouche l'instrument pousse sur la flamme de la lampe.

— Profane, dit le vénérable, vos voyages sont heureusement terminés ; vous avez été purifié par la terre, par l'air, par l'eau et par le feu. Je ne saurais trop louer votre courage ; qu'il ne vous abandonne pas, cependant, car il vous reste encore des épreuves à subir. La société dans laquelle vous désirez être admis pourra peut-être exiger que vous versiez pour elle jusqu'à la dernière goutte de votre sang. Y consentiriez-vous ?

— Oui, monsieur.

— Nous avons besoin de nous convaincre que ce n'est pas là une vaine assurance. Êtes-vous résigné à ce qu'on vous ouvre la veine à l'instant même ?

— Oui, monsieur.

Quelques récipiendaires objectent qu'il y a peu de temps qu'ils ont d'
et qu'une saignée pourrait avoir pour eux des suites dangereuses. Dan
cas, le vénérable engage le chirurgien de la loge à leur tâter le pouls ; ce
a lieu. Le chirurgien affirme toujours que la saignée peut être pratiquée s
inconvénient.

— Frère chirurgien, dit le vénérable, faites donc votre devoir.

Le frère chirurgien bande le bras du récipiendaire, et lui pique la saig
avec la pointe d'un cure-dents. Un autre frère, qui tient un vase dont le g
lot est fort étroit et qu'on a eu soin de remplir d'eau tiède, l'incline,
tomber un filet d'eau très mince sur le bras du récipiendaire, et, de là, d
un bassin, où il épanche le reste de l'eau avec bruit, de manière à faire cr
au patient que c'est son sang qui coule. L'opération s'achève suivant la fo
usitée, et, quand elle est terminée, on fait tenir au récipiendaire son bras
écharpe.

Le vénérable lui dit ensuite que les maçons portent tous sur la poitr
une empreinte mystérieuse qui sert à les faire reconnaître, et il lui dema
s'il serait heureux de pouvoir, lui aussi, montrer cette empreinte, qui s'
plique à l'aide d'un fer chaud. Sur sa réponse affirmative, le vénéra
donne ordre de lui imprimer le *sceau maçonnique*. Cette opération se fai
plusieurs manières. Les plus usitées consistent à appliquer sur le sein
récipiendaire, soit le côté chaud d'une bougie qu'on vient d'éteindre,
un verre de petite dimension qu'on a légèrement échauffé en y brûlant
papier. Enfin, pour dernière épreuve, le vénérable invite le récipiendai
faire connaître à voix basse au frère hospitalier, qui se transporte à cet e
près de lui, l'offrande qu'il a l'intention de faire pour le soulagement
maçons indigents.

— Vous allez bientôt, monsieur, lui dit le vénérable, recueillir le fi
de votre fermeté dans les épreuves, et des sentiments si agréables au Gra
Architecte de l'univers, ceux de la pitié et de la bienfaisance, que vous ve
de manifester. Frère maître des cérémonies, ajoute le vénérable, reme
le candidat au frère premier surveillant, afin qu'il lui apprenne à fair
premier pas dans l'angle d'un carré long. Vous lui ferez faire les deux
tres, et vous le conduirez ensuite à l'autel des serments.

Les trois pas dans l'angle d'un carré long sont ce qu'on appelle la *mar
d'apprenti*. Lorsque le premier surveillant a enseigné cette marche au ré
piendaire, il est conduit à l'autel par le maître des cérémonies.

Les loges n'ont pas, en France, d'autel particulier pour les prestati
de serment ; celui du vénérable est seul destiné à cette cérémonie. Dans
loges anglaises et américaines, l'autel des serments est placé au milieu

e del.   Monnin Sculp.

RÉCEPTION D'UN APPRENTI.

Publié par Pagnerre.

temple, un peu avant d'arriver aux marches de l'orient. Il est de forme triangulaire et orné de draperies et de franges ; on y pose la Bible ouverte ; et on met sur la Bible l'équerre, le compas et l'épée flamboyante.

Le maître des cérémonies fait agenouiller le profane au pied de l'autel, et lui appuie sur le sein gauche les pointes du compas. Le vénérable frappe alors un coup, et dit :

— Debout et à l'ordre, mes frères ! Le néophyte va prêter le serment redoutable.

Tous les frères se lèvent, saisissent une épée, et se tiennent, pendant la prestation du serment, dans la posture consacrée.

Le serment prononcé, le maître des cérémonies conduit le récipiendaire entre les deux colonnes ; tous les frères l'entourent et dirigent vers lui leurs glaives nus, de manière qu'il soit comme un centre d'où partiraient des rayons. Le maître des cérémonies se place derrière lui, dénoue le bandeau qui lui couvre les yeux, et attend que le vénérable lui donne le signal de le faire tomber. En même temps, un frère tient la lampe à lycopode, à un mètre en avant du néophyte.

— Frère premier surveillant, dit le vénérable, maintenant que le courage et la persévérance de cet aspirant l'ont fait sortir victorieux de ses longues épreuves, le jugez-vous digne d'être admis parmi nous ?

— Oui, vénérable, répond le premier surveillant.

— Que demandez-vous pour lui ?

— La lumière.

— Que la lumière soit, dit le vénérable.

Puis il frappe trois coups. Au troisième, le maître des cérémonies arrache le bandeau du récipiendaire, et, au même instant, le frère qui a embouché la lampe à lycopode souffle fortement, et produit une vive clarté (1).

— Ne craignez rien, mon frère, dit le vénérable au néophyte, des glaives qui sont tournés vers vous. Ils ne sont menaçants que pour les parjures. Si vous êtes fidèle à la franc-maçonnerie, comme nous avons sujet de l'espérer, ces glaives seront toujours prêts à vous défendre ; mais si, au contraire, vous veniez jamais à la trahir, aucun lieu de la terre ne vous offrirait un abri contre ces armes vengeresses.

Tous les frères baissent la pointe de leurs épées, et le vénérable ordonne au maître des cérémonies de conduire le nouveau frère à l'autel. Lorsqu'il y est parvenu, on le fait agenouiller ; le vénérable lui place la pointe de l'épée flamboyante sur la tête, et lui dit :

(1) *Voyez* planche n° 2.

—Au nom du Grand Architecte de l'univers, et en vertu des pouvoirs qui m'ont été confiés, je vous crée et constitue apprenti maçon, et membre de cette respectable loge.

Ensuite il frappe trois coups sur la lame du glaive avec son maillet ; il relève le nouveau frère ; lui ceint un tablier de peau blanche, emblème du travail ; lui donne des gants blancs, symbole de la pureté de mœurs prescrite aux maçons ; lui remet des gants de femme, pour qu'il les offre à celle qu'il *estime* le plus ; puis il lui révèle les mystères particuliers au grade d'apprenti maçon, et lui donne le triple baiser fraternel.

Reconduit alors entre les deux colonnes, le néophyte y est proclamé en sa nouvelle qualité, et tous les frères, sur l'ordre du vénérable, applaudissent à son initiation par le signe, la batterie manuelle et l'acclamation d'usage.

Le nouvel initié, après avoir repris les habits dont on l'avait dépouillé, est conduit par le maître des cérémonies à l'extrémité est de la colonne du nord où il prend place, pour cette fois seulement, sur un siége particulier ; et le frère orateur lui adresse un discours conçu à peu près en ces termes :

« Mon frère, tel est le titre que vous recevrez et que vous donnerez désormais parmi nous. Il vous dit quels sentiments vous devez y apporter et de quels sentiments vous y serez l'objet.

« En vous faisant agréger à la société maçonnique, vous avez contracté, mon frère, d'importantes et de nombreuses obligations. Notre digne vénérable n'a pu vous en indiquer que quelques-unes dans le cours des épreuves que vous avez subies : permettez que j'achève de vous instruire sur un point aussi essentiel.

« L'association maçonnique exige de tout homme qu'elle admet dans ses rangs qu'il croie en un être suprême, créateur et directeur de l'univers, et qu'il professe le petit nombre de dogmes qui forment la base de toutes les religions. Elle l'autorise, d'ailleurs, à suivre, en toute liberté, hors de la loge, tel culte qu'il lui plaît, pourvu qu'il laisse chacun de ses frères user paisiblement de la même faculté. Elle veut aussi qu'il se conforme aux préceptes de la morale universelle ; c'est-à-dire qu'il soit bon et charitable, sincère et discret, indulgent et modeste, équitable et juste, tempérant et probe ; et ce n'est pas assez pour elle qu'il fasse ce qui est bien ; elle prétend encore qu'il s'applique à acquérir une bonne réputation.

« Le maçon ne doit faire aucune distinction entre les hommes, quelles que soient la couleur de leur visage, la latitude de leur patrie, leur condition sociale, leurs croyances religieuses, leurs opinions politiques, du moment qu'ils sont vertueux. Il doit les embrasser tous dans un même sentiment de bienveillance, et les aider tous à l'occasion par tous les moyens dont il peut disposer. Néanmoins, s'il lui fallait opter entre un profane et un de ses frères, qui, l'un et l'autre se trouveraient dans la détresse ou courraient quelque danger, c'est de préférence au maçon qu'il serait tenu de porter secours.

« L'observation des lois et la soumission aux autorités sont au nombre des devoirs les plus impérieux du maçon. Si, comme citoyen, il juge défectueux les institutions et les codes qui régissent sa patrie, il lui est loisible d'en signaler les vices par toutes les voies que la législation en vigueur met à sa disposition, ayant soin toutefois de le faire sans acception de personnes et sans autre passion que celle du bien public. Mais il lui est, dans tous les cas, interdit de tremper dans des complots ou dans des conspirations, parce que ces trames sont tout à la fois contraires à la loyauté et à l'équité : à la loyauté, en ce que le conspirateur n'attaque pas son ennemi en face ; à l'équité, en ce que le petit nombre tente d'imposer sa volonté, par force ou par surprise, à la majorité.

« Si donc il arrivait à votre connaissance qu'un de vos frères s'engageât dans une de ces entreprises, vous devriez l'en détourner par la persuasion, et, s'il y persistait, ne point lui prêter votre appui. Cependant, si ce frère venait à succomber, rien ne s'opposerait à ce que vous eussiez compassion de son malheur ; et, à moins qu'il ne fût convaincu d'un autre crime, comme, par exemple, d'avoir attenté à la vie d'un de ses semblables, il vous serait permis, et le lien maçonnique vous ferait même un devoir d'user de toute votre influence personnelle ou de celle de vos amis pour parvenir à tempérer la rigueur du châtiment qu'il aurait encouru.

« Il est expressément défendu aux maçons de discuter entre eux, soit dans l'intérieur de la loge, soit au dehors, des matières religieuses et politiques, ces discussions ayant pour effet ordinaire de jeter la discorde là où régnaient auparavant la paix, l'union et la fraternité. Cette loi maçonnique ne souffre point d'exceptions. Les maçons ne doivent savoir ce qui se passe dans le monde profane que lorsqu'il se présente pour eux l'occasion de soulager quelque infortune.

« Les maçons sont tenus d'avoir l'un pour l'autre toute l'affection et tous les égards que se doivent des hommes estimables à un même degré. Ils sont obligés de se donner le nom de frères, et de se traiter fraternellement dans la loge et au dehors. Néanmoins, comme on n'a pas dans le monde les mêmes idées que dans la franc-maçonnerie sur le principe de l'égalité, il ne faut pas que ceux des maçons dont la condition sociale est infime affectent en public avec leurs frères d'un rang plus élevé une familiarité qui pourrait leur nuire dans l'esprit des profanes ; mais aussi les derniers, de leur côté, doivent s'efforcer de tempérer par leur aménité ce qu'une nécessité de cette nature peut avoir d'amer pour leurs frères moins bien partagés de la fortune. Quant à ceux-ci, ils doivent se défendre de tout sentiment d'envie, s'appliquer, par leur travail et par le constant exercice de toutes leurs facultés, à faire disparaître l'inégalité qui existe entre leur position et celle de leurs frères plus heureux.

« Au nombre des devoirs les plus sacrés des maçons, est celui qui l'oblige à secourir leurs frères qui sont dans la détresse. Ce devoir doit s'accomplir sans faste et sans ostentation, cordialement, et comme un acte tout naturel, qu'on pourrait soi-même, à l'occasion, réclamer comme un droit. Cependant un maçon n'est tenu à venir au secours de son frère que dans la limite de ses facultés, et sans que le don qu'il fait puisse porter préjudice au bien-être de sa famille, où l'empêcher de satisfaire à ses propres besoins. De son côté, le maçon qui vient réclamer l'assistance de son frère doit le faire avec franchise, sans arrogance et sans humilité, et ne point s'offenser d'un refus qui ne saurait être dicté que par l'impossibilité de lui être utile.

« Tout ce qui peut avoir pour effet de relâcher ou de rompre le lien fraternel qui les unit l'un à l'autre doit être évité avec le plus grand soin par les maçons. Ainsi, dans quelque circonstance que ce soit, nul n'est autorisé à supplanter son frère, à lui nuire dans ses intérêts ou dans sa considération. Tous doivent constamment, au contraire, se rendre tous les bons offices qui dépendent d'eux, et défendre réciproquement leur honneur lorsqu'il est attaqué. Ils doivent surtout être conciliants en affaires, et ne plaider l'un contre l'autre que dans le cas où la loge, qu'ils auraient saisie de la connaissance de leurs différends, n'aurait pu parvenir à les accommoder. Alors ils doivent voir dans la décision des juges un arrêt de tous points équitable, et se traiter, cependant, suivant l'expression des vieilles constitutions maçonniques, « non avec indignation, comme il se pratique ordinairement, « mais sans colère, sans rancune, en ne disant et en ne faisant rien qui « puisse empêcher l'amour fraternel. »

« Après ces devoirs généraux, que vous aurez à remplir, mon frère, avec une religieuse ponctualité, il y a des devoirs particuliers qui n'ont pas une moindre importance. Il faut même les considérer comme la clé de voûte de la franc-maçonnerie ; car, si l'on venait à les retrancher, l'édifice tout entier s'écroulerait au même instant.

« Tout maçon est tenu d'appartenir à une loge, et d'assister à ses assemblées, chaque fois du moins que le soin de ses intérêts personnels ou le bien de sa famille n'y apportent pas un empêchement absolu. La mort ou de graves infirmités peuvent seules l'affranchir de cette obligation. Il n'a pas le droit de déserter un moment la tâche sainte et toute de dévouement qu'il a entreprise. Quoique cette tâche soit immense, et que sa vie tout entière ne puisse suffire à l'accomplir, cependant le moindre progrès qu'obtiennent

es efforts est un bienfait pour le monde, et, pour lui-même, un titre de
loire; et il doit s'estimer heureux que ses devanciers n'aient pas conduit
œuvre à la perfection et lui aient encore laissé une part de travail.

« Chacun de nous, mon frère, doit s'efforcer d'augmenter le nombre des
uvriers appelés à élever le pieux édifice de la franc-maçonnerie. Gardons-
ous cependant d'introduire dans nos ateliers des hommes qui n'auraient
as toutes les qualités voulues, dont nous ne connaîtrions pas et dont nous
e pourrions pas garantir la parfaite moralité. C'est profaner les choses
aintes que de les livrer à des mains impures. Mieux vaudrait cent fois que
e bienfait de notre association fût renfermé dans un petit cercle d'hommes
le choix, que de voir nos doctrines perverties, notre but déserté, et le mé-
ris universel remplacer la juste considération qui nous est due.

« Non-seulement il faut que le maçon assiste aux réunions de sa loge,
égulièrement et aux heures indiquées ; mais encore il faut qu'il étudie avec
oin les règlements qui la gouvernent, et qu'il se conforme strictement aux
prescriptions relatives à ses rapports avec les frères, aux fonctions dont il
peut être investi, aux délibérations, aux élections et aux autres travaux en
général. Toute la puissance de la franc-maçonnerie réside essentiellement
dans la fidèle observation de ces formes savantes.

« L'apprenti doit obéissance au compagnon ; le compagnon, au maître ;
le maître, aux officiers qu'il a librement élus. Tout apprenti qui rempli
exactement ses devoirs peut être reçu compagnon après un intervalle de
cinq mois; tout compagnon peut devenir maître sept mois après sa réception
au compagnonage ; tout maître est apte à remplir les diverses fonctions de
la maçonnerie, depuis la plus humble jusqu'à la plus élevée, jusqu'à celle
de grand-maître elle-même.

« Ce grade de maître est donc pour tous les jeunes maçons, il doit être
aussi pour vous, mon frère, le but d'une louable ambition. C'est seulement
quand vous l'aurez obtenu que vous pourrez contribuer efficacement au
bien que le système maçonnique a mission d'opérer dans le monde. Ce bien
est immense, mon frère, et le seul énoncé suffira, je le pense, pour exciter
votre enthousiasme et pour vous animer d'une généreuse ardeur. Effacer
parmi les hommes les distinctions de couleurs, de rang, de croyances, d'o-
pinions, de patrie; anéantir le fanatisme et la superstition ; extirper les haines nationales, et, avec elles, le fléau de la guerre; faire, en un mot, de tout
le genre humain une seule et même famille unie par l'affection, par le dévouement, par le travail et par le savoir : voilà, mon frère, le grand œuvre
qu'a entrepris la franc-maçonnerie, auquel vous êtes appelé à associer vos
efforts, et qui ne nous paraîtrait à nous-mêmes, il faut l'avouer, qu'une magnifique, mais stérile utopie, si les résultats obtenus dans le passé ne nous

donnaient, pour l'avenir, une foi entière dans la possibilité d'une compl
réalisation.

« Remarquez, en effet, mon frère, quelle puissante et heureuse influer
la franc-maçonnerie a exercée sur le progrès social depuis moins de de
siècles qu'abandonnant l'objet matériel de son institution, elle s'est ur
quement attachée à en poursuivre le but philosophique !

« Lorsqu'elle lança dans le monde ses premiers missionnaires de char
fraternelle, les hommes se faisaient la guerre au nom d'un Dieu de paix
de concorde. Rome et Genève, dans leurs luttes impies, faisaient couler d
flots de sang pour quelques dogmes incompris, et ce qu'épargnait le glai
était, des deux parts, dévoré par la flamme des bûchers. Catholiques
protestants, chrétiens, juifs, musulmans, sectateurs de Vichnou et de Budd
étaient animés les uns contre les autres de haines implacables et féroce
Dites, mon frère, ce que ces frénésies religieuses sont devenues !

« Que sont devenues aussi ces haines nationales, non moins aveugles
barbares, qui poussaient les peuples à s'entre-tuer, à la voix de quelqu
ambitieux !

« Qu'est devenue cette sanctification de l'oisiveté qui, sous le nom de n
blesse, déversait le mépris sur le travail et le parquait dans un absurde
inique ilotisme !

« Qu'est devenu l'esclavage héréditaire des serfs ; que sera bientôt l'e
clavage de la race noire !

« Toutes les barrières qui séparaient les hommes se sont écroulées, mo
frère, grâce à la mystérieuse action de la franc-maçonnerie. Si la liber
humaine présente encore quelques lacunes, elle ne peut tarder à étend
partout son bienfaisant empire ; si la guerre n'est pas entièrement anéanti
elle est du moins plus rare ; et toujours la vue d'un signe maçonnique a
pouvoir d'en calmer la fureur.

« Sans doute le christianisme avait proclamé déjà le principe de la fra
ternité des hommes ; mais, seule, la franc-maçonnerie a le privilége heu
reux de pouvoir l'appliquer. Le Christ a dit : « Mon royaume n'est pas d
« ce monde ; » la franc-maçonnerie, au contraire, dit : « Mon royaume est d
« ce monde. » Le Christ commandait des sacrifices qui ne devaient rece
voir leur récompense que dans le ciel ; les sacrifices que commande la fran
maçonnerie ont leur récompense sur la terre. Le christianisme et la franc
maçonnerie se complètent l'une par l'autre, et peuvent se prêter un mu
tuel secours pour le bonheur de l'humanité.

« Je vous ai montré le but, mon frère. C'est à vous maintenant à fair
tous vos efforts pour parvenir à l'atteindre. Soyez désormais le propagateu
discret et zélé de nos doctrines ; mais, surtout, ne manquez pas de les appli

quer dans toutes vos actions. Songez que vous exercez un haut ministère social, et qu'on mesurera, dans le monde, l'estime qu'on doit à la franc-maçonnerie sur les exemples que vous donnerez.

« Je vous ai dit, mon frère, que l'association maçonnique avait produit beaucoup de bien ; j'ajouterai, car il ne faut rien vous cacher, qu'elle en eût fait plus encore, si elle avait su se garantir d'innovations dont le résultat inévitable était de jeter le trouble et la discorde dans ses rangs. Malheureusement, elle n'eut pas cette sage prévoyance. Des frères à l'imagination ardente, égarés par de fausses lueurs ; d'autres dirigés par des motifs qu'on ne saurait avouer, introduisirent dans les loges, à diverses époques, et firent adopter par une grande partie des membres de la société, des nouveautés qui ont, jusqu'à un certain point, paralysé l'action bienfaisante de la franc-maçonnerie, et qui, plus d'une fois, en ont mis l'existence même en péril. C'est ainsi qu'aux grades d'apprenti, de compagnon et de maître, les seuls qui soient véritablement de l'essence de notre institution, les novateurs ont ajouté, sous le nom de *hauts grades*, d'interminables séries d'initiations prétendues, dans lesquelles sont enseignées les doctrines les plus incohérentes, qui tendent le plus souvent à propager des erreurs dont la raison et la science humaines ont dès longtemps fait justice, et qui s'éloignent particulièrement de la pensée maçonnique, en substituant, pour les adeptes, à l'humble qualification d'ouvriers, les titres ambitieux de chevaliers, de princes et de souverains. De la combinaison d'un plus ou moins grand nombre de ces hauts grades avec les premiers, ou, pour mieux dire, avec les seuls degrés de la franc-maçonnerie, sont nés des systèmes appelés *rites*, qui partagent aujourd'hui notre société, et qui, pendant de longues années, ont été pour elle une occasion permanente de querelles et de déplorables scissions. Grâce à Dieu, cet esprit de secte et de rivalité n'existe plus ; et tous les maçons, quels que soient les rites qu'ils aient embrassés, s'aiment et se traitent comme des frères. Quelques-uns pensent même que le moment est venu de réaliser une réforme à laquelle ils travaillent de longue main, et qui ramènerait l'unité dans la maçonnerie par la suppression des hauts grades et par la fusion de tous les rites (1). Nous espérons, mon frère, que lorsque vous aurez atteint le grade de maître et le complément d'instruction qui en découle, vous comprendrez mieux combien est urgente cette œuvre d'union et de paix, et que vous n'hésiterez pas à vous y associer de tous vos efforts.

« Les rites pratiqués sur la surface du globe sont en assez grand nombre.

_____

(1) Cette réforme a déjà été réalisée partiellement en Allemagne par les loges dites *eccleetiques* et par la Mère-Loge *Royale-York*, *à l'Amitié*.

4

Le plus ancien et le plus répandu est le *rite anglais*. Ensuite viennent le *rite français*, qu'on appelle, en Hollande et en Belgique, *rite ancien réformé*; le rite de la Grande-Loge *aux trois globes*, de Berlin; le *système de Zinnendorf*; le *rite écossais ancien et accepté*, etc., etc. (1).

« Chacun de ces rites s'administre séparément. Chaque pays même renferme une administration distincte pour chaque rite. Le plus communément, le gouvernement d'un rite se forme des députés des loges qui l'ont adopté; et c'est là l'organisation primitive et la seule logique de la franc-maçonnerie. En Angleterre, par exemple, en Écosse, en Irlande, dans chacun des États de l'Union américaine, dans quelques contrées de l'Allemagne, chaque atelier est représenté dans la *Grande-Loge* par son vénérable et ses surveillants, ou, s'il est trop éloigné de la capitale, par un délégué (*proxy*) qui remplace le vénérable et choisit lui-même ses surveillants. Tous les trois mois, ont lieu des assemblées générales, qu'on appelle *communications de quartier* et dans lesquelles sont décidées, à la majorité des voix, toutes les questions qui peuvent intéresser la société. Les loges y envoient leurs tributs; on y fait le rapport des travaux du trimestre; le trésorier et les divers comités de bienfaisance y rendent leurs comptes. Il y a en outre deux assemblées, l'une à la Saint-Jean d'été et l'autre à la Saint-Jean d'hiver, pour la célébration de la *fête de l'ordre*. Les élections de tous les officiers se font dans la dernière de ces assemblées, et tous les membres de la Grande-Loge y concourent individuellement. Dans l'intervalle des communications de quartier, l'administration est confiée au grand-maître ou à son *député*, au grand-trésorier, au grand-secrétaire, et à la Grande Loge des Stewards, qui tient ses séances chaque mois.

« La France compte trois gouvernements maçonniques, dont l'organisation diffère de celle-là en beaucoup de points : ce sont le *Grand-Orient de France*, le *Suprême Conseil du 33e degré du rite écossais ancien et accepté*, la *Puissance Suprême du rite de Misraïm*.

« Le Grand-Orient se forme des vénérables des loges proprement dites, et des présidents des divers ateliers qui pratiquent les hauts grades des rites *français, écossais ancien et accepté, d'Hérédom, de Kilwinning, philosophique* et *rectifié*. A défaut de leurs présidents, ces divers corps sont représentés par des députés spéciaux, élus par eux annuellement à la majorité des voix. Le Grand-Orient s'attribue la puissance suprême dogmatique, législative, judiciaire et administrative de tous les ateliers de tous les rites et

(1) *Voir*, à la fin de l'*Introduction*, la *statistique universelle de la franc-maçonnerie*, où sont énumérés tous les rites en vigueur, avec les noms de leurs différents grades.

de tous les grades existant dant toute l'étendue de la France. La direction en est remise aux mains de cent trente-un officiers choisis et nommés au scrutin parmi les députés élus des divers ateliers qui reconnaissent son autorité. Les électeurs sont les officiers eux-mêmes. Le Grand-Orient se subdivise en cinq chambres principales : la *chambre de correspondances et de finances*, constituant l'administration proprement dite ; la *chambre symbolique*, qui s'occupe de tout ce qui est relatif aux ateliers des trois premiers grades ; le *suprême conseil des rites*, qui statue sur tout ce qui a rapport aux ateliers des degrés supérieurs ; la *chambre de conseil et d'appel*, qui donne son avis sur toutes les affaires intéressant l'existence des ateliers, et qui prononce en dernier ressort dans les contestations qui surgissent entre les ateliers ou entre les frères ; enfin le *comité central et d'élections*, qui s'occupe des mêmes matières, à huis-clos. Indépendamment de ces cinq chambres, le Grand-Orient renferme dans son sein le *grand collége des rites*, qui confère les hauts degrés ; un *comité des finances, de statistique et de bienfaisance*, et un *comité d'inspection du secrétariat et des archives*.

« Le Suprême Conseil du rite écossais ancien et accepté se compose des membres du 33e et dernier grade de ce rite, au nombre de vingt-sept. Le Suprême Conseil est à la fois législateur et administrateur, et il prononce souverainement dans tout ce qui touche au dogme et au contentieux. Au-dessous de ce corps, est placée la *Grande-Loge centrale*, qui se forme des vénérables et des députés des loges des trois premiers grades, lesquels composent la *première section*, et délibèrent, comme commissaires permanents, sur tous les objets qui se rattachent aux loges ; des présidents et des députés élus des chapitres de *rose-croix*, qui forment la *deuxième section*, et s'occupent de tout ce qui tient aux degrés compris entre le 3e et le 19e ; des présidents et des députés élus des aréopages de *chevaliers kadoschs*, 30e grade, qui constituent la *troisième section*, et délibèrent sur tout ce qui est relatif aux grades compris entre le 18e et le 31e ; des *grands-inspecteurs-inquisiteurs-commandeurs*, 31e degré, qui composent la *quatrième section*, délibèrent sur toutes les matières qui tiennent à leur grade, en donnent l'initiation, et se constituent, au besoin, en tribunal de l'ordre ; enfin des *sublimes princes du royal secret*, 32e degré, *cinquième section*, qui s'occupent des matières particulières à leur grade, et en confèrent l'initiation. Les membres du Suprême Conseil font partie intégrante de la Grande-Loge ; ils ont la présidence des sections et ils occupent les principales fonctions dans les assemblées générales. Sur toutes les affaires, les sections examinent et font leur rapport à la Grande-Loge, toutes sections réunies ; la Grande-Loge prononce en premier ressort ; et le Suprême Conseil, ou sa *commission administrative*, à la majorité de deux voix contre une, approuve, rejette ou modifie les délibérations de la Grande-Loge. Outre les cinq sections dont je viens de parler, il y a, dans le sein de la Grande-Loge, une *commission des finances*, composée des principaux officiers des sections, et présidée par le grand-trésorier du Suprême Conseil.

« Le rite de Misraïm se compose de 90 grades, divisés en quatre séries. La première série, dite *symbolique*, comprend les 33 premiers degrés. Elle est gouvernée et administrée par la *première chambre* de la Puissance Suprême, formée des *grands-ministres constituants du 87ᵉ degré*. La deuxième série, appelée *philosophique*, embrasse les 33 degrés suivants; l'administration en est dévolue aux *grands-ministres constituants du 88ᵉ degré, deuxième chambre* de la Puissance Suprême. La troisième série, dite *mystique*, renferme les degrés du 67ᵉ au 77ᵉ inclusivement; elle est régie par les *grands-ministres constituants du 89ᵉ degré, troisième chambre* de la Puissance Suprême. La quatrième série enfin, qui a le titre de *cabalistique*, se compose des degrés supérieurs jusqu'au 90ᵉ; elle est spécialement gouvernée par la *quatrième chambre*, appelée *Suprême Grand-Conseil-Général des souverains grands-maîtres absolus du 90ᵉ et dernier degré du rit de Misraïm et de ses quatre séries*. Aucune décision des trois autres chambres ne peut recevoir son exécution que le Suprême Grand-Conseil-Général ne l'ait approuvée, et cette approbation est soumise elle-même à la sanction souveraine du supérieur grand-conservateur, ou grand-maître, qui est libre de la réformer et de l'annuler.

« D'après ce tableau succinct de l'organisation des corps maçonniques de la France, vous aurez pu remarquer, mon frère, comment, à la faveur des hauts grades, le despotisme de quelques-uns, et même le despotisme d'un seul, a pu s'introduire dans le gouvernement d'une société qui a pour base l'égalité fraternelle. Cette monstrueuse anomalie renferme en elle seule la condamnation de tout le système des hauts grades, et sera une des plus puissantes considérations qui en amèneront le renversement. Les bons esprits, mon frère, et, par bonheur, ils sont nombreux dans la maçonnerie, appellent de tous leurs vœux ce dénoûment; car ce n'est qu'alors que notre association formera réellement une seule et même famille, et pourra concourir, plus efficacement encore qu'elle ne l'a fait jusqu'ici, à l'accomplissement du grand et noble objet de son institution.

« Notre digne vénérable vous a communiqué déjà plusieurs des secrets de la franc-maçonnerie; les autres vous seront dévoilés à mesure que vous avancerez en grade. Tout vous sera dit quand vous aurez reçu la maîtrise. Jusque-là, il vous faut travailler à vous rendre digne de ces hautes révélations.

« Voici maintenant, comme objet de simple curiosité, et c'est par là que e terminerai cette longue instruction, l'interprétation *morale* de l'allégorie maçonnique, telle que l'a tracée d'une façon pittoresque et concise un de nos frères du siècle passé : « Ce n'est pas par un vain caprice que nous nous donnons le titre de maçons. Nous bâtissons le plus vaste édifice qui fut jamais, puisqu'il ne connaît d'autres bornes que celle de la terre. Les hommes éclairés et vertueux en sont les pierres vivantes, que nous lions ensemble avec le ciment de l'amitié. Nous construisons, suivant les règles de notre architecture morale, des forteresses imprenables autour de l'édifice, afin de le défendre des attaques du vice et de l'erreur. Nos travaux ont pour modèle les constructions de l'Architecture Suprême. Nous contemplons ses perfections, et dans le grand édifice du monde, et dans la structure admirable de tous les corps sublunaires. Nous lui bâtissons, par les mains de la vertu, un sanctuaire au fond de nos cœurs ; et c'est ainsi que le maçon est transformé en la pierre angulaire de tous les êtres créés. »

À ces généralités, on ajoute habituellement quelques notions particulières sur les règles d'ordre et de police à observer dans la loge, quand les travaux sont ouverts. Ces règles se réduisent à ceci :

Tout membre d'une loge, à son arrivée dans les pas perdus, se décore de *l'habit* de son grade, c'est-à-dire de son tablier, et frappe à la porte les coups mystérieux. Averti, par un signal de l'intérieur, qu'il a été entendu, il attend, pour entrer, que le couvreur lui ait ouvert. Si l'on est au milieu d'une délibération, ou il reste dehors, ou il s'abstient de voter. Introduit, il marche suivant le mode prescrit, s'arrête entre les deux colonnes, salue maçonniquement à l'orient, à l'occident et au midi, se met *à l'ordre*, c'est-à-dire dans une posture consacrée, et attend que le vénérable lui dise de prendre séance. S'il est apprenti, sa place est au nord ; compagnon, au sud ; maître, indifféremment sur les deux colonnes. Il n'est permis ni de sortir du temple, ni de passer d'une colonne à l'autre sans en avoir obtenu l'autorisation, dans le premier cas, du vénérable ; dans le second, d'un surveillant.

Un maçon doit se tenir décemment sur sa colonne, et ne parler ni à haute voix, ni à voix basse, et encore moins converser en langue étrangère avec les frères qui sont assis à ses côtés. Toute son attention est due aux travaux. Quand il veut faire quelque observation ou quelque demande, il se lève, se tourne vers le surveillant de sa colonne, frappe dans les mains pour attirer ses regards, se met à l'ordre, et attend que la parole lui soit accordée. Alors il expose sa pensée en termes clairs, précis et mesurés. Il ne peut parler plus de deux fois sur le même sujet. Si, au milieu de son discours, le vénérable frappe, il s'interrompt, et ne continue que sur l'invitation qui lui en est faite. S'il emploie des expressions inconvenantes ou ironiques, ou s'il commet quelque autre faute contre les préceptes maçonniques ou contre la discipline, le vénérable lui fait présenter le tronc de bienfaisance, et il doit, sans murmurer, y déposer son offrande.

Il est aussi d'usage qu'avant de clore les travaux, le vénérable fasse l'*instruction*, c'est-à-dire qu'il adresse une série de questions aux surveillants, qui y répondent suivant une formule adoptée. Cette sorte de catéchisme rappelle les différentes circonstances de la réception. Nous reviendrons sur ce sujet lorsque nous expliquerons les allégories maçonniques.

On ferme les travaux à peu près dans les mêmes termes qu'on les a ouverts.

Les cérémonies qui ne sont pas spéciales aux degrés de compagnon et de maître ont lieu en *loge d'apprenti*, afin que tous les membres de l'atelier aient la faculté d'y assister.

On a vu que la fête de l'ordre se célèbre deux fois par an : la première, à la Saint-Jean d'hiver; la seconde, à la Saint-Jean d'été. Chacune de ces réunions se termine par un banquet auquel tous les maçons, sans exception, sont obligés de prendre part.

La salle où se fait le banquet doit être, comme la loge, à l'abri des regards profanes. On la décore habituellement de guirlandes de fleurs, et l'on suspend aux murs la *bannière* de la loge et celles de tous les ateliers qui ont envoyé des députations. La table a la forme d'un fer-à-cheval. Le vénérable en occupe le sommet; les surveillants, les deux extrémités. Dans l'intérieur, se placent, en face du vénérable, le maître des cérémonies et les diacres. Les différents objets qui couvrent la table sont disposés sur quatre lignes parallèles. La première ligne, à partir du bord extérieur, se compose des assiettes; la seconde, des verres; la troisième, des bouteilles; la quatrième, des plats.

La *loge de table* a son vocabulaire particulier. On y appelle la table, *atelier;* la nappe, *voile;* les serviettes, *drapeaux;* les plats, *plateaux;* les assiettes, *tuiles;* les cuillers, *truelles;* les fourchettes, *pioches;* les couteaux, *glaives.* On donne le nom de *barriques* aux bouteilles; de *canons*, aux verres; de *matériaux*, aux mets; de *pierre brute*, au pain. Le vin est de la *poudre forte;* l'eau, de la *poudre faible;* les liqueurs, de la *poudre fulminante;* le sel, du *sable;* le poivre, du *ciment* ou du *sable jaune.* Manger, c'est *mastiquer. Tirer une canonnée*, c'est boire. Cet *argot* maçonnique est d'invention française, et ne remonte pas très haut, comme l'indiquent quelques-uns des mots adoptés. Quoi qu'il en soit, on est tenu d'employer ce langage; et tout *lapsus linguæ* est puni d'une *canonnée de poudre faible*, d'un verre d'eau.

Pendant le repas, on porte *sept* toasts ou santés *d'obligation;* ce qui n'empêche pas d'en porter d'autres; mais, dans ce cas, les termes des santés doivent être approuvés d'avance par le vénérable. Les *manuels* anglais contiennent, pour ces toasts supplémentaires, des formules toutes faites dans lesquelles les fidèles ont coutume de se renfermer. Les toasts maçonniques américains sont au nombre de cinquante-huit. Les profanes prétendent que cette circonstance n'est pas étrangère à la mesure prise par la Grande-Loge de New-York, qui interdit l'usage des liqueurs spiritueuses dans les banquets. Le plus probable, c'est que la Grande-Loge a voulu rappeler aux maçons qu'ils doivent l'exemple de la sobriété. Au reste, voici quelques-unes de ces formules anglaises : — « Santé, bonheur et unanimité à tous les maçons libres et acceptés répandus sur le globe! Puissent-ils être toujours empressés à soulager les frères dans la détresse, et ne manquer jamais des moyens d'accomplir ce devoir *!* — Puisse l'amour fraternel, base de la franc-maçonnerie, non-seulement se perpétuer et s'accroître parmi nous, mais encore pénétrer et se répandre dans tous les rangs de la société humaine! — Puissions-nous, comme maçons, être affectionnés à nos amis, fidèles à nos frères, soumis aux lois, et justes, même envers nos ennemis! — Puissions-nous redouter moins la mort que le plus petit reproche de notre conscience! — A tout le genre humain en une seule famille! etc. »

Les sept santés d'obligation se composent : 1° dans les États monarchiques, de celle du souverain et de sa famille ; et, dans les républiques, de celle du magistrat suprême; 2° de la santé du grand-maître et des chefs de l'ordre; 3° de celle du vénérable de la loge; 4° de celle des surveillants ; 5° de celle des autres officiers; 6° de celle des visiteurs; 7° enfin de celle de « tous les maçons répandus sur les deux hémiphères, heureux ou malheureux, libres ou dans les fers, sédentaires ou voyageurs. » Dans les loges anglaises, les santés d'obligation sont au nombre de trois seulement. On porte la santé du souverain, celle du grand-maître national, et celle de tous les maçons.

Lorsqu'on *tire les santés*, la *mastication* cesse. Les frères se lèvent, se mettent à l'ordre, et jette leur *drapeau* sur leur épaule gauche. Sur l'invitation du vénérable, ils *chargent leurs canons*, les alignent sur la table ; et, quand tout cela est fait, le vénérable dit : « Mes frères, nous allons porter une santé qui nous est infiniment chère et précieuse : c'est celle de.... Nous y ferons feu, bon feu, le feu le plus vif et le plus pétillant de tous les feux. Mes frères, la main droite au glaive ! — Haut le glaive ! — Salut du glaive ! — Le glaive dans la main gauche ! — La main droite aux armes ! (c'est le verre.) — Haut les armes ! — En joue ! (ici, les frères approchent le verre de leur bouche.) — Feu! (on boit une partie de ce qu'il y a dans le verre.) — Bon feu! (on boit encore une partie du vin contenu dans le verre.) — Le plus vif et le plus pétillant de tous les feux! (on vide entièrement le verre.) — L'arme au repos! (on approche le verre de l'épaule droite.) — En avant, les armes! (1) — Signalons nos armes! — Un! (à ce commandement, on rapproche le canon de l'épaule gauche.) — Deux! (on le ramène à l'épaule droite.) — Trois! (on le reporte en avant.) — Posons nos armes! Un! Deux! Trois! (à chacun de ces temps, les frères font un mouvement par lequel ils descendent graduellement le canon vers la table. Au troisième, ils le posent, avec bruit et avec ensemble, de manière qu'on n'entende qu'un seul coup.) Le glaive à la main droite! — Haut le glaive! — Salut du glaive! — Le glaive au repos! (on pose doucement le couteau sur la table.) A moi, mes frères! (tous les frères font, à l'exemple du vénérable, le signe, la batterie manuelle et l'acclamation.)

Il est assez généralement d'usage de faire précéder chaque *feu* de l'expression de quelque sentiment ou de quelque vœu pour le frère qui est l'objet de la santé. On répond à tous les toasts. Le maître des cérémonies parle au nom des absents et des nouveaux initiés. Aussitôt qu'on a tiré la santé du roi, le maître des cérémonies se place entre les deux surveillants, demande la parole, et se rend l'interprète du monarque. Son remerciement achevé, il tire une canonnée dans la forme qu'on a vue; ensuite il brise le canon, afin qu'il ne puisse désormais servir pour une occasion moins solennelle. C'est le premier surveillant qui porte la santé du vénérable. A cet effet, il le prie « d'inviter à charger et à aligner pour une santé qu'il va avoir *la faveur* de proposer. » Lorsque tout est chargé et aligné, il annonce que la santé qu'il propose est celle du vénérable, et il *commande les armes* en la manière usitée. On place, entre la sixième et la septième santé, toutes celles qu'on juge à propos d'ajouter; et, entre la troisième et la quatrième, les *morceaux d'architecture*, ou discours; et les *cantiques*, c'est-à-dire les chansons, qui toutes doivent avoir la franc-maçonnerie pour sujet.

La septième santé se confond avec la clôture des *travaux de table*. On y appelle les frères servants, qui se placent entre les surveillants et les maîtres des cérémonies. Les armes chargées et alignées, les frères debout et à l'ordre, et rangés en cercle, chacun donne un bout de son drapeau à ses voisins de droite et de gauche, et reçoit, en échange, un des bouts du leur; ce qui s'appelle *former la chaîne d'union*. Alors le vénérable proclame la santé et entonne le cantique qu'on va lire. Tous les frères reprennent en chœur le refrain.

(1) *Voyez* planche n° 5.

Pl. 3.

rgens del.

Compagnon Sculp.

BANQUET MAÇONNIQUE.

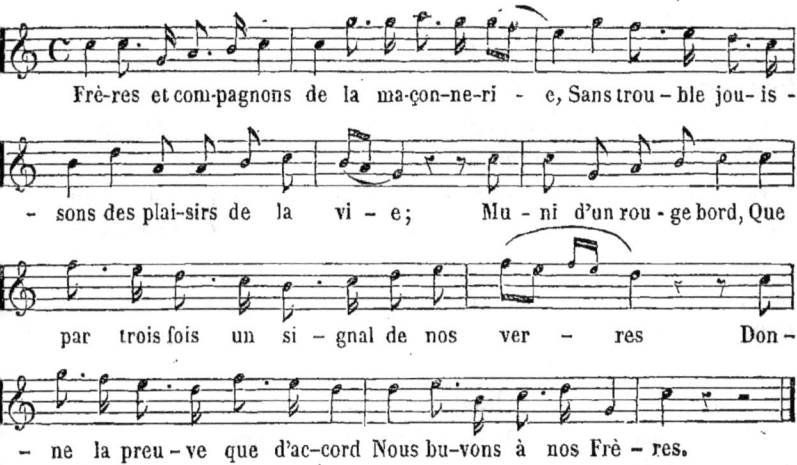

Frè-res et com-pagnons de la ma-çon-ne-ri - e, Sans trou – ble jou- is-

- sons des plai-sirs de la vi – e ; Mu – ni d'un rou - ge bord, Que

par trois fois un si – gnal de nos ver – res Don –

– ne la preu – ve que d'ac-cord Nous bu-vons à nos Frè – res.

Joignons-nous main en main ;
Tenons-nous ferme ensemble.
Rendons grâce au destin
Du nœud qui nous rassemble.

Et soyons assurés
Qu'il ne se boit, sur les deux hémisphères,
Point de plus illustres santés
Que celles de nos frères !

Le cantique fini, le vénérable, après avoir commandé les armes, donne à ses voisins de droite et de gauche le baiser fraternel et un mot d'ordre, qui circulent sur les colonnes et lui sont rapportés de l'occident par le maître des cérémonies. La clôture s'achève ensuite dans les termes usités.

La loi maçonnique exclut impérieusement les femmes de la participation aux mystères. Cependant les Français ont transigé avec cette loi. A côté de la vraie maçonnerie, ils ont créé une maçonnerie de convention, spécialement consacrée aux femmes, qui remplissent toutes les fonctions et ne dédaignent pas d'admettre les hommes dans leurs assemblées. C'est ce qu'on appelle la *maçonnerie d'adoption*. Celle-ci, comme l'autre, a ses épreuves, ses grades, ses secrets, ses insignes. Mais ce sont là les prétextes des réunions ; le but, c'est le banquet, dont elles sont toujours accompagnées, et le bal, qui en est inséparable.

La salle où a lieu le banquet, est partagée en quatre *climats*. L'orient s'appelle *Asie ;* l'occident, *Europe ;* le sud, *Afrique ;* le nord, *Amérique.* La table est en fer-à-cheval. Tout s'y trouve rangé comme dans les banquets d'hommes. La présidente a le titre de *grande-maîtresse;* elle est assistée par un grand-maître, et siége au climat d'Asie. La *sœur inspectrice,* assistée du frère inspecteur, et la *sœur dépositaire,* secondée du frère dépositaire, occupent les deux extrémités du fer-à-cheval; la première, dans la région d'Amérique; l'autre, dans la région africaine.

Les loges d'adoption ont aussi un glossaire à part. On y appelle le temple, *Éden;* les portes, *barrières;* le procès-verbal, *échelle.* On nomme *lampe,* le verre; *huile rouge,* le vin; *huile blanche,* l'eau; les bouteilles et les carafes, *cruches. Garnir la lampe,* c'est verser du vin dans son verre; *souffler la lampe,* c'est boire; *exalter par cinq,* ou *faire son devoir par cinq,* c'est exécuter la batterie manuelle.

L'*ordre* consiste à placer les deux mains sur sa poitrine, la droite sur la gauche, les deux pouces réunis et formant le triangle. L'acclamation est *Éva !* répété cinq fois.

On porte les santés à peu près de la même façon que dans les loges d'hommes. La grande-maîtresse se sert également du maillet pour appeler l'attention de l'assemblée. Les annonces se transmettent aussi par l'entremise des officiers et des *officières* qui tiennent la place des surveillants. On fait garnir les lampes, et on les fait aligner; et, quand tout est convenablement disposé, la grande-maîtresse s'exprime comme il suit : « Mes frères et mes sœurs, la santé que je vous propose est celle de.... En l'honneur d'une santé qui nous est aussi chère, soufflons nos lampes par cinq. La main droite à la lampe ! — Haut la lampe! — Soufflez la lampe! — En avant la lampe! — Posez la lampe!—Un, deux, trois, quatre—cinq! » La grande-maîtresse et tous les assistants, à son exemple, portent quatre fois la lampe sur le cœur, et au temps cinq, la posent ensemble avec bruit sur la table. Ensuite, on *exalte par cinq,* c'est-à-dire qu'on frappe cinq coups dans ses mains, en poussant chaque fois l'acclamation *Éva !*

Bien que la loi qui interdit aux femmes l'accès des loges soit absolue, elle a pourtant été enfreinte une fois dans une circonstance assez remarquable. La loge des *Frères-Artistes,* présidée par le frère Cuvelier de Trie, donnait une fête d'adoption. Avant l'introduction des femmes, les frères avaient ouvert leurs travaux ordinaires. Au nombre des visiteurs qui attendaient dans les pas perdus, se trouvait un jeune officier en uniforme de chef d'escadron. On lui demande son diplôme. Après avoir hésité quelques instants, il remet un papier plié à l'expert, qui, sans l'ouvrir, va le porter à l'orateur. Ce papier était un brevet d'aide-de-camp, délivré à madame de Xaintrailles, femme du général de ce nom, qui, à l'exemple des demoiselles de Fernig et d'autres héroïnes républicaines, s'était distinguée dans les guerres de la révolution, et avait gagné ses grades à la pointe de son épée. Lorsque l'orateur lut à la

loge le contenu de ce brevet, l'étonnement fut général. Les esprits s'exaltè-
rent, et il fut spontanément décidé que le premier grade, non de la maçonnerie d'adoption, mais de la vraie maçonnerie, serait conféré séance tenante à
une femme qui, tant de fois, avait manifesté des vertus toutes viriles, et avait
mérité d'être chargée de missions importantes, qui exigeaient autant de discrétion que de courage et de prudence. On se rendit aussitôt près de madame
de Xaintrailles, pour lui faire part de la décision de la loge, et lui demander
si elle acceptait une faveur sans exemple jusqu'alors. Sa réponse fut affirmative. « Je suis homme pour mon pays, dit-elle; je serai homme pour mes
frères. » La réception eut lieu; et, depuis cette époque, madame de Xaintrailles assista souvent aux travaux des loges.

Pour qu'une loge puisse conférer légitimement l'initiation maçonnique, il
faut qu'elle soit *régulière*. Cette régularité résulte de la délivrance de *lettres
de constitutions*, qui lui est faite par la grande-loge dans le ressort de laquelle elle est établie. Sept maçons pourvus du grade de maître ont qualité
pour former une loge et pour être constitués. Toute loge doit tenir ses assemblées dans un local approprié à cet usage et solennellement consacré.

En Écosse et aux États-Unis, particulièrement, les maçons qui font construire un temple, en posent processionnellement la première pierre. A cet
effet, les frères se réunissent dans la demeure de l'un d'eux. Là, tous se décorent de leurs insignes. Les abords de la pièce où se tient l'assemblée sont
gardés par les tuileurs. La séance s'ouvre, et le frère qui doit présider à la cérémonie en expose l'objet par un discours. Bientôt le cortége se forme et se
dirige, à travers les rues, vers l'emplacement où doit s'élever l'édifice projeté.

En tête, marchent deux tuileurs, l'épée nue à la main, suivis de la *colonne
d'harmonie,* ou de frères jouant de divers instruments. Viennent alors un
troisième tuileur et plusieurs *stewards,* ou experts, qu'on reconnaît à leurs
baguettes blanches. Derrière les stewards, s'avancent successivement le secrétaire avec son sac; le trésorier avec son registre; le vénérable ayant devant
lui le porte-étendard, et à ses côtés les deux surveillants; puis un chœur de
chanteurs, l'architecte de la loge et le porte-glaive. A ces frères, succèdent
un vénérable portant, sur un coussin, la Bible, l'équerre et le compas; le
chapelain; les officiers de la Grande-Loge qui ont pu se transporter sur les
lieux; le principal magistrat de la ville; les vénérables et les surveillants des
loges du voisinage, avec leurs bannières déployées; ensuite, le vénérable de
la plus ancienne de ces loges, qui porte, appuyé contre sa poitrine, le *livre
des constitutions;* c'est-à-dire les statuts généraux de la franc-maçonnerie;
enfin, le président de la fête, qui est ordinairement le grand-maître, ou son
délégué. Deux experts ferment la marche.

En arrivant sur les lieux où doit s'accomplir la cérémonie, le cortége passe sous un arc-de-triomphe et va se distribuer sur des gradins qui ont été dressés pour cette occasion. Le président et ses assistants ont des siéges à part. Quand tout le monde est placé et que le silence s'est établi, le chœur entonne une hymne à la louange de la maçonnerie. Le chant terminé, le président se lève et avec lui tous les frères; le chapelain récite une courte prière; et, sur l'ordre du président, le trésorier dépose sous la pierre, qu'on a hissée à l'aide d'une machine, des monnaies et des médailles de l'époque. Les chants recommencent ensuite; puis la pierre est descendue et convenablement scellée à la place qu'elle doit occuper. Alors le président quitte son siége, et, suivi des principaux officiers de la loge, va frapper trois coups de son maillet sur cette pierre, où se trouvent gravés la date de la fondation, le nom du souverain régnant ou du magistrat suprême en exercice, celui du grand-maître des francs-maçons, etc. Après avoir rempli cette formalité mystérieuse, le président remet à l'architecte les divers instruments dont se servent les maçons, et l'investit de la conduite spéciale des travaux de construction du nouveau temple. De retour à sa place, il prononce un discours approprié à la circonstance; on fait une collecte au profit des ouvriers qui vont coopérer à l'édification du temple, et la cérémonie est terminée par un dernier chant en l'honneur de la maçonnerie. Le cortége se reforme et retourne au local d'où il était parti. Là, les travaux sont fermés; et tous les assistants sont réunis dans un banquet.

Lorsque le temple est construit, on l'inaugure avec solennité. L'assemblée se forme dans une pièce voisine de la loge, où, sans ouvrir les travaux, chacun se décore de ses insignes et se place suivant l'ordre hiérarchique de ses fonctions ou de son grade. Le vénérable fait ensuite connaître l'objet de la réunion, et il invite les frères à se transporter processionnellement dans le nouveau temple. Un expert ouvre la marche en tête des *frères de l'harmonie.* Puis viennent les membres de la loge, à l'ordre, et l'épée à la main. Derrière eux, s'avancent les maîtres des cérémonies; le secrétaire, avec son *livre d'or;* l'orateur, avec les règlements de l'atelier; le trésorier, avec son registre; l'hospitalier, avec le tronc de bienfaisance; le garde des sceaux, avec le sceau et le timbre de la loge; les autres officiers, avec les marques de leur dignité. Les visiteurs vont à la suite. Après eux, vient le vénérable, précédé du porte-étendard et du porte-épée; il porte sur un coussin les trois maillets de l'atelier, la Bible, l'équerre et le compas. A ses côtés, sont les deux surveillants, qui marchent les mains vides. La procession se termine par les membres de la Grande-Loge, s'il y en a, et par deux experts armés de glaives, qui ferment la marche.

Le temple n'est éclairé que par trois lampes placées au pied de l'autel, dans lesquelles brûle de l'esprit de vin, et par la *gloire* du Jéhovah, qu'on recouvert d'un voile noir. Le cortége se rompt au moment où il entre dans la loge, et chacun se place, à l'exception du vénérable, des surveillants et du maître des cérémonies, qui restent à l'occident, entre les deux colonnes.

— Mes frères, dit le vénérable, le premier vœu que nous devons former en entrant dans ce temple, est qu'il soit agréé par le Grand Architecte de l'univers, à qui nous l'avons dédié; le second vœu, que tous les maçons qui viendront y travailler après nous soient animés, comme nous le sommes, de sentiments de fraternité, d'union, de paix et d'amour de l'humanité.

En achevant ces mots, le vénérable, suivi des surveillants, fait un premier voyage autour du temple, en commençant par le midi. Arrivé au pied de son autel, il allume les trois *étoiles* du chandelier qui s'y trouve placé, et le candélabre de l'orient. Au même instant, le maître des cérémonies découvre la gloire du Jéhovah.

— Que ces flambeaux mystérieux, reprend le vénérable, illuminent de leurs clartés les profanes qui auront accès dans ce temple, et leur permettent d'apprécier la grandeur et la sainteté de nos travaux!

Le vénérable et les surveillants font un second voyage, en passant par le nord. Parvenus à l'autel du premier surveillant, cet officier allume son étoile et le candélabre de l'occident, et il dit :

— Que ce feu sacré purifie nos ames; que la lumière céleste nous éclaire, et que nos travaux soient agréables au Grand Architecte de l'univers!

Un troisième voyage a lieu ensuite. Le second surveillant, arrivé à la place qu'il doit occuper, allume son étoile et le candélabre du midi.

— Que ces lumières, dit-il, nous dirigent dans la conduite de notre œuvre! Qu'elles nous enflamment de l'amour du travail, dont le Grand Architecte de l'univers nous a fait une loi et dont il nous donne de si adorables exemples!

Après cette triple station, le vénérable et les surveillants retournent à l'autel de l'orient. Le maître des cérémonies verse de l'encens dans des cassolettes; les autres officiers allument les bougies placées sur leurs autels; les frères servants complètent l'éclairage de la loge. Pendant ce temps, les frères sont restés debout et le glaive à la main.

— Reçois, ô Grand Architecte de l'univers, dit le vénérable, l'hommage que te font de ce nouveau temple les ouvriers réunis dans son enceinte. Ne permets pas qu'il soit jamais profané par l'inimitié ou par la discorde. Fais, au contraire, que la tendresse fraternelle, le dévoûment, la charité, la paix et le bonheur y règnent constamment; et qu'unis pour le bien, nos travaux aient ce résultat! *Amen!*

Tous les frères répètent *Amen!*

— Frères premier et second surveillants, dit ensuite le vénérable, reprenez les maillets dont vous avez fait jusqu'ici un si habile et si prudent usage. Continuez de maintenir, avec leur aide, l'ordre et l'accord sur vos colonnes, et veillez à ce que le seul bruit de leurs harmonieuses percussions parvienne à mes oreilles pendant le cours de nos travaux. La prospérité de cet atelier et le bonheur des frères sont à ce prix.

Le vénérable adresse pareillement quelques instructions aux divers officiers, et le maitre des cérémonies les reconduit successivement à leurs places.

Ce cérémonial achevé, l'harmonie se fait entendre, et quand elle a cessé, les travaux sont ouverts au grade d'apprenti, en la forme accoutumée. Il est d'usage que l'orateur prononce ensuite un discours préparé pour cette occasion, et qu'un banquet termine la solennité.

Le temple construit et inauguré, on installe la loge, si cette formalité n'a pas déjà été remplie, c'est-à-dire si la loge, de formation récente, n'a pas encore reçu ses lettres de constitution.

Quand la grande loge constituante est trop éloignée pour pouvoir envoyer des commissaires pris dans son sein à l'effet de procéder à l'installation, elle donne mission de la représenter dans cette solennité, soit à des frères appartenant à une loge du voisinage, soit à des membres de la nouvelle loge elle-même.

Le jour de la cérémonie arrivé, le vénérable ouvre les travaux, fait approuver le procès-verbal de la tenue précédente, et reçoit les visiteurs isolés et les députations des loges.

Informé que les commissaires installateurs attendent dans le parvis que l'atelier leur ouvre ses portes, il députe près d'eux trois des principaux officiers pour les reconnaitre, vérifier leurs pouvoirs et leur tenir compagnie jusqu'à ce que tout soit prêt pour leur introduction. Lorsque ces trois députés ont accompli leur mission, un maître des cérémonies, qui les a accompagnés, va transmettre au vénérable le résultat de leur examen, et lui annoncer que les commissaires installateurs demandent à être admis dans le temple. Sur cet avis, le vénérable suspend les travaux. Les divers officiers se dépouillent de leurs cordons d'offices et les passent à leur bras gauche. Une députation de sept frères porteurs d'étoiles, précédée de deux maîtres des cérémonies, du porte-étendard, de la colonne d'harmonie, du porte-glaive, d'un maître des cérémonies portant sur un coussin les trois maillets de l'atelier, trois bouquets et trois paires de gants blancs, et suivis de deux experts, l'épée nue à la main, se transporte dans les pas perdus. Là, le chef de la députation complimente les commissaires installateurs, remet entre leurs mains les maillets, les gants et les bouquets, et les conduit ensuite à la porte de la loge. Le vénérable les y reçoit, accompagné de ses deux surveillants ; il les complimente de nouveau, et se dirige avec eux vers l'orient, à travers

ine double haie de frères, qui, l'épée à la main, forment la voûte d'acier sur
e passage du cortége. Arrivé au trône, le président des commissaires y prend
place; il remet les maillets des surveillants aux deux autres commissaires,
et il ouvre les travaux de la Grande-Loge. Le vénérable et les surveillants
de l'atelier siégent à la droite des installateurs.

Aussitôt que les travaux sont ouverts, le président invite le secrétaire à
donner lecture des pouvoirs de la commission installatrice et des lettres de
constitution accordées à la loge, et il en ordonne la transcription au livre
d'or. Il remet à l'orateur les statuts généraux et se fait donner acte de cette
remise. Il réclame la lecture du tableau de tous les membres de l'atelier; en
requiert une expédition en forme; fait faire l'appel de tous les frères présents, les visiteurs exceptés, et leur fait successivement prêter à tous serment
de fidélité à la Grande-Loge constituante.

Toutes ces formalités accomplies, il adresse à la loge un discours dans lequel il lui retrace les principales obligations qu'impose la franc-maçonnerie;
lui en expose l'esprit et les avantages, et l'engage à s'y conformer avec une
religieuse ponctualité. Puis, tous les frères étant debout et à l'ordre et le
glaive en main, il proclame en ces termes l'installation de la loge : « Au
nom de la Grande-Loge de...., nous, les commissaires chargés de ses pouvoirs, installons à perpétuité, à l'orient de...., la loge de Saint-Jean, sous le
titre distinctif de.... La loge est installée. »

Alors est allumé le candélabre à sept branches; on verse des parfums dans
trois cassolettes placées devant les installateurs; tous les officiers se décorent
de leurs insignes, et l'harmonie se fait entendre. Immédiatement après, les
installateurs ferment les travaux de la Grande-Loge, et remettent les maillets
de l'atelier au vénérable et aux surveillants, qui reprennent leurs places.

Le vénérable, en possession de son maillet, adresse aux commissaires les
remerciements de la loge, et fait applaudir par une triple batterie. Il annonce
ensuite que les travaux qui avaient été suspendus *reprennent force et vigueur;* et il prononce un discours conforme à la circonstance. Quand il a
cessé de parler, l'harmonie se fait entendre de nouveau, et la fête est terminée par un banquet fraternel.

On a vu que, chaque année, les loges renouvellent leurs officiers. Les officiers maintenus dans leurs fonctions et les nouveaux officiers sont installés
solennellement à la fête de l'ordre. Si le vénérable en exercice est réélu, c'est
le premier surveillant qui l'installe. Si un nouveau vénérable est nommé,
il est installé par son prédécesseur.

Le frère qui doit installer le vénérable ouvre les travaux, et fait déposer
sur son autel, par les officiers, les insignes qui servent à les faire reconnaitre.
On annonce alors que le vénérable est dans le parvis, et qu'il demande à être

introduit. Les portes lui sont immédiatement ouvertes, et il est conduit à l'orient sous la voûte d'acier et *maillets battants*. Le frère *qui tient le maillet* lui adresse quelques paroles de félicitation, et lui fait prêter le serment de se conformer aux réglements généraux de la franc-maçonnerie et à ceux de la loge; de diriger les travaux et de gouverner l'atelier *sans faiblesse, mais aussi sans rudesse;* et de ne jamais oublier qu'il n'est que *le premier entre ses égaux.* Ce serment prêté, il proclame le vénérable, fait applaudir à sa nomination, lui passe au cou le cordon de son office, lui donne le baiser fraternel, et lui remet le *maillet de direction.*

Ainsi installé, le vénérable répond aux félicitations et aux applaudissements de la loge, et procède à l'installation des autres officiers. Il fait successivement remplacer chacun d'eux par un des membres sans fonctions; l'appelle à l'autel; lui fait prêter le serment de bien gérer l'emploi qui lui a été confié par la loge; lui donne quelques instructions à ce sujet; le proclame en sa qualité; le décore du cordon de son office; l'embrasse, et le fait conduire par un maître des cérémonies à la place qu'il doit occuper.

On accomplit encore dans les loges deux autres cérémonies importantes : ce sont les adoptions de louveteaux et les pompes funèbres des frères décédés.

Un *louveteau* est un fils de maçon. Ce nom, qu'on dénature généralement, dont on fait tour-à-tour *lofton, loweton, loveton, loveson,* parce qu'on en a perdu l'étymologie, est d'origine fort ancienne. Les initiés aux mystères d'Isis portaient, même en public, un masque en forme de tête de chacal ou de loup doré; aussi disait-on d'un isiade : « c'est un chacal » ou « c'est un loup. » Le fils d'un initié était qualifié de jeune loup, de louveteau. Macrobe nous apprend à ce sujet que les anciens avaient aperçu un rapport entre le loup et le soleil, que l'initié représentait dans le cérémonial de sa réception. « En effet, disaient-ils, à l'approche du loup, les troupeaux fuient et disparaissent : de même les constellations, qui sont des troupeaux d'étoiles, disparaissent devant la lumière du soleil. » C'est pour une semblable raison que les compagnons du devoir dits *les enfants de Salomon* et *les compagnons étrangers* se donnent aussi la qualification de *loups.*

Il est d'usage, dans beaucoup de loges, que lorsque la femme d'un maçon est sur le point d'accoucher, l'hospitalier, s'il est médecin, ou, s'il ne l'est pas, un frère de cette profession, se transporte près d'elle, s'informe de sa santé au nom de l'atelier, et lui offre les secours de son art, et même des secours pécuniaires, s'il pense qu'elle puisse en avoir besoin. Neuf jours après la délivrance, le vénérable et les surveillants vont la visiter, et la félicitent de cet heureux événement.

Si le nouveau-né est un garçon, la loge est spécialement convoquée pour

Pl 6

Seigneurgens del.   Monnin Sculp.

BAPTÊME D'UN LOUVETEAU.

procéder à son adoption. On pare le temple de feuillage et de fleurs; on dispose des cassolettes pour y brûler de l'encens. Le louveteau et sa nourrice sont amenés, avant l'ouverture des travaux, dans une pièce voisine de l'atelier. Les travaux s'ouvrent. Les surveillants, parrains-nés du louveteau, se rendent près de lui, à la tête d'une députation de cinq frères.

Arrivé près du louveteau, le chef de la députation, dans une allocution qu'il adresse à la nourrice, lui recommande, non-seulement de veiller sur la précieuse santé de l'enfant dont la garde lui est confiée, mais encore de cultiver sa jeune intelligence et de ne lui tenir jamais que des discours vrais et sensés (1). Le louveteau est alors séparé de sa nourrice, placé par son père sur un coussin, et introduit dans la loge par la députation. Le cortége s'avance sous une voûte de feuillage jusqu'au pied de l'orient, où il s'arrête.

— Qu'amenez-vous ici, mes frères? dit le vénérable aux deux parrains.

— Le fils d'un de nos frères, répond le premier surveillant, que la loge a désiré adopter.

— Quels sont ses noms, et quel nom maçonnique lui donnez-vous?

Le parrain répond. Il ajoute au nom de famille et aux prénoms de l'enfant un nom caractéristique, tel que *Véracité*, *Dévouement*, *Bienfaisance*, ou tout autre de même nature.

Alors le vénérable descend les marches de l'orient, s'approche du louveteau, et, les mains étendues au-dessus de sa tête, adresse au ciel une prière pour que cet enfant se rende digne un jour de l'amour et des soins que l'atelier va lui vouer. Ensuite il répand de l'encens dans les cassolettes; il prononce le serment d'apprenti, que les parrains répètent au nom du louveteau; il ceint celui-ci du tablier blanc, le constitue, le proclame enfant adoptif de la loge, et fait applaudir à cette adoption.

Ce cérémonial accompli, il remonte au trône, fait placer les surveillants avec le louveteau en tête de la colonne du nord, et leur retrace, dans un discours, les obligations auxquelles les astreint leur titre de parrains. Après la réponse des surveillants, le cortége qui a introduit le louveteau dans la loge se reforme, le reconduit dans la pièce où il l'a pris, et le rend à sa nourrice.

L'adoption d'un louveteau engage tous les membres de la loge, qui doivent veiller à son éducation, et, plus tard, lui faciliter, s'il est nécessaire, les moyens de s'établir. On dresse un procès-verbal circonstancié de la cérémonie, qui est signé par tous les membres de la loge et est remis au père du louveteau. Cette pièce dispense celui-ci de subir les épreuves, lorsqu'il a l'âge requis pour pouvoir participer aux travaux de la maçonnerie. On se borne alors à lui faire renouveler son serment.

(1) *Voyez* planche n° 4.

En France, les rituels des pompes funèbres maçonniques sont très multipliés; chaque loge se croit même en droit de régler ce cérémonial selon son caprice. Il n'en est pas de même à l'étranger. Voici, par exemple, comme procèdent invariablement les loges anglaises et américaines.

On ne rend, dans ces deux pays, les derniers honneurs qu'aux francs-maçons pourvus du grade de maître. Informé du décès, et du jour où doivent avoir lieu les obsèques, le vénérable de la loge à laquelle appartenait le défunt adresse à tous les membres de l'atelier, et aux vénérables des loges existant dans la même ville et dans le voisinage, l'invitation d'assister à la cérémonie. En Écosse et en Amérique, les frères s'y rendent munis de leurs tabliers, de leurs cordons d'offices et de leurs bannières; en Angleterre, il faut qu'ils soient autorisés par la Grande-Loge à porter ces insignes en public. Réunis à la maison mortuaire, les frères s'y décorent, s'il y a lieu, de leurs ornements et se rangent en ordre. Les plus jeunes frères et les loges les plus récemment constituées se placent aux premiers rangs. Chaque loge forme une division séparée et marche dans l'ordre ci-après : un tuileur, l'épée nue; les stewards, avec leurs baguettes blanches; les frères non officiers, deux à deux; le secrétaire et le trésorier, avec les marques de leurs offices; les deux surveillants se tenant par la main; l'ex-vénérable et le vénérable en exercice. A la suite de toutes les loges invitées, s'avance la loge dont le frère décédé faisait partie. Tous les membres portent à la main des fleurs ou des feuillages. Le tuileur est en tête; après lui, viennent les stewards, les frères de l'harmonie, avec leurs tambours drapés et leurs trompettes garnies de sourdines; les membres de la loge sans fonctions; le secrétaire; le trésorier; les surveillants; l'ex-vénérable; le plus ancien membre de la loge, portant, sur un coussin voilé de deuil, la Bible et les statuts généraux; le vénérable en exercice; un chœur de chanteurs; le chapelain; le cercueil, sur lequel sont posés le tablier et le cordon du défunt et deux épées en croix; à droite et à gauche, quatre frères tenant chacun un des coins du drap mortuaire; et, derrière, les parents du mort. La marche du cortége est fermée par deux stewards et un tuileur.

Arrivés à la porte du cimetière, les membres de la loge du défunt s'arrêtent jusqu'à ce que les frères invités soient parvenus près de la fosse, et aient formé à l'entour un grand cercle pour les recevoir. Alors ils s'avancent vers la tombe; le chapelain et les officiers prennent place en tête; le chœur et l'harmonie des deux côtés, et les parents aux pieds. Le chapelain récite une prière; on chante une hymne funèbre, et tous les assistants adressent un triple adieu à la dépouille inanimée de leur frère. Ensuite le cortége se reforme et retourne à la maison mortuaire, où les frères se séparent.

A quelque temps de là, le vénérable convoque la loge pour rendre au déunt les derniers honneurs maçonniques. Les murs sont tendus de noir ; neuf lampes, dans lesquelles brûle de l'esprit de vin, sont distribuées dans l'enceinte ; au centre, on a dressé un cénotaphe. Les travaux s'ouvrent au grade de maître ; une cantate funèbre est exécutée ; puis le vénérable fait entendre une percussion sourde et s'exprime ainsi :

—Quel homme vivant ne verra pas la mort ? L'homme marche séduit par de vaines apparences. Il accumule des richesses, et ne peut dire qui en jouira. En mourant, il n'emporte rien ; sa gloire ne le suivra pas au tombeau. Il est arrivé nu sur la terre ; il la quitte dans l'état de nudité. Le Seigneur lui avait accordé la vie ; il la lui a retirée. Que le Seigneur soit béni !

Quand le vénérable a cessé de parler, la colonne d'harmonie exécute un morceau funèbre. Les frères font le tour du cénotaphe, et jettent en passant des immortelles dans une corbeille placée au pied du monument. Cette cérémonie achevée, le vénérable se saisit du *rouleau mystique*, et fait ouvrir le cercueil.

—Que je meure, dit-il, de la mort du juste, et que mon dernier moment soit semblable au sien !

Il place le rouleau dans la tombe, et ajoute :

— Père tout-puissant, nous remettons entre tes mains l'ame de notre frère bien-aimé.

Tous les assistants frappent silencieusement trois coups avec la paume de leur main droite sur leur avant-bras gauche.

— Que la volonté de Dieu soit accomplie ! dit un d'entre eux. Ainsi soit-il !

Ensuite le vénérable fait une prière, ferme le cercueil et retourne à l'autel. Chacun prend place. Un des membres de la loge prononce l'oraison funèbre du défunt ; le vénérable recommande aux assistants de s'aimer et de vivre en paix pendant leur rapide passage sur la terre, et tous forment la *chaîne d'union* et se donnent le baiser fraternel.

Telles sont, sauf de légères variantes, les différentes cérémonies qui se pratiquent généralement dans les loges. Les apprentis ont la faculté d'assister à toutes, même à la dernière, bien que les travaux y soient ouverts et fermés au grade de maître ; on prend seulement la précaution de ne les admettre qu'après l'ouverture des travaux, et on leur fait *couvrir le temple,* c'est-à-dire qu'on les congédie, au moment où on va les fermer.

On ne *tient* ordinairement au grade de compagnon que lorsqu'il y a réception, ou, selon l'expression des Anglais, *ceremony of passing*. Car, chez nos voisins et en Amérique, chacune des trois initiations est désignée par un terme particulier : on y est *made*, fait apprenti ; *passed*, passé compagnon ; *raised*, élevé à la maîtrise.

Les travaux de compagnon s'ouvrent à peu près dans les mêmes termes que ceux du grade d'apprenti. Pour y avoir droit de séance, il faut être au moins pourvu du compagnonage. Les travaux ouverts, on lit le procès-verbal de la dernière tenue de compagnon, et l'on introduit les frères visiteurs.

Avant d'amener le candidat, on déploie sur le sol de la loge un tableau peint sur toile et chargé de divers emblèmes. Une fenêtre et une porte sont figurées à l'orient, à l'occident et au midi. Sept marches conduisent à la porte de l'occident, qui est flanquée des colonnes J et B. Au-delà de cette porte, s'étend un pavé en forme d'échiquier, blanc et noir. Un peu plus loin, on voit une équerre dont les deux extrémités sont tournées vers l'orient. Il y a, à la droite de l'équerre, un maillet; à la gauche, une planche où sont tracées des figures géométriques. Au-dessus de l'équerre, sont représentés le portail d'un temple, le niveau, la ligne d'aplomb, une pierre dont la base est cubique et le sommet pyramidal, un globe céleste, une règle graduée de vingt-quatre divisions, une pierre brute, une truelle, une étoile flamboyante, un compas ouvert, les pointes dirigées vers le bas, le soleil et la lune. Trois flambeaux sont placés à l'orient, à l'occident et au midi; et la houpe dentelée entoure le tableau.

Le candidat, les yeux découverts et tenant à la main une règle dont il appuie une extrémité sur son épaule gauche, est amené à la porte de la loge par le maître des cérémonies, qui l'y fait frapper en apprenti.

— Voyez qui frappe, dit le vénérable.

— C'est, répond le maître des cérémonies, un apprenti qui demande à passer de la perpendiculaire au niveau.

Alors l'entrée de la loge est donnée au récipiendaire. Arrivé entre les deux colonnes, il s'arrête, et le vénérable demande au second surveillant, si le candidat qui sollicite une *augmentation de salaire* a fini son temps, et si les frères de sa colonne sont contents de son travail. Sur la réponse affirmative du surveillant, le vénérable adresse au récipiendaire une série de questions pour s'assurer qu'il a bien saisi les emblèmes du premier grade; ensuite il ordonne au maître des cérémonies de lui faire faire les cinq *voyages* mystérieux.

Le maître des cérémonies prend le récipiendaire par la main droite et lui fait faire cinq fois le tour de la loge. Pendant le premier voyage, ou le premier tour, le récipiendaire a dans la main gauche un maillet et un ciseau; dans le second, une règle et un compas; dans le troisième, il tient une règle dans la main gauche, et il appuie sur son épaule gauche l'extrémité d'une pince de fer; il porte, dans le quatrième voyage, une équerre et une règle; et, dans le cinquième, il a les mains libres. A la fin de chaque voyage, il s'arrête à l'occident, et le vénérable lui explique l'emploi matériel des outils qu'on a mis entre ses mains, et lui en fait connaître la destination morale : le compagnon élève au Grand Architecte de l'univers un temple dont il est lui-même la matière et l'artisan ; les outils symboliques doivent lui servir à faire disparaître les défectuosités des matériaux, et à leur donner des formes régulières et symétriques, afin que l'édifice soit harmonieux dans toutes ses parties et atteigne, autant que possible, à la perfection.

Les cinq voyages terminés, le vénérable ordonne au récipiendaire de faire son dernier travail d'apprenti. A cet effet, le récipiendaire saisit un maillet, et en frappe trois coups sur la *pierre brute* qui se trouve peinte dans le tableau déployé sur le plancher.

Le vénérable appelle ensuite son attention sur *l'étoile flamboyante* qui figure aussi dans le tableau, et il lui dit :

—Considérez, mon frère, cette étoile mystérieuse, et ne la perdez jamais de vue ; elle est l'emblème du génie qui élève aux grandes choses ; et, avec plus de raison encore, elle est le symbole de ce feu sacré, de cette portion de lumière divine dont le Grand Architecte de l'univers a formé nos ames, et aux rayons de laquelle nous pouvons distinguer, connaître et pratiquer la vérité et la justice. La lettre G que vous voyez au centre vous offre deux grandes et sublimes idées. C'est le monogramme d'un des noms du Très-Haut ; c'est aussi l'initiale du mot *géométrie*. La géométrie a pour base essentielle l'application des propriétés des nombres aux dimensions des corps, et surtout au triangle, auquel se rapportent presque toutes leurs figures, et qui présente à l'esprit les emblèmes les plus sublimes.

Après cette allocution, le candidat est conduit à l'autel, où il prête son obligation. Il est ensuite constitué, initié et proclamé en sa nouvelle qualité par le vénérable ; et la loge applaudit à sa réception. Lorsque toutes ces formalités sont remplies, le maître des cérémonies le fait asseoir en tête de la colonne du midi, et l'orateur lui adresse un discours, dans lequel il lui explique particulièrement le sens des symboles qui sont tracés sur le tableau déployé au milieu de la loge, et dont nous avons donné plus haut la description détaillée.

Le nouveau compagnon apprend alors que ce *tracing board*, comme l'appellent les Anglais, représente, dans son ensemble, le temple de Salomon, dont le nom hébreu signifie *pacifique*. La première des deux *colonnes* qui en ornent l'entrée, s'appelle B..., c'est-à-dire *force* ; la seconde J..., ou *stabilité*. L'une est blanche et l'autre noire, par allusion aux deux principes de création et de destruction, de vie et de mort, de lumières et de ténèbres, dont le jeu alternatif entretient l'équilibre universel. Les *sept degrés* par lesquels on arrive à la première porte, celle de l'occident, indiquent les épreuves successives par lesquelles l'initié doit passer pour atteindre à cette perfection qui ouvre l'accès du saint des saints. L'échiquier formé de cases blanches et noires, ou le *pavé mosaïque*, désigne la double force qui, tour à tour, attire l'homme vers l'esprit et vers la matière, vers la vertu et vers le vice, rend ses épreuves d'autant plus pénibles, et retarde l'instant de l'éternelle béatitude à laquelle il est appelé. Le *compas,* qui occupe le haut du tableau, et l'*équerre,* qui se voit au bas, présentent la même pensée sous des emblèmes différents. Le compas est le ciel, où l'initié doit tendre constamment; l'équerre, la terre, où ses passions le retiennent. On dit que le vrai maçon se trouve *entre l'équerre et le compas,* pour exprimer cette idée : qu'il est détaché des affections matérielles, et qu'il est en voie de retour vers sa céleste origine. L'*étoile flamboyante* est le divin fanal qui le guide dans les ténèbres morales, comme l'étoile polaire dirige la marche du navigateur au milieu de la nuit. Les trois *portes* et les trois *fenêtres* qu'on voit à l'orient, à l'occident et au midi figurent les trois points du firmament où se montre le soleil, et par lesquels sa lumière éclaire le temple. Les trois *candélabres* retracent « les trois grandes lumières de la maçonnerie : le soleil, la lune et le Maître de la Loge. » Le *globe céleste* marque les limites du temple. Le *portail* désigne l'entrée de la *chambre du milieu,* c'est-à-dire la ligne qui sépare le temps qui finit et le temps qui commence, la mort et la vie, les ténèbres et la lumière. La *pierre brute* est le symbole de l'ame du maçon avant que le travail moral qui lui est imposé en ai fait disparaître les défectuosités. La pierre dont la base est cubique et le sommet pyramidal, ou la *pierre cubique à pointe,* est l'emblème de l'ame perfectionnée, qui aspire à remonter vers sa source. C'est l'attribut spécial du compagnon. Les outils de maçonnerie qui sont distribués dans le tableau rappellent, en général, au maçon la sainteté du travail. En particulier, chacun de ces outils renferme un précepte. Le *compas* prescrit au maçon d'élever autour de lui un rempart contre l'invasion du vice et de l'erreur ; le *niveau,* de se défendre des séductions de l'orgueil ; le *maillet,* de tendre sans cesse à se perfectionner ; l'*équerre* et la *ligne d'aplomb,* d'être équitable et droit ; la *truelle,* d'être indulgent pour ses frères et de dissimuler leurs défauts ; la *planche à tracer,* de ne jamais s'écarter du plan que le Maître lui a donné à suivre ; enfin la *règle de vingt-quatre pouces,* de consacrer tous ses instants à l'accomplissement de l'œuvre qu'il a entreprise. La *houpe dentelée,* ou le cordon formant des nœuds en lacs d'amour, qui entoure le tableau, dit au maçon que la société dont il fait partie enveloppe la terre, et que la distance, loin de relâcher les liens qui en unissent les membres l'un à l'autre, doit, au contraire, les resserrer davantage.

Lorsque l'orateur a terminé son discours, on procède à l'exécution des travaux à l'ordre du jour ; ensuite la loge est fermée de la même manière à peu près qu'elle a été ouverte.

Au grade d'apprenti et au grade de compagnon, la décoration du temple n'offre aucune différence. Au grade de maître, l'aspect en est complètement changé. La tenture est noire; des têtes de mort, des squelettes, des ós en sautoir y sont peints ou brodés en blanc. Une seule bougie, de cire jaune, placée à l'orient, éclaire la loge, qu'on appelle alors la *chambre du milieu.* Le vénérable, à qui l'on donne le titre de *très respectable,* a, sur son autel, outre l'épée flamboyante, la Bible, l'équerre et le compas, et son maillet de direction, qui est garni de bourre aux deux extrémités, une lanterne sourde formée d'une tête de mort, de laquelle la lumière s'échappe seulement par les ouvertures des yeux. Au lieu de maillet, les surveillants tiennent à la main un rouleau de gros papier, de neuf pouces de circonférence et de dix-huit pouces de long. Le premier surveillant a, de plus, sur son autel, une équerre; le second surveillant a, sur le sien, une règle de vingt-quatre pouces. Au milieu de la loge, est un matelas recouvert d'un drap mortuaire. A la tête de cette espèce de tombe, on place une équerre; aux pieds, vers l'orient, un compas ouvert; au-dessus, une branche d'acacia. Tous les assistants ont la tête couverte, et portent, indépendamment de leur tablier et de leur cordon d'office, un large ruban bleu moiré, sur lequel sont brodés le soleil, la lune et sept étoiles. Ce ruban leur descend de l'épaule gauche à la hanche droite.

On procède aux travaux de ce grade de la même façon qu'on le fait dans les deux précédents. Il n'y a de changé que le formulaire de la réception.

Le candidat est amené à la porte de la chambre du milieu, dans les loges dites *écossaises,* par le maître des cérémonies; dans les loges *françaises,* par l'expert; dans les loges anglaises et américaines, par le premier diacre, ou *senior deacon.* Il a les pieds déchaussés, le bras et le sein gauche nus, une équerre attachée au bras droit. Une corde, dont son conducteur tient une extrémité, lui fait trois fois le tour de la ceinture, et on l'a dépouillé de tous les métaux qu'il pouvait avoir sur lui. Le maître des cérémonies le fait frapper en compagnon. A ce bruit, l'assemblée s'émeut.

— Très respectable, dit le premier surveillant d'une voix altérée, un compagnon vient de frapper à la porte.

— Voyez, répond le très respectable, comment il a pu y parvenir; et sachez quel est et ce que veut ce compagnon.

Le surveillant s'en informe, et il dit :

— C'est le maître des cérémonies présentant à la loge un compagnon qui a fait son temps, et qui sollicite son admission à la maîtrise.

— Pourquoi, dit le très respectable, le maître des cérémonies vient-il troubler notre douleur? N'aurait-il pas dû, au contraire, dans un pareil moment, éloigner toute personne suspecte, et particulièrement un compagnon ?

Qui sait cependant si le compagnon qu'il amène n'est pas un des misérables qui causent notre deuil, et si le ciel lui-même ne le livre pas à notre juste vengeance! Frère expert, armez-vous et emparez-vous de ce compagnon; visitez avec soin toute sa personne; examinez surtout ses mains; assurez-vous enfin s'il n'existe sur lui aucune trace de sa complicité dans le crime affreux qui a été commis.

L'expert se porte vivement près du candidat, le visite et lui arrache son tablier. Il rentre ensuite dans la loge, à la porte de laquelle il laisse le candidat sous la garde de quatre frères armés.

— Très respectable, dit l'expert, je viens d'exécuter vos ordres. Je n'ai rien trouvé sur le compagnon qui indique qu'il ait commis un meurtre. Ses vêtements sont blancs, ses mains sont pures, et ce tablier, que je vous apporte, est sans tache.

— Vénérables frères, dit le très respectable, veuille le Grand Architecte que le pressentiment qui m'agite ne soit pas fondé, et que ce compagnon ne soit pas un de ceux que doit poursuivre notre vengeance! Ne pensez-vous pas néanmoins qu'il convient de l'interroger? Ses réponses nous apprendront sans doute ce que nous devons penser de lui.

Tous les frères font le signe d'assentiment.

— Frère expert, reprend le très respectable, demandez à ce compagnon comment il a osé espérer être introduit parmi nous.

— En donnant le mot de passe, répond le récipiendaire.

— Le mot de passe! s'écrie le vénérable. Comment peut-il le connaître! Ce ne peut être que par suite de son crime..... Vénérable frère premier surveillant, transportez-vous près de lui et l'examinez avec un soin scrupuleux.

Le premier surveillant sort de la loge, examine en détail les vêtements du récipiendaire, lui visite ensuite la main droite, et s'écrie :

— Grands dieux! qu'ai-je vu!

Puis il le saisit au collet, et lui dit d'une voix menaçante :

— Parle, malheureux! Comment donneras-tu le mot de passe? Qui a pu te le communiquer?

— Je ne le connais pas, répond le récipiendaire. Ce sera mon conducteur qui le donnera pour moi.

Cette réponse est transmise au très respectable, qui dit :

— Faites-vous-le donner, vénérable frère premier surveillant.

Le maître des cérémonies prononce ce mot à l'oreille du premier surveillant, qui dit ensuite :

— Le mot de passe est juste, très respectable.

On introduit alors le récipiendaire en le faisant marcher à reculons, et on e conduit ainsi au bas du simulacre de tombe qui est placé au milieu de la loge. Le dernier maître reçu s'y est étendu, couvert du drap mortuaire des pieds à la ceinture, et tenant à la main une branche d'acacia. Arrivé là, le récipiendaire se tourne du côté de l'orient.

— Compagnon, lui dit le très respectable, il faut que vous soyez bien imprudent ou que vous ayiez bien peu le sentiment des convenances pour vous présenter ici dans un moment où nous déplorons la perte de notre respectable maître Hiram-Abi, traîtreusement mis à mort par trois compagnons, et lorsque tous les frères de votre grade nous inspirent de si justes soupçons! Dites-moi, compagnon, avez-vous trempé dans cet horrible attentat? Êtes-vous un des infâmes qui l'ont commis? Voyez leur ouvrage !

On montre au récipiendaire le corps qui est dans le cercueil.

— Non, répond-il.

— Faites voyager ce compagnon, dit le très respectable.

Le maître des cérémonies prend alors le récipiendaire par la main droite et lui fait faire le tour de la loge. Quatre frères armés l'accompagnent, et un expert le suit, tenant un bout de la corde qui lui entoure la ceinture. Arrivé près du très respectable, il lui frappe trois coups sur l'épaule.

— Qui va là? dit le très respectable.

— C'est, répond le maître des cérémonies, un compagnon qui a fait son temps et qui demande à passer dans la chambre du milieu.

— Comment espère-t-il y parvenir?

— Par le mot de passe.

— Comment le donnera-t-il, s'il ne le sait pas?

— Je vais le donner pour lui.

Le maître des cérémonies s'approche du très respectable, et lui donne ce mot à l'oreille.

— Passe, T....., dit le très respectable.

Ce cérémonial accompli, le récipiendaire est conduit à l'occident, d'où on le fait revenir à l'orient par la marche mystérieuse du grade de maître. Parvenu à l'autel, il s'agenouille; on lui pose les deux pointes d'un compas ouvert sur le sein; et, la main étendue sur la Bible, il prononce son obligation.

— Levez-vous, frère J......, lui dit ensuite le très respectable. Vous allez représenter notre respectable maître Hiram-Abi, qui fut cruellement assassiné lors de l'achèvement du temple de Salomon, ainsi que je vais vous le raconter tout à l'heure.

En ce moment, le très respectable descend de son trône; se place, au bas des marches de l'orient, vis-à-vis du récipiendaire; et le reste des assistants se groupe autour du cercueil, d'où, quelques instants auparavant, s'est furtivement retiré le frère qui s'y était couché.

7

Tout étant ainsi disposé, le très respectable parle au récipiendaire dans les termes suivants :

— Hiram-Abi, célèbre architecte, avait été envoyé à Salomon, par Hiram, roi de Tyr, pour diriger les travaux de construction du temple de Jérusalem. Le nombre des ouvriers était immense. Hiram-Abi les distribua en trois classes, qui recevaient chacune un salaire proportionné au degré d'habileté qui la distinguait. Ces trois classes étaient celles d'apprenti, de compagnon et de maître. Les apprentis, les compagnons et les maîtres avaient leurs mystères particuliers et se reconnaissaient entre eux à l'aide de mots, de signes et d'attouchements qui leur étaient propres. Les apprentis touchaient leur salaire à la colonne B.; les compagnons, à la colonne J.; les maîtres, dans la chambre du milieu; et le salaire n'était délivré par les payeurs du temple à l'ouvrier qui se présentait pour le recevoir, que lorsqu'il avait été scrupuleusement *tuilé* dans son grade. Trois compagnons voyant que la construction du temple approchait de sa fin et qu'ils n'avaient encore pu obtenir les mots de maître, résolurent de les arracher par la force au respectable Hiram-Abi, afin de passer pour maîtres dans d'autres pays, et de s'en faire adjuger la paie. Ces trois misérables, appelés Jubelas, Jubelos et Jubelum, savaient qu'Hiram-Abi allait tous les jours à midi faire sa prière dans le temple, pendant que les ouvriers se reposaient. Ils l'épièrent, et, dès qu'ils le virent dans le temple, ils s'embusquèrent à chacune des portes : Jubelas à celle du midi, Jubelos à celle de l'occident, et Jubelum à celle de l'orient. Là, ils attendirent qu'il se présentât pour sortir. Hiram dirigea d'abord ses pas vers la porte du midi. Il y trouva Jubelas, qui lui demanda le mot de maître, et qui, sur son refus de le lui donner avant qu'il eût fini son temps, lui asséna, en travers de la gorge, un coup violent d'une règle de vingt-quatre pouces dont il était armé.

En cet endroit de son récit, le très respectable s'arrête, et le récipiendaire est conduit par le maître des cérémonies près du second surveillant.

— Donnez-moi le mot de maître, dit le second surveillant.

— Non, répond le récipiendaire.

Cette demande et ce refus se répètent trois fois. A la dernière, le second surveillant frappe le récipiendaire à la gorge d'un coup de règle.

— Hiram-Abi, reprend le très respectable, s'enfuit à la porte de l'occident. Il trouva là Jubelos, qui ne pouvant, pas plus que Jubelas, obtenir de lui le mot de maître, lui porta au cœur un coup furieux avec une équerre de fer.

Ici, le très respectable s'interrompt de nouveau. Le récipiendaire est conduit près du premier surveillant, qui lui demande le mot de maître à trois reprises, et qui, se le voyant chaque fois refuser, le frappe au cœur d'un

Pl. 5.

yens del.

Monnin Sculp.

RÉCEPTION DE MAITRE.

Publié par Pagnerre

coup d'équerre. Cela fait, le récipiendaire est ramené devant le très respectable, qui continue son récit en ces termes :

— Ébranlé du coup, Hiram-Abi recueillit ce qu'il lui restait de forces, et tenta de se sauver par la porte de l'orient. Il y trouva Jubelum, qui lui demanda, comme ses deux complices, le mot de maître, et qui, n'obtenant pas plus de succès, lui déchargea sur le front un si terrible coup de maillet, qu'il l'étendit mort à ses pieds.

En achevant ces mots, le très respectable frappe vivement le récipiendaire au front avec son maillet, et deux frères, placés à ses côtés, l'entraînent en arrière, et le couchent sur le dos dans le simulacre de tombe qui se trouve en ce moment derrière lui (1). On le couvre ensuite du drap mortuaire, et l'on met près de lui la branche d'acacia.

— Les trois assassins s'étant rejoints, poursuit le très respectable, se demandèrent réciproquement la parole de maître. Voyant qu'ils n'avaient pu l'arracher à Hiram, et, désespérés de n'avoir tiré aucun profit de leur crime, ils ne songèrent plus qu'à en faire disparaître les traces. A cet effet, ils enlevèrent le corps et le cachèrent sous des décombres. La nuit venue, ils le portèrent hors de Jérusalem, et allèrent l'enterrer au loin sur une montagne. Le respectable maître Hiram-Abi ne paraissant plus aux travaux comme à l'ordinaire, Salomon ordonna à neuf maîtres de se livrer à sa recherche. Ces frères suivirent successivement différentes directions, et, le deuxième jour, ils arrivèrent au sommet du Liban. Là, un d'eux, accablé de fatigue, se reposa sur un tertre, et s'aperçut que la terre qui formaient ce tertre avait été remuée récemment. Aussitôt il appela ses compagnons et leur fit part de sa remarque. Tous se mirent en devoir de fouiller la terre en cet endroit, et ils ne tardèrent pas à découvrir le corps d'Hiram-Abi : ils virent avec douleur que ce respectable maître avait été assassiné. N'osant, par respect, pousser leur recherche plus loin, ils recouvrirent la fosse ; et, pour en reconnaître la place, ils coupèrent une branche d'acacia, qu'ils plantèrent dessus. Alors, ils se retirèrent vers Salomon, à qui ils firent leur rapport..... Mes frères, poursuit le très respectable, imitons ces anciens maîtres. Vénérables frères premier et second surveillants, partez chacun à la tête de votre colonne, et livrez-vous à la recherche du respectable maître Hiram-Abi.

Les surveillants font le tour de la loge en sens inverse, en se dirigeant, l'un, par le nord, l'autre, par le midi. Le premier s'arrête près du récipiendaire, soulève le drap qui le couvre, lui met dans la main droite la branche d'acacia ; et se tournant ensuite vers le très respectable, il lui dit :

— J'ai trouvé une fosse nouvellement fouillée, où gît un cadavre, que je

(1) *Voyez* planche nº 5.

suppose être celui de notre respectable maître Hiram-Abi. J'ai planté sur la place une branche d'acacia, afin de la reconnaître plus aisément.

— A cette triste nouvelle, reprend le très respectable, Salomon se sentit pénétré de la plus profonde douleur. Il jugea que la dépouille mortelle renfermée dans la fosse ne pouvait être, en effet, que celle de son grand architecte Hiram-Abi. Il ordonna aux neuf maîtres d'aller faire l'exhumation du corps, et de le rapporter à Jérusalem. Il leur recommanda particulièrement de chercher sur lui la parole de maître; observant que, s'ils ne l'y trouvaient pas, ils devaient en conclure qu'elle était perdue. Dans ce cas, il leur enjoignit de se bien rappeler le geste qu'ils feraient et le mot qu'ils proféreraient à l'aspect du cadavre, afin que ce signe et ce mot fussent désormais substitués au signe et à la parole perdus. Les neuf maîtres se revêtirent de tabliers et de gants blancs; et, arrivés sur le mont Liban, ils firent la levée du corps..... Mes frères, ajoute le très respectable, imitons encore en cela nos anciens maîtres, et essayons ensemble d'enlever les restes de notre infortuné maître Hiram-Abi.

Le très respectable fait le tour du cercueil, à la tête de tous les frères. Arrivé à la droite du récipiendaire, il s'arrête, et lui ôte des mains la branche d'acacia.

— Nous voici parvenus, dit-il, à l'endroit qui renferme le corps de notre respectable maître : cette branche d'acacia en est le sinistre indice. Vénérables frères, exhumons sa dépouille mortelle.

Le très respectable soulève le drap mortuaire et découvre le récipiendaire entièrement. Ensuite il fait le signe et prononce le mot de maître, et il accomplit le reste du cérémonial consacré.

Lorsque le nouveau maître a renouvelé son serment, qu'il a été constitué, initié, proclamé et reconnu, on le fait asseoir à l'orient, à la droite du très respectable, et l'orateur lui adresse un discours dont voici la substance :

« Vénérable frère, le très respectable vient de vous dévoiler les plus secrets mystères de la franc-maçonnerie. C'est à moi maintenant à vous en expliquer l'allégorie générale.

« Notre institution, mon frère, remonte aux temps les plus reculés. Elle a subi dans ses formes extérieures l'influence des siècles; mais son esprit est constamment resté le même.

« Les Indiens, les Égyptiens, les Syriens, les Grecs, les Romains, vous le savez, avaient des mystères. Les *temples* où l'on y était initié offraient, dans leur ensemble, *l'image symbolique de l'univers*. Le plus souvent, la voûte de ces temples, étoilée comme le firmament, était soutenue par douze colonnes, qui figuraient les douze mois de l'année. La plate-bande qui couronnait les colonnes s'appelait zoophore ou zodiaque, et un des douze signes

élestes y répondait à chacune des colonnes. Quelquefois aussi, la lyre d'A-
pollon, emblème de cette mélodie que, selon les anciens initiés, produit le
mouvement des corps célestes, mais que nos organes trop imparfaits ne peuvent saisir, y tenait la place des signes du zodiaque. Le corps de cette lyre
tait formé par le crâne et par les deux cornes du bœuf, animal qui, pour
voir été employé à sillonner la terre, était devenu le symbole de l'astre qui
a féconde; les cordes, au nombre de sept, faisaient allusion aux sept planètes alors connues.

« On retrouve les mêmes types symboliques dans les temples des Gaulois
et des Scandinaves. L'*Edda* rapporte qu'un roi de Suède, appelé Gilfe (1),
introduit dans le palais d'Asgard, c'est-à-dire dans le séjour des Dieux, vit
le *toit* de ce palais élevé à perte de vue et couvert de boucliers dorés ou
d'étoiles. Il avait rencontré sur le seuil un homme qui s'exerçait à lancer en
l'air sept fleurets à la fois. Dans le langage hiéroglyphique des initiés, les
épées et les poignards se prennent pour les rayons des astres: ces fleurets se
rapportaient donc figurativement au système planétaire, et le palais d'Asgard
offrait conséquemment une représentation de l'univers.

« L'antre de Mithra, ou du dieu-soleil, était un autre emblème du monde.
Les initiés de la Perse consacraient les antres au culte de ce dieu. Ils les partageaient en divisions géométriques, et ils y figuraient en petit l'ordre et la
disposition de l'univers. C'est à leur exemple que l'usage s'était établi de
célébrer les mystères dans des antres; et cela explique pourquoi Pythagore
et Platon appelaient le monde un antre, une caverne. Dans le cérémonial
de la réception, les mithriades montaient une échelle, le long de laquelle
il y avait sept portes. Chaque porte figurait une des planètes, à travers lesquelles, selon la doctrine de tous les initiés, passaient successivement les
âmes, qui s'y purifiaient et parvenaient enfin au firmament, séjour de la
lumière incréée, dont elles s'étaient détachées originairement pour venir
habiter la terre et s'y unir au corps.

« La franc-maçonnerie, mon frère, a des symboles analogues. Je ne vous

---

(1) Ce nom vient du tudesque *wolf*, et signifie *loup*, ou initié. Cette substitution du
g au *w* est commune dans les langues du Nord. Ainsi, le mot anglais *wages* est notre
mot français *gages*; le nom de la province anglaise de *Wales* s'écrit *Galles* en français.
Il n'est pas rare non plus qu'il y ait substitution de voyelles dans les mots qui passent
d'une langue à une autre. Les voyelles se transforment également, dans une même
langue, avec le temps: en français, par exemple, la diphtongue *oi*, qui se prononce
aujourd'hui *è*, s'est successivement prononcée *oa* et *oé*. On sait, d'un autre côté, que
les *points* ont été ajoutés à l'écriture hébraïque dans le but de fixer la valeur des voyelles, qui, auparavant, variait à l'infini. Les philologues admettront notre étymologie
sans démonstration.

parlerai pas de cette étymologie qui fait dériver le mot de *loge* du sanskrit *loca* ou *loga,* qui signifie *monde,* bien qu'en considérant l'affinité qui existe entre le sanskrit et les langues grecque et latine, dont les idiômes modernes sont formés, une telle étymologie ne dût pas paraître forcée (1). Je vous ferai seulement remarquer que, d'après le catéchisme du grade d'apprenti, les dimensions de la loge sont celles de l'*univers;* que sa longueur est de l'orient à l'occident, sa largeur du midi au septentrion, sa profondeur de la surface de la terre au centre, sa hauteur d'innombrables coudées; que les piliers qui la soutiennent sont la Sagesse, la Force et la Beauté, attributs principaux de la création; enfin qu'il faut monter sept degrés pour parvenir à la porte de la loge, et que ces sept degrés rappellent l'échelle emblématique de Mithra.

« Dans tous les mystères anciens, comme dans l'initiation maçonnique, *le cérémonial de la réception figurait les révolutions des corps célestes et leur action fécondante sur la terre.* Ce cérémonial faisait également allusion aux diverses *purifications de l'ame* pendant son passage à travers les planètes, où elle revêtait des corps plus purs à mesure qu'elle se rapprochait de sa source, la lumière incréée. Les prêtres, qui présidaient à l'initiation, lui attribuaient la vertu de dispenser l'ame de l'initié des diverses migrations planétaires; cette ame, à la mort de l'adepte, passait directement dans le séjour de l'éternelle béatitude.

« Par une conséquence toute naturelle de ces prémisses emblématiques, les *officiers,* qui présidaient aux initiations de l'antiquité, et notamment à celle d'Eleusis, représentaient *les grands agents de la création.* L'hiérophante, que l'on peut comparer au vénérable de la loge, figurait le Démi-Ourgos, le Grand Architecte, le Charpentier du monde. La dadouque, second ministre, le même que notre premier surveillant, représentait le soleil; il en portait l'image sur la poitrine. L'épibome, ou notre second surveillant, représentait la lune; il était décoré du croissant de cette planète. Enfin le céryce, ou hérault sacré, l'orateur de l'initiation maçonnique, symbolisait la *parole,* c'est-à-dire la vie, dans la langue mystique. On trouve les mêmes ministres, moins le dernier, dans l'initiation scandinave. Gilfe ayant, comme vous l'avez vu, pénétré dans palais d'Asgard, « aperçut, dit l'*Edda,* trois « trônes élevés l'un au-dessus de l'autre, et, sur chaque trône, un homme « assis. Il demanda lequel des trois était le roi (2). Son conducteur répondit:

(1) On tire aussi l'étymologie du nom de maçon du mot indien *mazer,* templier, faiseur de temples; formé de *maz,* temple, et de la finale *er,* qui indique la caste, la profession.

(2) Dans le langage figuré des initiés anciens, on désignait le soleil sous le nom de

— Celui que vous voyez assis sur le premier trône est le roi ; il se nomme Har, c'est-à-dire sublime ; le second Jafnhar, l'égal du sublime ; mais celui qui est le plus élevé s'appelle Trédie, ou le nombre trois. » Les chrétiens ont conservé, de leurs mystères primitifs, une hiérarchie symbolique du même genre : le pape, du grec *pappas*, père, créateur ; l'évêque, d'*épiscopos*, surveillant ; et l'archevêque, d'*arché épiskopos*, premier surveillant. Vous devez vous rappeler, mon frère, que les catéchismes maçonniques sont fort explicites en ce qui touche le rôle emblématique des trois premiers officiers de la loge ; ils disent, en effet, qu'au moment où l'apprenti reçoit l'initiation, il aperçoit « trois sublimes lumières de la maçonnerie : *le soleil, la lune et le maître de la loge.* »

« Indépendamment de la hiérarchie des fonctions, les anciens initiés avaient une *hiérarchie de grades*. Ainsi, les isiades passaient par trois degrés d'initiation : les mystères d'Isis, ceux de Sérapis et ceux d'Osiris. Après le temps d'épreuves, les initiés d'Eleusis devenaient mystes, puis époptes. Les Pythagoriens avaient trois grades : auditeur, disciple, physicien ; les premiers chrétiens, trois grades aussi : auditeur, compétent, fidèle ; les manichéens, trois grades également : auditeur, élu, maître. Les seuls mithriades en avaient sept : soldat, lion, corbeau, perse, bromius, hélios et père. A l'exemple de toutes les initiations, la franc-maçonnerie a trois grades, ceux d'apprenti, de compagnon et de maître.

« Comme de nos jours, le cérémonial mystique s'accomplissait *secrètement* dans les anciens mystères ; et l'on n'était admis à en être témoin qu'après avoir subi de longues et pénibles *épreuves*, et s'être engagé par un *serment* solennel, à n'en divulguer aux profanes ni les détails ni la signification. Macrobe nous explique les motifs de cette réserve : « La nature, dit- « il, craint d'être exposée nue à tous les regards. Non-seulement elle aime « à se travestir pour échapper aux yeux grossiers du vulgaire ; mais encore « elle exige des sages un *culte emblématique*. Voilà pourquoi les initiés « eux-mêmes n'arrivent à la connaissance des mystères que par les voies « détournées de l'allégorie.

« Le parallèle auquel je viens de me livrer, mon frère, était indispensable pour que vous pussiez aisément comprendre et admettre ce qu'il me reste à vous dire.

« Bien que, d'après nos traditions, Salomon soit le fondateur de la franc-maçonnerie, le personnage qui joue le principal rôle dans la légende est

roi, parce qu'on le considérait comme le chef et le directeur du système planétaire. La lune était l'épouse, la sœur, l'égale du soleil. On attribuait au soleil une influence directe sur les animaux et sur les minéraux ; à la lune, une pareille influence sur la végétation.

Hiram, l'architecte du temple de Jérusalem. Hiram, le même qu'Osiris, que Mithra, que Bacchus, que Balder, que tous les dieux célébrés dans les mystères anciens, est une des mille *personnifications du soleil*. *Hiram* signifie en hébreu : vie élevée ; ce qui désigne bien la position du soleil par rapport à la terre. Selon l'historien Josèphe, Hiram était fils d'un Tyrien nommé *Ur*, c'est-à-dire feu. On l'appelle aussi Hiram-Abi, Hiram père, comme les Latins disaient : *Jovis pater,* Jupin père ; *liber pater,* Bacchus père. Mais alors il existe, entre Hiram et Hiram-Abi, la même différence que chez les Égyptiens, par exemple, entre Horus et Osiris. Celui-ci est le soleil qui s'éteint au solstice d'hiver ; celui-là, le soleil qui renaît à la même époque.

« Hiram est représenté comme le chef des constructeurs du temple de Salomon. Cette allégorie *maçonnique* se retrouve dans les fables du paganisme, et jusque dans la Bible. Dans les premières, on voit Apollon, ou le soleil, travailler comme maçon à la construction des murs de Troie, et Cadmus, qui est aussi le soleil, bâtir Thèbes aux sept portes, qui avaient les noms des sept planètes. L'*Edda* des Scandinaves parle d'un architecte qui propose aux dieux de leur construire une ville, et leur demande pour salaire le soleil et la lune. Dans la Bible, on lit, au livre des *Proverbes,* ces paroles significatives : « La souveraine sagesse a *bâti sa maison* ; elle a taillé ses *sept colonnes.* » Vous remarquerez en outre qu'on saupoudrait de *plâtre* le récipiendaire dans certaines initiations anciennes (1).

« Pendant le cérémonial qui s'est accompli, mon frère, à votre triple réception, nous avons figuré *la révolution annuelle du soleil*, et vous avez *représenté cet astre*. Le même rite était en usage dans les anciennes initiations.

« Le mythe des trois grades maçonniques embrasse les principales divisions de la course annuelle du soleil. Le premier grade se rattache au temps qui s'écoule entre le solstice d'hiver et l'équinoxe du printemps ; le second, au temps compris entre l'équinoxe du printemps et l'équinoxe d'automne ; et le troisième, au temps qui suit, jusqu'au solstice d'hiver.

« Aspirant, vous avez d'abord été placé dans un lieu de ténèbres et en-

---

(1) Les noms d'architectes que nous a transmis l'antiquité : Chemmis, Dorus, Satyrus, Pithée, Briassis, Trophonius, Agamède, Dédale, Deucalion, Thésée, Callimaque, etc., sont autant de noms du soleil et de la lune. La construction du temple d'Apollon à Delphes est attribué à Agamède et à son frère Trophonius. Plutarque dit que, lorsque le temple fut achevé, les deux frères demandèrent au dieu leur récompense. Apollon leur ordonna d'attendre huit jours, et de faire bonne chère jusque-là. Ce terme arrivé, on les trouva morts. Le dieu scandinave Thor tue également les deux architectes qui demandaient le soleil et la lune pour bâtir une ville aux immortels.

ouré des images de la destruction ; vous en êtes sorti les yeux couverts d'un
bandeau, et à moitié nu. Toutes ces circonstances faisaient allusion au soleil
d'hiver sans lumière, sans chaleur et sans force ; à la nature triste et dépouil-
ée de ses ornements accoutumés. Vous étiez alors l'Horus des Égyptiens,
l'Iacchus des Athéniens, le Cadmilus de Samothrace ; en un mot, le soleil
renaissant. On vous a introduit dans le temple ; vous y avez fait trois voyages, au milieu du bruit, des secousses réitérées qu'éprouvait le sol sur lequel vous marchiez ; vous avez été purifié par l'eau, par le feu ; vos yeux se
sont ouverts à la lumière. Ne reconnaissez-vous point là les vicissitudes des
trois mois de l'année que traverse le soleil au commencement de sa révolution, les ouragans, les pluies, et enfin le printemps qui rend la paix, la vie et
la clarté à la nature? Le *frère terrible* qui vous accompagnait et vous soumettait aux épreuves, c'est Typhon, le méchant frère d'Osiris, le mauvais
principe, qui lutte constamment contre la lumière et sa chaleur vivifiante.

« La réception au grade de compagnon offre une continuation de la même
allégorie. Là, vous n'étiez plus cet apprenti qui dégrossit la pierre brute, ou
le soleil qui jette des semences de fécondité dans une terre nue et sans grâce ;
vous étiez l'ouvrier habile qui donne à la matière des formes élégantes et
symétriques. Vous avez accompli cinq voyages, puis un sixième, et alors on
vous a communiqué une parole qui signifie *épi,* pour vous rappeler l'action
fécondante du soleil pendant les six mois qui s'écoulent entre les deux
équinoxes.

« Au grade de maître, où vous venez d'être reçu, la scène se rembrunit,
et, en effet, à l'époque où l'on est arrivé, le soleil commence à redescendre
vers l'hémisphère inférieur. La légende que l'on vous a racontée rapporte
que, le temple étant presque achevé, c'est-à-dire que le soleil étant parvenu
aux trois quarts de sa course annuelle, trois mauvais compagnons, les trois
mois d'automne, conspirèrent contre les jours d'Hiram-Abi. Pour consommer leur attentat, ils s'apostent aux trois portes du temple situées au midi,
à l'occident et à l'orient, les trois points du ciel où paraît le soleil : et, au moment où Hiram, ayant achevé sa prière, se présente pour sortir à la porte du
midi, un des trois compagnons lui demande la parole sacrée, qu'Hiram est
alors dans l'impuissance de donner. La parole, je vous l'ai dit : c'est la vie :
la présence du soleil dans sa force provoque, en effet, les acclamations, les
chants de tout de ce qui respire ; son absence rend tout muet. Hiram ayant
refusé de donner la parole, est aussitôt frappé à la gorge d'un coup de règle
de vingt-quatre pouces. Ce nombre est celui des heures de la révolution
diurne du soleil. C'est l'accomplissement de cette division du temps, celle
du jour en vingt-quatre heures, qui porte le premier coup à l'existence du
soleil. Hiram s'imagine pouvoir fuir par la porte de l'occident ; mais, là,

il rencontre le second compagnon, qui, sur son refus de lui donner la parole, le frappe au cœur d'une équerre de fer. Si vous divisez en quatre parties le cercle du zodiaque, et que, de deux points de section les plus rapprochés, vous tiriez deux lignes droites convergentes vers le centre, vous aurez une équerre, c'est-à-dire un angle ouvert à 90 degrés. Le second coup porté au maître fait donc allusion au préjudice que porte au soleil la seconde distribution du temps, celle de l'année en quatre saisons. Enfin, Hiram - Abi, espérant pouvoir fuir par la porte de l'orient, s'y présente. Il y trouve le troisième compagnon, qui, après lui avoir, lui aussi, demandé vainement la parole, le frappe au front d'un coup mortel avec un maillet. La forme cylindrique du maillet figure l'accomplissement total du cercle de l'année.

« Les circonstances qui suivent sortent de ce principal thême, bien qu'elles aient toujours rapport à la mort fictive du soleil.

« A peine les compagnons ont-ils consommé le meurtre d'Hiram, que déjà ils éprouvent des remords et des craintes, et qu'ils songent à faire disparaître les traces de leur crime. D'abord ils cachent le cadavre sous des décombres, image des frimats et du désordre qu'amène l'hiver; puis ils vont l'enterrer sur le mont Liban.

« Il est à remarquer que cette montagne joue un rôle important dans la légende d'Adonis ou Adonaï, dont les mystères, établis chez les Tyriens, s'étaient introduits parmi les juifs, qui avaient donné au dieu le nom de Thammuz. C'est sur le mont Liban qu'Adonis avait été mis à mort par un sanglier, emblème de l'hiver, comme le démontre Macrobe; et c'est là qu'il avait été retrouvé par Vénus en pleurs.

« Hiram ne reparaissant plus, Salomon envoie à sa recherche neuf maîtres, figure des neuf bons mois de l'année. Arrivés sur le mont Liban, ils découvrent le corps inanimé d'Hiram, que les trois mauvais compagnons y avaient enseveli. Ils plantent sur la fosse, qu'ils ont recouverte, une branche d'acacia, arbre que les anciens Arabes avaient, sous le nom d'*huzza*, consacré au soleil. C'est le rameau de myrte de l'initiation grecque; le rameau d'or de Virgile, le gui des Gaulois et des Scandinaves, l'aubépine des chrétiens. Enfin, après que le cadavre du maître a été exhumé, la parole sacrée est changée; car c'est un autre soleil qui va naître.

« Telle est en substance, mon frère, cette allégorie de la maîtrise, dont les traits fondamentaux se retouvent dans les fables d'Osiris, d'Adonis, de Bacchus, de Balder et de tous les autres dieux célébrés dans les mystères de l'antiquité. Dans toutes, c'est un homme vertueux qu'on assassine, dont on veut cacher la mort; ce sont des recherches; c'est une sépulture sur laquelle s'élève une plante : c'est, en un mot, la même pensée.

« Dans votre réception au grade de maître, nous avons mis en action histoire d'Hiram-Abi. Vous êtes entré à reculons dans la loge, pour figurer la marche rétrograde du soleil d'hiver. On vous a successivement conduit au midi, à l'occident, à l'orient, où, à l'imitation d'Hiram-Abi, vous avez reçu tour à tour les trois coups mortels. En recevant le dernier, votre cadavre fictif a été renversé dans une fosse, sur laquelle on a planté une branche d'acacia. Bien que les anciens initiés aient été fort sobres d'explications sur le cérémonial des mystères, nous trouvons toutefois dans les écrits qu'ils nous ont laissés des traces d'une cérémonie analogue. C'est ainsi que, d'après Lucien, il y avait dans l'initiation d'Adonis, un moment où le récipiendaire *se couchait à terre.* A Chio et à Ténédos notamment, dans les mystères de Dionysius, ou Bacchus (le soleil), les initiés, suivant Porphyre, commémoraient la fable de Bacchus mis à mort par les Titans ; et « le dieu était représenté par *un homme qu'on immolait.* » Enfin, Lampride, dans sa *Vie de l'empereur Commode,* nous apprend que ce prince, assistant aux mystères de Mithra, *immola un homme de sa propre main;* mais l'écrivain a soin d'insinuer que ce n'était là qu'un simple *simulacre,* sans effusion de sang. Lorsque vous avez été placé dans la fosse, les deux surveillants, suivis des frères auxquels ils commandent, ont fait autour du cercueil, en commémoration de la recherche du corps d'Hiram, deux tours en sens opposés, l'un d'orient en occident, l'autre d'occident en orient. D'après Celse, cité par Origène, les mithriades accomplissaient dans leurs mystères une procession du même genre, « pour représenter le double mouvement des étoiles fixes et « des planètes. »

« Enfin, ce cérémonial achevé, on a simulé sur votre personne, l'exhumation d'un cadavre, ainsi que cela eut lieu, suivant les légendes sacrées, pour les corps d'Hiram, d'Osiris et des autres dieux.

« Les ornements dont vous êtes décoré rentrent dans l'allégorie solaire, comme les autres circonstances de votre réception. Votre tablier, par sa forme semi-circulaire, figure l'hémisphère inférieur. Le cordon que vous portez de l'épaule gauche à la hanche droite est la bande zodiacale ; la couleur en est bleue, parce que, de même que les anciens initiés, les francs-maçons affectent cette couleur aux signes inférieurs du zodiaque. Le bijou suspendu au bas de votre cordon se compose d'un compas sur une équerre. Le compas est l'emblème du soleil ; la tête figure le disque de cet astre ; les branches en représentent les rayons. L'équerre fait allusion à cette portion de la circonférence de la terre que le soleil éclaire de son zénith.

« Dans toutes les cérémonies qui s'accomplissent en loge, vous reconnaîtrez constamment la même pensée. Ainsi, notre association s'est mise sous l'invocation de saint Jean, c'est-à-dire de Janus, le soleil des solstices. Aussi est-ce à ces deux époques de l'année que nous célébrons la fête de notre pa-

tron, avec un cérémonial tout astronomique. La table à laquelle nous pre-
nons place a la forme d'un fer-à-cheval et représente figurativement la moitié
du cercle du zodiacre. Dans les travaux de table, nous portons sept santés ;
ce nombre est celui des planètes, auxquelles les anciens initiés offraient aussi
sept libations.

« Il y a encore dans la franc-maçonnerie un autre point de similitude
avec les doctrines des initiations de l'antiquité; c'est l'emploi des nombres
mystiques, mais restreint aux impairs, comme les plus parfaits : *Numero
Deus impare gaudet*. Pour ne pas prolonger davantage cette explication,
déjà trop étendue, je ne vous déroulerai pas ici la théorie complète de ce
genre de symboles; vous la trouverez dans Macrobe, dans Aulu Gelle, dans
les *Vers dorés,* et, plus près de nous, dans Ticho-Brahé. Il vous suffira de
savoir quant à présent que les âges emblématiques des trois grades qui vous
ont été successivement donnés se rattachent à cette théorie : l'apprenti a
trois ans, nombre de la génération, qui comprend les trois termes : agent,
patient et produit; le compagnon a *cinq ans,* nombre de la vie active, carac-
térisée dans l'homme par les cinq sens; le maître a *sept ans,* nombre de la
perfection, par allusion aux sept planètes primitivement connues, qui complétaient le système astronomique; par allusion aussi aux purifications que
les ames subissaient en traversant les sept mondes, et qui les rendaient aptes
à être admises dans le séjour lumineux, siége et foyer de l'ame universelle.

« Là, s'arrête, mon frère, la véritable franc-maçonnerie, héritage précieux que nous a légué la vénérable antiquité. Au delà, vous ne trouverez
que vanité, déraison et mensonge. Les hauts grades prétendus ne sont que
d'inutiles réduplications de la maîtrise, ou que des compositions dans lesquelles le ridicule le dispute à l'absurde. Les doctrines les plus décriées en
forment généralement la base; on y enseigne, sous le voile d'indigestes allégories, la théosophie, la magie, l'art de faire de l'or; en un mot, toutes les
sciences occultes, et qui sont, en effet, si bien cachées que ceux-là même qui
les professent ne pourraient les définir. Voilà pour les grades qu'on appelle
philosophiques. Quant aux grades historiques, vous ne sauriez croire ce
qu'ils renferment d'assertions fausses et contradictoires et de honteux anachronismes. Certes, s'ils révèlent quelque chose, c'est, à coup sûr, l'ignorance de leurs auteurs. Je ne vous décrirai pas le cérémonial qui en accompagne l'initiation : si ceux de nos frères qui ont eu la vaniteuse faiblesse
d'en ambitionner les rubans et les croix osaient se rappeler les formalités
auxquelles il leur a fallu se plier lors de leur réception, ils rougiraient de ce
qu'elles offrent de dégradant pour la dignité et pour l'intelligence humaines.
Aussi faut-il attribuer la création de la majorité de ces grades aux secrets
ennemis de la franc-maçonnerie. Le rose-croix, entre autres, est l'œuvre de

a société des jésuites, au temps où elle eut accès dans les loges. Le kadosch-emplier et presque tous les grades chevaleresques ont été imaginés pour servir des intérêts politiques en opposition flagrante avec les doctrines fondamentales de notre institution. Les grades hermétiques ont eu pour motif un mercantilisme éhonté ; et les indignes maçons qui les ont inventés y ont trouvé en réalité cet art de faire de l'or dont ils promettaient vainement le secret à leurs adeptes.

« Déjà, mon frère, je vous ai prémuni contre ces déplorables innovations, lors de votre initiation au grade d'apprenti. J'insisterai aujourd'hui sur ce point avec plus de force encore, parce que vous devez mieux comprendre, d'après ce que vous a dévoilé notre digne vénérable, et d'après ce que je viens de vous apprendre, combien est pressante la nécessité de débarrasser la franc-maçonnerie de superfétations qui la défigurent et la déshonorent, et qui entravent sa marche, au grand préjudice du progrès social. A l'œuvre donc, mon frère, si, comme je n'en doute pas, l'intelligence que vous avez du but de l'institution maçonnique vous a pénétré de l'enthousiasme du bien, de l'amour ardent de l'humanité, de ce saint dévouement qui fait entreprendre et réaliser les grandes choses ! A l'œuvre ! ralliez-vous au faisceau de ceux de vos frères qui veulent ramener la franc-maçonnerie à sa simplicité, à sa pureté primitives, pour la rendre plus capable d'accomplir en entier et dans un temps plus prochain la sublime mission qu'elle s'est donnée. »

Ce discours achevé, le sac des propositions et le tronc de bienfaisance circulent. On ferme ensuite les travaux de la même manière et dans les mêmes termes qu'aux deux grades précédents.

Le tableau que nous venons de tracer offre une image fidèle de la franc-maçonnerie ; nous n'avons rien omis d'essentiel. Chaque pays, chaque rite, chaque loge même, apportent bien, il est vrai, des modifications dans le cérémonial et dans le formulaire des travaux maçonniques ; mais ces modifications, dont nous avons d'ailleurs signalé les plus notables, sont au fond assez insignifiantes, et l'esprit de l'institution n'en est en aucune façon altéré. La différence la plus importante porte sur les *mots de reconnaissance*. Les créateurs du rite français ont cru pouvoir sans inconvénient en intervertir l'ordre, affecter, par exemple, le *mot sacré* de compagnon à l'apprenti, et substituer au *mot de passe* de maître, dont ils ont fait celui du premier grade, un terme qui ne présente aucune signification. Il résulte de là que les maçons reçus en France éprouvent de graves difficultés à se faire reconnaître en leur qualité dans les pays étrangers. Nous pensons que les frères nous sauront gré de les mettre à même d'éviter cet écueil, à l'aide du carré mystique ci-après, qui renferme les mots sacrés et de passe du rite des anciens maçons libres et acceptés d'Angleterre, le plus universellement pratiqué. Il leur sera facile de lire ce tableau, dont nous nous dispensons, ils savent bien pourquoi, de leur donner ici la clé.

T.	I	B	U	B	A	H.
J	U	N.	O	M	E	C
O	A	B	M	N	A	N
H	L	C	A	A	E,	C
Z.	I	E	H	L	H	O
O	S	B	T	I	C	A
B	A	C	B	II.	N.	A

!!! — ! - !! — !! - !

Nous terminerons cette introduction à l'histoire de la franc-maçonnerie par un appendice où nous avons réuni tous les renseignements qui n'ont pu trouver place dans notre travail, et qui, nous ne craignons pas de le dire, en formeront le tout le plus substantiel et le plus complet qui ait encore été publié sur la matière.

APPENDICE.

A. — STATISTIQUE UNIVERSELLE DE LA FRANC-MAÇONNERIE.

I. — GÉOGRAPHIE MAÇONNIQUE.

États, îles et continents où la franc-maçonnerie est ouvertement pratiquée.

EUROPE. Angleterre, Anhalt - Bernbourg, Anhalt - Dessau, Bavière, Belgique, Brême, Brunswick, Danemarck, Écosse, Espagne, France, Francfort-sur-Mein, Guernesey (île de), Hambourg, Hanôvre, Hesse-Darmstadt, Hollande, Holstein-Oldenbourg, Iles Ioniennes, Irlande, Jersey (île de), Lubeck, Luxembourg, Malte (île de), Mecklembourg-Schwérin, Mecklembourg-Strélitz, Norwége, Posen (duché de), Prusse, Saxe, Saxe-Cobourg, Saxe-Gotha, Saxe-Hildburghausen, Saxe-Meiningen, Saxe-Weimar, Schwartzenberg-Rudolstadt, Suède, Suisse.

ASIE. Ceylan (île de), Chine (Canton), Hindoustan : (Allahabad, Béjapour, Bengale, Carnate, Concan, Guzurate), Pondichéry, Prince de Galles (île du).

OCÉANIE. AUSTRALASIE. Nouvelle Galles du Sud. **NOTASIE.** Java (île de), Sumatra (île de).

AFRIQUE. Algérie, Bourbon (île), Canaries (îles), Cap de Bonne-Espérance, Guinée, Maurice (île), Sainte-Hélène (île), Sénégambie.

AMÉRIQUE. ANTILLES (Grandes). Cuba, Haïti, Jamaïque, Porto-Rico. **ANTILLES** (Petites). Antigoa, Barbade, Bermude, Curaçao, Dominique, Grenade, Guadeloupe, Martinique, Saint-Barthélemy, Saint-Christophe, Sainte-Croix, Saint-Eustache, Saint-Martin, Saint-Thomas, Saint-Vincent, Trinité (la). **CONTINENT.** Brésil, Brunswick (Nouveau), Calédonie (Nouvelle), Canada, Colombie (république de), Écosse (Nouvelle), États-Unis : (Alabama, Carolines du Nord et du Sud, Colombie (district de), Connecticut, Delaware, Florides, Géorgie, Illinois, Indiana, Kentucky, Louisiane, Maine, Maryland, Massachussetts, Michigan, Mississipi, Missouri, New-Hampshire, New-Jersey, New-York, Ohio, Pensylvanie, Rhode-Island, Tennesee, Vermont, Virginie), Guatimala (république de), Guianes anglaise, française et hollandaise, Labrador, Mexique, Pérou, Rio de la Plata, Terre-Neuve, Texas, Vénézuéla (république de).

II. — NOMENCLATURE DES GRADES DONT SE COMPOSENT LES SYSTÈMES OU RITES MAÇONNIQUES LE PLUS GÉNÉRALEMENT PRATIQUÉS.

RITE ANCIEN RÉFORMÉ. Ce rite, pratiqué en Belgique et en Hollande, est, à quelques légères modifications près, le rite moderne ou français.

RITE DES ANCIENS MAÇONS LIBRES ET ACCEPTÉS D'ANGLETERRE. *Maçonnerie de Saint-Jean.* 1. Apprenti. 2. Compagnon. 3. Maître. — *Maçonnerie de Royale-Arche.* 4. Maître passé. 5. Excellent maçon. 6. Très excellent maçon. 7. Royale-Arche.

(Ce rite est pratiqué en Angleterre, dans toutes les possessions britanniques, dans presque toute l'Amérique, et dans une partie de l'Allemagne et de la Suisse; c'est-à-dire par les quatre cinquièmes des francs-maçons qui couvrent le globe. Le rite français est, de tous les autres rites, celui qui s'en éloigne le plus. Indépendamment des grades que nous venons de voir, les Anglais ont aussi des grades appelés *chevaleries*, que les grandes-loges ne reconnaissent pas, mais dont elles n'interdisent pas la pratique; tels sont le grand-prêtre, les chevaliers de la Croix-Rouge, du Temple, de Malte, du Saint-Sépulcre, de l'Ordre teutonique, de Calatrava, d'Alcantara, de la Rédemption, du Christ, de la Mère du Christ, de Saint-Lazare, de l'Étoile, du Zodiaque, de l'Annonciation de la Vierge, de Saint-Michel, de Saint-Étienne et du Saint-Esprit. Dans l'Amérique du Nord, la maçonnerie est divisée, 1° en maçonnerie *manuelle* ou *instrumentale*, comprenant les trois grades symboliques (apprenti compagnon et maître), ou *the probationary degrees of craft-masonry*, gouvernée par les *Grandes-Loges*; 2° en maçonnerie *scientifique*, renfermant les degrés du système de Royale-Arche, gouvernée par les *Grands Chapitres*; 3° en maçonnerie *philosophique* ou *templière*, composée des grades suivants : chevaliers de la Croix-Rouge, du Temple et de Malte, de la Marque chrétienne et Garde du Conclave, du Saint-Sépulcre, et du saint et trois fois illustre ordre de la Croix, gouvernée par les *Grands campements*. Ces trois espèces de corps maçonniques sont distincts et séparés, et l'un n'a pas le droit de s'immiscer dans l'administration de l'autre. Chaque État de l'Union a sa grande-loge, son grand chapitre et son grand campement. Tous les grands chapitres ont pour centre le *Grand chapitre général*, et tous les grands campements dépendent du *Grand conclave*, qui, l'un et l'autre, ont leur siége à Baltimore.)

RITE OU MAÇONNERIE ÉCLECTIQUE. 1. Apprenti. 2. Compagnon. 3. Maître.

(Les membres de ce régime, qui est celui de la Grande-Loge de Francfort-sur-Mein, et qui se rapproche beaucoup de la maçonnerie anglaise, rejettent tous les hauts grades; mais ils ont formé des bibliothèques où se trouvent réunis les cahiers de tous les degrés supérieurs de tous les rites, et les frères de leur communion ont la faculté de les consulter.)

RITE ÉCOSSAIS ANCIEN ET ACCEPTÉ. *Grades symboliques.* — 1re CLASSE. 1. Apprenti. 2. Compagnon. 3. Maître. — 2e CLASSE. 4. Maître secret. 5. Maître parfait. 6. Secrétaire intime. 7. Prévôt et juge. 8. Intendant des bâtiments.—3e CLASSE. 9. Maître élu des neuf. 10. Maître élu des quinze. 11. Sublime chevalier élu. — 4e CLASSE. 12. Grand-maître architecte. 13. Royale-Arche. 14. Grand écossais de la voûte sacrée de Jacques VI.—5e CLASSE. 15. Chevalier d'Orient. 16. Prince de Jérusalem. 17. Chevalier d'Orient et d'Occident. 18. Souverain prince Rose-Croix.— *Grades philosophiques.*—6e CLASSE. 19. Grand-pontife ou sublime écossais. 20. Vénérable grand-maître de toutes les loges. 21. Noachite ou chevalier prussien. 22. Royal-Hache ou prince du Liban. 23. Chef du Tabernacle. 24. Prince du Tabernacle. 25. Chevalier du Serpent d'airain. 26. Prince de Merci. 27. Souverain commandeur du Temple.—7e CLASSE. 28. Chevalier du soleil. 29. Grand écossais de Saint-André d'Écosse. 30. Grand élu chevalier Kadosch. — *Grades administratifs.* — 31. Grand-inspecteur-inquisiteur-commandeur. 32. Souverain prince du royal secret. 33. Souverain grand-inspecteur-général.

RITE ÉCOSSAIS PHILOSOPHIQUE. 1. 2. 3. Chevalier de l'Aigle noir, ou Rose-Croix d'Hérédom de la Tour (divisé en trois parties). 4. Chevalier du Phénix. 5. Chevalier du Soleil. 6. Chevalier de l'Iris. 7. Vrai maçon. 8. Chevalier des Argonautes. 9. Chevalier de la Toison-d'Or. 10. Grand-inspecteur parfait initié. 11. Grand-inspecteur grand écossais. 12. Sublime maître de l'anneau lumineux.

(Les trois grades symboliques suivant le rite écossais ancien accepté forment la base du rite écossais philosophique, et restent néanmoins en dehors de ce système. Ce sont ces trois grades qui le rattachent à la maçonnerie universelle. La même chose a lieu ans l'*Ordre du Temple*. Les 10ᵉ, 11ᵉ et 12ᵉ grades n'en forment à proprement parler qu'un seul, divisé en trois classes. Les frères qui en sont pourvus composent le corps administratif du régime. Le rite écossais philosophique est presque le même que le rite hermétique de Montpellier.)

RITE ÉCOSSAIS PRIMITIF. 1. Apprenti. 2. Compagnon. 3. Maître. 4. Maître parfait. 5. Maître irlandais. 6. Élu des neuf. 7. Élu de l'inconnu. 8. Élu des quinze. 9. Maître illustre. 10. Élu parfait. 11. Petit architecte. 12. Grand architecte. 13. Sublime architecte. 14. Maître en la parfaite architecture. 15. Royale-Arche. 16. Chevalier prussien. 17. Chevalier d'Orient. 18. Prince de Jérusalem. 19. Vénérable des loges. 20. Chevalier d'Occident. 21. Chevalier de la Palestine. 22. Souverain prince Rose-Croix. 23. Sublime écossais. 24. Chevalier du Soleil. 25. Grand écossais de Saint-André. 26. Maçon du secret. 27. Chealvier de l'Aigle noir. 28. Chevalier Kadosch. 29. Grand élu de la vérité. 30. Novice de l'intérieur. 31. Chevalier de l'intérieur. 32. Préfet de l'intérieur. 33. Commandeur de l'intérieur.

(Ce rite est principalement pratiqué en Belgique. Il a son siége à Namur, dans la loge de la *Bonne-Amitié*.)

RITE OU SYSTÈME DE FESSLER, ou de la Grande-Loge *Royale-Yorck à l'Amitié* de Berlin. 1. Apprenti. 2. Compagnon. 3. Maître. 4. Le saint des saints. 5. La justification. 6. La célébration. 7. La vraie lumière. 8. La patrie. 9. La perfection. (Ces grades sont puisés dans les rituels des rose-croix d'or, dans ceux de la Stricte Observance, du chapitre illuminé de Suède, et de l'ancien chapitre de Clermont, à Paris. Ils ne sont plus pratiqués que par quelques ateliers de la correspondance, la Grande-Loge l'ayant abandonné pour adopter le rite de la constitution d'Angleterre.)

RITE FRANÇAIS OU MODERNE. *Grades bleus ou symboliques.* — 1. Apprenti. 2. Compagnon. 3. Maître. — *Hauts grades.* — 4. Élu. 5. Écossais. 6. Chevalier d'Orient. 7. Rose-Croix.

RITE DE LA GRANDE-LOGE AUX TROIS GLOBES, à Berlin. 1. Apprenti. 2. Compagnon. 3. Maître (gouvernés par la Grande-Loge). 4 à 10. Grades supérieurs (sous l'administration du *Suprême Orient intérieur*, dont les membres sont élus par la Grande-Loge.)

RITE HAÏTIEN. Il se compose des trois grades du rit des anciens maçons libres et acceptés d'Angleterre, des grades du régime de Royale-Arche et de ceux des Chevaliers américains, avec de légères modifications.

RITE D'HÉRÉDOM OU DE PERFECTION. 1. Apprenti. 2. Compagnon. 3. Maître. 4. Maître secret. 5. Maître parfait. 6. Secrétaire intime. 7. Intendant des bâtiments. 8. Prévôt et juge. 9. Élu des neuf. 10. Élu des quinze. 11. Élu illustre, chef des douze tribus. 12. Grand-maître architecte. 13. Royale-Arche. 14. Grand élu ancien maître parfait. 15. Chevalier de l'Épée. 16. Prince de Jérusalem. 17. Chevalier d'Orient et d'Occident. 18. Chevalier Rose-Croix. 19. Grand-pontife. 20. Grand-patriarche. 21. Grand-maître de la clé de la maçonnerie. 22. Prince du Liban. 23. Souverain prince adepte, chef du grand consistoire. 24. Illustre chevalier, commandeur de l'Aigle blanc et noir. 25. Très-illustre souverain prince de la maçonnerie, grand chevalier, sublime commandeur de royal secret.

RITE DE MISRAÏM. — 1ʳᵉ SÉRIE. — 1ʳᵉ CLASSE. 1. Apprenti. 2. Compagnon. 3. Maître. — 2ᵉ CLASSE. 4. Maître secret. 5. Maître parfait. 6. Maître par curiosité. 7. Maître en Israël. 8. Maître anglais. — 3ᵉ CLASSE. 9. Élu des neuf. 10. Élu de l'inconnu. 11. Élu des quinze. 12. Élu parfait. 13. Élu illustre. — 4ᵉ CLASSE. 14. Écossais trinitaire. 15. Écossais compagnon. 16. Écossais maître. 17. Écossais panissière (parisien). 18. Maître écossais. 19. Élu des III (inconnus). 20. Écossais de la voûte sacrée de Jacques VI. 21. Écossais de Saint-André. — 5ᵉ CLASSE. 22. Petit architecte. 23. Grand architecte. 24. Architecture. 25. Apprenti parfait architecte. 26. Compagnon parfait architecte. 27. Maître parfait architecte. 28. Parfait architecte. 29. Sublime écossais. 30. Sublime écossais d'Hérédom. — 6ᵉ CLASSE. 31. Royale-Arche. 32. Grand-hache. 33. Sublime Chevalier du Choix, chef de la 1ʳᵉ série. — 2ᵉ SÉRIE. — 7ᵉ CLASSE. 34. Chevalier du sublime Choix. 35. Chevalier prussien. 36. Chevalier du Temple. 37. Chevalier de l'Aigle. 38. Chevalier de l'Aigle noir. 39. Chevalier de l'Aigle rouge. 40. Chevalier d'Orient blanc. 41. Chevalier d'Orient. — 8e CLASSE. 42. Commandeur d'Orient. 43. Grand-commandeur d'Orient. 44. Architecte des souverains commandeurs du Temple. 45. Prince de Jérusalem. — 9e CLASSE. 46. Souverain prince Rose-Croix de Kilwinning et d'Hérédom. 47. Chevalier d'Occident. 48. Sublime philosophe. 49. Chaos 1er, discret. 50. Chaos 2e, sage. 51. Chevalier du Soleil. — 10e CLASSE. 52. Suprême commandeur des astres. 53. Philosophe sublime. *Clavi-maçonnerie :* 54. 1er grade, mineur. 55. 2e grade, laveur. 56. 3e grade, souffleur. 57. 4e grade, fondeur. 58. Vrai maçon adepte. 59. Élu souverain. 60. Souverain des souverains. 61. Maître des loges. 62. Très haut et très puissant. 63. Chevalier de la Palestine. 64. Chevalier de l'Aigle blanc. 65. Grand élu chevalier Kadosch. 66. Grand-inquisiteur-commandeur. — 3e SÉRIE. — 11e CLASSE. 67. Chevalier bienfaisant. 68. Chevalier de l'Arc-en-ciel. 69. Chevalier du B. ou de la Ilhanuka, dit Hynaroth. 70. Très-sage Israélite prince. — 12e CLASSE. 71. Souverain prince Talmudim. 72. Souverain prince Zakdim. 73. Grand-Haram. — 13e CLASSE. 74. Souverain grand-prince Haram. 75. Souverain prince Hasidim. — 14e CLASSE. 76. Souverain grand-prince Ilasidim. 77. Grand-inspecteur-intendant, régularisateur-général de l'ordre. — 4e SÉRIE. — 15e CLASSE. 78. 79. 80. 81. — 16e CLASSE. 82. 83. 84. 85. 86. (grades voilés.) 17e CLASSE. 87. Souverains grands-princes, grands-maîtres constituants, représentants légitimes de l'ordre pour la 1re série. 88. Souverains grands-princes, grands-maîtres constituants, représentants légitimes de l'ordre pour la 2e série. 89. Souverains grands-princes, etc., pour la 3e série. 90. Souverains grands-maîtres absolus, puissance suprême de l'ordre.

RITE OU RÉGIME RECTIFIÉ. 1. Apprenti. 2. Compagnon. 3. Maître. 4. Maître écossais. 5. Chevalier de la Cité sainte ou de la Bienfaisance.

(C'est le rite de la Stricte Observance révisé au convent de Wilhelmsbad, et débarrassé de ses grades templiers. Le 5e grade est voilé. Il est divisé en trois sections : novice, profès et chevalier.)

RITE OU SYSTÈME DE SCHROEDER. 1. Apprenti. 2. Compagnon. 3. Maître, et plusieurs hauts grades qui ont pour base la magie, la théosophie et l'alchimie.

(Ce rite est en vigueur seulement dans deux des loges de la constitution de la Grande-Loge de Hambourg.)

RITE SUÉDOIS. A. 1. Apprenti. 2. Compagnon. 3. Maître. B. 4. Apprenti et compagnon de Saint-André. 5. Maître de Saint-André. 6. Frère Stuart. C. 7. Frère favori de Salomon. 8. Frère favori de Saint-Jean, ou du Cordon blanc. 9. Frère favori de Saint-André, ou du Cordon violet. D. Frère de la Croix-Rouge. — 1re CLASSE. 10. Membre du chapitre non dignitaire. — 2e CLASSE. 11. Grand dignitaire du chapitre. — 3e CLASSE. 12. Le maître régnant (le roi de Suède) ; il a pour titre : *Salomonis sanctificatus, illuminatus, magnus Jehovah.* — *Nota.* Le cinquième grade donne la noblesse civile.

RITE OU SYSTÈME DE SVEDENBORG. 1. 2. 3. Apprenti, Compagnon, Maître théosophes. 4. Théosophe illuminé. 5. Frère bleu. 6. Frère rouge.

RITE OU ORDRE DU TEMPLE. *Maison d'initiation.* 1. Initié (c'est l'apprenti maçon). 2. Initié de l'intérieur (c'est le Compagnon maçon). 3. Adepte (c'est le Maître maçon). 4. Adepte d'Orient (Élu des quinze du rite écossais). 5. Grand-adepte de l'Aigle noir de Saint-Jean (c'est l'Élu des neuf). *Maison de postulance.* 6. Postulant de l'ordre, adepte parfait du pélican (c'est le Rose-Croix). *Convent.* 7. Écuyer. 8. Chevalier ou Lévite de la garde intérieure (Le premier de ces deux grades n'est qu'une préparation pour arriver au second ; ils n'en forment, à proprement parler, qu'un seul : le Kadosch philosophique.)

RITE OU SYSTÈME DE ZINNENDORF. A. *Maçonnerie bleue*, ou grades de Saint-Jean 1. Apprenti. 2. Compagnon. 3. Maître. B. *Maçonnerie rouge.* 4. Apprenti écossais. 5. Maître écossais. C. *Chapitre.* 6. Favori de Saint-Jean. 7. Frère élu.

(Ce rite est celui de la Grande-Loge nationale d'Allemagne, à Berlin.)

III.²—TABLEAU DE TOUTES LES LOGES EXISTANT SUR LE GLOBE.

ꝒEX DES ABRÉVIATIONS. — r. a., rit des anciens maçons libres et acceptés d'Angleterre; m.
ꜩc., maçonnerie éclectique; r. a. réf., rite ancien réformé; r. fr., rite français; r. é. a. a., rite
ꜩcossais ancien et accepté; r. rect., régime rectifié; r. phil., rite écossais philosophique; r.
d'Hér., rite d'Hérédom; r. Misr., rite de Misraïm; r. h., rite d'Haïti; r. de Schr., rite de
Schroeder; r. 3 gl., rite de la G.-L. aux 3 globes; r. Zinn., rite de Zinnendorf; r, suéd., rite
suédois; G,-L., Grande-Loge; G.-O., Grand-Orient; Sup. Cons., suprême conseil du 33ᵉ
degré du rite écossais ancien et accepté; Puiss. Sup., puissance suprême du 90ᵉ degré du rit
de Misraïm; G. ch., Grand chapitre; R.-A., Royale-Arche; R.-C., Rose-Croix; G. consist.
52ᵉ, Grand consistoire du 52ᵉ degré du rit écossais ancien et accepté.

NOMBRE des loges.	RITES qu'elles suivent.	CORPS MAÇONNIQUES qui les ont constituées.	ÉTATS où sont établis ces corps.	VILLES où ils siégent.	GRANDS CHAPITRES des hauts grades qui s'y rattachent.	DATES DES TABLEAUX d'où sont tirés les renseignements ci-contre.
639	r. a.	G.-L. unie d'Angleterre.	ANGLETERRE.	Londres.	G. ch. de R.-A.	1842
8	m. éc.	G.-L. au Soleil.	BAVIÈRE.	Bayreuth.		1842
27	r. a. réf.	G.-O. belge.	BELGIQUE.	Bruxelles.	G. ch. de R.-C. — Sup. cons. 33 (1).	1842
15	r. fr.	G.-O. du Brésil (2).	BRÉSIL.	Rio-Janeiro.	Id.	
11	r. a.	G.-L. natle. de Danemarck.	DANEMARCK.	Copenhague.		1838
336	r. a.	G.-L. de St.-Jean.	ÉCOSSE.	Édimbourg.	G.-L. de Hérédom de Kilwinning (3).	1840
38	r. a.	G.-L. d'Alabama.	ÉTATS-UNIS.	Tuscaloosa.	G. ch. de R.-A.	1841
42	r. a.	G.-L. de Caroline N.	Id.	Raleigh.	Id.	1841
15	r. a.	G.-L. de Caroline S.	Id.	Charlestown.	G. ch. de R.-A.—Sup. cons. 33.	1832
9	r. a.	G.-L. du dist. de Colombie.	Id.	Washington.	G. ch. de R.-A.	1826
35	r. a.	G.-L. de Connecticut.	Id.	New-Heaven.	Id.	1841
3	r. a.	G.-L. de Delaware.	Id.	Douvres.		1841
10	r. a.	G.-L. des Florides.	Id.	Tallahassee.		1841
19	r. a.	G.-L. de Géorgie.	Id.	Milledgeville.	Id.	1841
57	r. a.	G.-L. de Kentucky.	Id.	Louisville.	Id.	1841
8	r. a.	G.-L. d'Illinois.	Id.			1826
17	r. a.	G.-L. d'Indiana.	Id.	Indianopolis.	Id.	1841
14	r. a. / r.é. a. a. / r. fr.	G.-L. de la Louisiane.	Id.	Nlle Orléans.	Sup. cons. du 33.	1826
56	r. a.	G.-L. du Maine.	Id.	Augusta.	G. ch. de R.-A.	1841
25	r. a.	G.-L. de Maryland.	Id.	Baltimore.	G. ch. de R.-A. — G. consist. 32.	1841
29	r. a.	G.-L. de Massachussetts.	Id.	Boston.	G. ch. de R.-A.	1841
34	r. a.	G.-L. de Mississipi.	Id.	Natchez.	Id.	1841
20	r. a.	G.-L. de Missouri.	Id.	St-Louis.	Id.	1841
24	r. a.	G.-L. de New-Hampshire.	Id.	Concord.	Id.	1841
9	r. a.	G.-L. de New-Jersey.	Id.	Trenton.	Id.	1841
86	r. a.	G.-L. de New-York.	Id.	New-York.	G. ch. de R.-A. — Sup. cons. uni du 33ᵉ d.	1841
50	r. a.	G.-L. de l'Ohio.	Id.	Lancastre.	G. ch. de R.-A.	1841

46	r. a.	G.-L. de Pennsylvanie.	États-Unis.	Philadelphie.	G. ch. de R.-A. — G. consist. 32.	1841
18	r. a.	G.-L. de Rhode-Island.	Id.	Providence.	Id.	1841
30	r. a.	G.-L. de Tennesee.	Id.	Nashville.	G. ch. de R.-A.	1841
34	r. a.	G.-L. de Vermont.	Id.	Montpellier.	Id.	1841
63	r. a.	G.-L. de Virginie.	Id.	Richmond.	Id.	1841
277	r. fr. / r.é. a. a. / r. rect. / r. phil. / r. d'Hér.	G.-O. de France (4).	France.	Paris.	G. collége des rites.	1843
30	r. é. a. a.	Sup. cons. de France.	Id.	Id.		1843
3	r. misr.	Puiss. supr.	Id.	Id.		1843
10	m. éc.	G.-L. de l'union éclectique.	Francfort-sur-Mein.	Francfort.		1840
24	r. h. / r. é. a. a.	G.-O. d'Haïti.	Haïti.	Port-au-Prince.	G. conclave. — Sup. cons. 33 d.	1840
15	r. a. / r. de Schr.	G.-L. de Hambourg.	Hambourg.	Hambourg.		1840
15	r. a.	G.-L. de Hanôvre.	Hanôvre.	Hanôvre.		1840
75	r. a. réf.	G.-L. de Hollande.	Hollande.	La Haye.	G. ch. de R.-C.	1841
300	r. a	G.-L. d'Irlande (5).	Irlande.	Dublin.	G. ch. R.-A. — Sup. cons. 33 d. G. ch. de H.-R.-M. de Kilwinning.	
20	r. a. / r. é. a. a.	G.-O. du Mexique (6).	Mexique.	Mexico.	G. ch. de R.-A.	
177	r. 3 gl.	G.-L. aux 3 globes.	Prusse.	Berlin.	Sup.-Orient intérieur.	1840
27	r. a.	G.-L. RoyaleYork à l'Amitié.	Id.	Id.		1840
58	r. Zinn.	G.-L. nat¹⁰. d'Allemagne.	Id.	Id.	G. ch. des frères élus.	1840
12	r. a.	G.-L. de Saxe.	Saxe.	Dresde.		1840
12	r. suéd.	G.-L. de Suède.	Suède.	Stockholm.	G. ch. des frères de la + rouge.	1842
14	r. a.	G.-L. Suisse.	Suisse.	Berne.		1842
5	r. rect.	Directoire Suisse.	Id.	Zurich.		1842
14	r. a.	G.-L. du Texas.	Texas.	Austin.	G. ch. de R.-A.	1842
2,915						

A ces 2,915 loges, il faut ajouter :

15 loges isolées en Europe.
24 autres loges, en Amérique et dans l'Inde, qui ne dépendent non plus d'aucune autorité ; et environ
40 loges que les grands-orients ne font pas figurer sur leurs tableaux, parce qu'elles sont établies dans des pays où la maçonnerie est prohibée. Le nombre total des loges existantes s'élève donc à 2,991.
2,991

(1) Ce sup. cons. est indépendant du G.-O. belge.
(2) Le nombre des loges de ce G.-O. n'est qu'approximatif.
(3) Cette Grande-Loge est tout-à-fait indépendante de la Grande-Loge d'Écosse. Elle professe le rite appelé ordre royal de Hérédom de Kilwinning, qui est un grade de Rose-Croix divisé en trois points. Cette Grande-Loge a son siége à Édimbourg.
(4) Les 277 loges du G.-O. de France sont ainsi réparties : 210 suivent le rite français ; 22 le rite écossais ancien et accepté ; 41 ces deux rites à la fois ; 1 les rites écoss. anc. et acc., et rectifié ; 1 le rite rectifié seul ; 1 le rite écossais philosophique ; 1 le rite écossais de Hérédom.
(5) Le nombre des ateliers de cette G.-L. n'est qu'approximatif. Le grand secrétaire accuse une correspondance avec 700 ateliers. Ce ne sont probablement pas toutes loges proprement dites.
(6) Le nombre des loges de ce G.-O. est approximatif. Beaucoup sont en sommeil.

IV. — TABLEAU DES PRINCIPALES FONDATIONS MAÇONNIQUES.

ALLEMAGNE. *Institut des écoles,* fondé à Berlin, en 1819, par la Grande-Loge nationale d'Allemagne, pour l'entretien des fils et des veuves de francs-maçons. Cet établissement s'enrichit tous les ans du produit des dons que ne cessent de lui faire les maçons de toutes les loges de la Prusse. Les élèves qu'il a formés suivent, pour la plupart, des carrières libérales. — *Hospice en faveur des pauvres et des orphelins,* à Prague.— *Maison de secours pour les femmes en couche,* à Schleswig.—*Bibliothèques publiques,* à Berlin, à Presbourg, à Stettin, à Rosenbourg. — *Séminaire normal pour l'éducation primaire,* à Meiningen.—*Écoles publiques et gratuites,* pour les enfants indigents des deux sexes, à Dresde. — *Institution élémentaire,* du frère Liederskron, à Erlangen.—*Établissement au profit des veuves, Caisse de secours maçonnique, Écoles du dimanche, Bibliothèque des loges,* à Rostock.

ANGLETERRE. *Comité de bienfaisance.* Ce comité a pour objet d'assister les francs-maçons dans la détresse. — *École royale des francs-maçons.* Elle a pour but l'entretien et l'éducation des filles et orphelines de francs-maçons.—*Institution maçonnique.* Cette institution pourvoit à l'habillement, à l'éducation et à l'apprentissage des fils orphelins indigents de francs-maçons. Ces trois établissements, placés sous le patronage du souverain, disposent de sommes considérables, et étendent le bienfait de leur destination à un grand nombre de personnes. Deux nouveaux établissements sont en voie de création. Le premier est un *asile pour les anciens maçons tombés dans la détresse;* le second un *asile pour les veuves de maçons indigents.* En attendant que la Grande-Loge ait réuni les fonds nécessaires pour faire construire ces asiles, elle distribue des pensions viagères, dont la moindre est de 25 livres sterling (600 francs) par année et la plus élevée de 500 livres sterling (1,200 francs).

ÉCOSSE. *Infirmerie royale d'Édimbourg,* construite en 1738; — *Bourse d'Édimbourg,* bâtie en 1755. Ces deux établissements sont dus en grande partie aux souscriptions des loges maçonniques de cette capitale.

ÉTATS-UNIS D'AMÉRIQUE. *Banque maçonnique de l'État de New-York,* à New-York. Cet établissement est destiné à aider les francs-maçons qui ont besoin d'argent pour soutenir leur commerce. C'est une sorte de société de secours mutuels.

FRANCE. *Maison centrale de secours,* fondée par le Grand-Orient de France, le 21 mars 1840. Cette maison, dans laquelle les secours sont donnés de préférence en nature, est destinée à recevoir les maçons malheureux, pendant un temps déterminé, et à leur procurer du travail. Les souscriptions des loges et des frères individuellement se sont élevées, en deux ans, à 11,600 francs. On voit, par les comptes présentés au Grand-Orient, de quelle nature ont été, pendant ces deux années, les secours accordés. Des frères malheureux ont été logés, nourris dans l'établissement et au dehors, vêtus, chaussés, chauffés; on a payé le loyer de quelques-uns; à ceux-ci, on a retiré du Mont-de-Piété des effets qu'ils y avaient engagés; à ceux-là, on a acheté des instruments de travail; à d'autres, on a fourni les moyens de voyager. L'administration a, de plus, acheté un mobilier pour la maison. Et, à l'expiration de la deuxième année, il restait encore près de 2,500 francs en caisse. L'idée première de cette institution appartient au frère Desanlis. — Les loges de Lyon ont fondé en 1841 une institution qui a pour titre : *Société de patronage pour les enfants pauvres.* (Nous donnons des détails sur cet établissement page 279.)

HAMBOURG. *Établissement de bienfaisance,* pour le soulagement des pauvres, non maçons; les loges distribuant directement leurs secours aux frères dans le besoin.

HOLLANDE. *Institut des aveugles,* fondé en 1808, à Amsterdam, du produit d'une souscription des loges hollandaises. Les élèves sont admis à cette école, ou gratuitement, s'ils sont pauvres, ou en payant pension, s'ils en ont le moyen. On leur enseigne la lecture, la grammaire, l'arithmétique, la géographie, l'histoire, la morale, la religion. La musique vocale et instrumentale, et divers métiers, tels que ceux de compositeur-d'imprimerie, de vanniers, d'empailleurs, etc., pour les garçons; de lingères, de tricoteuses, etc., pour les filles, entrent également dans les objets de l'enseignement. L'administration de cet institut se compose de six membres, dont trois doivent être maçons.

Ce bienfait n'est pas le seul que les malheureux ont reçu de la maçonnerie hollandaise. On compte que, dans le cours de moins de 50 années, les loges de ce pays ont distribué des secours qui s'élèvent à plus de 75,000 ducats (environ 900,000 francs).

Beaucoup de loges ont fondé des bibliothèques considérables, qui se composent de livres sur les sciences, sur l'histoire et sur la franc-maçonnerie, et sont ouvertes à tous les maçons regnicoles ou étrangers qui se présentent.

IRLANDE. *Ecole des filles orphelines de francs-maçons.* Les élèves y sont logées, nourries, habillées et instruites.

LEIPZIG. *Ecole dominicale des francs-maçons,* pour l'éducation des enfants de francs-maçons pauvres ou orphelins.

SUÈDE. *Maison de secours pour les jeunes orphelins,* fondée à Stockholm, en 1753, du produit de collectes spéciales, faites dans les loges suédoises. Cette institution est fort riche. Elle a été dotée, en 1767, par le frère Boham, d'une somme de 150,000 fr.; en 1778, d'une rente annuelle de 26,000 francs, par la reine de Suède, etc.

V. — LISTE DES TEMPLES MAÇONNIQUES LES PLUS REMARQUABLES.

ALTENBOURG (Haute-Saxe). Local de la loge *Archimède, aux trois planches,* un des plus beaux de l'Allemagne. Une médaille a été frappée à l'occasion de son inauguration.

BALTIMORE (Etats-Unis). Temple maçonnique pour les assemblées de toutes les loges de cette ville. Cet édifice a coûté à la société 40,000 dollars (212,000 francs).

BRUNSWICK. Local de la loge *Charles à la colonne couronnée.*

BRUXELLES. Temple de la loge des *Amis philantropes,* un des plus beaux, des plus vastes et des plus complets que l'on connaisse. Il est particulièrement destiné à conférer les différents grades du rit écossais ancien et accepté, auquel appartient la loge.

CAP DE BONNE-ESPERANCE. La loge hollandaise, *la Bonne Espérance,* établie dans cette localité, a fait construire, en 1803, un magnifique temple, dont la dépense s'éleva au-delà d'une tonne d'or.

DARMSTADT. Temple de la loge *Saint-Jean l'évangéliste, à la Concorde,* construit en 1817. Le grand duc de Hesse fit don du terrain, de tout le bois de charpente nécessaire, et d'une somme considérable, prise sur sa cassette et sur les fonds de l'Etat, destinée à couvrir les autres frais de construction. Le grand duc posa lui-même la première pierre de l'édifice, à la tête des frères, le 14 juin. C'est le premier exemple d'une procession publique de francs-maçons dans cette partie de l'Allemagne.

EDIMBOURG. Local de la Grande-Loge de Saint-Jean, dans Niddry-Street. Cet édifice était autrefois une salle destinée à donner des concerts, et qu'on appelait salle de Sainte-Cécile. La Grande-Loge en fit l'acquisition et la fit approprier aux travaux maçonniques. Les loges de son ressort l'y aidèrent puissamment par leurs souscriptions. La seule loge de la *Chapelle de Marie* versa une somme de 1,000 livres sterling (25,000 fr.). — La loge de la *Chapelle de Marie* est également propriétaire de la salle où elle tient ses séances, dans High-Street, à Edimbourg.

FRANCFORT-SUR-MEIN. Chacune des loges de cette ville a fait construire à ses frais un local pour ses séances. La plupart de ces locaux ont coûté des sommes considérables. Des salles spéciales y sont consacrées à des cercles, fréquentés tous les soirs par les membres de la loge et par les maçons des autres ateliers de la ville, qui se visitent réciproquement. On y trouve des bibliothèques, des salons de lecture, et même des restaurants.

FREIBERG (Saxe). Temple de la loge *aux Trois Montagnes.*

GLOGAU (Basse-Silésie). Temple de la loge *à la loyale Réunion.*

GOTHA. Temple de la loge *Ernest au Compas.* Construction très élégante et très jolie.

HALLE (pays de Magdebourg). Temple de la loge *aux Trois Epées.*

LEIPZIG. Bâtiments de *l'École dominicale des francs-maçons.*

LONDRES. *Freemasons' hall.* Ce magnifique édifice, dont la construction a coûté plus de 750,000 francs à la maçonnerie anglaise, fut élevé en 1775. La longueur du bâtiment est de 92 pieds, sa largeur de 43, et sa hauteur de plus de 60. La décoration de la salle des séances en est d'une richesse inouïe. La voûte est ornée d'un soleil en or bruni, entouré des douze signes du zodiaque. L'orgue, qui est placé dans la partie orientale, a coûté 25,000 francs. La Grande-Loge seule se réunit dans ce local. Beaucoup des loges de Londres, des comtés et des possessions d'outre-mer, ont fait aussi construire, à leurs frais, de vastes édifices pour la tenue de leurs assemblées.

MARSEILLE. La plupart des loges de cette ville sont propriétaires du local dans lequel elles tiennent leurs séances. Le temple de la loge des *Écossais* est un des plus vastes et des plus richement ornés que l'on connaisse. La loge, proprement dite, a de quatre-vingts à cent pieds de profondeur.

NEW-YORK. *Freemasons' hall.* La première pierre de ce beau monument, fut posée le 25 juin 1826. L'édifice est dans le style gothique pur et construit en pierres granitiques. La façade est de 50 pieds ; la profondeur de 125 pieds ; la hauteur de 70 pieds, sans compter les tourelles qui en ont plus de 10. Parmi les singularités que présente cette contruction, il faut citer la porte du milieu, qui est de chêne massif, d'un seul morceau et de 4 pieds d'épaisseur.

NORDHAUSEN (Thuringe). Temple de la loge de *l'Innocence couronnée.* C'est un édifice de construction toute récente.

PARIS. Temple maçonnique, rue de la Douane. Ce temple, destiné aux séances du Grand-Orient de France et des loges de son ressort établies dans la capitale, n'a rien de remarquable à l'extérieur ; mais l'intérieur est vaste, convenablement distribué et décoré avec autant de goût que de richesse. Les autres locaux de Paris sont exploités par des entrepreneurs qui les louent aux loges à tant la séance.

PHILADELPHIE (États-Unis). Temple maçonnique dans le style d'architecture gothique. Cet édifice a été élevé par souscription, et a coûté des sommes énormes. C'est le plus beau monument de Philadelphie. La Grande-Loge et toutes les loges du ressort établies dans la ville et aux environs, les chapitres de Royale-Arche, et les *campements* de chevaliers du Temple et de chevaliers de Malte, y tiennent leurs assemblées à tour de rôle.

Il fut bâti, en 1819, sur l'emplacement d'un autre *masonic hall* qui avait été détruit par le feu. Les commissaires chargés de recueillir les souscriptions se présentèrent chez le fameux Stéphen Gérard, si connu par son immense fortune. Il s'inscrivit pour 500 dollars (2,675 francs). Surpris qu'un homme qui, depuis longtemps, avait cessé de fréquenter les loges, fît néanmoins un don si magnifique, les collecteurs se confondirent en remerciements au nom de la maçonnerie. « J'ai donc souscrit pour une bien forte somme ! » dit Stéphen Gérard. Il reprit la liste, et ajouta un zéro au chiffre qu'il y avait inscrit ; ce qui portait sa souscription à 5,000 dollars, ou 26,750 francs. Il en versa immédiatement le montant entre les mains des commissaires, en leur disant : « Ceci est plus digne de Stéphen Gérard, et justifiera un peu mieux vos remerciements. »

Dans beaucoup d'autres villes des États-Unis, les loges ont fait construire, à leurs frais, de beaux et vastes locaux maçonniques. Mais, soit caprice, soit que la construction de ces locaux manque des commodités nécessaires, les frères préfèrent généralement s'assembler à l'étage le plus élevé de quelque maison particulière.

PORT-AU-PRINCE. Temple de l'*Étoile d'Haïti*, dont la première pierre fut posée solennement le 25 janvier 1852, par le grand-maître du Grand-Orient d'Haïti, le général Inginac, et par une nombreuse affluence de maçons décorés de leurs insignes.

POSEN. Temple maçonnique, construit en 1817, pour les assemblées des loges de cette ville. La première pierre en fut posée, avec un grand appareil maçonnique, le 3 mai, par tous les frères réunis.

ROTTERDAM. Temple de la loge de l'*Union*, construit en 1805.

VALENCIENNES. Temple de la loge *la Parfaite Union et Saint-Jean du désert réunis.* Cet édifice, de construction récente, est de style égyptien et d'une grande étendue.

B. — CALENDRIER MAÇONNIQUE.

Ce qu'il y a de moins uniforme dans la franc-maçonnerie, c'est le calendrier.

Les maçons de la constitution de la Grande-Loge d'Angleterre emploient exclusivement l'ère chrétienne dans leurs actes imprimés.

Les Anglais, les Écossais, les Irlandais, les Américains, les Français, les Allemand ont une ère commune, celle de la *lumière*, qui, en 1843, comprend 5843 années.

Dans le rite de Misraïm, on a ajouté quatre ans à ce chiffre, depuis 1824, et l'on da de 5847. C'est l'âge attribué au monde par la chronologie de l'évêque Ussérius.

Indépendamment de l'ère de la lumière, ou des 5843 années, les frères du rite éco sais ancien et accepté ont encore l'*ère de la restauration*, qui embrasse une période 5605 ans. C'est l'ère judaïque.

Les maçons d'Angleterre, d'Écosse, d'Irlande et d'Amérique commencent l'année la lumière avec l'année chrétienne, le 1er janvier. Ainsi, le 1er janvier *anno lucis* 58 répond, parmi eux, au 1er janvier *anno domini* 1843.

Les frères du rite français placent le commencement de l'année maçonnique au 1 mars, invariablement. Ce mois prend le nom de l'ordre numéral qu'il occupe, et s'appe conséquemment le premier mois. Avril se nomme le deuxième mois, et ainsi des autre

Dans le rite écossais ancien et accepté, on suit le calendrier hébraïque. Mais, encore, il faut signaler des variantes. Ceux des maçons de ce rite qui reconnaisse l'autorité du Grand-Orient de France, plaçaient, en 5842, par exemple, le 1er jour nissan au 12 mars 1842, tandis que les frères qui dépendent du Suprême-Conseil 35e degré le plaçaient au 13 mars. La différence était alors peu sensible ; mais, en 584 elle eût été d'une lunaison tout entière ; les écossais du Grand-Orient devant, av raison, faire partir le 1er nissan du 31 mars, et les écossais du Suprême-Conseil le fix au 1er du même mois, parce qu'ils retardent à tort d'une année l'intercalation du mo lunaire embolismique véadar. Nous avions relevé cette erreur dans notre première éd tion. Nous ne savons pourquoi le Grand-Orient, qui était dans le vrai, s'est avisé de puis de vouloir se mettre d'accord avec le Suprême-Conseil, qui est dans le faux. a modifié dans ce sens son calendrier de 5843, et il a ainsi commis la faute d'anticipe d'une année l'intercalation d'un treizième mois, qui ne doit avoir lieu qu'à la fin d 5844, c'est-à-dire après le 9 mars 1845.

On donne aux mois le nom de *lunes* dans le rite écossais ancien et accepté, parc qu'effectivement ce sont des mois lunaires, qui commencent avec la nouvelle lun Voici, comme exemple de cette manière de supputer le temps, les jours où commen cent les lunes de 5844.

JOURS de la néoménie (nouvelle lune) des mois maçonniques.	NOMBRE DE JOURS de chaque mois maçonnique.	DATES correspondantes dans le calendrier grégorien.
NISSAN 5844.	30	21 mars 1844.
JIAR.	29	20 avril.
SIVAN.	30	19 mai.
THAMUZ.	29	18 juin.
AB.	30	17 juillet.
ELLUL.	29	16 août.
TISRI.	30	14 septembre.
CHESVAN.	29	14 octobre.
KISLEV.	29	12 novembre.
THEBET.	29	11 décembre.
SCHEVAT.	30	9 janvier 1845.
ADAR.	30	8 février.
VÉADAR.	29	10 mars.

C. — ALPHABET MAÇONNIQUE.

1. SYSTÈME FRANÇAIS.

Type.   Formation.

2. SYSTÈME ANGLAIS.

Typé.   Formation.

Ces deux alphabets sont des modifications de l'alphabet primitif, qui, lui-même avait ses variantes. On voit, en effet, par de vieux documents français, que la première figure du type n° 1, c'est-à-dire celle qui est formée de deux lignes perpendiculaires et de deux horizontales, servait seule de base dans l'origine à tout l'alphabet, et que les signes qui en étaient tirés ne répondaient pas aux mêmes lettres de l'alphabet vulgaire que les signes actuels. Un document publié il y a quelques années en Hollande en caractères maçonniques, diffère également, quant à la valeur des signes, de l'alphabet moderne.

Voici les types de ces deux alphabets anciens. On en formera facilement la décomposition. On remarquera que, dans les cases où il se trouve deux lettres, la première se forme seulement des lignes de la portion de la figure qui lui est propre; et la seconde, de la même portion de figure avec un point au centre. Lorsque la case contient trois lettres, la dernière se forme en mettant deux points au centre.

ANCIEN TYPE FRANÇAIS.   ANCIEN TYPE HOLLANDAIS.

D. — ABRÉVIATIONS MAÇONNIQUES.

Le signe abréviatif des maçons se compose de trois points disposés en triangle (∴). On le place à la suite de l'initiale des mots que l'on veut abréger. Exemple : F∴, frère O∴, orient; G∴ A∴, grand architecte.

Ce n'est guère qu'en France et dans les pays où l'on parle français, tels que la Belgique, la Suisse française, la république d'Haïti, la Louisiane, etc., que ce genre d'abréviations est en usage. Les Anglais, les Écossais, les Irlandais, les Allemands, les Américains, abrégent avec un seul point; et encore n'est-ce que par exception, car habituellement ils écrivent les mots en toutes lettres.

E. — PROTOCOLES MAÇONNIQUES.

Les procès-verbaux des tenues de loges débutent dans les termes suivants :

« A∴ L∴ G∴ D∴ G∴ A∴ D∴ l'U∴. (A la gloire du Grand-architecte de l'univers). Au nom et sous les auspices de (ici le nom de l'autorité maçonnique de laquelle dépend la loge).

« Les membres de la R∴ ☐ (respectable loge) de Saint-Jean, régulièrement constituée sous le titre distinctif de ....., se sont réunis dans un lieu très fort et très couvert, où régnent la paix, la concorde et la charité, à l'O∴ (l'orient) de ...... le 1er jour du 1er mois de l'an de la V∴ L∴ (vraie lumière) 5843. (1er mars 1843.)

« Le maillet de direction est tenu, à l'O∴ (l'orient), par le F∴ ....., Vén∴ (vénérable) titulaire; les FF∴ .... et ...., premier et second Surv∴ (surveillants) siégent à l'Occ∴ (l'occident), en tête de leurs colonnes; le F∴ .... occupe le banc de l'Orat∴ (orateur); et le F∴ ....., Sec∴ (secrétaire) tient le crayon et burine la planche des travaux.

« A midi plein, les Trav∴ (travaux) sont ouverts au Gr∴ (grade) d'App∴ (d'apprenti), etc. »

Les planches de convocation portent en tête les formules sacramentelles : « A∴ L∴ G∴ D∴ G∴ A∴ D∴ l'U∴, Au nom et sous les auspices, etc., ... A l'O∴ de .... etc. S∴ S∴ S∴ (trois fois salut) » et se terminent ainsi : « J∴ L∴ F∴ D∴ V∴ S∴ P∴ L∴ N∴ M∴ Q∴ V∴ S∴ C∴ E∴ A∴ T∴ L∴ H∴ Q∴ V∴ S∴ D∴ (j'ai la faveur de vous saluer par les nombres mystérieux qui vous sont connus et avec tous les honneurs qui vous sont dus.) » On ajoute aussi quelquefois : « N∴ O∴ P∴ V∴ O∴ M∴ (n'oubliez pas vos ornements maçonniques.) »

F. — EXPLICATION DES GRAVURES DE L'INTRODUCTION.

I. FRONTISPICE. Le dessin représente l'entrée du sanctuaire de l'initiation. A droite, l'initié ancien, ou l'isiade, avec sa tête de chacal; à gauche, l'initié moderne, ou le franc-maçon, décoré de son cordon et de son tablier, écartent de la main le voile qui en cachait l'intérieur.

On aperçoit dans le fond, au milieu de l'obscurité, trois scènes tragiques empruntées aux légendes mystérieuses des Egyptiens, des Scandinaves et des francs-maçons.

Le premier groupe, à droite, rappelle le meurtre d'Osiris, c'est-à-dire du bon principe ou du soleil, suivant la mythologie égyptienne. Typhon, son frère, le mauvais principe, ou les ténèbres, qui conspirait contre ses jours, l'avait convié à un festin, auquel assistaient aussi ses complices. Sur la fin du repas, Typhon montra aux invités un coffre d'un travail exquis, et il offrit de le donner à celui d'entre eux qui, s'étant couché dans l'intérieur, en remplirait exactement la capacité. Lorsque vint le tour d'Osiris, il s'y plaça sans défiance; mais, à peine s'y fut-il étendu, que les conjurés fermèrent brusquement le coffre et l'y étouffèrent; ensuite ils allèrent le jeter dans le Nil. C'est ce même coffre, appelé *tabernacle d'Isis*, que les prêtres égyptiens portaient en grande pompe dans certaines cérémonies publiques. Quelques-uns y voient l'origine du tabernacle des Juifs et de celui des catholiques. De là viendrait aussi la *chambre du milieu* des maçons.

Le groupe de gauche représente le meurtre de Balder-le-Bon, que les initiés scandinaves considéraient comme le soleil. Ce dieu avait fait un songe effrayant. Il lui semblait que sa vie était en péril. Les autres dieux du Valhalla, auxquels il communiqua ses craintes, firent tout ce qui dépendait d'eux pour les rendre vaines. A cet effet, ils firent jurer par les animaux, les végétaux et les minéraux qu'ils ne feraient aucun mal à Balder, et ils n'exceptèrent de ce serment qu'une plante parasite, le gui de chêne, qu'à raison de sa grande faiblesse, ils jugeaient tout-à-fait inoffensive. Par ce moyen, Balder était devenu invulnérable à leurs yeux ; et chacun d'eux se faisait un amusement de lui envoyer des traits, des pierres et toute autre espèce de projectiles, qui l'atteignaient sans le blesser. Hoder l'aveugle (le Destin) était le seul qui ne se mêlât point à ce divertissement, son infirmité y mettant obstacle. Locke (le mauvais principe) lui offrit de diriger son bras, afin qu'il jetât, lui aussi, quelque chose à Balder. Hoder accepta. Locke lui mit dans les mains le rameau que les dieux avaient méprisé ; et, avec son aide, Hoder lança le gui fatal à Balder, qui en fut percé de part en part, et expira aussitôt. On voit par ce récit pourquoi les druides gaulois et les drottes scandinaves se livraient tous les ans, vers le solstice d'hiver, à la recherche du gui, et pourquoi ils le coupaient en grande cérémonie avec une serpette d'or, dont la forme recourbée rappelait cette portion du cercle du zodiaque pendant laquelle le meurtre de Balder, dont ils feignaient ainsi de vouloir empêcher le retour, s'était autrefois accompli.

L'assassinat du respectable Hiram-Abi, dont on a pu voir les détails dans la description de la maîtrise (page 50), fait le sujet du groupe du milieu.

Ces trois fables, prises au hasard parmi les anciennes légendes mystérieuses, qui, toutes, s'accordent par le fond, ont trait à la mort fictive du soleil, à l'époque du solstice d'hiver. Les trois signes du zodiaque qu'on voit figurés au-dessus, indiquent les trois mois de l'année pendant lesquels cet astre décline et s'éteint, la période pendant laquelle se déroule le drame mystique du meurtre d'Osiris, de Balder, d'Hiram, et de tous les autres dieux célébrés dans les mystères.

Les sept marches du portail, sont, comme l'échelle de Mithra et l'échelle de Jacob, les sept planètes primitivement connues, qui jouent un rôle si important dans toutes les initiations, et auxquelles se rattache la doctrine de la purification graduelle des ames. (Voyez pages 45, 53 et 54.)

Les deux colonnes qui supportent le fronton figurent les deux *phallus*, générateurs, l'un de la lumière, de la vie et du bien, l'autre, des ténèbres, de la mort et du mal, qui entretiennent l'équilibre du monde. Les pommes de grenade qui les surmontent sont l'emblème du *ctéis*, ou de l'organe féminin, qui reçoit et féconde le germe bon ou mauvais qu'y dépose l'un des deux principes. L'ensemble de chaque colonne et de son chapiteau représente, sous forme d'hiéroglyphe, à l'exemple du *lingam* des Indiens, la nature *active* et *passive*.

A un autre point de vue, les colonnes offrent l'image emblématique des deux solstices, cette double barrière de la course annuelle du soleil. Elles rappellent les deux colonnes d'Hercule, une des nombreuses personnifications de l'astre du jour, dont le passage à travers les douze signes du zodiaque est symbolisé par les douze travaux qu'on attribue à ce dieu (1).

On sait que, d'après les initiés de l'Égypte, Pythagore prétendait que les corps célestes sont placés à distances musicales, et que, dans leur rotation rapide, elles pro-

(1) La Bible parle de deux colonnes, l'une de feu, qui, pendant la nuit, éclairait la marche des Israélites dans le désert ; l'autre de nuées, qui les garantissait pendant le jour de la chaleur du soleil. Manéthon, cité par Eusèbe, mentionne deux colonnes gravées par Thaut, le premier Hermès, en caractères de la langue sacrée des prêtres égyptiens. Selon Pline, il était d'usage de toute antiquité d'élever des colonnes isolées, qui rappelaient la fécondance solaire. La plupart étaient surmontées de pommes de pin, et de pommes de grenade, comme celles qui ornaient le porche du temple de Jérusalem, et celui du temple d'Hercule et d'Astarté, à Tyr, et qu'on retrouve dans les temples maçonniques. Quelques-unes étaient surmontées de globes ; telle était celle qu'au rapport d'Appion le grammairien, Moïse avait fait ériger. Les colonnes du Mexique, qui existaient encore à l'époque de la découverte de ce pays, les colonnes de Nemrod et celle que, suivant Hérodote, on voyait sur le lac Mœris, portaient au sommet la figure du soleil et celle de la lune.

duisent une mélodie ravissante que la matérialité de nos organes ne nous permet pas d'entendre, mais qui devient le partage de l'ame épurée par son passage successif à travers les planètes. C'est à cette doctrine de l'*harmonie des sphères* que font allusion la flûte à sept tuyaux, la lyre à sept cordes et le triangle qu'on voit sur la plate-bande qui couronne les colonnes du portail. Les chrétiens ont aussi adopté cette doctrine, et c'est ainsi qu'il faut entendre ce qu'ils disent de la musique céleste qui réjouit les ames des bienheureux durant l'éternité.

Le fronton semi-circulaire représente le ciel étoilé, et, plus particulièrement, les signes supérieurs du zodiaque, ceux dans lesquels le soleil est doué de toute sa puissance fécondante. On y voit la figure de Christ, telle qu'elle est sculptée, dans une posture bien connue des maçons, au faîte du portail de droite de la vieille église de Saint-Denis. D'un côté, est la vigne, attribut de Dionysius, ou Bacchus ; du côté opposé, la gerbe de blé, attribut de Cérès. Ces emblèmes font allusion à ces paroles de Christ : « Mangez ; ceci est mon corps ; buvez ; ceci est mon sang. » La tête rayonnante du *Sauveur*, que les Indiens appellent Chrishna, les Japonais Jésos, et les chrétiens Jésus, est posée sur le rebord circulaire du fronton, comme le disque du soleil sur la bande zodiacale. Ceci n'a pas besoin d'explication.

Sur les marches du portail, sont assises, à droite, Vénus, la *veuve* d'Adonis, ou le soleil ; à gauche, Isis, la *veuve* d'Osiris, ou l'astre du jour. La première a, près d'elle, l'Amour ; la seconde a, sur ses genoux, Horus. Ces enfants sont l'un et l'autre, la figure du soleil renaissant à l'époque du solstice d'hiver, comme Vénus et Isis sont la personnification de la nature, en deuil du soleil qui vient de périr. On remarquera que Vénus est représentée dans une posture toute maçonnique. C'est ainsi que la dépeint Macrobe, dans sa légende de la mort d'Adonis.

Sur le devant du tableau, on voit, réunis sur un même tronc, le rameau d'acacia de l'initiation maçonnique, la branche de chêne de l'initiation gauloise et scandinave, et la branche de figuier de l'initiation syrienne, pour montrer que tous les mystères ont une source unique et reposent sur une base commune.

II. Réception de l'apprenti. Le moment choisi est celui où le vénérable, placé à l'orient, sous le dais mystique, donne la lumière au récipiendaire. Le néophyte occupe le centre du dessin. Derrière lui, est le maître des cérémonies qui lui dénoue son bandeau ; à sa gauche, un frère qui souffle dans la lampe à lycopode ; autour de lui, le reste des assistants, rangés en cercle, qui lui présentent la pointe de leurs épées. (Voyez page 17.) Il faut se rappeler que le récipiendaire représente le soleil. Les épées, dont les pointes sont circulairement dirigées vers lui, figurent les rayons de cet astre. Dans l'initiation aux mystères d'Isis, on parait le front du néophyte d'une couronne de palmier dont les feuilles, en s'écartant, simulaient aussi des rayons. Le palmier, était consacré au soleil par les Égyptiens, qui prétendaient que cet astre était doué de trois cent soixante-cinq propriétés, nombre égal à celui des révolutions diurnes que le soleil opère dans le cours de l'année.

III. Banquet. Le dessin représente la loge de table, au moment où les frères portent une santé. Sous le dais, dans le fond, à droite, est le vénérable de la loge ; les deux surveillants occupent les extrémités de la table en fer-à-cheval autour de laquelle les frères sont rangés. (Voyez page 32.)

IV. Adoption d'un louveteau. La scène se passe dans les pas perdus de la loge. A droite, est la nourrice tenant le louveteau sur ses genoux. Elle manifeste de l'étonnement et de la crainte à la vue des frères qui se présentent décorés de leurs insignes et l'épée à la main, et elle semble vouloir défendre contre eux le précieux dépôt qui lui a été remis. (Voyez page 41.)

V. Réception d'un maître. Le personnage que l'on renverse et que l'on va coucher sur le drap mortuaire étendu sur le sol de la loge est le récipiendaire, que le très respectable (le président) vient de frapper au front d'un coup de maillet. (Voyez page 51.)

CHAPITRE PREMIER.

Ce fut la coutume générale des peuples de l'antiquité d'enseigner secrè-
ement les sciences, les arts et les métiers. Chez les Égyptiens, par exemple, les prêtres formaient des classes séparées, qui toutes se livraient à l'enseignement d'une branche spéciale des connaissances humaines. Chaque
classe faisait passer ses élèves par une série déterminée d'études propres à
la science ou à l'art qu'elle professait et les soumettait en outre, pour
chaque degré du noviciat, à des épreuves qui avaient pour but de s'assurer
de leur vocation et qui ajoutaient encore au mystère dont l'instruction
était déjà couverte pour le public.

Les Perses, les Chaldéens, les Syriens, les Grecs, les Romains, les Gaulois, adoptèrent cette méthode, dont on retrouve des traces chez les nations
modernes jusqu'à la fin du XVIIe siècle. De nos jours encore, les Anglais
emploient traditionnellement le mot *mystery*, mystère, comme synonyme
de métier.

Comme toutes les autres sciences, l'architecture était enseignée dans le
secret parmi les Égyptiens. Il y avait, outre l'architecture civile, une architecture sacrée, qui puisait ses types emblématiques dans le spectacle que
la nature offre à nos yeux. Les jeunes gens qui y étaient instruits étaient
en même temps initiés dans les mystères de la religion et formaient, en
dehors du sacerdoce, une caste ou une corporation, qui, sur les dessins
tracés par les prêtres, édifiait les temples et les autres monuments consacrés au culte des dieux. Les membres de ces corporations jouissaient d'une
grande estime et tenaient un rang élevé dans la société. On voit encore

dans les ruines de la ville de Syène, en Égypte, une suite de tombeaux creusés pour recevoir des corps embaumés; tous remontent aux premiers pharaons de la dix-huitième dynastie; quelques-uns appartiennent à des *chefs de travaux* ou *inspecteurs* des carrières de Silsilis. Ceux-ci faisaient partie de la crypte royale; ce qui était le plus grand honneur que pût, à sa mort, recevoir un sujet.

Les Égyptiens portèrent dans la Grèce leurs mystères et les institutions qui en dépendaient. Chez les Grecs, au rapport de Plutarque, Osiris prit le nom de Bacchus; Isis celui de Cérès; et la pamilia égyptienne devint la dionysia grecque. Il ne faut pas dès-lors s'étonner que l'organisation des architectes sacrés fût semblable dans les deux pays.

Les prêtres de Dionysius, ou Bacchus, sont les premiers qui élevèrent les théâtres et qui instituèrent les représentations dramatiques, lesquelles, dans le principe, étaient essentiellement liées au culte du dieu. Les architectes chargés de la construction de ces édifices tenaient au sacerdoce par l'initiation; ils étaient appelés *ouvriers dionysiens*, ou *dionysiastes*.

Mille ans environ avant notre ère, les mystères de Bacchus furent établis dans l'Asie-Mineure par une colonie de Grecs. Là, les ouvriers dionysiens perfectionnèrent leur art et le portèrent à ce degré de sublimité dont témoignent les ruines encore existantes des monuments qu'ils y élevèrent. Ils avaient le privilége exclusif de construire les temples, les théâtres et les autres édifices publics dans toute la contrée. Ils y devinrent très nombreux, et on les retrouve, sous la même dénomination, dans la Syrie, dans la Perse et dans l'Inde.

Leur organisation à Téos, que les rois de Pergame leur assignèrent pour demeure environ trois cents ans avant Jésus-Christ, offre une ressemblance frappante avec celle des francs-maçons à la fin du xviie siècle. Ils avaient une initiation particulière, des mots et des signes de reconnaissance. Ils étaient divisés en communautés séparées, comme des loges, qu'on appelait colléges; synodes, sociétés, et qui étaient distinguées par des titres spéciaux, tels que *communauté d'Attalus* (χοινὸν τῶν Ατταλιςων), *communauté des compagnons d'Eschine* (χοινὸν της Εχινου συμμοριας). Chacune de ces tribus était sous la direction d'un maître et de présidents, ou surveillants, qu'elle élisait annuellement. Dans leurs cérémonies secrètes, les frères se servaient symboliquement des outils de leur profession. Ils avaient, à certaines époques, des banquets et des assemblées générales dans lesquels ils décernaient des prix aux ouvriers les plus habiles. Les plus riches d'entre eux devaient secours et assistance aux indigents et aux malades. A ceux qui avaient bien mérité de la confraternité, on élevait des

ed. et Sculp.

TEMPLE DE SALOMON.

Publié par Pagnerre

monuments funéraires, comme on en voit encore des vestiges dans les cimetières de Siverhissar et d'Eraki. Des personnes étrangères à l'art de
bâtir étaient souvent agrégées en qualité de patrons ou de membres d'honneur, et d'après une inscription tumulaire rapportée par Chandler, il est très
probable qu'Attalus, roi de Pergame, appartenait, à ce titre, à la société.

Dans la mère-patrie, les dionysiastes étaient organisés de la même manière; la législation de Solon leur concède quelques priviléges particuliers (1).

On a vu que cette corporation était principalement répandue en Égypte
et en Syrie. Elle devait avoir aussi des établissements dans la Phénicie,
pays limitrophe; car, à cette époque, tous les peuples se copiaient. Si elle
était primitivement inconnue en Judée, ce qui n'est pas probable, puisque,
selon la Bible, les Juifs, d'origine égyptienne, comme les Phéniciens, avaient
fait en Égypte *le métier de maçon*, elle dut y être introduite lors de la
construction du temple de Salomon. Seulement elle eut un nom différent
dans ce pays; les mystères judaïques se rattachant à un autre dieu que
Bacchus.

Les maçons juifs étaient bien certainement liés à une organisation qui
s'étendait hors de la Judée. La Bible les montre se confondant avec les maçons tyriens, malgré la répugnance ordinaire des Israélites pour les étrangers; et la tradition maçonnique, qu'il ne faut pas dédaigner, porte que les
ouvriers qui contribuèrent à l'édification du temple se reconnaissaient entre eux au moyen de mots et de signes secrets, semblables à ceux qui étaient
employés par les maçons des autres contrées. Il y avait, au surplus, entre
les Juifs et les Tyriens, conformité de génie allégorique, notamment en
ce qui touchait l'architecture sacrée. Suivant Josèphe, le temple de Jérusalem (2) fut construit sur le même plan, dans le même esprit et par le même
architecte que le temple d'Hercule et d'Astarté, à Tyr. « Les proportions
et les mesures du tabernacle, dit cet auteur, démontrent que c'était une
imitation du système du MONDE. » Par les développements de cette assertion, on voit que, par exemple, les douze pains de proposition que renfermait le tabernacle faisaient allusion aux douze mois de l'année; les soixante-
dix pièces du chandelier, aux décans ou aux soixante-dix divisions des
constellations; les sept lampes du chandelier, aux sept planètes, etc. Et
ce n'était pas là une opinion émise par Josèphe pour faire sa cour aux Ro-

(1) *Voyez*, pour ce qui concerne les dionysiastes, Strab. l. IV; Aulu-Gelle, l. VIII;
Antiq. asiatiq. de Chischull; *Antiq. ioniennes*, de la société des Dilettanti; *Voyages* de
Chandler; Robison, *Proofs of a conspiracy*; Laurie, *History of masonry*, etc.

(2) *Voyez* planche n° 6.

mains, dont les temples offraient la même signification symbolique, puisqu'on lit dans les *Proverbes* de Salomon ce passage caractéristique déjà cité ailleurs, et qui s'accorde parfaitement avec ce qu'avance l'historien juif : « La souveraine sagesse a *bâti sa maison ; elle a taillé ses sept colonnes.* » Et, à ce propos, si l'on se rappelle les explications que renferme le discours de l'orateur de la loge de maître, on remarquera que c'est absolument dans le même sens que les francs-maçons, qui se prétendent issus des constructeurs juifs et tyriens, interprètent les emblèmes de leur temple.

Au reste, il existait fort anciennement en Judée une association religieuse dont on faisait remonter l'origine à l'époque de la construction du temple de Salomon et dont les membres étaient appelés Hhasidéens ou Kasidéens. « Scaliger, dit Basnage, fait des Kasidéens une confrérie de dévots, ou bien un ordre de *chevaliers du temple de Jérusalem*, parce qu'ils s'étaient associés particulièrement pour entretenir ce bâtiment et pour en orner les portiques. » On s'accorde à reconnaître que c'est du sein de cette société qu'est sortie la célèbre secte des esséniens, dont les Juifs et les pères de l'Église chrétienne ont parlé avec une égale vénération, et aux mystères de laquelle Eusèbe prétend que Jésus fut initié.

Les esséniens formaient des communautés séparées, qui étaient unies entre elles par le lien de la fraternité. Les biens de toutes étaient la propriété de chacune, et tous les membres indistinctement pouvaient en user pour leurs besoins personnels. Les esséniens se livraient à l'exercice des professions mécaniques ; ils construisaient eux-mêmes leurs habitations ; et il est probable qu'ils ne restreignaient pas à cet usage privé l'emploi de leurs connaissances architecturales. Ils avaient des mystères et une initiation ; les aspirants étaient soumis à trois années d'épreuves, et, après leur réception, ils étaient décorés d'un *tablier blanc*. Philon d'Alexandrie, qui donne des détails sur les esséniens de l'Égypte, ou thérapeutes, dit notamment que, lorsqu'ils étaient assemblés et qu'ils écoutaient les instructions de leurs chefs, ils portaient « *la main droite sur la poitrine un peu au-dessous du menton, et la gauche plus bas le long du côté.* » Cette particularité est précieuse à relever. Le signe qu'elle indique sera facilement reconnu par les francs-maçons. Il concorde également avec la pose attribuée par Macrobe à Vénus en pleurs, après la mort d'Adonis, dont les mystères, tout phéniciens, étaient célébrés à Tyr, ville d'où avait été envoyé Hiram, l'architecte du temple de Salomon. Ne se pourrait-il pas que Philon, qui écrivait en Égypte, où les dionysiastes étaient établis, n'eût cité cette circonstance, qui, sans cela n'offrirait qu'une indication puérile, que pour donner à entendre à cette association que les esséniens étaient en communauté de mystères avec elle ? Basnage dit, en effet, que les esséniens professaient plusieurs mystères des Égyptiens ; et l'on a vu que ces mystères étaient, au fond, les mêmes que ceux des dionysiastes (1).

Il serait difficile de ne pas inférer des rapprochements que nous venons de faire que les maçons juifs et les dionysiastes formaient une seule et même association sous des noms différents. Cependant ce ne serait là, il faut le reconnaître, qu'une simple conjecture, à laquelle manquerait toujours la sanction des documents positifs. On ne trouve, en effet, dans les auteurs aucun texte précis qui vienne l'appuyer formellement ; et ce point historique important est condamné à rester à jamais entouré d'incertitude et de doute.

Il n'en est pas de même des rapports qui ont existé entre les dionysiastes et les corporations d'architectes romains. Ces rapports sont historiquement établis, et incontestables. Vers l'an 714 avant notre ère, Numa institua à Rome des collèges d'artisans (*collegia artificum*), au nombre de cent trente et un, en tête desquels étaient les collèges d'architectes (*collegia fabrorum*). On désignait aussi ces agrégations sous les noms de sociétés, de fraternités (*sodalitates, fraternitates*). Leurs membres primitifs étaient des Grecs, que Numa avait fait venir tout exprès de l'Attique, pour les organiser. C'est aussi de cette époque que datait, à Rome, l'établissement des Libérales, ou fêtes de Bacchus.

La huitième des douze tables, tirées, comme on sait, de la législation de Solon, contient des dispositions générales applicables aux collèges romains. Ces associations avaient le droit de se faire des statuts particuliers et de conclure des contrats, pourvu que les uns et les autres ne fussent pas en opposition avec les lois de l'État. Elles avaient une juridiction et des juges distincts. Les collèges d'architectes étaient du petit nombre de ceux qui jouissaient de l'immunité des contributions ; et cette franchise, qui fut continuée aux corporations d'artistes constructeurs durant le moyen-âge, est l'origine de la qualification de *maçons libres* ou de *francs-maçons*, donnée à leurs membres.

Les collèges romains existaient à la fois comme sociétés civiles et comme institutions religieuses, et leurs rapports envers l'État et le sacerdoce étaient déterminés avec précision par la loi. Ils tenaient leurs assemblées à huis-clos, et ils en excluaient les profanes. Les *maceriæ*, masures, ou loges, dans

---

(1) *Voyez*, à l'appui de ce que nous disons sur les maçons juifs, sur les esséniens, etc., la Bible, *Exod.* I ; *Rois*, I ; *Chron.* II ; Josèphe, *Antiq. jud.* c. VII et VIII ; Philon, *Quod omnis probus liber* ; Hérodote, I ; Macrobe, *Comment. sur le songe de Scipion* ; Basnage, *Histoire des Juifs*, livre des Caraïtes ; Eusèbe, *Préparat. évangél.*, etc.

lesquelles ils se réunissaient, étaient ordinairement situées dans le voisinage des temples des divinités qu'ils vénéraient le plus, et dont les prêtres les employaient, soit comme constructeurs, soit comme fournisseurs des ustensiles sacrés. Dans ces assemblées, où les décisions étaient prises à la majorité des voix, les frères se concertaient sur la distribution et sur l'exécution du travail, et ils initiaient les nouveaux membres dans les secrets de leur art et dans leurs mystères particuliers, dont un des traits caractéristiques était l'emploi symbolique des outils de leurs professions. Les frères étaient divisés en trois classes : apprentis, compagnons et maîtres; ils s'engageaient par serment à se prêter réciproquement secours et assistance; ils se reconnaissaient entre eux à certains signes secrets; et des diplômes, qui leur étaient délivrés, les aidaient encore à établir leur qualité. Leurs présidents, élus pour cinq ans, se nommaient *magistri*, maîtres. Ils avaient des anciens (*seniores*); des surveillants; des censeurs; des trésoriers, qui percevaient les cotisations mensuelles exigées de chacun d'eux; des gardes du sceau; des archivistes; des secrétaires; des médecins particuliers; et des frères servants. Ils avaient la faculté d'admettre, comme membres d'honneur, comme officiers d'honneur, et même comme dames d'honneur (*matrones*), des personnes qui n'appartenaient pas à leurs professions; mais, parce que cette autorisation ouvrait souvent la voie à des conciliabules religieux ou politiques défendus, les empereurs la révoquèrent quelquefois, et il y eut des lois qui fixèrent, au moins à l'égard de quelques colléges, le nombre des membres dont ils pouvaient se composer.

Successivement, les colléges devinrent le théâtre de toutes les initiations étrangères, s'ouvrirent à toutes les doctrines secrètes; et il faut croire que c'est par cette voie que nous ont été transmis les mystères hébraïques, que professent encore aujourd'hui les francs-maçons. En effet, on voit, dès le règne de Jules César, les Juifs autorisés à tenir leurs synagogues à Rome et dans plusieurs villes de l'empire, et, au temps d'Auguste, beaucoup de chevaliers romains judaïser et observer publiquement le sabbat. Dans la suite, le christianisme fit pareillement invasion dans les colléges, après avoir vainement tenté d'obtenir pour ses sectateurs nominalement les droits et les priviléges de corporation.

Les colléges d'artisans, et principalement ceux qui professaient les métiers nécessaires à l'architecture religieuse, civile, navale et hydraulique, se répandirent, de Rome, dans les cités municipales et dans les provinces. Quand il s'agissait de bâtir une ville, de construire un temple, une église, un palais, ces corporations étaient convoquées des points les plus éloignés par l'empereur pour qu'elles s'occupassent en commun de ces travaux. Indépendamment des colléges d'architectes établis à poste fixe dans les villes, il y avait encore, à la suite des légions, de petites corporations architectoniques dont la mission était de tracer le plan de toutes les constructions militaires, telles que camps retranchés, routes stratégiques, ponts, arcs de triomphe, trophées, etc., et qui dirigeaient les soldats dans l'exécution matérielle de ces ouvrages. Toutes ces corporations civiles et militaires, composées en majorité d'artistes habiles et de savants, contribuèrent à répandre les mœurs, la littérature et les arts des Romains, partout où cette nation porta ses armes victorieuses (1).

Les collèges subsistèrent jusqu'à la chute de l'empire dans toute leur vigueur. L'invasion des Barbares les réduisit à un petit nombre; et ils continuèrent de décliner tant que ces hommes ignorants et féroces conservèrent le culte de leurs dieux. Mais, lorsqu'ils se convertirent au christianisme, les corporations fleurirent de nouveau. Les prêtres, qui s'y firent admettre comme membres d'honneur et comme patrons, leur imprimèrent une utile impulsion et les employèrent activement à bâtir des églises et des monastères. Sous la domination lombarde, elles brillent d'un grand éclat en Italie. Elles apparaissent à cette époque sous les noms de *corporations franches* et de *confréries*. Les plus célèbres étaient celles de Côme; et l'on voit, dans Muratori, qu'elles avaient acquis sur ce point une telle supériorité que le titre de *magistri comacini*, maîtres de Côme, était devenu le nom générique de tous les membres des corporations d'architectes. Leur organisation primitive s'était maintenue jusqu'alors. Elles avaient toujours leur enseignement secret et leurs mystères, qu'elles appelaient *cabale*; elles avaient leurs juridictions et leurs juges particuliers; leurs immunités et leurs franchises.

Bientôt leur nombre se multiplia à l'infini, et la Lombardie, qu'elles avaient couverte d'édifices religieux, ne suffit plus à les occuper toutes. Quelques-unes d'entre elles se réunirent alors et se constituèrent en une seule grande association ou confrérie, dans le but d'aller exercer leur industrie au-delà des Alpes, dans tous les pays où le christianisme, récemment établi, manquait encore d'églises et de monastères. Les papes secondèrent ce dessein : il leur convenait d'aider à la propagation de la foi par le majestueux spectacle des vastes basiliques et par tout le prestige des arts, dont ils entouraient le culte. Ils conférèrent donc à la nouvelle corporation et à celles qui se formèrent dans la suite avec le même objet, un monopole

---

(1) On peut consulter, au sujet de ces associations, le corps du droit romain ; Cicéron, l. II, *Epist. ad Quint. frat.*; de Bugny, *Pollion*; Schœll, *Archiv. hist.*, t. I; C. Lenning, *Encyclopædie der freimaurerei* ; de Hammer, *Aperçu de l'état actuel de la maçonnerie* ; Krause, *Les trois plus anciens documents*; de Wiebcking, *Mémoire sur l'état de l'architecture au moyen-âge*, lu à l'Institut de France, en 1824; etc.

qui embrassait la chrétienté tout entière, et qu'ils appuyèrent de toutes les
garanties et de toute l'inviolabilité que leur suprématie spirituelle leur permettait de lui imprimer. Les diplômes qu'ils délivrèrent à cet effet aux corporations leur accordaient protection et privilége exclusif de construire tous les
édifices religieux; ils leur concédaient « le droit de relever directement et
uniquement des papes, » et les affranchissaient « de toutes les lois et statuts
locaux, édits royaux, règlements municipaux concernant, soit les corvées,
soit toute autre imposition obligatoire pour les habitants du pays. » Les
membres des corporations eurent le privilége « de fixer eux-mêmes le taux
de leurs salaires, et de régler exclusivement, dans leurs chapitres généraux, tout ce qui appartenait à leur gouvernement intérieur. » Défense fut
faite « à tout artiste qui n'était pas admis dans la société d'établir aucune
concurrence à son préjudice, et, à tout souverain, de soutenir ses sujets
dans une telle rébellion contre l'Église. » Et il fut expressément enjoint à
tous « de respecter ces lettres de créance, et d'obéir à ces ordres, sous
peine d'excommunication. » Les pontifes sanctionnaient des procédés aussi
absolus par « l'exemple d'Hiram, roi de Tyr, lorsqu'il envoya des architectes au roi Salomon pour édifier le temple de Jérusalem. »

Et cependant il est digne de remarque que la plus grande partie des
membres de ces corporations étaient de communions opposées aux papes,
comme on en voit la preuve sur les constructions elles-mêmes, à certaines
marques qu'y mettaient les maçons, et dont le docteur Krause a donné une
ample collection.

Composées d'abord exclusivement d'Italiens, les associations maçonniques ne tardèrent pas à admettre dans leurs rangs des artistes de tous les
pays où elles élevaient des constructions. C'est ainsi qu'il y entra successivement des Grecs, des Espagnols, des Portugais, des Français, des Belges,
des Anglais, des Allemands. D'un autre côté, des prêtres et des membres
des ordres monastiques et des ordres militaires s'y firent également recevoir
en grand nombre, et coopérèrent à leurs travaux comme architectes et
même comme simples ouvriers. Quelques-uns de ces derniers s'en détachèrent dans la suite, et formèrent des sociétés séparées avec le but spécial de
construire des ponts et des chaussées, et de défendre les voyageurs contre
les agressions des malfaiteurs, nobles ou roturiers, qui infestaient les
chemins.

De ce nombre étaient les *frères pontifes*, qui s'occupaient particulièrement de ce qui concernait les ponts. On les voit établis à Avignon, dès
1178. Ce sont eux qui bâtirent le pont de cette ville, et presque tous les
ponts de la Provence, de l'Auvergne, de la Lorraine et du Lyonnais.
Ils formaient une communauté religieuse; mais ils admettaient des sécu-

liers dans leurs rangs. C'est ce qui résulte d'un acte de l'an 1469, dans lequel la qualité de marchands est donnée à des personnes qui appartenaient à l'ordre des pontifes. On retrouve cet ordre à Lucques, en Italie, où il existait encore en 1590. Le chef avait le titre de *magister*, maître. Jean de Médicis était maître de l'ordre en 1562.

Les templiers s'adonnaient dans le même temps à l'établissement et à l'entretien des routes, à la construction des ponts et des hospices. Une des routes d'Espagne qui part des Pyrénées, passe par Roncevaux et aboutit à la Basse-Navarre, a conservé le nom de *chemin des Templiers*. Elle devait sa construction à ces chevaliers, qui, en outre, protégeaient les voyageurs dans toute l'étendue de son parcours. Les templiers s'étaient donné la tâche d'entretenir les trois routes romaines qui existaient au-delà des Pyrénées. On leur attribue également la bâtisse de la plupart des ponts, des hospices et des hôpitaux, depuis le Roussillon jusqu'à Saint-Jacques-de-Compostelle, dans les provinces de Catalogne, d'Aragon, de Navarre, de Burgos, de Palencia, de Léon, d'Astorga et de Galice. Une circonstance qu'il faut noter, parce qu'elle établit les relations de cet ordre avec les corporations d'ouvriers constructeurs, c'est qu'en Italie d'anciennes églises, qui lui avaient appartenu, conservent par tradition le nom d'églises *della massone* ou *della maccione*.

Il paraîtrait que, déjà vers la fin du xv⁰ siècle, des personnes admises en qualité de membres d'honneur et de patrons dans les confréries maçonniques, avaient formé, en dehors de ces corporations, des sociétés particulières, qui, laissant de côté l'objet matériel de l'association, ne s'attachaient qu'à son objet mystique. On voit, en effet, à Florence, en 1512, une *Compagnie de la truelle,* composée de savants et de personnages marquants dans l'ordre civil, dont les symboles étaient la truelle, le marteau, l'équerre, et dont le patron était celui des maçons d'Écosse, saint André. Dans la même ville, avait été fondée, en 1480, une autre société sous le titre d'*Académie platonique.* La salle où celle-ci tenait ses séances existe encore; les sculptures dont elle est ornée présentent des attributs et des emblèmes maçonniques.

Quoi qu'il en fût, nous retrouvons les corporations d'ouvriers constructeurs dans toutes les contrées de l'Europe. Elles élèvent au xiii⁰ et au xiv⁰ siècles, les cathédrales de Cologne et de Meissen; vers 1440, celle de Valenciennes. Ce sont elles qui bâtissent, après 1385, le fameux couvent de Batalha, en Portugal, et le monastère du Mont-Cassin, en Italie. Les plus vastes monuments de la France, de l'Angleterre et de l'Écosse sont leur ouvrage. Sur toutes leurs constructions, elles ont imprimé leur marque symbolique. Ainsi, dans le dôme de Wurzbourg, devant la porte de la chambre des morts, on voit, d'un côté, sur le chapiteau d'une colonne, l'inscription mystérieuse *Jachin*, et de l'autre côté, le mot *Booz*, sur le fût de la colonne. Ainsi encore, la figure du Christ qui occupe le faîte du portail de droite de l'église de Saint-Denis a la main placée dans une position bien connue des francs-maçons actuels (1).

Partout où ces corporations se présentaient, elles avaient à leur tête un chef qui gouvernait la troupe, et, sur dix hommes, en nommait un, qui, sous le nom de *maître*, dirigeait les neuf autres. Elles élevaient d'abord des constructions temporaires autour du lieu où elles devaient bâtir. Ensuite, elles organisaient régulièrement les services et se mettaient à l'œuvre. Quand le besoin s'en faisait sentir, elles envoyaient recruter des aides dans les autres associations. Aux pauvres, elles demandaient des corvées; aux riches, des matériaux et des moyens de transport, qui leur étaient accordés par esprit de religion. Quand leurs travaux étaient terminés, elles levaient leur camp, et elles allaient chercher fortune ailleurs.

L'abbé Grandidier nous a conservé, d'après un vieux registre de la tribu des maçons de Strasbourg, de précieux renseignements sur l'association qui éleva la cathédrale de cette ville. Cet édifice, un des chefs-d'œuvre de l'architecture gothique, fut commencé en 1277, sous la direction d'Hervin de Steinbach, et ne fut terminé qu'en 1439. Les maçons, qui prirent part à l'érection de ce monument, étaient composés de maîtres, de compagnons et d'apprentis. Le lieu où ils s'assemblaient s'appelait *hütte*, maisonnette, loge. C'est l'équivalent du latin *maceria*. Ils employaient emblématiquement les outils de leur profession; ils les portaient comme insignes. Ils avaient pour principaux attributs l'équerre, le compas et le niveau. Ils se reconnaissaient à des mots et à des signes particuliers, et ils nommaient cela le signe des mots, *das wortzeichen*; ils appelaient le salut, *der gruss*. Les apprentis, les compagnons et les maîtres étaient reçus avec des cérémonies auxquelles présidait le secret. Ils admettaient, comme affiliés libres, des personnes qui n'appartenaient pas au métier de maçon. C'est ce qu'on voit par

ce signe bien connu : , qui servait de marque à Jean Grieninger, éditeur de Strasbourg, en 1525, époque à laquelle la corporation existait encore dans toute sa vigueur, dans cette ville.

La confrérie de Strasbourg était devenue célèbre en Allemagne. Toutes les autres s'accordèrent à reconnaître sa supériorité, et elle reçut en conséquence le titre de *haupt hütte*, ou grande loge. Les *hütten* qui s'étaient

(1) *Voyez* le frontispice.

ainsi ralliées à elle, étaient celles de Souabe, de Hesse, de Bavière, de Franconie, de Saxe, de Thuringe et des pays situés le long de la Moselle. Les différents maîtres de ces *hütten* s'assemblèrent à Ratisbonne, en 1459, et y dressèrent, le 25 avril, l'acte de confraternité qui établissait grand-maître unique et perpétuel de la *confrérie générale des maçons libres de l'Allemagne* le chef de la cathédrale de Strasbourg. L'empereur Maximilien confirma cet établissement par son diplôme donné dans cette ville en 1498. Charles-Quint, Ferdinand et leurs successeurs le renouvelèrent. Une autre grande loge qui existait à Vienne, et dont relevaient les loges de la Hongrie et de la Styrie; la grande-loge de Zurich, qui avait dans son ressort tous les *hütten* de la Suisse, avaient recours à la confrérie de Strasbourg, dans les cas graves et douteux. Elle avait une juridiction indépendante et souveraine, et jugeait sans appel toutes les causes qui lui étaient portées, selon les règles et les statuts de la société. Ces statuts furent renouvelés et imprimés en 1563 (1).

Heldmann et Tillier ont recueilli de curieux détails sur l'histoire de la corporation maçonnique en Suisse, dans la même période. Ils nous la montrent commençant en 1421 la construction de la cathédrale de Berne sous la direction de Mathias Heinz, de Strasbourg, et la continuant successivement sous Mathias OEsinger, architecte du dôme d'Ulm, et sous le fils de celui-ci, Vincent OEsinger. Berne était alors le siége de la Grande-Loge helvétique. Après l'achèvement de la cathédrale de cette ville, en 1502, la Grande-Loge fut transférée à Zurich. En 1522, la confraternité s'étant mêlée d'affaires étrangères à l'art de bâtir, son grand-maître, Stephan Rülzislorfer, de Zurich, fut cité, pour ce fait, devant la diète; et, comme il ne comparut pas pour se défendre, la confrérie fut supprimée sur toute l'étendue de la confédération helvétique.

Les documents sont presque nuls en ce qui touche les corporations d'architectes en France. Cependant on trouve sur la plupart des églises de ce pays de nombreuses traces de leur existence, et l'histoire d'Angleterre constate qu'à diverses reprises, antérieurement au XIe siècle, plusieurs d'entre elles furent appelées dans ce pays pour coopérer à la construction d'églises, de châteaux et de fortifications qu'on y élevait. D'après un écrivain allemand très versé dans l'histoire des confréries architectoniques, ces sociétés auraient été fort multipliées en France et s'y seraient perpétuées jusqu'au XVIe siècle. A cette époque, et par suite de leur dissolution, la juridiction de

(1) L'imprimé a pour titre: *Statuts et règlements de la confraternité des tailleurs de pierre, renouvelés à la conférence de la Grande-Loge de Strasbourg, à la Saint-Michel, anno MDLXIII.* Une première révision des statuts avait eu lieu de 1459 à 1468.

la grande-loge de Strasbourg, dont elles dépendaient dans les derniers temps, se serait considérablement restreinte, et elle aurait même cessé entièrement en Allemagne en 1707. En effet, par une loi du 16 mars de cette année, la diète de l'empire abrogea cette juridiction, ainsi que celles qu'exerçaient la grande-loge de Vienne, et la grande-loge de Magdebourg, qui s'était établie plus récemment, et elle ordonna que les contestations qui pourraient s'élever entre les constructeurs seraient à l'avenir soumises à la décision des tribunaux civils.

Au reste, les grandes confréries, pour qui ces tribunaux avaient été institués, n'existaient plus depuis longtemps, et les juridictions de Strasbourg, de Vienne et de Magdebourg n'avaient plus à juger que les contestations qui surgissaient entre les particuliers et les entrepreneurs privés, pour fait de mal-façons et autres causes analogues. En ébranlant jusque sur ses bases la puissance papale, la réforme de Luther avait aussi porté un coup mortel aux associations maçonniques. Le doute avait pénétré dans tous les esprits, et l'on n'entreprenait plus la construction de ces vastes églises qui voulaient de la ferveur religieuse et de coûteux sacrifices. Les corporations étaient donc devenues sans objet, et elles s'étaient dissoutes. Leurs membres les plus riches s'étaient faits entrepreneurs de bâtiments, et avaient pris les autres à leur solde, en qualité d'ouvriers. Dès ce moment, s'était établie, parmi ceux-ci, une institution (le *compagnonage*), qui, de temps immémorial, existait dans les autres corps de métiers, et même parmi les ouvriers du bâtiment qui s'étaient tenus en dehors des grandes associations privilégiées et s'étaient exclusivement occupés de constructions civiles (1). Ces dernières sociétés s'étaient formées des débris des colléges romains. Les vices du régime féodal les avaient forcées de modifier en plusieurs points leur organisation primitive; mais elles avaient conservé, à peu près intactes, les anciennes cérémonies mystérieuses. ·

Nous avons dit que toutes les initiations, toutes les doctrines secrètes avaient trouvé accès dans les colléges romains. C'est de là qu'est venue la diversité des mystères du compagnonage. L'initiation des premiers chrétiens s'était conservée, récemment encore, dans les corps de métiers étrangers à la bâtisse : le récipiendaire représentait Jésus, et on le faisait passer par toutes les phases de la passion de l'Homme-Dieu. Parmi les ouvriers du bâtiment restés en dehors des associations privilégiées, et qui se donnent

(1) Les membres du compagnonage qui dérivait des associations de constructeurs privilégiées par les papes sont désignés, dans de vieux règlements municipaux de l'Allemagne, sous le nom de *schrift-maurers* (maçons de l'écrit ou du diplôme); les autres y sont appelés, par opposition, *wort-maurers* (maçons du mot).

les noms de *compagnons passants* et de *loups-garoux,* les mystères se forment d'un mélange de judaïsme et de christianisme ; il y est question de la mort tragique de maître Jacques, un des constructeurs du temple de Salomon, assassiné par cinq mauvais compagnons à l'instigation d'un sixième, appelé père Soubise. Dans le compagnonage issu des associations privilégiées et dont les membres prennent les titres de *compagnons étrangers* et de *loups,* les mystères sont exclusivement judaïques, et, comme dans les loges de francs-maçons, on y commémore le meurtre allégorique du respectable maître Hiram. De l'aveu même des autres compagnonages, celui-ci est le plus ancien de tous. Il est présumable que les sanglants conflits qui s'élèvent journellement entre les divers ordres de compagnons ont pour cause originelle une rivalité de secte et la jalousie bien naturelle que devaient inspirer aux uns les priviléges dont les autres jouissaient à leur détriment (1).

Sous la domination des Romains, l'île de Bretagne possédait un grand nombre de colléges d'architectes, les uns établis dans les villes, les autres attachés aux légions. Ces colléges cessèrent d'exister pour la plupart à l'époque des guerres des Pictes, des Scots et des Saxons. Ceux-ci, ayant triomphé de leurs ennemis et affermi leur autorité, s'attachèrent à relever les monuments qui avaient été détruits et à reconstituer les colléges. A cet effet, ils appelèrent en Angleterre plusieurs des corporations d'architectes que renfermaient la France, l'Italie, l'Espagne et l'Empire d'Orient (2).

---

(1) Voir, sur les corporations du continent dans le moyen-âge, sur les pontifes, etc., Hope, *Hist. de l'archit.*; de Hammer, *Aperçu de l'état actuel de la maçonn.*; Schœll, *Archiv. hist.,* t. Ier ; Krause, *Les trois plus anciens documents* ; de Wiebeking, *Mém. sur l'état de l'architect.*; C. Leuning (Mossdorf), *Encyclopædie der freimaurerei ;* Graudidier, lettre à la suite de l'*Essai sur les illuminés,* du marquis de Luchet; *Archeologia,* Londres, 1789, t. XX ; Fiscinus, *Theologia platonica* ; Grégoire, *Recherches sur les frères pontifes* ; Guerrier de Dumast, *la Maçonnerie,* poème, aux notes; Dulaure, *Hist. de Paris,* t. VIII ; Heldmann, *les Trois plus anciens monuments de la confraternité maçonnique allemande;* Tillier, *Histoire de l'État confédéré de Berne ;* Robison, *Proofs of a conspiracy* ; Brulliot, *Dictionn. des monogrammes,* Munich, 1817; Thory, *Histoire de la fondation du Grand-Orient de France;* Laurie, *History of freemasonry ;* Preston, *Illustrations of masonry ;* Perdiguier, *le Livre du compagnonage,* etc.

(2) Il y avait encore dans ce temps-là, notamment en Syrie et en Perse, une multitude d'agrégations de constructeurs qui descendaient problablement des anciens dionysiastes. On voit effectivement Tamerlan tirer de ces pays les ouvriers qui bâtirent ses magnifiques palais et particulièrement celui de Samarcande, le plus vaste et le plus somptueux de tous. Les Maures d'Espagne durent également la construction des beaux monuments qu'ils ont laissés au concours des sociétés architectoniques syriennes et

Mais les invasions sans cesse renouvelées des Danois et les ravages que commettaient ces barbares s'opposèrent au succès de ces tentatives. Les constructions commencées furent abandonnées, et les architectes étrangers se retirèrent du pays.

Un document du règne d'Édouard III fournit de précieux renseignements sur l'histoire des sociétés maçonniques en Angleterre, au Xe siècle. On y lit qu'Athelstan, petit-fils d'Alfred-le-Grand, mettant à profit les loisirs de la paix, fit bâtir plusieurs grands édifices et accorda une protection spéciale à la confrérie des maçons. Il appela en Angleterre plusieurs membres des corporations de France, et les institua surveillants des travaux de construction. Il les chargea en outre de recueillir les statuts, règlements et obligations qui gouvernaient les colléges romains et étaient restés en vigueur parmi les associations maçonniques du continent, à l'effet d'en former un corps de lois pour les maçons de l'Angleterre. Cet important travail eut lieu dans une assemblée générale de la confraternité qui se tint à York au mois de juin 926 et que présida, en qualité de grand-maître, Edwin, le plus jeune des fils du roi, précédemment initié dans la maçonnerie.

A partir de ce moment, la confrérie eut en Angleterre, sous le nom de Grande-Loge, un gouvernement régulier, dont le chef-lieu fut établi à York, et qui, dans ses réunions annuelles, statuait sur tout ce qui intéressait la société. Le nombre des maçons s'accrut, les loges se multiplièrent (1), et le pays s'enrichit d'une foule d'églises, de monastères et d'autres vastes édifices.

Sous les règnes qui suivirent celui d'Athelstan, la confraternité fut également encouragée et soutenue. Des personnages du plus haut rang, des prélats, des princes, et même des rois, s'y firent agréger, et la plupart d'entre eux figurent dans la liste des grands-maîtres. On voit, en 1155, les loges administrées par l'ordre du Temple, qui en conserva la direction jusqu'en l'année 1199. Trois siècles plus tard, c'est l'ordre de Malte qui se place à la tête de la confrérie, et qui lui rend l'éclat qu'elle avait perdu pendant les sanglants démêlés des maisons d'York et de Lancastre. En 1492, elle se soustrait au patronage de ces chevaliers, et élit pour grand-maître John Islip, abbé de Westminster. Dès-lors, et jusque dans les derniers temps,

persanes. L'église du Temple, dans Fleet-Street, à Londres, fut construite au XIIe siècle par une confrérie architectonique chrétienne, qui était venue de la Terre-Sainte peu de temps auparavant.

(1) Les différentes loges de Londres se formèrent en *compagnie*, ou corporation locale, au commencement du XVe siècle; et elles furent classées, à ce titre, sous le n° 30 des associations de la même nature existant à Londres. En 1417, cette *compagnie* reçut des armoiries du roi d'armes Hankstow.

Pl. 7.

Seymour. Del.   Monnin. Sculp.

ÉPISODE MAÇONNIQUE

au tems de la Reine Elisabeth — 1561.

elle est tour-à-tour gouvernée par des lords, des évêques et des architectes fameux, tels qu'Inigo Jones et Christophe Wren.

Les statuts du règne d'Athelstan furent soumis à une révision sous Édouard III, en l'an 1350, comme on en trouve la preuve dans un monument de cette époque, sorte d'annexe aux statuts révisés, où déjà l'on voit percer les qualifications et les formes que relatent plus explicitement les documents postérieurs (1). Le texte des statuts auxquels se réfère cette pièce paraît avoir été détruit avec d'autres manuscrits, en 1720, par des motifs qui n'ont jamais été bien connus. Mais cette perte est réparée jusqu'à certain point par la découverte récente d'un poème anglo-saxon du XIVᵉ siècle sur les règlements à l'usage de la congrégation des maçons anglais. Selon toute apparence, l'auteur de ce poème y a mis en vers les statuts de 1350, afin de les fixer plus aisément dans la mémoire des ouvriers auxquels ils étaient destinés. Ce qu'on y lit de l'organisation de la confraternité des maçons, des règles auxquelles elle était soumise à cette époque reculée a un rapport frappant avec ce que disent les *Constitutions* imprimées en 1723, par ordre de la Grande-Loge de Londres (2).

La société des maçons ne fut pas toujours protégée en Angleterre, comme elle l'avait été sous Athelstan et sous Édouard III. Soit que l'esprit indé-

(1) Voici notamment ce qu'on lit en tête de cette pièce : « Sous le règne glorieux d'Édouard III, les *loges* étant nombreuses et fréquentes, le *grand-maître* avec ses surveillants, et du consentement des lords du royaume, arrête et ordonne qu'à l'avenir, au faire *(making)*, ou à l'admission d'un *frère*, la constitution et les vieilles instructions *(the ancient charges)* lui seront lues par le *maître* ou par les surveillants de la loge, etc. »

(2) Le poème dont nous parlons a été publié en 1840, par M. James Orchard Halliwell, membre des sociétés des antiquaires de Londres, de Paris, d'Édimbourg, de Copenhague, d'Oxford, etc., sous ce titre : *The early History of freemasonry in England* (la plus ancienne histoire, ou le plus ancien monument historique de la francmaçonnerie en Angleterre.)

Le manuscrit est tracé sur vélin, dans le format in-12 ; il fait partie de l'ancienne bibliothèque royale du Musée britannique, et est coté : *Bib. reg. 17. A. I. ff. 32*. Il appartenait dans l'origine à Charles Theyer, collecteur fameux du XVIIᵉ siècle, et il porte le nᵒ 146 de sa collection, qui est rapportée dans le *catalogus manuscriptorum angliæ*, de Bernard, p. 200, col. 2.

Ce poème, composé de 794 vers, qui s'accouplent deux par deux, en rimes plates, prouve que les *mystères* de la confraternité étaient pratiqués en Angleterre au XIVᵉ siècle ; et il paraît par le vers 143 que l'auteur, qui était probablement un prêtre, avait eu connaissance de divers documents relatifs à l'histoire de la société.

Dans ses notes sur ce poème, M. Halliwell cite un acte de 1506, dans lequel la qualité de francs-maçons *(freemasons)* est donnée à deux personnes, John Hylmer et William Vertue, qu'on engage pour réparer la toiture du collége royal de Notre-Dame et Saint-George, dans le château de Windsor.

pendant qu'elle manifestait portât ombrage au gouvernement; soit que le clergé s'inquiétât de l'indifférence qu'elle affectait en matières d'hérésies, étant elle-même composée de membres de toutes les communions chrétiennes; soit qu'effectivement, à la suite de quelqu'une de ses assemblées, elle se fût rendue coupable, comme on l'en accusait, d'actes d'insubordination et de rébellion, un édit fut porté contre elle, en 1425, par le parlement, à l'instigation de l'évêque de Winchester, tuteur de Henri VI, alors mineur. Ce bill interdisait les chapitres et congrégations des maçons, et punissait les contrevenants par la prison et par une amende, ou rançon, suivant le bon plaisir du roi (1).

Il ne paraît pas cependant que cette loi ait jamais été mise à exécution. On voit, en effet, dans le registre latin de William Mollart, prieur de Cantorbéry (2), qu'en l'année 1429, le roi Henri étant encore mineur, une loge fut tenue à Cantorbéry, sous le patronage de l'archevêque Henri Chicheley, à laquelle assistaient Thomas Stapylton, maître (vénérable); John Morris, *custos de la lodge lathomorum*, ou surveillant de la loge des maçons; et quinze compagnons et trois apprentis dont les noms sont rapportés.

Le 27 décembre 1561, la confraternité tenait son assemblée annuelle à York, sous la présidence de Thomas Sackville, grand-maître, lorsqu'au milieu des délibérations, on apprit que la reine Élisabeth, trompée sur l'objet de la réunion, envoyait des hommes d'armes pour la dissoudre. Le grand-maître et ses surveillants se portèrent aussitôt à la rencontre du détachement, et parvinrent à décider les officiers qui le commandaient à suspendre l'exécution de leurs ordres, jusqu'à ce qu'ils eussent vérifié par eux-mêmes si l'assemblée était aussi criminelle que la reine le supposait (3). Introduits,

(1) On a prétendu que, plus tard, en 1434, Henri se fit recevoir maçon, et qu'il révoqua cet édit. Pour prouver l'initiation de Henri, on s'est étayé d'une sorte d'interrogatoire que ce prince fait subir à un maçon, touchant les secrets et les principes de la confrérie. Ce serait, dit-on, John Locke qui, en 1696, aurait découvert dans la bibliothèque bodléenne, le manuscrit où cet interrogatoire est consigné. John Leyland, fameux antiquaire, l'aurait tracé, d'après une pièce écrite de la propre main de Henri VI, sur l'ordre que lui en aurait donné le roi Henri VIII. Mais, il faut le dire, cette pièce, qui, fût-elle vraie, ne ferait qu'établir surabondamment l'ancienneté de la société maçonnique, ne présente d'ailleurs aucun caractère d'authenticité. Elle fut publiée pour la première fois en Allemagne vers le milieu du siècle passé, et ce n'est que depuis 1772 qu'elle figure dans les Œuvres de Locke. Au reste, M. Orchard Halliwell l'a vainement cherchée sur les rayons et même dans les catalogues de la bibliothèque bodléenne.

(2) Ce registre a pour titre : *Liberatio generalis Dominœ Gulielmi, prioris ecclesiœ Christi Cantuariensis, erga Festum Natalis Domini* 1429. Le passage cité occupe la page 88.

(3) *Voyez* planche n° 7.

en effet, dans la loge, ils y furent, de leur consentement, soumis aux épreuves et initiés aux mystères de la maçonnerie. Ils assistèrent ensuite aux délibérations de la Grande-Loge, qui avaient été reprises après leur réception. Parfaitement édifiés alors sur ce qui se passait dans ces réunions, ils se hâtèrent d'en aller instruire la reine ; et leur enthousiasme s'exprima en termes si favorables et si chaleureux que non-seulement Élisabeth renonça à persécuter les maçons, mais encore qu'elle les prit dès ce moment sous sa protection spéciale. On voit effectivement que l'année suivante, cinquième du règne de cette princesse, elle rendit un statut qui abrogeait implicitement l'édit de 1425.

La confraternité des maçons était organisée en Écosse de la même manière qu'en Allemagne et en Angleterre. On la voit, dès 1150, former un établissement dans le village de Kilwinning, et, peu après, sur divers autres points du pays. La loge *la Chapelle de Marie*, à Édimbourg, possède un vieux registre où sont relatés, à partir de 1568, les élections de ses maîtres, de ses surveillants et de ses autres officiers. Dans les premières années du XVᵉ siècle, les frères avaient le droit d'élire leur grand-maître, à la charge néanmoins de le choisir parmi les nobles ou les prêtres et de soumettre cette élection à la sanction royale. Le grand-maître élu était autorisé à lever un impôt de quatre livres, monnaie d'Écosse, sur chaque maçon, et à percevoir un droit pour la réception des nouveaux membres. Le grand-maître avait une juridiction qui s'étendait sur tous les frères ; il nommait, dans les comtés, des substituts, qui jugeaient en son nom les causes de peu d'importance. En 1437, Jacques II retira aux maçons l'élection du grand-maître. Il conféra cette charge à William Saint-Clair, baron de Rosslyn, et à ses héritiers en ligne directe. Vers 1650, les maçons d'Écosse confirmèrent l'hérédité de la grande-maîtrise dans la famille des Rosslyn, par deux actes successifs, rapportés dans le manuscrit de Hay, qui se trouve dans la bibliothèque des avocats, à Édimbourg. En Écosse, la confrérie ne brilla pas d'un éclat aussi vif qu'en Angleterre ; mais elle y éleva un grand nombre d'églises et de monastères, dont les ruines, encore debout, témoignent de sa haute habileté en architecture.

Au commencement du XVIIᵉ siècle, on retrouve, dans la Grande-Bretagne, la société maçonnique avec son caractère et son objet primitifs. Elle se composait, alors comme antérieurement, d'ouvriers constructeurs, liés entre eux par un mystère, et entreprenant en commun l'érection des édifices publics. Ses membres avaient un pouvoir discrétionnaire pour se former en loges dans le voisinage de tout édifice en voie de construction, avec l'approbation du maître de l'œuvre, pour travailler à quelque degré et en quelque nombre que ce fût, et aussi souvent qu'ils le jugeaient convenable. On n'avait pas encore eu l'idée d'investir des vénérables et des surveillants de loges, assemblés en Grande-Loge, et le grand-maître lui-même, du droit de délivrer des patentes constitutionnelles à des agrégations spéciales de frères, qui les autorisassent à se réunir en certains lieux et à des conditions déterminées; aucune restriction de ce genre ne gênait la liberté de la confrérie. Les frères n'étaient soumis individuellement qu'à l'exécution de règlements délibérés, sur des objets d'intérêt commun ou de discipline intérieure, par la confraternité réunie en assemblée générale, une ou deux fois par an, et l'autorité du grand-maître ne s'étendait jamais au-delà des portes de la salle d'assemblée. Chaque loge était sous la direction d'un maître, ou vénérable, choisi pour la circonstance, et dont le pouvoir cessait avec la séance dans laquelle on le lui avait conféré. Quand une loge était établie dans un lieu et pour un temps déterminé, une attestation des frères présents, inscrite dans le registre des travaux, était, à leurs yeux, une preuve suffisante de la régulière constitution de l'atelier.

Bien que tous les membres de l'association fussent maçons de pratique *(operative masons),* ils initiaient pourtant à leurs mystères des hommes de diverses professions, dont la communauté pouvait attendre quelque utilité ou quelque relief. C'est ainsi, par exemple, qu'en 1641, la loge *la Chapelle de Marie,* d'Édimbourg, initia Robert Moray, quartier-maître général de l'armée d'Écosse, et que le savant antiquaire Elie Ashmole et le colonel Mainwaring, de Kerthingham, furent admis dans la société, en 1646, à Warington, dans le comté de Lancastre. C'est ainsi encore que, le 11 mars 1682, le chevalier William Wilson et d'autres personnes de distinction furent reçus à Londres par la *Compagnie* des maçons, et assistèrent au banquet qui termina la séance. Le titre de maçon que recevaient les personnes étrangères au métier était tout honorifique et ne leur donnait aucun droit aux priviléges dont jouissaient les véritables ouvriers. On les désignait particulièrement sous le nom d'*accepted masons,* de maçons acceptés, accueillis, agréés.

Les troubles qui désolèrent l'Angleterre à la fin du règne de Charles Ier et pendant les temps qui suivirent firent un tort considérable à la confraternité. Les *accepted masons* qui appartenaient au parti royaliste essayèrent de pousser la confrérie à se mêler d'intrigues politiques et à contribuer à la restauration de la monarchie des Stuarts. Mais, bien que Charles II, qui avait été reçu maçon dans son exil, ait, en remontant sur le trône, accordé une protection spéciale à la société, rien ne prouve cependant qu'il en eût reçu un aide bien efficace pour ressaisir le pouvoir souverain. Il est plutôt probable que les menées de ses partisans éloignèrent des assemblées les maçons paisibles et sensés; car, à partir de ce moment et malgré le zèle que déploya le grand-maître Christophe Wren pendant de longues années, le nombre des loges alla toujours en diminuant, et le peu qui restèrent étaient presque désertes en 1703.

En cette année, la loge de *Saint-Paul*, à Londres (aujourd'hui *l'Antiquité*, n° 2), prit une décision qui changea entièrement la face de la confrérie ; elle arrêta : « Les priviléges de la maçonnerie ne seront plus désormais le partage exclusif des maçons constructeurs ; des hommes de différentes professions seront appelés à en jouir, pourvu qu'ils soient régulièrement approuvés et initiés dans l'ordre (1). » Cette innovation, qui peut-être n'avait pour but que d'augmenter le nombre toujours décroissant des membres de la confraternité, pour aider plus tard à lui rendre son importance et son activité premières, eut des conséquences que ses auteurs étaient loin de prévoir. Il y avait dans les doctrines de la maçonnerie un principe civilisateur qui ne demandait qu'à se développer ; et lorsque les entraves qui le contenaient et l'étouffaient dans les bornes étroites d'une association mécanique eurent été brisées, il s'abandonna à toute sa puissance d'expansion, pénétra en un instant dans les entrailles du corps social, et l'anima d'une vie nouvelle.

C'est donc de cette décision de la loge de *Saint-Paul* qu'il faut dater l'ère de la franc-maçonnerie moderne, ou plutôt de la phase actuelle de la franc-maçonnerie ; car nous croyons avoir prouvé que cette société remonte aux premiers âges du monde ; qu'elle est aujourd'hui ce qu'elle était autrefois, et qu'elle n'a fait que renoncer à l'objet matériel de son institution : la construction des édifices religieux et d'utilité générale.

---

(1) The privileges of masonry schall no longer be restricted to operative masons, but extend to men of various professions, provided they are regularly approved and initiated into the order. (Preston, *Illustrations of masonry.*)

Voir, pour ce qui est relatif à l'histoire de la maçonnerie en Angleterre et en Écosse, Anderson, *the Constitutions of the ancient and honourable fraternity*, etc.; Laurie, *History of freemasonry* ; Smith, *the Use and abuse of freemasonry* ; Dermott, *the Ahiman Rezon* ; Preston, *Illustrations of masonry* ; J. Hardie, *the new freemason's Monitor* ; Elias Ashmole's *Diary* ; J. Orchard Halliwell, *The early History*, etc.: Coke, *Institutes*, III ; Thory, *Acta latomorum*, I ; *the freemason's Guide* ; Robison, *Proofs of a conspiracy*, etc.

CHAPITRE II.

Cependant les dissensions politiques et les querelles religieuses qui troublèrent la fin du règne de la reine Anne, l'accession de Georges de Brunswick, électeur de Hanovre, au trône d'Angleterre, et les révoltes qui éclatèrent bientôt après en faveur de François-Édouard Stuart, connu sous le nom de Prétendant, ne permirent pas que la décision de la loge de *Saint-Paul* eût d'abord les résultats qu'on s'en était promis. Loin de là, beaucoup de loges cessèrent de se réunir, et les assemblées et les fêtes annuelles furent entièrement négligées. Ce qui rendait encore plus fâcheuse cette situation de la maçonnerie, c'est que, depuis 1702, que Christophe Wren, accablé d'ans et d'infirmités, avait été obligé de résigner sa charge de grand-maître, la confrérie était sans chef et tout-à-fait abandonnée à elle-même.

Les choses étaient en cet état, lorsque les maçons de Londres et des environs résolurent de faire une nouvelle tentative pour rendre quelque vigueur à leur institution chancelante. Les seules loges qui existassent alors dans le sud de l'Angleterre étaient celles qui se réunissaient dans les tavernes ayant pour enseignes *l'Oie et le Gril,* dans Saint-Paul's Church-yard; *la Couronne,* dans Parker's lane; *le Pommier,* dans Charles-street, Covent-Garden; *le Gobelet et les Raisins,* dans Channel-Row, Westminster. Ces quatre loges, auxquelles se joignirent quelques maçons isolés, s'assemblèrent à la taverne du *Pommier*, au mois de février 1717. Leur premier soin fut de se constituer Grande-Loge *pro tempore* ; et, après avoir décidé que les communications de quartier, ou tenues trimestrielles, et les fêtes annuelles de saint Jean reprendraient à l'avenir leur cours régulier, elles s'ajournèrent au 24 juin suivant pour élire un grand-maître et pour continuer les opérations commencées.

La réunion eut lieu à la taverne de *l'Oie et le Gril*, dans le local de la loge de *Saint-Paul*, la plus ancienne des quatre. Les travaux ayant été ouverts sous la présidence du doyen d'âge, on dressa une liste de candidats pour l'office de grand-maître; les noms des concurrents furent successivement appelés; et les frères, à la grande majorité des *mains*, fixèrent leur choix sur Antoine Sayer, qui fut immédiatement installé dans sa dignité par le *maître en chaire*, et félicité par l'assemblée, « qui lui rendit hommage. »

Le grand-maître, ayant préalablement désigné ses surveillants, ouvrit la délibération sur les divers objets à l'ordre du jour. On décida que le droit de se former en loge, qui jusqu'alors avait été sans limites, n'appartiendrait plus désormais qu'aux réunions de maçons qui en obtiendraient la confirmation de la Grande-Loge et auxquelles il serait délivré en conséquence une patente constitutionnelle; qu'en outre, les nouvelles loges ne pourraient conférer que le grade d'apprenti, la Grande-Loge se réservant expressément la collation de ceux de compagnon et de maître (1); que toutes les loges constituées se feraient représenter dans les assemblées de communication de quartier par leur vénérable et par leurs surveillants; enfin qu'elles transmettraient annuellement à la Grande-Loge le rapport de leurs travaux accomplis, et la copie littérale des règlements qu'elles entendraient adopter pour leur gouvernement intérieur. On exprima le vœu que, des vieux statuts et des usages traditionnels de la confrérie, il fût formé un corps de lois générales qui servît de règle et de modèle aux loges et dont les lois particulières de celles-ci ne dussent jamais s'écarter. L'assemblée accueillit ce vœu avec empressement; mais elle ne prit aucune mesure pour en opérer la réalisation immédiate.

L'expérience fit voir combien étaient sages les dispositions arrêtées dans cette réunion. Toutefois la société ne fit que peu de progrès sous l'administration du frère Sayer : les loges existantes ne s'accrurent que d'un petit nombre de membres, et deux nouvelles loges seulement furent constituées.

Le frère Georges Payne, qui succéda en 1718 à ce grand-maître, déploya

(1) On ignore l'époque à laquelle la Grande-Loge renonça à ce monopole. En 1760, les loges inférieures conféraient les trois grades.

beaucoup de zèle et d'activité dans l'exercice de ses fonctions. C'est à ses soins que la confrérie dut la découverte et la mise en ordre d'un grand nombre de manuscrits, la plupart anglo-saxons, relatifs au gouvernement, à l'histoire et aux anciens usages de la maçonnerie.

Un Français, le docteur Désaguliers, fut élu grand-maître en 1719. L'année suivante, le frère Payne fut réélu, et, sous son habile direction, les affaires de la société prospérèrent au-delà de toute espérance. Cependant, en cette année 1720, on fit une perte irréparable : la plupart des manuscrits recueillis par le grand-maître deux ans auparavant furent livrés aux flammes « par quelques frères scrupuleux, alarmés, dit Preston, de la publicité qu'il était question de donner à ces documents. »

Jusque-là, les grands-maîtres avaient été nommés à la majorité des suffrages, sur une liste de candidats dressée séance tenante. Il fut dérogé à ce mode d'élection en 1721. Dans l'assemblée de communication de quartier tenue au mois de mars de cette année, on arrêta que le grand-maître en exercice aurait la faculté de désigner son successeur; que seulement ce choix serait soumis à la sanction des frères, et que, chaque année, cette sanction serait réclamée d'eux, soit pour remplacer le nouveau grand-maître, soit pour le continuer dans l'exercice de ses fonctions. En vertu de cette décision, le frère Payne proposa pour son successeur le duc de Montagu. Ce personnage occupait un poste éminent dans l'État; il était vénérable d'une des loges de Londres, et il avait toujours montré la plus vive sollicitude pour tout ce qui intéressait l'honneur et la prospérité de la confrérie; aussi fut-il accepté avec autant d'empressement que de joie par la Grande-Loge, qui vit dans sa nomination le gage de nouveaux succès pour la maçonnerie.

Le 24 juin suivant, le grand-maître Payne, ses surveillants et les grands-officiers de la Grande-Loge, les vénérables et les surveillants de douze loges du ressort s'assemblèrent à la taverne des *Armes de la Reine*, dans Saint-Paul's Church-yard, où la vieille loge de *Saint-Paul*, tenait alors ses séances. Là, sur la proposition du duc de Montagu, la Grande-Loge initia plusieurs personnes de distinction, notamment le lord Stanhope, depuis comte de Chesterfield. Les frères, décorés de leurs tabliers, et bannières déployées, se rendirent processionnellement, à travers les rues, à la salle des Papetiers, dans Ludgate-street, où ils furent reçus avec de grandes démonstrations de joie par cent-cinquante maçons qui les y attendaient. Le duc de Montagu y fut solennellement installé par son prédécesseur, et l'assemblée entendit la lecture du projet d'histoire et de statuts de la société que le frère Payne avait rédigé sur les anciens manuscrits recueillis en 1718.

Postérieurement, ce projet fut soumis à l'examen de deux commissions successives. Sur le rapport de la dernière, le ministre anglican James Anderson fut chargé de réviser et de refondre entièrement l'œuvre du frère Payne et d'en présenter une nouvelle rédaction. Le 25 mars 1722, la Grande-Loge prit connaissance du travail du frère Anderson, l'approuva et en ordonna l'impression immédiate. Cependant il ne parut que l'année suivante, sous le titre de : *Constitutions de l'ancienne et honorable confraternité des maçons libres et acceptés.* A partir de ce moment, l'organisation de la maçonnerie fut assise sur des bases solides, et sa prospérité alla toujours croissant.

Pendant que ces événements se passaient à Londres, l'ancienne Grande-Loge d'York ne restait pas inactive. On voit par les livres qu'elle a publiés qu'à cette époque, ses assemblées annuelles avaient lieu régulièrement comme par le passé. Il en était de même des loges de son ressort, dans lesquelles beaucoup de personnes de haut rang s'étaient successivement fait initier. En 1705, elle avait pour grand-maître sir Georges Tempest. Elle lui donna plus tard pour successeurs le frère Robert Benson, lord-maire d'York ; sir Walter Hawkesworth, baronet, etc.

Il ne paraît pas que l'établissement d'une grande-loge à Londres, sous la dénomination usurpée de *Grande-Loge d'Angleterre,* ait, dans le principe, rencontré de l'opposition de la part de la Grande-Loge d'York. Au contraire, les deux autorités tracèrent d'un commun accord les limites de leurs juridictions respectives ; et, bien que la Grande-Loge d'York eût voulu constater sa légitimité et son droit de suprématie, en prenant le titre de *Grande-Loge de* TOUTE *l'Angleterre,* cependant les maçons du sud et du nord ne laissaient pas pour cela d'entretenir les uns avec les autres des relations suivies et toutes fraternelles. Ce n'est que longtemps après, comme on le verra, que des divisions éclatèrent entre les deux corps, et que les frères qui s'étaient rangés sous leurs bannières cessèrent tout-à-fait de communiquer, et se lancèrent, de part et d'autre, les foudres de l'anathème.

En 1722, la Grande-Loge de Londres maintint le duc de Montagu dans la grande-maîtrise. Cette nomination fut vue avec déplaisir par le duc de Wharton, qui s'était flatté de l'espérance de lui succéder dans son office. Le 24 juin, il convoqua une grande assemblée, pour laquelle il avait fait préparer un somptueux banquet. Vers la fin du repas, et lorsque toutes les têtes étaient échauffées par les vapeurs des vins, qu'on avait servis avec profusion, les partisans de l'amphitryon, prenant tour-à-tour la parole, attaquèrent vivement la réélection du duc de Montagu, qu'ils signalèrent comme un acte impolitique, de nature à décourager des frères dont le zèle et le crédit pouvaient être employés à l'avantage de la maçonnerie. Ils firent valoir tous les titres qui auraient dû déterminer la Grande-Loge à décerner la grande-maîtrise au duc de Wharton, et ils proposèrent à l'assemblée, dont les membres de la diète maçonnique, disaient-ils, n'étaient, après tout, que les délégués, d'annuler l'élection du duc de Montagu et d'élire en sa place le duc de Wharton. Il était difficile de résister à la puissance des arguments divers mis en usage dans cette occasion pour porter la conviction dans les esprits; aussi obtinrent-ils un triomphe complet. Les amis du duc de Wharton l'élurent grand-maître par acclamation, et leur vote fut ratifié avec enthousiasme par tous les frères présents.

Ces procédés ayant été déclarés irréguliers et inconstitutionnels par la Grande-Loge, il se forma dès-lors deux partis fort animés l'un contre l'autre et soutenant leur cause avec une extrême chaleur. Il serait inévitablement résulté de là des divisions fatales à la maçonnerie, si le duc de Montagu n'avait conjuré le péril par un acte de prudence et d'abnégation personnelle qui lui concilia l'estime et l'affection de tous. Dès qu'il eut connaissance de ce qui s'était passé, il convoqua extraordinairement la Grande-Loge; et, dans cette assemblée, exagérant à dessein les forces de l'opposition qui s'était formée contre lui, il supplia les frères de permettre que, pour rétablir la bonne harmonie si malheureusement troublée, il se démît de ses fonctions en faveur de son concurrent, qui lui paraissait réunir la majorité des suffrages. Le duc de Wharton, qui était présent à la séance, éprouva quelque confusion de ce procédé si plein de noblesse et de véritable esprit maçonnique. Il confessa spontanément ses torts, renonça au titre qui lui avait été induement décerné, et n'accepta finalement la grande-maîtrise, sur les instances réitérées du duc de Montagu, qu'en protestant qu'il en remplirait les devoirs avec assez de zèle et de dévouement pour qu'on pût oublier plus tard par quelle voie il y était parvenu. En effet, son administration eut les résultats les plus avantageux pour la société. Le nombre des loges s'accrut considérablement à Londres, dans les comtés et au-dehors, et la Grande-Loge se vit obligée de créer l'office de grand-secrétaire, afin de pourvoir aux besoins multipliés de la correspondance.

Au duc de Buccleugh, qui succéda à ce grand-maître, en 1723, est due la première idée du *Committee of charity,* institution qui a pour objet de secourir les frères dans la détresse. Le duc de Richmond, élu en 1724, posa les bases de cet établissement, et lord Paisley, comte d'Abercorn, vint, l'année suivante, mettre la dernière main à l'œuvre de ses prédécesseurs. De nos jours, le comité dispose de sommes considérables. Ses fonds s'alimentent par des dons volontaires et par une contribution annuelle de 4 shillings (5 fr.) sur chaque maçon du district de Londres, et de 2 shillings (2 fr. 50 cent.) sur chaque membre des loges des comtés, des régiments et de l'extérieur. Parmi les dons volontaires recueillis par le comité, on cite particulièrement celui de 1,000 livres sterling (25,000 fr.), fait en 1819 par le frère William Preston, auteur des *Illustrations of masonry*, ouvrage historique auquel nous avons fait de nombreux emprunts. Le *Committee of charity* distribue d'abondants secours aux frères indigents. Les moindres sommes qu'il leur donne s'élèvent à 5 livres sterling (125 fr.) En 1825, il s'inscrivit pour 50 livres sterling (1,250 fr.) en faveur de la veuve du voyageur Belzoni, pour laquelle une souscription publique avait été ouverte. Antérieurement, il avait prêté 1,000 livres sterling (25,000 fr.) à un frère White, coutelier à Londres, dont les magasins avaient été détruits par le feu; et lorsque, dans la suite, le débiteur, fidèle à sa promesse, était venu rapporter la somme qu'on lui avait prêtée, le comité l'avait prié d'accepter cet argent et d'en constituer une dot à sa fille.

En 1726, des loges qui existaient de temps immémorial dans la province de Galles, et dont les membres étaient connus sous le nom de *brethren of Wales* (frères de Galles), demandèrent à se ranger sous la bannière de la Grande-Loge de Londres. Leur offre fut acceptée; et, à cette occasion, on institua l'office de grand-maître provincial. Les frères investis de cette charge, qui subsiste encore aujourd'hui, sont les représentants immédiats du grand-maître dans le district sur lequel s'étend leur autorité. Ils jugent les différends qui s'élèvent entre les loges et les frères individuellement. Ils convoquent et président la Grande-Loge provinciale, corps qui, à l'instar de la Grande-Loge nationale, se forme des vénérables et des surveillants, ou des *proxies,* ou fondés de pouvoirs, de toutes les loges du ressort. Les arrêtés des Grandes-Loges provinciales ne sont exécutoires que lorsqu'ils ont reçu la sanction de la Grande-Loge supérieure, à moins qu'il ne s'agisse de matières urgentes ou d'objets d'intérêt purement local. En 1737, la rapide extension qu'avait prise la société rendit nécessaire la création de l'office de député grand-maître provincial, pour soulager les titulaires d'une partie du poids de l'administration des loges soumises à leur juridiction.

Par l'effet de cette prospérité toujours croissante de la société, les assemblées de communication de quartier et celles des fêtes annuelles de la Grande-Loge avaient fini par devenir très nombreuses, et il s'était particulièrement introduit une grande confusion dans le service des banquets. En 1728, on fit revivre l'ancien usage de nommer des commissaires pour s'occuper spécialement des détails des fêtes, et cette mesure ayant produit les meilleurs résultats, la Grande-Loge arrêta, en 1735, qu'il serait formé, de ces commissaires, un comité permanent qui prendrait le nom de *loge des stewards.* Peu de temps après, cette loge prit à sa charge, moyennant un abonnement, la fourniture des divers objets de consommation et le paiement des gages des cuisiniers, des sommeliers et des autres officiers de bouche.

Les fêtes de l'ordre étaient ordinairement accompagnées de processions solennelles. Dans ces occasions, les frères parcouraient les rues, décorés de leurs tabliers, de leurs cordons et de leurs autres insignes ; leurs bannières, les deux colonnes J et B, l'épée flamboyante, les tableaux emblématiques, en un mot, tous les objets mystérieux renfermés jusque-là dans le secret des loges, étaient portés en grande pompe et exposés à la vue des profanes, et des bandes de musiciens et de chanteurs se faisaient alternativement entendre pendant toute la durée de la marche du cortège, sur le passage duquel accourait de toute part s'entasser la foule des curieux.

L'abbé Prévost nous a conservé, dans son journal le *Pour et contre*, la description détaillée d'une de ces processions. « Le 9 mai, 1737, dit-il, jour fixé pour l'installation du comte de Darnley, en qualité de nouveau grand-maître de la société des francs-maçons, tous les grands officiers de cette confrérie, revêtus des colliers de leurs différents emplois, se rendirent vers dix heures du matin chez ce seigneur, et le complimentèrent sur le choix qu'on avait fait de lui pour exercer la charge de grand-maître. Le comte de Darnley fit servir un déjeuner magnifique. A midi, l'on partit de son hôtel, dans Pall-Mall, pour aller dîner à la salle de la compagnie des marchands poissonniers, près du pont de Londres. La marche se fit dans l'ordre suivant : 1. Six carrosses occupés par les douze frères intendants de la fête *(stewards)*, revêtus de leurs colliers et tabliers, et tenant leurs baguettes blanches à la main. Ils étaient deux dans chaque carrosse. 2. Les *maîtres* des différentes loges de la société, qui étaient au nombre de cent, revêtus de leurs colliers distinctifs, et occupant cinquante carrosses, dans chacun desquels ils étaient deux. 3. Les surveillants et les principaux membres des autres loges, aussi deux à deux dans divers carrosses. 4. Un timbalier, quatre trompettes et huit cors de chasse, montés sur des chevaux blancs. 5. Le comte de Loudon, grand-maître sortant d'exercice, revêtu du grand collier de la confrérie, et le comte de Darnley, nouveau grand-maître, qui avait seulement son tablier, étaient placés dans un superbe carrosse tiré par six chevaux gris-pommelé dont les harnais étaient de velours cramoisi et d'or. 6. Des hérauts d'armes précédaient le carrosse et portaient les marques de la Grande-Maîtrise. Plusieurs huissiers marchaient aux portières. 7. Le carrosse était suivi des domestiques de ces deux seigneurs, en livrées neuves magnifiques, et, en tête du cortège, marchait à cheval le grand-tuileur, une épée flamboyante à la main. Arrivés à la salle des marchands de poisson, les frères furent reçus dans la première cour par plusieurs membres de la société avec de grandes acclamations de joie. Lorsque tout le monde fut rassemblé dans la salle, on y entendit le rapport des loges établies en pays étrangers. On ordonna la distribution de plu-

Pl. 8.

PROCESSION MAÇONNIQUE,

d'après une Caricature publiée à Londres — en 1742

Publié par Pagnerre.

sieurs libéralités pour les frères qui pouvaient être dans le besoin. Toute la compagnie se mit ensuite à table, au son des cloches de la paroisse voisine et d'une excellente symphonie. Le repas fut servi sur vingt tables occupées par quatre cent cinquante personnes. »

Les premières fois, ces manifestations imposèrent à la masse du public ; mais leur retour fréquent dissipa graduellement le prestige qui les avait d'abord entourées : l'*humour* britannique se donna carrière aux dépens de la confrérie par des quolibets et des rires auxquels succéda le *grognement* redoutable particulier au peuple anglais dans ses mauvais moments. Les frères firent au commencement bonne contenance ; mais bientôt la division se mit dans leurs rangs. Les plus zélés voulaient qu'on tînt tête à l'orage ; les plus prudents étaient d'avis qu'on ne s'y exposât pas. Quelques-uns des derniers, pensant obtenir plus promptement par ce moyen une décision conforme à leurs vues, firent cause commune avec les railleurs et organisèrent à grands frais des processions grotesques, dont ils amusèrent les oisifs de la ville. Cet argument était peu maçonnique sans doute, et il faut croire qu'il eût irrité plutôt que convaincu les zélés ; mais on publia en 1742 une caricature qui eut un succès si général à son apparition et qui attira tant de brocards sur les *processionnistes,* qu'il fallut bien, bon gré, mal gré, qu'ils se considérassent comme battus. Toutefois ils se retirèrent avec les honneurs de la guerre. Ce n'est, en effet, que trois ans plus tard, en 1745, que, désespérant de vaincre, ils posèrent fièrement les armes, à la suite d'une transaction portant que « les processions seraient maintenues en principe ; mais qu'il faudrait, pour qu'elles eussent lieu à l'avenir, une autorisation spéciale de la Grande-Loge en assemblée de communication de quartier. » Nous avons pensé qu'on verrait avec plaisir une reproduction de la caricature qui eut la gloire de triompher d'une si héroïque résistance (1).

Ces puérils débats, il faut en convenir, n'étaient pas de nature à relever la maçonnerie dans l'esprit des profanes, qui ne les ignoraient pas et qui s'en amusaient. Cependant, comme la société répandait d'abondantes aumônes, et que, dans toutes les occasions, les maçons se donnaient réciproquement des preuves non équivoques d'affection et de dévouement, on ne l'environnait pas moins pour cela d'estime et de considération, et chaque

---

(1) Voir planche n° 9. — L'original a pour titre : *A geometrical view of the grand Procession of the scald miserable masons,* etc. (Vue géométrique de la grande Procession des misérables pouilleux de maçons, etc.) Le seul exemplaire, peut-être, qui existe aujourd'hui de cette estampe se trouve dans la collection du frère Morison de Greenfield, qui a bien voulu nous autoriser à la reproduire.

jour d'illustres candidats briguaient l'honneur d'être admis dans ses rangs.

Au nombre des acquisitions remarquables qu'elle fit dans ces premiers temps, il faut citer celle de François, duc de Lorraine, grand-duc de Toscane, qui depuis fut empereur d'Allemagne. En 1731, sur une délégation du grand-maître, lord Lovel, une loge se tint à La Haye, sous la présidence de Philippe Stanhope, comte de Chesterfield, alors ambassadeur en Hollande. François y fut initié au grade d'apprenti, en présence d'une nombreuse et brillante assemblée. Dans la même année, ce prince ayant eu occasion de faire un voyage en Angleterre, il y reçut les grades de compagnon et de maître, dans une loge convoquée extraordinairement pour cet objet à Houghton-Hall, comté de Norfolk, résidence de sir Robert Walpole. Le prince Frédéric de Galles, père du roi Georges III, fut également initié quelques années après. La loge où il reçut la lumière maçonnique se tint en 1737, au palais de Kew, sous la présidence du docteur Désaguliers, que nous avons vu grand-maître en 1719, et qui, depuis lors, avait puissamment contribué à l'organisation et aux progrès de la confrérie.

Cependant l'activité déployée par les loges anglaises et l'éclat qui entourait leurs travaux stimulèrent le zèle des maçons d'Irlande et d'Écosse, qui ne s'assemblaient auparavant qu'à des époques irrégulières et éloignées. Les temples se rouvrirent de toutes parts dans ces deux royaumes, et les réceptions de nouveaux membres se multiplièrent à l'infini.

En 1729, les loges de Dublin tinrent une grande assemblée dans laquelle elles fondèrent une grande-loge indépendante pour l'Irlande, et appelèrent à la grande-maîtrise le lord vicomte de Kingston.

La Grande-Loge d'Écosse se forma en 1736. On sait que, dans ce pays, la grande-maîtrise de l'ordre était héréditaire dans la famille des Saint-Clair de Rosslyn depuis 1437. Le dernier rejeton de cette famille, William Saint-Clair de Rosslyn, se voyant parvenu à un âge avancé sans avoir d'héritier direct, et craignant qu'à sa mort la charge dont il était investi ne vînt à demeurer vacante et que la société n'en souffrît dans sa prospérité, manifesta à quelques frères, maîtres et surveillants des quatre plus anciennes loges d'Édimbourg et des environs, l'intention bien arrêtée où il était de résigner la grande-maîtrise entre les mains de la confrérie, qui pourvoirait à son remplacement suivant le mode adopté par les maçons d'Angleterre et d'Irlande, c'est-à-dire par voie d'élection. En conséquence de cette résolution, une circulaire, adressée le 11 juillet à toutes les loges de l'Écosse, les convoqua pour le 30 novembre suivant à Édimbourg, à l'effet d'organiser la maçonnerie sur de nouvelles bases.

Trente-deux loges répondirent à cet appel. Leurs *proxies* s'assemblèrent, le 30 novembre 1736, jour de Saint-André, dans le local de la loge *la Cha-*

pelle de Marie, à Édimbourg. La Grande-Loge d'Écosse fut d'abord établie, constituée et proclamée dans la forme ordinaire. Ensuite il fut fait lecture de l'acte de renonciation de William Saint-Clair de Rosslyn à la charge de grand-maître héréditaire d'Ecosse; et le premier usage que fit la Grande-Loge du pouvoir qui lui était remis fut d'appeler, par un suffrage unanime, le donateur aux fonctions de grand-maître national.

La Grande-Loge décida qu'à partir de ce moment, toutes les loges du royaume devraient se pourvoir, sous peine d'irrégularité, de lettres de constitution délivrées par elle et revêtues du sceau de l'ordre. La plupart des aətliers se soumirent à cette décision. Il n'y eut guère que la Mère-Loge de Kilwinning qui s'y refusa et voulut conserver sa suprématie et son indépendance. Longtemps encore après l'établissement de la Grande-Loge, elle délivra des constitutions de loges, comme elle l'avait fait antérieurement. Cette rivalité donna lieu à de vives disputes, qui troublèrent, souvent de la manière la plus grave, la paix de la confraternité, et qui ne cessèrent qu'en 1807, époque à laquelle la Mère-Loge de Kilwinning consentit enfin à reconnaître l'autorité de la Grande-Loge d'Ecosse, et se rangea sous sa bannière avec toutes les loges qui relevaient d'elle. Elle fut placée, sans numéro, en tête de la liste des loges de l'Ecosse, et son vénérable fut institué grand-maître provincial de l'Ayrshire.

L'établissement de la Grande-Loge d'Ecosse imprima un nouvel élan à la société dans ce royaume. Le nombre des loges s'accrut considérablement. En 1739, toutes furent divisées en districts, et des grands-maîtres provinciaux furent nommés pour les administrer.

Une des premières mesures que prit la Grande-Loge fut de constituer son comité de bienfaisance à l'instar de celui de la Grande-Loge d'Angleterre. Elle engagea chacun de ses membres à contribuer par un don volontaire à la formation du fond de secours, et elle arrêta qu'à l'avenir tout frère qui serait admis dans l'ordre verserait préalablement une somme pour le même objet. Elle ne laissait d'ailleurs échapper aucune occasion d'accomplir de bonnes œuvres, en faveur, soit des membres de la confrérie, soit des personnes qui lui étaient étrangères. Lorsqu'en 1737, des habitants d'Édimbourg résolurent d'élever à leurs frais un hospice pour les malades pauvres, la Grande-Loge d'Écosse s'associa à cet acte de charité, en soldant de ses propres fonds une partie des maçons employés à la construction de l'édifice. La seule condition qu'elle mit à ce concours fut qu'on réserverait une chambre de l'hospice pour y recevoir les frères malades que le grand-maître recommanderait particulièrement. Plus tard, en 1740, la Grande-Loge arrêta qu'elle pourvoirait, à ses frais, à l'éducation professionnelle d'un certain nombre de fils de maçons indigents.

14

La Grande-Loge eut occasion à cette époque de faire revivre un ancien usage de la société. Le 2 août 1738, sur la demande de George Drummond, un des surveillants de l'Hospice royal, elle se transporta processionnellement, avec l'assistance des loges d'Édimbourg et des villes voisines, sur le lieu où devait être construit cet hospice, pour en poser la première pierre. Le cortége était formé de la manière que nous avons décrite dans notre introduction, en parlant de cette sorte de solennité. Autour du grand-maître se groupait ce que la maçonnerie comptait de membres les plus illustres, et ce que la ville renfermait de personnages éminents. Il était accompagné du lord Prévot, des conseillers d'État, des magistrats civils, des assesseurs de la cour de justice, du président et des membres du collége des médecins, du barreau tout entier. Les pasteurs des différentes paroisses d'Édimbourg s'étaient également associés à la cérémonie. Les formalités ordinaires ayant été remplies, les trompettes sonnèrent et les applaudissements et les *huzza* se firent entendre à trois reprises différentes. Le cortége se reforma ensuite et se rendit à la Grande-Loge, où les assistants se séparèrent. La même cérémonie se renouvela deux ans après, pour la pose de la première pierre de l'aile occidentale de l'hospice.

Ainsi se compléta l'organisation de la franc-maçonnerie dans les trois royaumes de la Grande-Bretagne. Non-seulement la société y était puissante et considérée, à raison de la qualité et du crédit de ses chefs et de la majorité de ses membres, à raison aussi des actes de charité qu'elle multipliait autour d'elle, mais encore elle y avait une existence reconnue, et les autorités publiques ne dédaignaient pas, à l'occasion, de lui prêter leur concours officiel. Nous allons montrer maintenant avec quelle rapidité elle se propagea dans le reste du monde.

CHAPITRE III.

S'il faut en croire quelques historiens anglais et allemands, entre autres
Robison et le conseiller aulique Bode, la franc-maçonnerie aurait été introduite en France par les Irlandais de la suite du roi Jacques après la révolution d'Angleterre de 1688 ; la première loge aurait été établie au château de
Saint-Germain ; et, de là, l'association maçonnique se serait propagée dans
le reste du royaume, en Allemagne et en Italie.

Nous ne savons de quels documents s'étaie l'opinion de ces écrivains ;
cependant elle ne nous paraît pas absolument dénuée de vraisemblance. On
a vu que, dès 1648, le parti royaliste, en Angleterre, avait essayé de se servir du mystère qui entourait les assemblées des maçons, pour se réunir
avec sécurité et pour se concerter sur les moyens de soutenir, et, plus tard,
de restaurer la monarchie des Stuarts. Rien n'empêcherait donc que, réfugiés
en France, les adhérents de cette famille y eussent, dans le même but, établi des loges, et qu'ils eussent entretenu, sous le voile de la maçonnerie, des
relations politiques avec ceux de leurs amis qui étaient restés en Angleterre.

Quoi qu'il en soit, il est certain que les partisans de François-Édouard
Stuart, fils de Jacques II, prirent une part très active à l'organisation de la
maçonnerie en France, espérant en tirer parti pour la réussite de leurs desseins. Un des agents les plus ardents de cette pensée était le lord Dervent-
Water, qui fut grand-maître des loges françaises, et qui, depuis, en 1746,

périt à Londres sur l'échafaud, victime de son attachement au prétendant. Toutefois il est à remarquer que les menées contre-révolutionnaires des réfugiés anglais n'obtinrent aucun résultat dans nos loges. La composition de l'association maçonnique, où sont admis indifféremment des hommes de toutes les croyances religieuses et de toutes les opinions politiques, était peu propre, en effet, à aider les entreprises d'un parti. Les réfugiés ne tardèrent pas à le reconnaître ; et, dès-lors, ils s'attachèrent à modifier la constitution de la société. C'est ainsi que, sous prétexte de l'*épurer*, mais, en réalité, pour y recruter des adhérents, ils y introduisirent les *hauts grades*.

La première loge dont l'établissement en France soit historiquement prouvé est celle que la Grande-Loge de Londres institua à Dunkerque, en 1721, sous le titre de *l'Amitié et la Fraternité* (1). La deuxième, dont le nom n'est pas parvenu jusqu'à nous, fut fondée à Paris, en 1725, par lord Dervent-Water, le chevalier Maskelyne, le frère d'Héguerty, et quelques autres personnes de la suite du prétendant ; elle se réunissait chez Hure, traiteur anglais, dans la rue des Boucheries, faubourg Saint-Germain. Un frère Goustand, lapidaire, de la même nation, créa une troisième loge, à Paris, vers cette époque. Il s'y en établit une quatrième, en 1726, sous le nom de *Saint-Thomas*. La Grande-Loge d'Angleterre en constitua deux autres en 1729 : la première avait pour titre : *Au Louis d'argent*, et un frère Lebreton en était le vénérable (2) ; la seconde avait pour dénomination : *A Sainte-Marguerite* ; on n'a sur celle-ci d'autres renseignements que son titre, rapporté dans un registre de l'an 1765. Enfin, une dernière loge se forma à Paris, en 1732, chez Landelle, traiteur, rue de Bussy ; elle reçut d'abord le nom de la rue où elle était située ; plus tard, on l'appela *loge d'Aumont*, parce que le duc d'Aumont y avait été initié.

A cette période, d'autres loges étaient instituées dans les provinces. Telles étaient l'*Anglaise,* de Bordeaux, qui date de 1732 ; la *Parfaite-Union,* de Valenciennes, constituée en 1733. Ces deux ateliers existent encore aujourd'hui.

Toutes les loges qui s'établirent ensuite à Paris et dans le reste de la France durent leur institution aux sociétés dont nous venons de parler. La plupart s'attribuaient les pouvoirs des grandes-loges, et délivraient des lettres constitutives à de nouveaux ateliers (3). Les Irlandais et les autres réfu-

(1) Cette loge figure sur les tableaux du Grand-Orient de France comme constituée en 1736 ; c'est la date de sa reconstitution par la Grande-Loge de France.

(2) Celle-ci était seule portée en 1732 sur la liste des loges de la constitution anglaise ; elle avait le n° 90.

(3) C'est ainsi, par exemple, que l'*Anglaise,* de Bordeaux, constitua l'*Heureuse rencontre,* à Lorient, en 1745 ; une loge à Limoges, en 1751 ; une autre à Pons, en 1754 ;

giés augmentèrent encore ce désordre en concédant au premier venu l'autorisation de tenir loge.

Car, à cette époque, les constitutions étaient personnelles aux frères qui
les avaient obtenues, et les fonctions de vénérable étaient à vie. Tout maçon
d'une condition libre était apte à être constitué vénérable inamovible, pourvu qu'il eût le grade de maître et qu'il eût été surveillant d'une loge. Les
patentes constitutionnelles étaient à son nom ; il en était propriétaire. Il
avait le droit de nommer ses deux surveillants. Le reste des officiers était
proposé par ces trois fonctionnaires, qui dressaient en commun une liste
double de candidats. Les frères votaient au scrutin de boules sur chaque
office. Il y avait, à cet effet, deux boîtes, sur chacune desquelles était inscrit
le nom d'un des deux candidats ; et celui des concurrents qui obtenait le
plus de suffrages était investi de la charge pour laquelle on avait voté. Il y
avait, il est vrai, des loges qui choisissaient et renouvelaient annuellement
tous leurs officiers ; mais elles étaient en très petit nombre, et le pouvoir
dont elles usaient formait une véritable exception.

Chaque vénérable de loge gouvernait les frères d'une manière absolue
et ne dépendait que de lui seul. Aussi, dans ces premiers temps, le désordre
était-il grand dans la maçonnerie française ; c'est ce qu'on voit par le tableau
suivant, qu'en trace un auteur contemporain, dans l'écrit intitulé : *La
franc-maçonne.* « Les profanes, dit cet auteur, se scandalisent avec raison
de notre peu de délicatesse dans le choix des sujets, du trafic honteux des
initiations, de la somptuosité de nos repas. La plupart des frères ne savent
presque rien de notre art, parce qu'on néglige leur instruction. Le nombre
des vénérables n'est pas en proportion avec celui des maçons ; tel vénérable
compte cinq cents maçons et plus dans sa loge : comment lui serait-il possible de les assembler tous à la fois ? il faut que les neuf dixièmes attendent
leur tour, qui vient à peine une fois par semestre. L'administration des fonds
n'est ni ordonnée ni justifiée ; la recette et la dépense se font sans contrôle,
sans reddition de compte ; elles passent par des mains prodigues ou infidèles.
De là, que de profusions ! que de déprédations ! que de maçons pauvres
abandonnés à leur indigence, faute de fonds pour les secourir ! »

Telle était alors, en effet, la situation de la maçonnerie. Bien qu'elle fût
de nature à décourager les frères qui apportaient dans les loges des sentiments en harmonie avec l'esprit de l'institution, cependant leur zèle n'en
était point refroidi, et ils s'appliquaient, le plus souvent avec succès, à lui

une quatrième à Cayenne, en 1755 ; enfin l'*Amitié* à Périgueux, en 1765. Beaucoup
d'ateliers, dans les provinces, reçurent leur institution de *la Parfaite-Union*, de la
Rochelle ; d'une loge-mère qui existait à Lyon en 1760, etc.

faire remplir son utile destination. Au seuil des loges, venaient expirer les rivalités et les haines, celles principalement qui avaient leur source dans les divergences d'opinions et d'intérêts. Les loges étaient l'asile de la concorde, de l'amitié, de la tolérance. Toutefois les membres des différentes communions chrétiennes étaient seuls admis, dans ces premiers temps, à participer aux mystères maçonniques ; et, bien que la masse des frères fût d'avis que les autres croyances religieuses dussent également y avoir accès, les Juifs en étaient exclus, aux termes des règlements, qui étaient formels à cet égard. Cette anomalie, qui a cessé d'exister en France depuis longues années, subsiste malheureusement encore dans beaucoup de loges de l'Allemagne.

Les formes de la maçonnerie différaient peu alors de ce qu'elles sont aujourd'hui. Les loges se réunissaient, le plus souvent, comme en Angleterre, dans une salle particulière de quelque auberge, dont l'enseigne leur servait de titre distinctif. Cette salle n'était ornée d'aucune décoration spéciale : on eût craint de fournir à la police, qui pouvait, d'un moment à l'autre, venir faire perquisition, la preuve de l'objet pour lequel on était assemblé. C'est pour cela qu'habituellement le tableau emblématique du grade auquel se tenaient les travaux était tracé avec de la craie sur le plancher et effacé après la séance à l'aide d'une éponge mouillée (1).

Quelque soin qu'apportassent les maçons à tenir leurs cérémonies secrètes, il en avait cependant transpiré quelque chose dans le public. Des fauxfrères s'étaient fait initier dans le but de livrer aux profanes la connaissance des mystères. Les jésuites surtout, qui avaient eu accès dans les loges, et qui s'étaient convaincus qu'il leur serait impossible d'assouplir la société à leurs vues, étaient des plus ardents à cette œuvre de vulgarisation. Ils firent imprimer, sous divers pseudonymes, des écrits où était soulevée la plus grande partie du voile qui couvrait l'initiation. Ils allèrent plus loin encore, ils s'efforcèrent de la frapper de ridicule. Ceux du collége Dubois, à Caen, à la suite d'une représentation de *Rhadamiste et Zénobie,* donnée par leurs écoliers, le 2 août 1741, firent exécuter un ballet comique, dans lequel était figuré le cérémonial qui s'accomplit à la réception d'un maçon. La pièce commençait par une leçon que donnait un maître à danser à un élégant de l'époque. Survenaient un bourguemestre hollandais et sa fille, qui entraient par une marche burlesque, et allaient s'asseoir au fond du théâtre. Un Espagnol paraissait alors, suivi de son valet, et faisait au maître à danser et à son élève, qui tous deux étaient initiés, des signes maçonniques qu'ils lui rendaient. Ces trois personnages se jetaient ensuite dans les bras l'un de

---

(1) Nous avons fait reproduire une gravure du temps, pour donner une idée exacte de l'intérieur d'une loge à cette période. Voir planche n° 9.

Pl. 9

UNE LOGE A PARIS EN 1740.

Tiré d'une gravure du Temps.

Publié par Pagnerre

l'autre et se donnaient le baiser fraternel dans la forme usitée. Ce spectacle excitait la curiosité du Hollandais; il quittait sa place et venait observer les gestes que faisaient les frères. Ceux-ci, le prenant pour un des leurs, lui faisaient également les signes, qu'il répétait d'une façon grotesque et de manière à laisser voir qu'il n'y comprenait rien. On lui proposait de se faire initier; il y consentait avec empressement. En conséquence l'Espagnol ordonnait à son valet de tout préparer pour la réception, et le Hollandais faisait retirer sa fille, qui courait se placer à une fenêtre, pour voir de là tout ce qui allait se passer. Bientôt avait lieu la réception, exactement comme elle se pratique en loge. Lorsqu'elle était achevée, et que tous les objets qui y avaient servi avaient été enlevés, le Hollandais rappelait sa fille, qui, à la stupéfaction générale, entrait en scène en imitant les signes et le cérémonial dont elle avait été témoin. Les frères manifestaient le plus vif déplaisir de voir leurs secrets ainsi parvenus à la connaissance d'une femme; mais ils ne tardaient pas à en prendre philosophiquement leur parti. L'Espagnol demandait en mariage la fille du bourguemestre; et, le consentement accordé, les deux futurs époux dansaient un pas comique auquel ils mêlaient les signes des francs-maçons. On verra plus tard les jésuites employer des moyens plus énergiques pour anéantir la société.

Vers 1730, fut instituée la franc-maçonnerie des femmes. On ignore quel en fut l'inventeur; mais elle fit sa première apparition en France, et c'est bien évidemment un produit de l'esprit français. Les formes de cette maçonnerie n'ont toutefois été fixées définitivement qu'après 1760, et elle ne fut reconnue et sanctionnée par le corps administratif de la maçonnerie qu'en l'année 1774.

Elle affecta d'abord divers noms et divers rituels, qui ne sont pas parvenus jusqu'à nous.

En 1743, elle avait des emblèmes et un vocabulaire nautiques; et les sœurs faisaient le voyage fictif de l'île de la Félicité *sous la voile* des frères et *pilotées* par eux. C'était alors l'*ordre des Félicitaires*. Il comprenait les grades de *mousse*, de *patron*, de *chef-d'escadre* et de *vice-amiral*. Il avait pour *amiral*, c'est-à-dire pour grand-maître, le frère de Chambonnet, qui en était l'auteur. On faisait jurer au récipiendaire de garder le secret sur le cérémonial qui accompagnait l'initiation. Si c'était un homme, il faisait serment « de ne jamais entreprendre le mouillage dans aucun port où déjà se trouverait à l'ancre un des vaisseaux de l'ordre. » Si c'était une femme, elle promettait « de ne point recevoir de vaisseau étranger dans son port, tant qu'un vaisseau de l'ordre y serait à l'ancre. » Elle prêtait serment assise à la place du chef-d'escadre ou président, qui, durant cette formalité, se mettait à ses genoux. Une scission de cet ordre donna naissance, en 1745, à l'*ordre des chevaliers et des chevalières de l'Ancre*, qui n'était qu'une épuration du premier et qui en avait conservé les formules.

Deux ans plus tard, en 1747, le chevalier Beauchaine, le plus fameux et le plus zélé des vénérables inamovibles de Paris, le même qui avait établi sa loge dans un cabaret de la rue Saint-Victor, à l'enseigne du *Soleil d'or*, qui y couchait et y donnait pour six francs, dans une seule séance, tous les grades de la maçonnerie, institua l'*ordre des Fendeurs*, dont les cérémonies étaient calquées sur celles de la coterie des charbonniers, une des nombreuses branches des compagnons du devoir. La loge avait le nom de *chantier;* elle était censée représenter une forêt. Le président s'appelait *père-maître;* les frères et les sœurs prenaient le titre de *cousins* et de *cousines*, et le récipiendaire était qualifié de *briquet*. Ces réunions eurent une vogue extraordinaire. Elles avaient lieu dans un vaste jardin situé dans le quartier de la Nouvelle-France, hors de Paris. Les gens de cour, hommes et femmes, s'y rendaient en foule, bras dessus, bras dessous, vêtus de blouses ou de jupons de bure, les pieds chaussés de lourds sabots, et s'y livraient à tous les éclats et à tout le sans-façon de la gaîté populaire. D'autres sociétés androgynes succédèrent à celle-là : tels furent les ordres de la *Coignée*, de la *Centaine*, de la *Fidélité*, dont les formes se rapprochaient davantage de celles de la franc-maçonnerie ordinaire.

La maçonnerie d'adoption proprement dite se forma la dernière. A ce que nous en avons rapporté dans notre introduction, nous ajouterons qu'elle se compose de quatre grades, appelés l'*apprentissage*, le *compagnonage*, la *maîtrise*, la *maîtrise parfaite*, et que les emblèmes de ces grades sont puisés dans la Bible, et commémorent successivement le péché originel, le déluge, la confusion de la tour de Babel, etc.

Une fois arrêtés définitivement, les rites d'adoption se répandirent de la France dans la plupart des autres pays de l'Europe. Les maçons les accueillirent partout avec empressement, comme un moyen honnête de faire participer leurs femmes et leurs filles aux plaisirs qu'ils goûtaient dans leurs fêtes mystérieuses. Les banquets et les bals qui accompagnaient ces réunions étaient toujours l'occasion de nombreux actes de charité. Ils devinrent le rendez-vous de la plus haute société. Plusieurs de ces assemblées furent entourées d'un éclat qui leur mérite une place dans l'histoire.

Tout ce que Paris comptait de notabilités dans les lettres, dans les arts et dans la noblesse, se portait en foule, en 1760, à la loge d'adoption qu'avait fondée le comte de Bernouville à la Nouvelle-France, et à celles que plusieurs autres seigneurs tenaient, vers la même époque, dans leurs hôtels.

Il y eut à Nimègue, dans l'hiver de 1774, une réunion de ce genre présidée par la princesse d'Orange et par le prince de Waldeck. L'élite de la noblesse hollandaise assistait à la fête. Du produit d'une souscription qui y fut ouverte, on fonda un hospice en faveur des malheureux.

En 1775, la loge de *Saint-Antoine*, à Paris, établit une loge d'adoption dont la présidence fut déférée à la duchesse de Bourbon. Au mois de mai, la grande-maîtresse fut installée avec une pompe extraordinaire. Le duc de Chartres, depuis duc d'Orléans, alors grand-maître de la maçonnerie française, tenait les travaux. On remarquait, parmi les assistants, les duchesses de Luynes et de Brancas, la comtesse de Caylus, la vicomtesse de Tavannes, et beaucoup d'autres sœurs du plus haut rang. La quête fut abondante, et servit principalement à tirer de prison de pauvres familles qui y étaient détenues pour mois de nourrice. La duchesse de Bourbon présida encore, en 1777, une fête donnée par la loge de *la Candeur*, et à laquelle assistaient la duchesse de Chartres, la princesse de Lamballe, les duchesses de Choiseul-Gouffier, de Rochechouart, de Loménie, de Nicolaï; la comtesse de Brienne; les marquises de Rochambeau, de Béthizy et de Genlis. A une loge d'adoption, tenue en 1779, sous la présidence de la même sœur, on fit une quête extraordinaire en faveur d'une famille indigente de province qui, dans sa naïve confiance, avait jeté à la poste une demande de secours avec cette simple suscription : « A Messieurs les francs-maçons de Paris. » Dans la même année, la loge d'adoption de *la Candeur* s'intéressa particulièrement à l'infortune d'un frère titré, qui, victime d'une haine de famille, se trouvait réduit à la plus affreuse misère. A la sollicitation de cette loge, Louis XVI accorda à son protégé une gratification de mille livres, huit cents francs de pension et une lieutenance dans un régiment. Les loges des *Neuf-Sœurs*, sous la présidence de Mᵐᵉ Helvétius; du *Contrat social*, présidée par la princesse de Lamballe, célébrèrent aussi des fêtes brillantes, dans lesquelles les joies du festin et du bal ne firent pas oublier l'infortune.

Sous l'empire, les fêtes d'adoption ne jetèrent pas un moindre éclat. En 1805, la loge des *Francs-Chevaliers*, de Paris, se transporta à Strasbourg pour y tenir une loge d'adoption. La baronne Diétrick y remplit les fonctions de grande-maîtresse, et l'impératrice Joséphine voulut bien y assister. Une fête non moins remarquable eut lieu à Paris, en 1807, dans la loge de *Sainte-Caroline*, sous la présidence de la duchesse de Vaudemont. L'assemblée était des plus nombreuses. On y remarquait le prince Cambacérès, le comte Regnault de Saint-Jean d'Angély, la princesse de Carignan, les comtesses de Girardin, de Roncherolles, de Croix-Mard, de Montchenu, de Laborde, de Narbonne, de La Ferté-Mun, d'Ambrugeac, de Bondy, etc.

De toutes les fêtes d'adoption qui furent célébrées à Paris sous la restauration, et au nombre desquelles il faut citer celles que donnèrent, en

1820, les loges du rite de Misraïm, sous la présidence du comte Muraire et de la marquise de Fauchécour, et, en 1826, la *Clémente Amitié,* présidée par le duc de Choiseul et la comtesse de Curnieu, la plus remarquable, sans contredit, est celle qui eut lieu le 9 février 1819, dans l'hôtel de Villette, rue de Vaugirard. La loge avait pour titre : *Belle et Bonne;* elle était tenue par le comte de Lacépède et par la marquise de Villette, nièce de Voltaire. Belle et Bonne était le surnom affectueux que la marquise avait reçu de ce grand homme. Lorsqu'en 1778, à son initiation dans la maçonnerie, le vénérable Lalande lui avait remis les gants de femme qu'il est d'usage de donner au néophyte, Voltaire les avait pris, et se tournant vers le marquis de Villette, il les lui avait remis, en disant : « Puisque ces gants sont destinés à une personne pour laquelle on me suppose un attachement honnête, tendre et mérité, je vous prie de les présenter à Belle et Bonne. » Tout ce que la France comptait alors de notabilités dans le parlement, les sciences et les arts, dans la carrière militaire et administrative, d'illustres étrangers, le prince royal de Wurtemberg, entre autres, assistaient à la séance de la loge de *Belle et Bonne.* Outre l'élite des sœurs françaises, la duchesse de La Rochefoucault, notamment, on y voyait aussi lady Morgan et plusieurs autres sœurs étrangères, distinguées par leur naissance ou par leurs talents. Le buste de Voltaire y fut solennellement inauguré. La sœur Duchesnois lut, en l'honneur de l'illustre écrivain, une ode que Marmontel avait composée et à laquelle le frère de Jouy avait ajouté deux strophes adaptées à la fête du jour; elle déposa sur le buste de Voltaire la même couronne dont son front avait été ceint au Théâtre-Français, en 1778, par la célèbre tragédienne Clairon; puis, avec le concours du frère Talma, elle récita la belle et terrible scène de la double confidence dans *OEdipe.* Beaucoup d'autres artistes se firent pareillement entendre et une abondante collecte termina dignement la séance. A la suite, il y eut un bal, qui se prolongea une partie de la nuit (1).

Peu de temps après l'établissement du rite d'adoption, il se forma à Versailles une nouvelle société, qui prétendait à une antique origine. Celle-ci, dont le formulaire mystérieux s'est perdu, s'appelait l'*ordre des chevaliers et des dames de la Persévérance.* Elle avait pour fondateurs la comtesse de Potoska, quelques autres dames de la cour, le comte de Brotowski et le marquis de Seignelay, et ne remontait pas, en réalité, au-delà de 1769. Les inventeurs racontaient le plus sérieusement du monde et avec une candeur parfaite que l'ordre avait été institué dans le royaume de Pologne, à une époque très reculée; qu'il y avait existé sans interruption dans le plus profond secret; et qu'il avait été introduit récemment en France par des Polo-

---

(1) *Voyez* planche 10.

FÊTE D'ADOPTION DE LA LOGE Belle et Bonne

nais de distinction. La comtesse de Potoska, qui avait imaginé cette fable, sollicita son parent, Stanislas, roi de Pologne, alors réfugié en France, de se prêter à la supercherie. Le monarque y consentit de bonne grâce et poussa même la plaisanterie jusqu'à tracer, dans une lettre de sa propre main, l'histoire circonstanciée de l'ordre, depuis ses premiers temps supposés, affirmant qu'il était encore en grand honneur en Pologne. Le moyen de nier l'ancienneté de cet ordre, lorsqu'elle était ainsi attestée par un si haut personnage! Aussi tous les doutes qu'elle avait d'abord inspirés s'évanouirent-ils à partir de ce moment. Rulhières, à qui l'on doit une histoire de la Pologne et qui se targuait de posséder mieux que personne les annales de ce pays, était au nombre des plus crédules. Il eut la malheureuse vanité de faire parade de son érudition gasconne au sujet de l'ordre de la Persévérance, un jour qu'il rencontra dans le Palais-Royal la comtesse de Caylus, une des dames qui avaient contribué à l'établissement de cette société. Il lui dit qu'il avait découvert une foule de particularités curieuses de l'histoire de l'ordre ; qu'il était certain, par exemple, que le comte de Palouski l'avait restauré en Pologne au milieu du xve siècle, et que, dans la suite, Henri III en avait été nommé grand-maître, lorsqu'il fut appelé au trône de Pologne, etc. « Vraiment! répartit la comtesse. Et où, bon Dieu! avez-vous trouvé toutes ces belles choses? — Dans de vieilles chroniques polonaises qui m'ont été communiquées par des bénédictins. — Qui les ont fabriquées? — Non pas! Ce sont des frères de leur ordre qui les leur ont envoyées de Varsovie tout exprès pour moi, sachant que je suis très curieux de tout ce qui touche à l'histoire de ce pays. — Eh bien! chevalier, dit en riant la comtesse, ils auront à faire pénitence pour un si gros mensonge. Je puis vous le dire à vous, qui sûrement n'irez pas le répéter, car, après tout, le secret que je garde depuis si longtemps finirait par m'étouffer : sachez donc que l'histoire de l'ordre de la Persévérance n'est qu'une fable, et que vous voyez devant vous une des personnes qui l'ont imaginée. » Elle donna alors à Rulhières les détails que nous avons rapportés plus haut. Le chevalier, un peu confus, n'eut garde de se vanter de l'aventure. La comtesse ne fut pas si discrète. Quoi qu'il eût à se reprocher cette petite fraude historique, l'ordre de la Persévérance n'en accomplissait pas moins une tâche louable : il répandait d'abondantes aumônes, et s'attachait particulièrement à secourir les pauvres femmes en couches.

Une association d'un tout autre genre fut établie, vers la même époque, sous le titre d'*ordre des chevaliers et des nymphes de la Rose*. Le but qu'elle se proposait était la bienfaisance prise dans un sens fort restreint, et l'amour du prochain y était circonscrit dans les limites les plus étroites. C'était tout simplement une réunion de plaisir qui s'était trompée de date, et qui appartenait, par ses tendances et par sa composition, aux beaux jours de la Régence. M. de Chaumont, secrétaire particulier du duc de Chartres pour ce qui concernait la franc-maçonnerie, était l'inventeur de cet ordre, qu'il avait formé pour complaire aux désirs du prince. Le siége principal était à Paris, rue de Montreuil, à la Folie-Titon, petite maison de Son Altesse; il avait aussi des succursales dans les hôtels de plusieurs seigneurs. La salle des séances, où se faisaient les réceptions, s'appelait le *Temple de l'Amour*. Les murs, ornés de guirlandes de fleurs, étaient chargés d'écussons où étaient tracés des emblèmes et des devises érotiques. L'assemblée était présidée par deux officiers de sexe différent, dont l'un avait le titre d'*hiérophante*, et l'autre celui de *grande-prêtresse*. Le premier recevait les hommes; les femmes étaient initiées par la seconde. Un chevalier, nommé *Sentiment,* une nymphe, nommée *Discrétion,* deux introducteurs, homme et femme, aidaient l'hiérophante et la grande-prêtresse dans l'accomplissement des réceptions. Tous les assistants se qualifiaient de *frères* et de *sœurs.* Les hommes avaient une couronne de myrte; les femmes, une couronne de roses. L'hiérophante et la grande-prêtresse portaient, en outre, un large ruban rose sur lequel étaient brodées deux colombes au centre d'une couronne de myrte. Au moment où les réceptions avaient lieu, la salle n'était éclairée que par une lanterne sourde que tenait à la main la sœur Discrétion; les réceptions achevées, le temple étincelait de la clarté de mille bougies.

Voici de quelle manière s'opéraient ces réceptions, d'après le rituel de l'ordre, que nous copions textuellement :

« L'introductrice (si l'on admet une nymphe), et l'introducteur (si c'est un chevalier) les dépouillent de leurs armes, bijoux ou diamants; leur couvrent les yeux; les chargent de chaînes, et les conduisent à la porte du Temple de l'Amour, à laquelle on frappe deux coups. Le frère Sentiment introduit les néophytes, par l'ordre de l'hiérophante ou de la grande-prêtresse. On leur demande leur nom, leur patrie, leur état, enfin ce qu'ils cherchent. Ils doivent répondre à cette dernière question : Le bonheur.

« D. Quel âge avez-vous? — R. (Si c'est un chevalier :) L'âge d'aimer. (Si c'est une nymphe :) L'âge de plaire et d'aimer.

« Les candidats sont ensuite interrogés sur leurs sentiments particuliers, leurs préjugés, leur conduite en matière de galanterie, etc. Après les réponses, on ordonne que les chaînes dont ils sont chargés soient brisées, et remplacées par celles de l'Amour. Alors des chaînes de fleurs succèdent aux premières. Dans cet état, on commande le premier voyage. Le frère Sentiment leur fait parcourir un chemin tracé par des nœuds d'amour, qui part du trône de la grande-prêtresse et vient aboutir, à l'autre extrémité de la salle, à la place occupée par le frère Sentiment. Le second voyage est ordonné, et la même route est suivie en sens contraire. Si c'est une nymphe qui doit être admise, elle est conduite par la sœur Discrétion, qui la couvre de son voile. Ces deux voyages terminés, les candidats s'approchent de l'autel de l'Amour, et s'engagent par le serment suivant :

« Je jure et je promets, au nom du maître de l'univers, dont le pouvoir se renouvelle sans cesse par le plaisir, son plus doux ouvrage, de ne jamais révéler les secrets de l'ordre de la Rose. Si je manque à mes serments, que le mystère n'ajoute rien à mes plaisirs ! qu'au lieu des roses du bonheur, je ne trouve jamais que les épines du repentir !

« Ce serment prononcé, on ordonne que les néophytes soient conduits dans les bosquets mystérieux, voisins du Temple de l'Amour. On donne aux chevaliers une couronne de myrte, aux nymphes une simple rose. Pendant ce voyage, un orchestre nombreux exécute une marche tendre, avec des sourdines. On les conduit à l'autel du Mystère, placé au pied du trône de l'hiérophante ; là, des parfums sont offerts à Vénus et à son fils. Si l'on reçoit un chevalier, il échange sa couronne avec la rose de la dernière sœur admise. Si c'est une nymphe qu'on reçoit, elle échange sa rose avec la couronne du frère Sentiment. L'hiérophante lit des vers en l'honneur du dieu du Mystère, après quoi il fait ôter le bandeau qui a couvert les yeux des candidats pendant toute la cérémonie. Une musique mélodieuse se fait entendre et vient ajouter au charme du spectacle qu'offrent aux initiés une réunion brillante et un lieu enchanteur. Pendant qu'on exécute cette musique, l'hiérophante ou la grande-prêtresse donne aux néophytes les signes de reconnaissance, qui se rapportent tous à l'amour et au mystère. »

D'autres mystères suivaient, dont le rituel ne fait pas mention, mais qu'on a pu lire dans la chronique de l'époque.

Cette société de la Rose, qui date de 1778, n'a eu qu'une brève existence. On n'en trouve aucune trace postérieurement à 1782.

Une autre société, qui n'a d'analogie avec celle-ci que par le nom : l'*ordre des Philochoréites,* ou *Amants du plaisir,* fut instituée en 1808 au camp français, devant Orense, en Galice. De jeunes officiers en furent les inventeurs. Il avait pour objet de charmer les courts intervalles des combats par des réunions choisies de personnes des deux sexes, qu'embellissaient des divertissements et des fêtes. C'était une sorte de maçonnerie d'adoption, qui avait ses initiations et ses mystères. Les loges prenaient le titre de cercles. Chaque chevalier portait un nom particulier ; ainsi, M. Gustave de Damas s'appelait le chevalier du Défi-d'Amour ; M. de Noirefontaine, le chevalier des Nœuds. Les formules de la réception, dont le secret paraît avoir été religieusement gardé, tenaient aux usages des cours d'amour et aux cérémonies de la chevalerie. De l'armée d'Espagne, la société s'étendit aux armées françaises employées sur les autres points de l'Europe, et à quelques garnisons de l'intérieur. Elle n'eut point d'établissement à Paris. En 1814, elle avait tout à fait cessé d'exister.

Enfin, une dernière association, l'*Ordre des dames écossaises de l'hospice du Mont-Thabor*, qui avait beaucoup de ressemblance avec la maçonnerie d'adoption ordinaire, fut fondée à Paris, en 1810, par M. de Mangourit, qui s'en constitua le grand-maître. Elle avait pour grande-maîtresse Mme de Carondelet. Les instructions que recevaient les néophytes dans les divers grades dont se composait le système tendaient spécialement à les ramener vers les occupations auxquelles les institutions sociales ont particulièrement destiné les femmes, et à les prémunir contre l'oisiveté et la séduction qu'elle traîne à sa suite. « Donner du pain et du travail aux personnes de bonne conduite du sexe féminin qui en manquent ; les aider d'abord, les consoler ensuite, et les préserver, par des bienfaits et par l'espérance, de l'abandon des principes et du supplice du désespoir, » tel était le but de cette société, qui a fait beaucoup de bien, et qui s'est dissoute vers la fin de la restauration. Nous aurons occasion de revenir sur les réunions de femmes à propos de la maçonnerie de Cagliostro.

Six loges existaient à Paris en 1735 ; elles se réunissaient dans divers locaux situés rue de Bussy, rue des Deux-Écus et à la Rapée. Quoique la maçonnerie n'eût point de centre d'administration fixe et régulier à cette époque, et qu'on n'eût pas encore, comme en Angleterre, procédé à l'élection d'un grand-maître, cependant cette qualité était tacitement accordée à lord Dervent-Water, que l'on doit considérer comme le premier grand-maître de la maçonnerie en France, et qui effectivement en remplissait les fonctions. En cette année, ce seigneur retourna en Angleterre, où il devait périr si malheureusement. Les loges de Paris s'assemblèrent en 1736, et élurent en sa place lord d'Harnouester. Le chevalier Ramsay, particulièrement fameux par ses innovations maçonniques, remplissait dans cette assemblée les fonctions d'orateur. Vers la fin de l'année suivante, lord d'Harnouester devant quitter la France convoqua une nouvelle assemblée générale, afin qu'il fût pourvu au choix de son successeur. Louis XV, mécontent des intrigues que les réfugiés anglais ourdissaient dans les loges et qui, déjà, avait interdit la cour aux seigneurs qui s'étaient fait recevoir maçons, fut informé de cette convocation. Il déclara que si le nouveau grand-maître était un Français, il le ferait mettre à la Bastille. Toutefois, cette menace ne se réalisa pas. L'assemblée annoncée eut lieu sans obstacle, le 24 juin 1738 ; le duc d'Antin fut nommé grand-maître, et accepta. A son décès, arrivé en 1743, les loges se réunirent pour le remplacer. Le comte de Clermont, prince du sang, obtint la majorité des suffrages. Il avait pour concurrents le prince de Conti et le maréchal de Saxe.

C'est de cette époque que date l'établissement légal du corps administratif de la maçonnerie française. Il se constitua régulièrement en cette année, et prit le titre de *Grande-Loge anglaise de France*. Dès 1735, une députation des loges de Paris, dont faisait partie lord Dervent-Water, avait demandé à la Grande-Loge d'Angleterre l'autorisation de se former en grande loge provinciale; et ce n'est qu'en 1743 que cette autorisation avait été accordée. La tendance politique qu'on s'efforçait de donner aux loges en France avait été, sinon le motif réel, du moins le prétexte avoué de ce retard.

A peine installé dans sa charge de grand-maître, le comte de Clermont abandonna les loges à elles-mêmes, et négligea de convoquer la grande loge. Cependant, pressé de pourvoir à l'administration de la société, il désigna pour député grand-maître, avec pouvoir de le substituer, le frère Baure, banquier à Paris. Mais ce suppléant ne déploya pas plus de zèle; et la maçonnerie retomba bientôt dans l'état d'abandon où l'avait laissée le grand-maître lui-même. Il s'introduisit alors une extrême anarchie dans les loges. Chaque vénérable tendit à se rendre indépendant, et s'attribua le droit de constituer de nouveaux ateliers, soit à Paris, soit dans les provinces, où le même désordre avait lieu. La Grande-Loge, composée d'abord en majorité de personnes de distinction, en fut peu à peu désertée; la sécheresse des détails de l'administration fut la cause principale de leur retraite. Les vénérables de loges qui les remplacèrent appartenaient en presque totalité à la petite bourgeoisie et même à des rangs inférieurs. Ce personnel de la Grande-Loge lui ôta toute influence sur les ateliers de sa correspondance. Néanmoins les séances avaient lieu assez régulièrement, et la Grande-Loge s'appliquait à rétablir l'ordre dans l'administration et la discipline dans les loges. Elle crut arriver plus aisément à ce résultat en établissant, en 1754, des mères-loges dans les provinces, pour surveiller de près les procédés des ateliers inférieurs dans les diverses circonscriptions qu'elle leur avaient assignées. Mais cette mesure, bonne en elle-même dans d'autres circonstances, eut alors des effets tout opposés à ceux qu'elle en attendait. Les mères-loges cessèrent bientôt, pour la plupart, de correspondre avec le centre maçonnique; elles devinrent des corps rivaux; et beaucoup, s'étant fait délivrer de nouvelles constitutions par les grandes-loges étrangères, secouèrent le joug de la métropole et constituèrent à leur tour des ateliers, tant en France qu'à l'étranger.

Cet état de lutte et d'anarchie était parvenu à son comble en 1756. A cette époque, la Grande-Loge se déclara indépendante de l'Angleterre et prit le titre de *Grande-Loge de France*, s'imaginant que, par ce moyen, elle acquerrait une plus grande force pour dominer le désordre qui menaçait d'entraîner la maçonnerie à sa ruine. C'est aussi dans ce but qu'elle révisa sa constitution et arrêta de nouveaux règlements. Elle déclara ne reconnaître que les trois grades d'apprenti, de compagnon et de maître, et se composer uniquement des vénérables inamovibles présidant les loges régulières établies à Paris et ayant à leur tête le grand-maître et ses représentants. Aux seuls vénérables de Paris, appartenait le gouvernement de l'ordre; les vénérables des loges de provinces en étaient formellement exclus. Les affaires étaient examinées et décidées par dix-huit frères, neuf officiers et neuf vénérables, lesquels formaient l'*assemblée de conseil*. Les décisions de cette assemblée n'étaient que provisoires; la *loge de communication de quartier*, composée de trente officiers nommés tous les trois ans par la voie du scrutin, était investie du pouvoir de les approuver ou de les réformer. Ces deux autorités réunies formaient l'assemblée générale, ou la *Grande-Loge*. Une *chambre des dépêches* était instituée pour expédier la correspondance, pour recueillir des informations sur la moralité des impétrants; elle se composait de quinze frères, dont neuf officiers et six vénérables de loges. La Grande-Loge connaissait de l'appel de tous les jugements rendus par les ateliers inférieurs; elle percevait un tribut annuel sur les loges de son ressort, et ses officiers pourvoyaient, par une cotisation personnelle, à l'excédant des frais qu'entraînait l'administration de l'ordre. Telles sont, en substance, les dispositions générales de la constitution de la Grande-Loge de France, les règles qui la gouvernèrent, sauf de légères modifications, jusqu'en 1799, époque à laquelle elle se réunit à un corps rival, le Grand-Orient de France, dont nous parlerons ailleurs.

Les Allemands ainsi que les Français ont reçu, selon Robison, les premiers éléments de la maçonnerie des partisans de la maison des Stuarts, qui s'étaient réfugiés en Autriche et y avaient pris du service. La première loge allemande fut érigée à Cologne, en 1716; mais elle fut presque aussitôt dissoute que formée. Avant 1725, les États catholiques et protestants de la ligue germanique virent aussi se former dans leur sein un certain nombre de loges, qui, toutefois, n'eurent pas une plus longue existence.

Preston place l'introduction de la franc-maçonnerie en Allemagne à une époque plus voisine de nous. Suivant lui, la plus ancienne loge de cette contrée aurait été fondée à Hambourg, en 1733, par quelques envoyés anglais. Il ajoute que, cependant, il existait déjà en 1730 un grand-maître provincial de la Basse-Saxe, bien que ce pays ne contînt pas encore de loges. Quoi qu'il en fût, ce premier atelier ne subsista que peu d'années. Il se fondit en 1740 dans la loge *Absalon*, établie dans la même ville par la

Grande-Loge d'Angleterre. Quelques membres de la loge *Absalon*, qui était devenue fort nombreuse, s'en retirèrent en 1743, et créèrent à côté d'elle un nouvel atelier sous le titre de *Saint-Georges*. Le comte de Schmettau avait aussi formé à Hambourg, en 1741, la loge *Judica*.

Dresde vit se fonder dans ses murs, en 1738, une loge sous le titre des *Trois Aigles blancs*, par les soins du maréchal Rutowski et du baron d'Ecombes, conseiller de la légation de France près la cour de Berlin. Elle donna naissance, dans la même année, à la loge des *Trois Glaives*, et, plus tard, à une troisième loge appelée *les Trois Cygnes*. Ces ateliers réunis formèrent, en 1741, une grande loge pour la Saxe, dont le comte Rutowski fut élu grand-maître. La loge *Minerve aux trois Palmiers*, établie à Leipzig, en 1741, se rangea bientôt après sous l'autorité de la Grande-Loge de Saxe. Le premier procès-verbal de cette loge, qui a été conservé, est rédigé en langue française.

Dès 1737, la Grande-Loge d'Angleterre avait nommé le prince Henri-Guillaume, maréchal héréditaire de Thuringe, à la dignité de grand-maître provincial pour la Haute-Saxe. Les premières loges qui s'établirent sous ses auspices avaient leur siége à Altenbourg et à Nuremberg.

Le prince souverain de Bayreuth avait été initié dans cette dernière ville en 1741. Peu de temps après sa réception, il provoqua l'établissement d'une loge dans sa capitale. Ce vœu fut promptement réalisé : le 4 décembre, la séance d'installation eut lieu sous la présidence et dans le palais même du prince, qui, de là, se rendit, à la tête des frères, processionnellement et bannières déployées, au local de la loge, où un banquet avait été préparé.

Trois ans auparavant, la maçonnerie allemande avait fait une acquisition bien autrement importante. Encore prince royal, Frédéric-le-Grand avait été reçu, à Brunswick, dans la nuit du 14 au 15 août 1738, par une députation de la loge de Hambourg, composée des barons d'Oberg, de Bielefeld et de Lowen, du comte régnant de Lippe-Bucklebourg et de quelques autres frères. La réception avait eu lieu dans le palais du comte de Korn, qui assistait à la séance avec plusieurs maçons de distinction résidant à Brunswick. Frédéric manifesta la plus haute estime pour les principes et pour les formes de la franc-maçonnerie, qui lui furent alors expliqués ; et dans la suite, comme on le verra, il ne cessa d'accorder une protection toute spéciale à cette institution. Le roi régnant, au contraire, s'était toujours opposé à l'établissement de la société dans ses états, et avait déclaré qu'il traiterait avec la dernière rigueur les auteurs de toute tentative qui serait faite dans ce but ; aussi garda-t-on le secret le plus absolu sur l'initiation du jeune prince, et ne fut-elle connue qu'après son accession à la couronne. Au mois de juin 1740,

16

Frédéric présida lui-même une loge à Charlottenbourg ; il y reçut son frère Henri-Guillaume de Prusse, le marquis Charles de Brandebourg et le duc Frédéric-Guillaume de Holstein-Beck. Sur le désir qu'il en exprima, le baron de Bielefeld et le conseiller privé Jordan fondèrent à Berlin une loge à laquelle ils donnèrent pour titre : *les Trois Globes*. Par lettres-patentes de la même année 1740, Frédéric éleva cet atelier au rang de grande loge. Depuis lors et jusqu'en 1754, les tableaux de ce corps maçonnique portent le roi comme grand-maître. La Grande-Loge *aux Trois Globes* avait, en 1746, quatorze loges sous sa juridiction, tant à Berlin qu'à Meiningen, Francfort-sur-l'Oder, Breslau, Neufchâtel, Halle, et dans d'autres villes de l'Allemagne. Elle tenait ses travaux alternativement en allemand et en français.

Des savants et des artistes français réfugiés en Prusse établirent, en 1752, une autre loge à Berlin, sous le titre de *l'Amitié*. Cette loge se rangea, en 1755, dans la correspondance des *Trois Globes ;* mais elle s'en sépara en 1762, se déclara indépendante, et, de sa propre autorité, délivra des constitutions à de nouveaux ateliers. En 1765, elle initia le duc d'York aux mystères maçonniques, et, à partir de ce moment, elle prit la dénomination de *Mère-Loge royale York à l'Amitié*.

Ce fut là l'organisation primitive que reçut la maçonnerie en Allemagne. Nous la verrons plus tard se modifier essentiellement, par suite des divisions auxquelles donna lieu l'introduction d'une foule de systèmes nouveaux dans la dogmatique de l'institution.

On n'a que fort peu de notions sur les premiers temps de la franc-maçonnerie en Belgique. On sait seulement que la Grande-Loge d'Angleterre constitua, en 1721, la loge *la Parfaite-Union*, à Mons, et, en 1730, une autre loge à Gand. Dans la suite, *la Parfaite-Union* fut érigée en Grande-Loge provinciale anglaise pour les Pays-Bas autrichiens.

A aucune époque, la maçonnerie n'eut une organisation bien forte dans ce pays. La Grande-Loge provinciale des loges *jaunes*, ou belges, dont le marquis de Gages fut le chef pendant de longues années, ne réunit jamais plus de vingt-et-une loges sous sa juridiction, constituées directement par elle, ou tenant leur institution des Grandes-Loges de Hollande et de France. Dans la plupart de ces loges, régnait l'esprit démocratique le plus prononcé ; ce qui provoqua, peu avant la révolution française de 1789, la *concentration* dont la maçonnerie belge fut l'objet de la part du gouvernement de Joseph II. En général, pourtant, la classe nobiliaire composait en majorité les loges. On y voyait aussi beaucoup de membres du haut clergé. A Liége, notamment, le prince évêque et la plus grande partie de son chapitre appartenaient, en 1770, à la loge *la Parfaite-Intelligence,* et tous les officiers de cet atelier étaient des dignitaires de l'Église.

L'époque de l'établissement de la franc-maçonnerie dans la république batave a été vivement controversée en 1819. Le prince Frédéric de Nassau, frère du roi actuel de Hollande, qui rêvait alors une réforme de la maçonnerie, avait adressé aux loges hollandaises et belges, dont il était le grand-maître, copie de documents qui remontaient aux premières années du xvie siècle, et servaient de base et d'appui à son système de réformation. L'authenticité de ces pièces étaient certifiée par les quatre loges de la Haye et de Delft, qui en avaient dressé procès-verbal d'inspection.

Le premier document est une espèce de charte datée de Cologne, le 24 juin 1535, et signée de dix-neuf personnes portant des noms illustres, tels que Coligni, Bruce, Falk, Philippe Mélanchton, Virieux et Stanhope. Ces signataires sont présentés comme délégués par les loges maçonniques de Londres, Edimbourg, Vienne, Amsterdam, Paris, Lyon, Francfort, Hambourg et autres villes, pour assister à une assemblée générale convoquée à Cologne. Les rédacteurs de cette pièce se plaignent des imputations dont la maçonnerie est l'objet dans ces temps malheureux, et notamment de l'accusation de vouloir rétablir l'ordre des templiers, afin de récupérer les biens qui avaient appartenu à cet ordre, et de venger la mort du dernier grand-maître, Jacques Molai, sur les descendants de ceux qui furent coupables de son assassinat juridique. A cause de ces accusations et d'autres analogues, les rédacteurs croient devoir exposer, dans une déclaration solennelle, l'origine et le but de la franc-maçonnerie, et envoyer cette déclaration à leurs loges respectives en multiple original, afin que, si, dans la suite, les circonstances devenaient meilleures, on pût reconstituer la franc-maçonnerie, forcée alors de suspendre ses travaux, sur les bases primitives de son institution. En conséquence, ils établissent que la société maçonnique est contemporaine du christianisme, et qu'elle eut au commencement le nom de *frères de Jean ;* que rien n'indique qu'elle ait été connue, avant 1440, sous une autre dénomination, et que ce n'est qu'alors qu'elle prit le titre de confraternité des francs-maçons, spécialement à Valenciennes, en Flandre, parce qu'à cette époque on commença, par les soins et avec le secours des frères de cet ordre, à bâtir, dans quelques parties du Hainaut, des hospices pour y soigner les pauvres atteints du *mal de saint Antoine ;* que les principes qui guident toutes les actions des frères sont énoncés dans ces deux préceptes : « Aime et chéris tous les hommes comme tes frères et tes parents, — rends à Dieu ce qui appartient à Dieu et à César ce qui appartient à César ; » que les frères célèbrent tous les ans la mémoire de saint Jean, précurseur du Christ et patron de la société ; que la hiérarchie de l'ordre maçonnique se compose de cinq grades : apprenti, compagnon, maître, maître élu, et sublime maître élu ; enfin, que cet ordre est gouverné par un chef unique et universel, et que les divers magistères qui le composent sont régis par plusieurs grands-maîtres, suivant la position et les besoins des pays.

Le second document est le registre des procès-verbaux d'une loge qui aurait existé à la Haye, en 1637, sous le titre de la *Vallée de la Paix, de Frédéric*. Ce registre fait mention, parmi d'autres papiers dont il y est dressé inventaire, de l'acte d'installation en anglais d'une loge de *la Vallée de la Paix*, à Amsterdam, en date du 8 mai 1519, et de la charte du 24 juin 1535, que nous avons analysée plus haut. Il y est également question de l'élection du prince Frédéric-Henri de Nassau en qualité de grand-maître de la maçonnerie dans les Provinces-Unies et de suprême maître élu, opérée par les frères réunis en chapitre.

La charte est écrite sur une feuille de parchemin, en caractères maçonniques; elle est rédigée en langue latine du moyen-âge; l'écriture en est si altérée que souvent il a fallu ajouter des lettres à des mots devenus incomplets. Le registre parait avoir été assez volumineux. Les seuls feuillets qui restent indiquent qu'ils ont fait partie d'un livre relié, et l'on voit qu'ils ont été endommagés par le feu. De savants antiquaires de l'université de Leyde ont constaté que le papier de ces feuillets est celui dont on se servait en Hollande au commencement du XVIIe siècle, et que les caractères qui y sont tracés appartiennent à la même époque.

Longtemps ces documents sont restés en la possession de la famille de Walkenaer. Vers l'an 1790, M. de Walkenaer d'Obdam en fit don au frère Botzelaer, alors grand-maître des loges de Hollande. A la mort de ce grand-maître, tous ces papiers tombèrent entre les mains d'une personne demeurée inconnue qui, en 1816, les remit fidèlement au prince Frédéric.

Tels sont les renseignements qui furent publiés en 1819 sur l'origine et sur l'authenticité de la charte de 1535 et du registre de 1637. Le prince tirait de ces deux pièces la double conclusion que la maçonnerie existait en Hollande au moins depuis l'an 1519, et qu'à cette époque reculée, elle se composait des cinq grades rapportés dans la charte. Or, ces cinq grades étaient justement ceux qu'il prétendait faire adopter par les loges de son obéissance, et l'on pouvait croire que les documents produits avaient été forgés pour donner à sa réforme la sanction de l'ancienneté. Quelques loges seulement eurent assez de savoir-vivre pour substituer les nouveaux rites à la maçonnerie universellement pratiquée. Le reste les rejeta et se permit même de douter de la sincérité des pièces qui leur servaient de fondement. Malgré le haut rang du grand-maître, les contradicteurs furent ardents et nombreux; mais, en général, les arguments qu'ils firent valoir étaient faibles et peu concluants, et la question demeura indécise. Cependant, sans parler des anachronismes dont abonde la charte prétendue de 1535, du démenti qu'elle donne aux faits incontestables et prouvés dont nous avons été l'écho dans le premier chapitre de ce livre, il y a une considération qui ruine de fond en comble l'économie de la pièce fabriquée, et qui n'aurait pas dû échapper à la sagacité des critiques. Cette considération la voici. L'assemblée de Cologne se plaint qu'on calomnie dans le public les intentions et le but de la société maçonnique, et elle rédige une déclaration qui a essentiellement pour objet de les faire mieux connaître. Et pourtant ce n'est pas au public, qui accueille et qui propage la calomnie, qu'elle adresse sa déclaration ; c'est aux loges, à qui elle est inutile, puisqu'elles savent pertinemment à quoi s'en tenir sur la réalité des accusations que l'on porte contre elles. Et comme si l'assemblée de Cologne craignait que la justification qu'elle entreprend n'arrivât, par cas fortuit, à la connaissance des personnes étrangères à la maçonnerie, auxquelles elle est naturellement destinée, puisque c'est à ces personnes seules qu'elle peut apprendre quelque chose, elle rédige sa déclaration en langue latine, qui n'est entendue que des savants, et elle la trace en caractères maçonniques, inintelligibles pour tous autres que pour les initiés. Cette déclaration eût donc été sans motif plausible, et, dès-lors, il serait absurde de prétendre que dix-neuf personnes d'un esprit élevé, telles que Coligni, Mélanchton, Stanhope et les autres, fussent venues à Cologne, de tous les points de l'Europe, tout exprès pour la rédiger. Maintenant, si la charte de 1535 est évidemment fausse, que devient le registre de 1637, où elle est relatée? Tout cela ne peut, en vérité, soutenir un seul instant l'analyse, et nous aurions passé sous silence cette fraude maçonnique si, par une légèreté inexplicable, elle n'avait été prise au sérieux, en Suisse et en Allemagne, par quelques frères plus savants que réfléchis, qui ont prodigué étourdiment des trésors d'érudition pour en concilier toutes les invraisemblances (1).

Au reste, rien n'empêche que les anciennes confréries de maçons constructeurs aient eu des établissements en Hollande dans le moyen-âge et jusqu'au commencement du XVIe siècle ; les vastes églises qui existent encore sur quelques points de ce pays sont même incontestablement leur ouvrage. Mais leur organisation différait essentiellement de celle de la société imaginaire à laquelle est attribuée la charte de 1535 ; et là, comme sur le reste du

(1) Nous n'incriminons en aucune façon la bonne-foi du prince Frédéric, qui, certainement, a été trompé tout le premier ; et ce qui le prouve, c'est qu'en 1859, il a soumis à l'examen d'une commission la charte de 1535 et le registre de 1637, pour dissiper ou confirmer les doutes élevés sur l'authenticité de ces deux pièces. Il ne paraît pas que la commission ait encore fait son rapport.

continent, elles se sont dissoutes, et ce n'est que longtemps après que la franc-maçonnerie y a été introduite sous sa forme actuelle.

Les premières traces de son établissement dans les Provinces-Unies remontent, suivant Smith, à 1725. Il y existait alors plusieurs loges composées de l'élite de la société hollandaise. On a vu que François de Lorraine, depuis empereur d'Allemagne, fut initié dans une d'elles, en 1731, sous la présidence de lord Chesterfield. Plusieurs nouvelles loges y furent fondées en 1733, une, entre autres, qui avait son siége à La Haye, et qui prenait le titre de *loge du grand-maître des Provinces-Unies et du ressort de la généralité;* elle tenait ses séances à l'hôtel du *Lion d'or,* et avait pour vénérable le frère Vincent de la Chapelle. C'est la même qui prit, en 1749, la dénomination de *Mère-Loge de l'Union royale.* Le 30 novembre 1734, il s'y tint une grande assemblée, dans laquelle on posa les bases d'une orga nisation régulière de la maçonnerie hollandaise. Le comte de Wagenaer y remplit les fonctions de grand-maître. Une sorte de grande-loge provinciale y fut instituée. Cet établissement fut régularisé en 1735, par lettres-patentes de la Grande-Loge d'Angleterre, et inauguré, le 24 juin, dans une assemblée tenue à l'hôtel de *Nieuwe-Doelen,* sous la présidence du frère Joannes-Cornelis Rademacher. Ce n'est cependant qu'en 1756 que cette grande loge se constitua définitivement. Elle avait alors treize ateliers dans sa juridiction. Les députés de ces ateliers se réunirent, le 27 décembre, dans le temple de *l'Union royale;* et, après avoir arrêté les principales dispositions de statuts généraux pour le gouvernement de la confraternité dans les Provinces-Unies, ils procédèrent à l'élection d'un grand-maître. Cette dignité échut au baron van Aerssen Beyeren van Hegerheide.

La Grande-Loge provinciale de Hollande eut sa première assemblée générale le 18 décembre 1757. Elle y installa solennellement le grand-maître national, et elle y promulgua les statuts généraux définitifs, en quarante-et-un articles. Elle élut, en 1758, un nouveau grand-maître, le comte Christian-Frédéric-Antony de Bentinck. Le prince de Hesse-Philipsthal remplissait les fonctions d'orateur dans l'assemblée d'élection. L'année suivante, la Grande-Loge élut, pour troisième grand-maître, le prince de Nassau-Usingen; mais ce frère ayant fait agréer ses excuses, le baron de Botzelaer fut nommé à sa place, le 24 juin. Il resta en fonctions jusqu'en l'année 1798.

Le 25 avril 1770, la Grande-Loge provinciale de Hollande adressa une requête à la Grande-Loge d'Angleterre, dans laquelle elle la priait de consentir à ce qu'elle eût désormais une existence indépendante. Ce vœu fut accueilli; et un concordat intervint entre les deux autorités, aux termes duquel la Grande-Loge d'Angleterre renonçait, à charge de réciprocité, à constituer des loges dans le ressort de la Grande-Loge hollandaise. Il fut convenu qu'il y aurait affiliation et correspondance mutuelles, et que, de chaque côté, on se ferait part de tout ce qui pourrait intéresser l'ordre dans les deux pays. En conséquence, la Grande-Loge de Hollande proclama son indépendance, et notifia cet événement à toutes les grandes loges d'Europe.

C'est de 1726 que date l'introduction de la franc-maçonnerie en Espagne. En cette année, des constitutions furent accordées par la Grande-Loge d'Angleterre à une loge qui s'était formée à Gibraltar. En 1727, une autre loge fut fondée à Madrid, qui tenait ses séances dans la rue Saint-Bernard. Jusqu'en 1779, celle-ci reconnut la juridiction de la Grande-Loge d'Angleterre, de laquelle elle tenait ses pouvoirs; mais, à cette époque, elle secoua le joug et constitua des ateliers, tant à Cadix et à Barcelonne, qu'à Valladolid et dans d'autres villes. Les réunions maçonniques étaient très secrètes en Espagne, où l'inquisition les poursuivait avec acharnement; aussi n'a-t-on que des renseignements fort incomplets sur les actes de la société dans ce pays. On ne l'y voit reparaître ouvertement qu'après l'invasion française de 1809.

Les premières loges qui s'établirent en Portugal y furent érigées en 1727, par des délégués des loges de Paris. La Grande-Loge d'Angleterre fonda aussi, à partir de 1735, plusieurs ateliers à Lisbonne et dans les provinces. Les travaux maçonniques ne furent jamais entièrement suspendus dans ce royaume; mais, sauf les exceptions que nous signalerons ailleurs, ils y étaient environnés du mystère le plus profond.

En 1731, la maçonnerie avait déjà un établissement en Russie. Anne régnait alors, ou plutôt Biren, son favori, dont on connaît l'ambition et les crimes. L'empire des czars tremblait sous ce joug sanguinaire, et les maçons, qui excitaient plus particulièrement les craintes du tyran, ne se réunissaient qu'avec la plus grande circonspection et à des époques irrégulières. Il n'est plus question de la société maçonnique, dans ce pays, jusqu'à l'année 1740, en laquelle des Anglais érigèrent une loge à Saint-Pétersbourg, sous les auspices de la Grande-Loge de Londres. Un grand-maître provincial fut nommé; quelques loges nouvelles se formèrent; mais les travaux maçonniques devinrent bientôt languissants. En 1763, ils reprirent tout à coup une grande activité. A l'occasion de la fondation d'une loge à Moscou, sous le titre de *Clio*, l'impératrice Catherine s'était fait rendre compte de la nature et du but de l'institution maçonnique; elle avait compris aussitôt quel immense parti elle pouvait en tirer pour la civilisation de ses peuples, et elle s'en était déclarée la protectrice. A partir de ce moment, les loges se multiplièrent en Russie. En 1770, s'établit à Mohilow la loge des *Deux Aigles*; en 1771, à Saint-Pétersbourg, la loge de la *Parfaite-Union*. La Grande-Loge d'Angle-

terre nomma, en 1772, grand-maître provincial de l'empire, le frère Jean
Yelaguine, sénateur, membre du conseil privé et du cabinet russe. Sous
l'administration de ce grand-maître, des loges furent constituées dans la
capitale, à Moscou, à Riga, à Jassy, et dans différentes parties de la Courlande. La Grande-Loge provinciale fit construire, vers cette époque, à Saint-
Pétersbourg, un magnifique local pour la tenue de ses séances. Enfin, en
1784, il s'établit à Saint-Pétersbourg, sous l'autorité de la Grande-Loge
d'Écosse, et à la demande de l'impératrice elle-même, une nouvelle loge,
qu'on appela l'*Impériale*. Une aussi haute protection fit de la maçonnerie
un véritable objet de mode. Toute la noblesse de l'empire voulut s'y faire
initier. La plupart des grands seigneurs se constituèrent vénérables de loges
et firent construire dans leurs propres palais des temples spacieux pour la
tenue des assemblées. Mais comme, malheureusement, le principe de leur
zèle reposait dans un autre intérêt que celui de l'humanité, du progrès et
de l'esprit de sociabilité, leurs loges ne tardèrent pas à se transformer en de
vrais clubs politiques. Il en résulta des divisions et des rivalités qui furent
les principales causes de la décadence de la maçonnerie dans cet empire, où
elle comptait cent quarante-cinq ateliers à la fin du siècle passé.

La franc-maçonnerie n'a jamais été très vivace en Italie ; les censures ecclésiastiques et les préjugés nationaux y ont constamment mis obstacle. Elle n'y
a guère été le partage que du petit nombre des esprits d'élite, et, depuis son
introduction jusqu'à l'époque de la domination française, elle y a été pratiquée
dans le plus grand secret. Une médaille, frappée en l'honneur du duc de Mid-
dlesex est le seul indice qui nous révèle l'existence d'une loge à Florence, dès
1733. La société fut établie en 1739 dans la Savoie, dans le Piémont et dans
la Sardaigne, et un grand-maître provincial fut nommé, en la même année,
pour ces trois pays, par la Grande-Loge d'Angleterre. Il existait à Rome,
en 1742, plusieurs loges de francs-maçons : on le voit par une médaille
qu'elles décernèrent au frère Martin Folkes, président de la société royale
de Londres. La maçonnerie se maintint dans le secret, à Rome, jusqu'en
1788. Une loge, les *Amis sincères*, entre autres, y était alors en vigueur, et
sa fondation remontait à plus de vingt années. Elle se composait, dans les
derniers temps, en majorité, d'Allemands et de Français, et avait pour vénérable un frère appelé Belle. On voit, sur un diplôme délivré par cette loge,
un fleuron dessiné à la main, et représentant, au milieu d'un triangle placé
lui-même dans un cercle, une louve allaitant deux enfants.

Dans la première moitié du XVIIIe siècle, la société paraît avoir eu un certain nombre d'ateliers dans le royaume de Naples. En 1756, ils avaient
formé une Grande-Loge nationale, qui était en correspondance avec l'Allemagne, et qui subsistait encore en 1788.

Une grande loge provinciale anglaise fut instituée à Genève, en 1737, par sir Georges Hamilton, qui avait reçu à cet effet une patente de la Grande-Loge de Londres. Genève comptait dans ses murs plusieurs ateliers, qui avaient été fondés antérieurement, et il y avait aussi plusieurs loges aux environs de cette ville et dans le reste du canton : toutes se rangèrent sous l'autorité de la Grande-Loge provinciale. En 1739, quelques Anglais résidant à Lausanne y instituèrent une loge sous le titre de la *Parfaite union des étrangers*. Celle-ci avait reçu ses lettres de constitutions de la Grande-Loge d'Angleterre. De cette loge, émanèrent plusieurs ateliers qui s'établirent à Berne et dans les localités environnantes. D'autres furent constitués directement en 1743, par les Grandes-Loges de l'Angleterre et de l'Allemagne. Des circonstances que nous mentionnerons plus loin amenèrent, à cette époque, la suspension des travaux maçonniques dans le pays de Vaud et dans les autres cantons de l'Helvétie. Ce sommeil de la maçonnerie suisse dura jusqu'en 1764. Alors l'ancienne loge de Lausanne sortit de sa léthargie, et donna le signal du réveil à toutes les autres. Des divisions et des schismes s'introduisirent vers 1770 parmi les maçons du pays. En France, la société n'était pas dans un état plus paisible. Fatiguées de ces luttes, qui nuisaient aux progrès de la maçonnerie et interrompaient toutes les relations, quelques loges de Genève et des villes voisines, afin de sortir de leur isolement, se constituèrent en grande loge indépendante sous le nom de *Grand-Orient de Genève*. Mais ce corps maçonnique ne fut pas lui-même à l'abri de querelles intestines. Après avoir recueilli sous sa bannière, en 1790, les loges des États sardes, que le gouvernement de ce royaume avait privées de la direction de leur grande loge, en interdisant les travaux de cette autorité, il vit s'opérer dans son sein une scission qui, si elle n'amena pas immédiatement sa ruine, l'affaiblit du moins considérablement et paralysa en grande partie son action. Quelques loges se séparèrent de lui et formèrent un deuxième corps constituant; d'autres loges se rangèrent sous la bannière du Grand-Orient de France, qui leur délivra de nouvelles constitutions. A la suite de ces défections, le Grand-Orient de Genève et le corps rival qui s'était établi à côté de lui tombèrent en pleine dissolution. Après l'incorporation de Genève à la France, les loges de cette ville, qui étaient alors dans un état complet d'anarchie, formèrent une grande loge provinciale dépendante du Grand-Orient de France. Cette organisation subsista jusqu'en 1809, époque à laquelle la Grande-Loge provinciale fut dissoute. Plusieurs de ses ateliers, qui refusèrent de reconnaître la suprématie du corps dirigeant de la maçonnerie française, continuèrent de travailler hors de toute correspondance; mais elles se rallièrent l'année suivante au Grand-Orient helvétique roman, dont nous parlerons ailleurs.

La franc-maçonnerie fut importée en Suède, antérieurement à 1738. Suspendus pendant quelque temps, ses travaux furent repris vers 1746. En cette année, des francs-maçons de Stokholm firent frapper une médaille à l'occasion de la naissance du prince royal. Les loges suédoises étaient florissantes en 1753. Elles fondent alors, pour célébrer la naissance de la princesse Sophie-Albertine, une maison de secours pour les enfants orphelins, sur laquelle nous avons inséré des détails dans notre statistique de la maçonnerie. Ce n'est qu'en 1754 que la Grande-Loge de Suède fut instituée ; elle reçut, à cet effet, de la grande loge d'Écosse, une patente qui lui conférait le titre de Grande-Loge provinciale. Dans la suite, elle se déclara indépendante, et se constitua en grande loge nationale. Elle fut reconnue en cette qualité par tous les corps maçonniques de l'Europe, notamment par la Grande-Loge d'Angleterre, qui, en 1799, sur la demande du duc de Sudermanie, grand-maître de Suède, contracta une alliance intime avec elle.

Introduite en Pologne avant 1739, la franc-maçonnerie y cessa ses travaux en cette année, pour obéir à un édit du roi Auguste II. Les loges ne s'y rouvrirent que sous Stanislas-Auguste, qui favorisa particulièrement les maçons. En 1781, le Grand-Orient de France, sur les sollicitations des loges *Catherine, à l'Étoile du Nord* et la *Déesse d'Éleusis,* de Varsovie, établit une commission en Pologne, à l'effet d'y constituer des ateliers de son rite, et, s'il était possible, un Grand-Orient. La commission érigea plusieurs loges, entre autres, la *Parfaite Union,* le *Bon Pasteur,* le *Lithuanien zélé* et le *Temple de la Sagesse,* à Wilna ; le *Parfait Mystère,* à Dubno ; la *Constance couronnée,* l'*École de la Sagesse* et l'*Aigle blanc,* à Posen ; l'*Heureuse Délivrance,* à Grodno ; le *Temple d'Isis* et le *Bouclier du Nord,* à Varsovie. Les nouvelles loges, réunies à celles qui existaient déjà, fondèrent en 1784, un Grand-Orient national, qui avait son siége à Varsovie. A partir de ce moment, l'association se propagea rapidement dans toutes les parties de la Pologne. En 1790, on y comptait soixante-dix ateliers florissants.

L'époque de l'établissement de la franc-maçonnerie en Danemark est entourée d'obscurité. Suivant Laurie, la Grande-Loge de ce royaume aurait été instituée à Copenhague en 1742, tandis que, d'après Smith, ce serait seulement en 1743 que la première loge danoise aurait été fondée dans cette ville. Ce qu'il y a de certain, c'est qu'un grand-maître provincial fut nommé pour le Danemark, en 1747, par la Grande-Loge d'Angleterre, sous la grande-maîtrise de lord Byron. Il faut croire que si, dans ces commencements, il se forma des ateliers maçonniques en Danemark, ils n'y eurent pas une longue existence ; car il n'en restait pas de traces en 1754. En cette année, la Grande-Loge d'Écosse érigea une loge à Copenhague, sous le titre du *Petit*

Nombre, et institua en même temps un grand-maître provincial qu'elle investit du pouvoir de constituer de nouveaux ateliers et de les réunir à sa grande loge, à la condition de reconnaître la suprématie de la Grande-Loge d'Écosse. En effet, un centre maçonnique fut établi, qui, dans la suite, secoua le joug de la métropole et se déclara indépendant. Une ordonnance royale, rendue alors, dispose que tout atelier qui ne serait pas reconnu par la Grande-Loge nationale serait considéré et traité comme une société secrète en opposition aux lois. Depuis, la franc-maçonnerie a joui dans ce pays d'une tolérance non interrompue ; une ordonnance royale, du 2 novembre 1792, la reconnaît même officiellement. Aujourd'hui, elle forme une institution de l'État, et le roi régnant en est le grand-maître.

La première loge qui s'établit en Bohême fut instituée, en 1749, par la Grande-Loge d'Écosse. Prague comptait quatre loges en 1776, toutes remarquables par leur brillante composition et se signalant, dans toutes les occasions, par des actes de charité au-dessus de tout éloge. Du produit d'une souscription qu'elles firent entre elles, en cette année 1776, elles érigèrent l'institution de bienfaisance connue sous le nom de *Maison des Orphelins*. L'Eger ayant débordé dans la nuit du 28 février 1784, et la ville de Prague presque tout entière ayant été couverte par l'inondation, tous les frères de la loge *Vérité et Concorde*, de cette ville, arrachèrent, au péril de leur vie, un grand nombre d'habitants à la fureur des flots. A la suite de ce désastre, les quatre loges se réunirent ; elles firent une collecte générale qui s'éleva à quinze cents florins ; et, non contentes de cette libéralité, elles déléguèrent leurs membres les plus éloquents pour aller se placer aux portes des églises et y solliciter la commisération des fidèles en faveur des victimes de l'inondation. En trois jours, elles recueillirent ainsi plus de onze mille florins, sans compter une foule de dons en nature, qui furent immédiatement distribués. De pareils actes avaient rendu les maçons un objet de respect et de vénération pour toutes les classes de la population. Le gouvernement autrichien n'en supprima pas moins la franc-maçonnerie en Bohême, à l'époque de la première révolution française.

Ce n'est pas seulement dans les États chrétiens de l'Europe que l'association maçonnique a trouvé des adeptes. Elle s'établit au sein même de l'Islamisme, et des loges furent fondées, en 1738, à Constantinople, à Smyrne, à Alep, et dans d'autres villes de l'empire ottoman. Depuis, elle s'étendit en Orient jusque dans la Perse. L'ambassadeur de ce pays en France, Askéry-Khan, fut initié à Paris, en 1808, dans la loge de *Saint Alexandre d'Écosse*. Après sa réception, s'adressant à la loge, il lui dit : « Je vous promets fidélité, amitié, estime. Souffrez que je vous fasse un présent digne de véritables Français. Recevez ce sabre, qui m'a servi dans vingt-sept batailles.

Puisse cet hommage vous convaincre des sentiments que vous m'avez inspirés et du plaisir que j'ai d'appartenir à votre ordre! » Le fils du roi de Perse, Zade Meerza, et son frère, qui étaient venus en Angleterre en 1836, furent également admis dans la maçonnerie, le 16 juin de cette année, dans la loge de l'*Amitié*, à Londres, la même qui, le 14 avril précédent, avait initié l'ambassadeur du roi d'Oude. Malgré ces diverses acquisitions et d'autres encore, qui lui assuraient en Perse de puissants protecteurs, la société n'a pu jusqu'à présent parvenir à former des établissements stables dans cet empire. Cependant sir Gore Ouseley, baronet, exerce à Erzeroum les fonctions de grand-maître provincial au nom de la Grande-Loge d'Angleterre, et son zèle, qui n'est pas douteux, aurait certainement obtenu de meilleurs résultats, si la politique du cabinet persan ne lui avait opposé des obstacles qui en ont paralysé les effets.

La franc-maçonnerie fut introduite dans l'Inde, en 1728, par sir Georges Pomfret, qui établit, en cette année, une première loge à Calcutta. Il s'y en forma une seconde, en 1740, sous le titre de l'*Étoile de l'Orient*. Dès-lors, la société fit de rapides progrès dans cette partie des possessions anglaises; et, en 1779, il n'y avait guère de villes de l'Hindoustan dans laquelle on ne trouvât des ateliers maçonniques. Ce n'est pas seulement d'Européens que se composaient ces loges; elles comptaient aussi dans leurs rangs la plupart des notabilités indigènes. En cette même année 1779, la loge de Trichinapali, près de Madras, donna l'initiation à Omdit-ul-Omrah Bahauder, fils aîné du nabab de la Carnatique. Ce prince suivit régulièrement les travaux de sa loge; il y amena même de nombreux prosélytes de sa nation, particulièrement son frère Omur-ul-Omrah. Instruite de ces faits, la Grande Loge d'Angleterre fit parvenir au prince une lettre de félicitations, accompagnée d'un tablier richement brodé et d'un exemplaire du livre des Constitutions relié avec le plus grand luxe. Au commencement de 1780, elle reçut la réponse du prince. La lettre était écrite en persan et renfermée dans une enveloppe de toile d'or. La Grande-Loge en fit faire une copie sur vélin, qui fut mise sous verre, et qu'on affiche dans la salle des séances les jours de fêtes et d'assemblées générales.

Ainsi que l'Inde, l'Afrique eut de bonne heure des établissements maçonniques. Une loge y était érigée, en 1735, à Gambie, par la Grande-Loge d'Angleterre; une autre s'y élevait, en 1736, à Cap-Coast-Castle. Plus tard, il en fut formé plusieurs par la même autorité au cap de Bonne-Espérance et à Sierra-Leone. Après la conquête d'Alger, la maçonnerie fut importée dans cette partie du continent africain par le Grand-Orient de France. Alger, Oran, Bougie, Bone, Sétif, Gigelli et d'autres villes ont des ateliers maçonniques, qui s'attachent particulièrement à initier des indigènes.

L'institution a également pénétré dans l'Océanie. Depuis 1828, elle y a des loges à Sydney, à Paramatta, à Melbourne, et dans d'autres colonies.

Dès 1721, elle avait été portée au Canada. Elle s'établit à Louisbourg et au Cap-Breton en 1745. Aux États-Unis, la première loge fut fondée en 1730, en Géorgie; et le frère Roger Lacey y fut institué grand-maître provincial. Le nombre des ateliers s'était multiplié dans cet état, lorsque, le 16 décembre 1786, le grand-maître provincial, Samuel Elbert, en réunit tous les députés à Savannah, et abdiqua entre leurs mains les pouvoirs qu'il avait exercés jusque-là au nom de la Grande-Loge d'Angleterre. A partir de ce moment, une grande loge indépendante fut constituée pour l'État de Géorgie. Elle rédigea ses statuts, nomma ses officiers et maintint le frère Elbert dans la grande-maîtrise. C'est aussi en 1730 que la maçonnerie fut introduite dans le New-Jersey, et en 1786 également que se constitua la grande loge de cet État. Le frère David Brearly en fut le premier grand-maître.

La société existait déjà dans le Massachussetts, vers l'an 1730. Sur la demande de frères résidant à Boston, le lord vicomte de Montagu, grand-maître d'Angleterre, nomma, en 1733, le frère Henri Price grand-maître provincial pour le nord de l'Amérique, avec pleins pouvoirs de choisir les officiers nécessaires pour former une grande loge provinciale, et de constituer des ateliers maçonniques dans toute l'étendue des colonies américaines. Le 30 juillet, le frère Price constitua sa grande loge provinciale et institua des loges dans différentes parties du continent. En 1755, une autre grande loge provinciale s'établit à Boston, sous l'autorité de la Grande-Loge d'Écosse, en rivalité de la première. Celle-ci fit de vains efforts pour s'opposer à cet établissement; elle le déclara schismatique, et défendit à ses loges de communiquer avec les maçons qui le reconnaissaient. Elle adressa, au sujet d'un tel empiétement sur sa juridiction, des réclamations à la Grande-Loge d'Écosse, qui n'en tint aucun compte, et qui, loin de là, délivra, sous la date du 30 mai 1769, une charte qui nommait Joseph Warren grand-maître provincial du rit d'Écosse à Boston et à cent milles à la ronde. Ce grand-maître fut installé le 27 décembre suivant, et bientôt la grande loge à laquelle il présidait constitua une foule de loges dans le Massachussetts, le New-Hampshire, le Connecticut, le Vermont, le New-York, etc. Peu de temps après, la guerre éclata entre l'Angleterre et ses colonies. Boston fut fortifié et devint place d'armes. Beaucoup de ses habitans émigrèrent; les loges cessèrent leurs travaux, et les deux grandes loges suspendirent également leurs réunions. Cet état de choses dura jusqu'à la paix.

En 1775 eut lieu, le 17 juin, la bataille de Bunker's-Hill. Le grand-maître Warren y fut tué en combattant pour la liberté. Quelques-uns de ses frères l'enterrèrent sur le lieu même où il avait péri. A la paix, la grande loge dont il avait été le chef voulut lui rendre les derniers honneurs. A cet effet, elle se transporta en corps sur le champ de bataille, et, guidée par un frère qui avait combattu aux côtés de Warren et avait contribué à inhumer sa dépouille mortelle, elle fit fouiller la terre et exhumer les restes du grand citoyen, qui furent transportés à la maison d'état de Boston, au milieu d'un immense concours de frères (1). Peu après, on les déposa dans une tombe sur laquelle on n'avait tracé aucun emblême et aucun nom, pensant « que les belles actions de Warren n'avaient pas besoin d'être gravées sur le marbre pour rester dans la mémoire de la postérité. »

Le champ de bataille de Bunker's-Hill fut témoin d'une magnifique solennité maçonnique, lors du voyage du général Lafayette aux États-Unis. Le 17 juin 1825, cinquantième anniversaire de cette lutte héroïque dans laquelle les patriotes américains triomphèrent pour la première fois du courage discipliné des Anglais, la Grande-Loge de Boston appela tous les maçons de la république à la célébration d'une grande fête nationale. Plus de cinq mille frères répondirent à cet appel. Un cortége se forma, qui se porta, d'un mouvement spontané, à la maison du général Lafayette, dont on avait résolu de célébrer dignement la présence à Boston. Les frères le prirent au milieu d'eux et le conduisirent en triomphe, au bruit des cloches de toutes les églises et des détonnations de l'artillerie, à travers un million de citoyens, accourus des points les plus éloignés et se pressant sur son passage, sur le lieu même où, cinquante ans auparavant, il avait exposé sa vie pour la défense des droits et des libertés de l'Amérique. On y posa la première pierre d'un monument destiné à perpétuer le souvenir de la victoire de Bunker's-Hill. Le grand-maître répandit du blé, du vin et de l'huile sur la pierre, pendant qu'un ministre de la religion la consacrait sous les auspices du ciel. Alors le cortége se rendit à un vaste amphithéâtre construit sur le revers de la montagne, et là, l'orateur de la Grande-Loge, s'adressant à ses innombrables auditeurs, leur rappela, dans un chaleureux discours, les iniquités et les malheurs dont leurs pères avaient eu à souffrir sous la tyrannie de la métropole, et les bienfaits d'une liberté due à leur généreux dévouement et à l'appui désintéressé de quelques nobles étrangers. A ces mots, un immense applaudissement s'éleva du sein de la foule, et Lafayette fut salué du nom de père de la patrie. Ce fut un beau jour pour cet illustre vieillard, qui répandit de douces larmes en recevant ainsi l'hommage de la reconnaissance de tout un peuple !

En 1777, les deux Grandes-Loges de Boston se déclarèrent indépendantes. Cependant la rivalité qui les divisait avait beaucoup perdu de sa vivacité.

_____

(1) *Voyez* planche n° 11.

ureuryère del. Compagnon Sculp

FUNÉRAILLES MAÇONNIQUES DE WARREN.

Publié par Pagnerro

Les frères des deux obédiences communiquaient entre eux sans que les corps dont ils dépendaient y missent sérieusement obstacle. Le vœu d'une réunion, émis par quelques maçons, était devenu celui de tous; aussi, lorsque la grande loge fondée originairement par la métropole anglaise fit à sa rivale une proposition formelle de fusion, celle-ci l'accepta-t-elle avec empressement. Les bases en furent facilement arrêtées, et la réunion s'opéra le 5 mars 1792. De pareils rapprochements eurent lieu bientôt après dans tous les États de l'Union américaine où les loges étaient soumises à différentes autorités. A cette occasion, le président Washington fut nommé grand-maître général de la maçonnerie dans la république. Une médaille fut frappée, en 1797, pour perpétuer le souvenir de cette élection.

L'établissement de la société dans la Pennsylvanie remonte à l'an 1734. La Grande-Loge de Boston délivra en cette année, à plusieurs frères résidant à Philadelphie, des constitutions pour ouvrir une loge dans cette ville. Benjamin Franklin, si célèbre depuis, en fut le premier vénérable. Le nombre des loges s'accrut rapidement dans cet Etat. La plupart s'étaient fait constituer directement par la Grande-Loge d'Angleterre; elles obtinrent de ce corps, en 1764, l'autorisation de former une grande loge provinciale, qui se déclara indépendante en 1786, à l'exemple de celles de New-Jersey, de Géorgie et de Massassuchetts.

La Grande-Loge de New-York fut constituée comme grande loge provinciale le 5 septembre 1781, en vertu d'une charte du duc d'Atholl, chef de la Grande-Loge des anciens maçons, corps qui s'était formé à Londres en rivalité de la Grande-Loge d'Angleterre, ainsi qu'on le verra dans la suite de cette histoire. En 1787, elle secoua le joug, et proclama son indépendance. Une autre grande loge avait été fondée antérieurement sous les auspices de la Grande-Loge d'Angleterre. Celle-ci avait son siége à Albany. Elle s'affranchit également en 1787 de la dépendance de l'autorité qui l'avait établie. En 1826, ces deux grandes loges comptaient plus de cinq cents ateliers dans leurs juridictions. La dernière a cessé d'exister vers 1828.

A la fin de 1837, une grande loge schismatique tenta de se former à New-York. La loge d'*York*, n° 367, avait résolu de faire, le 24 juin, une procession publique, pour célébrer, suivant un usage anciennement en vigueur dans ce pays, la fête de saint Jean, patron de la société maçonnique. Un grave événement que nous relaterons ailleurs, et dont l'impression n'était pas tout-à-fait effacée, imposait à la maçonnerie américaine la plus grande circonspection, et lui interdisait toutes les manifestations extérieures qui auraient pu réveiller le souvenir du passé. La Grande-Loge intervint donc pour obtenir de la loge d'*York* qu'elle renonçât à réaliser son dessein. On promit tout ce qu'elle voulut; mais on n'en continua pas moins les préparatifs commencés, et tout annonçait que la procession aurait lieu comme il avait été décidé. Au jour fixé pour cette cérémonie, le député grand-maître se transporta au local où la loge était réunie, espérant qu'il obtiendrait d'elle par la persuasion ce qu'elle refusait d'accorder aux injonctions de la Grande-Loge. Mais un esprit de vertige semblait avoir saisi les frères : ils refusèrent d'entendre la parole de cet intermédiaire officieux ; et, au lieu d'apprécier ce qu'il y avait de fraternel dans sa démarche, ils l'accablèrent d'invectives et le contraignirent à se retirer pour n'avoir pas à subir de plus sérieux outrages. Aussitôt le cortége se forma ; la procession parcourut les rues de la ville, non sans provoquer sur son passage des murmures inquiétants pour sa sûreté. Peu de temps après, la Grande-Loge s'assembla extraordinairement, et prononça la radiation de la loge, qu'elle déclara irrégulière et qu'elle signala comme telle aux autres ateliers de sa juridiction. Cette mesure fut diversement jugée. Quelques loges la désapprouvèrent hautement, firent cause commune avec la loge rayée, et constituèrent une nouvelle grande loge. Cette levée de boucliers n'eut cependant pas de suites ; la plupart des frères dissidents vinrent bientôt à résipiscence, et obtinrent leur pardon de la Grande-Loge. Quant aux autres, ne trouvant d'appui dans aucun des corps maçonniques des États-Unis, ils se dispersèrent ; et les ateliers dont ils faisaient partie, ainsi que la grande loge schismatique, cessèrent dès ce moment d'exister (1).

On a vu plus haut que la maçonnerie américaine s'associait aux solennités publiques comme corporation de l'État, qualité qui lui avait été conférée par la plupart des législatures de l'Union ; nous en citerons deux autres exemples. En 1825, il fut célébré à New-York une grande fête nationale pour l'inauguration du canal de l'Erié. Les maçons, notamment, y accoururent des extrémités de la république. Dans le cortége qui partit de l'hôtel de la commune pour se rendre aux bords du canal, ils marchaient, décorés de leurs insignes et leurs bannières déployées, entre l'ordre judiciaire et le gouverneur de l'État, et ils eurent une place d'honneur sur les gradins de l'immense amphithéâtre qui avait été dressé sur le lieu de la cérémonie. L'année suivante, à la fête qui eut pour objet d'honorer la mémoire des pa-

---

(1) Dans les autres États de l'Union, l'histoire de la maçonnerie n'offre aucune circonstance remarquable. Nous nous bornerons donc à rapporter l'époque de la fondation des diverses grandes loges qui y sont établies. La formation de la Grande-Loge de la Virginie date de 1778. La Grande-Loge de Maryland remonte à 1783. Celles des Carolines du sud et du nord se constituèrent en 1787 ; celles de Connecticut et de New-Hampshire, en 1789 ; les Grandes-Loges de Rhode-Island, en 1791 ; de Vermont, en 1794 ; de Kentuky, en 1800. La Grande-Loge de Delaware fut érigée en 1806. Enfin la Grande-Loge du district de Colombie, siége du gouvernement fédéral, prit naissance en 1810.

triotes Adams et Jefferson, la société maçonnique ne fut pas l'objet d'une moindre distinction. Elle figurait dans les premiers rangs du cortége. Les robes, les ceintures des différents hauts grades; les riches costumes des officiers des chapitres de Royale-Arche; les vêtements noirs à l'espagnole des chevaliers du Temple, formaient un coup-d'œil imposant et bizarre à la fois, qui attirait particulièrement l'attention de la foule.

Depuis la révolution qui renversa la domination française à Saint-Domingue, la maçonnerie avait cessé d'exister dans cette île. Les Anglais l'y introduisirent de nouveau en 1809. A cette époque, ils constituèrent *l'Amitié des frères réunis*, au Port-au-Prince, et *l'Heureuse réunion*, aux Cayes. Ils fondèrent deux nouvelles loges en 1817 : *la Réunion des cœurs*, à Jérémie; *la Parfaite sincérité des cœurs réunis*, à Jacmel. En la même année, ils instituèrent une grande loge provinciale au Port-au-Prince, dont ils nommèrent grand-maître le grand-juge de la république haïtienne. Le frère d'Obernay, qui prenait le titre de grand-maître *ad vitam* de toutes les loges du Mexique, et qui, dès le mois de juillet 1819, avait été investi de pleins pouvoirs par le Grand-Orient de France, érigea, en 1820, plusieurs ateliers, suivant le rite français, à Jacmel, au Port-au-Prince et ailleurs. En 1822, une loge du rite écossais ancien et accepté fut aussi établie aux Cayes par le comte Roume de Saint-Laurent. Celle-ci avait pour titre : *les Élèves de la nature*, et reconnaissait l'autorité du Suprême Conseil de France. Cet état d'anarchie de la société entraînant de graves inconvénients, les maçons haïtiens songèrent à y mettre un terme. A cet effet, ils se détachèrent de la Grande-Loge anglaise, et formèrent, le 25 mai 1823, un Grand-Orient national sous la protection du président de la république. Ce corps déclara, en 1833, reconnaître les divers rites maçonniques en vigueur, et s'en attribua l'administration dans toute l'étendue du territoire haïtien. Ce coup d'Etat donna lieu à de vives discussions; jusqu'à présent les *Élèves de la nature*, aux Cayes; *les Philadelphes*, à Jacmel; *la Vraie gloire*, à Saint-Marc, ont refusé de s'y soumettre.

A l'époque de l'établissement de l'empire brésilien, la maçonnerie avait déjà plusieurs ateliers en vigueur dans ces contrées. Un Grand-Orient s'y forma peu après. Don Pédro Ier, reçu maçon le 5 août 1822, en fut nommé grand-maître le 22 septembre de la même année. A peine installé, il conçut des doutes sur la fidélité des loges et voulut interdire leurs réunions; mais depuis, mieux informé, il a abandonné ce dessein. Le rite écossais ancien et accepté s'introduisit dans le pays postérieurement à 1820, et y fonda un suprême conseil du trente-troisième degré. Cette autorité était distincte du Grand-Orient du Brésil, qui pratique le rite français ou moderne. Dans ces derniers temps, il s'est opéré une scission dans le sein du

Suprême Conseil, de laquelle est née une seconde puissance écossaise.

Pendant quelque temps, la franc-maçonnerie jouit d'une grande faveur dans la république de Vénézuela ; les dissensions politiques lui ont porté depuis un coup fatal, et l'on n'y compte plus aujourd'hui qu'un petit nombre de loges.

Au Mexique, elle n'est pas dans un état plus florissant. Les premières loges y furent érigées pendant la guerre de l'indépendance. Elles tenaient leurs constitutions des diverses Grandes-Loges des États-Unis et particulièrement de celle de New-York. Le rite qu'elles professaient était celui des anciens maçons d'Angleterre, plus connu sous le nom de rite d'York. Avant 1820, il se forma dans ce pays plusieurs ateliers du rite écossais ancien et accepté, qui, à quelque temps de là, y organisèrent un suprême conseil de ce rite. Ce n'est qu'en 1825, que les loges du rite d'York établirent le Grand-Orient mexicain, avec le concours du frère Poinsett, ministre des États-Unis, qui procéda à son installation. En 1827, la division des partis était des plus tranchées au Mexique. Les loges, malheureusement, leur servirent de points de réunion. Le parti du peuple, composé des membres du gouvernement, de la majorité des Indiens et des indigènes, et de tous les adhérents sincères du système fédéral, s'affilia aux loges du rite d'York, et reçut, à cause de cela, le surnom de *Yorkino*. Le parti opposé, celui du haut clergé, de l'aristocratie, des monarchistes, des centralistes, s'attacha aux loges du rite écossais, et fut, par une raison analogue, appelé *Escoces*. Celui-ci, le moins fort, mais le plus adroit, s'empara un moment du pouvoir, et détruisit la plupart des loges des *Yorkinos*. Lorsque la chance tourna, ce furent, à leur tour, les *Escoceses* qui furent l'objet de violences de la part du vainqueur. Au milieu de ces agitations, la maçonnerie eut considérablement à souffrir ; aussi ne compte-t-on aujourd'hui, au Mexique, qu'un petit nombre de loges, dont les travaux sont languissants, et qui, peut-être, ne tarderont pas à se dissoudre.

La dernière grande loge qui s'organisa en Amérique est celle de la république du Texas. Elle a été fondée, le 20 décembre 1837, sous l'autorité de la Grande-Loge de la Louisiane. Elle a son siége à Austin, et compte quatorze loges dans sa juridiction.

C'est ainsi que, dans le cours d'un siècle, la franc-maçonnerie se propagea sur toute la surface de la terre, répandant partout sur son passage des semences de civilisation et de progrès, au milieu même de ses plus grands écarts. Il est, en effet, à remarquer que toutes les améliorations qui se sont produites dans les idées et traduites dans les faits, depuis un pareil nombre d'années, ont leur source dans les prédications mystérieuses de la maçonnerie, et dans les habitudes contractées dans les loges et reportées au dehors par les maçons. Il ne faut donc pas s'étonner que les partisans et les soutiens d'un vieil ordre de choses dont la maçonnerie opère insensiblement et pacifiquement la transformation se soient opposés de tout leur pouvoir à l'établissement et au développement de cette institution. On verra dans le chapitre suivant de quels obstacles de toute nature il lui a fallu triompher.

CHAPITRE IV.

PERSÉCUTIONS : Édits des États-Généraux de Hollande. — Arrestations. — Conversion des juges.—Sentence du Châtelet de Paris. — Le duc d'Antin. — Condamnations. — Ordonnances des magistrats de Berne et de Dantzig. — Les inquisiteurs de Florence. — Bulle de Clément XII. — Le parlement de Paris refuse de l'enregistrer. — Écrit brûlé à Rome. — Le duc de Lorraine. — Procès à Malte. — Bulle de Benoît XIV. — Prédications fanatiques à Aix-la-Chapelle, à Munich. — Violences graves.—L'inquisition d'Espagne.— Procès du frère Tournon. — Curieuse sentence. — Les frères Coustos, Mouton et Bruslé, jugés par les inquisiteurs de Lisbonne. — Affreuses tortures. — Intervention du roi d'Angleterre, George II.—Délivrance. — Le divan de Constantinople. — Le marquis de Tannucci, à Naples. — Fête d'adoption. — Mort d'une récipiendaire.— Interdiction de la maçonnerie. — Intrigue de Tannucci. — Nouvel édit contre les maçons. — Le frère Lioi. — La reine Caroline. — Les assemblées maçonniques défendues en Belgique. — Société des *Mopses*. — Marie-Thérèse d'Autriche. — Joseph II. — Esprit des loges belges. — Révolution française. — Écrits de Lefranc, Robison, Cadet-Gassicourt, Barruel, Proyart. — François II et la diète de Ratisbonne. — Renouvellement des édits contre les maçons. — Cruautés exercées contre eux en Portugal. — Bill du parlement d'Angleterre. — La maçonnerie en France pendant la terreur. — Chute de Napoléon. — Nouveaux édits. — Rétablissement de l'inquisition d'Espagne. — Sanglantes exécutions. — Les frères Alava, Quatero, Cordova, Lavrillana, etc.—Le missionnaire Guyon à Montauban.—Révolution de Juillet. — La loge *les Amis de la vérité*. — Banquet offert à Lafayette. — Tendances politiques des loges. — Défenses faites aux maçons allemands de s'affilier et de correspondre avec leurs frères de France.

C'est en Hollande que la franc-maçonnerie fut, pour la première fois, l'objet des recherches de l'autorité. Dès 1734, le clergé catholique avait répandu mille bruits défavorables sur son compte, et avait ameuté contre elle les classes ignorantes de la population. Le 16 octobre 1735, des maçons venus d'Angleterre étaient assemblés, à Amsterdam, dans une maison située vers le milieu du Stil-Steel, qu'ils avaient louée pour y tenir loge, lorsqu'une foule de fanatiques envahit le lieu de leurs séances, brise tous les meubles servant aux réceptions, et se livre sur leurs personnes mêmes aux actes de la plus brutale violence. Cependant cet événement ne découragea pas les frères ; et, s'imaginant qu'en se couvrant de la protection d'un nom respecté, ils dissiperaient les fâcheuses préventions qu'ils avaient inspirées, ils annoncèrent, le 3 novembre suivant, par la voie des journaux, l'installation solennelle de la loge, sous la présidence du trésorier-général du prince d'Orange. Mais cette annonce ne produisit pas l'effet qu'ils s'en étaient promis ; on la considéra, au contraire, comme une insulte et une bravade. Les

États-Généraux s'en émurent. Ils firent procéder à une enquête, et rendirent, par suite, le 30 du même mois, un édit par lequel, tout en reconnaissant que la conduite et les pratiques des francs-maçons ne présentaient rien de dangereux pour la tranquillité publique et qui s'éloignât essentiellement des devoirs de loyaux sujets, ils n'en interdisaient pas moins les assemblées de cette société, pour prévenir les mauvaises conséquences qui pourraient en résulter.

Au mépris de cette ordonnance, une loge, composée d'ailleurs de personnes honorables, continua de se réunir dans une maison particulière d'Amsterdam. Les magistrats en ayant été informés, firent cerner la maison et arrêter toute la loge. Le lendemain, réunis à la *Stadt-House*, ils interrogèrent le vénérable et les surveillants sur l'objet de leurs assemblées et sur l'essence même de l'institution à laquelle ils appartenaient. Les frères se renfermèrent à cet égard dans des généralités ; mais ils offrirent de donner l'initiation à un des magistrats, qui ne manquerait pas ensuite d'attester que le secret de la maçonnerie ne voilait rien que la morale la plus sévère ne pût approuver sans restriction. Les magistrats souscrivirent à cette offre ; et, après avoir ordonné la mise en liberté provisoire des frères arrêtés, ils désignèrent, pour être initié, le secrétaire-de-ville, qui fut immédiatement admis à la connaissance des mystères. De retour à la *Stadt-House*, il en rendit un compte si avantageux que, non-seulement l'affaire n'eut pas d'autres suites, mais encore que les magistrats prirent un vif intérêt à la loge et s'y firent successivement recevoir. Depuis lors, l'exercice de la franc-maçonnerie n'a plus été entravé dans les Provinces-Unies.

Le clergé catholique ne cessait pas pour cela de se montrer hostile aux maçons. Fort des censures ecclésiastiques fulminées contre eux en 1738, ses prédications redoublèrent d'énergie ; et des loges d'Amsterdam, de Nimègue et de La Haye se virent en butte à des sévices graves de la part de malheureux que l'anathême prononcé du haut de la chaire avait fanatisés. En 1740, un prêtre refusa des billets de confession à deux jeunes officiers, parce qu'ils avaient avoué qu'ils étaient membres d'une loge. Cet événement fit du bruit en Hollande, et beaucoup de pamphlets furent publiés pour et contre la franc-maçonnerie. Il fallut que les États-Généraux intervinssent pour mettre fin à cette polémique, qui commençait à aigrir fortement les esprits. Ils défendirent aux ecclésiastiques de questionner leurs pénitents sur le fait de la maçonnerie, et ordonnèrent au prêtre qui avait été l'origine de tous ces débats de délivrer aux deux officiers les billets de confession qu'il leur avait refusés.

Vers la même époque, les réunions maçonniques éveillaient en France la sollicitude des magistrats. Le 10 septembre 1737, le commissaire de po-

Seigneurgens del.   Compagnon Sculp!

LE DUC D'ANTIN,

à l- Loge de la Rapée —1737.

lice, Jean de Lespinay, instruit qu'il devait se tenir une assemblée très nombreuse de *freys-masons* chez Chapelot, marchand de vins, à la Rapée, à l'enseigne de saint Bonnet, s'y transporta, accompagné de Viéret, exempt de robe courte, et de quelques soldats, dans l'intention de dissoudre l'assemblée. Arrivé sur les neuf heures et demie du soir, il y vit, suivant les termes de son rapport, « un très grand nombre de personnes, la plupart desquelles avaient toutes des tabliers de peau blanche devant eux et un cordon de soie bleue qui passait dans le col, au bout duquel il y avait attaché, aux uns, une équerre; aux autres, une truelle; à d'autres, un compas, et autres outils servant à la maçonnerie. » Les avenues étaient occupées « par un très grand nombre de laquais et de carrosses, tant bourgeois, de remise que de place. » Soit que les dispositions qu'il apportait ne fussent pas bien hostiles, soit que l'affluence qu'il apercevait lui inspirât quelques craintes sur les suites de la rigueur qu'il pourrait déployer, Lespinay ne pénétra pas dans le salon où les frères étaient réunis, et il remarqua *de loin* seulement qu'une table y était dressée et qu'il y avait une grande quantité de couverts. Cependant il crut de son devoir de représenter du moins aux personnes qui lui semblèrent faire partie de la société, « que de telles assemblées étaient prohibées par les dispositions générales des ordonnances du royaume et des arrêts des parlements. » La plupart de ceux à qui il s'adressa se retranchèrent dans l'ignorance où ils étaient du texte de la loi, et protestèrent qu'en se réunissant ainsi, « ils ne soupçonnaient pas qu'ils fissent rien de répréhensible. » Mais les réponses que reçut le commissaire ne furent pas toutes aussi modérées : le duc d'Antin, qui survint, le rudoya violemment et lui ordonna de se retirer (1). Quelques considérations que pût faire valoir ensuite, pour sa justification, le cabaretier Chapelot; il fut assigné à l'audience de la chambre de police du Châtelet du 14 du même mois, où, n'ayant pas comparu, il fut condamné par Hérault, lieutenant de police, à mille livres d'amende. En outre, son cabaret fut muré et demeura fermé pendant six mois. Toutefois les maçons n'en continuaient pas moins leurs assemblées. Hérault se crut alors obligé de sévir contre eux-mêmes. Le 27 décembre 1738, il se rendit en personne à l'hôtel de Soissons, rue des Deux-Écus, s'empara de plusieurs frères, parmi un plus grand nombre qui célébraient la fête de l'ordre, et les fit enfermer dans les prisons du For-l'Évêque. Ces mesures ayant été sans effet, la chambre de police du Châtelet rendit, le 5 juin 1744, une sentence renouvelant les défenses faites aux francs-maçons de se former en loges, et interdisant aux propriétaires de maisons et aux cabaretiers de les recevoir, à peine de trois mille francs d'amende. En exécution de cette sentence, le

(1) *Voyez* planche n° 12.

commissaire Lavergée se transporta, le 8 juin 1745, à l'hôtel de Soissons, où des frères étaient occupés à faire une réception, dispersa les membres et saisit les meubles et les ustensiles de la loge. L'hôtelier, nommé Le Roy, fut condamné quelques jours après à une amende de trois mille livres. C'est la dernière fois que l'autorité judiciaire ait sévi en France contre les assemblées des maçons.

En Suisse, dans la même année, le gouvernement de Berne rendait, le 3 mars, une ordonnance qui enjoignait aux bourgeois et aux autres sujets de la république d'abjurer les engagements qu'ils pouvaient avoir pris à titre de francs-maçons; interdisait, dans toute l'étendue du territoire bernois, les pratiques de la franc-maçonnerie; et statuait que les contrevenants seraient frappés d'une amende de cent écus blanc, et privés, le cas échéant, de leurs emplois, charges ou bénéfices. Cet édit étant, par la suite, tombé en désuétude, les magistrats de Berne le renouvelèrent en 1769 et en 1782. Une pareille mesure fut prise, en 1785, par les autorités de Bâle, qui firent fermer deux loges existant à cette époque dans le canton.

Les magistrats municipaux de l'Allemagne s'appliquèrent avec une égale vigueur à interdire et à dissoudre les assemblées maçonniques; et, comme leurs premières tentatives n'obtinrent pas le résultat qu'ils en avaient espéré, ils recoururent finalement aux moyens les plus rigoureux. C'est ainsi que les autorités de Dantzig, entre autres, publièrent, le 3 octobre 1763, un édit qui « défendait à tout citoyen, aubergiste, cabaretier ou autre, de tolérer à l'avenir, en aucune manière, les assemblées de la société maçonnique et de laisser s'établir aucune loge, sous peine d'emprisonnement; » et « ordonnait à tous les habitants de dénoncer les vénérables, dignitaires ou servants de loges; les lieux d'assemblées; ceux où étaient déposés les archives, caisses, ustensiles et meubles maçonniques; promettant de tenir secrets les noms des dénonciateurs, etc. »

Après avoir subi les poursuites des autorités civiles, la franc-maçonnerie se vit en butte à des attaques d'autant plus redoutables qu'elles se couvraient des intérêts du ciel.

Quelques loges s'étaient établies vers 1737 à Florence. Jean-Gaston, dernier grand-duc de la maison de Médicis, prit ombrage de leurs réunions et publia un édit contre la société. A sa mort, cependant, qui eut lieu peu de temps après, les loges continuèrent de s'assembler. Le clergé de Florence, qui n'était pas étranger à la mesure prise par Gaston, dénonça les francs-maçons à Clément XII, comme propageant des doctrines condamnables. Le saint père envoya en conséquence un inquisiteur à Florence, qui fit arrêter et jeter dans les cachots beaucoup de membres de l'association maçonnique.

Le 4 des calendes de mai de l'année suivante, le pape lança contre cette association une bulle d'excommunication, dans laquelle il est dit : « Nous avons appris, et le *bruit public* ne nous a pas permis d'en douter, qu'il s'était formé une certaine société... sous le nom de francs-maçons... dans laquelle sont admises indifféremment des personnes de toutes religions et de toutes sectes, qui, sous les dehors *affectés* d'une probité naturelle qu'on y exige et dont on se contente, se sont établis certaines lois, certains statuts qui les lient les uns aux autres, et qui, en particulier, les obligent, sous les plus sévères peines, en vertu d'un serment prêté sur les Saintes-Écritures, à garder un secret inviolable sur tout ce qui se passe dans leurs assemblées. Mais comme le *crime* se découvre de lui-même,... ces assemblées sont devenues si *suspectes* aux fidèles, que tout homme de bien regarde aujourd'hui comme un *pervers* quiconque s'y fait adopter. *Si* leurs actions étaient irréprochables, les francs-maçons ne se déroberaient pas avec tant de soin à la lumière... Ces associations sont *toujours* nuisibles à la tranquillité de l'Etat et au salut des âmes ; et, à ce titre, elles ne peuvent s'accorder avec les lois civiles et canoniques. » Par ces considérations, la bulle enjoignait aux évêques, aux prélats, aux supérieurs et ordinaires des lieux de procéder contre les francs-maçons, et de les punir « des peines qu'ils *méritent*, à titre de gens *très suspects* d'hérésie ; ayant recours, s'il en était besoin, à l'assistance du *bras séculier.* »

Et comme si cette manière de parler n'était pas assez intelligible, le cardinal Firrao, dans son édit de publication du 14 janvier 1739, voulant éviter toute équivoque, l'interprète dans les termes suivants : « Que personne n'ose se réunir, s'assembler et s'aggréger, en aucun lieu, dans ladite société... ni se trouver présent à de telles assemblées, sous *peine de mort* et de confiscation des biens, à encourir irrémissiblement et *sans espérance de grace* (1). »

Par le même édit, il était défendu à tous propriétaires de recevoir des réunions maçonniques, sous peine de voir leurs maisons démolies ; il était ordonné à toutes personnes qu'on aurait engagées à se faire initier de dénoncer à Son Eminence et le nom des gens qui leur auraient fait cette proposition et les lieux où se tenaient les assemblées des maçons, à peine, pour les contrevenants, d'être frappés d'une amende de mille écus d'or et d'être envoyés aux *galères!*

En France, la bulle et l'édit de publication ne produisirent pas l'effet que

---

(1) Che nessuno ardisca di radunarsi e congregarsi e di aggregarsi, in luogo alcuno, sotto le sudette società... nè di trovarsi presente a tali radunanze, sotto pena della morte e confiscazione de' beni, da incorrersi irremissibilmente, senza speranza di grazia.

s'en était promis le chef de l'église. Ils y furent, au contraire, l'objet des plus dures critiques; et les personnes pieuses elles-mêmes les considérèrent comme des actes immoraux et odieux. Le parlement de Paris refusa formellement de les enregistrer.

Dans l'année même où ils paraissaient, un écrit apologétique de la franc-maçonnerie était publié à Dublin. Ce livre fut déféré à l'inquisition romaine, qui, le 18 février 1739, le déclara hérétique et le condamna à être brûlé par la main du bourreau, sur la place de Sainte-Marie-sur-Minerve. La sentence fut exécutée quelques jours après, à l'issue du service divin.

Cependant les persécutions continuaient en Toscane. Le 24 avril, un nommé Crudeli était arrêté à Florence, jeté dans les prisons de l'inquisition, mis à la question, et condamné à un long emprisonnement, comme *suspect* d'avoir donné asile à une loge de francs-maçons. Informées de ce qui s'était passé, les loges de l'Angleterre s'intéressèrent au sort de cet infortuné, obtinrent son élargissement et lui envoyèrent un secours en argent. D'autres maçons avaient été également emprisonnés. Mais François-Etienne de Lorraine, le même qui avait été initié à La Haye, en 1731, avait pris récemment possession du trône grand-ducal : un des premiers actes de son règne fut de rendre à la liberté tous les maçons que l'inquisition retenait dans les cachots; il fit plus; il concourut de sa personne à la fondation de plusieurs loges, tant à Florence que dans différentes villes de son duché.

La plupart des autres souverains de l'Italie se montrèrent moins rebelles aux volontés du saint père. Le grand-maître de l'ordre de Malte, notamment, fit publier, en 1740, la bulle de Clément XII, et interdit les réunions maçonniques. Un grand nombre d'habitants et plusieurs chevaliers, qui étaient francs-maçons, prirent, à cette occasion, le parti de s'éloigner de l'île. Néanmoins, les assemblées des loges continuèrent. L'inquisition intervint; mais le grand-maître, modérant la rigueur des sentences qu'elle avait rendues, se contenta d'exiler à perpétuité six chevaliers qui avaient été pris en flagrant délit de maçonnerie. Dans le reste de l'Italie, les moines se livraient à des prédications furibondes contre la société, et de nombreuses arrestations étaient opérées.

Mais toutes ces violences n'entravaient pas les progrès de la maçonnerie, qui se propageait sur toute la surface du globe avec une rapidité que rien ne semblait pouvoir arrêter. En 1751, elle était pratiquée ouvertement en Toscane, à Naples et dans plusieurs autres parties de la péninsule italienne. A Rome même, il y avait des loges, et elles ne prenaient que faiblement le soin de se cacher.

Cet état de choses était un scandale pour la majorité des membres du clergé; et, comme Benoît XIV, qui occupait alors le trône pontifical, semblait attacher peu d'importance à l'existence de la maçonnerie, son indifférence fut hautement blâmée ; on l'accusa même de s'être fait recevoir maçon. Pour imposer silence à toutes ces clameurs, il crut devoir donner une marque ostensible de l'orthodoxie de ses doctrines, et, en conséquence, par une bulle du 15 des calendes de juin, il renouvela l'excommunication fulminée par Clément XII contre la société maçonnique.

La publication de cette pièce fut l'origine de nouvelles persécutions dont les frères devinrent l'objet, sur différents points de l'Europe, de la part des prêtres et des moines.

Le 3 février 1775, le jacobin Mabile, qui remplissait à Avignon la charge d'inquisiteur, instruit que des maçons de cette ville étaient allés tenir leurs travaux à Roquemaure, dans une maison particulière, pour y procéder à une réception, s'y transporta en personne, accompagné de son promoteur, de son greffier, d'autres familiers du Saint-Office et de la force armée. Mais les frères, avertis à temps, avaient pu s'éloigner, et, lorsqu'il arriva, l'inquisiteur trouva la maison vide. Furieux de sa déconvenue, il saisit tous les ustensiles de la loge et tous les meubles qui garnissaient les lieux, sous prétexte qu'ils appartenaient aux frères ; il les déclara de bonne prise et se les appropria. Il y eut à ce sujet quelques actes judiciaires sans résultats. Les propriétaires aimèrent mieux renoncer à demander justice de ce vol, que de porter leurs réclamations à Rome, où on ne les eût point écoutées.

Quatre ans plus tard, le 26 mai 1779, le magistrat d'Aix-la-Chapelle, s'étayant des excommunications fulminées contre les francs-maçons, interdit leurs assemblées dans cette ville, et prononça des peines sévères contre les délinquants. Son ordonnance stimula le zèle du dominicain Louis Greinemann et du capucin Schuff. Ils prêchèrent avec véhémence contre les frères et les signalèrent comme des impies, des infâmes et des conspirateurs, qui conjuraient la ruine de la religion et de l'Etat. Fanatisée par ces discours, la multitude se répandit dans les rues, proférant d'effroyables menaces contre les membres de la société. Plusieurs maçons, que le hasard conduisit sur son passage, furent traqués par elle, et ne durent leur salut qu'au courage et au dévouement de quelques citoyens. Il n'y eut ensuite que la résolution manifestée par les habitants des villes voisines de retirer aux moines la faculté de quêter dans leurs murs qui put enfin arrêter le cours de ces odieuses prédications.

Les mêmes scènes se reproduisirent à Munich en 1784. L'ex-jésuite Frank, confesseur de l'électeur-palatin, prêcha, le 3 septembre de cette année, contre les francs-maçons, qu'il désignait dans son sermon sous le nom de *Judas d'aujourd'hui*. Des frères y étaient désignés nominativement, avec les épithètes de *Judas-le-traître*, de *Judas-le-pendu*, de *Judas-le-damné*. Déjà la

19

foule, en quittant l'église, s'était portée à la demeure de plusieurs maçons, en avait brisé les vitres, s'était efforcée d'en enfoncer les portes, et avait amassé contre les maisons des matières inflammables dans le but de les incendier, lorsque des détachements de troupes, accourus fort à propos, empêchèrent l'effet de ces tentatives, arrêtèrent quelques-uns des coupables et dispersèrent le reste.

La bulle de Clément XII fut publiée en Espagne, en 1740, sous le règne de Philippe V. A cette époque, un assez grand nombre de maçons isolés et tous les membres d'une loge de Madrid furent saisis et jetés dans les cachots de l'inquisition. Huit de ces infortunés furent condamnés aux galères; les autres subirent un emprisonnement plus ou moins long et furent astreints à de rudes pénitences. En 1751, l'anathème de Benoît XIV réveilla les persécutions. A peine était-il connu que le père Torrubia, examinateur des livres pour le Saint-Office, dénonçait l'existence des francs-maçons dans le royaume, et que Ferdinand VI rendait contre eux une nouvelle ordonnance les assimilant aux criminels d'État au premier chef et leur infligeant les châtiments les plus cruels. Pendant les années qui suivirent, beaucoup de frères éprouvèrent les rigoureux effets de cet édit.

Nous avons sous les yeux les pièces d'un procès pour fait de maçonnerie jugé à Madrid, en 1757, par le tribunal de l'inquisition. Le frère Tournon, Français, s'était établi quelques années auparavant dans cette capitale, où il avait monté une fabrique de boucles de cuivre. C'était un frère plus zélé qu'intelligent, et son imprudent esprit de prosélytisme, qui lui attira les poursuites du Saint-Office, aurait pu avoir pour lui les plus fatales conséquences, s'il n'avait été étranger. Il existait à Madrid un petit nombre de maçons qui se réunissaient en loge à des époques irrégulières et dans le plus profond secret; le frère Tournon, initié, il y avait vingt ans, dans une loge de Paris, avait été reconnu par les frères, qui l'avaient affilié et lui avaient confié les fonctions d'orateur. Il voulut augmenter le nombre des membres de la loge; et, dans ce but, il sonda les dispositions de plusieurs de ses ouvriers, dans lesquels il avait cru apercevoir des aptitudes convenables. Sur leur demande, il leur expliqua l'objet que se proposait la société maçonnique; il leur parla des épreuves qu'ils auraient à subir, d'un serment qu'il leur faudrait prêter sur l'image du Christ; il leur montra son diplôme, et leur dit qu'un titre pareil leur serait accordé après leur initiation. Sur ce diplôme étaient gravés des instruments d'architecture et d'astronomie. Ils s'imaginèrent que ces représentations avaient rapport à la magie; cette idée troubla leur conscience et les frappa de terreur. Ils se concertèrent sur la conduite qu'ils avaient à tenir dans une telle circonstance, et ils conclurent qu'ils ne pouvaient se dispenser de dénoncer au Saint-Office les propositions qui leur avaient été faites. La dénonciation eut lieu en effet; une information secrète fut ordonnée par le tribunal, et les dépositions de plusieurs témoins confirmèrent les déclarations des dénonciateurs. Le F. Tournon fut en conséquence arrêté le 20 du mois de mai et jeté dans les cachots.

Bientôt eut lieu la première audience de *monitions*. Après avoir questionné l'accusé sur ses noms, sa profession, sa patrie, sur le motif qui l'avait fait venir en Espagne, etc., on lui demanda s'il appartenait à la société maçonnique. Il avoua y avoir été admis dans une loge parisienne. Pressé de déclarer s'il s'était trouvé en Espagne à de pareilles assemblées, il le nia, et prétendit ignorer qu'il y eût des francs-maçons dans ce pays. Interrogé sur la religion qu'il professait, il répondit qu'il était catholique. On lui dit que la franc-maçonnerie était contraire aux doctrines de l'église romaine; il affirma n'avoir jamais entendu proférer dans les loges une seule parole qui justifiât une telle assertion. A cela, on lui objecta l'indifférence des maçons en matière de religion; et l'on ajouta, ce qui était passablement contradictoire, que le soleil, la lune et les étoiles étaient adorés par les membres de la société. Vainement fit-il observer que la tolérance maçonnique n'impliquait pas l'indifférence religieuse, chacun étant libre d'adorer Dieu suivant les formes qui lui avaient été enseignées, et que les images du soleil, de la lune et des étoiles étaient exposées dans les assemblées des maçons uniquement « pour rendre plus sensibles les allégories de la grande, continuelle et véritable lumière que les loges reçoivent du Grand-Architecte de l'univers, et pour que ces représentations apprissent aux frères à être bienfaisants : » l'inquisiteur n'en persista pas moins à maintenir ce qu'il avait avancé, et il adjura de nouveau le frère Tournon, « par le respect qu'il devait à Dieu et à la sainte Vierge, » de confesser les hérésies de l'indifférentisme; les pratiques superstitieuses qui lui avaient fait mêler les choses saintes aux choses profanes; et les erreurs de l'idolâtrie qui l'avait conduit à rendre un culte aux astres. Ne pouvant parvenir à obtenir de lui de telles déclarations, l'inquisiteur ordonna qu'il fût reconduit dans son cachot. A l'audience suivante, l'accusé persista dans ses premières réponses; seulement, il dit qu'il croyait que le parti le plus sage qu'il eût à prendre, était de convenir qu'il avait tort, et d'avouer son ignorance de l'esprit dangereux des statuts et des coutumes de la franc-maçonnerie, avec cette restriction, toutefois, qu'il n'avait jamais cru que, dans ce qu'il faisait comme franc-maçon, il y eût rien de contraire à la religion catholique; qu'il espérait donc que, s'il avait failli, sa peine serait modérée en considération de la bonne foi dont il avait toujours été animé, et qui avait pu tout naturellement être abusée en voyant recommander et pratiquer constamment la bienfaisance dans les loges, sans mettre en doute aucun article de la foi catholique.

Au mois de décembre suivant, l'inquisition rendit sa sentence. Elle porte
« que M. Tournon est suspect *(de levi)* d'être tombé dans les erreurs de
l'indifférentisme, en suivant, dans sa conduite, au milieu des francs-maçons, celles du *naturalisme;* dans les erreurs de la superstition, contraires
à la pureté de la sainte religion catholique, en mêlant les choses profanes
avec des objets sacrés, et le culte religieux des saints et des images avec la
joie des banquets, les serments exécratoires et les cérémonies maçonniques, etc.; que M. Tournon mérite d'être sévèrement puni pour avoir commis tous ces délits, et surtout pour avoir tenté de pervertir des catholiques
espagnols. Néanmoins, considérant qu'il n'est pas né en Espagne; qu'il a
reconnu une erreur que son ignorance peut faire excuser..., il est condamné
seulement, et par un effet de la compassion et de la miséricorde du Saint-
Office, à une année de détention, qu'il devra accomplir dans la prison qu'il
occupe actuellement; et, ce temps expiré, à être conduit, sous l'escorte
des ministres du Saint-Office, jusqu'à la frontière de France, et banni de
l'Espagne pour toujours, après qu'on lui aura signifié que, s'il rentre jamais
dans le royaume, sans la permission du roi et du Saint-Office, il sera sévèrement puni, et suivant toute la rigueur du droit. »

Le frère Tournon était en outre condamné, pendant toute la durée de
son emprisonnement, « à faire des actes de piété, à se confesser, à méditer
tous les jours sur *les Exercices spirituels* de saint Ignace de Loyola, et sur
le livre du père Jean-Eusèbe Nieremberg: *De la différence entre le temporel et l'éternel;* à réciter tous les jours, une partie au moins du *Saint-
Rosaire de Notre-Dame la vierge Marie;* à répéter souvent les actes de
foi, d'espérance et de contrition; à apprendre par cœur le *Catéchisme* du
père Astète; et à se disposer à recevoir l'absolution aux fêtes de Noël, de
Pâques et de la Pentecôte; pratiqués qu'on l'engageait à faire le reste de
sa vie. » Et, afin que le frère Tournon fût instruit de cette sentence, le jugement portait « qu'il serait célébré un *auto-da-fé* particulier dans les salles
du tribunal, en présence des secrétaires du secret, des employés du Saint-
Office et des personnes auxquelles le seigneur inquisiteur-doyen permettrait
d'y assister; qu'il paraîtrait dans l'*auto-da-fé* et entendrait debout la lecture
de son jugement; qu'il recevrait une remontrance; qu'il abjurerait ensuite
à genoux toutes ses hérésies; enfin, qu'il lirait et signerait son abjuration
ainsi que sa profession de foi conforme à la foi catholique, apostolique et
romaine, avec la promesse de ne jamais assister à l'avenir aux assemblées
des francs-maçons. »

Toutes les dispositions de ce jugement furent exécutées. Le frère Tournon
revint en France, où les loges s'appliquèrent à lui faire oublier la cruelle
persécution dont il avait été victime pour l'amour de la maçonnerie.

Des procédés plus odieux encore avaient été mis en pratique, en 1743, par l'inquisition de Lisbonne, envers trois francs-maçons appelés Jean Coustos, Alexandre-Jacques Mouton et Jean-Thomas Bruslé. Le premier a publié l'histoire de ce procès, dont nous allons donner un résumé succinct.

Le frère Coustos exerçait l'état de lapidaire; il était natif de Berne et appartenait à la religion protestante. Dans sa jeunesse, il avait suivi son père en France et il s'y était établi. L'édit de proscription de Louis XIV contre toutes les communions dissidentes, l'avait contraint de quitter ce pays; il s'était réfugié dans la Grande-Bretagne et s'y était fait naturaliser. Dans la suite, il était venu habiter Lisbonne, où il travaillait de son métier pour différents joailliers. Il avait été reçu franc-maçon en Angleterre. A Lisbonne, il eut occasion de se lier avec quelques membres de la société, notamment avec les frères Mouton et Bruslé, lapidaires comme lui, qui appartenaient à une loge établie dans cette capitale. Ils le déterminèrent à s'y faire agréger, et, plus tard, il en fut nommé le vénérable.

La femme d'un Français appelé Le Rude, qui était aussi lapidaire et qui habitait le pays depuis environ dix ans, conçut le projet de faire expulser de Lisbonne tous les artisans qui exerçaient la même profession que son mari. Elle s'ouvrit de ce dessein à une autre femme, nommée dona Rosa, et, toutes les deux, elles allèrent dénoncer à l'inquisition comme francs-maçons et tenant de fréquentes assemblées, les frères Coustos, Bruslé, Mouton et les autres lapidaires de la ville. L'indiscrétion de la femme Mouton avait suggéré à la Le Rude la première pensée de cette méchante action, en lui apprenant que son mari appartenait à la franc-maçonnerie et qu'il tenait loge à Lisbonne. « Que l'on ne me fasse pas un crime, dit naïvement le frère Coustos, qui rapporte ce fait dans l'histoire de sa persécution, si je cite ainsi la femme d'un frère qui est un de mes amis. Je ne le fais que pour donner à connaître aux autres sœurs, parmi lesquelles il y en a beaucoup qui ont une grande démangeaison de parler, combien il leur importe de garder un profond secret sur cet article, surtout dans les pays où l'inquisition est établie. »

Le frère Mouton fut la première victime qui tomba entre les mains des inquisiteurs. Un joaillier, qui était en même temps familier du Saint-Office, l'envoya d'abord chercher par un de ses amis aussi franc-maçon, sous prétexte de lui donner à retailler un diamant d'une grande valeur. Mais ce n'était de sa part qu'une ruse pour avoir le signalement du frère Mouton, qu'il n'avait jamais vu. L'affaire pour laquelle il l'avait appelé ne fut pas conclue, parce que le prix qu'il offrait ne répondait pas à l'importance du travail. Il demanda à s'entendre à ce sujet avec le propriétaire du diamant; et il engagea le frère Mouton à revenir deux jours après pour recevoir une réponse définitive. Au temps marqué, le frère Mouton retourna chez le joaillier. Invité à passer dans une pièce voisine, pour donner son avis sur quelques pierreries, il trouva là plusieurs officiers de l'inquisition qui s'emparèrent de lui, lui défendirent de proférer une seule parole et de faire le moindre bruit, le conduisirent sans délai à une porte dérobée donnant sur une rue déserte, et le jetèrent dans une voiture qui l'entraîna vers le tribunal du Saint-Office. Plongé alors dans un affreux cachot, il y resta comme oublié pendant plusieurs semaines.

Cependant il fallait expliquer sa disparition. On répandit qu'il avait dérobé au joaillier le diamant pour lequel il avait été appelé, et qu'il avait pris la fuite, emportant avec lui le produit de son larcin. Ses amis ne purent se décider à croire qu'il fût coupable d'une si honteuse action. Ils conjecturèrent que si, effectivement, le diamant avait disparu, ce ne pouvait être que par un malheur indépendant de sa volonté, et qu'il ne s'était soustrait par la fuite aux réclamations qu'on était en droit d'élever contre lui pour la perte qu'il avait faite, que parce qu'il était probablement hors d'état de la réparer. Ils résolurent donc, pour l'acquit de sa réputation, de faire entre eux une collecte qui permît de désintéresser le propriétaire du diamant. Ils eurent bientôt réuni, de cette manière, une forte somme, qu'ils allèrent porter au joaillier; mais cet homme refusa leurs offres, assurant que son client était assez riche pour ne point s'arrêter à cette bagatelle. Un tel excès de générosité envers une personne inconnue ne leur parut pas naturelle; ils finirent par soupçonner la vérité; et, à partir de ce moment, ils s'entourèrent de précautions pour éviter de tomber entre les mains du Saint-Office.

Ce n'était jamais que par un guet-à-pens que les officiers de l'inquisition s'emparaient de leurs victimes; aussi suffisait-il, pour leur échapper, de ne sortir que de jour de sa maison, où ils n'eussent osé pénétrer, dans la crainte de faire de l'éclat et d'appeler l'attention sur leur tribunal, dont il était de leur politique d'entourer les actes d'une sorte de mystère, pour le rendre encore plus redoutable. Le frère Coustos eut à regretter de s'être un moment départi de cette sage réserve. Un soir, qu'il était entré dans un café, il y fut rencontré par un Portugais qu'il croyait de ses amis, mais que le Saint-Office, dont il était un des familiers, avait chargé d'épier ses démarches. Cet homme s'éloigna furtivement, courut avertir les inquisiteurs de la présence du frère Coustos dans le café, et fut de retour bientôt après. Comme le frère Coustos sortait avec lui, sur les dix heures, il se vit entouré par neuf officiers de l'inquisition, qui l'arrêtèrent comme complice du vol de diamant attribué au frère Mouton. Quoi qu'il pût alléguer pour sa justification, il fut chargé de fers, bâillonné et conduit au tribunal dans une voiture fermée qui stationnait, non loin de là, tout exprès pour cette expédition.

Ainsi que son compagnon d'infortune, il fut jeté dans un cachot, où on le laissa pendant plusieurs semaines dans une complète solitude, avec injonction de garder le silence le plus absolu. Il parut enfin devant le tribunal et fut interrogé. Les questions qu'on lui adressa roulèrent principalement sur l'origine, les cérémonies, les doctrines et le but de la franc-maçonnerie. Il apprit par là que c'était pour avoir fait partie de cette société qu'il était déféré au tribunal. Les explications qu'il donna ne satisfirent point les juges; ils insistèrent pour qu'il leur révélât les secrets maçonniques; mais, quoiqu'ils offrissent de le délier du serment qu'il avait prêté à sa réception, ils ne purent tirer de lui aucune lumière sur ce sujet. Irrités de cette discrétion, ils le firent jeter dans une basse-fosse, où, au bout de quelques jours, il tomba dangereusement malade. On le mit alors entre les mains de médecins qui l'entourèrent de tous les soins capables d'opérer une prompte guérison. A peine convalescent, il comparut de nouveau devant ses juges, qui, cette fois, laissant de côté l'accusation de franc-maçonnerie, essayèrent, sans plus de succès, de le convertir au catholicisme. Voyant l'inutilité de leurs tentatives à cet égard, ils cessèrent de l'appeler devant eux pendant tout le temps que dura encore sa maladie. Lorsqu'il fut tout-à-fait rétabli, ils lui firent subir un dernier interrogatoire touchant les secrets de la franc-maçonnerie, sans obtenir de lui des réponses plus satisfaisantes. Ils lui déclarèrent alors que, puisqu'il se refusait à faire connaître la vérité, ils allaient employer, pour l'y contraindre, des moyens plus efficaces que ceux de la persuasion dont ils avaient usé jusque-là envers lui.

On le conduisit en effet dans la salle des tortures. Lorsqu'il y entra, on appliqua des matelas contre les portes, afin que les cris qui pourraient lui échapper ne parvinssent pas aux oreilles des autres prisonniers. Il régnait dans ce souterrain une obscurité qu'atténuait seulement la flamme vacillante de quelques chandelles. A la faveur de ce demi-jour, il aperçut autour de lui mille instruments de supplice : des chaînes, des cordages, des carcans, des tourniquets, des échafauds. Ce spectacle le glaça de terreur. Bientôt on s'empara de lui ; on le dépouilla de tous ses vêtements ; on l'étendit sur un échafaud ; on lui mit au cou un carcan ; à chaque pied, un anneau de fer ; on le lia en travers avec huit cordes de la grosseur du doigt. Les extrémités de ces cordes, celles de câbles qui passaient dans le carcan et dans les anneaux de fer, après avoir traversé l'épaisseur de l'échafaud, au moyen de trous qu'on y avait pratiqués, s'enroulaient, au-dessous, sur un tourniquet, qui, mis en mouvement sur un signal des inquisiteurs, tendait les cordes et les faisait pénétrer dans les chairs du patient, avec d'inexprimables douleurs, en même temps que les câbles passés dans les anneaux du cou et des pieds lui allongeaient et lui brisaient les membres. Son sang

ruisselait de toutes les parties de son corps, et il finit par perdre tout-à-fai
connaissance. Ce supplice n'ayant pu le décider à faire les révélations qu'o
lui demandait, il fut soumis, six semaines après, à une torture plus cruell
encore, dans laquelle il eut les deux épaules démises et répandit des flots
de sang par la bouche. A plusieurs autres reprises, ces horribles exécution
se renouvelèrent. L'état dans lequel se trouva enfin réduit le frère Cousto
était si déplorable qu'il lui fut pendant trois mois impossible de se mouvoir.

Ainsi que les frères Coustos et Mouton, le frère Bruslé était tombé entr
les mains des inquisiteurs, et avait été traité avec une égale barbarie. Ce
fureurs eurent enfin un terme. Le frère Coustos fut condamné à quatre années de galères; ses deux amis, à cinq années de la même peine. Tous trois
durent en outre figurer dans un *auto-da-fé* avec d'autres victimes de l'inquisition. Enchaînés comme de vils criminels, ils furent employés aux plus
rudes travaux dans le bagne de Lisbonne. Le frère Bruslé fut en butte à de
si cruels traitements de la part des gardes-chiourmes qu'il en perdit la vie.
Les frères Mouton et Coustos, traités avec la même rigueur, en firent une
maladie qui mit leurs jours en danger. Cependant le dernier trouva le
moyen de faire parvenir à la connaissance du duc d'Harington, membre de
la Grande-Loge d'Angleterre, le triste sort où il était réduit. Ce seigneur
s'employa aussitôt pour sa délivrance. Il en parla au roi Georges II, qui fit
réclamer le frère Coustos, comme sujet anglais, par lord Compton, son ambassadeur en Portugal. Ce fut en quelque sorte à l'insu de l'inquisition que
la liberté lui fut rendue. Il se réfugia à bord du vaisseau hollandais le *Dia-
mante,* qui lui donna asile, ainsi qu'au frère Mouton, qu'il y avait conduit
avec lui; et peu de temps après, ils étaient enfin débarqués tous les deux
sains et saufs à Portsmouth.

Il était dans la destinée de la société de soulever contre elle tous les fana-
tismes. En 1748, le divan de Constantinople fit cerner une maison de cette
ville dans laquelle une loge de maçons était assemblée, avec ordre d'en arrêter tous les membres et de démolir la maison. Avertis à temps, les frères se
séparèrent; mais déjà l'autorité, qui avait fait une enquête, se disposait à se
saisir de leurs personnes, lorsque l'ambassadeur anglais intervint et arrêta
les suites de cette affaire. Toutefois le divan fit signifier aux envoyés des
puissances étrangères qu'ils eussent à ne point chercher à introduire de
nouvelles sectes dans les États du Grand-Seigneur et particulièrement la
franc-maçonnerie.

Cette association avait été prohibée dans le royaume de Naples à deux
reprises différentes : en 1751, par Charles III, et par Ferdinand IV, en 1759.
Cependant les édits royaux n'avaient pas été exécutés avec une grande

rigueur; et, peu à peu, les loges avaient fini par être tolérées. Leurs assemblées, devenues fort nombreuses, étaient le rendez-vous de la haute société napolitaine. Le marquis de Tanucci, qui régnait à la Machiavel, et qui craignait d'être à la fin supplanté, voyait avec inquiétude approcher du roi de jeunes seigneurs maçons d'un mérite distingué. Il savait que la société à laquelle ils appartenaient ne lui était pas favorable, et il supposait qu'elle visait à le renverser du pouvoir. Il eût bien voulu déterminer le roi à signer un nouvel édit de proscription, ou seulement à permettre qu'il fît exécuter ceux de ses prédécesseurs, qui n'avaient pas été formellement abrogés; mais il avait rencontré de la part du monarque une résistance assez prononcée pour qu'il jugeât prudent de ne pas insister. Il attendit donc, pour réaliser son idée favorite, qu'il se présentât quelque circonstance de nature à pouvoir être exploitée avec avantage. Un événement assez grave, qui arriva en 1775, vint bientôt lui fournir l'occasion qu'il attendait. Une loge de Naples donna une fête d'adoption; le frère chargé de diriger les épreuves que devait subir une jeune personne exalta l'imagination de la récipiendaire au point de lui faire considérer comme fort dangereuses les formalités insignifiantes auxquelles elle était soumise. Le lendemain de sa réception, la néophyte éprouva les symptômes d'une maladie à laquelle elle succomba en peu de jours. Cette mort fit du bruit; le ministre s'en empara, et détermina enfin le roi à interdire les réunions maçonniques. Le grand-maître lui-même engagea les loges à cesser leurs assemblées.

En 1776, l'impression produite par cet événement s'était considérablement affaiblie; le moment approchait même où l'interdiction prononcée contre la société allait être levée. Tanucci résolut d'y mettre obstacle. Il se servit dans ce but de l'entremise d'un étranger, maçon indigne, qui avait été obligé de quitter sa patrie pour quelque méchante action. Cet homme était maître de langues; sa profession lui donnait accès près de beaucoup de maçons, notamment près de plusieurs frères qui étaient attachés au service du roi. Un jour il les convie à un banquet, donné, disait-il, par un prince polonais, qui, plein d'estime pour les maçons napolitains, désirait les connaître et se lier avec eux. Ce prince n'était qu'un fourbe, valet de chambre déguisé. Les maçons se rendent à l'invitation. On avait caché dans la salle des instruments de maçonnerie, qui devaient déposer contre les assistants. Instruit de cette réunion, le grand-maître envoya aux maçons qui la composaient un frère pour leur rappeler les ordres du roi et leur défendre de travailler. A peine cet envoyé était-il entré, que la salle fut investie; tous les assistants furent arrêtés et conduits dans les prisons. Un avocat, le frère Lioi, prit, dans un mémoire, la défense des maçons; il fut proscrit, et son écrit fut brûlé par la main du bourreau. Obligé de s'expatrier, le frère Lioi se retira

20

à Vicence, ensuite à Padoue, à Venise, à Bâle, à Zurich, à Lyon, à Paris, où il fut accueilli avec distinction et avec amitié.

Fatiguée cependant de la vieille et dure administration de Tanucci, dont tout le monde se plaignait, la reine Caroline obtint du roi d'Espagne, par l'entremise de l'impératrice, sa mère, de disposer des choses comme elle l'entendrait. Le premier usage qu'elle fit de cette faculté fut de renvoyer Tanucci; ensuite elle fit ouvrir les prisons où les frères étaient détenus, et autorisa formellement la reprise des travaux maçonniques. En apprenant cet acte bienveillant de la reine, le Grand-Orient de France prit spontanément un arrêté par lequel il engageait les loges de sa correspondance à joindre à l'avenir, aux santés d'obligation dans les banquets, la santé spéciale de Caroline.

Quelques années après, en 1781, Ferdinand IV, roi de Naples, renouvela, pour des motifs qui ne sont pas bien connus, l'édit qui défendait les assemblées des maçons; mais, en 1783, à la sollicitation de la reine, un nouvel édit intervint, qui rapporta le premier et annula toutes les peines qu'auraient pu encourir les frères pour quelque cause que ce fût. Néanmoins la junte d'État fut chargée de surveiller la société maçonnique comme une agrégation qui, si elle n'était pas actuellement dangereuse pour la tranquillité du royaume, pouvait cependant le devenir dans des circonstances données.

Lorsqu'on eut connaissance à Vienne de la bulle de Clément XII, la franc-maçonnerie y était en grande faveur parmi les personnes de la cour; aussi l'excommunication pontificale n'y fut-elle point publiée, et l'empereur Charles VI se borna-t-il à motiver sur cette bulle l'interdiction qu'il prononça, dans la même année, de toutes les assemblées de maçons dans les Pays-Bas autrichiens. Toutefois quelques frères timorés se détachèrent des loges, en Autriche, et formèrent à la place une société séparée, qu'ils appelèrent l'*ordre des Mopses*. Les doctrines de cette nouvelle association, dans laquelle on admettait des femmes, étaient parfaitement insignifiantes et ne pouvaient donner d'ombrage au clergé, bien que les mopses s'assemblassent dans le secret comme les francs-maçons. Cette société se répandit dans toute l'Allemagne, dans les Provinces-Unies, dans la Flandre autrichienne et jusqu'en France. Mais elle n'y eut qu'une courte durée, et y fut remplacée par les loges d'adoption.

Il paraît toutefois que, pendant les années qui suivirent, la franc-maçonnerie devint suspecte au gouvernement autrichien, et que les ordres furent donnés pour empêcher ses assemblées. En effet, trente maçons réunis à Vienne, le 7 mars 1743, furent arrêtés et emprisonnés, et n'obtinrent leur liberté que quelques mois après, le jour de la fête de l'empereur.

Sous le règne de Marie-Thérèse, les loges se rouvrirent; mais bientôt elles furent l'objet d'une nouvelle persécution. En 1764, quelques dames de la cour ayant vainement tenté de découvrir ce qui se passait dans ces réunions, parvinrent à inspirer à l'impératrice de graves soupçons contre la société. Cette princesse appela en conséquence devant elle les vénérables de plusieurs loges et leur ordonna de lui faire connaître les secrets de la maçonnerie. Ils s'y refusèrent. Peu de temps après, comme un de ces vénérables avait réuni sa loge, l'assemblée fut troublée par l'arrivée d'un détachement de soldats, qui arrêtèrent tous les assistants et se saisirent du mobilier maçonnique. François de Lorraine, que nous avons vu déjà protéger les maçons en Toscane, intervint cette fois encore, et obtint que les frères arrêtés seraient mis en liberté, et qu'ils pourraient continuer leurs travaux.

Cependant Joseph II ayant pris les rênes de l'État, témoigna publiquement l'intention de se faire initier aux mystères maçonniques. Aussitôt les loges briguèrent à l'envi l'honneur d'illuminer un candidat aussi illustre. Cet empressement, au lieu de flatter l'amour-propre de l'empereur et de le disposer favorablement pour la maçonnerie, lui inspira au contraire une soudaine répugnance, et il répondit à un frère qui s'efforçait de l'attirer à sa loge : « Ne me parlez plus de vos maçons : je vois que ce sont des hommes comme les autres, et que toute cette philosophie dont ils font tant d'éclat ne les garantit pas des faiblesses de l'orgueil. » Depuis lors, il défendit qu'on lui parlât d'initiation, et laissa cependant les loges se livrer paisiblement à leurs travaux. Mais, en 1785, la maçonnerie s'était tellement répandue dans son empire qu'il n'y avait presque aucune ville où il ne se trouvât des loges. Il adressa à cette occasion, le 1er décembre, une instruction aux gouverneurs de ses provinces. « Je ne connais pas, y dit-il, les mystères des francs-maçons, et je n'ai pas assez de curiosité pour chercher à m'instruire de leurs bouffonneries; il me suffit de savoir que leur société fait toujours quelque bien, qu'elle soutient les pauvres et cultive et encourage les lettres, pour faire pour elle quelque chose de plus que dans tout autre pays..... Je consens donc à la prendre sous ma protection et à lui accorder ma grâce toute spéciale, si elle se conduit bien. » Cette protection, il l'accordait à la maçonnerie avec les restrictions suivantes : qu'il y aurait dans la capitale et dans les villes où il y avait des régences, trois loges au plus, qui devraient transmettre au gouvernement les noms de leurs membres, les lieux et les jours de leurs assemblées; que, dans les villes où il n'y avait pas de régence, il ne pourrait exister de loges, et que ceux des habitants qui recevraient de telles assemblées dans leurs maisons seraient punis des mêmes peines que ceux qui permettent des jeux défendus. Au moyen de ces dispositions, les maçons avaient toute liberté de faire leurs réceptions, et le gouvernement leur abandonnait entièrement la direction intérieure de leurs loges, selon leurs constitutions, sans permettre d'ailleurs que l'on fît dans ces sociétés aucune recherche curieuse. « De cette manière, disait Joseph, en terminant, l'ordre des francs-maçons, qui est composé d'un grand nombre d'honnêtes gens qui me sont connus, pourra devenir utile à l'État. »

Toutefois il vint à sa connaissance que les loges des Pays-Bas autrichiens traitaient dans leurs assemblées de matières qui avaient un rapport plus ou moins direct avec la constitution de l'État. Tout philosophe qu'il était, il jugeait imprudent que telles matières fussent discutées. Aussi rendit-il, l'année suivante, 1786, un nouvel édit qui limitait le nombre des loges dans ces provinces, et le réduisait à celles qui existaient dans la ville de Bruxelles, sous les yeux mêmes du gouvernement général ; encore défendit-il que les loges établies à Bruxelles dépassassent jamais le nombre de trois. Au surplus, il est à remarquer que le baron de Seckendorff, qu'il avait désigné pour diriger la franc-maçonnerie en Belgique, à la place de l'ancien grand-maître, le marquis de Gages, crut devoir, pour se faire accepter par les maçons, flatter les opinions qui dominaient dans les loges. Sur sa proposition, il fut arrêté comme règle générale que « l'égalité étant le fondement de la maçonnerie, aucun frère ne se prévaudrait en loge d'aucun titre profane qui pût le distinguer ou par son état ou par sa naissance, et que la signature de chaque frère ne mentionnerait que sa dignité maçonnique. »

La révolution française, qui éclata bientôt après, détermina l'empereur à supprimer entièrement les loges dans toute l'étendue de ses États. Son rescrit, rendu à cet effet, en 1789, enjoint à tous les fonctionnaires civils et militaires de se séparer des loges et de prêter serment de ne jamais appartenir à des sociétés secrètes quelles qu'elles soient, sous peine de destitution et de punition exemplaire.

L'opinion s'était effectivement répandue à cette époque que la franc-maçonnerie avait produit la révolution de France. Cette pensée avait été propagée, dès 1788, par un premier écrit intitulé : *Les masques arrachés.* L'auteur anonyme de ce pamphlet s'élevait avec force contre les principes de la société maçonnique, et leur attribuait les résistances qui s'étaient manifestées récemment en France contre les mesures proposées par le gouvernement. Cet écrit fut suivi de plusieurs autres, non moins hostiles à la société. En 1791, l'abbé Lefranc publia un libelle qui avait pour titre : *Le voile levé pour les curieux, ou le secret des révolutions révélé à l'aide de la franc-maçonnerie.* Cette publication donna naissance, en 1793, aux *Preuves d'une Conspiration contre les religions et les gouvernements de l'Europe.* L'auteur de ce dernier ouvrage, John Robison, secrétaire de l'académie royale d'Édimbourg, appartenait à la franc-maçonnerie, et s'était fait affilier aux différentes sectes qui partageaient alors l'association. Robison- attribue, non à la franc-maçonnerie ordinaire, dont il proclame l'innocence, en Angleterre particulièrement, mais aux hauts grades de toute nature qu'on avait entés sur les trois premiers, le but de renverser les autels et les trônes. Trois autres écrivains adoptèrent ce système. Le premier, Cadet de Gassicourt, le développa, en 1796, dans le *Tombeau de Jacques Molay;* le second, l'abbé Barruel, dans ses *Mémoires pour servir à l'histoire du jacobinisme,* publiés en 1799; le dernier enfin, l'abbé Proyart, dans un livre intitulé : *Louis XVI détrôné avant d'être roi,* qui parut en 1800. Toutes les accusations dirigées par ces écrivains contre la maçonnerie ne sont qu'un tissu d'erreurs ou de calomnies. Il est bien vrai que les emblêmes et le but apparent de la plupart des hauts grades pouvaient, jusqu'à certain point, motiver de graves soupçons contre les actes de la société maçonnique; mais aucun fait solidement établi ne les a jamais justifiés. D'ailleurs ceux des auteurs qui ont attaqué la franc-maçonnerie avec le plus de violence, Barruel, Lefranc, Proyart et Cadet de Gassicourt, n'appartenaient pas à cette société, et n'avaient pu par conséquent donner un témoignage sérieux des accusations qu'ils articulaient. Un d'eux, Cadet de Gassicourt, confessa depuis que, dans le *Tombeau de Jacques Molay,* il n'avait fait que reproduire, en les amplifiant, les assertions de l'abbé Lefranc et de Robison. Il sollicita même son initiation dans la maçonnerie, qui eut lieu en effet, en 1805, dans la loge de l'*Abeille,* à Paris. Il exerça successivement dans cette loge les fonctions d'orateur et celles de vénérable. En 1809, étant orateur adjoint de la loge de *Sainte-Joséphine,* il alla jusqu'à prononcer l'éloge de ce même Ramsay dont il avait attaqué les hauts grades avec tant de véhémence et d'indignation.

Sur quelques fragiles bases que reposassent ces diatribes, elles avaient cependant obtenu pleine créance dans le public; les gouvernements s'en étaient émus; des édits très sévères avaient été rendus, qui proscrivaient une société si dangereuse. François II, empereur d'Allemagne, essaya même de généraliser cette proscription; et, à cet effet, il proposa, en 1794, à la diète de Ratisbonne, la suppression de la société des francs-maçons et des autres sociétés secrètes, dans toute l'étendue de la confédération. Cependant la diète eut le bon esprit de refuser son concours à une pareille mesure. Sur les remontrances énergiques des ministres de Prusse, de Brunswick et de Hanovre, qui ne partageaient pas les préventions communes, elle répondit à l'empereur qu'il avait la faculté d'interdire les loges dans les terres de sa domination; mais qu'elle revendiquait la liberté germanique pour les autres États.

Au nombre des pays où la société fut proscrite, le Portugal ne fut pas des derniers à se prononcer. On voit en effet, en 1792, la reine Élisabeth donner ordre au gouverneur de l'île de Madère de déférer au Saint-Office tous les membres de cette société, cause première de la révolution française, qu'il pourrait découvrir. Ces ordres furent ponctuellement exécutés. Quelques familles seulement purent se soustraire à la fureur de l'inquisition, et se réfugièrent aux États-Unis. Un des vaisseaux qui les y transportaient arbora, à son arrivée à New-York, un pavillon blanc avec ces mots : *Asylum quærimus*. Aussitôt, les principaux francs-maçons de la ville se rendirent à bord, et, en retournant à terre, emmenèrent avec eux les familles proscrites, auxquelles ils donnèrent une généreuse hospitalité. En 1806, les persécutions se renouvelèrent en Portugal ; des habitants et des étrangers furent arrêtés comme francs-maçons, confinés dans les cachots de la tour de Belem et déportés ensuite en Amérique. Cela n'empêcha pas qu'il continuât de se tenir des loges dans le royaume, notamment à Lisbonne, à Coïmbre, à Sétuval, à Porto et dans d'autres villes ; mais leurs réunions étaient si secrètes que l'inquisition ne pouvait parvenir à les connaître. La maçonnerie respira donc pendant quelques années. En 1809, elle se vit de nouveau en butte à des poursuites. Quelques Anglais firent imprudemment une procession maçonnique dans les rues de Lisbonne. En tête, était la bannière de la loge. Les corps-de-garde devant lesquels passa le cortége lui rendirent les honneurs militaires, comme ils eussent fait à une procession religieuse. L'erreur ne tarda pas cependant à être reconnue ; alors les soldats et le bas peuple, excités par les moines, entrèrent dans une violente fureur, se précipitèrent sur les maçons et en assassinèrent un grand nombre.

L'Angleterre elle-même, berceau de la maçonnerie, et où les loges avaient donné tant de marques de leur attachement au gouvernement établi, ne put se soustraire à l'invasion des préjugés soulevés par les écrits de Lefranc, de Robison et de Barruel. En 1799, un bill fut proposé, tendant à interdire les sociétés secrètes, et particulièrement celle des francs-maçons. Mais, grâce à l'intervention des notabilités parlementaires, il fut fait une exception en faveur de cette société. Seulement il fut défendu à la Grande-Loge de constituer de nouveaux ateliers, et les ateliers existants furent soumis à des formalités fort gênantes. En 1801, un comité du parlement fit un nouveau rapport sur les sociétés secrètes, dans lequel l'exception en faveur des maçons se trouve tacitement maintenue ; mais en 1814, dans un discours qu'il prononça à la chambre des communes contre les sociétés secrètes de l'Irlande, le ministre Liverpool ne craignit pas d'envelopper dans la proscription dont il voulait les frapper, la société maçonnique elle-même. Le bon sens de l'assemblée lui fit repousser une pareille proposition ; et, depuis, la maçonnerie a été affranchie en Angleterre de toutes les entraves qu'on lui avaient imposées, sous l'empire de préventions qui la représentaient comme imbue de principes anarchiques.

Par des considérations toutes contraires peut-être, la franc-maçonnerie fut persécutée en France pendant la durée de la tourmente révolutionnaire. Ces maçons, qu'on prétendait avoir opéré le grand mouvement de 1789, non par la puissance des idées, mais par une véritable conspiration, furent eux-mêmes les premières victimes des troubles qui accompagnèrent l'établissement du nouvel ordre de choses. Dans les provinces, la plupart des loges furent fermées par ordre des autorités révolutionnaires. Un des membres le plus influents de la société maçonnique, le frère Tassin, président de chambre au Grand-Orient, périt sur l'échafaud en 1791. L'abbé Lefranc, auteur du *Voile levé pour les curieux*, fut, il est vrai, massacré le 2 septembre 1792, dans la prison des Carmes, mais un frère Ledhui, chasseur du bataillon des Filles-Saint-Thomas, qui avait voulu le soustraire à la mort, avait été frappé d'un coup de sabre et avait failli périr en se livrant à cet acte de généreuse abnégation.

A la chute de Napoléon, s'ouvrit, pour la maçonnerie, une nouvelle ère de persécutions de toute nature. Les souverains alliés renouvelèrent leurs édits de proscription; le pape Pie VII, l'excommunication lancée par ses prédécesseurs, Clément XII et Benoît XIV. En Espagne, Ferdinand VII, à peine en possession du trône, rétablit l'inquisition, ordonne la fermeture des loges et proscrit la société maçonnique. Le 25 septembre, le général Alava; le marquis de Tolosa; le chanoine Marina, membre de l'académie; le docteur Luque, un des médecins de la cour; et d'autres frères étrangers, Français, Italiens et Allemands, domiciliés en Espagne, sont arrêtés à Madrid et jetés dans les prisons du Saint-Office, comme faisant partie de la société proscrite. Les mêmes violences se reproduisirent au mois d'octobre 1819. Deux maçons distingués de Murcie périrent dans des tortures que l'inquisition leur avait infligées pour leur arracher des révélations. La puissance des inquisiteurs était si grande que le ministre de la justice, Lozano de Torres, reçu maçon en 1791, dans une loge de Paris, et dont la maison, à Cadix, avait servi d'asile à des loges pendant la guerre de l'indépendance, n'eut pas le moyen d'empêcher ces atrocités. Dans le royaume voisin, la franc-maçonnerie n'était pas mieux traitée. En 1818, le roi de Portugal, résidant alors à Rio-Janeiro, rendait un décret de mort contre les francs-maçons, et les assimilait aux coupables de lèze-majesté, crime qui entraîne le supplice du tenaillement avec des fers rouges, bénis par un prêtre à chaque lambeau de chair emporté.

Les insurrections qui éclatèrent en Italie et en Espagne vers 1820, furent encore l'occasion de nouvelles persécutions et de nouveaux édits contre la société maçonnique, en Russie, en Pologne, en Italie. En France même, elle ne fut pas à l'abri des poursuites de l'autorité. Mais c'est surtout en Espagne que les rigueurs du pouvoir furent le plus implacables. Le frère J.-P. Quatero, natif de Casal de Monferrato, en Italie, qui avait servi dans les troupes françaises, s'était retiré en Espagne après le licenciement de l'armée de la Loire. Il y avait pris du service et y avait obtenu le grade de lieutenant. En 1823, lors de l'invasion française, il était en garnison dans la ville d'Alicante. Quand nos troupes prirent possession de cette ville, son régiment fut dissous et il alla s'établir à Villa-Nueva-de-Sigas, près de Barcelonne. Neuf mois s'étaient à peine écoulés depuis qu'il menait là une vie retirée et paisible, lorsque son domicile fut envahi au milieu de la nuit par six familiers de la junte apostolique, qui firent perquisition dans ses papiers. Pour son malheur, un diplôme de maçon s'y trouvait. Cette circonstance motiva son arrestation, et on l'enferma dans une des tours de la ville. Trois jours après, on vint le tirer de sa prison, et on le conduisit au couvent de Saint-François, où les moines, qui l'attendaient, s'élancèrent sur lui comme des furieux, lui crachèrent au visage, lui arrachèrent la barbe et le meurtrirent de coups, lui reprochant comme un crime sa qualité de franc-maçon. Couvert de sang, à demi-mort, on le jeta dans une voiture et on le dirigea sur la prison de la junte apostolique à Barcelonne, où il fut enfermé dans un cachot, qui n'avait que quatre pieds de hauteur sur soixante de long et vingt-quatre de large, et ne recevait de l'air et du jour que par une ouverture grillée pratiquée dans la porte. Le frère Quatero resta deux mois dans cet affreux cachot, en compagnie de quatre-vingts autres malheureux, victimes, tous les jours, de la brutalité des gardiens, qui à chaque instant renouvelaient leurs visites, ordonnant, avant d'entrer, aux détenus, de se placer en ligne contre les murs, les bras étendus et les jambes écartées. On l'interrogea enfin. Les questions qu'on lui adressa roulèrent, suivant l'usage, sur la franc-maçonnerie, dont on le pressa de dévoiler les secrets; lui promettant que, s'il faisait des révélations sur ce sujet, on le rendrait à la liberté et qu'il serait replacé avec son grade dans l'armée espagnole. Le frère Quatero se renferma dans un silence absolu. Alors les inquisiteurs renvoyèrent la connaissance du procès à la commission militaire de Barcelonne, afin que l'accusé fût condamné comme rebelle au roi, pour n'avoir pas remis son diplôme aux autorités compétentes, suivant les termes des ordonnances. Mais la commission, jugeant que le fait qui lui était reproché n'entraînait aucune punition, prononça son élargissement, qui n'eut lieu, cependant, que longtemps après. Enfin, il recouvra la liberté; mais on lui fit payer tous les frais du procès. Il obtint un passeport, et, à l'aide d'une collecte que firent en sa faveur quelques frères, il put passer en Angleterre, où les loges s'intéressèrent à son malheur et lui procurèrent des moyens d'existence.

Bien en prit toutefois au frère Quatero que les troupes françaises occupassent Barcelonne à l'époque de son procès : s'il avait eu affaire aux autorités du pays, il eût été infailliblement perdu. Les terreurs superstitieuses entraient pour une grande part dans la haine que les Espagnols en général éprouvaient pour les francs-maçons, et c'est justement pour cela qu'ils les traitaient avec tant de barbarie. Voici un exemple de l'effet des préventions dont les frères étaient l'objet, et auxquelles ne pouvaient se soustraire les personnages les plus éminents eux-mêmes.

Un jeune officier espagnol, don Luis Cordova, réfugié en France avec Ferdinand VII, à la suite de l'insurrection de 1820, s'était fait recevoir maçon à Paris, et avait été affilié, en 1822, à la loge de la *Clémente-Amitié*. De retour en Espagne, il fut attaché, en 1826, en qualité de secrétaire, à l'ambassade du duc de la Villahermosa près la cour des Tuileries. Sa nomination était annoncée officiellement, et on l'attendait d'un moment à l'autre à Paris, lorsqu'un inconnu, décoré de la Légion-d'Honneur, et qui prenait le titre d'ancien officier français, se présenta chez le frère de Marconnay, vénérable de la *Clémente-Amitié*, et lui dit que don Luis Cordova, désirant visiter les loges sur sa route, et principalement à Bordeaux, l'avait chargé de retirer son diplôme. Il fut fait droit immédiatement à cette demande. Mais il y avait là une odieuse intrigue, et le diplôme avait une autre destination. Il fut envoyé en Espagne et présenté à Ferdinand comme s'appliquant au comte Cordova, frère aîné de don Luis, qui occupait un poste élevé à la cour et jouissait de toute la faveur du monarque. A cette vue, le roi se sentit animé de colère et d'indignation ; il fit appeler devant lui le comte Cordova, et lui reprocha dans les termes les plus menaçants de s'être lié par un pacte diabolique avec une société en révolte ouverte contre les lois divines et humaines. Le comte, qui peut-être était effectivement franc-maçon, et qui se croyait perdu sans ressources, ne chercha pas à se justifier ; et, de retour chez lui, en proie au plus violent désespoir, il se fit sauter la cervelle d'un coup de pistolet.

Les secrets ennemis qui avaient machiné sa disgrâce ne se contentèrent pas de ce succès. Ils renvoyèrent à Paris le diplôme, et le mirent sous les yeux du duc de la Villahermosa, comme appartenant à son secrétaire d'ambassade, don Luis Cordova. Le duc n'éprouvait pas une moindre aversion pour la franc-maçonnerie que le roi lui-même ; aussi mit-il don Luis en état de prévention, et le retint-il prisonnier dans l'hôtel de l'ambassade. Par bonheur, don Cordova avait quelques amis dévoués et il jouissait de la protection particulière de la duchesse. On représenta au duc que le diplôme ne s'appliquait pas absolument à don Luis Cordova; qu'il y avait dans l'armée espagnole plusieurs officiers qui portaient les mêmes noms que ceux qui étaient inscrits sur ce titre maçonnique; et que rien n'empêchait dès-lors qu'il appartînt à un de ces officiers. D'un autre côté, on sonda le vénérable de la *Clémente-Amitié*, pour savoir s'il serait disposé à sauver don Cordova, même au prix d'un mensonge. Le frère de Marconnay promit tout ce qu'on voulut. Bientôt il fut appelé chez le duc de la Villahermosa, qui parut le considérer avec horreur, et qui eut soin de se retrancher derrière un meuble, pour éviter son contact maudit. Le duc lui fit représenter le diplôme, et lui demanda si c'était lui qui l'avait délivré et signé, et s'il reconnaîtrait la personne à laquelle ce titre avait été remis. Sur la réponse affirmative du frère de Marconnay, on introduisit don Cordova. Le frère de Marconnay déclara ne l'avoir jamais vu. — « Croyez-vous aux Saints-Évangiles, lui dit alors le duc, et feriez-vous serment sur ce livre divin que vous n'avez pas remis le diplôme à don Luis Cordova, que vous voyez devant vous? » Les termes dans lesquels était posée cette question permettaient au frère de Marconnay de jurer en toute sécurité de conscience, en usant d'une innocente restriction mentale; aussi s'empressa-t-il de répondre : — « Je crois aux Saints-Évangiles, et je jure sur ce livre divin que je n'ai pas remis le diplôme à la personne qui m'est présentée. » Sur cette déclaration solennelle, don Luis fut remis en liberté. Dans la suite, il devint ambassadeur en Portugal, puis général des armées de Christine; il est mort sur le champ de bataille.

Depuis, et à différentes époques, des francs-maçons furent victimes de la rigueur du gouvernement espagnol. En 1824, dix frères arrêtés à Grenade, au moment où ils étaient réunis en loge, furent décapités, aux termes d'un nouveau décret rendu le 1er août, par Ferdinand VII, à Sacedon. En 1828, le tribunal de la même ville condamna au gibet le marquis de Lavrillana, de Cordoue, et le capitaine Alvarez, de Sotomayor, comme coupables d'être francs-maçons et de ne s'être pas dénoncés eux-mêmes. Enfin, l'année suivante, tout une loge de Barcelonne fut arrêtée sur la dénonciation d'un misérable nommé Errero. Le vénérable fut pendu; les officiers furent condamnés aux galères; Errero fut grâcié comme dénonciateur, mais on l'expulsa du royaume.

La France elle-même se serait livrée à de pareils actes de rigueur envers les francs-maçons, si le pouvoir eût écouté les fanatiques qui, sous le nom de missionnaires, parcouraient les départements et répandaient la haine et la discorde sur leur passage. Les francs-maçons n'étaient point ménagés dans leur prédications furibondes, et ils adjuraient les croyants, assez malheureux pour s'être laissé entraîner dans ces sociétés perverses et impies, à faire une abjuration solennelle des principes qu'on leur y avaient enseignés, et à rentrer dans le sein de l'Église, qui était prête à leur ouvrir les trésors de sa miséricorde. A Montauban, le missionnaire Guyon décida, en 1828, trois membres de la loge des *Arts-Réunis,* un vitrier, un maçon, un teinturier, à brûler leurs diplômes de maçons au milieu de l'église, en présence de l'assemblée des fidèles.

Pendant la durée de la restauration, la politique avait envahi quelques loges de France, particulièrement celle des *Amis de la Vérité,* à Paris. Lorsque la révolution de juillet éclata, les membres de cette loge furent des premiers à prendre les armes. On les voyait, au plus fort du danger, animant par leurs paroles et par leur exemple les combattants à redoubler d'efforts pour obtenir la victoire. Beaucoup périrent dans la lutte. Le 31 juillet, lorsqu'il s'agissait dans les chambres de placer sur le trône la famille d'Orléans, la loge fit placarder sur les murs de Paris une proclamation dans laquelle elle protestait contre toute tentative qui aurait pour but de fonder une dynastie nouvelle, sans l'avis et le consentement de la nation. Le 21 septembre, anniversaire de l'exécution des quatre sergents de la Rochelle : Bories, Pommier, Goubin et Raoux, tous membres des *Amis de la Vérité,* cette loge se rendit processionnellement de son local, rue de Grenelle, à la place de Grève; et là, après qu'un roulement de tambours se fut fait entendre, un discours du frère Buchez, membre de la loge, rappela le noble et généreux dévouement de ces quatre victimes du pouvoir que la colère du peuple venait enfin de briser. Le cortége se reforma ensuite et retourna au local de la loge, où l'on signa une pétition à la chambre des députés pour l'abolition de la peine de mort.

Ce ne sont pas là les seuls actes politiques que fit la maçonnerie à cette époque. Le 10 octobre, vingt-trois loges de Paris célébrèrent, dans les salles de l'Hôtel-de-Ville, une grande fête maçonnique en l'honneur du général Lafayette, qui avait présidé à la révolution récemment accomplie. Dans la plupart des loges, une adhésion formelle était donnée à cette révolution, et ceux des citoyens qui avaient survécu à la lutte ou qui étaient morts les armes à la main, étaient l'objet de félicitations ou de cérémonies funèbres.

Les gouvernements étrangers n'ignoraient pas toutes ces circonstances. Ils s'abstinrent, il est vrai, de renouveler les édits qu'ils avaient rendus contre les francs-maçons, à raison des doctrines anarchiques qui leur étaient attribuées; mais ils défendirent aux loges qui existaient dans leurs États de s'affilier et de correspondre avec celles de la France. C'est ce qu'on voit notamment par un rescrit du ministre de la police prussienne, M. de Rochow, en date du 21 octobre 1838.

CHAPITRE V.

La société maçonnique eut non-seulement à surmonter les obstacles extérieurs que nous venons de retracer, mais il lui fallut encore résister aux éléments de dissolution qui surgirent dans son sein, et dont le plus énergique fut l'esprit d'innovation et de système.

On a vu que les réfugiés de la suite du roi Jacques et les partisans de son fils, François-Édouard Stuart, avaient tenté de se servir de la franc-maçonnerie dans un but politique. Le premier moyen qu'ils employèrent fut d'attribuer aux symboles et aux allégories des trois grades un sens approprié à leurs vues. C'est ainsi qu'ils prétendirent que l'association maçonnique n'était pas une continuation des confréries d'ouvriers constructeurs, mais qu'elle constituait une agrégation nouvelle, une véritable conjuration destinée à faciliter le rétablissement de la maison de Stuart sur le trône d'Angleterre. Suivant cette doctrine, le meurtre d'Hiram-Abi faisait allusion à la mort tragique de Charles Ier, et les mauvais compagnons représentaient Cromwell et les autres chefs des parlementaires. Cette interprétation fut propagée en Angleterre par les adhérents secrets du parti des Stuarts ; elle y devint le thême d'une seconde initiation, à laquelle étaient admis les maçons qu'on jugeait disposés à entrer dans la conspiration. En France, on la donna à quelques personnes haut placées qu'on avait gagnées à la cause et dont on voulait utiliser le crédit pour déterminer le gouvernement de Louis XIV à intervenir à main armée en faveur de la dynastie déchue. Le caractère aventureux de ces seigneurs leur fit accueillir avec ardeur ces révélations prétendues ; leur imagination se persuada facilement qu'on tenait en réserve d'autres secrets encore, et ils en sollicitèrent instamment la communication. Ce fut un trait de lumière pour les réfugiés. Ils composèrent dès-lors plusieurs grades, tels que le *maître irlandais*, le *parfait maître irlandais*, le *puissant maître irlandais,* et d'autres, qu'ils firent servir à stimuler le zèle des adeptes, à les éprouver, à les séparer de la foule, et dont ils ne conférèrent l'initiation qu'à prix d'argent. Beaucoup des émigrés étaient dénués de ressources. Les nouveaux grades offrirent un expédient pour les soulager. Le produit des réceptions subvint à leurs nécessités les plus pressantes ; et, quand cette source de revenu fut tarie, on l'alimenta par d'autres innovations.

Bientôt parut le chevalier Ramsay (1). C'était un homme doué d'une imagination ardente, de beaucoup de savoir, d'esprit et d'urbanité. Il s'était voué d'abord à l'étude des lettres et des sciences, qu'il avait abandonnée pendant quelque temps pour se mêler aux disputes théologiques qui agitaient l'Angleterre. Elevé dans le presbytérianisme, il avait tour à tour embrassé la religion anglicane et la doctrine des quakers. Plus tard, réfugié en France, il s'était établi à Cambrai, et s'y était lié d'amitié avec Fénélon, qui l'avait converti au catholicisme. Il s'attacha au parti des Stuarts, et le servit avec le plus entier dévouement. A cet effet, il se jeta dans la franc-maçonnerie, qu'il jugeait propre à aider au succès de sa cause. Il s'appliqua premièrement à en relever l'origine aux yeux des seigneurs français, dont l'orgueil s'accommodait difficilement d'une solidarité avec de simples ouvriers. Il prétendit que l'ordre maçonnique était né dans la Terre-Sainte, à l'époque des croisades ; que des chevaliers, appartenant pour la plupart à l'ordre du temple, s'étaient associés alors pour rebâtir les églises détruites par les Sarrazins ; que ceux-ci, pour faire échouer un si pieux dessein, avaient envoyé des émissaires, qui, sous les dehors du christianisme, s'étaient confondus avec les constructeurs et s'étaient étudiés, par tous les moyens, à paralyser leurs travaux ; qu'ayant découvert cette trahison, les chevaliers s'étaient choisis avec plus de soin et avaient établi des signes et des mots de

_____

(1) Né à Daire, en Écosse, en 1686 ; mort à Saint-Germain, en 1743.

reconnaissance, pour se garantir du mélange des infidèles; que, comme il arrivait tous les jours dans le pays de nouveaux chrétiens, en général mal instruits de leur religion, ils avaient ajouté aux signes adoptés différentes cérémonies symboliques, pour les instruire d'une manière agréable des principes de leur foi et de leurs devoirs moraux; mais que, la puissance des Sarrazins ne faisant que s'accroître, les frères avaient dû renoncer à poursuivre leur but; que, dans cette situation, un roi d'Angleterre les avait invités à se retirer dans ses États, ce qu'ils avaient accepté; que là, ils s'étaient consacrés, non-seulement à favoriser les bonnes mœurs et tout ce qui peut opérer le bien général de l'humanité, mais encore à faire fleurir l'architecture, la sculpture, la peinture et la musique. Ramsay étaya son système de quelques faits historiques, notamment de la participation des chevaliers du temple aux travaux des sociétés maçonniques du moyen-âge, et de la construction du collége des templiers à Londres, exécuté au XIIe siècle par une confrérie de maçons venus de la Terre-Sainte. Par ces suppositions, le chevalier tendait à ramener en Angleterre l'exercice du catholicisme et à frayer ainsi les voies au retour du prétendant.

En 1728, il essaya de jeter à Londres les fondements d'une *réforme* maçonnique conçue dans cet esprit; il s'aboucha en conséquence avec les membres de la Grande-Loge, et leur proposa de substituer aux trois grades alors pratiqués ceux d'*écossais*, de *novice* et de *chevalier du temple*, qu'il prétendait être les seuls véritables, les seuls anciens, et ayant, de temps immémorial, leur centre administratif dans la loge de *Saint-André*, à Édimbourg. Éconduit par la Grande-Loge d'Angleterre, il porta ses innovations à Paris, où elles obtinrent un succès prodigieux. Elles furent ajoutées comme hauts grades à la maçonnerie ordinaire, et firent abandonner en partie les degrés irlandais, qu'on avait suivis jusque-là. Telle est l'origine de ces grades *écossais*, dont les imitations se multiplièrent depuis à l'infini, et qui furent les précurseurs d'une foule d'autres systèmes dans lesquels se reflétèrent successivement toutes les opinions professées en France ouvertement ou dans le secret.

Le philosophisme, entre autres, qui commençait à se répandre, s'introduisit dans les loges et y institua plusieurs grades, notamment le *chevalier du soleil*, qui avait pour but d'établir la religion naturelle sur les ruines de toutes les religions révélées. Éclaireurs de l'armée du Saint-Siége, les jésuites imaginèrent le grade de *Rose-Croix*, pour contreminer les attaques dont le catholicisme était ainsi l'objet; mais les philosophes parèrent le coup en s'emparant de ce grade et en donnant à ses symboles une interprétation tout astronomique. Des novateurs plus hardis composèrent à Lyon, en 1743, le grade de *Kadosch*, ou de saint, dirigé, à la manière antique, contre toutes les tyrannies, et d'où sont dérivés les divers grades à poignard.

A partir de ce moment, les doctrines qui n'osaient se produire au grand jour se dressèrent une tribune dans les loges; et l'on y enseigna la cabale, la magie, les évocations, la divination, l'alchimie, la théosophie, et cent autres sciences non moins vaines et non moins décriées. Des charlatans éhontés mirent à contribution la curiosité et la crédulité des maçons; le caractère si simple et si sublime à la fois de la maçonnerie fut corrompu; son but si vaste et si généreux fut mis en oubli; l'égalité et la fraternité qui en forment la base; la concorde, l'affection et le dévouement, ses inévitables effets, furent foulés aux pieds; et la société maçonnique n'offrit plus qu'un assemblage d'exploiteurs et d'exploités, de fripons et d'imbécilles, auxquels se mêlaient quelques esprits droits et honnêtes, qui faisaient d'inutiles efforts pour s'opposer aux progrès du mal.

Cette multitude de grades, dont on ne peut lire les rituels sans dégoût, se groupèrent de diverses façons, furent systématisés; et dès-lors naquirent les séries d'initiations graduées auxquelles on donne le nom de *rites*. Ces rites étaient divisés par catégories de grades, et chaque catégorie était gouvernée par un corps distinct, appelé chapitre, collège, conseil ou consistoire.

Le premier centre d'administration des hauts grades fut établi à Arras en 1747, par Charles-Édouard Stuart lui-même, qui donna aux avocats Lagneau, Robespierre, et à d'autres frères, la bulle d'institution d'un chapitre écossais jacobite, « en reconnaissance des bienfaits qu'il avait reçus d'eux. » Le second chapitre fut érigé à Marseille en 1751, par un voyageur écossais. En 1754, le chevalier de Bonneville fonda, à Paris, un chapitre des hauts grades, sous le tire de *Chapitre de Clermont,* et l'installa dans un vaste local qu'il avait fait construire exprès dans le faubourg de Paris appelé la Nouvelle-France. Le système qu'on y pratiquait dérivait de la réforme de Ramsay. Les grades de ce système, assez multipliés dans les derniers temps, ne furent dans le principe qu'au nombre de trois : le *chevalier de l'aigle* ou *maître élu;* le *chevalier illustre* ou *templier;* et le *sublime chevalier illustre.* Quatre ans plus tard, en 1758, il se forma, des débris du chapitre de Clermont, un nouveau corps, qui s'intitula : *Conseil des empereurs d'Orient et d'Occident.* Ses degrés d'instruction se composaient des vingt-cinq grades dont nous avons donné la nomenclature dans notre statistique de la maçonnerie, à l'article *rite d'Hérédom ou de perfection.* Un autre chapitre, présidé par le frère Pirlet, tailleur d'habits, s'ouvrit à Paris en 1762, sous la dénomination de *Conseil des chevaliers d'Orient.* Son rite, composé d'un nombre de grades plus restreint, était en opposition avec le système templier du Conseil des empereurs d'Orient et d'Occident. La majeure partie des doctrines qui y étaient professées se rapportaient à celle des

Égyptiens, et à celles des juifs au temps de leur restauration ; il s'y mêlait aussi quelques dogmes du christianisme. L'auteur de la plupart des *cahiers* ou rituels, en général bien conçus et bien écrits, était le baron de Tschoudy (1), qui a publié l'ouvrage intitulé : l'*Étoile flamboyante*, où l'on trouve de curieux renseignements sur l'état moral de l'association maçonnique à cette époque. En 1766, le baron de Tschoudy institua en dehors du Conseil des chevaliers d'Orient, un *ordre de l'Étoile flamboyante*, qui se composait de grades chevaleresques et avait la prétention de remonter au temps des croisades.

Le bénédictin dom Pernetti (2), et le frère Grabianca, staroste polonais, établirent à Avignon, en 1760, d'après les doctrines du suédois Svedenborg, une société appelée les *Illuminés d'Avignon*. Svedenborg était très versé dans les langues anciennes ; la philosophie, la métaphysique, la minéralogie, l'astronomie, lui étaient également familières. Il s'est livré à de profondes recherches sur les mystères de la franc-maçonnerie, auxquels il avait été initié ; et, dans ce qu'il en a dit, il établit que les doctrines de cette institution émanent de celles des Égyptiens, des Perses, des Juifs et des Grecs. Il entreprit de réformer la religion catholique romaine, et ses dogmes furent adoptés par un grand nombre de personnes en Suède, en Angleterre et en Allemagne. Son système religieux est exposé dans le livre intitulé : *La Jérusalem céleste, ou le monde spirituel*. S'il faut l'en croire, il écrivit ce livre sous la dictée des anges qui lui apparaissaient à cet effet à des époques déterminées.

Svedenborg divise le monde spirituel ou la Jérusalem céleste en trois cieux : le supérieur, ou troisième ciel ; le spirituel, ou second, qui occupe le milieu ; et l'inférieur, ou premier, relativement à notre monde. Les habitants du troisième ciel sont les plus parfaits d'entre les anges ; ils reçoivent la plus grande part d'influences divines, et la reçoivent immédiatement de Dieu, qu'ils voient face à face. Dieu est le soleil du monde invisible ; c'est de lui que procèdent l'amour et la vérité, dont la chaleur et la lumière ne sont que des emblèmes. Les anges du second ciel reçoivent médiatement, par le ciel supérieur l'influence divine ; ils voient Dieu distinctement, mais non pas dans toute sa splendeur : c'est pour eux un astre sans rayons, tel que nous apparaît la lune, qui donne plus de lumière que de chaleur. Les habitants du ciel inférieur reçoivent la divine influence médiatement par les deux autres cieux. Ceux-ci ont pour attributs l'amour et l'intelligence ; la

---

(1) Né à Metz, en 1730 ; mort à Paris, en 1769.

(2) Né à Roanne, en 1716 ; mort à Valence, en Dauphiné, en l'année 1800. Il est auteur d'un *Dictionnaire hermétique*, et d'une explication hermétique des fables du paganisme.

force caractérise celui-là. Chacun de ces royaumes célestes est habité par des sociétés innombrables. Les anges qui les composent sont hommes ou femmes. Ils contractent des mariages éternels, parce que c'est la ressemblance des penchants et la sympathie qui les déterminent. Chaque couple loge dans un palais splendide entouré de jardins délicieux. Au-dessous des régions célestes, se trouve le royaume des esprits. C'est là que se rendent immédiatement tous les hommes au moment de leur mort. L'influence divine, que leur enveloppe matérielle les avait empêché de sentir, se révèle progressivement à eux et opère leur transformation angélique, s'ils y sont prédestinés. Le souvenir du monde qu'ils ont quitté s'efface insensiblement de leur mémoire; leurs instincts propres se développent sans contrainte, et les préparent pour le ciel ou pour l'enfer. Autant le séjour du ciel est plein de splendeur, d'amour et de suavités, autant l'enfer est rempli de ténèbres et de douleurs, de désespoirs et de haines. Telles sont les rêveries sur lesquelles Pernetti et Grabianca édifièrent leur illuminisme.

La maçonnerie svedenborgienne ne resta pas confinée dans la loge d'Avignon qui lui avait donné asile. Elle se propagea au dehors sous diverses formes. Un frère Chastanier, qui était, en 1766, vénérable d'une loge de Paris, appelée *Socrate*, *de la Parfaite-Union*, modifia les rites de Pernetti, créa les *illuminés théosophes*, et porta son système à Londres, où il devint bientôt public. Plus tard, en 1785, le marquis de Thomé voulut dégager la doctrine svedenborgienne de ce qu'on y avait mêlé d'étranger; et, dans ce but, il institua à Paris le *rite de Svedenborg* proprement dit. On a vu, dans notre statistique de la maçonnerie, que ce système, qui encore est en vigueur dans quelques loges du Nord, se compose de sept grades.

D'autres doctrines mystiques avaient été entées, dès 1754, sur la maçonnerie par un novateur appelé Martinez Paschalis; il les avait consignées dans une série de grades, au nombre de neuf, nommés *apprenti, compagnon, maître, grand-élu, apprenti-coën, compagnon-coën, maître-coën, grand-architecte* et *chevalier-commandeur*, lesquels formaient le *rite des Élus-Coëns* ou prêtres. Le système de ce rite, aujourd'hui abandonné, embrasse la création de l'homme, sa punition, les peines du corps, de l'ame et de l'esprit, qu'il éprouve. Le but que se propose l'initiation est de régénérer le sujet, de le réintégrer dans sa primitive innocence, dans les droits qu'il a perdus par le péché originel. Elle se divise en deux parties distinctes. Dans la première, le postulant n'est, aux yeux de l'initiant, qu'un composé de boue et de limon. Il ne reçoit la vie qu'à condition qu'il s'abstiendra de goûter les fruits de l'arbre de la science. Le récipiendaire en fait la promesse; mais il est séduit; il viole ses engagements; et il est puni et précipité dans les flammes. Cependant si, par des travaux utiles et par une

conduite sainte et exemplaire, il répare sa faute, il renaît à une vie nouvelle. Dans la seconde partie, le néophyte est animé du souffle divin ; il devient apte à connaître les secrets les plus cachés de la nature : la haute chimie, la cabale, la divination, la science des êtres incorporels, lui deviennent
familières. Martinez Paschalis introduisit d'abord ce rite dans quelques
loges de Marseille, de Toulouse et de Bordeaux. En 1767, il l'apporta à
Paris, où il fit quelques prosélytes isolés. Ce n'est qu'en 1775 qu'il fut
adopté par un certain nombre de loges. Au nombre de ses disciples les plus
fervents, Paschalis compta particulièrement le baron d'Holbach, auteur du
Système de la nature; Duchanteau, à qui l'on doit des tableaux mystiques
fort recherchés des amateurs du genre; et enfin, le marquis de Saint-Martin, officier au régiment de Foix, qui fut son continuateur (1). Le dernier
a publié, entre autres ouvrages mystiques, un écrit intitulé : *Des erreurs
et de la vérité*. On y trouve, dans le style le plus énigmatique, la doctrine
si ancienne, si universellement répandue, d'un bon et d'un mauvais principe, d'un ancien état de perfection de l'homme, de sa chute, de la possibilité de sa réhabilitation ; en un mot, toutes les idées de Martinez Paschalis,
mais modifiées en quelques points.

Saint-Martin s'attacha à réformer le système de son maître; et, à cet
effet, il institua un nouveau rite, devenu fameux sous le nom de *martinisme*.
Les degrés d'instruction, au nombre de dix, étaient divisés en deux parties,
ou temples. Le premier temple comprenait les grades d'*apprenti*, de *compagnon*, de *maître*, d'*ancien maître*, d'*élu*, de *grand-architecte*, de *maçon du secret*. Les grades du deuxième temple étaient le *prince de Jérusalem*, le *chevalier de la Palestine* et le *kadosch*, ou homme saint. Le
martinisme avait son centre à Lyon, dans la loge des *Chevaliers bienfaisants*. Il se propagea dans les principales villes de la France, en Allemagne
et jusqu'en Russie (2).

Du mélange des dogmes de Svedenborg et de Paschalis s'était formée, en
1773, dans la loge des *Amis-Réunis*, à Paris, une nouvelle maçonnerie,
qui prit le nom de *régime des Philalètes, ou Chercheurs de la vérité*. Ce
système avait pour inventeurs le frère Savalette de Langes, garde du trésor
royal; le vicomte de Tavannes; le président d'Héricourt; le prince de Hesse;
le frère de Sainte-James; et le frère Court de Gébelin, auteur du *Monde
primitif*. Les connaissances en étaient distribuées en douze classes, ou

(1) Après avoir séjourné quelque temps à Paris, Paschalis s'embarqua pour Saint-
Domingue; il y mourut en 1779.

(2) Louis-Claude, marquis de Saint-Martin, était né, en 1743, à Amboise, en Tou-
raine. Il mourut, en 1804, à Aulnay, près Paris.

chambres d'instruction. Les six premières classes étaient désignées sous le nom de *petite maçonnerie*; le nom de *haute maçonnerie* était donné aux six dernières. Les classes de la première division étaient celles des *apprentis*, des *compagnons*, des *maîtres*, des *élus*, des *écossais* et des *chevaliers d'Orient*. Dans la deuxième division, étaient rangés les *Rose-Croix*, les *chevaliers du temple*, les *philosophes inconnus*, les *sublimes philosophes*, les *initiés*, et enfin les *philalètes*, ou maîtres à tous grades, qui possédaient seuls les secrets de l'ordre et en étaient les chefs et les administrateurs. Comme toutes les autres réformes maçonniques, celle des philalètes tendait à perfectionner l'homme, et à le rapprocher de la source divine d'où il est émané. Au reste, les dogmes qu'elle avait adoptés étaient susceptibles de modification, et les adeptes tendaient constamment à étendre le cercle de leurs découvertes dans les sciences occultes. La loge des *Amis-Réunis*, centre du système, possédait de précieuses archives et une bibliothèque où se trouvait réuni tout ce qui avait été écrit sur les différentes doctrines secrètes. Elle avait aussi un très beau cabinet de physique et d'histoire naturelle. Le frère Savalette de Langes était le conservateur de ces divers dépôts. A sa mort, arrivée vers 1788, tout fut dispersé et perdu; et la société, dont il était l'ame, cessa de se réunir.

En 1780, la maçonnerie des philalètes subit, à Narbonne, des modifications notables, qui donnèrent naissance au rite, dit *primitif*, dont le siége fut établi dans la loge de cette ville, appelée les *Philadelphes*. On ignore les noms des auteurs de cette réforme; eux-mêmes se sont attachés à les dissimuler, en prétendant que leur rite venait d'Angleterre et qu'il avait été introduit à Narbonne par les supérieurs généraux majeurs et mineurs de l'ordre des *free and accepted masons* du régime. Le rite primitif comprend trois catégories de maçons, dont l'initiation est divisée en dix classes. Ces degrés ne constituent pas des grades proprement dits; ce sont des collections ou *familles* de dogmes, d'où il peut découler un nombre illimité de grades. Après les trois subdivisions de la maçonnerie bleue: *apprenti, compagnon* et *maître*, vient la quatrième classe qui embrasse le *maître parfait*, l'*élu* et l'*architecte*. La cinquième se forme du *sublime écossais* et de toutes les compositions analogues. Dans la sixième, sont rangés le *chevalier d'Orient* et le *prince de Jérusalem*. Les quatre dernières classes réunissent toutes les connaissances maçonniques, physiques et philosophiques, qui peuvent influer sur le bien-être matériel et moral de l'homme temporel, et toutes les sciences mystiques dont l'objet spécial est la réhabilitation et la réintégration de l'homme intellectuel dans son rang et ses droits primitifs. Ces dernières classes portent les noms de premier, second, troisième et quatrième chapitres de *Rose-Croix*.

L'enseignement de la doctrine de Pythagore emprunta pareillement la forme maçonnique. C'est ainsi que le baron de Blaerfindy fonda en France, en 1780, une *académie des sublimes maîtres de l'anneau lumineux*. L'instruction y était divisée en trois parties. Dans les deux premières, on développait une hypothèse historique d'après laquelle Pythagore aurait été le fondateur de la franc-maçonnerie, et l'on y établissait par quelles voies cette association était parvenue jusqu'à nous. L'explication des dogmes pythagoriciens faisait l'objet de l'initiation conférée dans la dernière partie.

Le même dom Pernetti, qui, en 1760, avait établi à Avignon des rites basés sur les doctrines de Svedenborg, contribua également à fonder, dans la même ville, en 1770, sous le nom de *rite hermétique*, une maçonnerie qui avait pour but d'enseigner symboliquement l'art de la transmutation des métaux et la composition de la panacée universelle et de l'élixir de vie. Le centre administratif de ce système prenait le titre de *Grande-Loge écossaise du Comtat-Vénaissin*.

Un de ses adeptes les plus distingués fut le frère Boileau, médecin à Paris. C'est à lui que l'on doit la fondation du *rite écossais philosophique*, dans la loge du *Contrat-Social*, autrefois *Saint-Lazare*. La Mère-Loge de ce régime, qui professait les dogmes de la maçonnerie hermétique d'Avignon, fut installée, en 1776, dans la capitale, par des commissaires de la Grande-Loge du Comtat-Vénaissin. En s'établissant à Paris, et en y prenant le nom de rite écossais philosophique, la maçonnerie hermétique subit des modifications essentielles dans ses degrés d'instruction (1). Les grades primitifs étaient au nombre de six seulement; ils portaient les noms de *vrai maçon*, de *vrai maçon dans la voie droite*, de *chevalier de la clé d'or*, de *chevalier de l'iris*, de *chevalier des argonautes* et de *chevalier de la toison d'or*. Ce sont ceux que conférait l'*académie des vrais maçons*, instituée en 1778, à Montpellier, par la Grande-Loge du Comtat-Vénaissin. On pourra juger de la nature des emblèmes à l'usage des maçons hermétiques et notamment des chapitres dépendants de l'académie de Montpellier, d'après ce singulier passage d'un discours prononcé par le frère Goyer de Jumilly, en installant une académie de vrais maçons à la Martinique : « Saisir le burin d'Hermès pour graver sur vos colonnes la philosophie naturelle ; appeler à mon aide Flamel, le Philalète, le Cosmopolite et nos autres maîtres, pour vous dévoiler les principes mystérieux des sciences occultes : tels semblent être, illustres chevaliers, les devoirs que m'impose la cérémonie de votre

(1) *Voyez* la nomenclature des degrés du rite écossais philosophique dans notre statistique de la franc-maçonnerie. Quelques listes de ces grades diffèrent par les dénominations de celle que nous avons donnée ; mais le fond est le même.

nstallation... La fontaine du comte de Trévisan, l'eau poétique, la queue du paon, sont des phénomènes qui vous sont familiers. » Le reste est du même style. Le rite hermétique avait des établissements en Prusse, en Suède et en Russie.

Aucune doctrine ne semblait devoir être étrangère à la maçonnerie, surtout lorsqu'elle était de nature à frapper les esprits par quelque circonstance mystérieuse. Vers 1780, le docteur Mesmer (1) annonça la grande découverte du « magnétisme animal, principe de vie de tous les êtres organisés, ame de tout ce qui respire. » Il dirigeait le fluide en agitant ses mains; il le faisait passer dans une verge de fer, dans une corde, dans un baquet, dans un verre d'eau. A l'aide de cet agent imperceptible, impondérable, indéfinissable, il faisait rire, pleurer, dormir, tomber dans le délire, en syncope, en convulsions; il rendait somnambule, cataleptique, médecin, prophète. Aussitôt une foule de maçons s'empressèrent d'acheter son secret. On fit des expériences, et l'on arriva à penser que le fluide magnétique n'existait pas en réalité, et que les effets qu'on lui attribuait n'étaient qu'un « résultat du pouvoir d'un homme supérieur en perfection sur un autre homme moins parfait. » On crut dès-lors devoir choisir, pour exercer le magnétisme, des hommes éprouvés, qui se fussent en quelque sorte spiritualisés à ce point qu'ils pussent « magnétiser par la grâce divine, par la force de la foi et de la volonté. » Ces idées conduisirent, en 1783, à l'établissement d'une société, qui se forma à Paris, sous le titre d'*ordre de l'Harmonie universelle,* et qui était destinée à purifier les adeptes par l'initiation, et à les rendre ainsi plus aptes à pratiquer et à propager la doctrine du docteur allemand.

On comprend que, du moment que la crédulité des maçons en était arrivée à accueillir de pareilles chimères, les loges devaient être une terre de promission pour tous les charlatans qui unissaient à quelque adresse l'art de mentir effrontément. Aussi, à cette époque singulière, où la foi et l'incrédulité se confondaient dans les mêmes esprits, où l'on niait Dieu, à l'instant même où l'on avait une créance entière dans la puissance du démon, les charlatans de toute espèce ne firent-ils point défaut.

C'est ainsi, par exemple, qu'un intrigant, appelé dans le monde le comte Saint-Germain, se vit entouré d'une vogue extraordinaire. Il se donnait deux mille ans d'âge, et racontait avec une bonhomie parfaite qu'aux noces de Cana, il s'était trouvé à table à côté de Jésus-Christ. Admis dans les loges, il y vendait un élixir qui procurait l'immortalité; mais la mort de quelques personnes qui en avaient fait usage ayant inspiré des doutes sur l'efficacité

---

(1) François-Antoine Mesmer naquit à Weil, dans le grand-duché de Bade, en 1734; il est mort à Mersbourg, à peu près oublié, en 1815.

de la magique liqueur, il vit qu'il n'y avait plus rien à faire en France, et il alla chercher fortune à Hambourg. Recueilli ensuite par le landgrave de Hesse-Cassel, il mourut à Schleswig, en 1784, en dépit de son élixir d'immortalité.

Le plus habile de tous ces imposteurs fut Joseph Balsamo, connu à Paris sous le nom de comte de Cagliostro, et, à Venise, sous celui de marquis de Pellegrini. Né en Sicile, en 1748, de parents obscurs, il eut une jeunesse déréglée, qu'il déshonora par des escroqueries. Il fut obligé de fuir de Palerme, et il passa sur le continent, où il joua tous les rôles et fit beaucoup de dupes. Après avoir parcouru différentes contrées de l'Europe et une partie de l'Asie, il revint à Naples, avec des lettres de recommandation du grand-maître de Malte. De là, il se rendit à Rome; il y épousa la belle Lorenza Feliciani, dont il pervertit la vertu, et qu'il poussa par la violence à l'adultère, pour se faire une ressource de ses charmes. Il entreprit avec elle de nouveaux voyages en Italie, en Espagne, en Portugal, en Allemagne, en Angleterre, en Russie, en Pologne, en Hollande, en Suisse et en France. On le vit tour à tour sous l'habit de pèlerin, sous le frac militaire, et mener un train de grand seigneur, avec une nombreuse suite de courriers, de laquais, de domestiques de tout genre, vêtus des plus riches livrées. A Paris, il habite un hôtel somptueux; il ouvre de vastes salons, où se presse la société la plus élégante et la plus illustre; il se présente comme possesseur de secrets surnaturels : il a la science de prolonger la vie à l'aide la pierre philosophale; il connaît des combinaisons pour gagner à coup sûr à la loterie; il sait composer une eau et une pommade qui effacent les traces de la vieillesse. Ses recettes, qu'il vendait à prix d'or, trouvèrent d'innombrables chalands; et lorsque les acheteurs se plaignaient de n'avoir pas obtenu les résultats annoncés, il avait l'art de leur persuader que ce défaut de succès avait pour cause, ou leurs péchés, ou leurs murmures, ou leur manque de foi en ses paroles. Il savait les éblouir, entretenir leur crédulité. Il n'y avait aucune assertion, quelque absurde qu'elle fût, qu'il ne leur fît accepter. A ceux-ci, il disait, et ils le croyaient, qu'il était né vers le temps du déluge, qu'il avait vu Jésus-Christ; à ceux-là, qu'il était le fils du grand-maître de Malte et de la princesse de Trébisonde, ou qu'il descendait de Charles-Martel, chef de la race des Carlovingiens. D'autres fois, il gardait sur sa condition et sur son origine un silence mystérieux, et répondait aux gens qui l'interrogeaient sur ce point : « Je suis celui qui est; » ou bien encore il dessinait son chiffre, figuré par un serpent qui était percé d'une flèche et avait une pomme dans la bouche. Il déploya tant d'habileté qu'on en vint à le regarder comme un nouveau prophète, comme une image de la divinité. Il fut entouré, par des hommes de tous les rangs, des témoignages de la plus profonde vénération, des marques de la soumission la plus servile. On reproduisit son portrait et celui de sa femme sur des tabatières, sur des éventails, sur des bagues ; des femmes les portèrent à leur cou sous forme de de médaillon. On vit son buste figurer dans les palais des plus grands seigneurs, avec cette inscription : le divin Cagliostro. Ses paroles étaient des oracles. A Varsovie, il extorque de fortes sommes à un prince polonais, en lui promettant de soumettre le diable à ses volontés. A Strasbourg, il exerce un empire absolu sur le cardinal de Rohan. Sa femme lui avait aidé à obtenir ce résultat. « Je veux, lui avait-il dit, m'emparer de sa tête ; tu feras le reste. » C'est par suite de ses relations avec ce prélat qu'il fut compromis dans l'affaire du collier, mis à la Bastille, acquitté par le parlement, faute de preuves, et renvoyé de France par ordre de Louis XVI.

Cagliostro avait été reçu maçon en Allemagne, et il s'était fait initier à tous les mystères enseignés dans les loges de ce pays. Il est l'inventeur ou le propagateur d'une nouvelle maçonnerie, appelée *rite égyptien*, dont il puisa l'idée dans quelques manuscrits qu'il acheta par hasard à Londres, et qui avaient appartenu à un certain Georges Cofton, qu'il ne connaissait pas. Dans la suite, il assura lui-même qu'il s'était contenté d'élaguer de ce rite les pratiques magiques et superstitieuses qu'il y avait trouvé mêlées.

Le grand Cophte (c'est ainsi qu'il s'appelait) promettait à ses sectateurs de les conduire à la perfection, à l'aide de la régénération physique et de la régénération morale. Par la régénération physique, ils devaient trouver la matière première, ou la pierre philosophale, et l'acacia, qui maintient l'homme dans la force de la jeunesse et le rend immortel. Par la régénération morale, il procurait aux adeptes un pentagone, ou feuille vierge, sur laquelle les anges ont gravé leurs chiffres et leurs sceaux, et dont l'effet est de ramener l'homme à l'état d'innocence dont il s'est éloigné par le péché originel.

Les hommes et les femmes étaient admis aux mystères du rite égyptien ; et, quoiqu'il y eût une maçonnerie distincte pour chaque sexe, cependant les formalités étaient à peu près les mêmes dans les deux rituels. La hiérarchie se composait de trois grades : *apprenti, compagnon* et *maître* égyptiens.

Dans le rituel de la réception aux deux premiers grades, les néophytes se prosternent à chaque pas devant le vénérable, comme pour l'adorer. Ce ne sont ensuite qu'aspirations, insufflations, encensements, fumigations, exorcismes.

Dans la réception d'un homme au grade de maître, on introduit un jeune garçon ou une jeune fille, qui doit être dans un état de parfaite innocence, et qu'on appelle *pupille* ou *colombe*. Le vénérable lui communique la puissance qui appartenait à l'homme avant la chute de notre premier père, et qui consiste particulièrement à commander aux purs esprits. Ces es-

prits, au nombre de sept, entourent le trône de la divinité et sont prépos
au gouvernement des sept planètes. La colombe, vêtue d'une longue ro
blanche ornée de rubans bleus, et décorée d'un cordon rouge, est condui
devant le vénérable. En ce moment, les membres de la loge adressent à Di
une invocation, afin qu'il daigne permettre que le chef de la loge exerce
pouvoir qu'il lui a remis. De son côté, la colombe prie l'Être suprême
lui donner la grâce d'opérer suivant les ordres du vénérable, et de servir
médiatrice entre lui et les esprits. Le vénérable lui souffle alors sur le visag
en prolongeant le souffle depuis le front jusqu'au menton; il ajoute que
ques paroles sacramentelles; après quoi, la colombe est renfermée dans
tabernacle. On appelle ainsi un lieu séparé du temple, situé derrière et a
dessus du trône du président, tendu de blanc, au milieu duquel est une peti
table, où brûlent trois bougies. Il s'y trouve aussi une banquette pour que
pupille puisse s'asseoir; et l'on y a pratiqué une fenêtre par laquelle el
fait entendre sa voix. Lorsque la pupille est entrée dans ce tabernacle,
vénérable répète la prière, et il ordonne aux sept esprits d'apparaître a
yeux de la colombe. Au moment où elle lui annonce qu'elle voit les ange
il la charge de demander à un d'eux, qu'il lui désigne par son nom, si
candidat possède les qualités requises pour arriver au grade de maître. S
la réponse affirmative, d'autres cérémonies sont accomplies, et la réceptio
s'achève à peu près comme dans la maçonnerie ordinaire.

Lorsque c'est une femme que l'on reçoit à la maîtrise, ce n'est plus le v
nérable qui préside; c'est la *maîtresse-agissante*. Celle-ci prend le nom
reine de Saba; les douze plus anciennes maîtresses sont qualifiées de s
bylles. La loge est tapissée en bleu-ciel étoilé d'argent; le trône, élevé d
sept marches, est surmonté d'un dais de soie blanche avec des lys d'argen
Les hommes sont admis à la séance en qualité de visiteurs. La récipier
daire introduite, on la fait agenouiller, ainsi que tous les assistants. Pe
dant ce temps, la maîtresse-agissante reste debout; et, levant les yeux et l
mains au ciel, elle se recommande à Dieu; puis, sur un signal qu'elle fa
en frappant sur l'autel un coup du glaive qu'elle tient à la main, tous l
assistants se relèvent, à l'exception de la récipiendaire, à qui l'on dit de s
prosterner la face contre terre, et qui prononce ensuite à haute voix, e
français, le psaume *Miserere mei Deus*. Le psaume achevé, la grande-ma
tresse dit à la colombe de faire apparaître un ange qu'elle lui désigne; el
lui fait demander s'il est permis que la récipiendaire soit purifiée. La ré
ponse étant affirmative, trois sœurs chantent en français le *Veni Creato*
On fait placer la néophyte au milieu de trois cassolettes, et sa purification
lieu en jetant sur la flamme de l'encens, de la myrrhe et du laurier. « L
richesses sont le premier présent que je vais vous faire, » lui dit alors la ma

tresse-agissante ; et, prenant quelques feuilles d'or dans un vase, elle les dissipe par son souffle. La maîtresse des cérémonies ajoute : « Ainsi passe la gloire du monde! » On fait boire ensuite à la récipiendaire le breuvage d'immortalité ; on la fait agenouiller au milieu de la loge en face du tabernacle, et la pupille ordonne aux anges primitifs de consacrer, en les faisant passer par leurs mains, les ornements destinés à la néophyte. On évoque Moïse, qui bénit chaque ornement. Placée au milieu de la loge, la récipiendaire est décorée du cordon, du tablier, des gants ; et la grande-maîtresse dépose sur sa tête une couronne de roses. C'est cette formalité qui termine la réception.

Les épreuves auxquelles il fallait se soumettre, pour opérer la régénération morale, consistaient à s'enfermer dans un pavillon placé sur le sommet d'une montagne, et à s'y livrer, pendant un temps déterminé, à divers exercices mystiques. L'opération terminée, on acquérait la faculté de communiquer visiblement avec les sept anges primitifs ; on était doué d'un esprit rempli du feu divin, d'une pénétration sans bornes, d'un pouvoir immense ; on possédait le pentagone ! Quant à la régénération physique, par laquelle le sujet acquérait un corps aussi pur que celui de l'enfant le plus innocent, pouvait arriver à « la spiritualité de 5587 années, » ou prolonger sa vie saine et tranquille jusqu'à ce qu'il plût à Dieu de l'appeler auprès de lui, elle s'obtenait au moyen de la recette suivante. Il fallait aller tous les cinquante ans, pendant la pleine lune de mai, à la campagne, avec un ami, et y observer une diète austère. On restait dans une alcôve ; on ne prenait qu'un potage et quelques herbes rafraîchissantes chaque jour, en ayant soin de ne boire que de l'eau distillée, ou de celle qui tombe du ciel. On devait commencer tous ses repas par le liquide et les finir par le solide. Au dix-septième jour, on se faisait légèrement saigner. On prenait six gouttes blanches à son lever et autant à son coucher, en augmentant la dose de deux gouttes par jour jusqu'au trente-deuxième. Alors on se faisait saigner de nouveau, à l'instant où le soleil commençait à poindre. On s'enveloppait dans ses draps, et on ne quittait plus le lit jusqu'à la fin du traitement. Arrivé à ce point de l'opération, on avalait « le premier grain de la matière première ; celui-là même que Dieu créa pour rendre l'homme immortel, et dont le péché originel a fait perdre la connaissance. » Il arrivait d'abord que le sujet était privé de la parole et de la raison l'espace de quelques heures ; mais il éprouvait bientôt des convulsions assez fortes, des transpirations abondantes ; et « il n'évacuait pas mal. » Après cette crise, il changeait de lit, et prenait un bon consommé. « En continuant à peu près de la sorte pendant les huit autres jours, il se trouvait, au bout de la quarantaine, frais et dispos ; en un mot, tout-à-fait rajeuni et régénéré. » Quelques personnes eurent la folie de se soumettre aux prescriptions indiquées pour la régénération physique ; mais, comme on le pense bien, elles ne purent les accomplir jusqu'au bout.

Cagliostro aimait à raconter les prodiges qu'il avait opérés à l'aide de son art surnaturel, ou plutôt par l'assistance du Très-Haut, qui lui avait remis une partie de sa puissance, dans l'intérêt de l'humanité. C'est surtout par l'entremise de la colombe qu'il produisait les plus éclatants miracles. A ce propos, il nous apprend lui-même qu'ayant trouvé des incrédules à Mittau, il plaça le fils d'un grand seigneur devant une table où était une carafe d'eau entourée de plusieurs bougies allumées. Il exorcisa l'enfant, lui imposa la main sur la tête ; et, tous deux, ils invoquèrent les lumières du Saint-Esprit (1). Le charme ne tarda pas à opérer : l'enfant aperçut un jardin dans le cristal de la carafe ; il y vit l'archange Michel. L'assemblée était confondue d'étonnement. Le père de l'enfant désira savoir ce que faisait sa fille, qui se trouvait alors à quinze milles de Mittau. Le jeune inspiré déclara que sa sœur descendait en ce moment l'escalier du château, et qu'elle embrassait un autre de ses frères. Il y eut ici un moment d'incrédulité, attendu que le jeune homme dont il était question devait être éloigné de cent milles de l'endroit où son frère prétendait le voir. « On vérifia le fait, ajoute Cagliostro ; et il se trouva parfaitement exact. »

C'est en Courlande, en 1779, qu'on voit pour la première fois Cagliostro faire usage de ses rites maçonniques. Il y ouvrit une loge d'adoption et y reçut plusieurs dames, particulièrement Mme de Recke, dont il espérait employer l'influence pour arriver jusqu'à l'impératrice Catherine. Séduite pendant quelque temps par les tours surprenants du jongleur sicilien, elle l'admit dans son intimité ; mais, reconnaissant enfin l'immoralité et la bassesse de cet imposteur, elle se fit un devoir de le dénoncer au public.

Ce contre-temps n'empêcha pas Cagliostro de venir à Strasbourg dans la même année, et d'y fonder une loge selon le rite égyptien. L'année suivante, au mois de mai, il en institue une autre à Varsovie. Là, il offre à ses adeptes d'opérer le grand-œuvre en leur présence. On lui prête à cet effet une maison de campagne. De nombreuses dupes assistent à ses expériences, et en suivent les diverses phases avec une vive anxiété. Après vingt-cinq jours de travaux, il leur annonce que, le lendemain, il cassera l'œuf philosophique, et leur montrera le succès de la transmutation. Mais, ce grand jour venu, on apprend avec stupéfaction que Cagliostro s'est sauvé, emportant des diamants de prix et une somme d'or considérable.

Après cette escroquerie, il ne prend pas le soin de se cacher. Il arrive à

(1) *Voyez* planche n° 13.

SÉANCE MAGIQUE DE CAGLIOSTRO.

Lyon, en 1782, et y fonde une mère-loge du rite égyptien, sous le titre de la *Sagesse-Triomphante*. Il vient ensuite à Paris, et y établit, en la même année, une *Loge-Mère d'adoption de la haute maçonnerie égyptienne*. Il y fait de nombreux et illustres prosélytes, et décide, en 1784, le prince de Montmorency-Luxembourg à accepter la dignité de grand-maître protecteur de son rite.

Expulsé de Paris en 1786, il se réfugie à Londres, autrefois le théâtre de ses opérations magiques. Là, il essaie de renouer avec ses adeptes, et il fait insérer dans le *Morning-Hérald* un avis annonçant « que le temps est venu de commencer la construction du nouveau temple de Jérusalem », et invitant « tous les véritables maçons de Londres à se réunir, au nom de Jéhova, le seul dans lequel est une divine trinité, dans la soirée du 3 novembre 1786, à la taverne de Reilly, Great-Queen-street, à l'effet de former un plan, et de poser la première pierre fondamentale du véritable temple dans ce monde visible ». L'assemblée eut lieu et fut très nombreuse; et peut-être Cagliostro eût-il exploité la crédulité publique en Angleterre avec autant de succès qu'il l'avait fait en France, si, malheureusement pour lui, entre autres assertions étranges, il n'avait avancé que les habitants de Médine se délivrent des lions, des tigres et des léopards, en chassant dans les forêts des porcs engraissés avec de l'arsenic, qui sont dévorés par ces bêtes féroces et leur donnent la mort. Le rédacteur du *Courrier de l'Europe,* appelé Morand, rapporta l'assertion de Cagliostro et la commenta d'une façon plaisante. Son article amusa et fit du bruit : Cagliostro sentit qu'il fallait payer d'audace; mais il commit une nouvelle faute. Il porta un défi à Morand : il l'invita, par la voie des journaux, à venir manger avec lui, le 9 novembre, un cochon de lait engraissé à la manière arabe, pariant cinq mille guinées qu'il ne serait point incommodé de ce repas, et que Morand en mourrait empoisonné. Le journaliste fit, de ce cartel singulier, le texte de nouvelles plaisanteries. Furieux, Cagliostro, dont l'habileté baissait évidemment, répondit aux brocards de Morand par des injures. Mais il avait affaire à un rude champion. Le journaliste, cessant de le railler, lui porta des coups plus terribles; il raconta sa vie passée, ses escroqueries, ses jongleries, la bassesse de son caractère. Cette violente philippique fit ouvrir les yeux aux nombreuses dupes de Cagliostro. Une foule de créanciers le poursuivirent à outrance, et il fut obligé de quitter Londres furtivement pour échapper à la prison. Il passa sur le continent; parcourut la Suisse, qui ne lui offrit point de ressources; se rendit dans les états du roi de Sardaigne, qui lui fit intimer l'ordre d'en sortir sans délai. En Autriche, il essaya de se livrer à la médecine empirique; mais l'autorité y mit empêchement. Enfin, ne sachant plus où porter ses pas, il se détermina à aller à Rome, où il arriva porteur de lettres de recommandation de l'évêque de Trente, à qui il avait persuadé que, repentant de ses erreurs passées, il était résolu de rentrer dans le sein de l'église.

A Rome, il vécut avec une circonspection extrême. N'osant s'y occuper de maçonnerie, il tenta de s'y créer des moyens d'existence, à l'aide de la médecine; mais il ne fit qu'aggraver les maux des personnes qui s'adressèrent à lui, et il eut bientôt perdu tout crédit. A bout d'expédients, il écrivit à ses disciples de l'étranger pour leur demander des secours; il ne reçut point de réponse. Peu après son arrivée, il s'était lié avec des francs-maçons de Rome; il avait cependant évité d'assister à leurs assemblées. Mais, manquant d'argent, la nécessité fut plus forte que la crainte : il proposa à deux personnes, qu'il supposait appartenir à la maçonnerie, de leur communiquer les secrets magiques de son rite égyptien. Ces prétendus maçons se soumirent au cérémonial de la réception, se laissèrent insuffler, exorciser, encenser; mais, quand il fut question de payer cinquante écus romains, prix convenu de la réception, ils ne reparurent plus. Ces deux hommes étaient des espions de police. Profitant des renseignements qu'ils avaient obtenus, ils signalèrent à l'inquisition, et l'existence de francs-maçons à Rome, et les pratiques de Cagliostro. Le 27 décembre 1789, les familiers du Saint-Office envahirent une maison du quartier de la Trinité-du-Mont, où se réunissait la loge des *Amis sincères*. Les frères trouvèrent le moyen de s'échapper; mais les archives, la correspondance et le matériel de la loge furent saisis. Dans le même moment, on arrêtait Cagliostro et on l'enfermait dans les prisons du château Saint-Ange. Il y resta près de deux années avant d'être jugé. Enfin, le 7 avril 1791, l'inquisition prononça sa sentence. Atteint et convaincu de plusieurs crimes, notamment d'avoir encouru les censures et les peines portées contre les hérétiques formels, les dogmatisants, les hérésiarques, les maîtres et les disciples de la magie superstitieuse, etc., et, en conséquence, mérité la mort, il était néanmoins, à titre de grâce spéciale, condamné seulement à un emprisonnement perpétuel, à faire abjuration de ses hérésies et à subir des pénitences salutaires. Son livre, ayant pour titre : *Maçonnerie égyptienne*, était solennellement condamné, comme contenant des rites et un système séditieux, superstitieux, blasphématoires, impies et hérétiques, à être brûlé publiquement par la main du bourreau. Ce jugement fut exécuté. Peu de temps après, Cagliostro demanda à faire pénitence de toutes ses fautes, et sollicita un confesseur, pour en faire l'aveu complet. On lui envoya un capucin. Lorsqu'il eut achevé sa confession, il supplia le moine, qui ne se le fit pas dire deux fois, de lui donner la discipline avec son cordon. Mais à peine le révérend père avait-il commencé ce pieux office, que le pénitent saisit le cordon, se jeta sur le capucin, et s'efforça de l'étrangler.

Il avait dessein de se couvrir de son froc, et de se sauver à la faveur de ce déguisement. Mais il avait affaire à un adversaire vigoureux ; le capucin lutta avec avantage contre Cagliostro, appela à son aide ; les gardiens accoururent ; et, depuis ce moment, le prisonnier fut étroitement gardé. C'est la dernière fois qu'il soit fait mention de lui. On pense qu'il mourut dans son cachot, à peu près vers cette époque.

Toutes les aberrations d'esprit dont l'histoire de la maçonnerie en France nous offre de si singuliers exemples se reproduisirent dans les loges de l'Allemagne, et y furent même poussées à un degré de déraison encore plus grand. L'imagination rêveuse des Allemands, leur amour du merveilleux, les rendaient plus propres que d'autres à accueillir tous les systèmes et à devenir la proie de tous les charlatans.

Les premières innovations qui s'introduisirent dans la maçonnerie allemande datent de l'année 1739. A cette époque, fut établie la *confrérie des frères Moraves de l'ordre des religieux francs-maçons,* appelée aussi l'*ordre de la graine de Sénevé.* Les mystères de cette association reposaient sur le passage de l'évangile de saint Marc où Jésus compare le royaume de Dieu à un grain de sénevé, qui, bien que la plus petite de toutes les semences, pousse néanmoins de si grandes branches, que les oiseaux du ciel peuvent se reposer sous son ombre. Les frères portaient pour bijou une bague d'or, sur laquelle était gravée cette devise : « Aucun de nous ne vit pour soi-même ». Ils portaient aussi, suspendue à un ruban vert, une plante de sénevé sur une croix d'or, avec ces mots : « Qu'était-elle auparavant ? Rien ».

Il avait existé, au commencement du XVIIe siècle, une société qui, sous le nom de *frères de la Rose-Croix,* s'occupait de chimie et de médecine occultes. Les membres de cette association prétendaient posséder l'art de la transmutation des métaux, et celui, plus désirable encore, de guérir toutes les maladies, au moyen d'un remède unique ; de prolonger la vie au-delà de ses limites naturelles, et de donner en quelque sorte l'immortalité. Les frères de la Rose-Croix eurent des établissements sur tous les points de l'Europe ; et, lorsque la franc-maçonnerie parut, ils ne tardèrent pas à y introduire leurs vaines pratiques. En Allemagne, ils se perpétuent jusqu'en 1750, année en laquelle ils cessent leurs réunions, par suite de la mort de leur chef, appelé Brun. Mais l'alchimie offrait aux charlatans une source trop précieuse, pour qu'ils la laissassent se tarir ; aussi ne tardèrent-ils pas à rétablir les loges hermétiques. Ces loges furent bientôt nombreuses, parce que leurs mystères excitaient au plus haut point la curiosité, la sensualité et l'avarice, dont les germes existent, à l'état latent, dans cœur de l'homme, où il est toujours facile de les développer. L'association des Rose-Croix, organisée en grand par une sorte de commandite de fripons, devint formidable en Allemagne ; elle s'y partagea, selon les constitutions des jésuites, en différents corps, gouvernés chacun par un chef particulier, sous la direction suprême d'un chef général. Ses grades, au nombre de neuf, étaient appelés *zelator, theoricus, practicus, philosophus, adeptus junior, adeptus major, adeptus exemptus, magister templi, magus.* C'est du moins ce qui résulte d'un livre publié en 1763, où se trouvent consignés ses constitutions, ses formulaires d'initiations, etc.

Une scission de cette société forma, en 1777, l'association des *frères de la Rose-Croix d'or*, dont les degrés d'instruction ne se composèrent plus que de trois grades. Celle-ci fut fort nombreuse en Allemagne, et elle s'étendit dans les pays voisins, particulièrement en Suède. Elle prétendait être dirigée par des supérieurs inconnus, qu'elle disait exister, tantôt dans l'île de Chypre, tantôt à Naples, à Florence ou en Russie. Un de ses chefs connus était, en 1784, à Ratisbonne, le baron de Westerode.

Une dernière scission des Rose-Croix allemands s'établit, vers 1780, en Autriche et en Italie, sous la dénomination de *frères initiés de l'Asie.* La nouvelle association avait pour but l'étude des sciences naturelles et la recherche de l'élixir d'immortalité ; mais elle s'interdisait tout procédé alchimique ou magique tendant à la transmutation des métaux. Ses principaux fondateurs étaient le baron Ecker d'Eckhoffen, le professeur Spangenberg, et le comte Wrbna. Cette congrégation qui, de même que les autres sociétés de Rose-Croix, était en correspondance avec les loges hermétiques de France, n'eut qu'une existence fort courte. En 1785, elle fut inquiétée par la police ; et, plus tard, un écrivain allemand, appelé Rolling, lui porta le coup de mort, en révélant ses mystères dans un écrit publié en 1787.

Aux pratiques alchimiques, quelques novateurs ajoutèrent les prestiges de la magie ; ils promirent à leurs adeptes de les mettre en rapport avec les anges infernaux et avec les puissances célestes. Non-seulement ils s'engageaient à prolonger leur vie d'un nombre infini de siècles, mais encore ils se faisaient forts de tirer les morts des tombeaux, et de les rendre à l'existence. Au nombre de ces imposteurs, était Schrœpfer, limonadier à Leipzig. Il institua, en 1768, dans sa propre maison, une loge où il faisait voir des revenants par quelque adroite jonglerie. Une loge de la même ville ayant paru douter de la réalité des prodiges qu'il opérait, il l'accusa d'hérésie et alla l'insulter, le pistolet au poing. Un prince saxon, non moins incrédule, prit fait et cause pour la loge outragée, et lui fit appliquer des coups de bâton, dont il fut contraint de donner quittance. Schrœpfer, qui, du reste, était homme d'esprit, ferme alors son établissement, se rend à Dresde sous le nom emprunté de comte de Stainville, colonel français, s'introduit près du prince qui l'avait fait battre, et se venge de lui en lui montrant des reve-

Pl.14.

arvy del. et Sculp!

MORT DU FRÈRE SCHRŒPFER – 1774.

Publié par Pagnerre.

nants. Démasqué bientôt par l'envoyé de France, il revint à Leipzig, et y reprit le cours de ses opérations magiques. Il promit à ses adeptes des merveilles qu'il ne put accomplir; et, comme ils le pressaient de tenir ses engagements, il les conduisit dans le bois, appelé le Rosenthal, près de Leipzig, et se brûla la cervelle en leur présence, pour se tirer d'embarras (1).

Un autre imposteur, nommé Schrœder, qui avait fondé à Marbourg, en 1766, un chapitre des *vrais et anciens maçons Rose-Croix*, ouvrit, en 1779, dans une loge de Sarrebourg, une école de magie, de théosophie et d'alchimie. C'était un jongleur aussi habile que hardi, et il mérita le surnom de Cagliostro de l'Allemagne. Le système dont il est l'inventeur, et qu'on appelle le *rite de Schrœder*, est encore pratiqué par deux loges de Hambourg.

Les innovations que nous venons de relater appartenaient en propre aux maçons allemands. Celles qui avaient été introduites dans la maçonnerie française avaient également trouvé accès dans les loges germaniques. Pendant la guerre de sept ans, des prisonniers français, notamment les marquis de Bernez et de Lornay, apportèrent dans la loge aux *Trois Globes* de Berlin, qui les adopta, les grades de la réforme du Chapitre des empereurs d'Orient et d'Occident. Peu après, Rosa, ministre luthérien destitué, arriva de Paris avec un plein chargement de rubans, de tabliers et d'autres ornements propres aux nouveaux grades. Cette provision fut bientôt épuisée, et il fallut qu'il la renouvelât sans délai, pour satisfaire à l'empressement des maçons de Berlin. Le baron de Prinzen, qui présidait la loge aux *Trois Globles*, envoya Rosa propager la maçonnerie écossaise dans les loges de toutes les parties de l'Allemagne, et lui donna pour instructions de déterminer, s'il était possible, ces ateliers à se ranger dans la juridiction de la grande loge dont il était le chef. Pendant trois ans, Rosa s'occupa de cette mission, et obtint une réussite complète dans toutes les villes où il se présenta. Il poussa ses excursions jusqu'en Danemark et en Hollande, et n'y eut pas moins de succès. En Suède, il fut moins heureux; les loges de ce pays refusèrent d'adopter les hauts grades français et de reconnaître la suprématie de la Grande-Loge aux *Trois Globes*. Toutefois, la révolution maçonnique ne s'opéra pas, en Allemagne, sans éprouver quelques vives résistances. Plusieurs loges, entre autres celles de Francfort-sur-Mein, de Brunswick, de Wetzlar, et celles qui dépendaient de la Mère-Loge *Royale-Yark*, à *l'Amitié*, de Berlin, s'entendirent pour résister aux prétentions de la Grande-Loge aux *Trois Globes*, et déclarèrent solennellement vouloir s'en tenir à l'exercice du système anglais.

Sur ces entrefaites, le baron de Hund introduisit d'autres innovations en

_____

(1) *Voyez* planche n° 14.

Allemagne. Il avait été reçu maçon à Francfort-sur-Mein, en 1742, et il était venu, en 1754, à Paris, où il s'était fait initier dans les hauts grades du Chapitre de Clermont. La fable d'un de ces grades, dont la première idée appartenait à Ramsay, présentait l'ordre du Temple comme toujours subsistant et s'étant perpétué dans le secret depuis son abolition par Philippe-le-Bel. Le baron adopta ce système avec ardeur ; il le modifia et en fit une maçonnerie complète, partagée en différents degrés d'initiation, qu'il appela l'*ordre de la Stricte-Observance.* Cet ordre embrassait un vaste territoire, divisé en neuf provinces, qui comprenaient toutes les contrées de l'Europe. Les chevaliers se donnaient entre eux des noms caractéristiques : ainsi, le baron de Hund se nommait *Eques ab ense ;* le margrave d'Anspach-Bayreuth, *Eques à monimento,* etc.

Suivant le novateur, deux chevaliers, Noffodei et Florian, furent punis pour leurs crimes, en l'an 1303, et les commanderies dont ils étaient pourvus leur furent retirées. Ils s'adressèrent au grand-maître provincial du Mont-Carmel, et lui demandèrent de nouvelles commanderies, qu'il leur refusa. Irrités de ce refus, ils l'assassinèrent dans sa maison de campagne, près de Milan, et cachèrent son cadavre sous des broussailles. Là ne s'arrêta pas leur vengeance. Ils vinrent à Paris, et accusèrent les templiers des crimes les plus horribles. Cette dénonciation entraîna la dissolution de l'ordre du Temple, et le supplice du grand-maître, Jacques Molay. Après cette catastrophe, le grand-maître provincial de l'Auvergne, Pierre d'Aumont, deux commandeurs et cinq chevaliers parvinrent à mettre leurs jours en sûreté. Ils se dirigèrent sur l'Écosse ; et, pour n'être point reconnus en chemin, ils s'affublèrent du costume des ouvriers maçons. Débarqués heureusement dans une île écossaise, ils y trouvèrent le grand-commandeur Hampton-Court, Georges de Harris, et plusieurs autres frères, avec lesquels ils résolurent de continuer l'ordre. Aumont, premier du nom, fut nommé grand-maître dans un chapitre tenu le jour de Saint-Jean 1313. Pour se soustraire aux persécutions, les frères adoptèrent des symboles pris de l'architecture, et se qualifièrent maçons libres ou francs-maçons. En 1361, le grand-maître du Temple transporta son siége à Old-Aberdeen ; et, à partir de ce moment l'ordre se répandit, sous le voile de la maçonnerie, en Italie, en Allemagne, en France, en Portugal, en Espagne et ailleurs. Ce thème principal faisait le sujet de plusieurs des grades de la Stricte-Observance ; les autres reposaient sur l'alchimie, la magie, la cabale, les évocations et d'autres pratiques superstitieuses.

De retour en Allemagne, le baron de Hund fit part à quelques-uns de ses amis des pouvoirs dont il était investi, et qui l'autorisaient à propager le système de la Stricte-Observance. Il disait avoir été reçu templier en France par Charles-Édouard Stuart, grand-maître général de l'ordre, et avoir été nommé grand-maître de la septième province en remplacement de M. Marshall, qui lui avait transmis sa qualité par un diplôme écrit en caractères inconnus, revêtu de sa signature et accompagné d'une liste de tous les grands-maîtres de l'ordre depuis Jacques Molay. Plus tard, on découvrit que ces pièces étaient fabriquées, et que le prétendant, loin d'avoir reçu templier le baron de Hund avait, au contraire, été reçu templier par lui. Au reste, plusieurs loges s'empressèrent d'adopter la nouvelle maçonnerie, et nommèrent grand-maître le duc Ferdinand de Brunswick.

En 1765, Johnson, Allemand de naissance, mais qui aimait à se faire passer pour Anglais, se présenta aux maçons de la Stricte-Observance, prétendant être envoyé par le chapitre des chevaliers templiers d'Old-Aberdeen, à l'effet d'enseigner aux Allemands les vrais secrets de la franc-maçonnerie. Le 6 novembre, il fait brûler au son des trompettes et d'une musique guerrière tous les écrits et circulaires publiés par la Mère-Loge aux *Trois-Globes,* ou par Rosa, son délégué, comme contenant des principes faux et erronés. Dans le mois de décembre, il envoie le procès-verbal de cette opération aux chapitres établis par Rosa, et leur propose d'adopter son système. Quelques-uns accueillent ses offres et lui adressent, biffées ou déchirées, les constitutions qu'ils avaient reçues de la loge aux *Trois-Globes.* L'année suivante, le 11 juin, il convoque à Iéna un convent dans lequel il déclare qu'il a seul le droit de créer des chevaliers du temple; qu'il tient ce pouvoir des supérieurs inconnus résidant en Écosse; que ces chefs de l'ordre possèdent les trésors des hautes sciences, et qu'ils sont prêts à les communiquer, pourvu que les loges adoptent les règles de la Stricte-Observance. Il ajoute qu'il existe en Italie et dans l'Orient d'autres supérieurs inconnus qui se montreront quand il en sera temps. Le baron de Hund assistait à ce convent; il vit avec peine que Johnson allait jouer dans les loges un rôle important, et que par suite il se trouverait effacé. Dès ce moment, il rechercha l'origine de cet homme, et il ne tarda pas à découvrir et à publier que son vrai nom était Becker; qu'il avait été autrefois secrétaire du duc de Bernbourg, dont il avait trahi la confiance; qu'ensuite, sous le nom supposé de Leucht, il avait parcouru l'Allemagne pendant plusieurs années, et avait fait beaucoup de dupes; qu'en dernier lieu, attaché au service d'un seigneur courlandais, il lui avait dérobé des papiers, à l'aide desquels il avait commis de nouvelles escroqueries. Dénoncé, poursuivi et arrêté à Magdebourg, Johnson fut mis en jugement et condamné comme convaincu du vol d'une caisse publique et de fabrication de fausse monnaie. On l'enferma dans le château de Wartenbourg, où il mourut subitement, au mois de mai 1775.

Débarrassé de ce rival, le baron de Hund convoqua un convent à Altenbourg. Il avait promis des communications de la plus haute importance ; mais, lorsqu'il en vint à dévoiler ce grand secret, il répéta seulement ce qu'il avait dit cent fois : que tout vrai maçon est un chevalier templier. Les frères, qui s'attendaient à ce qu'il leur découvrirait au moins la science de la magie ou de la pierre philosophale, furent très désappointés en entendant cette prétendue révélation. Leur mécontentement s'exprima en termes fort vifs, et peu s'en fallut qu'il ne se séparassent à l'instant même. Cependant ils finirent par s'apaiser ; et, pour utiliser la réunion, diverses propositions furent improvisées. On arrêta notamment que l'ordre s'occuperait sérieusement de trouver les moyens d'acquérir des domaines temporels, afin de se donner de la consistance. Le baron abonda dans ce sens, et déclara qu'il faisait donation de tous ses biens après sa mort. Néanmoins quelques contrariétés qu'on lui fit éprouver, et l'empire qu'avait pris sur lui une dame dont il devint amoureux et pour laquelle il embrassa le catholicisme, le firent changer de résolution dans la suite.

Peu de temps après ces événements, il éclata à Vienne, en 1767, une scission dans l'ordre de la Stricte-Observance. Les dissidents, auxquels on donne le nom de *clercs de la Late-Observance*, ou de l'observance relâchée, se flattaient de posséder seuls les secrets de l'association et de connaître le lieu où étaient déposées les richesses des templiers. Ils s'attribuaient une prééminence non-seulement sur l'ordre de la Stricte-Observance, mais encore sur la maçonnerie ordinaire. L'objet de leur enseignement consistait à commander aux esprits, à chercher la pierre philosophale, à établir l'empire de mille ans. Leurs connaissances étaient distribuées en dix grades, ou degrés d'instruction, appelés *apprenti, compagnon, maître, frère africain, chevalier de Saint-André, chevalier de l'aigle* ou *maître élu, maître écossais, souverain mage, maître provincial de la croix rouge*, enfin *mage* ou *chevalier de la clarté et de la lumière*. Ce dernier grade était subdivisé en cinq parties, comprenant le *chevalier novice de la troisième année*, le *chevalier de la cinquième année*, le *chevalier de la septième année*, le *chevalier lévite* et le *chevalier prêtre*. Il fallait être catholique romain et avoir tous les grades militaires de la Stricte-Observance pour être initié aux secrets des clercs. Les membres de cet ordre disaient avoir des supérieurs inconnus ; mais les chefs patents de l'association étaient le baron de Raven, dans le Mecklenbourg ; le prédicateur Stark, à Kœnigsberg, etc.

Avant l'établissement de l'ordre de la Stricte-Observance, plusieurs loges de l'Allemagne, notamment un atelier d'Unwürden et un autre de Dresde avaient admis le système templier ; et le rite qu'on appelle *régime rectifié de Dresde* était en vigueur dans cette dernière ville dès l'année 1755. Les prétentions de ces divers corps ayant soulevé des différends, un convent fut assemblé à Brunswick, le 22 mai 1775, pour arriver à les concilier.

A ce convent, parut, entre autres personnages, le docteur Stark, théologien protestant, et un des clercs de la Late-Observance. Il avait été un des disciples les plus assidus de Schrœpfer, et il avait également suivi les opérations d'un certain Gugomos, qui avait paru dans la Haute-Allemagne et s'était dit envoyé de Chypre, par des supérieurs inconnus du Saint-Siège. Ce Gugomos se donnait les titres de grand-prêtre, de chevalier, de prince ; il promettait d'enseigner l'art de faire de l'or, d'évoquer les morts, et d'indiquer le lieu où étaient cachés les trésors des templiers. Mais bientôt on le démasqua ; il voulut fuir, on l'arrêta, et on lui fit rétracter par écrit tout ce qu'il avait avancé, et avouer qu'il n'était qu'un imposteur. Stark était passé maître en fait de magie, d'évocations, d'alchimie ; il disputa même la palme de la supériorité à Cagliostro en Courlande. Il déclara aux membres du convent qu'il se nommait Archidémides, *Eques ab aquila fulva;* qu'il était chancelier du grand chapitre d'Écosse ; qu'il était envoyé par ce corps suprême pour instruire les frères des vrais principes de l'ordre et leur communiquer ses sublimes secrets ; que le baron de Hund n'avait jamais possédé ces hautes connaissances, et qu'il en conviendrait lui-même dès qu'il aurait un entretien avec lui. Il ajouta que Johnson était un imposteur et probablement un meurtrier ; qu'en effet tout portait à croire que les papiers qu'il possédait, il se les était procurés en assassinant un missionnaire du chapitre d'Écosse, qui avait disparu. Enfin il annonça qu'il était disposé à remplir la mission dont il était chargé auprès des membres du convent, si, de leur côté, ils voulaient s'engager à garder un secret inviolable sur ce qu'il leur dévoilerait, et à se soumettre aveuglément aux lois qu'il pourrait leur dicter. Séduit par les offres de Stark, le baron de Hund acquiesça à tout, et il proposa de nommer une commission munie de pleins pouvoirs pour recevoir les communications du docteur. Mais le frère Schubart, trésorier de la Stricte-Observance, qui exerçait une grande influence sur les esprits, combattit cette mesure avec chaleur. Il représenta qu'avant de promettre une soumission aveugle à des supérieurs inconnus et à des exigences dont on ignorait la nature et l'étendue, il fallait au moins vérifier les pouvoirs qui autorisaient Stark à traiter avec l'assemblée. Cet avis prévalut ; mais ce fut en vain qu'on s'efforça d'obtenir du docteur l'exhibition de ses titres, et des éclaircissements sur les obligations qu'il prétendait imposer ; on ne tira de lui que la connaissance de quelques formules de réceptions insignifiantes. Les frères refusèrent donc d'en passer par où il voulait.

Mais, comme ils brûlaient du désir de connaître les secrets qu'il leur avait annoncés, ils envoyèrent des députés à Old-Aberdeen, pour tâcher de découvrir ces cavernes mystérieuses qui recélaient dans leurs flancs la su-

blime doctrine et les trésors des templiers. Comme déjà, depuis plusieur
années, ils avaient envoyé aux supérieurs inconnus d'Écosse, par l'entremise de leurs délégués prétendus, des contributions qui s'élevaient à plusieurs milliers de rixdalers, ils se croyaient en droit de réclamer ces éclaircissements. Cependant, lorsque les députés arrivèrent à leur destination,
ils apprirent, non sans surprise, que les maçons d'Old-Aberdeen ignoraient complètement qu'ils fussent dépositaires de secrets et de trésors; qu'ils
ne connaissaient que les trois grades de la maçonnerie ordinaire; et qu'ils
n'avaient reçu aucun des tributs qu'on disait leur avoir envoyés. Lorsqu'on
communiqua ces renseignements au docteur Stark, à l'insu de qui ils
avaient été pris, il éprouva quelque confusion; mais il n'en persista pas
moins à soutenir la réalité de ses pouvoirs. Il dit qu'il savait bien que les
frères d'Old-Aberdeen devaient être dans la plus grande ignorance de tout
ce qu'on leur avait demandé, puisque les documents dérobés par Johnson
étaient destinés à leur instruction et que ces documents ne leur avaient pas
été remis. Personne ne fut dupe de cette explication maladroite; toutefois le
docteur ne perdit pas toute créance et il conserva même une certaine autorité.

Les frères avaient aussi député en Italie le baron de Wachter pour faire
des recherches sur les secrets de l'ordre et sur les fameux trésors, parce
qu'ils avaient appris de Schrœpfer, du baron de Hund, de Stark et de plusieurs autres hâbleurs, que le secrétaire du prétendant, Aprosi, pourrait
leur communiquer des renseignements sur ce point. Wachter écrivit que
tout ce qu'on leur avait débité à cet égard était fabuleux; mais qu'il avait
connu à Florence des frères de la Terre-Sainte qui l'avaient initié à des secrets merveilleux dont il leur ferait part, s'ils voulaient se soumettre à quelques conditions qu'il leur indiquait. Ils avaient été si souvent trompés qu'ils
étaient devenus circonspects; et, à quelque terrible épreuve que fût mise
leur curiosité, ils ne se décidèrent point à accepter ces offres. Leur tentation
fut bien plus forte encore lorsque, Wachter étant de retour, ils virent que
cet homme, qui était parti pauvre, avait rapporté beaucoup de richesses. Ils
se persuadèrent que les frères asiatiques, dont il leur avait parlé, lui avaient
enseigné l'art de faire de l'or. Ils le poussèrent de questions sur ce sujet;
mais il ne voulut point répondre. Cependant comme on le harcelait sans
cesse pour lui arracher son secret, il rompit avec les frères et les laissa dans
leur incertitude.

Stark n'avait oublié ni l'opposition qu'il avait rencontrée dans Schubart,
ni la brèche faite à son crédit par les déclarations des frères envoyés en
Écosse et en Italie. Il se vengea du baron de Wachter en combattant l'adoption de sa doctrine par tous les moyens et notamment en insinuant qu'il était
un agent des jésuites. Il éleva des doutes sur la moralité de Schubart et il par-

vint à lui faire retirer la garde du trésor de l'ordre. Il alla plus loin encore : dans un écrit, intitulé : *La pierre du scandale*, il attaqua le système de la Stricte-Observance, comme hostile aux gouvernements et comme séditieux.

Ce n'était pas là la première attaque dont ce système avait été l'objet en Allemagne. Dès 1766, Zinnendorf, chirurgien en chef de l'état-major de Berlin, qui avait été reçu dans la Stricte-Observance par la loge d'Unwür-den, fut rayé des tableaux maçonniques par la Mère-Loge aux *Trois-Globes*, qui considérait cet ordre comme schismatique et avait jusqu'alors refusé de le reconnaître. Malgré cette interdiction, Zinnendorf n'en continua pas moins de pratiquer la maçonnerie templière, et il fonda à Postdam et à Berlin deux loges de ce régime. Bientôt cependant il abandonna cette maçonnerie, et en établit une nouvelle, à laquelle il donna son nom et dont il prétendait avoir reçu les pouvoirs, les cahiers et les instructions du duc de Sudermanie et de la Grande-Loge de Suède. A l'appui de son assertion, il produisait un titre écrit en caractères particuliers. Nous avons donné, dans notre statis-tique de la maçonnerie, la nomenclature des grades dont se compose ce rite, qui a, en effet, beaucoup d'analogie avec le rite suédois; et est basé, comme celui-ci, en grande partie, sur les rêveries de Svedenborg. Cependant, en 1777, la Grande-Loge de Stockholm désavoua la patente produite par Zin-nendorf, et déclara qu'elle ne lui avait jamais donné le pouvoir d'établir son système à Berlin. Quoi qu'il en soit, la doctrine de Zinnendorf fit de rapides progrès, s'introduisit dans beaucoup de loges, et eut à Berlin, en 1770, son centre administratif sous le nom de *Mère-Loge nationale d'Allemagne*. Cette loge reçut peu après, de Frédéric-le-Grand, des lettres-patentes d'ins-titution. Le prince Louis-Georges-Charles de Hesse-Darmstadt fut élu, en 1772, grand-maître de la nouvelle maçonnerie, et choisit Zinnendorf pour son député grand-maître. L'année suivante, cette autorité conclut un traité d'alliance avec la Grande-Loge d'Angleterre. Par l'article 8, la Grande-Loge d'Allemagne s'engage à user de toute son influence pour détruire le système templier et particulièrement le régime de la Stricte-Observance.

Le rite de Zinnendorf s'est conservé intact jusqu'à nos jours; mais, vers la fin du siècle passé, la Mère-Loge aux *Trois Globes* modifia considérable-ment et réduisit à dix les grades du rite de perfection; et, en 1796, la Mère-Loge *Royale-York, à l'Amitié*, chargea le professeur Fessler de composer un nouveau rite. Ce système fut adopté en la même année, et reçut, en 1797, l'approbation du roi Frédéric-Guillaume. Toutefois la Mère-Loge dé-clara, en 1800, renoncer à tous les hauts grades et s'en tenir exclusivement aux trois degrés symboliques; et, en 1801, elle se confédéra avec les Gran-des-Loges de Hanovre et de Hambourg, dans le but de ramener la maçonne-rie à sa simplicité primitive.

Indépendamment des ordres dont nous venons de parler, il s'en étab
encore plusieurs autres en Allemagne, qui toutefois n'y jouèrent qu'un rô
très secondaire. Ainsi, en 1767, s'institua en Prusse, avec l'agrément
Frédéric II, une société qui prenait le titre d'*Ordre des architectes*
l'Afrique. Elle s'occupait principalement de recherches historiques; mais e
avait aussi une doctrine qui participait de la maçonnerie ordinaire, de l'a
chimie, du christianisme et de la chevalerie. Ses grades étaient au nomb
de onze et divisés en deux temples. Dans le premier temple, se conféraie
les trois grades d'*apprenti*, de *compagnon* et de *maître*. Dans le secon
temple, on était initié aux degrés d'*apprenti des secrets égyptiens*, d'*init*
dans les secrets égyptiens, de *frère cosmopolite*, de *philosophe chrétie*
de *maître des secrets égyptiens*, d'*armiger*, de *miles* et d'*eques*. La socié
fit construire en Silésie un vaste bâtiment destiné au grand chapitre
l'ordre, où l'on trouvait une bibliothèque bien fournie, un cabinet d'hi
toire naturelle et un laboratoire de chimie. Pendant longtemps, elle décer
annuellement une médaille d'or de cinquante ducats à l'auteur du meilleu
mémoire sur l'histoire de la maçonnerie. Ainsi encore, une société, appelé
l'*Union allemande,* fut fondée à Halle, en 1787, par le docteur Bahrdt
par plusieurs autres personnes, au nombre de vingt-deux. Cette société ava
pour but d'éclairer le genre humain et d'anéantir les préjugés et les super
stitions. Son enseignement était distribué en six degrés : l'*adolescen*
l'*homme*, l'*ancien*, le *mésopolyte*, le *diocésain* et le *supérieur*. En 179(
l'association fut dissoute par suite de l'arrestation du docteur Bahrdt, qu
avait publié plusieurs libelles dans lesquels il diffamait M. de Woellner, u
des ministres du roi de Prusse.

CHAPITRE VI.

Il y a une autre société que nous nous abstiendrions de relater dans cett
partie de notre histoire, si elle ne s'était liée à la franc-maçonnerie par le
formes qu'elle adopta et par son introduction dans une loge de Munich
Théodore au bon conseil. Nous voulons parler des *Illuminés de Bavière*

L'instituteur de cette société, essentiellement politique, fut le professeur Weishaupt, qui occupait la chaire de droit canonique de l'université d'Ingolstadt. Le but qu'il s'était proposé était de remédier aux maux que la superstition et l'ignorance font éprouver aux hommes; les moyens qu'il avait cru propres à conduire à ce résultat consistaient à environner les princes des hommes les plus capables de les diriger par de sages conseils, et à faire confier aux mains les plus pures l'exercice de l'autorité. Weishaupt jeta les fondements de son association en 1776. Ses premiers adeptes furent des étudiants de l'université; mais il sentit qu'il avait besoin de chercher plus haut des prosélytes. Il fit partager ses vues à un homme ardent de caractère, d'un esprit distingué, qui avait publié déjà plusieurs écrits estimés sur des matières philosophiques et morales : c'était le baron de Knigge. A cette époque, Weishaupt n'était pas encore maçon. Le baron le décida facilement à le devenir, en lui faisant comprendre que les loges lui seraient d'un grand secours pour augmenter le nombre de ses disciples. Il se fit recevoir en conséquence à la loge *Théodore au bon conseil,* en 1777.

Avec l'aide de Knigge, il modela l'organisation de sa société sur celle de la maçonnerie. Il la partagea en treize grades, divisés en deux classes. La première classe, ou *édifice inférieur,* n'était qu'une préparation à la deuxième, ou *édifice supérieur,* qui comprenait les *mystères* proprement dits. Le candidat recevait d'abord les *grades illuminés,* au nombre de quatre, qu'on nommait *novice, minerval, illuminé mineur, illuminé majeur.* Il passait ensuite aux *grades intermédiaires,* empruntés de la maçonnerie, et devenait successivement *apprenti, compagnon, maître, novice écossais,* et *chevalier écossais* ou *illuminé directeur.* Après avoir franchi cette classe, il parvenait à la deuxième, qui se subdivisait en *petits mystères,* embrassant le grade d'*épopt* ou *prêtre illuminé,* et celui de *régent* ou *prince illuminé;* et en *grands mystères,* où il recevait le grade de *mage philosophe* et celui d'*homme-roi,* qui complétait le système.

Lorsqu'un illuminé rencontrait dans le monde un homme qu'il jugeait pouvoir être utile à l'ordre, il en faisait part à ses supérieurs et les instruisait des qualités qui distinguaient le sujet. S'il était autorisé à l'admettre au noviciat, il le préparait à l'initiation par un jeûne de plusieurs jours. Le candidat était introduit la nuit dans la salle destinée à la réception; on le présentait nu et les parties de la génération liées. Les initiants, qui étaient masqués, l'interrogeaient sur des objets divers, et le but de leurs questions était de connaître le fond de sa pensée et les secrets motifs qui l'engageaient à se faire initier. Si les assistants étaient satisfaits de ses réponses, ils lui faisaient jurer à l'ordre une soumission et une fidélité absolues, et lui donnaient ensuite les instructions particulières au degré de novice.

Pour arriver au grade de minerval, il fallait que le novice étudiât les é
ments des sciences physiques, mathématiques et morales, et se disting
par de notables progrès. Suivant le zèle qu'il manifestait, il arrivait succ
sivement aux grades ultérieurs, jusqu'à celui de chevalier écossais. Pour
hommes d'une trempe vulgaire, d'une vue bornée, d'un dévouement éq
voque, d'un crédit limité, ce grade était le *nec plus ultrà* de l'illuminisn
ils ignoraient même qu'il y eût des grades plus élevés. Mais lorsqu'
adepte faisait preuve d'une imagination hardie, d'une philosophie au-des
des préjugés communs, ou lorsqu'il jouissait d'un grand crédit auprès é
princes, il était en droit d'aspirer aux plus hauts grades.

D'abord, il devait résoudre par écrit certaines questions qui lui étai
soumises; et lorsqu'il répondait d'une manière satisfaisante, on l'admet
au grade d'épopt. La salle où avait lieu la réception était ornée de draper
d'or et resplendissait de la clarté de mille bougies. On introduisait le ré
piendaire les yeux couverts d'un bandeau, qu'on lui ôtait bientôt après.
président lui offrait, d'un côté, des richesses, une couronne et un mant
royal; de l'autre, une tunique de lin et une ceinture de soie écarlate : il
fallait choisir. Optait-il pour les attributs sacerdotaux, il était procédé à s
admission; si, au contraire, il donnait la préférence aux insignes du po
voir souverain, il était chassé de l'assemblée. Dans le premier cas, on
expliquait les principes de l'ordre; il devait les approuver sans restrictio
Alors on le revêtait de la tunique blanche; il était sacré prêtre; et on lui f
sait boire une liqueur composée de lait et de miel. La classe des épopts fo
mait une académie dans laquelle on discutait des théories physiques, méc
cales, mathématiques, d'histoire naturelle, d'arts et de sciences occultes.

Ce n'est qu'après de longs travaux que l'illuminé parvenait au grade
régent. Entre autres questions préparatoires auxquelles il devait répond
par écrit, on lui soumettait celles-ci : « Quelle peut être l'influence d'u
société secrète et invisible sur les gouvernements civils? Si une telle soci
existe, la regardez-vous comme juste? » Il fallait que son travail fût co
forme aux idées de la société, qu'il devait avoir comprises, par son passa
à travers les grades précédents et par ses conversations avec les chefs
l'ordre. Lorsqu'il était jugé digne d'être admis, on l'introduisait dans
salle de réception, dont la tenture était noire. Il ne voyait autour de lui q
des taches de sang, des poignards, des instruments de supplice. Au mili
de ces images horribles, il apercevait le squelette d'un homme foulant a
pieds les attributs de la royauté. Son conducteur simulait là surprise
l'effroi, et l'entraînait loin de ce spectacle. Un grand nombre d'initiés fe
gnaient de vouloir l'arrêter; mais, apprenant « qu'il était élevé à l'école d
illuminés, et que le sceau de l'ordre était gravé sur son cœur et sur sc

front, » ils le laissaient passer dans une autre pièce. Là, on le soumettait à diverses cérémonies; et, lorsqu'on jugeait les épreuves suffisantes, on lui donnait un bouclier, des éperons, un manteau, un chapeau orné de plumes, et il était proclamé prince illuminé. Les grades de mage philosophe et d'homme-roi, complétait son initiation. On ignore quelle était la formule de réception de ces grades; les rituels en ayant échappé à toutes les recherches qu'on fit pour se les procurer.

Les illuminés avaient acquis une grande influence en Bavière; ils disposaient à leur gré de la plupart des emplois. Leur crédit éveilla la jalousie; on essaya de percer le mystère dont ils s'environnaient, et l'on ne tarda pas à connaître une partie de la vérité. Ce qu'il en transpira dans le public détermina, en 1781, l'électeur de Bavière à interdire toutes les sociétés secrètes, et, en 1783, la Mère-Loge aux *Trois-Globes* de Berlin, à signifier, par une circulaire, qu'elle exclurait de son association toutes les loges qui dégraderaient la franc-maçonnerie en y introduisant les principes de l'illuminisme. Bientôt après, quatre illuminés, mécontents de leurs chefs, parce qu'ils ne les avaient pas admis dans les hauts grades, déclarèrent à l'autorité que les membres de la société détestaient les princes et les prêtres; qu'ils faisaient l'apologie du suicide; qu'ils rejetaient toute idée religieuse, et menaçaient de se venger de ceux qui les trahiraient; qu'ils visaient à s'emparer de tous les emplois; qu'ils voulaient réduire les princes à n'être que leurs esclaves; qu'un de leurs supérieurs, le marquis de Constanza, avait dit qu'il ne fallait en Allemagne que deux princes illuminés entourés d'illuminés; enfin qu'on ne donnait les hauts grades qu'aux initiés qui approuvaient le projet de délivrer le peuple des princes, des prêtres et des nobles, d'établir l'égalité des conditions et de rendre les hommes libres et heureux.

Par suite de ces déclarations, Weishaupt fut destitué, en 1785, de sa place de professeur. L'année suivante, l'électeur fit saisir les papiers des illuminés; on y trouva, contre quelques-uns, des preuves d'intrigues, de supercheries, d'impostures, d'actions et d'opinions qui démentaient leur prétendu zèle pour la vertu. Ces faits, qui étaient particuliers à des membres isolés, furent considérés comme pouvant s'appliquer à l'ordre en général. Une instruction secrète eut lieu, par suite de laquelle Weishaupt fut condamné à mort. Instruit de cette sentence, Weishaupt prit la fuite. On promit une récompense à qui le livrerait. Il trouva un asile à Ratisbonne; l'électeur demanda son extradition; et la régence n'osant la refuser, mais ne pouvant se résigner à l'accorder, facilita son évasion. Il se réfugia à la cour du prince de Saxe-Gotha, qui le nomma son conseiller intime. Ainsi en sûreté, il demanda publiquement qu'on formât contre lui, comme fondateur des illuminés, une accusation régulière, et qu'elle fût examinée devant les tribunaux. Mais cette juste réclamation resta toujours sans réponse. Weishaupt est mort à Gotha, le 18 novembre 1830, à l'âge de quatre-vingt-trois ans.

La franc-maçonnerie fut englobée par l'électeur dans la proscription dont il frappa l'illuminisme et les autres sociétés secrètes. Aujourd'hui encore, les édits qui la prohibent en Bavière sont sévèrement exécutés; il n'y a d'exception que pour les principautés d'Anspach et de Bayreuth, cédées par la Prusse à la Bavière au commencement de ce siècle; mais, si les loges sont tolérées dans ces deux provinces, les fonctionnaires publics n'en sont pas moins obligés, ou d'abjurer la maçonnerie, ou de se démettre de leurs emplois.

La loge *Théodore au bon conseil*, qui donna asile à l'illuminisme, avait été instituée à Munich, en 1775, par la Mère-Loge *Royale-York à l'Amitié*, de Berlin. Elle avait alors pour vénérable le professeur Baader. Bientôt, elle se sépara de l'autorité qui l'avait constituée; elle se rangea dans la correspondance de la loge des *chevaliers bienfaisants* de Lyon, qui professait le martinisme, et elle en adopta le système. Cette loge des *Chevaliers bienfaisants* avait acquis, on ne sait à quel titre, une haute prépondérance sur les loges de l'Allemagne; elle était en quelque sorte considérée par les différentes fractions de la Stricte-Observance et par les ateliers qui admettaient, soit exclusivement, soit en partie, le système templier, comme la loge-mère de l'association.

Elle avait projeté de mettre à la tête de son régime le duc Ferdinand de Brunswick, qui déjà, en Allemagne, était grand-maître des principales branches de la maçonnerie templière. C'est pour arriver à ce résultat qu'elle avait convoqué un convent à Lyon, en 1778, sous prétexte de réformer la franc-maçonnerie, d'éclaircir quelques points de doctrine obscurs, et de corriger les rituels en vigueur. L'assemblée s'ouvrit le 25 novembre, sous le titre de convent des Gaules; elle était présidée par le frère de Villermoz, riche négociant lyonnais, homme d'esprit et de savoir; elle dura un mois entier; et, de tous les objets qui devaient y être traités, un seul fut abordé. On se borna à corriger les rituels, et l'on en retrancha la fable templière, du moins ostensiblement; car on dit que cette suppression fut faite par ordre de la police, et qu'elle ne fut que simulée. Cependant aucune preuve ne vient à l'appui de cette assertion, et il est plus probable que l'abjuration fut réelle, et que le convent se laissa influencer par une tendance qui se manifestait alors dans beaucoup de loges de province, et particulièrement dans celle de la *Parfaite-Union* de Rennes, avec laquelle le martinisme entretenait une correspondance suivie.

La loge de la *Parfaite-Union*, composée d'hommes de mérite, avait créé depuis peu un nouveau système appelé le *rite des Élus de la vérité*, dont elle avait élagué les grades templiers, et tout ce qui tenait à la magie, à l'alchimie et à la cabale. Le rite comprenait quatorze degrés d'instruction, divisés en trois classes. La première classe, celle des grades inférieurs, se composait de l'*apprenti*, du *compagnon*, du *maître* et du *maître parfait*. Dans la deuxième classe, celle des grades supérieurs, étaient rangés l'*élu des neuf*, l'*élu des quinze*, le *maître élu*, le *petit architecte*, le *second architecte*, le *grand architecte*, le *chevalier d'orient* et le *rose-croix*. Ces grades, empruntés du rite dit de perfection, avaient subi des modifications essentielles, soit dans leur doctrine, soit dans les formules de réception : par exemple, on avait réduit en récit tout ce qui, dans les anciens rituels d'élus, était mis en action. La troisième classe, celle des élus de la vérité proprement dits, se formait de deux grades. Le premier, qu'on appelait le *chevalier adepte*, avait quelque analogie avec le chevalier du soleil ; le second, l'*élu de la vérité*, reposait sur une philosophie des plus avancées : tous les grades précédents y étaient expliqués dans le même esprit. Le rite des élus de la vérité était administré par un chapitre supérieur, qui délivra des constitutions à plusieurs loges, tant à Paris que dans les provinces. M. de Mangourit, le même qui depuis fonda la maçonnerie d'adoption des dames du Mont-Thabor, était le principal auteur du rite des élus de la vérité.

Le convent de Lyon fut le précurseur de celui qui se tint à Wilhelmsbad, le 16 juillet 1782, sous la présidence du duc Ferdinand de Brunswick, et auquel assista notamment le frère de Villermoz, en qualité de délégué des loges martinistes. L'objet de la convocation, qui remontait au mois de septembre 1780, était d'opérer une réforme générale dans la maçonnerie. Dix questions avaient été proposées, dont voici les principales : « La franc-maçonnerie est-elle une société récente ? Dérive-t-elle, au contraire, d'une société plus ancienne ? Dans ce cas, quelle est la société dont elle forme la continuation ? La maçonnerie a-t-elle des supérieurs généraux ? Quels sont-ils ? Quelles sont leurs attributions ? Consistent-elles à commander ou à instruire ? » Ce programme ne fut cependant pas agité ; on déclara seulement que les maçons n'étaient pas les successeurs des templiers. On créa un rite nouveau sous le nom d'*ordre des Chevaliers bienfaisants de la cité sainte*, et l'on nomma le duc Ferdinand de Brunswick grand-maître général du système rectifié. Le martinisme, qui avait sourdement provoqué ce convent, y exerça la plus grande part d'influence ; ses doctrines dominèrent dans les nouveaux rituels, et le nom de sa loge-mère, *les Chevaliers bienfaisants*, figura dans le titre même de la réforme ; aussi ses loges adoptèrent-elles sans exception le régime rectifié, qui fut substitué à la maçonnerie de Saint-Martin. Ce système se répandit particulièrement en France, en Suisse et en

Italie ; mais il n'eut qu'un médiocre succès en Allemagne, où prévalut long-temps encore le système templier dans ses diverses subdivisions.

Pendant que le convent de Wilhelmsbad était assemblé, une loge d'Alle-magne, *Frédéric, au Lion d'or*, fit lire un mémoire accompagné d'une lettre du prince Frédéric de Brunswick ; elle y offrait de révéler de nouvelles con-naissances, de dévoiler les noms des supérieurs inconnus, et de communi-quer le véritable rituel de la haute maçonnerie ; mais le convent décida qu'ayant renoncé à tous supérieurs inconnus et opéré mûrement la réforme de l'ordre, il serait passé à l'ordre du jour sur cette proposition. Au reste tous les points adoptés avaient été délibérés à l'avance ; et les meneurs de l'assemblée avaient résolu d'arriver par tous les moyens à leur but ; aussi les personnes qui leur parurent venir avec des vues différentes ou opposées furent-elles exclues avec soin de la réunion. C'est ainsi qu'on en refusa l'entrée aux députés de la Mère-Loge de la *Croissante aux trois clés*, de Ratisbonne, et au marquis de Chefdebien, délégué des philalètes de Paris.

En 1784, le régime rectifié, dont nous avons énuméré les degrés d'ins-truction dans notre statistique de la maçonnerie, fut introduit en Pologne par le frère Glayre, de Lausanne, ministre du roi Stanislas, qui fut depuis grand-maître provincial de ce rite dans la partie française de la Suisse. Mais, en l'établissant dans ce royaume, il y apporta de notables change-ments, qui en firent à proprement parler une maçonnerie nouvelle, qu'on a appelée *rite rectifié helvétique*. Ce système fut adopté par le Grand-Orient de Pologne.

Les modifications si nombreuses et si diverses qu'avait subies, en moins d'un siècle, le plan primitif de la franc-maçonnerie, avaient fait perdre de vue le sens des symboles, les tendances et l'origine de cette so-ciété. Il y avait une étude toute nouvelle à faire de ces différents objets ; et tant de préjugés et d'erreurs s'étaient propagés que personne ne se sentait plus apte à débrouiller un si inextricable chaos. Quelques esprits investiga-teurs résolurent de faire un appel à tous les maçons instruits pour qu'ils vinssent mettre en faisceau, dans une réunion générale, les lumières qu'ils avaient pu recueillir à cet égard. Tel est le motif du convent qui fut convo-qué à Paris, en 1785, par l'association des philalètes.

Des lettres de convocation avaient été adressées, dès 1784, à tous les ma-çons distingués de la France et de l'étranger, et même à toutes les personnes qui, sans appartenir à la société maçonnique, faisaient cependant profession de sciences occultes ou de toute autre science qui se rattachait aux hauts grades. Au nombre des derniers, se trouvaient Eteilla, le tireur de cartes, et le magnétiseur Mesmer. On avait joint aux lettres de convocation une série de questions, ou *proponenda*, où on lisait : « Quelle est la nature esentielle de la science maçonnique? Quelle origine peut-on lui attribuer? Quelles sociétés ou quels individus l'ont anciennement possédée et l'ont perpétuée jusqu'à nous? Quels corps ou quels individus en sont actuellement es vrais dépositaires? La science maçonnique a-t-elle des rapports avec les ciences occultes? Quel est celui des régimes actuels qui serait le plus pro-re à faire faire des progrès dans la vraie science maçonnique? »

Le convent eut une assemblée préparatoire le 13 novembre 1784. La résidence en fut déférée au frère Savalette de Langes; on nomma secré-aires le baron de Gleichen et le marquis de Chefdebien, le premier pour la langue allemande, l'autre pour la langue française. Il fut donné lecture de ettres du prince Ferdinand de Brunswick, du marquis de Saint-Martin et lu docteur Mesmer, signifiant leur refus de participer aux opérations du convent. Plus tard, le marquis de Larochefoucauld refusa également d'as-sister à l'assemblée, sur l'opposition qu'y avait mise la Mère-Loge du rite écossais philosophique, à laquelle il appartenait, et qui contestait aux frères isolés de son association le droit de donner des renseignements sur les dogmes qu'elle professait.

Le 19 février 1785 eut lieu l'ouverture solennelle du convent. Les règlements qui devaient présider aux délibérations furent le premier, on pourrait même dire, le seul objet dont on s'y occupa. On décida que Cagliostro serait appelé à l'assemblée. Il promit d'abord de s'y rendre; mais, quelques jours après, il publia un manifeste ainsi conçu: « Le grand-maître inconnu de la maçonnerie véritable a jeté les yeux sur les phi-lalètes. Touché de leur piété, ému par l'aveu sincère de leurs besoins, il daigne étendre la main sur eux, et consent à porter un rayon de lumière dans les ténèbres de leur temple. Ce sera par des actes et des faits, ce sera par le témoignage des sens, qu'ils connaîtront Dieu, l'homme et les inter-médiaires spirituels créés entre l'un et l'autre; connaissance dont la vraie maçonnerie offre les symboles et indique la route. Que les philalètes donc embrassent les dogmes de cette maçonnerie véritable, qu'ils se soumettent au régime de son chef suprême, qu'ils en adoptent les constitutions. Mais, avant tout, le sanctuaire doit être purifié; les philalètes doivent apprendre que la lumière peut descendre dans le temple de la foi, et non dans celui de l'incertitude. Qu'ils vouent aux flammes ce vain amas de leurs archives! Ce n'est que sur les ruines de la tour de confusion que s'élèvera le temple de la vérité. » Une lettre de la *Sagesse triomphante*, Mère-Loge du rite égyptien à Lyon, parvint au convent au mois d'avril. Elle était signée du vénérable Saint-Costart et des principaux officiers de la loge. Elle insistait pour que le convent, conformément aux offres du grand cophte, adoptât le rite égyp-tien et détruisît ses archives.

La proposition était embarrassante. Se faire initier aux mystères de
gliostro était chose acceptable; mais brûler des archives amassées avec t
de soin, de recherches et de temps, les philalètes ne pouvaient, en c
science, s'y résigner. Un refus formel les eût privés des lumières qu'ils
péraient tirer de la participation du grand cophte aux séances du conve
ils ne le prononcèrent pas : ils prirent un biais adroit, et qui eut pu
concilier, si Cagliostro n'avait pas soulevé une difficulté qu'il pensait b
devoir être insurmontable et le dispenser de paraître devant une assembl
où il n'était pas sûr de n'être pas pénétré. Le convent répondit donc à la l
de la *Sagesse triomphante* que sa lettre, ainsi que le manifeste de Cagli
tro, pouvaient bien s'adresser à une loge proprement dite, mais non à
assemblée de francs-maçons de pays et de régimes différents, dont la réun
momentanée devait cesser à l'instant où l'objet spécial en serait remp
que, par cette considération, le convent avait renvoyé les deux pièces
loge des *Amis-Réunis*, centre du régime des philalètes, qui, seule, pouv
en prendre connaissance, et y faire droit, s'il y avait lieu; que néanmo
la loge de la *Sagesse triomphante* était invitée à nommer des délégués p
assister à l'assemblée et donner tous les éclaircissements compatibles a
ses devoirs, et de nature à manifester la vérité. Cagliostro ne cherch
qu'un prétexte pour se rétracter; cette réponse le lui offrit. Il écrivit don
l'assemblée que, puisqu'elle cherchait à établir une distinction entre le c
vent et le régime des philalètes, pour arriver, par une voie détournée
sauver les archives dont la destruction lui étaient demandée, et que, p
conséquent, elle refusait de se soumettre aux conditions qui lui étaient i
posées, toutes relations devaient cesser entre elle et lui à partir de ce m
ment.

Quoique ce fût une opinion à peu près générale parmi les membres
convent que Cagliostro n'était qu'un charlatan, on n'avait pas hésité cepe
dant à le convoquer, pour être à même de le démasquer, si cette opini
était fondée, ou de profiter des renseignements qu'il pourrait fournir, si,
réalité, il possédait les sciences dont il se prévalait. C'est par un motif se
blable que, malgré sa dernière lettre, on résolut d'entrer en pourparle
avec lui, et même, s'il était nécessaire, de lui faire quelques concessions h
norables. A cet effet, on lui députa plusieurs frères. Il les reçut avec distin
tion, et offrit d'initier aux mystères de son rite quelques-uns des membr
du convent qui lui seraient désignés, pour atteindre autant que possible
but que se proposait l'assemblée. Mais, dans l'instant même où le conve
se disposait à choisir les maçons qui devaient être initiés au rite égyptien
Cagliostro se ravisait encore et écrivait une nouvelle lettre, dans laquelle
se plaignait qu'on eût mal interprété ses paroles, et déclarait que ce qu'

avait résolu, il le maintenait, et qu'il ne donnerait l'initiation égyptienne à l'assemblée ou à une partie de ses membres, qu'autant que les archives auxquelles on attachait tant de prix auraient été préalablement détruites. Toute négociation fut dès-lors abandonnée.

Cet incident occupa en grande partie les séances du convent, dont la clôture eut lieu le 26 mai, et qui, ainsi que nous l'avons dit, ne produisit aucun résultat. Les philalètes convoquèrent un second convent en 1787. On y entendit Eteilla, le tireur de cartes ; on y discuta un plan de réforme maçonnique envoyé par le prince de Hesse-Darmstadt, qui fut l'objet de nombreuses critiques, et fut finalement rejeté ; on y lut un rapport sur une somnambule qui, dans ses crises magnétiques, avait discouru comme un docteur sur la métaphysique et sur la théosophie. Le convent eut vingt-neuf séances à peu près aussi vides que celles dont nous venons d'indiquer les sujets. De jour en jour, le nombre des assistants diminuait. Prévoyant bien que cette assemblée avorterait comme la précédente, le frère Savalette de Langes, qui présidait, en prononça de lui-même la clôture. Ainsi aucune des questions qui avaient motivé la réunion ne se trouva résolue ; et l'origine, la nature et le but de la maçonnerie continuèrent d'être un problème insoluble pour la plus grande partie des maçons du continent.

Les loges de l'Angleterre elles-mêmes n'avaient pas été à l'abri de l'invasion des hauts grades. En l'année 1777, il s'était formé à Londres une initiation composée de quatre grades, qu'on appelait la *maçonnerie de royale-arche*. Ce système était tout biblique. Le premier degré, celui de *maître de marque* reposait sur une allégorie assez inintelligible, relative à une clé de voûte qui avait appartenu à l'arcade principale du temple de Salomon. Dans le grade de *maître passé*, on donnait au récipiendaire des instructions pour la constitution et l'installation des loges, pour les réceptions, pour la pose de la première pierre des édifices publics, pour la dédicace des temples maçonniques, et pour les funérailles des frères. Le sujet du grade de *très excellent maître* était puisé dans ce passage du chapitre VII des *Paralipomènes* : « Salomon ayant achevé sa prière, le feu descendit du ciel, consuma les holocaustes et les victimes, et la majesté de Dieu remplit la maison... Tous les enfants d'Israël... se prosternèrent la face contre terre, adorèrent le Seigneur et le louèrent, en disant : « Rendez grâces au Seigneur, parce « qu'il est bon et que sa miséricorde est éternelle. » Enfin, dans le degré de *royale-arche*, on commémorait les malheurs du peuple juif pendant sa captivité sous Nabuchodonosor, sa réintégration par Cyrus dans la Terre-Sainte, et la construction du second temple par les soins de Zorobabel. Ce rite se propagea hors de l'Angleterre peu de temps après son institution. En 1786, il pénétra en Allemagne. Il s'établit en Amérique en 1797, ouvrit son pre-

mier chapitre à Philadelphie, et de là se répandit dans le New-Hampshir
le Massachussetts, le Rhode-Island, le Connecticut, le Vermont, le New-Yor
Presque tous les États de l'Union américaine possèdent aujourd'hui
chapitres de royale-arche.

Cette maçonnerie fut l'occasion d'un événement de la plus haute gravi
qui eut lieu, en 1826, dans l'État de New-York.

La loge de la *Branche-d'Olivier*, établie à Batavia, comté de Genese
qui ne pratiquait que les grades de la maçonnerie bleue, résolut, en ce
année, de former un chapitre de royale-arche. Tous ceux de ses mer
bres qui étaient pourvus du grade nécessaire rédigèrent, en conséquenc
une pétition qu'ils se proposaient d'adresser au Grand-Chapitre de l'État
New-York, pour être constitués. Parmi les signatures apposées au bas de
pétition, se trouvait celle d'un entrepreneur de maçonnerie, appelé Willia
Morgan. Au moment d'envoyer cette pièce, quelques-uns des signatair
exigèrent que l'on biffât le nom de Morgan, prétendant que les mœurs de
frère, bien connues dans le pays, seraient de nature à faire rejeter la d
mande par le Grand-Chapitre. On fit droit à cette réclamation, et une no
velle pétition fut rédigée, qu'on s'abstint cette fois de faire signer par Mc
gan. Les lettres de constitution furent accordées; et Morgan s'étant présent
le jour de l'installation du chapitre, l'entrée lui en fut refusée, attendu qu
ne figurait pas sur la liste des membres. Irrité de cet affront, Morgan exha
les plus violents reproches; il déclara que l'injustice qu'on lui faisait brise
les liens qui l'attachaient à la maçonnerie, le dégageait de ses serments,
qu'il allait livrer à la connaissance du public tous les secrets de la sociét

On apprit bientôt en effet qu'il s'occupait de réaliser sa menace, et qu
déjà, il avait remis la plus grande partie du manuscrit à Miller, imprimer
de Batavia. Cette nouvelle causa une vive émotion parmi les frères. Quelque
uns d'entre eux, emportés par un mouvement irréfléchi, se portèrent
l'imprimerie de Miller, pour en arracher de vive force le manuscrit de Mo
gan. Toutefois cette démonstration n'eut pas de suite, et les frères se retir
rent sans avoir rien entrepris. A quelques temps de là, Miller se plaign
qu'on eût tenté d'incendier sa maison; mais, comme il n'en fournit pas
preuve, on répandit, et l'opinion s'accrédita, que cette tentative d'incend
n'était qu'un mensonge qu'il avait imaginé pour appeler l'intérêt du publ
sur le livre qu'il était chargé d'imprimer. Ce qui venait à l'appui de cet
assertion, c'est que Miller, qui, du reste, ne s'en cachait pas, avait forme
avec Morgan et quelques autres personnes, un société en commandite pou
l'exploitation du livre projeté. Cet acte d'association, qui a été publié dan
la suite, est une pièce des plus curieuses. Les associés s'étaient exagéré
tel point les profits qu'ils tireraient de leur spéculation qu'ils s'étaient en

gagés sérieusement à payer à Morgan une somme de 500,000 dollars (environ 2,700,000 fr.), tiers présumé des bénéfices.

Quelques semaines après la tentative d'incendie vraie ou supposée dont Miller avait été l'objet, c'est-à-dire au mois d'août 1826, Morgan fut arrêté à Canandaigua, sous la prévention de vol. Il était accusé d'avoir emprunté quelques hardes à un cabaretier, nommé Kinsley, et de ne les lui avoir pas rendues. Ce fait ne présentant pas le caractère qu'on lui attribuait, il fut mis en liberté. Le même jour, un créancier le fit emprisonner de nouveau. C'est alors qu'un homme appelé Loton Lawson se présenta à la prison, paya la somme pour laquelle Morgan était retenu, et, avec l'aide de quelques personnes qui l'accompagnaient, fit monter de force le prisonnier dans une voiture qu'il avait amenée, et l'entraîna dans la direction de Rochester. A partir de ce moment, Morgan ne reparut plus.

Cet enlèvement fit une profonde sensation. On procéda à une enquête; quelques personnes furent arrêtées et mises en jugement; de nombreux témoins furent entendus; mais leurs dires contradictoires augmentèrent encore, s'il est possible, les ténèbres dont cette affaire était entourée.

Le témoin qui fit la déposition la plus précise est Edward Giddins, garde-magasin du Fort-Niagara, ville située à l'embouchure d'une rivière qui se jette dans le lac Ontario. A en croire ce témoin, une troupe de maçons qui lui étaient inconnus amenèrent chez lui, dans la nuit du 13 septembre 1826, un homme étroitement lié avec des cordes et dont la bouche était couverte d'un mouchoir fortement serré. Cet homme était Morgan. On l'accusait d'avoir violé les serments maçonniques, et d'avoir ainsi encouru le terrible châtiment réservé aux parjures. L'intention avouée des gens qui le conduisaient était de lui ôter la vie et d'abandonner son cadavre aux flots du lac Ontario. Mais, auparavant, ils voulaient accomplir les formes solennelles d'un jugement, et ne procéder à la punition du coupable que lorsqu'ils se seraient convaincus qu'il n'avait aucune objection sérieuse à élever contre sa condamnation. Toutefois, à ce moment suprême, un d'eux éprouva des scrupules, et voulut en conférer avec les autres, hors la présence du prisonnier. On l'éloigna donc et on alla l'enfermer dans le magasin, qui était construit sur le bord de la rivière. Là, Morgan essaya d'appeler à son aide; mais le bâillon qu'on lui avait mis ne lui permit que de pousser des cris inarticulés. Ils arrivèrent jusqu'à une négresse qui était venue puiser de l'eau tout près du magasin. Effrayée de ce qu'elle entendait, elle courut en informer Giddins, qui, pour lui faire prendre le change, attribua le bruit qui avait frappé son oreille à des esprits qui infestaient le pays. Giddins n'avait pas voulu assister à la conférence des maçons, et il s'était tenu à l'écart. Cependant la délibération se prolongea le reste de la nuit; elle dura encore le

26

lendemain et le jour suivant. Sur ces entrefaites, Giddins fut appelé par une affaire à quelques milles du Fort-Niagara ; et lorsqu'il revint, il ne retrouva plus, ni Morgan, ni les gens qui l'avaient amené.

Quelque circonstanciée que fût cette déposition, elle ne présentait pas un ensemble satisfaisant, et ne dissipait pas l'obscurité dont la destinée de Morgan était entourée. D'un autre côté, Giddins étant un homme de mauvaises mœurs, qu'on savait disposé à tout faire pour de l'argent, son témoignage n'offrait aucune valeur morale, et l'on était porté à supposer, ou qu'il avait été suborné, ou qu'il s'était plu à faire un mensonge, pour appeler sur lui l'attention, flatter les préventions d'une partie du public, et se relever ainsi dans son esprit. Aussi, quoiqu'il y eût eu quelques condamnations, l'incertitude dans laquelle on était sur les motifs et les auteurs de l'enlèvement de Morgan resta la même qu'avant le procès.

La franc-maçonnerie avait exercé jusque-là une influence notable en Amérique ; elle disposait à peu près, suivant son intérêt ou ses affections, de la nomination aux emplois civils et de l'élection aux charges politiques. Une telle prépondérance avait soulevé contre la société des jalousies et des haines, qui trouvèrent, dans la disparition de Morgan, une excellente occasion de déclamer contre elle, en se couvrant du manteau de la morale et du bien public. Les ennemis des maçons se réunirent, se concertèrent et constituèrent un parti sous le nom de *société anti-maçonnique*. De toutes parts, ils provoquèrent des assemblées et prirent des résolutions ; ils déclarèrent que les maçons devaient être exclus de toutes les fonctions civiles et politiques, du privilége du jugement par jury, de toute participation aux exercices religieux, comme coupables d'avoir accompli, ou approuvé, ou de n'avoir pas empêché le meurtre de Morgan. Il y eut même des meetings de femmes, dans lesquels les mères jurèrent solennellement de ne jamais consentir à ce que leurs filles épousassent des francs-maçons, et les filles, de ne jamais accepter des francs-maçons pour maris. Ces violentes attaques amenèrent, de la part des loges, des déclarations publiques, dans lesquelles elles protestaient que les principes de la société maçonnique n'autorisaient en aucune façon la vengeance et le meurtre, et que si, en effet, ce dont elles avaient droit de douter, des frères avaient eu le malheur d'être animés par un tel fanatisme qu'ils eussent ôté la vie à Morgan, loin d'avoir en cela obéi aux préceptes de la maçonnerie, ils les avaient, au contraire, enfreints d'autant plus criminellement que ces préceptes leur prescrivaient la bienveillance pour le prochain, et l'oubli des torts et des injures.

Néanmoins les manœuvres du parti opposé parvinrent à provoquer, de la part d'un certain nombre de frères, une renonciation éclatante et des déclarations hostiles à la maçonnerie. C'est ainsi que, le 4 juillet 1828, il y eut à Leroy une assemblée d'anti-maçons, dans laquelle cent trois frères apostats protestèrent contre les doctrines, suivant eux, subversives des lois, séditieuses, anarchiques et sacriléges, de l'institution dont ils s'étaient séparés.

Pendant ce temps, tous les cadavres que les flots poussaient au rivage, tous ceux que l'on trouvait gisant sur les routes, donnaient lieu à des enquêtes de coroner; et les témoins entendus manquaient rarement de déclarer que, dans le corps qui leur était présenté, ils reconnaissaient, à ne s'y pas méprendre, les restes de William Morgan, mis à mort par les maçons. Quelque circonstance imprévue ne tardait pas à constater l'erreur involontaire ou préméditée de ces sortes de jugements; et, quand un corps avait retrouvé son vrai nom, c'était alors au tour d'un autre.

L'agitation anti-maçonnique dura ainsi plusieurs années; les loges furent contraintes de cesser leurs réunions dans toute l'étendue des États-Unis, au Canada, et dans les autres colonies anglaises du nord de l'Amérique. Mais, peu à peu, le parti perdit de son ardeur; et ce qui contribua encore à lui ôter tout ressort et toute influence, c'est le bruit répandu, vers 1832, par les passagers d'un navire arrivé du Levant, que Morgan, qu'on croyait assassiné, habitait fort tranquillement la ville de Smyrne. Sa disparition, disait-on, avait été concertée entre lui et ses associés pour occuper le public, pour le passionner et pousser par ce moyen à la vente du livre. Morgan avait dissipé en peu de mois l'argent qu'il s'était procuré à l'aide de cette supercherie; et, à la fin, à bout de ressources, il s'était fait mahométan et avait obtenu un emploi du gouvernement turc. Bien qu'aucune preuve positive ne vînt étayer ce récit, cependant il ne fut point mis en doute, et l'opinion de son exactitude s'établit sans opposition aux États-Unis.

Du mouvement anti-maçonnique, il est finalement résulté la formation d'un parti mixte dans le congrès, qui, se réunissant tour à tour aux deux fractions qui, avec lui, partagent cette assemblée, donne la majorité à l'une ou à l'autre, suivant les concessions qu'il en obtient pour l'ambition de ses membres.

Le livre de Morgan, cause de tout ce bruit, qui parut sous le titre d'*Illustrations de la maçonnerie*, contient uniquement les formulaires de réception des trois grades, qui ont été imprimés cent fois en Europe; mais il donna naissance à des publications plus étendues et plus complètes, notamment à l'ouvrage intitulé : *Light on masonry*, qui renferme en entier le rituel de tous les grades pratiqués en Amérique, et particulièrement celui des trente-trois degrés du rite écossais ancien et accepté. Les anti-maçons, qui avaient fait imprimer cet ouvrage, ne s'en tinrent pas là; ils donnèrent des représentations publiques des réceptions à tous les grades, auxquelles on était admis moyennant quelques schellings.

Quelque rude qu'ait été le coup porté à la société en Amérique par l'ant
maçonnerie, elle n'y a cependant pas succombé. Le premier choc passé, se
travaux ont été successivement repris dans les divers États de l'Union ; ils
sont aujourd'hui en pleine vigueur ; et tout porte à croire que bientôt elle
aura recouvré toute sa splendeur passée.

Indépendamment de la maçonnerie de Royale-Arche, qui est reconnue pa
la Grande-Loge d'Angleterre, les loges de ce royaume admettent encore u
certain nombre de grades isolés, sous le nom générique de chevaleries (chi
valries), qui ne sont que tolérés. Nous en avons donné la liste complè
dans notre statistique de la maçonnerie. Ce sont, à peu de chose près, le
mêmes que ceux qui sont admis par les loges américaines, et que gouver
nent des corps appelés grands campements.

Jusqu'en 1785, la maçonnerie d'Écosse se composa exclusivement de
trois grades symboliques. A cette époque, il s'institua à Édimbourg un
autorité maçonnique sous le titre de Grande-Loge de l'ordre royal de He
rédom de Kilwinning, qui conférait un haut grade divisé en trois points
connu sous le nom de rose-croix de la tour. On attribuait à cet ordre un
origine ancienne ; on prétendait qu'il avait eu Robert Bruce pour fondateur
et, pour grands-maîtres, la plupart des rois d'Écosse ; mais aucun documen
ostensible n'étayait cette assertion. L'ordre royal forma des établisse
ments à l'étranger et particulièrement en France, dans la loge de l'Ardente
Amitié, à Rouen, qui en devint la Grande-Loge provinciale, et constitua
différents chapitres dans les provinces, aux colonies, et dans le royaume
d'Italie, du temps de Napoléon. La Grande-Loge de Saint-Jean d'Édimbourg
fit tous ses efforts pour s'opposer à la propagation de cette maçonnerie dan
l'étendue de sa juridiction, et elle est parvenue, si non à la détruire en
tièrement, du moins à la circonscrire dans un petit nombre de chapitres.

Les grades chevaleresques de l'Angleterre firent également invasion en
Écosse, en 1798. Ils y furent apportés par le sergent-tailleur du régimen
de milice de Nottingham, qui, à cette époque, vint tenir garnison à Édim
bourg ; mais ils y firent peu de prosélytes ; et ceux-là mêmes qui les avaient
accueillis y renoncèrent bientôt après.

Il résulte de ce que nous venons de dire que les grades et les rites qui
prennent la qualification d'écossais, ne proviennent pas de l'Écosse, où ils
sont absolument inconnus et n'ont jamais été pratiqués ; et que les chartes
produites à l'appui d'une telle origine sont des titres fabriqués. Dans plu
sieurs occasions, la Grande-Loge d'Écosse a désavoué solennellement
des patentes de ce genre, qu'on disait émanées de son autorité ; et, pour
prémunir les maçons étrangers contre toute assertion qui la présenterait
comme professant ou autorisant de prétendus hauts grades écossais, elle

a inséré dans ses réglements, publiés en 1836, un article ainsi conçu : « La Grande-Loge d'Écosse ne pratique aucun autre degré de franc-maçonnerie que ceux d'apprenti, de compagnon et de maître, dénommés maçonnerie de Saint-Jean (1). »

Cependant on avait fini par comprendre sur le continent combien tous ces hauts grades, dans lesquels on avait introduit les rêveries templières, les spéculations mystiques, les déceptions de l'alchimie, de la magie, de la nécromancie et de tant d'autres sciences mensongères, avaient nui à l'action de la maçonnerie, avaient fait perdre de vue le but qu'elle se proposait, l'avaient défigurée et ridiculisée, et avaient propagé dans son sein un esprit de rivalité qui avait brisé tout lien fraternel, et une niaise crédulité qui avait fait de l'institution une mine inépuisable de profits illicites pour les intrigants, les imposteurs et les fripons. On songea donc à remédier à tant de maux, en débarrassant la maçonnerie de ces conceptions hétérogènes et en la ramenant à sa simplicité primitive. Mais c'était une œuvre difficile : l'orgueil des uns, la cupidité des autres, l'amour du merveilleux dans le plus grand nombre, devaient mettre obstacle à ce qu'ils renonçassent aux titres fastueux dont ils s'étaient décorés, aux richesses qu'ils avaient rêvées, à ce monde fantastique d'êtres élémentaires, d'évocateurs et de sorciers, qu'ils s'étaient créé, et au milieu duquel ils espéraient jouir d'une vie sans fin. On crut y arriver, en Allemagne, par l'établissement de la *maçonnerie éclectique,* qui, ne reconnaissant comme règle à suivre d'une manière absolue, que les trois grades originaires d'apprenti, de compagnon et de maître, permettrait cependant à chaque loge isolément d'adopter autant qu'il lui plairait de grades ultérieurs, de quelque espèce qu'ils fussent, pourvu qu'elle n'en fît pas une affaire générale du régime et qu'elle ne changeât pas pour eux l'uniformité des trois grades maçonniques. C'est le baron de Knigge qui conçut la première idée de cette réforme. Il s'entendit, pour la réaliser, avec les loges de Francfort et de Wetzlar. Il y eut, en 1783, une assemblée générale, dans laquelle furent posées les bases de la réforme. On rédigea une circulaire aux maçons de l'Allemagne et de l'étranger pour les engager à concourir au but qu'on se proposait. Suivait le plan de l'association éclectique. Pour détruire les hauts grades, on s'était attaché à donner aux loges une indépendance absolue. C'était effectivement le moyen le plus sûr qu'on pût employer. Cet isolement laissait le champ libre aux imaginations; chacun

(1) The Grand-Lodge of Scotland practises no degrees of masonry but those of apprentice, fellow-craft and master mason, dominated Saint-John's masonry (*The laws and constitutions of the Grand-Lodge of the ancient and honourable fraternity of free and accepted masons of Scotland,* C. I, art. 4.)

adoptait des hauts grades à sa convenance personnelle ; et l'anéantissement des systèmes était le résultat même de leur multiplicité. Malheureusement, ce fractionnement, qui affaiblissait, en les divisant, les réformes en vigueur, faisait sentir également son influence dissolvante aux loges, qui n'avaient pas, à proprement parler, de centre d'action et se dirigeaient presque uniquement d'après leurs impulsions personnelles. Le lien qui les unissait était tout moral ; c'était la conformité des vues, une simple correspondance, qui n'entraînait aucune subordination. Il résulta de cette organisation qu'un inconvénient grave avait été remplacé par un inconvénient plus grave encore ; à l'exubérance de la vie, on avait substitué une sorte de torpeur qui paralysait tout le corps social. Aussi cette réforme si excellente par la pensée, si défectueuse par l'exécution, n'obtint-elle qu'un petit nombre de suffrages ; et, bien que les vices primitifs de son organisation aient été en partie corrigés, l'éclectisme ne compte pas aujourd'hui plus de dix loges dans son association.

Pendant que cette réforme était tentée en Allemagne, le Grand-Orient de France, mu par une pensée analogue, entreprenait, non de détruire entièrement les hauts grades, mais de les réduire à un petit nombre. Une commission, qu'il avait nommée à cet effet depuis plusieurs années déjà, présenta le résultat de son travail, en 1786. Ce plan de réforme, qui fut adopté, a donné naissance à ce qu'on appelle les quatre *ordres du rite français*. Ils comprennent l'*élu*, l'*écossais*, le *chevalier d'orient* et le *rose-croix*. Ces compositions, assez pâles d'ailleurs, sont empruntées du rite, dit de perfection ; les rédacteurs se sont bornés à en modifier le style et à donner quelques interprétations plus raisonnables des allégories et des symboles sur lesquels ils reposent.

La révolution de 1789, qui avait amené la fermeture des loges en France et dans une partie de l'Europe, et qui, dans d'autres parties, avait fait renoncer à l'exercice du système templier et des autres systèmes chevaleresques et philosophiques, qui étaient devenus suspects aux gouvernements, semblait avoir porté un coup mortel aux grades de toute espèce qu'on avait greffés sur la maçonnerie primitive ; mais il n'en fut pas ainsi. A peine un peu de calme avait-il succédé aux agitations politiques et les temples maçonniques s'étaient-ils rouverts, que non-seulement une portion des anciens rites reparut, mais encore que de nouveaux rites surgirent et vinrent ajouter leurs aberrations et leurs vaines cérémonies à celles qui affligeaient déjà la franc-maçonnerie.

Le rite, dit de perfection, avait été porté en Amérique par un frère Stephen Morin, à qui le Conseil des empereurs d'Orient et d'Occident avait délivré des pouvoirs à cet effet, en 1761. Il avait cessé d'être pratiqué en France, par suite de la dissolution du corps qui en avait la direction. Le ère Hacquet, ancien notaire à Saint-Domingue, l'y rapporta en 1803.

Bientôt après, arriva aussi d'Amérique le comte de Grasse, fils de l'amiral e ce nom. Il se présentait comme le chef suprême d'une nouvelle maçonerie en trente-trois grades, qu'il appelait le *rite écossais ancien et accepté.* e système comprenait presque tous les degrés du rite de perfection, et quelues grades empruntés à d'autres rites, ou de nouvelle création. Suivant le mte de Grasse, l'auteur de cette dernière réforme était le roi de Prusse, rédéric-le-Grand, qui l'avait instituée le 1er mai 1786, en avait rédigé de propre main les règlements en dix-huit articles, dits les grandes consti-tions, et avait fondé en Prusse un Suprême-Conseil du 33e degré. Mais ces ssertions manquaient de vérité : depuis 1774 jusqu'à sa mort, Frédéric ne occupa plus de franc-maçonnerie; à la date assignée à l'établissement du te écossais, ce prince était mourant et absolument incapable de se livrer à ucune espèce de travail; d'ailleurs il était l'ennemi déclaré des hauts grades u'il considérait comme funestes à la maçonnerie (1); et il n'exista jamais e Suprême-Conseil du trente-troisième degré en Prusse, où, antérieure-ent à 1786, le rite de perfection avait été en grande partie abandonné. e qui paraît démontré aujourd'hui, c'est que le rite écossais ancien et ccepté ne remonte pas au-delà de 1797; qu'il fut créé en cette année Charlestown par quatre juifs, appelés John Mitchell, Frédéric Dalcho, mmanuel de la Motta et Abraham Alexander, lesquels, dans des vues urement mercantiles, s'étaient adjugé les fonctions de grand commandeur, e lieutenant grand-commandeur, de trésorier et de secrétaire, et te-aient ainsi toute l'administration entre leurs mains; que, dans ces ommencements, les degrés n'en étaient pas encore définitivement arrêtés, t que le système, tel qu'il se constitue aujourd'hui, fut fixé seulement n 1802. On voit, en effet, que le 4 décembre de cette année, le Suprême-Conseil de Charlestown fit connaître par une circulaire et sa fondation t les noms des degrés de son régime, sans indiquer toutefois par quelle oie ce rite prétendu ancien lui avait été transmis et avec quels corps de ième nature il était en relation. C'est en cette même année 1802, que le mte de Grasse et quelques autres frères des îles françaises de l'Amérique eçurent de cette autorité des patentes qui leur donnaient le pouvoir d'éta-lir un Suprême-Conseil à Saint-Domingue, et de propager le rite ancien et ccepté partout où bon leur semblerait, excepté dans la république améri-aine et dans les Antilles anglaises. Ce suprême conseil de Saint-Domingue

(1) Nous savons de bonne source qu'il a toujours été l'ennemi déclaré des hauts grades. L'expérience lui avait appris que les hauts grades sont la racine de tout le mal qui existe dans la confrérie maçonnique et la cause de la discorde entre les loges t les systèmes. *(Encyclopædie der freimaurerei*, etc., par Lenning (Mossdorf), t. I.)

est le seul qui figure dans l'annuaire du Suprême-Conseil de Charles-town, publié l'année suivante, comme étant en correspondance avec lui.

On verra, dans la suite de cette histoire, que plusieurs corps maçonniques se sont disputé la possession du rite écossais ancien et accepté, et que chacun d'eux, à l'envi, préconisait la sublimité des initiations de ce rite. Il faut croire cependant que, de part et d'autre, on n'éprouvait un si vif enthousiasme pour ces admirables mystères que sur la foi des maçons qui les avaient apportés. Cela est d'autant plus probable qu'à l'exception de quelques grades, tels, par exemple, que le rose-croix et le kadosch, la série des degrés de l'écossisme n'est donnée que *par communication* et d'une manière fort succincte. Très peu de frères pourvus des hauts grades savent en quoi consistent les merveilleuses connaissances qui s'y rattachent, et certes, ce ne sont pas ceux-là qui se montrent le plus fiers de les posséder. En effet, quant à la doctrine, tout est trivial, ou inconséquent, ou absurde dans ces grades supérieurs; et quant au cérémonial, il consiste en des formalités insignifiantes, lorsqu'elles ne sont pas niaises ou ridicules, et même dégradantes pour la dignité du récipiendaire. C'est ce dont on pourra juger par le résumé que nous allons en faire d'après l'ouvrage américain : *Light on masonry*, de tous points conforme, d'ailleurs, aux rituels français manuscrits que nous avons sous les yeux (1).

Les trois premiers grades sont les mêmes, sauf de légères modifications, que ceux qui sont universellement pratiqués; nous en avons décrit en détail les cérémonies dans notre introduction.

Dans le grade de *maître secret*, on déplore la mort d'Hiram, et Salomon désigne sept maîtres pour remplacer ce grand ouvrier dans la direction des travaux du temple. Le récipiendaire est un de ces sept élus. Le grade de *maître parfait* fut, dit le cahier, institué par Salomon pour exciter les maîtres à rechercher les meurtriers d'Hiram. Le privilége que cette distinction conférait aux frères qui l'avaient obtenue consistait à être seuls instruits que le cœur de la victime reposait dans une urne surmontant un mausolée élevé à l'ouest du temple. Ils connaissaient aussi la solution du problème de la quadrature du cercle, qui, depuis, malheureusement, s'est perdue. On suppose, dans le *secrétaire intime*, qu'Hiram, roi de Tyr, est venu faire des représentations à Salomon, relativement à la valeur de vingt villes de la Galilée, que le monarque juif lui avait livrées pour prix des matériaux du temple de Jérusalem. Hiram entre avec précipitation, et sans se faire annoncer,

(1) *Voyez* aussi le *Mémoire sur l'écossisme* du frère Chemin-Dupontès; la *Bibliotheca maçonnica, ou intrucçao completa do franc-maçon;* le *Cours interprétatif des initiations anciennes et modernes,* du frère Rayon; les tuileurs des frères de l'Aulnaye, Vuilliaume et Bazot; etc.

dans l'appartement de Salomon. Joaben, un des favoris de ce prince, qui ne connaît point Hiram, lui supposant de mauvais desseins, vient écouter à la porte de la pièce où les deux rois sont réunis, pour être à même de porter secours à son maître, dans le cas où cet inconnu en voudrait à ses jours. Instruit d'un acte de *dévouement* si honorable, Salomon fait de ce serviteur son secrétaire intime. Cette fable est mise en action dans le grade, et le récipiendaire représente Joaben. Le *prévot et juge* est préposé par Salomon pour rendre la justice aux ouvriers du temple. En entrant dans la loge, il dit : *Chivi* (c'est-à-dire je m'incline), et le président lui répond : *Ki* (ou levez-vous) ; au moyen de quoi, on lui confie la clé du lieu où sont renfermés le corps et le cœur du respectable maître Hiram. On s'occupe encore, dans l'*intendant des bâtiments,* de suppléer à la perte d'Hiram par la nomination de quelques directeurs des ouvriers. Il faut que le candidat soit apte à devenir chef d'un les cinq ordres d'architecture et à terminer les travaux d'une certaine chambre secrète. Cependant, par une contradiction assez bizarre, le récipiendaire n'est admis qu'en confessant son ignorance.

Dans les grades d'*élu des neuf* et d'*élu des quinze*, il s'agit de poursuivre et de punir les meurtriers d'Hiram. Le candidat s'acquitte en deux fois de cette mission. Il entre dans la loge tenant, d'une main, un poignard souillé de sang, et, de l'autre, le simulacre d'une tête coupée. Il prétend avoir accompli la vengeance, et il demande le prix de cette action. Mais ceux-là mêmes qui l'ont poussé au meurtre, le lui reprochent avec indignation. Déjà tous les assistants lèvent sur lui leurs poignards pour l'en frapper ; cependant leur colère s'apaise, en considération de ce qu'il a été emporté par son zèle ; et il est admis aux grades qu'il sollicite, après qu'il a juré de trancher la tête aux parjures qui en dévoileraient les mystères. Le grade de *sublime chevalier élu,* qui succède à ceux-ci, n'a pas un cérémonial aussi stupidement atroce ; mais le néophyte y reçoit la récompense des meurtres qu'il a commis.

Les emblèmes des grades d'*architecte*, de *royale-arche*, d'*écossais de la voûte sacrée de Jacques VI*, présentent un tout autre caractère. Dans le premier, le récipiendaire doit pouvoir énumérer tous les instruments renfermés dans un étui complet de mathématiques, et distinguer les cinq ordres de l'architecture. Lorsqu'on l'introduit, il faut qu'il admire quelque temps l'étoile polaire figurée au nord de la loge. Dans le grade de royale-arche, les candidats sont descendus dans la loge à l'aide d'une corde, par un trou pratiqué à la voûte. Ils voient une colonne d'airain sur laquelle fut gravé, avant le déluge, l'état des sciences humaines et qui a échappé aux ravages de cet immense cataclysme. On leur montre également un triangle resplendissant où est gravé le *vrai* nom de la divinité ; triangle qui était placé au sommet

27

de la neuvième arche de l'ancien temple d'Énoch. Le grand-écossais présente à peu près les mêmes symboles que le royale-arche; mais il fait allusion à une époque plus récente, et rappelle les malheurs de la maison de Stuart.

Les deux grades suivants sont puisés dans l'histoire de la Bible. Le *chevalier d'Orient* a rapport au retour des Juifs de leur captivité et à la construction du second temple de Jérusalem. Le récipiendaire représente Zorobabel. Dans le grade de *prince de Jérusalem*, le récipiendaire continue ce personnage, et il reçoit la récompense de tous les travaux qu'il a entrepris pour l'amour du peuple juif.

L'aspirant au grade de *chevalier d'Orient et d'Occident*, introduit dans le grand conseil, est inspecté avec soin par tous les frères. Un d'eux lui dit ensuite : « Nous allons vous montrer quelque chose de surprenant ! » On lui fait faire sept fois le tour d'une figure heptagone, sur la superficie de laquelle sont représentés sept étoiles, un arc-en-ciel, un agneau couché sur le livre des sept sceaux, un vieillard à barbe blanche, ayant en travers de la bouche une épée à deux tranchants. Après ces voyages, on demande au récipiendaire s'il sait pourquoi les anciens avaient une barbe si blanche et si longue. Craignant apparemment que ce ne soit là une question captieuse, il fait une réponse normande, et dit : « Vous le savez ! » Alors on lui fait plonger les mains dans un bassin ; on feint de le saigner au bras ; et l'orateur le félicite sur son courage. On ouvre successivement les sept sceaux du livre mystique, et on en retire divers objets, tels qu'un arc, des flèches, une couronne, une tête de mort, de l'encens, etc., qui sont remis à sept des assistants avec des recommandations dans le genre de celles-ci : « Partez et continuez la conquête ! — Empêchez les profanes et les méchants frères de trouver jamais justice dans nos loges ! etc. » Puis les trompettes sonnent, et l'on raconte au récipiendaire l'histoire de la fondation de l'ordre des templiers.

Les diverses phases de la passion du Christ font le sujet du grade de *rose-croix*. Le *grand pontife* ou *sublime écossais* emprunte de l'apocalypse ses allégories et ses symboles. On fait chercher à l'aspirant la route qui conduit à la Jérusalem céleste. Dans le grade de *maître ad vitam*, se reproduisent de nouveau les traditions juives, et le candidat représente Zorobabel. Il est interrogé sur les grades antérieurs; et l'on paraît vouloir, comme dans le grade anglais de maître passé *(past master)*, le préparer à s'acquitter avec régularité des fonctions de vénérable de loge. Le degré de *noachite* ou *chevalier prussien* nous fait rétrograder jusqu'à la construction de la tour de Babel. Les frères célèbrent la mémoire de la destruction de ce monument d'orgueil, la désunion des ouvriers qui l'avaient élevé, et la confusion des langues. Cet ordre fut institué en Prusse, en 1755. Les inventeurs lui attribuaient une origine ancienne, et prétendaient qu'il avait été créé par les chevaliers teutons. Le comte de Saint-Gélaire l'introduisit en France, en 1757.

Il est encore une fois question de l'édification du second temple de Jérusalem dans le degré de *prince du Liban*. Les frères s'occupent à couper sur le Liban les cèdres nécessaires pour les bâtiments de ce temple. La fable du *chef du tabernacle* se rattache à l'époque de la construction du premier temple. Le candidat représente le fils d'Hiram. On lui dit que, bien que son père ait été vengé, « on ne laisse pas cependant de lui *sacrifier* les indiscrets, les lâches et les vicieux. » On charge le néophyte de la garde du tabernacle. Dans la réception de *prince du tabernacle*, on demande à l'aspirant combien de temps il a travaillé au temple de Salomon ; il répond : « Deux mille cent quatre-vingt-cinq jours à obéir, autant à imiter et autant à perfectionner ; » et il en donne une preuve sans réplique, à savoir « qu'il n'a point participé à l'attentat commis sur la personne de Hiram et qu'il a le désir de faire de grands progrès dans la vertu. » Dans le grade de *chevalier du serpent d'airain,* on raconte au récipiendaire que, pour célébrer la découverte qu'il devait à l'instinct d'un serpent, d'une herbe propre à guérir les blessures, Moïse avait fait construire un serpent d'airain colossal, l'avait fait fixer au bout d'une longue perche et l'avait fait promener dans le camp des Hébreux ; que la tradition de ce fait se perpétua en Judée jusqu'au temps des croisades ; et qu'alors des chevaliers qui en étaient instruits, instituèrent un grade sur ce sujet et se dévouèrent à l'étude des sciences, au culte du vrai Dieu et à la délivrance des captifs.

La réception au grade de *prince de merci* est accompagnée de circonstances que nous nous refuserions à croire, si nous n'avions le rituel sous nos yeux. Après avoir fait faire au candidat neuf pas en serpentant, on lui attache aux épaules deux ailes qu'il fait mouvoir à l'aide d'un mécanisme. Il a les yeux bandés. On lui fait monter neuf marches qui conduisent à une plate-forme, et on lui ordonne de s'élancer dans les airs et de s'élever en volant jusqu'au troisième ciel. Le candidat obéit, s'élance en agitant ses ailes, et tombe sur une couverture fortement tendue que tiennent aux deux extrémités quelques frères vigoureux. On lui annonce alors qu'il est « dans l'espace du ciel où roulent les étoiles errantes. » On le fait passer de la même façon au deuxième ciel. Là, on lui fait approcher la main d'une bougie allumée, et on lui dit que la chaleur qu'il sent est celle que répandent les étoiles fixes. On lui fait humer une petite quantité de mousse de savon ; cela figure l'éther du deuxième ciel. Son corps, dès ce moment, a acquis la propriété de résister à l'action du feu. Enfin on le balance dans l'air, et on lui apprend qu'il est dans le troisième ciel. Le reste est à l'avenant. Quant à l'instruction qu'on lui donne, elle consiste à opérer le grand-œuvre.

Le grade de *souverain commandeur du temple* rappelle la condamnation des templiers. On lie d'une corde le récipiendaire pour lui apprendre qu'il est encore sous le joug des passions ; on l'attache sur une planche, on le couvre d'un drap mortuaire, on le porte à bras, on lui fait faire ainsi cinq fois le tour de la loge, et l'on chante une prose où se trouve ce passage : « O maçon qui, d'un profond repos, dors et ne dit mot, il faut mourir, à la mort faut venir. ! » La procession terminée, on couronne le récipiendaire. En vertu de sa nouvelle dignité, il a le droit de porter en loge son chapeau sur la tête ; il est « exempt du catéchisme. »

Dans le *chevalier du soleil*, le vénérable représente Adam ; on nomme chérubins les sept officiers de la loge et sylphes les membres sans fonctions. Le but de l'initiation est de dégager le sujet des liens et de l'aveuglement de l'erreur, et de le faire arriver à la connaissance de la vérité. Le rituel de ce degré est du petit nombre de ceux qui peuvent soutenir la lecture ; il s'y trouve même quelques parties pleines de sens et de valeur. Malheureusement le formulaire de la réception contient des circonstances peu en harmonie avec la gravité du fond. Le récipiendaire, la tête couverte d'un voile noir, est introduit dans la loge, pendant que deux sylphes, un soufflet à la main, l'éventent par derrière. On le débarrasse de son voile ; le vénérable lui adresse un discours explicatif des emblèmes de la maçonnerie, qu'il lui représente comme couvrant des préceptes d'une philosophie hardie, et il l'engage à s'affranchir du joug de la croyance qu'on a pu lui inculquer dans sa jeunesse, et à prendre le spectacle de la nature et sa propre intelligence pour seules règles de sa foi.

Le *grand écossais de Saint-André* est le premier grade de la réforme de Ramsay ; et la fable que nous avons rapportée dans notre chapitre précédent en forme la base. Quant au cérémonial, il consiste seulement en différents voyages que l'on fait faire à l'aspirant autour de la loge. La pensée politique de l'auteur se reconnaît facilement dans les discours du vénérable et dans le règlement du grade. La catastrophe de l'ordre des templiers est commémorée dans le *grand-élu, chevalier Kadosch* ; on y maudit la mémoire de Philippe-le-Bel, de Clément V et de Noffodei, qu'on appelle les *trois abominables*. L'aspirant monte les sept degrés d'une échelle sur lesquels sont tracés des mots hébreux qui signifient charité, candeur, douceur, vérité, perfection, patience et discrétion. Le grade d'*inquisiteur commandeur* se rattache aussi à l'ordre du temple ; il confère à celui qui en est pourvu le privilége de rendre la justice aux frères. La réception consiste en une simple introduction et en une prestation de serment. Le *prince de royal-secret* est le gardien du trésor de l'ordre du temple. La réception, assez compliquée, se passe au milieu d'un camp fictif, où se trouvent neuf tentes occupées par les chevaliers rose-croix, les chevaliers d'Orient, les grands-architectes, les élus; plus cinq tentes destinées aux chevaliers kadosch, aux chevaliers du soleil, du serpent d'airain, etc.; et enfin trois autres tentes, celles des princes de royal-secret, des grands-inquisiteurs et des chevaliers de Malte.

La loge ou suprême conseil du trente-troisième et dernier grade, appelé *souverain grand-inspecteur général*, est tendue en pourpre; des têtes de mort et des os en sautoirs sont brodés sur la tenture. Au milieu de la salle, sur un piédestal quadrangulaire couvert d'un tapis cramoisi, est une Bible ouverte et une épée. Au nord du piédestal, un squelette humain, debout, tient, de la main gauche, le drapeau blanc de l'ordre du temple, et, de la droite, un poignard, qu'il élève comme pour frapper. Le grand-maître, qui prend le titre de très puissant souverain grand-commandeur, représente Frédéric II, roi de Prusse; son lieutenant représente le duc d'Orléans, grand-maître de la maçonnerie française. A l'ouverture des travaux, interrogé sur les devoirs qu'il a à remplir, le lieutenant du grand commandeur répond : « Combattre pour Dieu et mes droits, et infliger la punition aux traîtres. » Le candidat est introduit, vêtu de noir, sans souliers, sans chapeau, sans épée, sans tablier, la tête inclinée, les bras croisés sur la poitrine. Il porte au cou un ruban noir, dont l'introducteur tient l'extrémité de la main gauche, pendant que, de la droite, il porte une torche allumée (1). En cet état, on lui fait faire trois fois le tour de la loge; puis, on lui ordonne de plonger ses mains dans un vase placé sur un réchaud et contenant du mercure, qu'on lui dit être du plomb fondu. Après cette épreuve, il prête serment, baise trois fois la Bible, est armé d'une épée; le président lui passe à l'annulaire de la main gauche une bague en dedans de laquelle est gravée la légende : *Deus meumque jus*, et il lui dit : « Avec cette bague, je vous marie à l'ordre, à votre pays, à votre Dieu. »

Tels sont, en substance, les mystères de l'écossisme, masse informe et indigeste, monument de déraison et de folie, tache imprimée à la franc-maçonnerie par quelques trafiquants éhontés; et dont le bon sens des maçons eût depuis longtemps fait justice, si leur vanité n'eût été séduite par les titres et les croix qui en forment le cortége obligé.

A peu près vers la même époque, d'autres spéculateurs renchérissaient encore sur le rite ancien et accepté, et établissaient, sous le nom de *rite de Misraïm*, ou d'Égypte, un nouveau système qui ne comprenait pas moins de quatre-vingt-dix grades. Ce système, auquel ils attribuaient une haute antiquité, était divisé en quatre séries, appelées symbolique, philosophique, mystique et cabalistique. Les degrés d'instruction en étaient empruntés de

(1) *Voyez* planche n° 15.

l'écossisme, du martinisme, de la maçonnerie hermétique et des différentes réformes autrefois en vigueur en Allemagne et en France, et dont les cahiers ne se trouvaient plus que dans les archives de quelques curieux. C'est en 1805 que plusieurs frères, de mœurs décriées, n'ayant pu être admis dans la composition du Suprême-Conseil écossais qui s'était fondé, en cette année, à Milan, imaginèrent le régime misraïmite. Un frère Lechangeur fut chargé d'en recueillir les éléments, de les classer, de les coordonner, et de rédiger un projet de statuts généraux. Dans ces commencements, les postulants ne pouvaient arriver que jusqu'au quatre-vingt-septième degré. Les trois autres, qui complétaient le système, étaient réservés à des supérieurs inconnus; et les noms même de ces degrés étaient cachés aux frères des grades inférieurs. C'est avec cette organisation que le rite de Misraïm se répandit dans le royaume d'Italie et dans le royaume de Naples. Il fut adopté notamment par un chapitre de rose-croix, appelé la *Concorde*, qui avait son siége dans les Abruzzes. Au bas d'un bref, ou diplôme, délivré, en 1811, par ce chapitre au frère B.-Clavel, commissaire des guerres, figure la signature d'un des chefs actuels du rite, le frère Marc Bédarride, qui n'avait alors que le soixante-dix-septième degré. Les frères Lechangeur, Joly et Bédarride apportèrent en France le misraïmisme, en l'année 1814. Il fut propagé postérieurement en Belgique, en Irlande et en Suisse. Nous mentionnerons plus loin les vicissitudes que cette maçonnerie a éprouvées.

En 1806, un Portugais, appelé Nunez, essaya d'introduire à Paris une société qu'il assurait être la même que l'*ordre du Christ*, formé en Portugal, en 1314, des débris de l'ordre du Temple, et qu'il se disait autorisé à établir en France. Son système était divisé en plusieurs degrés d'initiation, dont les formes étaient copiées sur celles des hauts grades de la maçonnerie templière. On ne tarda pas à découvrir que cet étranger n'était qu'un intrigant, et qu'il avait fait de son ordre prétendu une spéculation toute mercantile. Dénoncé à la police par quelques-unes de ses nombreuses dupes, il reçut l'ordre de quitter la France.

Un autre trafiquant de maçonnerie entreprit, vers la même époque, de faire adopter un *ordre de la Miséricorde*, qui se rattachait également à celui des templiers. Pour donner plus de valeur et d'autorité à son institution, il avançait hardiment qu'elle avait pour chef secret Napoléon lui-même. Démasqué comme Nunez, il quitta furtivement Paris, pour se soustraire à un procès correctionnel.

Dans la même année 1806, des circulaires répandues avec profusion à Paris annoncèrent l'existence d'une troisième société, qui s'intitulait l'*ordre du Temple*, et la prochaine installation d'une maison d'initiation, d'une grande postulance et d'un grand convent métropolitains. Les chefs de cette association racontaient que Jacques Molay, étant à la Bastille et prévoyant l'abolition prochaine des templiers, nomma pour son successeur un certain Jean-Marc Larmenius, qu'il investit du pouvoir de rétablir l'ordre et même de le gouverner à sa mort; qu'en effet, après le supplice de Molay, Larmenius prit la direction secrète de l'ordre du Temple, dont les débris se rattachèrent à lui et reconnurent son autorité; qu'il rédigea une charte pour qu'à son décès l'ordre ne restât pas sans chef; et qu'il conféra la survivance de la grande-maîtrise, au chevalier François-Thomas-Théobald d'Alexandrie, à qui il donna la faculté de désigner également un successeur; que c'est ainsi que l'ordre du Temple se perpétua et que la dignité de grand-maître fut transmise de ces temps reculés jusqu'à nous. A l'appui de ces assertions, les membres de l'association nouvelle produisaient 1° l'original de la charte de transmission de Larmenius, écrite, en caractères hiéroglyphiques, sur une très grande feuille de parchemin, ornée, suivant le goût du temps, de dessins gothiques architecturaux, de lettres fleuronnées, coloriées et argentées, scellée du sceau de la milice, et portant, *manu propriâ,* les acceptations des grands-maîtres depuis Larmenius; 2° les statuts de l'ordre, révisés en 1705, et signés Philippe d'Orléans. Plus tard, ils corroborèrent ces preuves d'un petit reliquaire de cuivre, en forme d'église gothique, contenant quatre fragments d'os brûlés, extraits du bûcher des martyrs de l'ordre; d'une épée de fer surmontée d'une boule, et présumée avoir servi au grand-maître Jacques Molay; d'un casque de fer damasquiné en or, présumé être celui de Guy, frère du dauphin d'Auvergne; d'un haut de crosse en ivoire et de trois mitres en étoffe, ayant servi aux cérémonies de l'ordre, etc.

Il faut reconnaître que cette fable (car c'en est une) était assez ingénieusement arrangée, et que les pièces qui lui servaient d'appui présentaient bien, au premier aspect, tous les caractères de l'ancienneté qu'on leur attribuait. Cependant, comme le secret de cette fraude historique était en la possession de plusieurs personnes, et que des divisions éclatèrent entre elles par la suite, il y eut des indiscrétions de commises, qui furent confirmées par des déclarations écrites. Nous avons entre nos mains des documents originaux dont nous allons donner la substance, et qui jettent le plus grand jour sur cette question. Ces documents appartiennent à la précieuse collection du frère Morison de Greenfield, qui a bien voulu nous les communiquer (1).

On lit dans l'*Histoire amoureuse des Gaules,* de Bussy-Rabutin, que plusieurs seigneurs de la cour de Louis XIV, entre autres, Manicamp, le chevalier de Tilladet, le duc de Grammont, le marquis de Biran et le comté de

_____

(1) Le frère Morison de Greenfield se propose de publier prochainement le texte de ces documents, à la suite d'une *Histoire des templiers modernes.*

Tallard, formèrent, en 1682, une société secrète ayant pour objet de se livrer à un goût importé d'Italie. La première règle de cette société consistait naturellement dans l'exclusion des femmes, et chacun des associés portait sous sa chemise une décoration en forme de croix, sur laquelle il y avait, relevé en bosse, un homme foulant aux pieds une femme, à l'exemple des croix de Saint-Michel, où l'on voit ce saint fouler aux pieds le démon. On comprend que cet article des statuts nous dispense de rapporter les autres. A peine établie, cette société se grossit d'un nombre considérable de jeunes seigneurs débauchés. Le marquis de Biran y introduisit le duc de Vermandois, prince du sang, qui subit les épreuves imposées au récipiendaire. On y admit aussi le Dauphin, mais on n'osa pas le soumettre à la même formalité. Instruit de ces infamies, Louis XIV fit fustiger le duc de Vermandois par un laquais, et envoya en exil les membres de la société, qu'on appelait : *Une petite résurrection des templiers.*

En 1705, Philippe d'Orléans, plus tard régent sous la minorité de Louis XV, réunit les débris de la société, qui avait renoncé à son but primitif pour s'occuper de matières politiques. De nouveaux statuts furent rédigés. Un jésuite italien, le père Bonanni, grand antiquaire, excellent dessinateur, et qui a publié plusieurs ouvrages fort érudits, fabriqua la charte, dite de Larmenius ; y inscrivit l'acceptation et la signature de personnages marquants de différentes époques, qu'il supposa avoir exercé la charge de grand-maître depuis Larmenius, et il rattacha ainsi fictivement la nouvelle société à l'ancien ordre du Temple. On ouvrit un registre de délibérations, sur lequel on porta postérieurement les procès-verbaux des séances les plus importantes, et que se transmirent successivement les grands-maîtres qui gouvernèrent l'association depuis Philippe d'Orléans. Cette association, dans un but politique qui n'est pas bien expliqué, entreprit, dans l'origine, de se faire reconnaître en la qualité qu'elle prenait par l'ordre du Christ, établi en Portugal, et qui formait, dans ce pays, sous un nom différent, la continuation de l'ordre des templiers. A cet effet, deux de ses membres se rendirent à Lisbonne, et ouvrirent une négociation avec l'ordre du Christ. Le roi Jean V, qui en était le grand-maître, fit écrire à son ambassadeur, à Paris, don Luiz da Cunha, pour avoir des renseignements sur les impétrants et sur les titres dont ils étaient possesseurs. Le diplomate portugais en demanda au duc d'Elbeuf, et transmit un rapport à Jean V. Aussitôt qu'il en eut pris connaissance, ce prince donna des ordres pour qu'on arrêtât les deux envoyés français. Un d'eux s'évada, et trouva un refuge à Gibraltar ; mais l'autre ne fut pas aussi heureux ; et, après avoir été retenu prisonnier pendant deux ans, il fut jugé et déporté à Angola, en Afrique, où il mourut.

La société continua cependant d'exister en France ; et tout porte à croire que c'est la même qui s'était cachée, avant la révolution, sous le nom assez trivial de *société de l'Aloyau*, et dont les membres furent dispersés vers 1792. A cette époque, elle avait pour grand-maître le duc de Cossé-Brissac, qui fut massacré à Versailles, au mois de septembre, avec d'autres prisonniers que l'on conduisait à Orléans pour y être jugés. Le frère Ledru, fils aîné du fameux Comus, physicien du roi, était médecin du duc de Cossé-Brissac. Après la mort de ce seigneur, il acheta un meuble qui lui avait appartenu, dans lequel étaient cachés la fameuse charte de Larmenius, les statuts manuscrits de 1705 et le livre des procès-verbaux. Il communiqua, vers 1804, ces diverses pièces à son ami, le frère de Saintôt, ainsi qu'au docteur Fabré-Palaprat, ancien ecclésiastique, dont il avait aidé les premiers pas dans la carrière médicale. La vue de ces documents suggéra l'idée de faire revivre l'ordre. On proposa au frère Ledru de s'en constituer le grand-maître; mais il refusa, et désigna, pour remplir cette fonction, le frère Radix de Chevillon, qui ne voulut accepter que le titre de régent et s'inscrivit en cette qualité sur la charte de Larmenius, à la suite du grand-maître Cossé-Brissac. Les quatre restaurateurs de l'ordre furent d'avis qu'il convenait de le placer sous le patronage de quelque grand nom; et, en attendant qu'on pût réaliser ce dessein, le frère de Chevillon, prétextant son grand âge, proposa de nommer grand-maître le frère Fabré-Palaprat, mais pour une année seulement, et à la charge de renoncer à sa dignité dans le cas où l'on trouverait quelque haute notabilité qui consentît à s'en revêtir. Cependant, une fois investi de la grande-maîtrise, le frère Fabré refusa de s'en dessaisir.

Quelques autres personnes furent admises bientôt après dans l'ordre du Temple, notamment les frères Decourchant, clerc de notaire; Leblond, employé à la bibliothèque impériale; et Arnal, ancien curé de Pontoise, alors marchand de fer, rue Lepelletier, qui, tous trois, furent mis dans le secret de cette fraude. On s'occupa de former ce qu'on appelle les reliques de l'ordre. Les frères Fabré, Arnal et Leblond furent chargés de ce soin. Les os brûlés qu'on prétend avoir été retirés du bûcher des martyrs de l'ordre furent préparés par les frères Leblond et Fabré, dans la maison du premier, rue des Marmouzets. Le petit reliquaire de cuivre, l'épée de fer, dite de Jacques Molay, le haut de crosse en ivoire, les trois mitres, furent achetés par le frère Leblond chez un marchand de ferraille du marché Saint-Jean et chez un chasublier des environs. Enfin le casque de fer damasquiné en or fut enlevé par le frère Arnal d'un dépôt d'armures du gouvernement.

En 1805, fut admis également dans l'ordre le frère Francisco Alvaro da Silva Freyre do Porto, chevalier de l'ordre du Christ, et agent secret, à Paris, de Jean VI, roi de Portugal. Il en resta membre jusqu'en 1815. Il est du petit nombre de ceux que le frère Fabré et les autres restaurateurs de

28

l'ordre du Temple mirent dans la confidence de tout ce qui s'était passé. En 1812, il était secrétaire magistral. Le grand-maître Fabré lui ayant communiqué son désir d'être reconnu, en qualité de successeur de Jacques Molay, par le grand-maître de l'ordre du Christ, il prit copie de la charte de Larmenius et l'adressa à Jean VI, alors retiré dans ses états du Brésil. La demande fut rejetée; et, bien que le frère da Silva ne s'exprime pas à cet égard en termes formels dans une déclaration signée de lui que nous avons sous les yeux, il faut croire cependant que la réponse du roi contenait les renseignements que nous avons relatés plus haut sur la tentative faite, en 1705, par la société dont Philippe d'Orléans était le chef pour être reconnue par l'ordre du Christ.

De tout ce qui précède, il faut conclure que l'établissement de l'ordre du Temple actuel ne remonte pas au-delà de 1804; qu'il n'est pas plus la continuation légitime de la société appelée la Petite résurrection des templiers, que celle-ci ne se rattachait réellement à l'ancien ordre du Temple. Cependant, pour jouer plus au naturel encore, s'il est possible, qu'elle ne le faisait, à l'aide de ses chartes et de ses reliques, la comédie qu'elle avait commencée, la société des templiers modernes divisa le monde en provinces, en prieurés, en commanderies, qu'elle partagea entre ses membres. Elle exigea des postulants des preuves de noblesse; et, quand ils ne pouvaient les fournir, elle les anoblissait. C'est ainsi que, notamment le 29 octobre 1808, quatorze bons bourgeois de Troyes, appelés Pigeotte, Gaillot, Vernollet, Bertrand, Baudot, Gréan, Bellegrand, etc., reçurent des lettres de noblesse et des armoiries parlantes. Elle déclara professer la religion catholique, apostolique et romaine, et, en conséquence, à diverses époques, elle refusa l'initiation à des protestants. Mais, vers 1814, le grand-maître Fabré ayant acheté, pour la modique somme de 25 francs, à un bouquiniste des quais, un manuscrit grec du XVe siècle, contenant une leçon de l'évangile de saint Jean en opposition, sur beaucoup de points, avec le même évangile inséré au canon de l'église romaine, et précédé d'une sorte d'introduction et de commentaire, intitulés : *Lévitikon*, s'avisa d'en approprier la doctrine à l'ordre du Temple et de transformer ainsi en une secte schismatique une association jusque-là parfaitement orthodoxe. Ce *Lévitikon* et l'évangile qui y est joint (1), traduits, en 1822, par les frères Théologue et Humbert, fu-

(1) L'auteur du *Lévitikon* et de l'*Évangile de Jean* qui y est annexé est un Grec nommé Nicephore, religieux conventuel d'un monastère situé près d'Athènes. Il avait été initié aux mystères des sufites, secte encore existante de nos jours, à laquelle appartiennent, en grande partie, les hautes classes arabes, et qui professe les doctrines de l'ancienne loge du Caire. Nicephore introduisit ces doctrines dans le christianisme, écrivit le *Lévitikon* et l'*Évangile de Jean*, qui devinrent la bible d'un petit nombre de

rent peu à près imprimés, avec des modifications et des interpolations considérables de la main même du docteur Fabré-Palaprat. Ils devinrent l'occasion d'une scission dans l'ordre du Temple. Ceux des chevaliers qui en
adoptèrent les doctrines en firent la base d'une liturgie qu'ils se déterminèrent à rendre publique à l'instigation du docteur. En 1833, ils ouvrirent,
dans une salle de la cour des miracles, une église johannite, dans laquelle
ces honnêtes chevaliers, pour la plupart hommes de lettres, employés d'administration et marchands, dirent gravement la messe en étole et en sur-
plis, à la vue des curieux attirés en foule par la nouveauté d'un spectacle
qui leur était généreusement donné gratis. Malheureusement pour le clergé
johannite, le zèle des fidèles était un peu froid, et ils ne versaient pas des
tributs fort abondants; aussi fallut-il renoncer à cette exhibition religieuse,
et se renfermer, comme devant, dans le sanctuaire quelque peu profané du
Tivoli d'hiver.

Quelque élevées que soient ses prétentions, l'ordre du Temple n'est en
réalité qu'une réforme maçonnique. On a pu voir, en effet, dans notre statistique de la franc-maçonnerie, quelle relation existe entre les degrés d'initiation
de cet ordre et divers degrés de l'écossisme. Le frère Ledru n'avait point
trouvé de rituels dans les papiers du duc de Cossé-Brissac; les cahiers
d'instruction de l'ordre ont dû, selon toute apparence, être rédigés vers
1804. Les grades portaient primitivement les noms d'*apprenti*, de *compagnon*, de *maître*, de *maître d'Orient*, de *maître de l'aigle noir de Saint-
Jean* et de *maître parfait du pélican*. Le 30 avril 1808, un décret magistral, pour déguiser cette origine maçonnique, décida qu'à l'avenir
ces grades seraient appelés: *initié*, *initié de l'intérieur*, *adepte*, *adepte
d'Orient*, *adepte de l'aigle noir de Saint-Jean* et *adepte parfait du pélican*. Le premier établissement que fonda l'ordre fut, d'ailleurs, une loge
maçonnique, qui obtint, le 23 décembre 1805, du Grand-Orient de France,
des constitutions sous le titre de *Chevaliers de la croix*; et il se recruta particulièrement parmi les membres de la loge de *Sainte-Caroline*, composée
de personnes de haut rang, telles que les frères de Choiseul, de Chabril-

sectaires auxquels il fit partager ses croyances. Ces schismatiques se virent l'objet de
poursuites; et Nicephore abjura ses erreurs et rentra dans le sein de l'église grecque.
Trois exemplaires manuscrits du *Lévitikon* et de l'*Évangile de Jean* existent encore
aujourd'hui: le premier est conservé dans le couvent grec de Valoped; le second se
trouve dans le cabinet du comte Moussin-Pouschkin, savant naturaliste russe, à Saint-
Pétersbourg; le troisième, qui faisait partie de la collection du couvent arménien-uni
de San Lazzaro, à Venise, et qui en disparut, en 1798, lors de la prise de possession de
cette ville par les Français, est probablement le même que celui qui fut acheté par le
grand-maître Fabré, et qui est maintenant en la possession de l'ordre du Temple.

lant, de Vergennes, de Dillon, de Coigny, de Montesquiou, de Narbonne, de Béthune, de Montmorency, de La Tour-du-Pin, d'Aligre, de Labourdonnaye, de Sénonnes, de Crussol, de Nanteuil, de Flahaut, etc., etc.

C'était l'époque de la résurrection des anciens ordres de chevalerie. On essaya pareillement, en 1806, de restaurer l'*ordre du Saint-Sépulcre.* La nouvelle société eût quelques années d'existence; elle s'éteignit, en 1819, à la mort du vice-amiral, comte Allemand, qui remplissait alors la charge de grand-maître.

La maçonnerie belge eut aussi ses innovations. En 1818, parurent des circulaires dans lesquelles on annonçait l'organisation d'un rite écossais primitif qui aurait été introduit à Namur, en 1770, par la Grande-Loge métropolitaine d'Édimbourg, autorité qui n'a jamais existé. Ce rite, composé de trente-trois grades, pour la plupart empruntés du rite de perfection, était cependant une création toute récente, et avait pour auteur principal le frère Marchot, avocat à Nivelles. Sa juridiction ne s'étendait guère au delà des murs de la ville où il avait son siége.

On a vu que le rite de perfection avait été apporté en Hollande par Rosa. Il s'y perpétua dans quelques loges jusqu'en l'année 1807, époque de la fondation du Grand-Chapitre des hauts grades, qui adopta, avec de légères modifications, les quatre ordres ou degrés supérieurs du rite français. Cette réforme fut à peu près exclusivement suivie dans le royaume jusqu'en l'année 1819; car le rite écossais ancien et accepté, qu'on y avait importé du temps de la domination française, n'y fut pratiqué que par un très petit nombre de loges et n'y jouit jamais d'une grande faveur.

Les choses étaient en cet état, lorsqu'eut lieu la tentative de réforme faite par le prince Frédéric de Nassau. Nous avons déjà analysé les documents prétendus anciens qui lui servaient de base; voici maintenant quels étaient, en substance, les deux grades supérieurs que le prince voulait substituer à ceux qui étaient en vigueur dans les chapitres hollandais.

La loge du *maître élu*, première subdivision du système, avait la forme d'un carré parfait. Elle était peinte et décorée en bleu céleste. Au centre, était déployé, sur le sol, un tableau, également carré, où se trouvaient représentés, sur un fond noir, un arbre auquel était suspendue une règle; deux points dorés; un glaive; une flamme; un fleuve et un compas. Au pied de ce tableau, était une bière. Six lampes éclairaient la loge, qui avait, pour officiers, un vénérable, deux surveillants, un orateur, un secrétaire, un trésorier, un maître des cérémonies et un préparateur. Le vénérable et les deux surveillants faisaient, sur le pavé de la loge, les percussions symboliques, à l'aide d'un bâton blanc de la longueur de trois pieds, que chacun d'eux tenait à la main. L'ouverture des travaux s'opérait à peu près de la même façon que dans la maçonnerie ordinaire. Avant d'admettre un candidat à l'initiation, on lui soumettait sept questions touchant la divinité, l'immortalité de l'ame, les croyances religieuses, les devoirs du citoyen et ceux des maçons. Si ses réponses satisfaisaient l'assemblée, le récipiendaire était introduit entre quatre frères suivis du maître des cérémonies. Ainsi placé, il faisait deux fois le tour de la loge, et allait ensuite s'asseoir à côté du vénérable, après avoir prêté son obligation. Le vénérable lui donnait une explication symbolique des trois grades inférieurs, et complétait son initiation par une interprétation morale des emblèmes tracés sur le tableau.

La forme de la loge du *maître suprême élu*, deuxième subdivision, était la même que celle de la loge du grade précédent; seulement, au-dessus de la porte d'entrée, s'arrondissait une voûte, dont les murs d'appui, à droite et à gauche, se prolongeaient jusqu'au tiers de la salle, de manière que le récipiendaire, lorsqu'on l'introduisait, ne pût voir que le fond de la loge. Dans cette partie, se trouvait la colonnade d'un temple peint en bleu-ciel. Un tableau transparent, offrant les mêmes emblèmes que le tableau de maître élu, était fixé entre deux colonnes. Outre les officiers que nous avons vus, il y avait, dans ce grade, un dignitaire appelé observateur. D'abord on exigeait du candidat qu'il signât la promesse de ne point divulguer les mystères auxquels on allait l'initier; on l'amenait ensuite à la porte de la loge, et on le faisait asseoir dans la partie voûtée. Les officiers et les frères occupaient leurs places; mais le récipiendaire ne pouvait les voir. Le frère observateur, caché dans le vide d'une colonne, située au fond de la loge, en face de la voûte, regardait par une ouverture imperceptible, pratiquée dans l'épaisseur de la colonne, ce que faisait le candidat. Le maître des cérémonies, après avoir introduit l'aspirant, le laissait seul; et les frères réunis, dans la loge, observaient un profond silence pendant quelques minutes. Alors le vénérable adressait au récipiendaire quatre questions relatives à la tendance de la maçonnerie, et, quand il avait répondu, il lui lisait un long discours moral. Il se faisait encore un silence de quelques minutes; puis un orchestre de musiciens exécutait l'air : *Où peut-on être mieux qu'au sein de sa famille?* et des voix, se faisant entendre, chantaient une hymne en vers français. Toutes ces formalités étant accomplies, les officiers se plaçaient dans la loge, de manière à être vus par le récipiendaire. L'orateur lui expliquait les symboles du grade; il lui disait, par exemple, que le temple qu'il apercevait au fond de la loge était un emblème emprunté des anciens; qu'on avait « toujours considéré un temple comme l'édifice le plus parfait qui pût exister sur la terre; » que ce temple était l'image de l'homme; que la voix qui était sortie de son enceinte était « l'allégorie de cette faculté de l'homme, désignée par plusieurs noms, et dont aucun être pensant ne peut

nier l'existence, quoique personne n'en ait d'autre preuve que sa propre
conviction; » ce qui n'est pas très clair. Le discours de l'orateur était
écrit; il était signé de tous les membres de la loge; et le récipiendaire y
apposait également sa signature. « Maintenant, ajoutait l'orateur, retirez-
vous avec le ferme dessein de vivre toujours digne de votre destination. »

Le rituel de ces deux degrés fut adressé par le grand-maître à tous les ateliers de son obéissance. Une formule d'adhésion y était jointe, que chaque
frère devait signer individuellement. Il fallait qu'on signât sans restriction,
ou qu'on s'abstînt. L'alternative était délicate : il y avait, en effet, deux
hommes dans le grand-maître; si, d'une part, il était le chef d'une société
qui a l'égalité pour base; d'un autre côté, il était fils de roi; à ce titre, sa faveur pouvait être profitable sous plus d'un rapport; son hostilité pouvait
être dangereuse; d'ailleurs il paraissait tenir si fortement à l'adoption de
son système que s'abstenir seulement c'était le blesser. Ces considérations
frappèrent tous les esprits; et cependant, ce qu'on était loin de prévoir,
beaucoup de frères, non-seulement s'abstinrent d'adhérer, mais encore
adressèrent au grand-maître des représentations dont la forme respectueuse
n'atténuait que faiblement la vivacité. En résumé, après de longs pourparlers, un petit nombre de maçons et de loges adoptèrent la nouvelle
maçonnerie, particulièrement en Hollande. Ce fut l'occasion d'un schisme.
Le Grand-Chapitre des hauts grades de ce royaume et beaucoup de chapitres de sa juridiction déclarèrent courageusement s'en tenir aux degrés supérieurs anciens; et le Grand-Chapitre décréta qu'aucun des corps qui dépendaient de lui ne pourrait, à l'avenir, admettre dans son sein, soit comme
membre, soit comme visiteur, aucun rose-croix qu'à la charge de signer la
déclaration « qu'il n'a pas adhéré au prétendu système de réforme des hauts
grades, ou que, du moins, il n'y a adhéré qu'avec restriction et en ne le
considérant en aucune façon comme destructif du grade de rose-croix. »
Quelques-unes des loges de maître suprême élu existent encore en Hollande.
En Belgique, elles se sont dissoutes après la révolution de 1830.

Vers la même époque où le prince Frédéric tentait l'établissement de sa
réforme, on essayait aussi en France de faire adopter une nouvelle maçonnerie qui prenait le titre de *rite persan philosophique*. Les degrés en étaient
au nombre de sept, et se nommaient : *apprenti écoutant; compagnon
adepte, écuyer de la bienfaisance; maître, chevalier du soleil; architecte
omni-rite, chevalier de la philosophie du cœur; chevalier de l'éclectisme
et de la vérité; maître bon pasteur; vénérable grand-élu*. Ce rite n'eut qu'un
petit nombre d'adeptes; il est aujourd'hui abandonné. C'est la dernière innovation qu'on ait entrepris d'enter sur les trois grades primitifs.

Nous venons de tracer le tableau à peu près complet des aberrations de

toute nature dans lesquelles sont tombés les maçons pendant le cours d'un
siècle. Si elles n'ont point paralysé entièrement les utiles effets de l'institution maçonnique, elles les ont du moins ralentis. Elles ont porté une grave
atteinte à la juste considération dont jouissait la société ; elles lui ont fait
douter de sa puissance civilisatrice ; et, pour couronner tant de préjudices,
elles ont jeté la division dans ses rangs ; elles l'ont fractionnée en mille sectes
ennemies, acharnées l'une contre l'autre et se proposant pour unique fin de
se détruire mutellement. Puissions-nous, en découvrant toute la profondeur
du mal, avoir ouvert les yeux à nos frères, et les avoir décidés à abandonner
tant de superfétations inutiles, quand elles ne sont pas dangereuses, et à
revenir à la simplicité de la maçonnerie primitive et à cette union qui seule
peut assurer sa force et lui faire atteindre son but !

CHAPITRE VII.

Les premières divisions qui se manifestèrent dans la franc-maçonnerie
datent de l'année 1734 ; elles éclatèrent à l'occasion de changements introduits dans les rituels par la Grande-Loge de Londres. Plusieurs ateliers,
mécontents de ces innovations, se détachèrent de la Grande-Loge, formèrent sous ses yeux des assemblées indépendantes, et, frappés d'anathème

pour leur irrégularité, se mirent sous la protection de l'autorité maçonnique qui avait son siége à York. Dès ce moment, furent interrompues les relations amicales qui avaient existé jusque-là entre les deux Grandes-Loges du nord et du sud; la dernière se crut en droit d'empiéter sur la juridiction de la Grande-Loge d'York, et de constituer des loges dans son district.

De nouvelles mésintelligences troublèrent la paix de la société en 1736. Le comte de Loudon, qui venait d'être élu grand-maître, désigna, pour le seconder dans l'exercice de sa charge, quelques officiers dont le choix, qui violait d'anciennes règles, souleva les plus vives réclamations. Plusieurs membres de la Grande-Loge, voyant que leurs représentations n'étaient pas écoutées, donnèrent leur démission, se réunirent aux dissidents, établirent de nouvelles loges et les firent constituer par la Grande-Loge d'York. Cependant on négocia; et les différends paraissaient terminés; déjà même les frères mécontents avaient retiré leur démission et repris leur place dans la Grande-Loge, lorsque, en 1739, de nouvelles disputes s'engagèrent. On voulut ramener la Grande-Loge à l'observation des vieux usages qu'elle avait abandonnés; et, comme elle s'y refusa formellement, les membres qui s'étaient rattachés à elle s'en séparèrent de rechef, et formèrent, dans Londres même, un corps rival, qui, tout en reconnaissant la suprématie de la Grande-Loge d'York, s'attribua néanmoins une existence indépendante, et prit le titre de *Grande-Loge des anciens maçons*. L'ancienne Grande-Loge, que nous appellerons désormais la *Grande-Loge des maçons modernes*, excommunia la nouvelle société, frappa d'interdit les ateliers de sa juridiction, et, pour éviter tout contact entre ces ateliers et les siens, innova encore dans les rituels et dans les moyens de reconnaissance. Mais ce fut là une fausse mesure, dont s'emparèrent les maçons anciens pour rallier à eux tous les partisans de l'orthodoxie maçonnique. Le nombre de leurs adhérents s'accrut considérablement; ils obtinrent le patronage de personnes de la plus haute distinction, parmi lesquelles ils élurent un grand-maître; et ils eurent l'habileté de se faire reconnaître par les Grandes-Loges d'Écosse et d'Irlande, comme la seule autorité maçonnique légitime de l'Angleterre.

En 1777, une autre dissidence vint ajouter aux embarras que, depuis leur établissement, les anciens maçons n'avaient cessé de susciter à la Grande-Loge des maçons modernes. On se souvient qu'en 1745, cette autorité avait interdit les processions maçonniques à l'extérieur des loges. Au mépris de cette défense, la loge de l'*Antiquité* (autrefois de *Saint-Paul*) assista en corps, le 24 juin, au service divin dans l'église de Saint-Dunstan, et se rendit ensuite processionnellement, revêtue des insignes de l'ordre et bannière déployée, de l'église à la taverne de la *Mitre*, pour y célébrer la fête de saint Jean. La Grande-Loge censura cette conduite, comme constituant une violation de ses statuts. La loge de l'*Antiquité* conçut le plus vif ressentiment du blâme public qui était prononcé contre elle. Une autre circonstance contribua encore à l'irriter. Peu de temps auparavant, elle avait exclu trois de ses membres pour des fautes graves. Les frères exclus appelèrent de leur radiation à la Grande-Loge; et cette autorité, sans examiner la nature des griefs qui avaient motivé l'exclusion, ordonna que les frères qui en étaient l'objet fussent réintégrés. La loge de l'*Antiquité* refusa d'obtempérer à cet ordre, se considérant comme seule compétente pour statuer définitivement sur l'admission ou sur l'expulsion de ses membres. Elle invoqua au surplus certains priviléges qu'elle s'était réservés formellement, en 1717, lors de la fondation de la Grande-Loge, et qui la mettaient hors de portée du contrôle du corps suprême.

Ces prétentions firent perdre de vue l'objet primitif de la dispute. Des deux côtés, les choses furent poussées à l'extrême; on prit des résolutions précipitées; on fulmina des censures; on imprima des mémoires; et, à la fin, une rupture complète éclata. La loge de l'*Antiquité*, d'une part, défendit ses priviléges, nomma des commissaires pour examiner les anciens titres, en appela à la Grande-Loge d'York et aux Grandes-Loges d'Écosse et d'Irlande, publia un manifeste où elle exposa ses griefs, notifia sa séparation de la Grande-Loge d'Angleterre, se plaça sous la bannière de la Grande-Loge de toute l'Angleterre, à York, et proclama son alliance avec toute loge et avec tout maçon qui désireraient travailler en conformité des constitutions originelles, transgressées par la Grande-Loge de Londres. D'autre part, cette Grande-Loge maintint ses arrêtés, autorisa les frères exclus à s'assembler, sans constitutions, sous le titre même de loge de l'*Antiquité* et à envoyer ses représentants aux séances de la diète maçonnique. Elle lança des anathèmes, et elle expulsa de la société plusieurs frères, parce qu'ils refusaient de livrer des objets appartenant à la loge de l'*Antiquité*, à des membres qui avaient été régulièrement rayés de son tableau. Beaucoup d'ateliers prirent parti pour la loge dissidente et communiquèrent avec elle, malgré les défenses de la Grande-Loge.

Cette lutte subsista pendant douze années; mais enfin, le 24 juin 1790, un rapprochement eut lieu, grâce à l'intervention du prince de Galles et des ducs de Cumberland, d'York et de Clarence. La Grande-Loge prit un arrêté par lequel elle rétablissait sur sa liste la loge de l'*Antiquité*; la loge révoqua son manifeste; et, dès ce moment, son vénérable et ses surveillants reprirent leur siège dans les assemblées.

Cependant la dissidence des anciens maçons continuait d'exister. A la faveur de tous ces débats, elle avait acquis un grand nombre de nouvelles loges, et sa correspondance était presque aussi étendue que celle de la Grande-Loge des maçons modernes. Plusieurs membres de celle-ci exerçaient même, en 1801, des fonctions élevées dans la Grande-Loge des maçons anciens. Mis en accusation pour une violation aussi ouverte des lois de la Grande-Loge, ils déclarèrent ne s'être déterminés à les enfreindre que dans des vues de conciliation, et pour opérer, s'il était possible, une réunion des deux autorités. Ils demandèrent un délai de quelques mois pour se détacher des anciens maçons, espérant, non sans fondement, qu'ils parviendraient, dans l'intervalle, à faciliter les voies à un rapprochement. Le délai fut accordé; des négociations s'ouvrirent en effet; mais elles n'amenèrent aucun résultat; et la guerre recommença plus acharnée qu'auparavant.

En 1806, la Grande-Loge des maçons modernes remporta sur sa rivale un avantage signalé. Son grand-maître, le prince de Galles, fut élu en la même qualité par la Grande-Loge d'Écosse, et il obtint qu'elle fût reconnue par ce dernier corps, qui l'avait considérée jusque-là comme schismatique et n'avait voulu correspondre qu'avec les anciens maçons. Elle fut également reconnue, en 1808, par la Grande-Loge d'Irlande.

Ce double échec avait porté le découragement dans la Grande-Loge des anciens maçons, et elle avait presque abandonné la direction des loges de son ressort, qui en étaient venues à communiquer librement avec celles de sa rivale. Le moment paraissait enfin arrivé où une réconciliation devenait praticable. C'était, au reste, le vœu de tous; et une circonstance favorable permit bientôt de le réaliser. En 1813, le prince de Galles fut nommé régent d'Angleterre, et son frère, le duc de Sussex, lui succéda dans sa charge de grand-maître des maçons modernes. Le premier soin que prit le nouveau grand-maître fut de négocier la réunion des deux autorités. A cet effet, il s'aboucha avec le duc d'Atholl, qui, depuis 1772, présidait les anciens maçons, et il le décida à se démettre de sa dignité en faveur du duc de Kent, qui avait été initié sous ses auspices. Ce choix fut ratifié par la Grande-Loge dont le duc d'Atholl était le chef; et, le 1er décembre 1813, le duc de Kent fut installé en sa qualité à Willis's Rooms, Saint-James square. Il déclara dans cette séance n'avoir accepté la grande-maîtrise que dans la seule vue de coopérer à la réunion des deux Grandes-Loges. Cette déclaration était prévue. De part et d'autre, on nomma des commissaires, qui s'assemblèrent immédiatement et tombèrent facilement d'accord sur les bases du traité d'union, dont un projet avait été rédigé à l'avance. Une assemblée des deux Grandes-Loges eut lieu le même jour, 1er décembre, à la taverne *la Couronne et l'Ancre*, dans le Strand. Les articles de l'union y furent lus et approuvés par acclamation; et, le 27 du même mois, la réunion fut consommée dans une assemblée solennelle.

Aux termes des articles 2 et 4 du traité, le rite des anciens maçons, composé de trois grades : *apprenti, compagnon* et *maître* (comprenant le *suprême ordre de la sainte Royale-Arche,* établi en 1771), devint commun à toutes les loges dépendant de la Grande-Loge unie. L'article 17 disposait que les règlements de l'ordre seraient soumis à une révision. Ce travail fut terminé au commencement de 1815. Les nouveaux statuts, discutés et adoptés le 25 août, subirent, en 1818, un nouvel examen, et furent confirmés alors dans toutes leurs dispositions.

Nous avons dit que, vers le milieu du siècle passé, il s'était établi, sur plusieurs points de la France et particulièrement à Paris, différentes autorités maçonniques qui, se prétendant dépositaires de connaissances supérieures, s'attribuaient une suprématie sur la maçonnerie bleue. De ce nombre étaient les chapitres irlandais, le Chapitre d'Arras, le Chapitre de Clermont, le Conseil des empereurs d'Orient et d'Occident, la Mère-Loge écossaise de Marseille, etc. Toutes ces associations empiétaient sur les droits de la Grande-Loge de France, et entravaient ses opérations. Vainement dénonça-t-elle comme abusifs, aux ateliers de sa juridiction, les actes de ces puissances rivales; le désordre ne cessa point. Elle crut y mettre un terme en décrétant, au mois d'août 1766, qu'elle supprimait toutes les constitutions délivrées illégalement par les chapitres des hauts grades, et qu'elle interdisait à ses loges de les reconnaître comme valables, sous peine d'être rayées de son tableau et d'être déclarées irrégulières. Mais le préjugé favorable aux nouveautés introduites dans la maçonnerie était si profondément enraciné que le décret de la Grande-Loge, au lieu d'arrêter le progrès du mal, contribua encore à l'étendre. Les chapitres anathématisés, les loges qui dépendaient d'eux, et beaucoup d'ateliers réguliers eux-mêmes, protestèrent contre les censures qui avaient été fulminées, et déclarèrent ne point vouloir s'y soumettre. Dans des vues toutes conciliatrices, un membre de la Grande-Loge provoqua le rapport du décret, et s'efforça de démontrer la nécessité de la réunion de tous les chapitres dissidents au centre de la maçonnerie française. Pour faciliter cette fusion, il proposait de diviser la Grande-Loge en plusieurs chambres qui administreraient séparément les grades symboliques et les divers systèmes de hauts grades. Cette proposition fut rejetée; et la guerre se ralluma plus vive entre la Grande-Loge et les chapitres des hauts grades.

Au milieu de tous ces démêlés, avait surgi, dans le sein même de la Grande-Loge, une source de nouvelles divisions. On se souvient que le frère Baure, substitut du grand-maître le comte de Clermont, avait négligé de remplir les devoirs de sa charge, et que la Grande-Loge, abandonnée à elle-même, n'avait opposé qu'une digue impuissante à l'anarchie qui pénétrait de toutes

parts dans la maçonnerie. La Grande-Loge ayant, en 1761, sollicité le grand-
maître de choisir un autre substitut, il désigna en cette qualité un certain
Lacorne, maître de danse, et le pourvoyeur de ses amours clandestins. L'in-
convenance d'un pareil choix motiva, de la part de la Grande-Loge, de
respectueuses représentations, qui ne furent point écoutées. Lacorne s'empressa de prendre possession de sa dignité. Il convoqua plusieurs assemblées, auxquelles presque tous les membres de la Grande-Loge s'abstinrent
d'assister. Humilié et irrité de cette désertion, il alla recruter dans les ca-
barets cette foule de maîtres de loges qui faisaient trafic des initiations, et
s'étaient soustraits jusqu'alors à l'autorité et au contrôle de la Grande-Loge.
Il choisit parmi eux des officiers à sa dévotion, et fit subir une réorganisation complète au corps de la maçonnerie française. Les membres qui s'é-
taient retirés tinrent des assemblées séparées, protestèrent contre les actes
de la faction Lacorne, et lancèrent des excommunications.

Cependant, l'année suivante, sur les remontrances qui lui furent adressées
le comte de Clermont consentit à révoquer Lacorne, et il prit pour nouveau
substitut le frère Chaillou de Jonville. Alors se rapprochèrent les membres
des deux Grandes-Loges, qui se réunirent en une seule; on se partagea les
offices, et de nouveaux règlements furent arrêtés. Mais cette réconciliation
dura peu. Les membres qui avaient refusé de siéger sous la direction de
Lacorne appartenaient tous à la noblesse, à la magistrature, au barreau ou
à la haute bourgeoisie; les autres, au contraire, étaient pour la plupart des
hommes ignorants ou mal famés, et tenant aux derniers rangs de la société.
Il était impossible que ces deux fractions, ainsi confondues, parvinssent à
s'entendre; aussi les discussions qui suivirent la réunion furent-elles animées et quelquefois violentes. Les membres de la portion la plus éclairée,
qui ne supportaient qu'avec peine et avec dégoût le contact des autres membres, en vinrent à se concerter pour leur ôter leurs offices, et même pour
les expulser de la Grande-Loge.

Les élections triennales prescrites par les réglements eurent lieu le
22 juin 1765. Les officiers de la faction Lacorne furent tous remplacés.
Irrités au plus haut point par un résultat qu'ils considéraient comme illé-
gal et préparé à l'avance, ils protestèrent contre les élections, se séparèrent
de la Grande-Loge, et publièrent contre ce corps des mémoires injurieux et
diffamatoires. L'autre fraction s'empara de cette circonstance pour donner
à l'expulsion des dissidents une apparence de légalité. Par un arrêté du
15 mai 1766, elle les déclara déchus de tous leurs droits maçonniques,
et elle fit connaître cette décision à toutes les loges de Paris et des provinces.
Les frères exclus répondirent par de nouveaux libelles au décret de la Grande-Loge; et, le 4 février 1767, comme ce corps était réuni pour la célé-

bration de la fête de l'ordre, ils se présentèrent en grand nombre à l'assemblée, injurièrent les assistants et se portèrent contre eux aux voies de fait les plus graves. Le lendemain, le lieutenant de police, instruit de ce qui s'était passé, interdit les réunions de la Grande-Loge.

L'inaction forcée de ce corps favorisa les desseins des frères exclus. Ils tinrent des assemblées clandestines dans un local du faubourg Saint-Antoine, et ils écrivirent à toutes les loges de France que la Grande-Loge, obligée de suspendre ses réunions, conformément aux ordres de l'autorité, avait délégué à trois d'entre eux, les frères Peny, Duret et Léveillé, le pouvoir de correspondre jusqu'à des temps meilleurs avec les ateliers de la juridiction. Sous le titre usurpé de Grande-Loge de France, ils délivrèrent des constitutions à des loges de Paris et des provinces, adressèrent des circulaires et perçurent des tributs. Cependant quelques-unes des loges à qui leurs communications était parvenues, voyant figurer au bas de ces pièces les noms de frères dont on leur avait annoncé l'exclusion et dont la réhabilitation ne leur était pas connue, conçurent des doutes sur la sincérité des qualifications que prenaient les signataires, et elle écrivirent au frère Chaillou de Jonville, pour apprendre de lui quelle foi elles devaient y ajouter. En réponse à ces lettres, le frère Chaillou de Jonville adressa, le 8 octobre 1769, une circulaire à toutes les loges, dans laquelle il démentait les assertions des frères exclus et reproduisait de nouveau la liste de leurs noms. Prémunis ainsi contre les allégations de la fausse Grande-Loge, les ateliers des provinces cessèrent toute correspondance avec elle, et les nouvelles aggrégations maçonniques qui, à partir de ce moment, voulurent se faire constituer, s'adressèrent directement au frère Chaillou de Jonville.

Cet échec ne découragea pas les frères exclus; ils continuèrent leurs assemblées. Les membres de la Grande-Loge en conçurent des inquiétudes; ils sollicitèrent du lieutenant de police l'autorisation de reprendre leurs travaux; et, malgré le refus qu'ils éprouvèrent, ils n'en convoquèrent pas moins une assemblée pour le 28 février 1770; mais il y vint seulement un petit nombre de membres, la majorité ayant refusé d'y assister; et il n'y fut pris aucune délibération.

Sur ces entrefaites, mourut le comte de Clermont. Cet événement, arrivé au mois de juin 1771, vint en aide aux projets des frères exclus. Ils se procurèrent accès près du duc de Luxembourg, et ils sollicitèrent son intervention pour obtenir du duc de Chartres, depuis duc d'Orléans, l'acceptation de la grande-maîtrise de la maçonnerie française, qu'ils avaient l'intention de lui déférer. Leur demande fut accueillie; le prince leur fit remettre son acceptation écrite, et il choisit pour substitut le duc de Luxembourg. Ceci avait lieu le 15 juin. Fiers d'un aussi grand succès, les frères exclus convoquèrent, pour le 24, une assemblée générale, à laquelle ils appelèrent, non-seulement les membres de leur faction, mais encore ceux de la Grande-Loge de France. Ils donnèrent connaissance de l'acceptation de la grande-maîtrise par le duc de Chartres, et ils offrirent de faire profiter la Grande-Loge de l'avantage qu'ils avaient obtenu, si elle voulait rapporter le décret d'exclusion prononcé contre eux et réviser toutes les opérations qu'elle avait faites en leur absence et sans leur concours. Ces conditions furent acceptées.

D'autres prétentions furent émises dans cette séance. Les présidents des divers chapitres de hauts grades contre lesquels la Grande-Loge avait fulminé, et qui s'étaient rangés au parti des frères exclus, maintenant réintégrés, demandèrent à être reconnus, offrant de nommer le duc de Chartres grand-maître général des hauts grades, afin qu'il n'y eût plus qu'un seul chef pour toute la maçonnerie française. Le duc de Luxembourg, qui présidait, appuya cette réclamation; et l'assemblée, influencée par lui, décréta la reconnaissance des corps dissidents, et proclama le duc de Chartres souverain grand-maître de tous conseils, chapitres et loges écossaises de France.

Là ne s'arrêtèrent point les exigences de la faction réintégrée. Un de ses membres, ayant lu un discours véhément sur la nécessité de corriger les abus introduits dans la maçonnerie, et présenté un projet de réforme, l'assemblée dut nommer huit commissaires pour faire un rapport sur cet objet. Les commissaires appartenaient en majorité à la faction réintégrée; le reste, circonvenu par elle, fut entraîné dans son parti.

La commission ne s'occupa pas seulement de redresser quelques abus; elle voulut encore réformer la constitution générale de l'ordre elle-même. Toutes les loges de Paris et des provinces furent invitées par des circulaires à envoyer des députés à ses assemblées, pour venir au secours de la maçonnerie, qu'on disait *en danger*. Beaucoup de vénérables et de députés répondirent à cet appel, et assistèrent aux réunions, qui se tenaient à l'hôtel de Chaulnes, sur le boulevart, sous la présidence du duc de Luxembourg. Les séances furent agitées et souvent tumultueuses. Il fut porté, contre les membres les plus notables de la Grande-Loge de France, des accusations d'abus de pouvoir, de concussion et de vol. Quelques-uns des assistants ayant entrepris la justification des frères inculpés, se virent retirer la parole et expulser du lieu de la réunion. Les membres prenaient le titre d'*assemblée nationale*; ils appelaient les attributions qu'ils s'étaient arrogées, des prérogatives que leur avait conférées la nation. Au milieu de toute cette agitation, on proposa le plan d'une nouvelle constitution de l'ordre en France. Ce plan fut mis en délibération, malgré l'opposition de quelques frères, qui semblée déclara que l'ancienne Grande-Loge de France avait cessé d'exister; qu'elle était remplacée par une nouvelle Grande-Loge nationale, qui prendrait le titre de *Grand-Orient de France*; que ce Grand-Orient serait formé par des grands-officiers et par les vénérables ou par les députés élus de toutes les loges; que ce corps ne reconnaîtrait désormais pour vénérable que le maître élevé à cette dignité par le choix libre de ses frères; que tous les officiers des loges, sans en excepter le vénérable, seraient renouvelés chaque année, au moyen d'une élection à laquelle prendraient part tous les membres, et qu'ils ne pourraient remplir les mêmes fonctions plus de trois ans consécutifs; que le Grand-Orient serait divisé en trois chambres : une *chambre d'administration*, une *chambre de Paris* et une *chambre des provinces*; et qu'une *loge de conseil* connaîtrait des appels des décisions de ces trois chambres.

Il faut reconnaître que la nouvelle constitution maçonnique, quelque irrégulière qu'en fût la source, introduisait de véritables améliorations dans le régime de l'ordre en France. Elle abolissait l'inamovibilité des vénérables, remettait le choix des officiers à l'élection des frères et admettait les loges des provinces, comme celles de Paris, à concourir à l'administration et à la législation générales de la confraternité. Le Grand-Orient était donc une sorte de diète nationale, où tous les intérêts pouvaient se faire entendre et tous les besoins obtenir satisfaction. Cette nouvelle organisation maçonnique méritait certainement l'approbation de tous les frères; mais elle portait atteinte à des usurpations qui se décoraient du titre de *droits acquis*. Les vénérables inamovibles, qu'elle venait attaquer dans leur orgueil et peut-être dans leurs moyens d'existence, car beaucoup faisaient trafic de la maçonnerie et considéraient les loges dont ils étaient les chefs comme leur propriété, se soulevèrent contre les nouveaux statuts. Ils les accusaient particulièrement d'introduire dans la maçonnerie de nouveaux germes de division, qui se manifesteraient certainement à l'époque des élections des officiers, et ne manqueraient pas d'attirer l'attention du gouvernement et d'entraîner la suppression de l'ordre en France. Le 17 juin 1773, la Grande-Loge se réunit; et, après une délibération tumultueuse, elle déclara le nouveau corps qui s'était constitué à côté d'elle à Paris, sous le titre de Grand-Orient, subreptice, schismatique et factieux; elle anathématisa les huit commissaires qu'elle avait nommés l'année précédente pour lui faire un rapport sur la situation de l'ordre; elle les dégrada du titre de maçons, et les dénonça à toutes les loges comme des infâmes qui avaient forfait à leurs devoirs et trahi sa confiance.

Le Grand-Orient ne s'émut pas de ces attaques; il s'occupa de procéder à son organisation. Le 24 juin, il fut solennellement installé; et, à cette occasion, le duc de Luxembourg lui donna une fête brillante a Wauxhall de Torré, rue de Boudy. Cependant, le 26 juillet, un libell dirigé contre le nouveau corps par des membres de la Grande-Loge d France lui fut dénoncé, et il arrêta que les auteurs en seraient *recherchés e punis*. Le 1er septembre, il décida que tout détenteur des archives de l'ar cienne Grande-Loge devrait les rapporter au centre maçonnique, sous pein d'être rayé des tableaux. Quelque temps après, ayant surpris un ordre d lieutenant de police, il fit arrêter et emprisonner le garde des archives e plusieurs officiers de la Grande-Loge, sous prétexte qu'ils retenaient indue ment des papiers et d'autres objets qui étaient devenus sa propriété. Toute fois ces frères ne furent retenus en prison que peu de jours ; le magistrat mieux instruit, les fit mettre en liberté.

Jusqu'alors le Grand-Orient n'avait rallié à lui qu'un petit nombre de loges, la majorité étant restée attachée à la Grande-Loge de France. Toute sa force et toute son espérance reposaient dans l'appui que le duc de Chartres lui accorderait ; aussi saisissait-il toutes les occasions qui se présentaient pour se rendre agréable au grand-maître. Malgré toutes ses avances, le prince se montra d'abord peu empressé de communiquer avec lui. Le 30 août, le Grand-Orient lui députa plusieurs frères pour lui soumettre le résumé de ses opérations. Les députés annoncèrent dans leur rapport « qu'ils n'avaient pu s'acquitter de leur commission comme ils l'auraien désiré. » En effet, le prince avait refusé de les recevoir. Lors de la naissance du duc de Valois (aujourd'hui roi des Français), les députés que le Grand-Orient envoya au duc de Chartres pour le féliciter sur cet événement, reçurent un meilleur accueil ; le prince les admit en sa présence, le 13 octobre, approuva les travaux du Grand-Orient, et fixa le jour de son installation à l'issue d'un voyage qu'il devait faire à Fontainebleau. Cette installation eut lieu, en effet, le 22 du même mois, dans la petite maison du prince, appelée la Folie-Titon, où plus tard s'accomplirent les mystères des chevaliers et des nymphes de la rose. L'assemblée se tint dans une vaste salle tendue de rouge, dont la voûte azurée était parsemée d'étoiles. Trente-et-un frères étaient présents. Le grand-maître, introduit, prêta son obligation entre les mains du duc de Luxembourg, qui, l'ayant reçue, lui donna le baiser de paix, l'installa dans sa dignité, lui remit le maillet de direction, et prêta ensuite entre ses mains sa propre obligation. Le banquet suivit l'installation ; le grand-maître n'y assista point ; il fut présidé par le duc de Luxembourg. C'est dans cette assemblée que le mot de reconnaissance, appelé mot de semestre, fut donné pour la première fois.

Instruit que le duc de Chartres devait faire un voyage dans les provinces méridionales de la France, le Grand-Orient en donna avis le 1er avril 1776,

Pl.6.

BANQUET MAÇONNIQUE DANS UN COUVENT.

Publié par Pagnerre.

aux loges situées sur la route qu'allait tenir le grand-maître. Toutes lui envoyèrent des députations ou lui offrirent des fêtes. A Poitiers, il signa les constitutions de la loge de *la Vraie Lumière*; à Bordeaux, il posa la première pierre d'un édifice destiné aux séances de la loge *la Française*; à Toulouse, il concilia des différends qui existaient entre des loges de cette ville. A son retour, le Grand-Orient le félicita sur le gracieux accueil qu'il avait fait aux maçons des provinces.

Le grand-maître eut plus tard occasion de s'arrêter dans une petite ville de la Normandie où se trouvait une riche abbaye de bénédictins. Il s'y fit conduire et fut reçu par les révérends pères avec tous les honneurs dus à un homme de son rang. En descendant de voiture, il avait remarqué devant la porte du monastère une foule de femmes et d'enfants couverts de haillons, réunis là pour recevoir les misérables aumônes que distribuaient les pères, non de leurs propres deniers, mais en exécution d'une ancienne fondation pieuse dont ils étaient les dispensateurs. Il apprit que la plupart des habitants de la ville étaient plongés dans un complet dénuement. Cette circonstance lui suggéra l'idée de tenir, dans le couvent même, une loge de table, et d'y faire une collecte en faveur de ces pauvres gens. Sa suite était nombreuse et toute composée de maçons. Il admit à la réunion les supérieurs de la communauté. A peine eut-on pris place, que les frères, tirant de leurs poches leurs tabliers et leurs cordons, s'en décorèrent, à la grande stupéfaction des religieux, qui eussent bien voulu se retirer, mais que le respect retint. On porta la santé du roi. Ce fut pour les pères un autre sujet d'étonnement et de mortification ; car, après avoir tiré le dernier *feu*, les convives maçons brisèrent leurs *canons*, suivant l'usage qui ne permet pas de boire deux fois dans un verre qui a servi à porter la santé du souverain. A la fin du repas, le grand-maître fit circuler le tronc des pauvres, et il y déposa ostensiblement une offrande libérale. Tous les seigneurs de sa suite imitèrent son exemple, et les moines eux-mêmes, que le prince avait auparavant avertis de ce qui allait se passer et invités à se montrer généreux (1). Ce fut un beau jour pour les pauvres, à qui la collecte fut distribuée ; mais, peu s'en fallut qu'ils repoussassent ce bienfait ; les moines, qui ne voulaient pas s'engager par un pareil précédent, leur ayant fait insinuer que le don qu'ils recevaient avait une source diabolique.

Le duc de Chartres se plaisait alors aux cérémonies maçonniques. Indépendamment des séances solennelles du Grand-Orient, qu'il présidait fort souvent, il avait aussi des réunions privées, pour lesquelles il avait fait disposer, cour des Fontaines, dans des bâtiments dépendants du Palais-Royal,

(1) *Voyez* planche n° **16.**

une petite loge décorée avec un goût parfait et ornée de peintures exécutées par les meilleurs artistes. C'est dans ce local qu'après la tourmente révolutionnaire, la plupart des ateliers reprirent leurs travaux.

Le Grand-Orient ne négligeait aucun moyen pour se concilier la faveur de son chef. En 1774, il avait déclaré inamovible la dignité dont il l'avait revêtu. En 1777, il sollicita de lui l'autorisation de faire faire son portrait, et de le placer dans le lieu de ses séances. Peu après, le grand-maître fit une maladie dangereuse ; le Grand-Orient célébra sa convalescence par de brillantes fêtes et par de nombreux actes de charité, auxquels prirent part toutes les loges.

La protection ouverte que le duc de Chartres accordait au Grand-Orient avait exercé une influence favorable à ce corps maçonnique sur l'esprit des loges de France, et les préventions que longtemps elles avaient nourries contre lui avaient fini par s'effacer en grande partie. Beaucoup s'étaient détachées de l'ancienne Grande-Loge, et la majorité des ateliers qui se formaient s'adressaient à lui pour avoir des constitutions. Sa correspondance était devenue fort étendue, tandis que sa rivale voyait chaque jour se rétrécir le cercle de la sienne.

Dès le commencement de son existence, le Grand-Orient s'était appliqué à rallier à lui toutes les autorités indépendantes qui s'étaient formées en France à diverses époques et y constituaient des loges et des chapitres de hauts grades. Indépendamment des corps schismatiques que nous avons signalés dans les deux chapitres précédents, il s'était établi, dès 1774, à Lyon, à Bordeaux et à Strasbourg, des directoires écossais de la réforme de Dresde ; il y avait à Arras une mère-loge, sous le titre de *la Constance*, qui se disait émanée de la Grande-Loge d'Angleterre ; à Metz, un chapitre de *Saint-Théodore*, qui professait le martinisme ; enfin, dans les provinces du nord, une succursale de la maçonnerie éclectique. A nos portes, un corps maçonnique qui s'intitulait : Le *Grand-Orient de Bouillon*, instituait des loges et des chapitres en France, concurremment avec les autres sociétés constituantes qui y étaient établies. Les négociations que le Grand-Orient avait ouvertes avec ces diverses dissidences étaient restées sans résultat, lorsque, en 1776, il parvint à opérer dans son sein la fusion des directoires de Lyon, de Bordeaux et de Strasbourg. Les directoires rectifiés de Montpellier et de Besançon se réunirent également au Grand-Orient, le premier, en 1781, et le second, en 1811.

On se rappelle qu'en 1776, la Grande-Loge écossaise du Comtat-Venaissin avait concédé à la loge du *Contrat social*, de Paris, le titre de Mère-Loge écossaise de France. Cette loge, qui s'était rangée sous l'autorité du Grand-Orient, lors de l'établissement de ce corps, lui fit passer copie de ses constitutions écossaises, et lui demanda à être reconnue comme Mère-Loge du rite écossais philosophique. Le Grand-Orient rejeta sa demande, et lui enjoignit de renoncer au titre qu'elle avait pris, sous peine d'être rayée des tableaux de l'ordre. Cependant elle ne tint aucun compte de cette injonction, et elle constitua, tant à Paris que dans les provinces, divers ateliers de son régime. Un rapprochement eut lieu toutefois en 1781. Par un concordat, conclu le 5 novembre, la loge du *Contrat social* renonça à son titre de Mère-Loge dans ses relations officielles avec le Grand-Orient, bien qu'elle le conservât dans ses rapports avec les loges de son régime. Le droit de constituer des loges à l'étranger lui fut maintenu. Elle eut également celui d'en constituer dans l'intérieur de la France, pourvu qu'elle substituât l'expression d'*aggréger* à celle de *constituer*. Mais ce n'était là qu'une dispute de mots, qui ne changeait rien au fond des choses et qui n'entraînait, de la part de la Mère-Loge du rite écossais philosophique, qu'une sorte de vassalité.

Des débris de l'ancien Conseil des empereurs d'Orient et d'Occident, et du Conseil des chevaliers d'Orient, présidé par le frère Pirlet, s'était formé à Paris, vers 1780, un chapitre des hauts grades, qui s'intitulait : *Grand Chapitre général de France*. Le Grand-Orient avait ouvert des négociations avec ce chapitre, et déjà on était d'accord sur les bases de la réunion, lorsque le docteur Gerbier, président d'un chapitre de rose-croix, demanda à être admis aux conférences. Cette faculté lui ayant été concédée, il contesta au Grand-Chapitre général la suprématie qu'il s'attribuait sur tous les ateliers des hauts grades en France ; il prétendit que cette suprématie revenait de droit au chapitre dont il était le *très-sage*, où le président, attendu que cet atelier était le premier qui eût été institué en France, ce dont faisaient foi ses lettres de constitution en latin, délivrées, en 1721, par la Grande-Loge d'Edimbourg. Ce titre était évidemment faux ; la Grande-Loge d'Edimbourg n'ayant été établie qu'en 1736, n'ayant jamais pratiqué que les trois premiers grades et n'ayant jamais employé la langue latine dans la rédaction de ses actes. Ce titre n'émanait pas davantage de la Grande-Loge de l'ordre royal de Hérédom de Kilwinning, d'Edimbourg, dont l'établissement ne date que de l'année 1785. On savait, au reste, quelle était l'origine de ce document : il avait été fabriqué dans un cabaret de Paris, et les taches de vin dont il était maculé indiquaient suffisamment la source d'où il provenait. L'authenticité en fut contestée dès les premiers moments. La loge de l'*Ardente-Amitié*, à Rouen, constituée par la Grande-Loge d'Ecosse, sur la demande du frère Louis Clavel, grand-maître provincial en France, et à laquelle était annexé un chapitre provincial de l'ordre royal de Hérédom de Kilwinning, présidé

par le frère Jean Matheus, donna, aux assertions du docteur Gerbier, le
démenti le plus formel, qu'elle étaya des déclarations authentiques des
chefs des deux autorités d'Edimbourg. Malgré la force des objections élevées
contre la prétendue charte de 1721, le Grand-Orient feignit de croire à la
sincérité de cette pièce, voulant s'en faire un titre contre les prétentions des
divers chapitres écossais, qui affectaient sur lui une prééminence, sous prétexte de l'antériorité de leurs pouvoirs; en conséquence, il reconnut, avec
la date qu'il s'attribuait, le chapitre du docteur Gerbier; réunit à lui ce
corps et le Grand-Chapitre général de France, le 17 février 1786; et fit remonter les travaux de l'un et de l'autre au 21 mars 1721.

En opérant cette réunion, le Grand-Orient n'avait pas seulement en vue
de rallier à lui les chapitres des hauts grades dont il était continuellement
harcelé; il avait également pour but d'affaiblir sa rivale, la Grande-Loge
de France, par la défection des membres du Grand-Chapitre général, qui
tous appartenaient à des loges de sa constitution. En effet, il lui porta ainsi
un coup dont elle ne se releva pas. A l'époque de la formation du Grand-
Orient, elle avait ajouté à son titre celui de *seul et unique Grand-Orient
de France*, et elle avait procédé à l'élection de ses officiers, sous les auspices du duc de Chartres, grand-maître de toutes les loges de France,
quoique ce prince se fût placé à la tête des dissidents; elle avait déclaré
maçons irréguliers et clandestins les membres et les partisans d'un soi-di-
sant Grand-Orient de France, et défendu à ses loges de les recevoir et de
les visiter sous peine d'encourir son indignation. En 1777, elle avait nommé
trois représentants d'honneur du grand-maître et trente officiers, qu'elle
avait installés au mois de janvier 1778, au nom et sous les auspices
du sérénissime grand-maître, et, en la même année, elle avait livré à l'impression ses règlements, qu'elle avait envoyés à ses loges, précédés d'une
circulaire dans laquelle elle exposait avec amertume, mais avec modération,
les malheurs qui l'avaient atteinte. Après la désertion du Grand-Chapitre
général, le découragement s'empara d'elle, et elle se traîna languissante jusqu'à l'époque de la Révolution française, où, comme le Grand-Orient, elle
fut obligé de suspendre ses travaux.

Pendant que les divisions dont nous venons de tracer le tableau trou-
blaient la paix de la maçonnerie en France, la société ne jouissait pas d'une
plus grande tranquillité dans les états germaniques. On a vu que l'établissement des chapitres de rose-croix, de ceux de la Stricte Observance et de
tous les systèmes qui s'étaient produits sur la scène maçonnique dans ces
contrées, avait été la source de mille agitations. La prétention émise par la
Grande-Loge du rite de Zinnendorf de gouverner toutes les loges de l'Allemagne, prétention à laquelle ces loges se soumirent d'abord, fut, en 1785,

l'objet de vives réclamations. Les autres corps maçonniques, qui s'étaient imaginés que cette suprématie serait purement nominale et ne porterait aucune atteinte à leur indépendance, s'aperçurent alors que la Grande-Loge nationale l'avait prise au sérieux et voulait exercer sur eux une autorité de fait, contrôler et régler leurs opérations. Il y eut, de leur part, des résistances, des protestations ; de la part de la Grande-Loge nationale, des censures et des anathèmes. Cependant tous les différends furent conciliés en 1788. La Grande-Loge nationale abdiqua ses prétentions ; les autres corps maçonniques conservèrent une existence séparée et une entière indépendance. Aujourd'hui, les trois grandes loges de Berlin, bien que distinctes pour ce qui concerne les hauts grades, ont formé une sorte de confédération, dans laquelle est réglé d'un commun accord tout ce qui a rapport à la législation et à l'administration des loges de la maçonnerie bleue.

En 1765, l'ordre de la Stricte Observance se propagea en Suisse, et fonda à Bâle la loge *Libertas*, qui devint la loge-mère de ce régime dans la partie allemande de l'Helvétie, et institua un certain nombre d'ateliers. En 1778, son chapitre prit le titre de *Directoire helvétique allemand*, et choisit pour grand-prieur, ou président, le docteur Lavater.

Un frère Sidrac, de Paris, avait établi à Lausanne, en 1777, une loge bâtarde dont les commencements furent marqués par une foule d'irrégularités. L'ancienne loge *la Parfaite-Union des étrangers*, dont les travaux avaient été suspendus par ordre des autorités de Berne, se reconstitua pour mettre un terme au désordre. Elle s'entendit avec le docteur Lavater pour qu'à l'avenir la maçonnerie suisse fût gouvernée par deux autorités, suivant les deux langues du pays, savoir : la partie allemande, par le directoire qui avait alors son siége à Zurich, et la partie française, par un directoire roman, qui serait érigé à Lausanne. Le nouveau directoire, après s'être constitué, signa un pacte d'alliance avec le Grand-Orient de Genève, et parvint, par ce moyen, à anéantir la loge bâtarde de Sidrac, avec laquelle toutes les autres refusèrent de communiquer. Les membres de cette loge entrèrent en partie dans la *Parfaite Amitié*, que les étudiants de l'académie de Lausanne avaient fondée en 1778 ; mais, là aussi, ils apportèrent la discorde ; ce qui détermina, en 1782, le gouvernement de Berne à interdire de nouveau les assemblées maçonniques dans le pays de Vaud. Le directoire helvétique roman, obligé de suspendre ses travaux, désigna trois inspecteurs pour diriger les opérations des quatorze loges qu'il avait constituées en dehors du territoire de Berne.

La maçonnerie n'avait pas été inquiétée dans les autres parties de la Suisse. Le directoire allemand envoya des députés au convent de Wilhelmsbad, et il adopta la réforme opérée par cette assemblée. Le directoire lombard, qui avait son siége à Turin, adopta pareillement la réforme de Wilhelmsbad. Une ordonnance du roi de Sardaigne, rendue en 1785, ayant provoqué la dissolution de ce corps, il transmit son autorité à la Grande-Loge écossaise *la Sincérité*, qui siégeait à Chambéry, et qui avait été jusque-là une préfecture de son ressort. Le nouveau directoire fut dissous, en 1790, en vertu d'un autre décret du roi de Sardaigne.

Les orages de la guerre amenèrent, en 1793, la cessation de tous les travaux maçonniques en Suisse. En 1798, lors de la révolution qui émancipa le pays de Vaud de la domination bernoise, les maçons de ce canton se rassemblèrent; ils formèrent plusieurs loges qui reçurent des constitutions étrangères ou se constituèrent elles-mêmes. Le Grand-Orient de France établit à Berne, en 1803, une loge sous le titre de l'*Espérance*, et en 1809, une autre loge à Bâle, appelée *Amitié et Constance*. Vers la même époque, les directoires rectifiés se reformaient en France, et établissaient le centre de leur administration dans la ville de Besançon. Cette circonstance engagea les membres du chapitre de Bâle à rentrer en activité et la loge *Amitié et Constance* à adopter le régime rectifié. L'ancien directoire helvétique roman se constitua également en 1810; il apporta quelques modifications dans son organisation primitive, et prit le titre de Grand-Orient helvétique roman.

En 1819, les loges de la Suisse dépendaient de diverses autorités : du directoire helvétique allemand, à Zurich; du Grand-Orient helvétique roman, à Lausanne; de la loge de l'*Espérance*, à Berne, qui s'était fait reconstituer l'année précédente par la Grande-Loge d'Angleterre, et qui exerçait en Suisse les attributions de Grande-Loge provinciale; du Grand-Orient de France; et de la Mère-Loge *aux Trois-Globes*, de Berlin. Depuis longtemps, quelques frères, frappés des inconvénients d'un pareil ordre de choses, avaient proposé de ramener à l'unité l'administration de la maçonnerie suisse. En 1821, à la suite de la dissolution du Grand-Orient helvétique roman, dont nous dirons ailleurs la cause, il y eut des conférences dont le résultat fut de réaliser en partie la réunion désirée. Toutes les loges des cantons de Vaud, de Berne, de Neufchâtel, et la majorité de celles du canton de Genève, fondèrent une *Grande-Loge nationale suisse*, dont le siége fut établi à Berne. Les ateliers dépendant du directoire helvétique allemand, de Zurich, et plusieurs loges du canton de Genève, constituées par le Grand-Orient de France, restèrent en dehors de cette combinaison. Des négociations entamées avec les réfractaires, qui se prolongèrent plusieurs années, demeurèrent sans effet, et furent abandonnées. Elles ont été reprises dans ces derniers temps; et tout porte à croire que les difficultés qui s'opposaient à la réunion ne tarderont pas à être aplanies, et que toutes les loges de l'Helvétie se rattacheront enfin à un centre commun.

Les troubles qui accompagnèrent la révolution de 1789 n'interrompirent pas entièrement les travaux du Grand-Orient de France. On voit, en effet, par les calendriers de ce corps, que la loge la *Bonne-Amitié*, à Marmande, reçut de lui des constitutions le 20 décembre 1792. Pendant les trois années suivantes, quelques-uns de ses membres continuèrent de s'assembler aux jours accoutumés ; mais ils ne délivrèrent point de constitutions, n'entretinrent aucune correspondance, ne firent, en un mot, aucun acte apparent d'administration. Trois loges de Paris ne cessèrent pas non plus de se réunir, même au fort de la terreur. C'étaient *les Amis de la liberté*, (depuis *le Point-Parfait*), *la Martinique des Frères réunis* et *le Centre des Amis*. Les deux premières tenaient leurs séances dans le même local, au carré de la porte Saint-Martin. Sur la proposition du frère Hue, orateur de la loge *la Martinique*, ces deux loges écrivirent au Grand-Orient, en 1795, pour avoir des renseignements sur son état à cette époque. Leur lettre étant restée sans réponse, elles inférèrent de ce silence que le Grand-Orient n'existait plus, et elles songèrent à constituer un nouveau centre maçonnique. Mais, avant de réaliser ce dessein, elles jugèrent convenable de prendre les informations les plus précises. Les commissaires, qu'elles nommèrent à cet effet, les informèrent que le frère Roëttiers de Montaleau, à qui ils s'étaient adressés, leur avait donné l'assurance que plusieurs officiers du Grand-Orient, au nombre desquels il se trouvait, s'étaient constamment réunis ; et qu'il avait ajouté que, les temps étant devenus plus calmes, il allait saisir cette occasion favorable pour inviter les loges à reprendre leurs travaux et à nommer des députés.

En autres assemblées qu'avait eues le Grand-Orient, il faut citer particulièrement celle du 13 mai 1793. Ce jour là, le président donna lecture d'une lettre du duc de Chartres (alors duc d'Orléans), insérée, le 22 février, dans le *Journal de Paris*, et signée ÉGALITÉ. Cette lettre était ainsi conçue :

« Voici mon histoire maçonnique. Dans un temps où assurément personne ne prévoyait notre révolution, je m'étais attaché à la franc-maçonnerie, qui offrait une sorte d'image d'égalité, comme je m'étais attaché au parlement, qui offrait une sorte d'image de liberté. J'ai depuis quitté le fantôme pour la réalité. Au mois de décembre dernier, le secrétaire du Grand-Orient s'étant adressé à la personne qui remplissait près de moi les fonctions de secrétaire du grand-maître, pour me faire parvenir une demande relative aux travaux de cette société, je répondis à celui-ci, sous la date du 5 janvier :
« Comme je ne connais pas la manière dont le Grand-Orient est composé,
« et que, d'ailleurs, je pense qu'il ne doit y avoir aucun mystère ni aucune

« assemblée secrète dans une république, surtout au commencement de so
« établissement, je ne veux plus me mêler en rien du Grand-Orient, ni de
« assemblées des francs-maçons. » Cette lecture fut entendue en silence. L
président provoqua les observations, et le silence continua de régner. Sur le
conclusions du frère orateur, tendant à ce que le duc d'Orléans fût déclar
démissionnaire, non-seulement de son titre de grand-maître, mais encor
de celui de député de loge, les frères donnèrent une adhésion muette. Alor
le président se leva lentement, saisit l'épée de l'ordre, la brisa sur son ge
nou et en jeta les fragments au milieu de l'assemblée. Tous les frères tirè
rent une batterie de deuil, et se séparèrent.

Comme il l'avait annoncé, le frère Roettiers de Montaleau s'occupa d
reconstituer la maçonnerie française. Il écrivit aux vénérables qui étaient e
exercice à l'époque de la révolution, pour les engager à réunir leur loges e
à désigner des députés. Peu d'ateliers répondirent à cet appel ; néanmoin
le Grand-Orient reprit ostensiblement ses travaux ; et, grâce à l'activité qu'
déploya, un certain nombre d'anciennes loges se réveillèrent et de nouvelle
loges furent constituées. La grande-maîtrise était vacante ; on jeta les yeux
pour remplir cette charge, sur le frère Roettiers de Montaleau ; mais une s
haute dignité offusquait sa modestie ; il la refusa, et se contenta du titre moin
fastueux de grand-vénérable, déclarant qu'il se démettrait de ses fonction
aussitôt qu'il serait possible de placer à la tête de l'ordre un homme plu
capable qu'il ne l'était de l'honorer et de le protéger.

La réorganisation du Grand-Orient engagea les autres autorités maçon
niques à reprendre également leurs travaux. Les débris des anciens chapi
tres de hauts grades, qui prenaient le titre général d'écossais, rouvriren
leurs ateliers. L'ancienne Grande-Loge de France se réveilla pareillement
Mais les années et les ravages de la révolution l'avaient considérablemen
affaiblie. Les anciens vénérables inamovibles n'existaient plus pour la plu
part, et le régime du Grand-Orient, plus conforme à l'esprit maçonnique
avait déterminé les loges nouvelles à se ranger sous la bannière de cett
autorité. Cependant la Grande-Loge présentait encore une masse assez re
doutable pour le Grand-Orient ; aussi le frère Roettiers de Montaleau, don
la pensée dominante était de rallier tous les maçons au corps dont il étai
le chef, s'empressa-t-il d'ouvrir des négociations avec quelques membre
influents de la Grande-Loge, dans le but d'opérer une fusion des deux so
ciétés. Ses vues furent favorablement accueillies. Des commissionnaires fu
rent nommés des deux parts ; et, le 21 mai 1799, ils rédigèrent un trait
d'union, dont la clause essentielle était l'abolition de l'inamovibilité de
vénérables de loges, abolition dont la Grande-Loge de France avait argu
dans l'origine pour refuser son adhésion à l'établissement du Grand-Orient.

Le 22 juin, les deux pouvoirs se réunirent, et, le 28, la réunion fut scellée dans une assemblée générale, à laquelle assistèrent plus de trois cents maçons. En 1801, le Grand-Orient réunit également à lui le Chapitre d'Arras avec les ateliers qni en dépendaient.

La réunion du Grand-Chapitre général et de la Grande-Loge de France au Grand-Orient n'avait point fait cesser les dissidences maçonniques. Il existait encore plusieurs puissances rivales, entre autres la Mère-Loge du rite écossais philosophique, la Mère-Loge de Marseille, le Chapitre du rite primitif de Narbonne, la Loge provinciale de Hérédom de Kilwinning, et quelques chapitres isolés, débris encore subsistants de l'ancien Conseil des empereurs d'Orient et d'Occident, qui n'avaient pas adhéré à la réunion du Grand-Chapitre général, et qui étaient pour la plupart présidés par des traficants de maçonnerie, notamment par un frère Abraham, dont nous aurons occasion de reparler. Toutes ces autorités et les ateliers de leur ressort refusaient de se rallier au Grand-Orient et lui contestaient sa suprématie. Au mois de novembre 1802, le Grand-Orient prit un arrêté qui déclarait ces associations irrégulières et défendait aux loges de sa juridiction de leur donner asile et de communiquer avec elles, sous peine d'être rayées des tableaux. Quelques-unes de ces loges ne tinrent aucun compte de la défense; une d'entre elles, *la Réunion des étrangers,* fut exclue, en 1803, de la correspondance du corps suprême, pour s'être fait constituer au rite écossais par la Mère-Loge de Marseille. En la même année, le frère Hacquet rapporta d'Amérique le rite de perfection, le fit adopter par un certain nombre de loges et vint encore augmenter le désordre.

Inquiet des progrès de l'écossisme, le Grand-Orient le combattit par tous les moyens qui étaient en son pouvoir, et il parvint à le chasser de tous les locaux maçonniques existant à Paris. Alors les loges écossaises louèrent un souterrain dépendant d'une maison occupée autrefois par Mauduit, restaurateur, boulevart Poissonnière, et elles y tinrent leurs assemblées. Sur ces entrefaites, arriva le comte de Grasse, avec la série de trente-trois grades de son rite écossais ancien et accepté. Le 22 décembre 1804, il institua un Suprême-Conseil, et l'installa dans le local de la rue Neuve-des-Petits-Champs, connu depuis sous le nom de *Galerie de Pompéi.* Cette nouveauté eut bientôt de nombreux partisans, qui firent cause commune avec les autres écossais. Tous résolurent de constituer une *Grande-Loge générale écossaise,* qui serait divisée en autant de sections qu'il y avait de systèmes dans l'écossisme. La Mère-Loge du rite philosophique prêta son local, situé rue Coq-Héron, pour l'assemblée où cette organisation fut discutée et arrêtée. Le 22 octobre, la Grande-Loge fut proclamée; elle procéda à l'élection de ses officiers; et elle obtint l'adhésion de toutes les loges écossaises.

31

Cette levée de boucliers était formidable. Le Grand-Orient s'en émut d'autant plus vivement que les dissidents prétendaient (ce qui était faux) qu'ils avaient pour grand-maître le prince Louis-Napoléon, et que, grâce à l'influence de ce chef, la Grande-Loge générale écossaise allait être reconnue par le gouvernement comme la seule puissance maçonnique de la France. Le frère Roettiers de Montaleau entra en pourparlers avec le frère Pyron, secrétaire de la Grande-Loge, et le plus influent de tous ses membres, à l'effet d'opérer la réunion des deux corps. Des commissaires furent nommés de part et d'autre; et, le 3 décembre, les deux commissions, réunies dans l'hôtel du maréchal Kellermann, signèrent un concordat qui fondait les deux associations en une seule et arrêtait les bases d'une nouvelle organisation de la maçonnerie en France. Par des conventions secrètes, le Grand-Orient se chargea des dettes de la Grande-Loge écossaise, qui s'élevaient à plus de trois mille francs; il s'engagea à payer une pension de dix-huit cents francs au frère Abraham, homme taré, et l'ame de la dissidence écossaise, à condition qu'il s'abstiendrait d'assister à ses travaux. On prétend aussi, mais cette assertion n'est justifiée par aucune preuve écrite, que le comte de Grasse mit pour prix de son accession au concordat qu'il lui serait alloué, à titre d'indemnité, une somme de vingt mille francs, et que le Grand-Orient la lui aurait payée. Quoiqu'il en fût, les deux corps, assemblés deux jours après, agréèrent le concordat; l'acte en fut sanctionné au milieu de la nuit; le frère Roettiers de Montaleau et le comte de Grasse prêtèrent serment en qualité de représentants particuliers du grand-maître, celui-ci pour le rite écossais ancien et accepté, celui-là pour le rite français. Le 19 décembre, le Grand-Orient déclara qu'il professerait désormais tous les rites, pourvu que leurs principes fussent conformes au système général de l'ordre.

Toutes les dissensions qui avaient affligé la maçonnerie en France paraissaient terminées. Plusieurs corps restaient bien, il est vrai, en dehors de l'union; mais ils avaient rallié un si petit nombre de frères que le Grand-Orient n'en éprouvait aucun ombrage, présumant bien que, tôt ou tard, il les amènerait à lui. Il songea donc à consolider son édifice, en plaçant à sa tête quelque personnage en crédit. Il avait jeté les yeux sur le prince Joseph Napoléon, bien qu'il ne fût pas initié. L'empereur avait été reçu maçon à Malte, lors du séjour qu'il fit dans cette île en se rendant en Égypte; toutefois il s'était montré peu favorable à la société depuis qu'il avait vu les schismes et les divisions qui s'étaient introduits dans ses rangs et l'avaient éloignée de l'esprit de son institution. Cependant son consentement était nécessaire pour valider l'élection de son frère en qualité de grand-maître; les maréchaux Masséna et Kellermann et le prince Cambacérès se chargèrent de le solliciter, et ils l'obtinrent, non sans peine. Napoléon y mit la condition que le frère Cambacérès serait le *surveillant* de la maçonnerie. Le prince Joseph fut en conséquence nommé grand-maître; il eut, pour premier adjoint, le prince Cambacérès, et, pour deuxième adjoint, Joachim Murat. Mais ni Murat ni Joseph ne parurent jamais au Grand-Orient. Il n'en fut pas de même des autres illustrations du nouveau régime; on les vit, à partir de ce moment, figurer sur les tableaux de ce corps et assister à ses séances aux jours de grandes solennités.

De tous ces hauts personnages, le prince Cambacérès était celui qui s'occupait le plus de maçonnerie, soit qu'il voulût remplir en conscience les fonctions de surveillant qui lui avaient été assignées par l'empereur, soit qu'il fût animé d'un véritable zèle pour cette institution. Il présidait toutes les fêtes du Grand-Orient et en dirigeait les travaux de table. Il signait toutes les constitutions de loges et même les simples diplômes. Il prenait connaissance de toutes les opérations du Grand-Orient, et il se montrait accessible à tous les frères qui avaient à élever des réclamations ou à demander des secours. Il s'attachait à rallier à la maçonnerie tout ce qu'il y avait en France d'hommes influents par leur position officielle, par leurs talents ou par leur fortune : il les réunissait souvent dans une loge qu'il avait fait disposer pour cet usage particulier, dans le faubourg Saint-Honoré ; et il accordait une préférence marquée au rite écossais ancien et accepté dont les qualifications pompeuses favorisaient la tendance monarchique que l'empereur s'efforçait d'imprimer au pays. La part qu'il prenait aux affaires de la franc-maçonnerie, les services personnels qu'il rendait à beaucoup de frères, l'éclat qu'il répandait sur les loges, en amenant à leurs séances, par son exemple et par ses sollicitations, tout ce qu'il y avait d'illustrations militaires, judiciaires et autres, contribuèrent puissamment à la fusion des partis et à la consolidation du trône impérial. En effet, sous son administration active et brillante, les loges se multiplièrent à l'infini ; elles se composèrent de l'élite de la société française ; elles devinrent un point de réunion pour les partisans du régime existant et pour ceux des régimes passés. On y célébrait la fête de l'empereur ; on y lisait les bulletins de ses victoires avant qu'ils fussent rendus publics par l'impression ; et d'habiles gens y organisaient l'enthousiasme, qui graduellement s'emparait de tous les esprits.

Le duc de Rovigo, ministre de la police, était le seul peut-être des agents du pouvoir impérial qui ne se fût pas rattaché à la maçonnerie. C'était un homme dans lequel la finesse et l'habileté se cachaient sous des formes brutales et grossières. Un jour, il s'avisa de concevoir des doutes sur la fidélité des loges en général, parce que, dans quelques-unes, en bien petit nombre, il est vrai, on nourrissait l'espérance du retour des Bourbons, et l'on intriguait en leur faveur. Il manda près de lui les présidents des diverses chambres du Grand-Orient, et leur demanda ce que c'était que la maçonnerie, ce qu'on faisait dans les loges, et si l'on n'y conspirait pas contre le gouvernement. Les présidents lui répondirent que le secret qu'ils s'étaient engagés à garder sur les mystères maçonniques ne leur permettait pas d'en soulever le voile pour lui; mais que, s'il désirait les connaître, rien n'était plus facile que de se faire initier: qu'alors il recevrait légalement tous les éclaircissements qu'il leur demandait, et qu'il s'assurerait que, loin de conspirer contre le gouvernement, les maçons en étaient, au contraire, les partisans les plus dévoués et les plus fermes appuis. Le ministre rejeta bien loin une pareille proposition, et il insinua qu'il était disposé à invoquer contre les réunions maçonniques l'application de l'article 291 du Code pénal; ensuite il les congédia. Inquiet de ce qui s'était passé, le Grand-Orient députa plusieurs de ses membres vers le prince Cambacérès pour lui exposer ses craintes et lui demander sa protection. L'archi-chancelier sourit, et engagea les députés à se rassurer; il ajouta qu'il allait voir l'empereur, et que l'affaire n'aurait pas de suite. Effectivement, le Grand-Orient continua ses travaux, sans être un seul instant entravé.

Quelques années après, lorsque les désastres de la guerre et les levées d'hommes multipliées qu'ils avaient nécessitées eurent refroidi l'enthousiasme et provoqué un mécontentement général, on persuada à l'empereur que ses ennemis essayaient d'attirer les loges à leur parti. On lui signala spécialement une loge d'artisans, qui se réunissait dans un local du faubourg Saint-Marcel, comme un des principaux foyers de cette conspiration. L'empereur, avant de sévir, ce qu'il jugeait dangereux dans un pareil moment, voulut s'assurer par lui-même de la réalité des faits qui lui étaient dénoncés. Un soir donc, accompagné des frères Duroc et Lauriston, il se rendit incognito à une tenue de cette loge. Duroc entra le premier comme visiteur et alla s'asseoir à côté du vénérable. Il lui dit à mi-voix, et de manière à n'être entendu que de lui seul, que deux autres visiteurs allaient bientôt se présenter et qu'il le priait et au besoin lui enjoignit de les recevoir sans cérémonie et de s'abstenir de toute espèce de manifestation, dans le cas où il les reconnaîtrait. L'empereur et Lauriston s'étant ensuite présentés, furent introduits comme il avait été convenu (1). Ils se placèrent sur une des colonnes, et assistèrent pendant une demi-heure aux discussions qui eurent lieu. Certain alors que la dénonciation dont la loge avait été l'objet reposait sur des allégations mensongères, l'empereur se retira. Ce n'est qu'à la fin de la séance que le vénérable informa les frères de la qua-

(1) *Voyez* planche n° 17.

Seigneurgens del.

Compagnon sculp.

NAPOLÉON À LA LOGE DU FAUBOURG St MARCEL.

Publié par Pagnerre

lité des visiteurs qu'ils avaient reçus au milieu d'eux. Certes, si Napoléon eût été présent alors, l'enthousiasme que cette déclaration excita dans la loge lui eût fourni une preuve nouvelle et sans réplique que les maçons qui la composaient n'étaient rien moins que disposés à conspirer contre lui.

A peine la réunion de l'écossime au centre de la maçonnerie française était-elle consommée, que des dissensions éclatèrent dans le sein du Grand-Orient! Le frère Pyron devint un brandon de discorde. Ce frère, vain et tracassier, qui avait été habitué à dominer dans toutes les assemblées écossaises, avant le concordat, ne pouvait se résigner au rôle secondaire que le nouvel ordre de choses lui avait assigné. Il voyait avec peine que le Suprême-Conseil, dont il était le secrétaire, ne jouissait pas dans le Grand-Orient de la prépondérance qu'il avait rêvée pour lui. Il éleva des prétentions qui ne furent point accueillies. Il affecta une omnipotence qui rencontra de vives oppositions. Sa persistance provoqua des scènes violentes. Ce qu'il ne pouvait obtenir de haute lutte, il essaya de l'emporter par la ruse. Il fit des brigues et des cabales qui augmentèrent encore l'irritation générale qu'il avait excitée.

Le Grand-Orient se réunit le 22 mars 1805. Dans cette séance, le frère Challan lut un rapport au nom d'une commission chargée d'examiner le travail relatif à la réunion des rites. Après avoir fait ressortir l'utilité et même la nécessité de cette réunion, le rapporteur entra dans des détails tendant à prouver « l'astuce, la mauvaise foi et les moyens insidieux employés par le frère Pyron pour faire attribuer au rite ancien la suprématie acquise de droit et de fait au Grand-Orient. » Le frère Pyron prit ensuite la parole, et commença par se livrer à des récriminations. Il se plaignit que, dans l'état imprimé du Grand-Orient, récemment publié, on n'eût pas observé, pour certaines dénominations, les dispositions du concordat. Il s'indigna de ce qu'un frère « s'était permis de trouver mauvais que le comte de Grasse, en entrant dans la salle des travaux, eût gardé son chapeau sur la tête, alors que, comme président du rite écossais, il avait le droit d'agir ainsi. » En ce qui touche les griefs qu'on articulait contre lui, il n'y répondit que par des dénégations. A cet égard, le frère de Joly, orateur de la chambre d'administration, maintint ce qui avait été avancé, et cita plusieurs fait graves relatifs au frère Pyron, qui se trouvaient consignés dans les procès-verbaux des séances du Grand-Orient et du Grand-Chapitre général. Ces attaques en amenèrent d'autres de la part de plusieurs membres des différentes chambres. Le frère Angebault, président de la chambre symbolique, offrit de confondre le frère inculpé en produisant des pièces authentiques qu'il avait en sa possession ; mais le président l'invita au silence, pour ne pas prolonger davantage des débats qui duraient depuis plus de trois heures, et qui, par leur acrimonie et leur violence, étaient un scandale pour la maçonnerie.

Le concordat avait été délibéré à la hâte, et les commissaires du Grand-Orient avaient laissé passer par inadvertance une disposition qui attribuait au Suprême-Conseil le pouvoir de destituer un officier du Grand-Orient, par suite de plaintes et de dénonciations portées contre lui dans les formes maçonniques. Le frère Pyron, s'empara de cette disposition pour faire évincer du Grand-Orient les membres qui s'opposaient à la suprématie du rite écossais. Il en fit, en conséquence, dénoncer un grand nombre à la fois, dont l'exclusion fut prononcée par un arrêté du Grand-Chapitre général, pris sur ses conclusions, en qualité d'orateur. Les frères ainsi exclus se plaignirent vivement, prétendant qu'on n'avait pu rapporter aucune preuve des accusations dirigées contre eux. Le Grand-Orient évoqua l'affaire; et, à la majorité de 107 voix contre 9, il annula l'arrêté du Grand-Chapitre général, et ordonna que le frère Pyron produirait la preuve des faits articulés dans ses dénonciations, pour qu'il fût pris alors, toutes les chambres assemblées, telle décision qu'il appartiendrait. C'est le 5 avril que le frère Pyron devait comparaître. Il s'en abstint. A l'ouverture de la séance, le président donna lecture d'une communication du Grand-Chapitre général, par laquelle ce corps faisait connaître qu'il avait révoqué son jugement, s'étant convaincu qu'on l'avait induit en erreur. Le comte de Grasse, qui était présent, insista pour que tout ce qui s'était passé fût considéré comme non avenu; il protesta que, quant à lui, il n'avait jamais eu la pensée de subordonner le Grand-Orient au Suprême-Conseil dont il était le chef, et que, s'il y avait eu des dénonciations calomnieuses, c'était à son insu et contre ses intentions.

Ces déclarations n'empêchèrent pas qu'une discussion s'engageât. Le frère Roettiers de Montaleau, président, donna la parole au frère de Joly, qui démontra la fausseté des accusations soutenues par le frère Pyron, comme orateur du Grand-Chapitre, et conclut à ce que les dénonciations fussent déclarées attentatoires aux droits du Grand-Orient, et qu'en conséquence, le frère Pyron fût rayé du tableau des officiers et des membres de ce corps. Après ce discours empreint d'une grande véhémence, on demande de divers côtés la parole. Alors commence une discussion des plus animées: les interpellations se croisent; aux allégations les plus positives, on oppose les démentis les plus formels; à la chaleur du débat, succède une vive irritation, un tumulte indescriptible. Le comte de Grasse et quelques autres frères veulent se retirer de l'assemblée; le président ordonne qu'on ferme les portes et qu'on ne laisse sortir personne. Il fallait obéir, ou engager une lutte déplorable. Cette alternative, que tout le monde comprit, fit ouvrir les yeux aux deux partis, et le calme se rétablit peu à peu. Le frère Doisy demanda l'ajournement de la proposition. D'un autre côté, on insista pour le la discussion fût continuée. Cet avis prévalut. Plusieurs orateurs furent successivement entendus pour et contre le frère Pyron. Ses partisans convinrent qu'il avait eu tort d'induire en erreur le Grand-Chapitre général; mais, dirent-ils, une dénonciation n'est pas une calomnie, » et ils émirent le vœu que l'affaire fût renvoyée au Suprême-Conseil pour y être jugée. Le parti opposé se récria, alléguant qu'il ne pouvait y avoir une chambre du Grand-Orient dont l'autorité fût supérieure à celle de toutes les chambres réunies. L'affirmative ayant été soutenue en des termes arrogants, la discussion s'échauffa de nouveau, et l'on réclama à grands cris les conclusions de l'orateur. Affecté des dispositions de l'assemblée, le frère Roettiers de Montaleau, président, différait de faire prononcer. On s'aperçut de son motion, et on l'invita à remettre le maillet de direction en d'autres mains. Comme il hésitait, le trouble recommença; et plusieurs membres du rite écossais, ayant à leur tête le comte de Grasse, se retirèrent de l'assemblée. La délibération fut reprise après leur départ, et l'on décida que le Grand-Orient seul était compétent pour juger l'affaire; que le frère Pyron était coupable de calomnie; que les membres qu'il avait dénoncés n'avaient pas cessé de mériter la confiance du Grand-Orient; et que le frère Pyron était rayé de tous les tableaux de l'ordre. Bien que beaucoup de membres du rite écossais eussent pris part à ces décisions, toutes furent votées à l'unanimité des voix.

Le frère Pyron appela de ce jugement. Plusieurs orateurs, et notamment la plupart des membres qu'il avait calomniés, prirent sa défense, et demandèrent que, à raison du repentir qu'il manifestait, on se montrât indulgent envers lui et qu'on oubliât tout ce qui s'était passé. Aux considérations purement maçonniques invoquées en faveur du frère Pyron, le frère Challan ajouta que l'indulgence, qui est toujours un devoir pour les frères, était, en outre, dans le cas présent, une nécessité, et qu'il la demandait au nom du gouvernement, qui *voulait* voir régner la concorde parmi les maçons. Cette déclaration, due aux intrigues du frère Pyron, ne produisit pas l'effet qu'on en avait attendu; elle blessa de justes susceptibilités; et beaucoup de frères demandèrent que, sans en tenir compte, et justement parce qu'on prétendait lui arracher par la crainte ce qui ne devait être que l'effet d'une condescendance fraternelle et le résultat d'une détermination libre, le Grand-Orient maintînt, quoiqu'il dût arriver, la décision qu'il avait prise. Néanmoins, la solution de cette affaire fut ajournée au 29 avril. Ce jour-là, dès que la séance fut ouverte, on annonça que le frère Pyron se trouvait dans la salle des pas-perdus. Il fut introduit, et, après avoir essayé de justifier ses intentions, il protesta de son respect pour le Grand-Orient et de sa soumission à la sentence qui allait être prononcée, qu'elle

lui fût favorable ou contraire. Il rejeta la responsabilité des calomnies dont
avait été l'organe, sur quelques membres de la loge *la Réunion des étran-*
gers, qui en étaient, suivant lui, les véritables auteurs. Il se retira ensuite
et le Grand-Orient, après une courte discussion, mit aux voix l'appel du
frère Pyron, et maintint, à une grande majorité, l'arrêt d'exclusion qu'il
avait porté contre lui.

Toutefois, malgré ses assurances de soumission, le frère Pyron ne
tint pas pour battu. Il parvint, plus tard, à se faire nommer président du
chapitre de *St.-Napoléon*, et, le 15 février 1808, il se présenta en personne
au Grand-Orient pour demander le *visa* de sa nomination; mais on l'invita
à se retirer, et l'on décida que le *visa* réclamé ne pouvait lui être accordé,
attendu l'exclusion prononcée contre lui. Cependant, sur les sollicitations
du prince Cambacérès, dont il avait capté la faveur, il fut réintégré dans le
Grand-Orient, le 8 mars 1811.

Tous les débats auxquels avait donné lieu la conduite de ce frère avaient
rompu de fait, sinon de droit, le concordat de 1804; et, de part et d'autre,
on agissait comme si ce pacte n'eût pas existé. Contrairement aux dispositions en vertu desquelles tous les rites existant sur la surface du globe étaient
considérés comme légaux, le Grand-Orient décréta, le 21 juillet 1805, l'é-
tablissement d'un directoire des rites, qu'il investit du droit de rejeter ou
d'admettre, selon qu'il aviserait, tous les systèmes maçonniques non encore
reconnus nominativement. Le frère Roettiers de Montaleau, nommé représentant du grand-maître, continuait de prendre le titre de grand-vénérable
aboli par le concordat. Enfin l'organisation du Grand-Orient n'avait subi
aucun des changements prescrits par ce traité. Les membres du rite ancien
et accepté réclamèrent contre cet état de choses. On leur promit satisfaction,
et l'on ne tint pas parole. Le 6 septembre, ils eurent une assemblée dans
l'hôtel du maréchal Kellermann; ils y prirent un arrêté dans lequel, après
avoir énuméré les infractions faites au concordat par le Grand-Orient, ils
déclaraient que ce pacte était annulé; que la Grande-Loge générale écossaise était rétablie; que la Mère-Loge du rite philosophique reprendrait son
indépendance; et qu'il serait fait part de ces déterminations aux différentes
autorités écossaises de France, avec invitation de nommer des députés pour
concourir à la réorganisation de la Grande-Loge. Néanmoins le décret statuait que ces diverses décisions ne recevraient leur exécution définitive
qu'autant que, dans un délai de dix jours, le Grand-Orient ne serait pas
rentré dans l'exécution littérale du concordat.

Le frère Roettiers de Montaleau s'aboucha avec quelques-uns des chefs
de l'écossisme, et promit de faire tous ses efforts pour que leurs justes griefs
obtinssent réparation; mais la majorité du Grand-Orient, prévoyant bien

que les prétentions des écossais seraient une source perpétuelle de discordes, fut d'avis que le plus sage était de laisser partir ces hôtes incommodes, sauf à s'entendre avec eux pour que la paix de la maçonnerie ne fût pas troublée. Il y eut des pourparlers dans ce sens; et, le 16 septembre, on arrêta d'un commun accord que le Suprême-Conseil du trente-troisième degré aurait désormais une existence indépendante, avec pouvoir de délivrer des constitutions et des diplômes pour les grades supérieurs au dix-huitième, et que les ateliers écossais, pratiquant les degrés inférieurs au dix-neuvième, resteraient dans la dépendance du Grand-Orient. Le rite écossais philosophique, le rite de Hérédom, et en général tous les corps maçonniques qui s'étaient réunis au Grand-Orient, en vertu du concordat, reprirent également leur indépendance. Seulement, pour que l'unité, rompue par le nouvel ordre de choses, se rétablît autant qu'il serait possible, le prince Cambacérès informa officieusement les autorités qui se séparaient du Grand-Orient qu'il était disposé à accepter près de chacune les fonctions de grand-maître. La plupart consentirent à cet arrangement, et le prince devint ainsi le chef de presque tous les systèmes pratiqués en France. On obtint du comte de Grasse qu'il donnât, en faveur du prince, sa démission de grand-commandeur du rite ancien et accepté; ce qui eut lieu le 10 juillet 1806. Il fut autorisé à établir, à côté du Suprême-Conseil de France, les cadres d'un suprême conseil pour les possessions françaises d'Amérique, en attendant que ces possessions pussent être replacées sous la domination de la métropole, mais à la charge de ne délivrer aucune constitution et de ne procéder à aucune collation de grades. Le tableau de ce suprême conseil fut inscrit à la suite de celui du Suprême-Conseil de France.

CHAPITRE VIII.

SCHISMES. Suite : Trafic des hauts grades. — Le frère Abraham. — Le Suprême-Conseil d'Amérique. — Le comte de Grasse. — Propagation de l'écossisme en Europe. — Projet de centralisation des rites dans le Grand-Orient. — Dissolution du Suprême-Conseil de France. — Le Suprême-Conseil d'Amérique lui succède. — Dissensions. — Le général de Fernig. — Le comte Allemand. — Jugement du comte de Grasse et du baron de Fernig. — Quelques-uns des juges. — Les Suprêmes-Conseils du Prado et de Pompéi. — Le comte Decazes. Flagorneries. — Vicissitudes du rite de Misraïm. — Réorganisation du Suprême-Conseil de France. — Ses premières loges. — La loge d'*Émeth*. — Ses protestations. — Sa lutte avec le Grand-Orient. — La loge de la *Clémente-Amitié*. — Le frère Signol. — Négociations entre le Suprême-Conseil et le Grand-Orient. — Elles échouent. — L'écossisme en Amérique. — Le frère Cerneau. — Alliance des divers Suprêmes-Conseils existant sur le globe. — Le Suprême de la Belgique et son représentant. — Attaques du Grand-Orient contre le Suprême-Conseil de France. — Nouvelles négociations entre les deux autorités. — Importante décision du Grand-Orient. — Discordes des templiers modernes.

Les trafiquants de maçonnerie, auxquels la série des trente-trois grades du rite ancien et accepté ouvrait une mine si abondante de profits illicites, avaient été des plus ardents à pousser à la rupture du concordat, espérant qu'à la faveur de l'anarchie qui en serait la suite, ils pourraient se livrer impunément à la branche d'industrie qu'ils exploitaient. Ils se bornèrent d'abord à des réceptions clandestines aux plus hauts degrés de l'écossisme ; mais, peu à peu, ils s'enhardirent ; et le frère Abraham, entre autres, alla jusqu'à délivrer, de sa propre autorité, des constitutions de chapitres, de conseils et de consistoires. La puissance écossaise fulmina contre ce frère, annula les constitutions qu'il avait délivrées, et prémunit les maçons contre le trafic des hauts grades ; mais toutes ces mesures n'arrêtèrent point le désordre. Le comte de Grasse lui-même, assure-t-on, faisait métier de maçonnerie. On l'a notamment accusé d'avoir remis à un frère Hannecart-Antoine, en 1809, avant de partir pour l'armée d'Espagne, un grand nombre de diplômes en blanc, revêtus de sa signature, pour que ce frère en tirât un parti pécuniaire et que le montant de la vente fût partagé entre eux. Ce qu'il y a de positif, c'est que, s'il n'a pas trempé dans ces honteux tripotages, il les a du moins connus et tolérés au commencement.

Vers la fin de 1810, le frère Delahogue, son beau-père, s'adjoignit le même Hannecart-Antoine, un frère de Maghellen, le baron de Marguerittes,

et quelques autres maçons, pour reconstituer le Suprême-Conseil d'A-
mérique. Les réunions où l'organisation en fut délibérée se tenaient chez
Biatre, restaurateur, rue du Petit-Lion-Saint-Sauveur. Un des premiers
actes de ce corps maçonnique fut de réclamer l'impression de son tableau
à la suite de celui du Suprême-Conseil de France, qui l'avait supprimé
dans ses dernières publications, et sa reconnaissance comme Suprême-
Conseil pour les possessions françaises d'Amérique. Sur le rapport du
comte Muraire, le Suprême-Conseil de France déclara, le 30 janvier 1813,
qu'il n'y avait lieu à délibérer sur ces demandes.

Le Suprême-Conseil d'Amérique, dont le chef était, à cette époque, prisonnier des Anglais, se tourna dès-lors du côté du Grand-Orient, et sollicita de cette autorité, le 27 octobre 1813, la reconnaissance qui lui avait
été refusée par le Suprême-Conseil de France. La demande, signée de la
plupart des membres du Suprême-Conseil d'Amérique, et notamment
du frère Hannecart-Antoine, qui s'attribuait la qualité de grand-commandeur ad-vitam, fut prise en considération par le Grand-Orient; mais les
événements politiques et militaires qui survinrent peu après ne permirent
pas qu'une réunion s'opérât; et le comte de Grasse étant revenu des prisons
d'Angleterre reprit, comme nous le dirons plus tard, les rênes de l'écossisme, et se dirigea par d'autres vues.

Ce frère fut le principal et le plus ardent propagateur du rite ancien.
Lorsqu'il l'eut établi en France, il s'appliqua à l'introduire dans les pays
étrangers, particulièrement dans ceux où nos soldats portaient leurs
armes victorieuses. En 1805, il conféra des pouvoirs à un frère Vidal et à
d'autres maçons écossais, pour instituer un suprême conseil à Milan. Ce
suprême conseil fut en effet fondé en cette année, et se mit à la tête de la
maçonnerie italienne; le prince Eugène en devint, bientôt après, le souverain grand-commandeur. Le Suprême-Conseil d'Italie présida, en 1809,
à la création d'un suprême conseil à Naples, où existait déjà un grand
orient, qui avait pour grand-maître Joseph Napoléon. En 1812, Joachim Murat ayant pris possession du trône de Naples accepta la dignité
de grand-maître du Grand-Orient de ce royaume, et celle de grand-commandeur du Suprême-Conseil du trente-troisième degré, qui y était annexé.

La maçonnerie écossaise s'établit en Espagne en 1809. La première
loge de ce rite fut inaugurée à Madrid, sous le titre de l'Étoile. Elle avait
pour vénérable le baron de Tinan, et tenait ses séances dans le local
même de l'inquisition, récemment abolie par décret impérial. Peu de temps
après, les loges de Sainte-Julie et de la Bienfaisance furent instituées
dans la même ville; et ces trois ateliers réunis formèrent une grande
loge nationale, sous les auspices de laquelle un grand nombre d'ateliers

se fondèrent sur divers points de la Péninsule. Le marquis de Clermont-Tonnerre, membre du Suprême-Conseil de France, érigea en 1810, près de la Grande-Loge nationale, un Grand Consistoire du trente-deuxième degré; et, en 1811, le comte de Grasse y ajouta un Suprême-Conseil du trente-troisième degré, lequel organisa aussitôt la Grande-Loge nationale, sous la dénomination de *Grand-Orient des Espagnes et des Indes*. Le renversement de la domination française dispersa, en 1813, la plupart des maçons espagnols, et amena la suspension des travaux maçonniques dans cette contrée. Ce n'est que le 2 août 1820 que le Grand-Orient des Espagnes reprit son activité, sous la grande-maîtrise du comte de Montijo, dont le frère de Berraza, grand-commandeur du Suprême-Conseil, était le représentant particulier. Le comte de Grasse avait essayé d'établir en 1811 un suprême conseil du trente-troisième degré dans le royaume voisin; mais il avait échoué, par suite de l'influence qu'exerçait sur les maçons de ce pays la Grande-Loge d'Angleterre, sous l'autorité de laquelle s'était fondé, en 1805, le *Grand-Orient de Portugal*, présidé par le grand-maître Égaz Moniz.

En 1813, le Suprême-Conseil d'Amérique, ayant alors à sa tête le frère Hannecart-Antoine, avait établi à Bruxelles, le 12 août, un consistoire du trente-deuxième degré près de la loge *les Amis philantropes*. Le général Rouyer, membre de l'ancien Suprême-Conseil de France, érigea, près de la même loge, le 15 janvier 1817, un Suprême-Conseil du trente-troisième degré pour le royaume des Pays-Bas; et, le 1er avril suivant, le comte de Grasse en institua un second près de la loge militaire *les Défenseurs de Guillaume et de la Patrie*. Déjà ces deux autorités s'étaient lancé des excommunications, lorsqu'un rapprochement s'opéra entre elles. Le 16 décembre, elles se réunirent; et la loge *les Amis philantropes* fut reconnue comme la mère-loge du rite ancien et accepté en Belgique.

Dès l'établissement du royaume des Pays-Bas, en 1814, la loge *les Amis philantropes* avait essayé de s'emparer de l'administration de toutes les loges des provinces méridionales; mais ses prétentions avaient été vivement combattues; et, après des dissensions qui durèrent plusieurs années, un Grand-Orient national fut fondé, dont la Hollande formait la première section, et la Belgique la seconde, et qui, sans exclure aucun des rites pratiqués par les loges de ces deux pays, avait cependant adopté le rite français, sous le nom de rite ancien réformé. Le prince Frédéric de Nassau fut nommé grand-maître de ce Grand-Orient. Après la révolution de 1830, et lorsque la Belgique constitua un état séparé, un nouveau Grand-Orient se forma, le 23 février 1833, dont le roi Léopold, initié dans la maçonnerie, en 1813, par la loge de l'*Espérance*, à Berne, accepta le titre de protecteur.

Un Suprême-Conseil du trente-troisième degré, pour l'Irlande, qui a pour grand-commandeur le duc de Leinster, existe à Dublin depuis 1825. On croit que cet établissement a été fondé par le comte de Grasse.

On a vu que le gouvernement impérial avait favorisé en France l'exercice de la franc-maçonnerie, et plus particulièrement de l'écossisme, afin d'arriver à la fusion des partis et de les rallier à l'ordre de choses existant. Il avait aussi encouragé la formation de loges militaires, et il y avait peu de régiments auxquels ne fût attaché un atelier maçonnique. Quand les troupes françaises prenaient possession d'une ville, leurs loges y faisaient choix d'un local, et s'appliquaient à donner l'initiation à ceux des habitants qui leur paraissaient exercer le plus d'influence sur la population. Ceux-ci, à leur tour, ouvraient des loges et les faisaient constituer par le Grand-Orient de France. Lorsque ensuite, ces loges devenaient assez nombreuses, elles formaient un grand-orient national, qui s'affiliait à celui de Paris et recevait de lui l'impulsion. C'est ainsi que s'établirent, en 1806, le *Grand-Orient de Bade*, à Manheim, et, en 1811, le *Grand-Orient de Westphalie*, à Cassel, dont le roi Jérôme Napoléon accepta la grande-maîtrise.

Les événements de 1814 vinrent apporter de grands changements dans la situation de la maçonnerie française. Le Grand-Orient déclara la grande-maîtrise vacante; le prince Cambacérès se démit de ses dignités maçonniques; et les grands officiers d'honneur, qui composaient, en grande partie, le Suprême-Conseil de France, se dispersèrent. Le Grand-Orient vit là une occasion favorable pour ramener à lui les divers corps dissidents. Il proposa la centralisation de tous les rites dans son sein, et invita particulièrement le Suprême-Conseil de France à venir y reprendre la place qu'il y avait autrefois occupée. Le maréchal Beurnonville, le duc de Tarente, le comte Rampon, le comte Clément de Ris, les frères Challan, Roettiers de Montaleau fils et de Joly, répondirent à cet appel; mais le comte Muraire, le comte Lepelletier-d'Aunay, le baron de Tinan, les frères d'Aigrefeuille, Thory, Hacquet et Pyron, refusèrent de les suivre; et, conservant les pouvoirs et le titre de Suprême-Conseil de France, ils prirent, le 23 novembre, un arrêté par lequel ils protestaient contre le projet de centralisation des rites et contre la proposition de réunion au Grand-Orient. Par une autre délibération du 18 août 1815, le Suprême-Conseil persista dans son opposition, et il adressa aux ateliers de son ressort une circulaire où il les engageait à se conformer à ses décisions et à lui rester fidèles. Cependant, bientôt après, les frères Hacquet et Thory se rallièrent au Grand-Orient, et donnèrent la majorité à la fraction du Suprême-Conseil de France qui, déjà, s'y était unie. Le frère Pyron étant venu ensuite à mourir, le Suprême-Conseil ne s'assembla plus et cessa tout-à-fait d'exister. Les autres corps maçonniques qui s'étaient séparés du Grand-Orient en 1806, après la rupture du concordat, notamment le Consistoire du rite de Hérédom, la Mère-Loge du rite écossais philosophique, la Loge provinciale du rite de Hérédom de Kilwinning, et les Directoires du régime rectifié adhérèrent au projet de centralisation.

Le Suprême-Conseil d'Amérique profita du sommeil du Suprême-Conseil de France pour reprendre les rênes de l'écossisme. Sa loge principale était *la Rose étoilée*. Il se grossit par de nombreuses réceptions, faites, pour la plupart, dans les classes inférieures de la société. Sur ces entrefaites, le comte de Grasse revint des prisons d'Angleterre et se mit à la tête du Suprême-Conseil. Au mois de janvier 1816, il attira dans son parti la loge *la Rose du Parfait-Silence*, de la correspondance du Grand-Orient, présidée par le frère Judesretz. Au mois de juin suivant, la dissidence écossaise tint, au local du Prado, place du Palais-de-Justice, une assemblée générale pour la célébration de la fête de l'Ordre et pour l'inauguration des bustes de Louis XVIII et du comte d'Artois. La réunion était nombreuse, le zèle ardent; et tout annonçait que, sous l'active direction du comte de Grasse, l'écossisme opposerait bientôt au Grand-Orient une masse redoutable. Mais, peu de jours après, le grand-commandeur fut obligé de quitter Paris, pour se soustraire aux poursuites qui étaient dirigées contre lui pour défaut de paiement d'une lettre de change. En son absence, les choses changèrent de face. Il y eut des réceptions scandaleuses et un honteux trafic de la maçonnerie. De vives réclamations à ce sujet lui furent adressées. Il écrivit pour que le désordre cessât. On ne tint aucun compte de ses représentations, et les meneurs irrités songèrent à l'exclure du Suprême-Conseil. Le frère de Maghellen était l'ame de cette brigue. Instruit des projets que l'on nourrissait contre lui, le chef de l'écossisme s'occupa de les déjouer. Du fond de sa retraite, à Versailles, il prit des mesures vigoureuses contre ses adversaires; il chargea, le 28 juillet 1817, le général de Fernig, secrétaire du Saint-Empire, et neuf inspecteurs-généraux, « de préparer un triage sévère et de dresser un tableau des officiers ainsi que des membres des hauts grades qui, par leur moralité, leurs vertus et leur rang dans la société, fussent capables d'honorer l'art royal et de relever l'étendard de l'écossisme »; il décréta que tous les arrêtés pris sans sa participation depuis le 1er juillet 1816 étaient considérés comme non-avenus; que l'assemblée maçonnique ayant à sa tête le frère de Maghellen, et qui prenait le titre de Suprême-Conseil pour l'Amérique, était dissoute; il remit « indéfiniment et sans bornes » tous ses pouvoirs, pendant son absence, au général de Fernig, pour qu'il eût à prendre, conjointement avec les membres de son conseil, les mesures les plus convenables pour le rétablissement du bon ordre ; et il fit connaître ces décisions par un manifeste, qui fut imprimé et distribué.

La fraction du Suprême-Conseil contre laquelle était dirigé ce manifeste comprit quelle autorité exerçait encore le nom du comte de Grasse ; elle connaissait le zèle et les hautes relations du général de Fernig, la considération dont il était entouré ; et elle redoutait avec raison l'issue de la lutte qu'elle aurait à engager contre le Suprême-Conseil dont il se trouvait de fait le chef. Elle songea donc à ménager une conciliation ; et, pour arriver plus sûrement à ce but, elle imagina de ramener à elle le comte de Grasse par un bienfait. En conséquence elle paya la dette pour laquelle il était poursuivi, et elle lui fit parvenir sa lettre de change acquittée. Touché de ce procédé, le chef du rite se rapprocha des frères qu'il avait anathématisés, et il révoqua les pouvoirs qu'il avait donnés au général de Fernig. Tous les différends paraissaient dès-lors conciliés ; les deux fractions du Suprême-Conseil se réunirent en une seule, qui se grossit encore de quelques frères haut placés, particulièrement du vice-amiral comte Allemand. Il y eut des assemblées nombreuses et brillantes. Le Grand-Orient s'en émut. Au mois d'octobre 1817, il fulmina contre la dissidence, la déclara irrégulière, défendit à ses loges de communiquer avec elle, et frappa d'interdit le local du Prado. Ce fut l'occasion de vives protestations de la part de plusieurs de ses ateliers, dont les chefs appartenaient pour la plupart au Suprême-Conseil d'Amérique. Deux d'entre ces ateliers : *Jérusalem* et *Sainte-Thérèse des amis de la constance*, se retirèrent de sa correspondance et se rallièrent à l'autorité schismatique.

La paix ne fut pas de longue durée dans l'écossisme. La fraction Maghellen circonvint le comte Allemand et l'attira dans son parti. C'était un homme vain et ambitieux. On lui montra en perspective la dignité de grand-commandeur ; on lui fit voir, dans le général de Fernig, un concurrent redoutable, qu'il lui importait d'éliminer. Il se tint chez lui des conciliabules, où assistaient les Maghellen, les Larochette, les Goût, les Gilly, les Langlois de Chalangé ; et, là, on disposait tout pour faire passer certaines mesures, à l'aide d'une majorité organisée à l'avance, et pour empêcher que les mesures proposées par l'autre fraction fussent adoptées. Il résulta de tout cela des luttes animées, dans lesquelles le parti Allemand avait ordinairement l'avantage. Pour faire tourner les chances en sa faveur, le parti de Fernig fit admettre dans le Suprême-Conseil, à titre d'officiers d'honneur, un grand nombre de hauts personnages, tels que le prince Frédéric de Hesse-Darmstadt, le prince d'Aremberg ; les ducs de Reggio, de Saint-Aignan, de Guiche ; les comtes Belliard, Guilleminot, de Castellanne, Decazes, etc. L'admission de ces frères eut lieu sans opposition ; mais on leur contesta le droit de voter dans les assemblées, et celui d'exercer activement les fonctions qu'on leur avait attribuées à titre honorifique. Alors une scission nouvelle éclata. Un second suprême conseil fut institué par le comte de Grasse, dont le général de Fernig fut nommé lieutenant-commandeur, et qui alla tenir ses réunions à la galerie Pompéï, rue Neuve-des-Petits-Champs. Afin de se donner plus de force, ce suprême conseil essaya de se faire reconnaître par le Grand-Orient; mais sa tentative n'eut aucun résultat. Le 10 septembre, le comte de Grasse se démit de la dignité dont il était revêtu; et, sur sa proposition, le comte Decazes, ministre de la police générale, fut choisi pour lui succéder.

Ces événements avaient irrité au plus haut point la fraction Allemand. Elle décréta que le comte de Grasse, le général Fernig, et quelques autres frères qui les avaient suivis, seraient mis en jugement. Il fut procédé d'abord contre le grand-commandeur. Le tribunal s'assembla le 17 septembre 1818. Le comte Allemand présidait; le baron Marguerittes soutenait l'accusation; et le frère Langlois de Chalangé, secrétaire-général, faisait fonctions de greffier. Entre autres griefs articulés contre le comte de Grasse, on lui reprochait de s'être démis, en 1806, de ses fonctions de grand-commandeur en faveur du prince Cambacérès; de s'être fait remettre, plus récemment, quelques diplômes signés en blanc, dont on n'avait jamais connu l'emploi; d'avoir institué à Rouen un consistoire du trente-deuxième degré, et d'avoir détourné à son profit le prix des constitutions; enfin, d'avoir établi un suprême conseil schismatique, en rivalité du suprême conseil légitime. Cité à cette audience, le comte de Grasse s'était dispensé de comparaître; on lui nomma un défenseur d'office. Le frère Mangeot jeune fut chargé de ce rôle; il s'en acquitta en conscience; mais, quelque habileté qu'il eût déployée, le Suprême-Conseil, après en avoir délibéré, déclara le comte de Grasse déchu et destitué de son titre de grand-commandeur, le dégrada de sa qualité de maçon, le signala comme traître à l'ordre, lui interdit à perpétuité l'entrée des loges écossaises, et ordonna que cette sentence serait imprimée à sept mille exemplaires, distribuée aux ateliers de la France et de l'étranger, et délivrée à toute personne qui en ferait la demande.

Lors même que les fautes reprochées au comte de Grasse eussent été irréfragablement prouvées, et il s'en fallait de beaucoup, ce jugement violait toutes les règles et tous les préceptes maçonniques, et c'était moins un acte de justice que la satisfaction d'une vengeance personnelle; aussi, souleva-t-il une réprobation générale, et d'autant plus énergique que les hommes qui l'avaient prononcé étaient loin, pour la plupart, d'être entourés de considération et d'estime. En effet, parmi les juges, figuraient notamment un frère Larochette, vénérable des *Chevaliers bienfaisants de l'olivier écossais*, qui tenait sa loge dans les tavernes et faisait un scandaleux trafic de la maçonnerie ; un frère de M........, alors employé du gouvernement, aujourd'hui donneur d'eau bénite, le même qui, conférant un jour, dans la loge dont il était le président, l'initiation à toute une escouade de gendarmes, soumit les récipiendaires, pour unique épreuve, à danser un pas de gavotte ; un frère D..... et un frère P....., à qui l'on ne connaissait aucun moyen d'existence ; un frère H....., croupier des jeux ; un autre frère dont la femme était la maîtresse d'un grand seigneur, qui le savait et qui en vivait. A ces gens tarés, il s'en mêlait quelques autres, qui, honorables d'ailleurs, manquaient des lumières ou de l'impartialité nécessaire pour assumer la responsabilité d'un pareil jugement. Tels étaient, par exemple, le frère G..., gargotier, et le frère A ......, tailleur d'habits, érudit d'une rare espèce, qui soutenait qu'Hercule avait jadis régné sur l'Auvergne, et qui semblait avoir entrepris de substituer le patois périgourdin à la langue française. Le vice-amiral Allemand, qui présidait le tribunal, traitait ces dignes maçons comme il eût traité des mousses ; seulement il avait remplacé, pour se faire obéir, les garcettes par la cravache.

Ce sont les mêmes hommes qui, le 24 octobre suivant, déclaraient traîtres à l'ordre les frères de Fernig, Beaumont et de Quezada ; les dégradaient de leurs titres et qualités maçonniques ; et ordonnaient que leurs noms seraient brûlés, entre les deux colonnes, par le frère servant, transformé ainsi en exécuteur des hautes-œuvres.

Les deux suprêmes conseils, celui du Prado et celui de la galerie Pompéi, exercèrent concurremment leur autorité. Le dernier déploya une grande activité ; se compléta de quelques hauts personnages, particulièrement du prince Paul de Wurtemberg ; créa plusieurs loges, entre autres les *Propagateurs de la tolérance, les Amis des lettres et des arts,* et les *Chevaliers de la Palestine.* Il fonda également la loge d'adoption de *Belle et Bonne,* sur laquelle nous avons déjà donné des détails. Dans une assemblée générale tenue le 5 décembre 1818, le général de Fernig annonça que Louis XVIII avait accepté l'hommage d'une médaille qui avait été frappée à son effigie par le Suprême-Conseil, pour perpétuer le souvenir de la fondation de la Grande-Loge des *Propagateurs de la tolérance,* qui coïncidait avec l'évacuation du territoire français par l'armée d'occupation étrangère.

En 1819, le Suprême-Conseil Fernig essaya de nouveau de se rapprocher du Grand-Orient. Des commissaires furent nommés de part et d'autre. Le Grand-Orient proposa de réunir les deux autorités en une seule ; de nommer le comte Decazes grand-maître adjoint ; le baron de Fernig, lieutenant grand-commandeur; le comte de Lacépède, grand-administrateur-général; cinq membres du Suprême-Conseil, officiers d'honneur; et de distribuer le reste, en qualité d'officiers ordinaires, dans ses différentes chambres, etc. Ces conditions, qui rendaient le Suprême-Conseil maître de fait du Grand-Orient, furent acceptées avec empressement par ses commissaires; mais, lorsqu'ils présentèrent leur rapport, ils se virent désavouer; le Suprême-Conseil repoussa la fusion; il voulut conserver son indépendance, son existence séparée; il invoqua nous ne savons quelle suprématie qui lui appartenait sur le Grand-Orient, en vertu des « sublimes connaissances » dont il était le dépositaire. Dès ce moment, tout fut rompu.

Pendant que ces négociations avaient lieu, le Suprême-Conseil du Prado, qui prenait le titre de *Grand-Orient écossais*, s'efforçait de les faire échouer. Il publia une circulaire dans laquelle il déniait au Suprême-Conseil de Pompéï le droit de traiter au nom de l'écossisme, et engageait le Grand-Orient à ne pas prêter l'oreille à ses propositions. Il ajoutait que c'était faussement que ce Suprême-Conseil prétendu se targuait d'avoir pour grand-commandeur le comte Decazes, puisque ce frère exerçait ces hautes fonctions dans le Suprême-Conseil du Prado. A l'appui de son assertion, il donnait copie d'une lettre du comte Decazes, adressée au vice-amiral Allemand, où on lisait : « Monsieur le comte, j'ai reçu la lettre que vous m'avez fait l'honneur de m'écrire pour m'adresser des félicitations sur l'heureux accouchement de Mme Decazes et sur la naissance de mon fils, au nom du Suprême-Conseil, Grand-Orient écossais, auquel j'ai l'honneur d'appartenir, etc. » En effet, le comte Decazes s'était laissé nommer grand-commandeur par les deux autorités rivales, et il avait accepté les deux nominations. Cependant la publication de sa lettre constatant cette double acceptation avait fait craindre au Suprême-Conseil de Pompéï, qui ne la connaissait pas, qu'on ne parvînt à le faire opter en faveur du Suprême-Conseil opposé. Il résolut alors de n'être pas en reste de politesse; et il décréta qu'un ruban aux trois couleurs écossaises, chargé d'emblèmes maçonniques et auquel seraient suspendus divers bijoux de l'ordre, serait donné à « l'enfant que le Grand-Architecte de l'univers venait d'accorder à Son Excellence, comme premier fruit de son mariage. » Cette décision, rendue publique par la voie des journaux, donna lieu à une polémique assez vive entre des membres des deux autorités, qui ne laissa pas d'avoir son côté plaisant. Peu de temps après cet événement, les deux suprêmes conseils cessèrent presque simultanément de se réunir.

Au milieu des démêlés qui avaient surgi entre le Grand-Orient et les diverses fractions de l'écossisme, s'était établi en France, vers 1814, le rite de Misraïm, ou d'Égypte, dont nous avons fait connaître l'origine. Les chefs de ce rite prétendaient au privilége de diriger indistinctement toutes les branches de la maçonnerie, dont le misraïmisme, suivant eux, était la souche commune. Ils n'en conférèrent d'abord que les hauts degrés, et ce n'est qu'en 1815, qu'ils constituèrent leur première loge, appelée l'*Arc-en-ciel*, qui tint ses séances dans le local situé rue Saint-Honoré, près de la place du Palais-Royal. Ils s'étaient adjoints, à cette époque, plusieurs hommes de mérite, entre autres le frère Méallet, qui était très versé dans la connaissance de l'antiquité, et qui fut placé à la tête de la loge de l'*Arc-en-ciel*. Ils n'avaient rapporté avec eux aucun cahier qui leur fût propre; le frère Méallet leur fabriqua celui du grade d'apprenti misraïmite, un des mieux faits que l'on connaisse, et tout empreint du génie de l'ancienne initiation. Les cahiers des grades de compagnon et de maître, ceux de maître ès-angles, de prince de Jérusalem, de chevalier du soleil, et quelques autres, furent rédigés, vers 1820, par un frère moins habile, que nous pourrions citer, si nous ne savions de bonne part qu'il désire garder l'anonyme.

Le misraïmisme eut quelque temps la vogue, grâce à l'attrait que présentaient les formes toutes nouvelles du grade inventé par le frère Méallet. Les règlements généraux rédigés en 1805 paraissant trop défectueux, on s'occupa d'en composer de nouveaux. Ce fut encore le frère Méallet qui se chargea de ce travail. Le Grand-Conseil du quatre-vingt-septième degré, annexé à la loge de l'*Arc-en-ciel*, les délibéra et les arrêta. On y introduisit quelques dispositions à l'insertion desquelles les chefs du rite, dont elles détruisaient l'omnipotence, s'opposèrent vainement. On les livra à l'impression; le frère Méallet fut chargé de la révision des épreuves; mais il tomba malade; et les chefs du rite profitèrent de cette circonstance pour s'occuper eux-mêmes de la correction et pour apporter au texte, de leur autorité privée, de notables modifications. Le frère Méallet recouvra la santé; et, voyant les changements qu'avaient subi les règlements, à son insu et contre le gré des frères qui les avaient votés, il rompit avec les chefs du rite, et forma une loge misraïmite indépendante, sous le titre d'*Osiris*. Cette loge n'eut toutefois qu'une seule séance; on négocia, et le frère Méallet vint reprendre sa place de vénérable dans la loge de l'*Arc-en-ciel*.

Cependant il s'était glissé de graves abus dans l'administration du rite; des réceptions clandestines avaient été faites, et le produit en avait été détourné. La loge de l'*Arc-en-ciel* se souleva contre les auteurs de ces détournements, et quelques membres proposèrent de passer au Grand-Orient. Mais les chefs manœuvrèrent avec assez d'habileté pour jeter la division parmi leurs adversaires; et, lorsqu'on en vint à voter sur la proposition, elle fut repoussée à une grande majorité. Un certain nombre de mécontents, parmi lesquels se trouvaient les frères Joly, Auzou, Gaboria, Décollet, Ragon, Richard, etc., se retirèrent avec éclat, formèrent, le 8 octobre 1816, une nouvelle puissance suprême du quatre-vingt-dixième degré, et en demandèrent l'admission dans le Grand-Consistoire des rites du Grand-Orient. Sur cette demande, intervint, au mois de décembre 1817, un arrêté du Grand-Orient, qui refusait de reconnaître le rite de Misraïm et de lui donner place dans le Grand-Consistoire.

Malgré le trouble apporté dans le misraïmisme par les débats dont nous venons de parler, la loge de l'*Arc-en-ciel* ne laissa pas de continuer ses travaux. Il y eut de nombreuses réceptions, qui nécessitèrent l'établissement d'une nouvelle loge, celle des *Sectateurs de Zoroastre*, et le transfèrement des deux ateliers dans le local du Prado, beaucoup plus vaste et plus favorable que celui de la rue Saint-Honoré aux épreuves maçonniques, qui, dans ce rite, s'accomplissent hors du temple. La loge des *Sectateurs de Zoroastre* était remarquable par sa composition; elle avait donné aux épreuves physiques un développement et un éclat inconnus jusqu'alors. Le frère Gannal, qui les dirigeait, avait mis à contribution tout ce que la chimie, l'acoustique et la mécanique offrent de ressources pour porter la terreur dans l'ame des récipiendaires. Aussi y avait-il aux tenues de cette loge une immense affluence de visiteurs de tous les régimes; ce qui détermina le Grand-Orient à prendre les mesures les plus vigoureuses pour empêcher les maçons de sa correspondance de communiquer avec cette loge. Au mois d'octobre 1817, en même temps qu'il fulminait contre le Suprême-Conseil d'Amérique, il signalait aussi comme irrégulière « la société dite de *Zoroastre*, sous la rubrique de Misraïm, » et frappait d'interdit le local du Prado, où se réunissaient les membres des deux dissidences. Ces mesures n'eurent cependant aucun effet, et le rite de Misraïm continua ses assemblées; mais bientôt de nouvelles divisions éclatèrent dans son sein.

Dans une séance des *Sectateurs de Zoroastre*, tenue le 30 avril 1819, un membre de cette loge, le frère Vasillière, demanda qu'une adresse fût faite à la Puissance Suprême pour l'inviter à supprimer ou du moins à rectifier plusieurs articles des règlements généraux, à raison du sens despotique et vexatoire qu'on leur attribuait. Un autre membre, le frère de Quezada, en appuyant cette proposition, signala divers actes arbitraires commis par les frères Bédarride, principaux chefs du rite, sous la sanction des articles dont il venait d'être question. Il ajouta que ces dispositions des statuts l'avaient engagé à se tenir éloigné de la Puissance Suprême, et qu'il y avait en outre été déterminé par « des mentions infiniment désavantageuses insérées dans les gazettes publiques contre l'honneur des mêmes frères. » A l'appui de ce qu'il avançait, il produisit un numéro de journal relatant un jugement du tribunal de commerce qui déclarait les sieurs Bédarride et compagnie, négociants, en état de faillite ouverte. Sur ces dénonciations, la loge prit un arrêté par lequel elle provoquait la révision des statuts généraux et déclarait s'isoler de la Puissance Suprême tant que les actes qui émaneraient de cette puissance porteraient la signature des frères Bédarride. Le procès-verbal de la séance fut imprimé et distribué aux loges.

Cet écrit fut dénoncé à la Puissance Suprême. Elle nomma une commission pour l'examiner. Le 11 juin, le frère Briot, ancien conseiller d'État à Naples, fit un rapport sur l'affaire. Après avoir combattu les allégations relatives aux statuts généraux qui avaient motivé la décision de la loge des *Sectateurs de Zoroastre,* il aborda l'accusation portée contre un des frères Bédarride, et il établit que ce frère n'était point en état de faillite ouverte, le jugement invoqué, rendu par défaut il y avait plus d'un an, n'ayant eu aucun effet. Sur ce rapport, la Puissance Suprême rendit un décret qui rayait des tableaux du rite la loge des *Sectateurs de Zoroastre.*

Au mois de juillet suivant, un autre schisme éclata. Le comte Allemand, chef du Suprême-Conseil du Prado, et le général de Fernig, chef du Suprême-Conseil de Pompéï, faisaient également partie de la Puissance Suprême de Misraïm. Le comte Allemand était vénérable de la loge misraïmite de l'*Arc-en-ciel.* Cette loge ayant eu une tenue extraordinaire, la Puissance Suprême de Misraïm et le Suprême-Conseil du Prado s'y présentèrent en corps, et demandèrent à être introduits. Suivant l'usage, l'autorité supérieure du rite pratiqué par une loge doit être admise aux travaux de cette loge après l'introduction de tous les visiteurs et de toutes les députations des rites étrangers. Le comte Allemand, instruit que son rival, le général de Fernig, se trouvait parmi les membres de la Puissance Suprême de Misraïm qui demandaient l'entrée de l'atelier, voulut rendre les plus grands honneurs à la députation du Suprême-Conseil du Prado, afin de donner, en quelque sorte, à ce corps, la suprématie sur une autorité dont le baron de Fernig faisait partie. La Puissance Suprême de Misraïm refusa de se soumettre à l'infériorité qu'on prétendait lui attribuer; et le comte Allemand, de l'aveu de la loge l'*Arc-en-ciel,* ayant persisté dans sa résolution, la Puissance Suprême se retira. Le 23 du même mois, elle raya des tableaux du rite la loge l'*Arc-en-ciel,* qui toutefois vint bientôt à récipiscence, et fut réintégrée le 4 août. Quant au comte Allemand, qui refusa de se justifier, la Puissance Suprême l'exclut de son sein par un arrêté du 14 décembre.

Entravé quelque temps par toutes ces agitations, le rite de Misraïm reprit son activité dans le cours de 1820. Il établit de nouvelles loges, notamment celles du *Mont-Sinaï,* du *Buisson-Ardent,* des *Sectateurs de Misraïm,* des *Douze-Tribus,* et des *Enfants-d'Apollon,* à Paris. Il constitua également un certain nombre d'ateliers dans les départements, particulièrement à

Rouen, à Bordeaux, à Toulouse, à Marseille, à Tarare, à Lyon, à Besançon et à Metz. Ses progrès inspirèrent de vives inquiétudes au Grand-Orient, qui, le 10 octobre 1821, adressa une circulaire à ses loges pour leur rappeler que le rite de Misraïm n'était pas reconnu par lui, et pour leur interdire toute communication avec les loges de ce rite. A la fête de l'ordre, célébrée le 27 décembre, le frère Richard, orateur du Grand-Orient, s'éleva avec véhémence contre le régime misraïmite, et ne craignit pas de le signaler à l'autorité comme devant exercer sa surveillance particulière. Ces attaques eurent pour résultat de provoquer des mesures rigoureuses contre les ateliers de Misraïm. La police fit fermer leurs locaux, se saisit de leurs papiers, et en déféra aux tribunaux les principaux membres, qui furent frappés de condamnations pour infraction à l'article 291 du code pénal. A partir de ce moment, le rite de Misraïm suspendit ses travaux; il ne les reprit qu'à la révolution de 1830. Aujourd'hui, il tient ses assemblées dans le local de la rue Saint-Méry. Les seules loges qui reconnaissent son autorité sont celles de l'*Arc-en-ciel*, des *Douze-Tribus* et des *Pyramides*.

En 1818, le frère Joseph Bédarride introduisit le misraïmisme en Belgique. Il y fit quelques prosélytes, et y tenta l'établissement d'une puissance suprême; mais bientôt il devint l'objet de vives attaques. Une guerre de plume s'engagea; et l'arrêté du Grand-Orient de France qui frappait d'anathème le rite de Misraïm ayant été publié, le grand-maître Frédéric de Nassau, s'appuyant de ce document, proscrivit l'exercice de la maçonnerie misraïmite dans le royaume des Pays-Bas, par un décret du 18 novembre.

Repoussé de ce côté, le rite de Misraïm tenta de s'établir en Suisse. Au commencement de 1821, un des frères Bédarride fit adopter ce régime par la loge des *Amis-Réunis*, de Genève. Il fonda peu après une seconde loge à Lausanne, qu'il appela les *Méditateurs de la nature*. Le Grand-Orient helvétique roman fulmina contre la nouvelle loge; mais son grand-maître, le frère Bergier d'Illens, s'étant fait initier aux mystères misraïmites, émit la prétention de substituer la nouvelle maçonnerie au régime rectifié. Toutefois il ne trouva point d'adhérents; le Grand-Orient cessa de se réunir; et les loges de sa juridiction concoururent, vers la même époque, à l'établissement de la Grande-Loge nationale suisse. Le frère Bédarride alla aussi à Berne, où il descendit à l'auberge de *la Couronne*. Là, moins heureux qu'à Genève et à Lausanne, il ne fit aucune recrue, et il ne tarda pas à quitter le pays. La loge des *Amis-Réunis* se rallia, en 1822, à la Grande-Loge nationale suisse; celle des *Méditateurs de la nature* cessa d'exister vers 1826.

Importé en Irlande en 1820, le misraïmisme y forma un établissement qui subsiste encore, mais qui est loin d'être florissant.

La mort du comte Allemand et la déconsidération profonde qui s'était attachée au Suprême-Conseil du Prado avaient entraîné la dispersion complète des membres de ce corps. Le Suprême-Conseil de Pompéi avait été affaibli par la défection d'un bon nombre de frères, à la suite du refus qu'il avait fait de se réunir au Grand-Orient. Les déserteurs étant les chefs et les principaux officiers des loges qui dépendaient de lui, ces loges avaient bientôt cessé de s'assembler. Il n'y eut plus, dès ce moment, qu'un état-major sans soldats; et, comme le Suprême-Conseil du Prado, celui de Pompéi dut tomber en dissolution.

Dans ces circonstances, le général de Fernig, dont le zèle maçonnique ne pouvait se résigner à l'inaction, s'aboucha, au commencement de 1821, avec le comte Muraire, pour réveiller l'ancien Suprême-Conseil de France, qui sommeillait depuis 1815, et pour remplir les vides que la mort et les démissions y avaient apportés par l'adjonction de quelques-uns des membres du Suprême-Conseil de Pompéi. Le comte Muraire accueillit cette proposition. Il s'entendit avec le comte de Valence, le comte de Ségur, le baron Fréteau de Pény, et avec le reste des frères, présents à Paris, qui avaient appartenu au Suprême-Conseil de France; et il fut unanimement résolu de remettre ce corps en activité. Le Suprême-Conseil se compléta par le baron de Fernig et par quelques autres membres de l'association dont il avait été le chef, et décida que son premier soin serait de rendre les honneurs funèbres aux maréchaux Lefèvre et Kellermann, que la mort avait frappés pendant la suspension de ses travaux. On fit toutes les dispositions nécessaires pour que la solennité, fixée au 27 avril, fût digne de son objet. On envoya de nombreuses lettres d'invitation; mais peu s'en fallut que la fête ne pût avoir lieu. On avait choisi pour la célébrer le local de la rue de Grenelle-Saint-Honoré; le Grand-Orient ayant fait refuser ce local la veille même du jour indiqué, les commissaires furent obligés de s'en procurer immédiatement un autre; et ce n'est qu'avec beaucoup de peine qu'ils obtinrent celui de la rue Saint-Méry. La Pompe funèbre eut lieu le lendemain, 28 avril, en présence d'une assemblée nombreuse et brillante.

Peu de jours après, le Suprême-Conseil s'occupa de compléter son organisation. Il arrêta le tableau de ses membres; nomma le comte de Valence grand-commandeur, en remplacement du prince Cambacérès, démissionnaire; le comte de Ségur, lieutenant grand-commandeur; le comte Muraire et le baron de Fernig, secrétaires du Saint-Empire; le frère Vuillaume, trésorier, sur le refus du frère Thory, etc. Au-dessous de lui, il établit la loge de la *Grande-Commanderie*, à la formation de laquelle furent appelés à concourir les frères pourvus des degrés inférieurs au trente-troisième. Cette loge eut pour vénérable en exercice le comte de Ségur, et, pour vénérable d'honneur, le comte de Lacépède. En 1822, elle constitua une sorte de Grand-Orient, où les loges et les chapitres étaient représentés par des députés.

Le Suprême-Conseil n'avait pas de loges inférieures ; il songea à en former ; mais aucun des hauts personnages qui le composaient ne voulut se charger personnellement de ce soin. On avait projeté de faire de l'écossisme une société d'élite et presque aristocratique. On dut renoncer à réaliser ce dessein, et se résigner à accepter les loges qui voudraient bien se présenter, quel que fût d'ailleurs leur personnel. La première qui demanda à se ranger sous la bannière du Suprême-Conseil est celle des *Chevaliers bienfaisants de l'olivier écossais,* dont la composition n'était rien moins que noble, et qui était présidée par ce même Larochette qui avait siégé parmi les juges du comte de Grasse et du général de Fernig. Il y eut bien quelque hésitation ; mais, comme on n'avait pas à choisir, et qu'on voulait absolument des loges, on accueillit celle-là, ne fût-ce que « pour ne l'avoir pas contre soi. » Constituée au mois d'août 1821, elle ne fut toutefois installée qu'au commencement de l'année suivante. Les frères chargés de cette consécration étaient le comte Muraire, le comte d'Orfeuille, et le général de Fernig lui-même. La séance se tint dans un cabaret, rue de Grenelle-Saint-Germain, à côté de la fontaine. Larochette n'ayant pas crédit dans cette maison, et les frères de la loge, en très petit nombre et des plus délabrés, ne pouvant faire les fonds nécessaires, il n'y eut pas de banquet à la suite de l'installation ; et les commissaires, confus et mécontents, se virent contraints d'aller dîner à leurs frais chez le restaurateur le plus voisin,

Cette déconvenue n'empêcha pas le Suprême-Conseil de constituer peu après *les Commandeurs du Mont-Liban, les Amis de l'honneur français,* et quelques ateliers de la même espèce. D'autres se formèrent ensuite, soit à Paris, soit dans les départements, dont la composition était honorable, et qui répandirent quelque éclat sur le rite.

De toutes les loges écossaises, celle qui, dès le principe, joua le rôle le plus important, est la loge d'*Emeth,* ou de la vérité. Elle était peu nombreuse ; mais les membres en étaient choisis, jeunes et ardents ; et leur activité et leur esprit de prosélytisme furent d'un grand secours au Suprême-Conseil dans la lutte qu'il avait à soutenir contre le Grand-Orient ; aussi devint-elle le point de mire de cette autorité maçonnique, qui lui suscita des contrariétés de tout genre. Le 15 octobre 1823, elle se vit interdire le local de la rue Saint-Méry, où elle tenait ses séances, et fut obligée de se réfugier au Prado. A cette occasion, elle adressa les plus vives remontrances au Suprême-Conseil, qui, depuis longtemps, n'ayant point eu de séances publiques, paraissait avoir abandonné les rênes de l'écossisme, et laissait ainsi ses lo-

:es exposées sans défense aux coups de la puissance rivale. Le Suprême-
Conseil ne s'émut pas de cette protestation, à laquelle il ne répondit point, et
l resta plongé dans la même inaction. Le découragement s'était emparé des
oges écossaises : la loge d'*Émeth* prit en mains leurs intérêts, et rédigea
une adresse énergique qu'elle fit parvenir au Suprême-Conseil le 5 mai
1824. On y lisait :

« ..... Le Suprême-Conseil existe-t-il encore? Voilà ce que se demandent
ous les ouvriers pour qui la franc-maçonnerie n'est pas un vain nom. Depuis trop longtemps, ils n'entendent plus parler du Saint-Empire; il n'est
plus connu chez eux que par tradition; ce n'est qu'un souvenir fugitif qui
ne leur laissera bientôt plus que la faible impression d'un songe.......Nous
levons le dire cependant : trois membres de la suprême puissance (les frères
Muraire, de Fernig et Vuillaume) ne partagent pas la tiédeur de leurs col-
lègues; eux seuls paraissent quelquefois dans nos temples délaissés; ils
consolent, ils invitent à la patience le troupeau sans pasteur. Peut-être leur
levons-nous plus encore; peut-être ont-ils provoqué quelques réunions de
leurs illustres frères; et cependant quel bien ces réunions ont-elles produit?
Chacune avait pour objet quelque décision, quelque article règlementaire :
comme si les meilleures mesures pouvaient être de quelque utilité quand
on ne doit pas les suivre! Aussi chercherait-on en vain tout ce qui a été dé-
crété avec tant d'apparat, par exemple la Grande-Loge centrale..... Depuis
un assez long temps, nous travaillons sous une invocation idéale; et nous
sommes trop pénétrés de notre faiblesse pour ne pas craindre l'anéantissement de l'ordre, alors que le grand foyer en est presque entièrement éteint.
Nous vous le dirons avec franchise, très illustres frères.... Il est impossible
de réparer le tort que votre tiédeur a fait à l'écossisme; mais il est temps
encore d'en prévenir un plus grand. Rappelez auprès de vous nos députés,
assemblez la Grande-Loge : nous avons besoin d'être soutenus. Le Grand-
Orient ne cesse de faire des tentatives pour nous décourager; ses loges nous
sont encore fermées; la défense la plus absolue de nous admettre aux travaux a été prononcée; et cette défense n'a d'autre but que de nous fatiguer
par des persécutions..... Nous sommes persuadés que la justice de nos demandes vous engagera à y faire droit. Ce serait vous faire injure que de
douter du succès; car, en rejetant notre adresse, vous sembleriez nous dire
que vous voulez la ruine de l'écossisme. Dans un tel cas, comme nous sommes
maçons avant tout, nous nous croirions forcés d'imiter Samuel, et de nous
prosterner devant un autre élu du Seigneur, puisque Saül répudierait l'huile
sainte qui coula sur son front. »

Cette réclamation causa une vive irritation dans le Suprême-Conseil, et
l'on résolut d'abord de n'y pas obtempérer. Le comte Muraire était d'une

34

opinion différente; il fit valoir toutes les raisons qui militaient en faveur (
la pétition et qui excusaient et peut-être justifiaient la vivacité des term
dans lesquels elle était conçue; mais ses représentations ne furent poi
écoutées. Il attendit que le temps eût calmé ces colères. Il vit les membr
isolément. Le duc de Choiseul, qu'il sollicita le premier, refusa formell
ment de convoquer la Grande-Loge, dont il était le vénérable. Le com
Muraire s'adressa alors au comte de Lacépède, vénérable d'honneur, q
fut plus accommodant et consentit à présider. La réunion eut lieu en effe
et les loges écossaises reprirent vigueur.

La loge d'*Émeth* avait obtenu que le local de la rue Saint-Méry fût rou
vert aux ateliers de la correspondance du Suprême-Conseil. En 1825, ell
fonda un chapitre de rose-croix, et elle en annonça l'installation par de
lettres de convocation distribuées à grand nombre. Le 8 avril, une de ce
lettres fut dénoncée au Grand-Orient, qui, en conséquence, notifia au pro
priétaire du local la défense de recevoir le chapitre d'*Émeth*, sous peine d
voir son temple interdit aux loges régulières; mais cette défense resta san
effet; et l'installation du chapitre eut lieu avec le plus grand éclat.

Bientôt la loge d'*Émeth* changea de rôle : elle ne se défendit plus contr
le Grand-Orient; elle l'attaqua. Chaque soir, quelques-uns de ses membres
les frères Millet, de la Jonquière, van der Hoff, Ricard, B.-Clavel, ou autres
se présentaient dans les parvis des loges françaises, et demandaient à être
introduits comme visiteurs. Leur refusait-on l'entrée, ils invoquaient la to
lérance maçonnique, leur titre de frères, les promesses jurées; des membre
qu'ils avaient convertis à leurs doctrines plaidaient chaleureusement leur
cause dans l'intérieur; et, le plus souvent, ils étaient admis, en dépit de
l'opposition du Grand-Orient. Dans le cours de 1825, la loge d'*Émeth* rem
porta sur ce corps un avantage signalé; elle parvint à contracter une affi
liation avec une loge de son obédience, la *Clémente-Amitié*, alors présidée
par le frère de Marconnay. Cet exemple exerça de l'influence sur l'esprit de
beaucoup d'ateliers de Paris, et la loge d'*Émeth* vit s'abaisser devant elle,
comme devant les autres loges écossaises, les barrières qui l'avaient arrêtée
jusqu'alors.

Cette situation parut grave au Grand-Orient; il résolut de la faire cesser.
Dans ce but, il lança, le 25 février 1826, une circulaire dans laquelle il
fulminait contre le Suprême-Conseil, lui contestait la légitimité de sa puissance, le déclarait, lui et ses loges, irréguliers, et interdisait à ses ateliers
toute communication avec eux. La *Clémente-Amitié* vit, dans ce manifeste,
une censure indirecte de sa conduite, et elle publia et distribua à toutes les
loges un écrit où elle réfutait la circulaire du Grand-Orient, déniait à ce
corps la possession légale de l'écossisme, et déclarait ne point vouloir se

soumettre à l'arrêt de proscription qu'il avait prononcé contre les frères de l'autre obédience. Ce fut le sujet d'un grand scandale dans le Grand-Orient. Il fut décidé qu'on informerait contre la loge rebelle. On nomma une commission d'enquête, qui appela devant elle les officiers signataires de l'écrit. Ils obéirent à la citation, avouèrent leur participation à l'acte de la *Clémente-Amitié*, et s'attachèrent à le justifier ; mais la parole leur fut retirée, et l'on ne consentit à la leur rendre qu'après qu'ils auraient signé une rétractation des principes et des faits énoncés dans le mémoire incriminé. Ils opposèrent un refus formel à ces prétentions, et se retirèrent. Alors le Grand-Orient prit un arrêté qui les suspendait, leur interdisait l'entrée de tous les temples maçonniques, et désignait un de ses membres pour présider l'atelier. Ce frère convoqua la *Clémente-Amitié*, qui, mise en demeure de déclarer si elle avait adhéré à la rédaction et à la distribution de l'écrit, répondit unanimement par l'affirmative. Démolie en conséquence, le 5 septembre, la loge appela de cette sentence, et désigna plusieurs de ses membres pour suivre son appel. Ces frères se rendirent au Grand-Orient, au jour indiqué, munis de toutes les pièces et de tous les documents historiques qui étayaient les assertions avancées par la loge. Tout cela formait une masse assez considérable ; ce qui terrifia un membre du Grand-Orient et le fit s'écrier « qu'ils apportaient une bibliothèque. » On ne saurait dire si cette circonstance influa sur la détermination des juges ; toujours est-il qu'ils refusèrent de recevoir les délégués de la *Clémente-Amitié*, s'ils ne désavouaient préalablement l'écrit qu'ils avaient mission de défendre. Cette condition étant inadmissible, les délégués n'insistèrent pas pour être admis. Instruite de ce qui s'était passé, la *Clémente-Amitié* se retira de la correspondance du Grand-Orient, et se plaça sous l'obédience du Suprême-Conseil, sans avoir à regretter d'autre défection que celle de deux de ses membres qui étaient officiers du Grand-Orient. Bientôt après, elle expliqua les motifs de sa conduite dans un mémoire justificatif, qui fit la plus grande impression, et qui ouvrit à la dissidence écossaise beaucoup de loges qui lui avaient été fermées jusqu'à ce moment.

A toutes les fautes qu'il avait commises dans cette affaire, le Grand-Orient en ajouta une nouvelle, qui lui attira un juste blâme de la part de ses loges elles-mêmes. A peu près vers l'époque où la *Clémente-Amitié* se séparait de lui, un écrivain, le frère Signol, membre de *Saint-Auguste de la parfaite intelligence*, avait prononcé, dans une séance de cette loge, et publié ensuite par la voie de l'impression, un discours dans lequel il proposait un plan de réforme de la maçonnerie, pour la mettre, disait-il, au niveau du siècle ; c'est-à-dire pour lui imprimer une tendance politique. Ce discours fut déféré au Grand-Orient, qui l'improuva hautement, le qualifia de *libelle*, le déclara subversif des principes de la maçonnerie et contraire aux statuts et règlements généraux. L'écrit du frère Signol n'avait qu'un tort, celui de manquer de logique., en voulant faire servir une association composée d'hommes de toutes les opinions politiques au triomphe d'une opinion politique particulière; mais il ne contenait pas de propositions tellement séditieuses que le Grand-Orient dût en faire tant de bruit. Cependant cette autorité avait pu se tromper; et, sous ce rapport, on eût été mal fondé à lui adresser des reproches; tous les corps et tous les individus étant exposés à tomber dans l'erreur. Il est évident, toutefois, qu'elle avait exagéré à dessein la portée de l'écrit du frère Signol, pour l'exploiter dans des vues peu honorables. En effet, dans un discours prononcé à la fête de l'ordre, le frère Richard, grand-orateur, qui déjà, en 1821, avait signalé au pouvoir le rite de Misraïm comme une association dangereuse, affecta de confondre l'affaire du frère Signol avec celle de la *Clémente-Amitié*, pour insinuer que la retraite de cette loge pouvait se rattacher à quelque combinaison politique contraire aux intérêts du gouvernement. Le but que s'était proposé le Grand-Orient par cette insinuation malveillante ne fut pas atteint : la *Clémente-Amitié* n'eut à subir aucune tracasserie de police, et ses travaux furent entourés de plus de splendeur que jamais.

Peu de temps après, plusieurs loges de la correspondance du Grand-Orient, entre autres celles de *Jérusalem de la Constance* et des *Amis constants de la vraie lumière*, se rangèrent comme elle sous la bannière du Suprême-Conseil. Beaucoup d'officiers du Grand-Orient suivirent l'exemple de ces loges, particulièrement le frère Caille, qui avait porté la parole contre la *Clémente-Amitié* et avait le plus puissamment contribué à sa démolition. Pour arrêter les défections, de jour en jour plus nombreuses, le Grand-Orient entreprit de traiter de la paix. Il fit, dans ce but, au Suprême-Conseil, des ouvertures qui furent accueillies, et, des deux parts, on nomma des commissaires. Les conférences durèrent cinq mois. Mais comme, à chaque concession que faisait le Grand-Orient, le Suprême-Conseil opposait une prétention nouvelle, il devint à la fin évident que toute conciliation était impossible; et les négociations furent rompues.

Cependant les loges qui avaient passé de la juridiction du Grand-Orient sous l'obédience du Suprême-Conseil étaient peu satisfaites de l'organisation de la Grande-Loge écossaise. De concert avec la loge d'*Émeth*, elles demandèrent instamment des réformes; et enfin, poussé dans ses derniers retranchements, le Suprême-Conseil consentit à leur en accorder. A cet effet, il nomma une commission parmi ses membres, et lui adjoignit le frère B.-Clavel, vénérable d'*Émeth*, qui fut chargé de rédiger un projet d'organisation nouvelle. D'après le travail de ce frère, les ateliers écossais jouissaient, dans la Grande-Loge, d'une représentation effective, faisaient les lois et administraient le rite, laissant seulement au Suprême-Conseil la faculté de statuer souverainement sur ce qui concernait le dogme. Ce système, qui était conforme à l'esprit général de la société maçonnique, et qui, d'ailleurs, donnait satisfaction au vœu formellement exprimé des loges écossaises, avait aussi cet avantage qu'il s'accordait avec celui du Grand-Orient, et facilitait ainsi le passage au Suprême-Conseil d'un plus grand nombre de loges de cette autorité; mais il portait atteinte à l'omnipotence des chefs de l'ordre, les réduisait à l'inaction, les annulait en quelque sorte; aussi fut-il repoussé, si ce n'est quant à la forme, du moins quant à l'esprit. La représentation des ateliers fut maintenue en principe; mais on la rendit illusoire dans l'application. On admit la division de la Grande-Loge en sections; mais les sections ne statuèrent plus définitivement sur les matières qui leur étaient attribuées; on en fit de simples commissions chargées de préparer le travail; et le Suprême-Conseil fut investi du pouvoir de prononcer souverainement, non en assemblée générale, mais en commission administrative, où il pouvait arriver que les décisions qui importaient le plus aux intérêts des loges fussent prises à la majorité de deux voix contre une. Cette organisation fut décrétée. Elle ne satisfit pas les loges. De vives discussions eurent lieu. Plusieurs ateliers, *Émeth* et la *Clémente-Amitié*, entre autres, se retirèrent de la correspondance du Suprême-Conseil, et passèrent au Grand-Orient. Affaibli par ces défections, l'écossisme se traîna languissant pendant plusieurs années; mais ayant fait des acquisitions nouvelles, il reprit alors quelque activité. En 1838, le Suprême-Conseil appela le duc Decazes, ancien ministre de la restauration, aux fonctions de grand-commandeur. La haute position de ce personnage, le crédit dont il jouit sous le gouvernement actuel, le zèle dont il paraît animé et la facilité avec laquelle il ouvre ses salons aux frères, ont été, pour beaucoup de maçons, de puissants motifs pour revenir au Suprême-Conseil, qu'ils avaient abandonné, ou pour adopter sa bannière, de préférence à celle du Grand-Orient. On eût pu croire que le nouveau grand-commandeur, qui ne dédaigne pas de visiter de simple loges, même des loges d'artisans, telles, par exemple, que celle des *Admirateurs de Brézin*, et qui saisit toutes les occasions de se populariser, aurait exercé une influence libérale sur la législation du rit écossais; mais il n'en a pas été ainsi; et la nouvelle organisation de la Grande-Loge centrale, décrétée le 25 décembre 1842, loin de rendre plus réelle et plus efficace la représentation des ateliers écossais, l'a rendue, s'il se peut, plus illusoire encore que ne l'a faite l'organisation précédente.

En 1833, le Suprême-Conseil conclut un traité d'alliance avec les corps de même nature existant en Belgique et au Brésil, et avec un nouveau su-

prême-conseil établi à New-York sous le titre de *Suprême-Conseil uni d'*
l'hémisphère occidental. Nous avons donné des détails sur les deux premiers; voici quelle fut l'origine du troisième.

On se souvient que le Conseil des empereurs d'Orient et d'Occiden
avait investi, en 1761, un juif, appelé Stéphen Morin, du pouvoir de propage
le rite de perfection en Amérique. Ce frère y communiqua les vingt-cin
degrés dont se compose le système à un grand nombre de maçons isolés, e
il fonda des chapitres et des conseils sur différents points des colonies anglaises, qui n'eurent, pour la plupart, qu'une existence éphémère, et ne se
rattachèrent jamais à une organisation générale. La guerre de l'indépendance survint, qui interrompit tous les travaux maçonniques. Le rite de
perfection subit cette nécessité commune, et ne reprit son activité qu'à la
paix. Alors le frère Morin se remit à l'œuvre. Il érigea à Charlestown, en
1785, une *Grande-Loge de perfection,* et tenta, mais sans succès, de pareils
établissements dans d'autres états de l'Union américaine. C'est, comme on
l'a vu, la Grande-Loge de perfection de Charlestown qui porta à trente-
trois le nombre des degrés du rite qu'elle pratiquait; qui forma ainsi le rite
ancien et accepté, et qui institua le Suprême-Conseil des possessions françaises en Amérique.

Un français, le frère Joseph Cerneau, joaillier, né à Villeblerin, en 1763,
et qui s'était établi à Saint-Domingue, y fut initié aux mystères du rite de
perfection. Forcé de quitter cette île après l'insurrection des noirs, il parcourut les Antilles espagnoles, les États-Unis, et vint finalement se fixer à New-
York. Là, il fonda, en 1806, un Suprême-Conseil du trente-troisième degré,
dont il s'institua le grand-commandeur, le secrétaire et le caissier. Il fit une
multitude de réceptions, principalement parmi les Américains du sud; il
délivra des diplômes et vendit des tabliers, des cordons et des bijoux aux
maçons qu'il avait initiés. Il entreprit également la fabrication de ces boîtes
de fer-blanc qui servent à renfermer et à garantir les cachets que l'on attache
aux diplômes. A ces diverses branches d'industrie, il joignit encore une
spéculation de librairie : il fut l'auteur et l'éditeur d'un *Manuel maçonnique*
en espagnol, dont il inonda le Mexique et les autres colonies de cette partie
de l'Amérique. Plus tard, il parvint à lier une correspondance avec le Grand-
Orient de France, qui reconnut son Suprême-Conseil, et aida ainsi, sans
le savoir, au trafic qu'il faisait de la maçonnerie. La nouvelle de ses succès
parvint à Charlestown; et, jaloux apparemment des profits qu'il tirait des
initiations, les juifs du Suprême-Conseil de cette ville songèrent à lui faire
concurrence. A cet effet, ils dépêchèrent à New-York un d'entre eux, le frère
Emmanuel de la Motta, qui, dès son arrivée, éleva au trente-troisième degré plusieurs frères, et se rendit avec eux chez le frère Cerneau pour lui faire

subir un interrogatoire sur l'origine de ses pouvoirs. Le frère Cerneau refusa de donner les explications qu'on lui demandait; et il parut aux frères qui l'interrogeaient qu'il était « complètement étranger aux sublimes connaissances du trente-troisième degré. » Après avoir fait une ample moisson de dollars et constitué, le 5 août 1813, le Suprême-Conseil de New-York, qui eut pour premier grand-commandeur le frère Tompkins, vice-président des États-Unis, le frère de la Motta alla propager sur d'autres points de la république les mystères du rite ancien et accepté.

L'établissement du nouveau suprême-conseil n'empêcha pas le frère Cerneau de se livrer à son commerce; seulement il baissa ses prix et multiplia les réceptions parmi les étrangers qui débarquaient à New-York. Mais le cynisme de ses actes avait éloigné de lui tout ce que cette ville comptait dans ses murs de maçons honorables. Il y était devenu, vers 1830, l'objet d'un si profond mépris, et il y était tombé dans une si grande détresse, qu'il songea à quitter ce théâtre de sa splendeur passée et à aller finir ses jours dans le pays qui l'avait vu naître. Émue de compassion pour son malheur, la Grande-Loge de New-York lui donna, en 1831, une somme d'argent pour payer son passage. Depuis lors, on n'a plus entendu parler de lui.

Les hommes dont le frère de la Motta s'était entouré pour fonder le Suprême-Conseil de New-York étaient aussi des trafiquants de maçonnerie, plus adroits cependant et moins cyniques que Cerneau. Ils s'étaient complétés par quelques personnes honorables, dont les noms leur servaient de recommandation et de manteau. A l'abri de ces noms, ils détournaient à leur profit les droits provenant des réceptions et des diplômes; et, pour se dispenser de rendre des comptes, ils ne convoquaient le Suprême-Conseil qu'à des époques éloignées et irrégulières, et seulement pour procéder à des initiations, dont le cérémonial, prolongé à dessein, remplissait toute la séance et ne permettait pas qu'on s'occupât d'autre chose. A diverses reprises, il fulminèrent contre leur concurrent, le frère Cerneau, l'accusant d'abuser de la confiance des maçons en leur conférant un faux écossisme dont il était l'inventeur, et de s'approprier les sommes résultant de la collation des grades et de la délivrance des diplômes. Le dernier manifeste qu'ils publièrent contre lui est du commencement de 1827. Cependant, quelque adresse qu'ils eussent apportée à cacher leurs détournements, il en transpira quelque chose; une enquête eut lieu, à la suite de laquelle ils furent éliminés sans bruit du Suprême-Conseil par les membres honnêtes de ce corps, qui étaient en majorité. Mais leur zèle intéressé était le seul ressort de cette autorité maçonnique; et, lorsqu'ils n'en firent plus partie, elle tomba dans un complet assoupissement. C'est à peine si, de loin en loin, quelques réunions avaient lieu ; et encore n'y assistait-il qu'un petit nombre de membres. A proprement parler, le Suprême-Conseil n'existait plus

Dans ces circonstances, arriva à New-York, en 1832, un frère qui se faisait appeler Marie-Antoine-Nicolas-Alexandre-Robert-Joachim de Sainte Rose, Roume de Saint-Laurent, marquis de Santa-Rosa, comte de Saint Laurent, et qui prenait le titre de très puissant souverain grand-commandeur *ad vitam* du Suprême-Conseil du trente-troisième et dernier degré du rite écossais ancien et accepté, chef suprême de l'ancienne et moderne franc-maçonnerie, pour la Terre-Ferme, l'Amérique méridionale, le Mexique, etc., de l'une à l'autre mer ; les îles Canaries, Porto-Rico, etc., etc. Il se présentait comme investi des pleins pouvoirs du Suprême-Conseil qu'il présidait, pour négocier sa réunion à celui de New-York ; pour en former un seul, qui embrassât tous ceux de l'Amérique ; et pour parvenir ainsi à faire cesser tous les schismes qui divisaient l'écossisme dans cette partie du monde. Ses propositions furent acceptées ; et l'on établit en conséquence, à New-York, une autorité maçonnique qui prit le nom de *Suprême-Conseil uni, pour l'hémisphère occidental, du trente-troisième et dernier degré du rite écossais ancien et accepté,* et qui eut pour grand-commandeur le frère Elias Hicks, qui remplissait les mêmes fonctions dans le dernier Suprême-Conseil de New-York. Le nouveau corps publia un manifeste dans lequel il annonçait son établissement, en faisait connaître les motifs, et appelait à lui tous les maçons écossais de l'Amérique. A la suite, étaient le texte du traité d'union, en seize articles, daté du 5 avril 1832, et une profession de foi dont les dogmes principaux étaient l'indépendance des rites et la tolérance maçonnique. Malgré tout le bruit qu'il fit de sa fondation, ce suprême-conseil tomba presque aussitôt en sommeil, le comte de Saint-Laurent, qui en était l'ame, ayant quitté le pays pour se rendre en France ; de sorte qu'au moment même où ce frère traitait à Paris de l'alliance du suprême-conseil de cette ville avec le Suprême-Conseil de New-York, celui-ci n'existait plus que de nom.

Le but de l'alliance entre les suprêmes-conseils de Paris, de New-York, de Rio-Janeiro et de Bruxelles, était de régler d'un commun accord tout ce qui pouvait intéresser le dogme, la législation générale, la discipline, la prospérité, la sécurité et l'indépendance de l'écossisme. Chaque suprême-conseil confédéré était représenté près des autres par des délégués qui étaient convoqués à toutes leurs assemblées, y avaient voix consultative, et pouvaient protester, le cas échéant, contre toute mesure qui leur paraîtrait de nature à compromettre les intérêts généraux de l'ordre, ou ceux spécialement de la puissance qui les avait investis de ses pouvoirs. Mais, comme toutes les alliances, celle-ci ne fut exécutée qu'en tant qu'elle ne gênait pas les convenances personnelles des puissances contractantes. C'est ce que prouve notamment l'exemple que nous allons rapporter.

En 1839, le clergé catholique suscita des tracasseries de toute nature aux maçons de la Belgique. Le Suprême-Conseil de Bruxelles fit part de cet état de choses au Suprême-Conseil de France, et lui demanda son secours et son intervention pour le faire cesser. Composé de personnages éminents, et la plupart fort bien en cour, le Suprême-Conseil de France était convenablement placé pour obtenir, par voie diplomatique, que le gouvernement belge, dont le chef avait d'ailleurs assumé le patronage des maçons, s'interposât pour que le clergé laissât en paix la confraternité. Telle était du moins l'opinion du Suprême-Conseil de Belgique, et c'est dans cette pensée qu'il avait écrit. Il paraît toutefois que le Suprême-Conseil de France n'était pas de cet avis, car la lettre qu'il reçut lui causa quelque embarras; et, au lieu d'agir ou d'offrir des consolations, il répondit en termes vagues, affirmant que la maçonnerie belge n'aurait rien à redouter, «tant que la rose serait au pied de la croix ». Dès qu'il eut connaissance de cette réponse, le représentant du Suprême-Conseil de Bruxelles se hâta de protester contre un tel acte, qu'il qualifiait d'abandon des intérêts du corps maçonnique auquel il appartenait. Il avait pris son mandat au sérieux; et il mit tant de chaleur à poursuivre le redressement du tort que le Suprême-Conseil de France avait envers son allié, qu'on se dispensa bientôt de le convoquer aux assemblées, et qu'on en vint à négocier sa révocation par le Suprême-Conseil de Belgique. Cette autorité, qui, pendant quelque temps, avait soutenu son délégué, circonvenue, fatiguée de la lutte qu'elle avait engagée, finit par le désavouer et le remplaça par un autre frère, achetant à ce prix une paix sans dignité.

Au nombre des loges qui s'étaient ralliées à lui, le Suprême-Conseil de France comptait particulièrement celle de l'*Avenir*, à Bordeaux. Des démêlés survinrent entre cette loge et des ateliers de la même ville qui reconnaissaient l'autorité du Grand-Orient et refusaient de recevoir ses membres en qualité de visiteurs. Différents corps maçonniques des départements demandèrent, à cette occasion, au Grand-Orient, jusqu'à quel point il leur était interdit d'admettre à leurs travaux les maçons de l'obédience du Suprême-Conseil. Le Grand-Orient chargea un de ses membres, le frère Lefèvre d'Aumale, de faire un rapport sur les questions qui lui étaient soumises. Le travail de ce frère, lu le 22 septembre 1840, contenait un historique du concordat de 1804 et des événements qui l'ont suivi, et concluait que le Grand-Orient est seul légitime possesseur du rite ancien et accepté, et que les loges qui dépendent de lui ne peuvent ni ne doivent avoir de communications avec les maçons qui se sont rangés sous la bannière d'une autorité irrégulière et schismatique prenant le titre de Suprême-Conseil de France. Ce rapport fut sanctionné, imprimé et distribué. Quelques loges de la correspondance du Grand-Orient protestèrent contre les conclusions et déclarèrent ne point vouloir obéir à la défense qui leur était faite de fraterniser avec les maçons écossais. Tout annonçait que la majorité des loges françaises allait suivre cet exemple. Des officiers du Grand-Orient, particulièrement le frère Bouilly, représentant du grand-maître, intervinrent alors pour faire donner satisfaction aux idées de tolérance maçonnique mises dans la circulation, il y avait quinze ans, par les loges d'*Émeth* et de la *Clémente-Amitié,* et qui étaient devenues, grâce à leur persévérance, la doctrine générale de la société. Ils s'efforcèrent d'abord d'opérer la fusion en une seule autorité du Grand-Orient et du Suprême-Conseil. Des conférences eurent lieu dans ce but; plusieurs projets furent échangés; mais les négociations durent êtres abandonnées, parce que le Suprême-Conseil, cette fois comme toujours, avait élevé des prétentions inadmissibles. Néanmoins on arriva à une transaction, dont l'effet devait être de ramener la paix dans la maçonnerie française. A un pacte d'union, on substitua un accord de bon voisinage; et en conséquence le Grand-Orient prit, le 6 novembre 1841, un arrêté ainsi conçu : « Les ateliers de l'obédience du Grand-Orient de France peuvent recevoir comme visiteurs les frères des ateliers du Suprême-Conseil. Les maçons de l'obédience du Grand-Orient de France peuvent également visiter les ateliers du Suprême-Conseil.» Cet arrangement fut scellé par des visites mutuelles que se firent les grands officiers des deux corps, et, depuis ce moment, les maçons écossais et français communiquent les uns avec les autres, comme s'ils appartenaient à la même juridiction.

Il s'en faut cependant que tout esprit de rivalité ait cessé entre le Grand-Orient et le Suprême-Conseil. Les causes de division qui les séparent subsistent toujours à l'état latent. Le Suprême-Conseil n'a renoncé à aucune de ses prétentions; il refuse comme auparavant de reconnaître les diplômes des hauts grades écossais délivrés par l'autre autorité. De son côté, le Grand-Orient élude tout concert ayant pour effet d'établir une discipline commune. Tout récemment, le secrétaire du Suprême-Conseil avait fait passer à celui du Grand-Orient, une note proposant l'abstention réciproque de recevoir et de constituer les dissidents l'un de l'autre. La forme de cette communication fut, de la part du Grand-Orient, un prétexte pour n'en pas tenir compte; et une fraction notable de la loge écossaise des *Hospitaliers français* s'étant séparée de cet atelier et ayant demandé des constitutions au Grand-Orient, les obtint sans difficulté au mois de novembre 1842. Tel est l'état actuel des rapports entre les deux associations.

Pendant que la maçonnerie était en proie à ces déchirements, l'ordre des templiers modernes était également troublé par des dissensions intestines. Les statuts de 1705 furent soumis à une nouvelle révision en 1811. Quelques-unes de leurs dispositions gênant le despotisme du grand-maître Fabré-Palaprat, ce frère profita de l'absence d'un certain nombre de chevaliers pour en faire voter le retranchement par des membres à sa dévotion. La presque totalité de la milice, ayant à sa tête le duc de Choiseul, protesta contre cette suppression ; et trois des lieutenants-généraux et le suprême précepteur, formant le magistère, c'est-à-dire le gouvernement de l'ordre, attribuant les modifications apportées aux statuts à une brigue du grand-maître, le décrétèrent d'accusation. Le frère Fabré refusa de comparaître devant ses juges ; mais, prévoyant qu'il succomberait dans la lutte, il crut nécessaire de temporiser ; il simula une démission ; et, par un décret du 23 mai 1812, il convoqua le Convent général pour le 1er février de l'année suivante, afin qu'il fût pourvu à son remplacement. Les dissidents n'attendirent point l'époque de la convocation. Au mois de juin, ils appelèrent à la grande-maîtrise le comte Lepelletier d'Aunay, templier zélé, mais peu propre aux fonctions dont on l'investit ; aussi le schisme qui l'y avait porté n'eut-il ni activité ni éclat.

Blessé de la façon dédaigneuse dont on agissait envers lui, et voyant qu'il était impossible de dissimuler plus longtemps, le grand-maître Fabré révoqua, le 23 décembre, la démission qu'il avait donnée. Dix frères seulement lui étaient restés fidèles ; il fit de nombreuses admissions, et donna ainsi une certaine importance à la portion de l'ordre du Temple dont il était le chef. Les événements politiques de 1814 vinrent apporter quelque trêve aux luttes des deux partis ; elles cessèrent entièrement en 1827. Le 4 avril, par des motifs qui ne sont pas biens connus, le duc de Choiseul parut inopinément dans une assemblée de la fraction Fabré, remit entre les mains de ce frère la démission du comte Lepelletier d'Aunay, lui fit sa soumission, et déclara se rallier à lui avec tous les chevaliers dissidents.

Vers la même époque, un homme à passions ardentes, le frère Dutronne, avait espéré trouver dans le Temple un point d'appui pour opérer l'établissement d'un nouvel ordre de choses. Ses vues furent mal accueillies par le frère Fabré ; et ce refus de coopération lui inspira le dessein de renverser ce frère du trône magistral. Trente chevaliers s'associèrent à son entreprise. Des discussions brûlantes eurent lieu dans le Grand-Consistoire et dans le Grand-Convent métropolitains ; et ces deux assemblées furent suspendues par un décret du grand-maître. Cependant les conjurés ne se tinrent pas pour battus : ils publièrent, le 12 juillet, une déclaration solennelle, dans laquelle ils censuraient la tendance rétrograde du grand-maître et appelaient les chevaliers à se rallier à eux, comme les seuls dépositaires des doctrines progressives de l'institution. Cette levée de boucliers n'eut pas de suite, bien qu'on lût au bas de la déclaration des noms alors en faveur : Carnot, Ney, Napoléon de Montébello, Isambert, Chatelain, Montalivet, etc.

D'autres dissidences éclatèrent en 1833, par suite de l'établissement de la religion johannite. Des chevaliers élevèrent autel contre autel, et constituèrent un autre ordre du Temple, qui faisait profession de la foi catholique, apostolique et romaine. Ce schisme eut des alternatives diverses ; il y eut des rapprochements suivis de nouvelles ruptures. Au milieu de ces agitations, le grand-maître Fabré vint à mourir. Une réunion partielle eut lieu alors ; la religion johannite fut abandonnée ; et la paix se rétablit. Cependant l'ordre du Temple est loin d'avoir recouvré son activité et sa splendeur d'autrefois ; et, en considérant sa situation actuelle, il est facile de prévoir que son existence ne sera pas de longue durée.

Des faits que nous venons de retracer, on est forcé de conclure que les dissensions et les désordres de tout genre qui ont affligé la franc-maçonnerie ne peuvent être attribués qu'à la pernicieuse influence exercée par les hauts grades. Là est tout entière la cause du mal. Il ne dérive pas, il ne saurait dériver de la constitution radicale de l'association. Cette constitution est calculée, au contraire, avec une admirable intelligence du cœur humain, pour établir et rendre inaltérables l'union et la concorde parmi les associés. Pour s'en convaincre, il suffit de jeter les yeux sur l'état de la société maçonnique dans tous les pays, tels que la Grande-Bretagne, l'Allemagne, la Hollande, les États-Unis, où elle a conservé ou recouvré sa forme et sa simplicité primitives. Il y règne en effet une paix profonde ; et les frères, animés d'une vertueuse émulation, s'y appliquent à l'envi à répandre autour d'eux les bienfaits de l'instruction et de la charité. S'il arrive quelquefois que des mésintelligences éclatent parmi eux, elles s'étendent rarement au-delà de l'enceinte de la loge où elles ont pris naissance ; et la réflexion, le sentiment du devoir, ou de fraternelles interventions parviennent bientôt à les faire cesser. Nous le disons donc avec conviction : la franc-maçonnerie sera incapable d'atteindre complètement son but tant que les hauts grades existeront ; il y a plus : en conservant les hauts grades, la franc-maçonnerie périra inévitablement ; car, non-seulement ils sont pour elle une source permanente de discordes et de corruption, mais encore ils dénaturent son esprit et la détournent des voies dans lesquelles elle doit marcher. Les frères ont donc à opter entre les futiles jouissances de l'orgueil et le devoir juré de concourir aux progrès de la civilisation et au bien-être de l'humanité.

CHAPITRE IX.

L'histoire de la franc-maçonnerie se résume presque tout entière dans les événements que nous avons rapportés. Il nous reste à la compléter par quelques faits anecdotiques, la plupart peu connus, qui n'ont pu trouver place dans les grandes divisions que nous nous étions tracées.

Un des titres qui recommandent particulièrement la société maçonnique à l'estime de tous est cette tolérance religieuse dont, la première, elle a donné le précepte et l'exemple. Cependant, par une exception regrettable, les loges de l'Allemagne ont constamment refusé d'admettre les juifs à l'initiation. Si quelque jour elles se départent enfin de cette injuste exclusion, elles devront en rendre grâce aux conquêtes de Napoléon et à l'invasion des idées françaises. En effet, dans les premières années de ce siècle, il s'était formé à Francfort-sur-le-Mein, en dépit du préjugé national, et, en quelque sorte, sous la protection de nos armes, une loge mi-partie de juifs et de chrétiens, qui prit le titre de *l'Aurore naissante,* et obtint des constitutions du Grand-Orient de France. L'installation en fut faite par des commissaires appartenant à un atelier de Mayence, *les Amis-Réunis,* qui dépendait de la même autorité. Par suite des événements politiques, la loge de Francfort dut se retirer de la correspondance du Grand-Orient : les frères qui la composaient se partagèrent en deux fractions, l'une de chrétiens, l'autre de juifs. La première fraction forma une nouvelle loge, appelée *Charles à la lumière naissante,* qui reçut une patente constitutionnelle du landgrave Charles de Kurhessen, grand-maître du rite rectifié, régime qu'avait aussi adopté la loge *des Amis-Réunis,* de Mayence. Les membres israélites de *l'Aurore naissante* conservèrent le matériel et le titre de la loge, et demandèrent, en 1813, à la Mère-Loge *Royale-York à l'amitié*, de Berlin, la confirmation de leurs pouvoirs. Malgré les vives réclamations de plusieurs vénérables, particulièrement du frère Fœlix, la Mère-Loge répondit par un refus. Ainsi repoussée de ses frères, *l'Aurore naissante* se tourna vers la Grande-Loge d'Angleterre, qui ne fit aucune difficulté de la reconstituer. Les loges *les Amis-Réunis*, *Charles à lumière naissante* et *l'Aurore naissante* continuèrent de communiquer comme auparavant ; mais, justement à cause des rapports que les deux premières entretenaient avec la troisième, la Grande-Loge éclectique de Francfort ne les reconnut point et interdit aux ateliers de son régime de correspondre avec elles.

En 1832, une nouvelle loge de juifs et de chrétiens s'établit à Francfort, sous le titre de l'*Aigle francfortois*. Éconduite par la Grande-Loge éclectique, elle s'adressa au Grand-Orient de France, qui lui délivra des constitutions et envoya un de ses membres, le frère Ramel, pour l'installer. Elle ne put cependant parvenir à se faire admettre que dans les trois loges que nous avons déjà citées ; les autres ateliers de l'Allemagne, obéissant aux injonctions des autorités dont ils dépendaient, lui fermèrent impoyablement leurs portes.

Les maçons juifs de la Prusse, reçus pour la plupart à l'étranger, eurent en 1836, une sorte de congrès, dans lequel ils rédigèrent une adresse aux trois Mères-Loges de Berlin et une circulaire à tous les ateliers de l'Allemagne. Ils y adjuraient ces différents corps, au nom des principes maçonniques, au nom de la justice et de la raison, à ne pas les repousser de leurs travaux. Ces écrits firent sensation. Beaucoup de maçons isolés s'élevèrent contre l'exclusion dont les juifs étaient l'objet. Des autorités maçonniques, entre autres la Grande-Loge provinciale de Mecklembourg-Schwerin, suivirent cet exemple. Depuis, la question des juifs a été soulevée à diverses reprises dans les réunions des Grandes-Loges de Dresde et de Francfort, et dans celles de la Mère-Loge *Royale-York*, de Berlin. Si aucune décision formelle n'a encore été prise, tout fait néanmoins espérer que les vrais principes de la maçonnerie finiront par triompher. Déjà, la Mère-Loge éclectique de Francfort, en attendant que la question des juifs ait reçu une solution définitive, a autorisé les loges de son ressort à insérer à cet égard dans leurs règlements particuliers, telle disposition provisoire qu'elles jugeraient convenable. C'est là un grand pas de fait. Il est impossible que, parmi les peuples si avancés de l'Allemagne, chez la plupart desquels la tolérance religieuse est depuis longtemps inscrite dans les lois, l'association maçonnique, élite de la grande société, continue de nourrir d'absurdes et gothiques préjugés, enfreigne volontairement les préceptes de fraternité et de charité universelles qui la régissent et qu'elle pratique envers tous les autres hommes, et devienne ainsi elle-même un obstacle aux progrès de la civilisation, qu'elle est appelée à seconder de tous ses efforts.

Nous avons donné, dans notre introduction, le tableau des principaux établissements fondés par la société maçonnique pour le soulagement des malheureux et pour la propagation de l'instruction et de la morale. Le nombre en est si considérable qu'il eût été impossible de les rapporter tous, dans la limite que nous nous étions imposée; aussi y a-t-il beaucoup d'omissions dans notre nomenclature. Plusieurs nous ont été signalées, que nous regrettons de ne pouvoir réparer. Nous ferons toutefois une exception pour une institution créée récemment par les loges lyonnaises, sous le nom de *Société de patronage pour les enfants pauvres,* parce qu'elle se recommande à la fois par l'ingénieuse philantropie qui l'a conçue et par les utiles résultats qu'elle a déjà obtenus et qu'elle peut obtenir encore. Cette société a pour but de diminuer les causes premières du paupérisme. A cet effet, « elle prend un enfant au sortir du berceau ; elle lui choisit un patron d'une incontestable moralité et capable d'exercer dignement la mission dont il est investi. Ce patron seconde les parents dans les soins à donner pour la santé, la moralité, l'éducation de leurs enfants ; il supplée à l'insuffisance des uns, à l'abandon ou à l'indifférence des autres ; il veille à ce que le pupille reçoive une nourriture saine et suffisante, soit convenablement vêtu, suive, dans ses jeunes années, les exercices des salles d'asile, et, plus tard, fréquente les écoles élémentaires ; il surveille ses progrès, l'encourage, lui inspire sans cesse des principes religieux et moraux, le goût du travail, le respect pour ses parents, l'amour du pays et de ses semblables. Plus tard, il le guide dans le choix d'un état, le place en apprentissage. Enfin il donne, au jeune garçon, les instruments de l'industrie à laquelle il est destiné, et, à la jeune fille, une petite dot pour faciliter son établissement. » Il serait à désirer que l'exemple des loges de Lyon eût des imitateurs dans toutes les villes où la société maçonnique peut réunir assez de ressources pour fonder des établissements analogues.

On voit que les loges ne laissent échapper aucune occasion de soulager l'infortune ou de la prévenir. Un incendie, une inondation, une épidémie, une famine, ou tout autre désastre vient-il affliger un pays, on est sûr de voir leurs membres être des premiers à secourir les victimes, soit de leur bourse, soit de leur personne. Non-seulement elles font le bien, mais encore elles s'appliquent à encourager les bonnes œuvres et les talents par tous les moyens dont elles peuvent disposer. Beaucoup d'ateliers, notamment *Isis-Monthyon,* les *Sept-Écossais,* la *Clémente-Amitié,* les *Trinosophes,* à Paris ; *Union et confiance* et les *Chevaliers du Temple,* à Lyon, ont fondé des prix de vertu ou des médailles d'encouragement, qu'ils décernent, en séance publique, aux profanes ou aux maçons qui se sont distingués à quelque titre que ce soit. Le Grand-Orient de France s'attache à encourager cette tendance de la société, et il a institué, en 1838, des récompenses destinées aux ateliers et aux frères qui, par leurs actes, leurs talents ou leurs services, ont bien mérité de la franc-maçonnerie et de l'humanité.

Un des effets les plus heureux de l'institution maçonnique est d'anéantir les haines nationales, en embrassant tous les hommes dans un sentiment commun d'affection et de dévouement; et quand la politique des gouvernements oblige les peuples à s'armer les uns contre les autres, la franc-maçonnerie intervient pour atténuer les désastreuses conséquences de la guerre. En 1813, lorsque l'Allemagne tout entière se leva pour se soustraire au joug de Napoléon, une loge, la *Croix de fer,* fut installée dans la Silésie, au milieu des camps et au bruit du canon; les membres qui la composaient s'engagèrent par un serment solennel à protéger, pendant la durée de la guerre, les loges et les frères qui se feraient reconnaître. Mais un tel serment était bien inutile : cette assistance mutuelle est dans l'esprit et dans les habitudes de la société maçonnique. Toujours, au fort même du combat, la vue du *signe de détresse* fait tomber les armes des mains du vainqueur. La guerre de Sept ans, celles de la révolution et de l'empire en offrirent de nombreux exemples; ils se sont reproduits plus nombreux peut-être à l'époque où l'empereur, revenu de l'île d'Elbe, dut recommencer, à la tête d'une poignée de soldats, sa lutte gigantesque contre l'Europe coalisée.

Le 16 juin 1815, au moment où l'armée alliée opérait un mouvement rétrograde, un officier supérieur écossais, grièvement atteint, à l'affaire des Quatre-Bras, fut abandonné sur le champ de bataille. Foulé aux pieds par la cavalerie française, il allait expirer, lorsqu'il aperçut nos ambulances qui venaient relever les blessés. Recueillant alors le peu de forces qui lui restaient, il parvient à se dresser sur ses genoux; et, à tout hasard, et d'une voix éteinte, il appelle les frères à son secours. Le bonheur voulut que, malgré l'obscurité et la faiblesse de sa voix, il attirât l'attention d'un chirurgien français, qui, reconnaissant en lui un frère, s'empressa d'accourir à son aide. Nos blessés étaient nombreux; les moyens de transport, insuffisants; la nécessité rendit ingénieux notre compatriote. Après avoir pansé les blessures du maçon étranger, qui présentaient les symptômes les plus graves, il le fit enlever et porter à nos hôpitaux; il veilla à son chevet tant que son état lui parut dangereux, et il le dirigea ensuite sur Valenciennes, où, chaleureusement recommandé, et entouré des soins les plus empressés et les plus assidus, il ne tarda pas à recouvrer complètement la santé.

Le 17, des chasseurs français étaient entrés dans le bourg de Genappe et avaient fait prisonnier tout ce qu'ils y avaient trouvé, lorsque quelques coups fusil, tirés des fenêtres d'une maison, vinrent atteindre plusieurs d'entre eux. Ils se furent bientôt emparés de la maison d'où l'agression était venue, et, altérés de vengeance, ils se disposaient à passer par les armes neuf blessés ennemis qui étaient là gisants. Le chef de nos chasseurs était à leur tête. Au moment de frapper, il vit un des blessés, officier brunswickois, qui lui faisait le signe de détresse. Malgré la colère dont il était lui-même animé, malgré la rigueur des lois de la guerre, il entendit cet appel maçonnique. Il couvrit de son corps les blessés étrangers, les défendit contre ses propres soldats et leur sauva généreusement la vie. Le lendemain, cette bonne action reçut sa récompense : blessé à son tour, et prisonnier des Prussiens, il parvint à se faire reconnaître comme maçon par un de leurs officiers, qui le prit sous sa sauvegarde, l'entoura de soins, et lui fit restituer l'argent dont on l'avait dépouillé.

Un officier belge reconnut dans la mêlée, le 18, vers six heures du soir, un de ses anciens frères d'armes, franc-maçon comme lui, et membre autrefois de la même loge. Ils étaient éloignés l'un de l'autre ; et le Belge s'applaudissait déjà de ce que la distance qui les séparait l'affranchissait de la nécessité d'en venir aux mains avec lui, lorsqu'il le vit entouré et blessé. Il oublie tout alors, tout, excepté qu'ils sont frères. Il se précipite vers lui, et, au risque de passer pour un traître, le dégage, le fait son prisonnier, le conduit lui-même à l'ambulance, et ne le quitte enfin, pour retourner au combat, qu'après s'être assuré que ses jours ne sont point en danger.

Cinquante hommes environ, presque tous blessés, héroïques débris d'un carré de deux régiments d'infanterie française ravagé par la mitraille, se trouvaient, le même jour, vers neuf heures du soir, entourés de forces ennemies considérables. Après avoir fait des prodiges de valeur, reconnaissant qu'il leur serait impossible d'opérer leur retraite, ils se décidèrent avec douleur à mettre bas les armes ; mais, irrités des pertes que leur avait fait éprouver la défense prolongée de cette poignée de braves, les alliés continuaient à les foudroyer de leur mousqueterie. Les Français se regardent alors avec étonnement ; et le lieutenant qui les commande comprend qu'ils sont perdus, si un miracle ne vient les sauver. Une inspiration soudaine lui dit que la maçonnerie peut opérer ce prodige. Il s'élance hors des rangs, et, au milieu du feu le plus terrible, il fait le signe de détresse. Deux officiers hanovriens l'aperçoivent ; et, d'un mouvement spontané, sans consulter leurs chefs, ils ordonnent à la troupe de cesser le feu ; puis, après avoir pourvu à la sûreté des prisonniers, ils vont se mettre, pour cette infraction à la discipline militaire, à la disposition de leur général, qui, maçon aussi, loin de leur infliger une punition, les félicite, au contraire, de leur généreuse conduite.

36

A une époque plus récente, le 14 juin 1823, le navire marchand hollandais *Minerva* revenait de Batavia en Europe, ayant à son bord plusieurs riches passagers presque tous maçons, entre autres le frère Engelhardt, ancien député grand-maître national des loges de l'Inde. Arrivé à la hauteur du Brésil, ce vaisseau rencontra un corsaire sous pavillon espagnol, pourvu de lettres de marque du gouvernement des cortès. Il fut attaqué et obligé de se rendre, après un combat sanglant. Le corsaire irrité avait ordonné le pillage et le massacre ; et déjà les vainqueurs avaient attaché aux mâts une partie de l'équipage hollandais, lorsque, à force de prières et de larmes, les passagers obtinrent qu'on les conduisît à bord du capteur. Ils arrivent : offres, supplications, rien ne peut fléchir la fureur du capitaine. Dans cette extrémité, le frère Engelhardt eut recours à un moyen sur l'effet duquel il n'osait compter. Il fit le signe de secours. Alors, celui-là même qui venait de se montrer insensible à ses pleurs parut s'émouvoir et s'adoucir. Lui-même il était maçon, ainsi qu'une grande partie de son équipage, et il appartenait à une loge du Ferrol. Il avait compris cet appel de la fraternité, mais il doutait de la réalité des titres de celui qui le lui avait fait ; car les mots et les signes qui avaient été échangés entre eux ne concordaient qu'imparfaitement. Il exigea des preuves. Par malheur, les frères hollandais, craignant avec quelque apparence de raison d'exciter la colère d'un peuple qu'ils considéraient comme ennemi de la franc-maçonnerie, avaient jeté à la mer, pendant le combat, leurs ornements et leurs papiers maçonniques. Cependant on en recueillit quelques débris qui flottaient encore, entre autres les fragments d'un diplôme en parchemin qui avait été lacéré. A cette vue, le capitaine espagnol cessa de se contraindre ; il reconnut ses frères, les embrassa, leur rendit leur vaisseau, leurs propriétés, répara même les dommages causés, demanda, pour toute rémunération, l'affiliation à une loge hollandaise, et délivra au navire un sauf-conduit pour qu'il ne fût point inquiété par les Espagnols pendant le reste de son voyage.

Ce n'est pas seulement parmi les peuples civilisés que la franc-maçonnerie inspire de pareils dévouements ; elle agit aussi, avec non moins de force, sur l'ame même des sauvages. Pendant la guerre des Anglais et des Américains, le capitaine Mac-Kinsty, du régiment des Etats-Unis commandé par le colonel Paterson, fut blessé deux fois et fait prisonnier par les Iroquois à la bataille des Cèdres, à trente milles au-delà de Montréal, sur le Saint-Laurent. Son intrépidité comme officier de partisans avait excité les terreurs et le ressentiment des Indiens, auxiliaires des Anglais, qui étaient déterminés à lui donner la mort et à le dévorer ensuite. Déjà la victime était liée à un arbre et environnée de broussailles qui allaient devenir son bûcher. L'espérance l'avait abandonnée. Dans l'égarement du désespoir, et sans

LE GUERRIER BRANDT ET LE CAPITAINE MAC KINSTY.

Episode Maçonnique.

Publié par Pagnerre.

se rendre compte de ce qu'il faisait, le capitaine proféra ce mystique appel dernière ressource des maçons en danger. Alors, comme si le ciel fût intervenu entre lui et ses bourreaux, le guerrier Brandt, qui commandait les sauvages, le comprit et le sauva. Cet Indien, élevé en Europe, y avait été initié aux mystères de la franc-maçonnerie. Le lien moral qui l'unissait à un frère fut plus fort que la haine de la race blanche, pour laquelle pourtant il avait renoncé aux douceurs et aux charmes de la vie civilisée. Il le protégea contre la fureur des siens (1), le conduisit lui-même à Québec, et le remit entre les mains des maçons anglais, pour qu'ils le fissent parvenir sain et sauf aux avant-postes américains. Le capitaine Mac-Kinsty devint plus tard général dans l'armée des États-Unis. Il est mort en 1822.

De tout temps la société maçonnique a compris qu'il lui serait impossible d'atteindre à son but si elle avait à lutter contre des obstacles extérieurs; aussi rechercha-t-elle constamment la protection des gouvernements établis, quel que fût d'ailleurs le principe sur lequel ils reposaient.

En 1768, la Grande-Loge d'Angleterre, non contente de l'appui qu'elle trouvait près de la couronne, voulut encore obtenir la sanction de la loi. A cet effet, elle adressa une pétition à la chambre des communes, où elle exposait que, depuis plusieurs années, elle avait levé sur les loges des contributions volontaires montant à une forte somme, destinées à soulager les indigents; qu'elle possédait un capital de 1,200 livres sterling (30,000 fr.) placé dans les fonds publics, une épargne considérable en espèces, et tous les moyens nécessaires pour ériger un temple à son usage; qu'elle était dans l'intention de faire construire cet édifice, et d'établir des maisons de charité pour le soulagement des pauvres; qu'en conséquence, elle demandait que la société des francs-maçons fût considérée comme une corporation publique, et jouît à ce titre de la protection des lois. La chambre des communes prit en considération cette requête et passa le bill d'incorporation qui lui était demandé; mais, soumis, en 1771, à la délibération de la chambre des lords, ce bill fut rejeté à une faible majorité.

Plus heureuse qu'en Angleterre, la société maçonnique a été reconnue comme corporation par les législatures de tous les États de l'Union américaine. Les chambres du Canada l'exceptèrent nominativement de la prohibition qu'elles prononcèrent, lors de la dernière insurrection, contre toutes les réunions et sociétés. En Prusse, les trois mères-loges, qui ont aujourd'hui pour grand-maître commun le prince Guillaume, fils du roi, initié le 22 juin 1840, ont été instituées, vers le milieu du siècle dernier, en vertu de lettres-patentes de Frédéric-le-Grand, et elles continuent d'avoir avec le

(1) *Voyez* planche n° 18.

gouvernement des rapports officiels. En Suède, la franc-maçonnerie est une institution de l'État, dont le prince Oscar, initié en 1816, est le grand-maître; le cinquième grade y confère la noblesse civile; et il y existe un ordre institué en 1811, par le roi Charles XIII, dont la décoration est donnée aux francs-maçons qui se distinguent le plus par des actes de bienfaisance (1). La société ne jouit pas d'une moindre faveur en Danemarck, où le roi Christian VIII lui-même s'est placé à sa tête (2). En Hollande, elle a pour chef un prince du sang. L'empereur du Brésil, le roi des Belges, se sont déclarés les protecteurs des francs-maçons de leurs États.

Depuis près d'un siècle, des membres de la famille royale d'Angleterre

---

(1) Nous croyons devoir donner un extrait des considérants qui précèdent les statuts de l'*ordre de Charles XIII*, parce que ces considérants honorent à la fois et le prince qu'ils ont déterminé et la société qui en est l'objet:

« Nous, Charles XIII, etc. Parmi les soins que nous avons embrassés en acceptant la couronne de Suède, aucun ne nous a été plus cher que celui de récompenser le mérite qui concourt au bien public..... Si, souvent, nous récompensons le mérite de la fidélité, de la bravoure, des lumières et de l'industrie, nous n'oublions pas, non plus, les bons citoyens qui, dans une sphère moins brillante et plus bornée, prodiguent secrètement des secours aux infortunés et aux orphélins, et qui laissent, dans les asiles de l'indigence, des traces, non pas de leurs noms, mais de leurs bienfaits. Comme nous désirons honorer ces actions vertueuses, que les lois du royaume ne prescrivent pas et qui ne sont que trop rarement présentées à l'estime publique, nous n'avons pu nous empêcher d'étendre notre bienveillance particulière sur une estimable société suédoise que nous avons nous-mêmes administrée et présidée, dont nous avons cultivé et propagé les dogmes et les institutions..... »

(2) Voici une lettre que ce prince adressait de Copenhague, le 2 février 1840, au vénérable de la loge *Charles au rocher*, à Altona:

« J'ai reçu avec plaisir la *planche* du 20 décembre de l'année dernière, par laquelle la loge *Charles au rocher*, à l'orient d'Altona, m'a adressé les félicitations des maçons du royaume, à l'occasion de mon avènement au trône... La prospérité de la maçonnerie, pour la consolidation de notre foi et pour la propagation d'un véritable amour fraternel, est un des vœux chers à mon cœur, et j'espère y parvenir sûrement, avec l'assistance du Grand-Architecte de l'univers, en continuant à diriger les affaires de l'ordre dans mes États, comme grand-maître général. La loge *Charles au rocher*, par le zèle maçonnique de ses membres et par ses relations avec les loges de la cité voisine, est devenue l'objet de mon attention particulière, et je ferai mon possible pour que cette loge prospère de plus en plus. C'est pour moi une preuve de la bonne et fraternelle intelligence que je désire voir s'établir entre les frères des deux villes, que les frères de Hambourg m'aient compris dans leurs prières, et je charge le président de la loge *Charles au rocher* d'en témoigner aux frères de Hambourg mes remerciements les plus fraternels, et de leur donner l'assurance que j'appellerai les bénédictions du Grand-Architecte de l'univers sur leurs travaux maçonniques. Je salue les dignitaires et tous les frères de la loge *Charles au rocher* avec une bienveillance toute fraternelle.

« CHRISTIAN, roi. »

ont été constamment les grands-maîtres de la société dans ce royaume. Le dernier était le duc de Sussex, qui vient de mourir, le 21 avril 1843. C'était un homme éminent par l'esprit et par le caractère autant que par la position qu'il occupait dans l'État. Au-dessus des préjugés de sa naissance, il avait épousé, en dépit de l'opposition de sa famille, une femme d'une condition inférieure, lady Augusta Murray, fille de lord Dunmore, membre de la chambre des pairs. Le duc de Sussex était partisan de la liberté populaire; il protégeait, dans la proportion de sa fortune, qui était très bornée, les lettres, les sciences et les arts. Il contribuait par ses dons aux actes de bienfaisance de toutes les associations philantropiques qui existent à Londres. Franc-maçon zélé, il s'occupait sans relâche d'accomplir les devoirs multipliés de sa charge de grand-maître. Il assistait à presque toutes les assemblées générales ou de commission administrative, et ne manquait à aucune séance du Comité de charité. Les avis qu'il ouvrait étaient constamment marqués au coin d'un esprit judicieux et d'une ame compatissante et ingénieuse à faire le bien; aussi, quoiqu'il régnât une grande liberté dans les délibérations, les mesures qu'il proposait étaient-elles presque toujours adoptées. Les maçons étrangers qui arrivaient à Londres étaient sûrs d'obtenir de lui un accueil cordial et empressé. Il y a peu de temps encore, le Grand-Orient de France ayant envoyé à Londres un de ses membres, le frère Morand, pour préparer les voies à une affiliation avec la Grande-Loge d'Angleterre, ce frère eut un entretien particulier avec le prince, qui, sans se prévaloir de sa haute position, le traita sur le pied d'une entière égalité, et lui exprima chaleureusement le déplaisir qu'il éprouvait de ne pouvoir lui faciliter l'accomplissement de sa mission, la Grande-Loge d'Angleterre étant bien résolue à ne s'affilier avec aucun corps maçonnique reconnaissant des degrés supérieurs à celui de maître. La mort du duc de Sussex sera vivement sentie par tous les maçons de l'Angleterre, qui ne lui donneront que difficilement un successeur doué d'autant de zèle et de capacité.

Il y a peu d'années encore, la franc-maçonnerie, aujourd'hui prohibée en Russie, y brillait d'un grand éclat sous la protection du souverain. Ses assemblées avaient été interdites, en 1794, par cette même Catherine qui les avait encouragées dès le principe, mais qui alors s'était laissé persuader que les francs-maçons avaient produit la révolution française et méditaient le renversement de tous les trônes. Quelques loges cependant avaient continué de se réunir, lorsqu'en 1797, les jésuites, rappelés par Paul Ier, déterminèrent ce monarque à défendre l'exercice de la franc-maçonnerie sous les peines les plus rigoureuses. Le règne de Paul fut de courte durée. A l'avénement d'Alexandre, les maçons conçurent l'espérance de voir leur sort s'améliorer. C'était en effet un prince éclairé et libéral, et qui nourrissait la pensée de réformes qui devaient rendre plus supportable la condition des peuples de son empire. D'abord leur attente fut trompée; le czar renouvela les édits rendus par son prédécesseur contre les réunions maçonniques. Cet état de choses cessa cependant en 1803. En cette année, le frère Boeber, conseiller d'État et directeur de l'école des cadets à Saint-Pétersbourg, enhardi par les bontés dont l'empereur lui avait donné des marques en diverses occasions, entreprit de le ramener à des sentiments plus favorables à la maçonnerie. Alexandre l'écouta sans colère et lui adressa un grand nombre de questions sur le but que se proposait l'association, sur la nature de ses mystères. Les réponses qu'il reçut le satisfirent pleinement; il consentit à rapporter les lois prohibitives de la franc-maçonnerie; et il ajouta: « — Ce que vous venez de me dire de cette institution m'engage non-seulement à lui accorder ma protection, mais encore à demander pour moi-même l'admission parmi les francs-maçons. Croyez-vous que cela sera possible? — Sire, répondit le frère Boeber, je ne puis prendre sur moi de satisfaire à votre demande. Je vais assembler les maçons de votre capitale, leur annoncer l'intention que vous manifestez; et j'ose espérer qu'ils s'empresseront d'acquiescer à vos désirs. » Peu de temps après, l'empereur était initié, les loges se rouvraient de toutes parts sous ses auspices, et un Grand-Orient se fondait qui prenait le titre de *Grande-Loge Astrée*, et qui élevait le frère Boeber à la dignité de grand-maître national. Nous avons sous les yeux les règlements généraux de cette Grande-Loge, rédigés en français, imprimés à Saint-Pétersbourg, en 1815, et formant un volume in-4° d'environ 150 pages. De tous les règlements généraux connus, ceux-là reposent incontestablement sur la base la plus démocratique; et cette circonstance fait à la fois l'éloge, et des frères qui ont osé les rédiger, et du prince qui n'a pas craint de leur donner son approbation. On voit, par le tableau publié par la Grande-Loge, en 1817, qu'elle avait à cette époque douze loges dans sa juridiction, savoir, à Saint-Pétersbourg, *Pierre à la Vérité*, la *Palestine*, *Michel l'élu*, *Alexandre au pélican couronné*, les *Amis-Réunis*, l'*Étoile flamboyante*; à Réval, *Isis*, les *Trois masses d'armes*; à Cronstadt, *Neptune à l'espérance*; à Théodosie, le *Jourdain*; à Jitomir, les *Ténèbres dispersées*; et, à la suite du corps d'armée russe en France, *Georges-le-Victorieux*. Les diplômes délivrés aux membres de toutes les loges étaient rédigés en latin. Les menées des sociétés secrètes russes et polonaises, et particulièrement de la *franc-maçonnerie nationale*, dont nous parlerons ailleurs, déterminèrent, en 1822, l'empereur Alexandre à prohiber de nouveau l'exercice de la maçonnerie dans ses États; mais on voit, par les termes mêmes de l'ukase qui prononce cette prohibition, que ce n'est qu'à regret qu'Alexandre englobe la franc-maçonnerie dans la proscription commune dont il frappe les sociétés secrètes.

En France, la société maçonnique se livre ouvertement à ses travaux et jouit d'une reconnaissance tacite ; mais elle a constamment échoué dans les tentatives qu'elle a faites à diverses époques pour obtenir une sanction légale. Lorsque l'on discuta au conseil d'État la disposition du code pénal qui prohibe les assemblées de plus de vingt personnes, le comte Muraire demanda qu'il fût fait une exception spéciale en faveur des loges de francs-maçons. Napoléon, qui était présent, combattit cette proposition. « Non, non, dit-il brusquement ; protégée, la franc-maçonnerie n'est pas à craindre ; autorisée, elle aurait trop de force, elle pourrait être dangereuse. Telle qu'elle est, elle dépend de moi ; je ne veux pas dépendre d'elle. »

Pendant la restauration, le Grand-Orient, n'osant espérer une reconnaissance officielle, s'efforça du moins d'obtenir l'acceptation de la grande-maîtrise par un prince du sang. On pressentit à cet égard Louis XVIII, qui avait été reçu maçon à Versailles avec son frère, le comte d'Artois, quelques années avant la révolution de 1789. Il ne manifesta aucune répugnance personnelle ; mais il objecta que la franc-maçonnerie était vue de mauvais œil par la Sainte-Alliance, qu'il fallait craindre, et par le clergé français, qu'il était prudent de ménager ; que, dans cet état de choses, il y aurait de l'inconvénient à donner à la maçonnerie une approbation formelle ; que le gouvernement ne l'inquiétait pas et que cela devait lui suffire pour le moment ; qu'au reste elle formait un contre-poids utile qu'on avait intérêt à conserver ; et que cette considération était assez puissante pour dissiper les craintes qu'elle pourrait concevoir pour l'avenir. Cette réponse ne satisfit pas le frère à qui elle était faite. Quelque temps après, il s'adressa directement au duc de Berry, et lui offrit la grande-maîtrise. On n'a jamais su précisément quelle détermination prit le duc dans cette circonstance. Ce qu'il y a de positif, c'est que depuis il fut généralement considéré comme grand-maître de la maçonnerie française. Le Grand-Orient parut même l'avouer pour chef en célébrant ses obsèques maçonniques avec une pompe extraordinaire.

A la révolution de juillet, le Grand-Orient fit demander à Louis-Philippe l'autorisation d'élever le duc d'Orléans à la grande-maîtrise ; le roi ajourna sa réponse. Plus tard, on ne sait pour quel motif, le Grand-Orient renonça à investir le duc d'Orléans de la première dignité de l'ordre, et il la fit proposer par le maréchal Macdonald à Louis-Philippe lui-même. Le roi ne se prononça pas plus cette fois que la précédente. Treize ans se sont écoulés depuis ; la réponse attendue n'a pas encore été faite, ou du moins, si le roi a signifié son refus, le secret de sa détermination a été religieusement gardé.

Nous voici parvenu à la fin de la partie de notre livre qui traite spéciale ment de l'histoire de la société maçonnique. On a pu remarquer que nou avons dit la vérité, quelque dure qu'elle fût, sur les choses et sur les hom mes. Nous devions la vérité à nos frères : en la leur faisant entendre, nou avons voulu leur montrer l'écueil sur lequel ils étaient venus échouer, afin qu'ils pussent l'éviter à l'avenir. Nous avons également rapporté le bien qu'ils ont fait; et si nous nous sommes moins étendu à cet égard, c'est que nous avons pensé qu'ils n'ont pas besoin d'être encouragés à marcher dans une telle voie, les bons sentiments et les bonnes actions étant par dessus tout de leur domaine. La franc-maçonnerie, en effet, est une institution es sentiellement généreuse; elle tend constamment à l'amélioration de la con dition morale et matérielle des peuples; et son organisation est si admira blement conçue qu'elle ne peut atteindre son but que par des voies pacifiques. Elle est ainsi l'auxiliaire naturel, mais libre, des gouvernement éclairés qui veulent le progrès et le veulent sans secousses; aussi a-t-elle toujours été e sera-t-elle toujours de leur part l'objet d'une protection particulière. C'est à la société à mériter cet appui, qui lui est d'ailleurs indispensable, par la sa gesse de ses actes et par un redoublement d'efforts en faveur de l'humanité; et si elle est assez sensée pour se débarrasser des éléments hétérogènes intro duits dans sa constitution, qui ont semé la discorde dans ses assemblées, donné naissance à de honteux trafics, et nui à son action, à sa considéra tion et à son influence, rien ne pourra mettre obstacle aux bienfaits qu'elle est appelée à répandre sur le monde. Nous avons foi en elle, et nous croyons fermement qu'elle ne voudra pas abdiquer, négliger même d'accomplir la haute et vertueuse mission qui lui a été donnée, et dont elle peut, à bon droit, s'enorgueillir.

Cette première partie de notre tâche achevée, nous allons compléter notre travail en jetant un coup-d'œil rapide sur l'histoire des sociétés secrètes anciennes et modernes étrangères par leur but à la franc-maçonnerie.

DEUXIÈME PARTIE.

CHAPITRE PREMIER.

On place généralement en Égypte le berceau des mystères. C'est bien là en effet que, selon toute apparence, ils ont revêtu la forme qu'on leur connaît; mais il faut en chercher ailleurs la pensée originelle et les premières applications. L'Inde est vraisemblablement le pays où ils ont pris naissance. Les prêtres des Indiens, que les Grecs appelaient gymnosophistes (sages nus), parce qu'ils avaient coutume de se vêtir très légèrement, étaient, de temps immémorial, renommés pour leur sagesse et pour leur vaste savoir, et, de toutes les contrées du monde, les hommes studieux venaient en foule assister à leurs leçons. Les premiers, ils paraissent avoir entouré leurs doctrines d'allégories et de symboles. On connaît leur idole à trois têtes et à quatre bras sur un seul corps, trinité composée de Brama, dieu créateur, de Chiven, dieu destructeur, de Vichnou, dieu conservateur, représentation de l'être éternel qui maintient son ouvrage en en détruisant et en en renouvelant sans cesse quelque partie; on connaît aussi leur fameux *lingam*, formé des organes générateurs des deux sexes, et qui figure la puissance fécondante de la divinité : Bardesanes, cité par Porphyre, mentionne un autre emblème du même genre; c'est une très haute statue, moitié homme et moitié femme, portant sur la mamelle gauche l'image du *soleil*, et, sur la droite, celle de la *lune*. Tous ces symboles remontent à la plus haute an-

37

tiquité. C'est des prêtres indiens que ceux des autres peuples ont emprunté l'idée d'un Dieu unique, éternel, tout puissant, et les dogmes de l'immortalité de l'ame, des peines et des récompenses futures, et de la métempsycose, qui faisaient la matière de leur enseignement secret. Les gymnosophistes étaient partagés en trois classes : les *disciples,* les *brachmanes* et les *sarmanes, samanéens* ou *hylobiens.* Ils ne communiquaient que graduellement et après de longues et pénibles épreuves leurs connaissances à leurs élèves. Le cours d'étude auquel ils les soumettaient ne durait pas moins de trente-sept ans. Leurs instructions étaient tout orales; et ce qu'ils confiaient à la mémoire ne devait jamais être mis par écrit. Ce mode d'initiation est celui qu'adoptèrent dans la suite les druides gaulois et les drottes scandinaves.

Les cérémonies qui se sont conservées, de nos jours encore, parmi les Hindous sont très probablement les mêmes, à quelques différences près, que celles qui accompagnaient l'initiation des gymnosophistes. C'est une opinion reçue dans l'Inde que nul ne peut jouir, après la mort, de la béatitude éternelle s'il a négligé de se faire initier. Le sujet se prépare à ce grand acte religieux par des jeûnes, des aumônes, et d'autres bonnes œuvres. Le moment arrivé, il se baigne, et se rend ensuite chez son gourou, c'est-à-dire chez le brame initiant, qui a disposé tout exprès une chambre pour la cérémonie. Le gourou ne l'y laisse pénétrer qu'après lui avoir demandé s'il éprouve un véritable désir d'être initié; si ce n'est pas la simple curiosité qui l'amène; s'il se sent en état de continuer toute sa vie, sans y manquer un seul jour, les pratiques qu'il va lui prescrire. Il l'exhorte à différer, s'il n'est pas certain d'en avoir la force. L'aspirant persiste-t-il, le gourou lui trace la conduite qu'il devra tenir, lui indique les vices qu'il faudra fuir et les vertus qu'il sera utile de pratiquer. Il le menace des châtiments célestes, s'il néglige de se conformer à ces instructions, et lui promet un bonheur inaltérable dans l'autre vie, s'il les suit scrupuleusement. Ils entrent ensuite dans la chambre préparée, dont la porte reste entr'ouverte, afin que les assistants participent au sacrifice qui va s'accomplir, et qu'on appelle *homan.* On allume du feu à terre avec le *samitou,* bois de différentes espèces qu'on doit brûler dans les sacrifices, et le gourou, en récitant des prières en langue sanskrite, qui est celle des brames, entretient le feu du homan en y versant du beurre et en renouvelant le samitou à mesure qu'il se consume. Après le sacrifice, le gourou couvre d'un voile la tête du néophyte; et lui enseigne un mot d'une ou de deux syllabes, qu'il lui fait répéter à l'oreille, pour qu'il ne soit entendu de personne. Ce mot est la prière que l'initié doit réciter, s'il le peut, cent ou mille fois par jour, mais constamment dans le plus profond secret. Lorsqu'il le prononce, il faut qu'on ne voie point le mouvement de ses lèvres. S'il l'oublie, son gourou est le seul à qui il puisse le demander. Il lui est interdit de le rappeler à un autre initié. Cependant on lui permet de le proférer à l'oreille d'un agonisant, afin qu'il soit sauvé. Lorsque le néophyte a répété plusieurs fois ce mot sacré, le gourou lui enseigne les formalités mystérieuses qu'il doit accomplir à son lever et à tous ses repas, et il le congédie en lui recommandant de vivre honnêtement.

Des rives du Gange, une partie des anciens gymnosophistes alla s'établir en Éthiopie. Le principal collége de ces prêtres avait son siége dans l'île de Méroé. Dans leur ordre, étaient choisis les rois, dont ils formaient le conseil, et que leur puissante intervention arrêta souvent sur le penchant du despotisme. C'est ainsi que, pendant une longue suite de siècles, les peuples de ce pays vécurent heureux et libres sous leur autorité tutélaire. Cependant un de ces monarques, Hergaménès, contemporain de Ptolémée-Philadelphe, qui régnait en Égypte, impatient du joug salutaire que lui imposaient les prêtres, médita et accomplit le plus horrible forfait dont fassent mention les annales de la tyrannie : un jour que les gymnosophistes étaient réunis dans le temple pour offrir aux dieux un sacrifice, Hergaménès, qui les y avait accompagnés, les fit tous égorger par ses soldats. Un si affreux attentat plongea l'Éthiopie dans une désolation dont elle ne se releva plus et qui amena graduellement la ruine de sa puissance et de sa civilisation, qui rivalisaient avec celles de l'Égypte.

Les prêtres égyptiens sont évidemment sortis des colléges de l'Éthiopie. De leur aveu, Osiris, leur dieu principal, était Éthiopien. Il y avait d'ailleurs entre eux et les gymnosophistes de Méroé des relations étroites et habituelles, qui accusaient une commune origine. Ainsi, tous les ans, les prêtres des deux nations se rendaient sur les confins de l'Égypte et de l'Éthiopie, pour offrir conjointement un sacrifice à Amon, le dieu aux cornes de bélier, et célébrer ce festin sacré que les Grecs nommaient *héliotrapèze*, ou table du soleil. Des deux côtés, le voyage devait durer douze jours pour aller et revenir, et il faisait allusion aux douze stations annuelles du soleil dans les six signes ascendants et les six signes descendants du zodiaque.

A l'exemple des gymnosophistes de Méroé, les prêtres égyptiens formaient caste et se transmettaient le sacerdoce par voie d'hérédité. Comme eux aussi, ils prenaient une part essentielle au gouvernement de l'État. Dans la position souveraine qu'ils s'étaient faite, ils avaient réduit les rois à n'être que leurs premiers sujets. Ils les surveillaient pendant leur vie, et, à leur mort, ils se constituaient en tribunal, traduisaient leur dépouille à la barre, mettaient dans la balance leurs bonnes et leurs mauvaises actions, et attachaient, par un jugement solennel, le blâme ou la louange à leur mémoire.

Ils étaient divisés en trois classes, suivant le degré de leurs connaissances. La classe la plus élevée était celle des *prophètes;* celle des *comastes* venait ensuite; puis celle des *zacons.* En outre, chacun d'eux était investi de quelque fonction qui formait son occupation habituelle et comme sa profession. Les uns cultivaient particulièrement l'astronomie; les autres, la médecine; ceux-ci composaient les chants sacrés; ceux-là traçaient le plan des édifices consacrés au culte des dieux. Ils avaient deux doctrines religieuses, l'une, exotérique, qui était le partage de la multitude; l'autre, ésotérique, qui n'était communiquée qu'à des hommes de choix, pris dans les autres castes de la nation ou parmi les étrangers illustres, qui se trouvaient associés au sacerdoce par l'effet de cette initiation. Toutefois, il n'y avait qu'un petit nombre d'entre les initiés qui eussent la révélation directe des mystères, c'est-à-dire de la doctrine cachée; le reste devait la saisir à travers d'épaisses allégories, qui étaient offertes à sa pénétration dans le cours de l'instruction sacrée. On verra dans la suite que ce que les prêtres enseignaient aux initiés était essentiellement une fiction morale destinée à les rendre meilleurs et plus heureux.

Le principal centre d'initiation en Égypte était situé à Memphis, dans le voisinage de la grande pyramide. Le secret le plus profond entourait le cérémonial sacré; et, pour s'en former une idée, le public était réduit aux conjectures et aux suppositions. Les initiés gardaient sur ce sujet un silence d'autant plus rigoureux qu'il y allait de la vie pour l'imprudent qui eût osé soulever le voile qui couvrait le sanctuaire. Ils ne pouvaient s'entretenir qu'entre eux de ce qui concernait les mystères, ou, s'ils étaient obligés d'en parler devant des profanes, ils devaient, dans ce cas, se servir de phrases énigmatiques qui n'eussent de sens précis que pour eux seuls.

Cette règle était générale. En Grèce, la tête de Diagoras fut mise à prix pour avoir révélé le secret des éleusinies. Androcyde et Alcibiade, accusés du même crime, furent cités pour ce fait devant ce tribunal d'Athènes, le plus terrible qui fût jamais, puisqu'il traduisait le coupable devant le peuple ignorant et crédule, qui devait prononcer. Le poète Eschyle, à qui l'on reprochait d'avoir mis sur la scène des sujets mystérieux, ne put se faire absoudre qu'en prouvant qu'il n'avait jamais été initié. Enfin Aristote, signalé comme impie par l'hiérophante Eurymédon, pour avoir sacrifié aux mânes de sa femme suivant le rite usité dans les mystères d'Éleusis, fut obligé de se réfugier à Chalcis. On comprend dès-lors que peu d'indiscrétions furent commises par les adeptes; aussi, aux détails qui suivent se bornent les renseignements que nous ont laissé sur les mystères égyptiens les historiens de l'antiquité.

Ils étaient divisés en grands et en petits. Les petits, qui étaient ceux d'*Isis,* se célébraient à l'équinoxe du printemps; les grands comprenaient ceux de *Sérapis* et ceux d'*Osiris;* les premiers avaient lieu au solstice d'été; les seconds, à l'équinoxe d'automne. La faculté de se présenter à l'initiation n'était accordée qu'aux hommes qui pouvaient se prévaloir d'une vie sans tache; à plus forte raison en interdisait-on l'accès aux meurtriers. Il en était de même chez les Grecs. Néron, qui sollicitait l'initiation d'Éleusis, s'arrêta sur le seuil du temple, lorsqu'il entendit le céryce, ou héraut sacré, dans la proclamation qui précédait la célébration de ces mystères, prononcer l'excommunication contre les impies et les scélérats. Deux siècles et demi plus tard, l'empereur Constantin demanda l'initiation éleusinienne, et ne put l'obtenir. Les chrétiens, dont l'association religieuse excluait toutes les autres, étaient aussi, vers la même époque et pour cette raison, repoussés nominativement de la participation aux mystères d'Éleusis; car il est à remarquer que la tolérance régnait entre les diverses familles d'initiés du paganisme, et qu'elles s'admettaient réciproquement à la célébration de leurs mystères.

L'aspirant à l'initiation égyptienne devait s'abstenir de tout acte de génération, ne prendre qu'une nourriture légère, et se garder surtout de manger de la chair des animaux. Il devait en outre laver les souillures de son corps au moyen d'ablutions fréquemment renouvelées, et, à un certain jour, plonger sept fois sa tête dans les eaux du Nil ou dans celles de la mer. On usait de pratiques semblables dans toutes les autres initiations. Il était enjoint à l'aspirant à l'initiation d'Éleusis de ne se présenter dans le temple qu'avec des mains pures et un cœur pur. A cet effet, il y avait un ministre, appelé *hydranos*, spécialement chargé de purifier par l'eau le postulant, et l'on avait placé dans le porche un vase d'eau lustrale dans lequel on se lavait les mains. Le candidat devait affirmer qu'il avait bu du *cycéon*, liqueur destinée à affaiblir en lui la faculté génératrice. Certains aliments lui étaient interdits, particulièrement les fèves, dont l'abstinence était pareillement recommandée pour l'initiation égyptienne et pour celle de Pythagore qui en était dérivée, parce que les prêtres pensaient que ce légume était trop échauffant et qu'en agitant les sens il ne permettait pas à l'ame de posséder la quiétude qui est nécessaire pour la recherche de la vérité. Les femmes qui aspiraient à la célébration des thesmophories, mystères réservés à leur sexe, à Athènes, devaient se préparer par le jeûne et par la continence pour cette grande solennité. Le plus souvent elles avaient recours pour calmer leurs désirs à l'emploi de l'*agnus castus* et d'autres plantes froides, qu'elles étendaient sur le sol et dont elles se formaient un lit. Suivant Ovide, elles devaient observer la chasteté pendant neuf nuits consécutives. Dans les mystères de Bacchus, l'aspirant était tenu de garder pendant dix jours la continence la plus sévère. Il en était de même dans ceux d'Atj et de Cybèle, dans ceux d'Orphée et de Mithra.

Lorsqu'il était convenablement préparé, l'aspirant à l'initiation égyj tienne, accompagné d'un initié qui lui servait de guide, se rendait au m lieu de la nuit, à la grande pyramide, ayant eu soin de se munir d'un lampe et de tout ce qui était nécessaire pour l'allumer. Il montait seize ma ches du monument et parvenait ainsi à une ouverture d'un mètre carré. Là s'ouvrait devant lui une galerie basse, où, sa lampe à la main, il pénétrait e rampant. Après de longs détours, il atteignait enfin un puits à large orifice qui lui paraissait sans fond, et dans lequel pourtant il lui fallait s'aventu rer. L'obscurité lui cachant des échelons de fer qui aidaient à y descendre et que d'abord son guide évitait à dessein de lui indiquer, il arrivait sou vent que l'aspirant, glacé de terreur, retournait sur ses pas et renonçait sa périlleuse entreprise. Si cependant il conservait sa fermeté, l'initié qu l'accompagnait descendait le premier et veillait à ce qu'il pût le suivre san danger. Au soixantième échelon, le candidat rencontrait une ouverture qu servait d'entrée à un chemin creusé dans le roc et descendant en spiral pendant une espace d'environ quarante-cinq mètres. A l'extrémité, se trou vait une porte d'airain à deux battants, qu'il ouvrait sans effort et san bruit, mais qui, se refermant d'elle-même derrière lui, produisait un so éclatant qui retentissait au loin et semblait ébranler les voûtes du souter rain. Ce signal annonçait aux prêtres qu'un profane s'engageait dans le épreuves de l'initiation; et, dès ce moment, les zacons, ministres du der nier ordre, préparaient tout pour le recevoir.

Une grille de fer se trouvait en face de la porte d'airain. L'aspirant aper cevait, à travers les barreaux, une immense galerie, bordée des deux côté par une longue suite d'arcades éclairées par des torches et des lampes qu répandaient une vive lumière. Il entendait les voix des prêtres et des prê tresses d'Isis chantant des hymnes funèbres qu'accompagnaient des instru ments mélodieux. Ces hymnes admirablement composés, ces sons tristemen modulés, que l'écho des voûtes rendait plus imposants et plus lugubres en core, fixaient l'attention de l'aspirant et le plongeaient dans une extase mé lancolique. Son guide le laissait s'y livrer un instant; puis, l'arrachant à s rêverie, il le faisait asseoir à ses côtés sur un banc de pierre, et l'interrogeai de nouveau sur sa résolution. S'il persistait à se faire initier, tous deux s'engageaient alors dans une galerie de deux mètres de largeur dont le faîte était soutenu par des arcades. Sur le fronton d'une de ces arcades, l'aspi rant ne tardait pas à lire cette inscription tracée en noir sur une table de marbre blanc : « Le mortel qui parcourra seul cette route, sans regarder e 'il peut surmonter la frayeur de la mort, il sortira du sein de la terre ; il verra la lumière et il aura droit de préparer son ame à la révélation des mystères de la grande déesse Isis. » En cet instant, l'initié qui accompagnait l'aspirant lui déclarait qu'il ne pouvait le suivre plus loin ; que de graves dangers allaient commencer pour lui ; qu'il lui faudrait, pour en triompher, une grande force d'ame et une présence d'esprit inaltérable ; que, pour peu qu'il doutât d'en sortir victorieux, il devait renoncer à les affronter, et retourner sur ses pas ; qu'il était encore libre de se retirer, mais qu'un moment de plus, il serait trop tard. Le candidat se montrait-il inébranlable, son guide l'exhortait à fortifier son ame contre la crainte, l'embrassait avec tendresse et l'abandonnait à lui-même avec regret. Cependant, conformément à la règle, il le suivait de loin pour pouvoir au besoin lui porter secours, si le courage venait à lui faillir, et pour le reconduire hors des souterrains, en lui recommandant, au nom de la déesse Isis, de garder le silence sur ce qui lui était arrivé, et d'éviter à l'avenir de se présenter à l'initiation dans aucun des douze temples de l'Égypte.

Resté seul, l'aspirant suivait, pendant un espace de cent quarante mètres, la galerie dans laquelle il s'était engagé, remarquant, des deux côtés, des niches carrées dans lesquelles des statues colossales en basalte et en granit étaient assises sur des cubes tumulaires, dans l'attitude de momies qui attendent le jour de la résurrection. Sa lampe ne répandait autour de lui qu'une clarté vacillante. A chaque pas, il lui semblait voir des spectres ; mais ces apparitions se dissipaient à son approche. Enfin il arrivait à une porte de fer gardée par trois hommes armés d'épées et coiffés de casques en forme de tête de chacal, qui, à sa vue, s'avançaient vivement vers lui. Un d'eux lui adressait ce discours : « Nous ne sommes point ici pour vous empêcher de passer. Continuez votre route, si les dieux vous en ont donné la force. Mais prenez garde que, si vous franchissez le seuil de cette porte, il faudra que vous atteigniez le but de votre entreprise, sans tourner la tête et sans reculer. Dans le cas contraire, vous nous retrouveriez à notre poste, pour nous opposer à votre retraite, et vous ne sortiriez plus de ces lieux souterrains. » En effet, si, après avoir passé cette porte, l'aspirant, pressé par la peur, revenait sur ses pas, les trois gardes le saisissaient et le conduisaient dans les appartements inférieurs du temple, où il était enfermé pour le reste de ses jours. Toutefois sa réclusion n'était pas très austère. Il était apte à devenir officier subalterne, et il pouvait épouser une des filles des ministres du second ordre. Du reste, il ne devait plus avoir aucun rapport avec les profanes, et il fallait qu'il écrivît à sa famille un billet ainsi conçu : « Le ciel a puni ma témérité ; je suis pour jamais sequestré du monde ; mais les dieux justes et miséricordieux m'ont accordé une retraite douce et tranquille. Craignez et vénérez les immortels ! » Dès ce moment, il passait pour mort. Mais, lorsque, joignant la présence d'esprit au courage, l'aspirant assurait que rien ne pourrait ni troubler ses sens ni ébranler sa résolution, alors les gardes s'écartaient pour lui livrer passage.

Il n'avait pas fait cinquante pas qu'il apercevait une lumière très vive, qui augmentait d'intensité à mesure qu'il avançait. Bientôt il se trouvait dans une salle, haute d'environ trente mètres et d'égales dimensions en longueur et en largeur. Des deux côtés, brûlaient des matières inflammables : des branches d'arbre, du bitume, des baumes. La fumée qui s'en dégageait s'écoulait par de longs tuyaux dont la voûte était percée. Il fallait que l'aspirant traversât cette fournaise, dont la flamme se réunissait en berceau au-dessus de sa tête. A ce péril, en succédait immédiatement un autre : au-delà du foyer, s'étendait à plat sur le sol un vaste gril de fer qui avait été rougi au feu, et dont les compartiments, en forme de losanges, laissaient à peine assez de place, dans les vides qu'on y avait ménagés, pour que l'aspirant pût y poser le pied. A peine avait-il surmonté cette double épreuve, dans laquelle il lui avait fallu déployer autant d'adresse que de résolution, qu'un nouvel obstacle se présentait devant lui. Un canal large et rapide, alimenté par le Nil, lui barrait le chemin. Il fallait qu'il le passât à la nage ou à l'aide de deux balustrades qui sortaient du fond de l'eau et étaient principalement destinées à empêcher que le courant ne l'emportât hors de la direction qui lui était tracée. Alors il se dépouillait de ses vêtements, les roulait et les attachait sur sa tête au moyen de sa ceinture, ayant soin de fixer au-dessus sa lampe allumée, pour se diriger dans l'obscurité qui régnait au bord opposé. Puis il se jetait dans le torrent, qu'il franchissait avec effort. Parvenu sur l'autre rive, il se trouvait à l'entrée d'une arcade élevée conduisant à un pallier de deux mètres carrés, dont le plancher dérobait à la vue un mécanisme sur lequel il reposait. A sa droite et à sa gauche, se dressaient deux murs d'airain servant d'appuis aux moyeux de deux vastes roues de même métal ; et, devant lui, se présentait une porte d'ivoire garnie de deux filets d'or qui indiquaient qu'elle s'ouvrait en dedans. Vainement essayait-il de se frayer un passage à travers cette porte ; elle résistait à tous ses efforts. Tout à coup, deux anneaux très brillants s'offraient à ses regards ; il y portait les mains pour s'assurer si, en les tirant à lui, il ne réussirait pas enfin à faire céder la porte. Mais quelles étaient sa surprise et sa terreur, lorsqu'ayant à peine saisi ces anneaux, les roues d'airain tournaient subitement sur elles-mêmes avec une rapidité et un bruit formidables ; que le plancher, se dérobant sous lui, le laissait suspendu aux anneaux, au-dessus d'un abîme d'où s'échappait un vent impétueux ; que sa lampe s'éteignait ; et

ÉPREUVES DE L'INITIATION ÉGYPTIENNE.

qu'il restait plongé dans les plus épaisses ténèbres (1)! Pendant plus d'une
minute, il demeurait dans cette cruelle position, assourdi par le fracas des
machines, glacé de froid par le courant d'air qui sortait des profondeurs de
la terre, et craignant que, les forces venant à lui manquer, il fût entraîné
par son propre poids dans les entrailles du gouffre béant sous ses pieds.
Peu à peu cependant le bruit cessait; le plancher reprenait sa première
place; les anneaux redescendaient et avec eux le récipiendaire, qui se trouvait ainsi à l'abri de tout danger. Alors les deux battants de la porte d'ivoire
s'ouvraient devant lui et il apercevait un vaste temple tout étincelant de lumières.

La porte par laquelle il entrait dans le sanctuaire était pratiquée dans
le piédestal de la triple statue d'Isis, d'Osiris et d'Horus, groupe divin dont
la nature devait plus tard lui être révélée, s'il en était jugé digne. Sur
les murs, étaient tracées des images mystérieuses : un serpent vomissant
un œuf, symbole de l'univers renfermant en lui le germe de toutes choses
que développe la chaleur de l'astre du jour ; la croix ansée, imitation du
lingam indien et représentant, comme cet emblème, la puissance génératrice active et passive de la nature ; un autre serpent roulé sur lui-même en
ligne circulaire et dévorant sa queue, figure mystique de la révolution éternelle du soleil ; enfin d'autres peintures allégoriques qui faisaient de ce
temple un véritable microcosme, ou monde en petit. Là, le néophyte était
reçu par les prêtres rangés sur deux lignes et revêtus de leurs insignes mystérieux. A leur tête, était le porte-flambleau tenant dans ses mains un vase
d'or en forme de navire (2), duquel s'élevait une flamme brillante : c'était
l'image du soleil, qui répand sa lumière dans tout l'univers. Venait ensuite
le porte-autel, représentation vivante de la lune ; puis un troisième ministre avec les attributs de Mercure, la palme à feuilles d'or et le caducée, qui
figurait la voix divine, le *logos*, la vie universelle. Parmi les autres ministres, il y en avait un qui portait une main de justice et un vase en forme
de mamelle, symboles qui avaient rapport au jugement des ames et à la voie
lactée qu'elles devaient suivre pour retourner à leur source première, la lumière incréée. Un second portait le van mystique et un troisième, un vase
rempli d'eau, emblèmes des purifications que les ames devaient subir avant

---

(1) *Voyez* planche n° 19.

(2) Les navires étaient l'emblème des astres. Celui-ci se nommait *baris*. On sait que
le culte d'Isis s'établit dans les Gaules sous la domination romaine et qu'on a retrouvé à
Paris, en faisant des fouilles dans l'île de la Cité, un autel qui se rattache évidemment
à ce culte. Il est probable que le nom de Paris et que le vaisseau qui forme les armes
de cette ville tirent de là leur origine. Dans cette hypothèse, Paris aurait été une
des nombreuses cités qu'on avait consacrées au soleil.

d'être admises au séjour des dieux. Un quatrième portait le crible sacré,
à travers lequel se faisait le triage des ames, et qui désignait aussi l'initiation. Un autre était chargé de la *ciste*, ou corbeille sainte, image du ctéis,
organe générateur de la femme, dans laquelle reposait le phallus, marque
de virilité, deux emblêmes qui figuraient la double puissance fécondante
de la nature. Enfin un dernier ministre tenait dans ses mains un vase appelé *canope*, de la forme ellipsoïde de l'œuf, autour duquel s'entortillait
un serpent : c'était encore l'image de l'univers, qu'entoure le cercle du zodiaque.

Frappé de la majesté de ce spectacle, le néophyte se prosternait la face
contre terre. Le gerber, ou maître des cérémonies, le relevait et le conduisait près du grand-prêtre, qui l'embrassait et le félicitait sur le succès que
son courage avait obtenu. Ensuite il lui présentait une coupe contenant un
breuvage composé de miel et de lait. « Buvez, lui disait-il ; cette liqueur
vous fera oublier les fausses maximes du monde. » Il le faisait alors agenouiller devant la triple statue ; et, lui posant une main sur la tête, il prononçait à haute voix cette prière que tous les assistants répétaient en se
frappant la poitrine : « O grande déesse Isis ! éclaire de tes lumières ce mortel qui a surmonté tant de périls et accompli tant de travaux, et fais-le
triompher encore dans les épreuves de l'ame, afin qu'il soit tout-à-fait digne d'être initié à tes mystères ! » La prière achevée, le grand-prêtre faisait
lever le néophyte, et lui présentait un second vase renfermant un breuvage
amer. « Buvez encore cette liqueur, lui disait-il ; elle vous rappellera les leçons de sagesse que vous allez recevoir de nous. » En ce moment, une musique harmonieuse se faisait entendre, à laquelle de jeunes prêtres mêlaient
des hymnes en l'honneur de la déesse Isis. Puis, tout se taisait ; et le néophyte était conduit à l'appartement qui lui était destiné dans les bâtiments
dépendant du temple. Il ne devait en sortir que lorsque son initiation serait
terminée.

Ici commençait pour lui une autre nature d'épreuves qui devaient durer
un espace de quatre-vingt-un jours. Après un repos de vingt-quatre heures,
pendant lequel il lui était interdit de quitter sa chambre, il était soumis à
une série de jeûnes graduellement plus sévères, et qui finissaient par devenir
fort rigoureux. Tout cela tendait à purifier le corps. Venait concurremment
la purification de l'ame, qui se divisait en deux parties : l'invocation et
l'instruction. L'invocation consistait à assister une heure, matin et soir,
aux sacrifices ; l'instruction, à prendre part, chaque jour, à deux conférences. La première roulait sur des matières religieuses. Dans la seconde,
le néophyte recevait un enseignement moral. Enfin, pour couronner toutes
ces épreuves, un silence absolu de dix-huit jours lui était prescrit. Pen-

dant ce temps, il avait la faculté de se promener dans les jardins du temple et d'écrire ses réflexions; mais il lui était formellement interdit de communiquer, même par signes, ses pensées aux ministres du temple qu'il pourait rencontrer sur son chemin; de répondre à leurs questions; et de rendre, fût-ce par un simple sourire, les saluts que les femmes de ces officiers lui adresseraient en passant. Il fallait qu'il fût muet et impassible comme une statue. Cependant on essayait par mille moyens de lui faire rompre le silence. On l'entretenait des choses qui l'intéressait le plus vivement; on lui rappelait les actions les plus secrètes de sa vie, et qu'il s'imaginait n'avoir eu d'autre témoin que le ciel; on l'éveillait en sursaut pour lui annoncer quelque fausse nouvelle de nature à l'impressionner fortement; et, malgré tout cela, la moindre parole qu'il eût proférée lui eût été imputée à crime, et lui eût fait perdre le fruit de tous ses travaux.

On comprend que le néophyte voyait approcher avec joie le terme de cette longue torture. La veille du jour où elle devait cesser, trois prêtres venaient lui annoncer que le lendemain il recueillerait le fruit de ses pénibles épreuves, et qu'il serait agrégé, par son initiation, à une société d'élite, investie des plus beaux priviléges dans cette vie et dans l'autre. Le jour suivant, en effet, la parole lui était rendue. On le conduisait devant le collége des prêtres, et il y était interrogé touchant ses opinions sur la divinité, sur la mission que la société humaine était appelée à remplir ici-bas, et sur les principes de la morale individuelle. Mais ce n'était là qu'une pure formalité : le néophyte ayant été convenablement instruit et préparé, ses réponses devaient naturellement satisfaire ses juges. Dès ce moment, commençait pour lui les douze jours de la *manifestation*.

Le premier jour, au lever du soleil, il était conduit devant la triple statue d'Osiris, d'Isis et d'Horus; on lui faisait fléchir le genou; et, après l'avoir consacré aux trois divinités, on le revêtait des douze *étoles sacrées* et du *manteau olympique*. Sur les premières, étaient brodées les images des constellations du zodiaque; le dernier se rattachait, par les emblêmes dont il était chargé, au ciel des fixes, séjour des dieux et des ames bienheureuses. On parait ensuite le néophyte d'une couronne de palmier dont les feuilles figuraient des rayons autour de sa tête, et on lui plaçait un flambeau dans les mains. Ainsi « habillé en soleil », suivant l'expression de Dupuis, il prononçait un serment conçu à peu près en ces termes : « Je jure de ne révéler à aucun profane rien de ce que je verrai dans ces sanctuaires, ni aucune des connaissances qui m'y seront communiquées; j'en prends à témoin les dieux du ciel, de la terre et des enfers, et j'appelle leur vengeance sur ma tête, si jamais je suis assez malheureux pour devenir parjure. » Après avoir rempli cette formalité importante, le néophyte était introduit dans la partie la plus secrète de l'édifice sacré. Un prêtre qui l'accompagnait lui expliquait le sens de tous les symboles qu'il lui était permis de connaître. Il lui faisait parcourir des jardins embellis par toutes les créations de l'imagination la plus poétique. C'était, lui disait-il, une image bien imparfaite des lieux divins qu'habitaient, après la mort, les âmes des bienheureux. Il lui expliquait l'origine des dieux, la formation du monde, les lois qui le gouvernent, la chute des âmes, les épreuves au prix desquelles elles peuvent espérer de retourner à leur source divine. Les connaissances que l'on communiquait au nouvel initié ne se bornaient pas à la théologie et à la morale; elles embrassaient toutes les sciences. Les prêtres avaient consigné dans des livres, les seuls qui existassent dans ces premiers temps, leurs observations et leurs découvertes sur l'astronomie, la physique, la chimie, la mécanique, la statique, la médecine, la diététique, en un mot sur toutes les matières qui intéressaient le bien-être et le progrès des sociétés. Ces trésors, qu'on désignait généralement sous le nom de *livres d'Hermès*, étaient ouverts à l'initié; on lui en facilitait l'étude; et il ne sortait ensuite du sanctuaire que pour se placer, à bon droit, aux premiers rangs de ses concitoyens.

Lorsqu'il avait reçu le complément des révélations auxquelles il pouvait aspirer, tout se disposait pour la solennelle procession qu'on appelait le *triomphe de l'initié.* La veille de ce grand jour, quelques prêtres de l'ordre inférieur, magnifiquement parés et montés sur des chevaux dont les housses étaient couvertes d'hiéroglyphes brodés en or, se rendaient devant le palais du roi, et proclamaient à son de trompe que, le lendemain, un nouvel initié serait conduit processionnellement par la ville. Ils répétaient la même annonce dans tous les quartiers où devait passer le cortége sacré, et dont les habitants tapissaient, dès ce moment, le devant de leurs demeures de guirlandes de fleurs et d'étoffes de prix.

Le jour de la cérémonie arrivé, on parait l'intérieur du temple de tout ce que le trésor des prêtres possédait de plus riche et de plus précieux. On y apportait aussi des souterrains le tabernacle d'Isis. Il était couvert d'un voile de soie blanche semé d'hiéroglyphes d'or, que cachait à moitié un second voile de gaze noire. Les pontifes lui offraient un sacrifice, pendant lequel les filles des prêtres, qui ne paraissaient en public que dans les grandes solennités du culte de la déesse, exécutaient des danses sacrées, au son des instruments. Ensuite la procession se mettait en marche. En tête se trouvaient les hérauts qui avaient fait la proclamation de la veille, et qui, de moment en moment, exécutaient des fanfares. Des prêtres du même ordre suivaient à pied, rangés sur deux files, et bordaient dans toute sa longueur le cortége sacré. Immédiatement après les hérauts, venait un groupe nombreux de prêtres, prophètes et comastes, vêtus d'une tunique de lin recouverte d'une robe noire, bleue, rouge ou violette, suivant la fonction de chacun, et dont un pan ramené sur leur tête la cachait presque entièrement. Ensuite marchaient quelques ministres, dont les uns portaient les livres d'Hermès, un autre la *table isiaque,* plaque d'argent sur laquelle étaient tracés des hiéroglyphes relatifs aux mystères de la déesse ; et plusieurs différents ustensiles dont on se servait dans les sacrifices. Derrière eux, s'avançaient les prêtresses directrices, entourées des filles des prêtres, qui étaient rangées sur quatre files en se donnant le bras deux par deux. Un chœur de musique, exécuté par les prêtres et leurs enfants précédait le tabernacle d'Isis, que huit ministres portaient sur leurs épaules et devant lequel de jeunes prêtresses exécutaient des danses religieuses en s'accompagnant de sistres et de crotales. L'encens brûlait à l'entour dans des cassolettes, et les nuages de fumée qui s'en dégageaient laissaient à peine apercevoir au peuple le coffret mystérieux. A la suite, venait le grand-prêtre, qui marchait seul, la tête couverte d'une mitre, le bâton augural à la main, et vêtu d'une longue tunique blanche, que recouvrait une robe de couleur pourpre doublée d'hermine, dont deux jeunes lévites soutenaient la queue. Après lui, s'avançait à quelque distance, un groupe considérable de prêtres, portant, pour la plupart, des instruments symboliques dont il était fait usage dans le culte public ou dans les mystères ; une troupe de joueurs de flûtes, de sistres et de crotales ; des bannières où l'on avait peint divers emblèmes sacrés ; puis les initiés des différents nomes de l'Egypte et les initiés étrangers, habillés d'une veste de lin qui leur descendait aux genoux, et qui formait leur vêtement habituel. C'était généralement celui-là même dont ils avaient été revêtus lors de leur réception, et qu'ils ne devaient quitter que lorsqu'il tombait en lambeaux. Enfin paraissait le nouvel initié. Il avait la tête couverte d'un voile blanc qui lui tombait jusque sur les épaules et qui cachait complètement son visage, sans l'empêcher de se diriger lui-même. Sa tunique, de même couleur, était serrée à la ceinture par une écharpe ponceau avec des broderies et des franges d'or. Une épée à poignée d'acier pendait à sa gauche, au bas d'un baudrier blanc brodé de noir. Il portait à la main une palme, et son front était ceint de la même couronne dont on l'avait paré le jour où il avait prêté son serment. Enfin il avait près de lui, d'un côté, le plus jeune des prêtres ; de l'autre, le plus âgé des initiés. La marche du cortége était fermée par le char de triomphe, attelé de quatre chevaux blancs. C'était le même qui servait à promener à travers l'Egypte les généraux d'armée qui avaient remporté quelque victoire signalée.

La vue de l'initié provoquait les applaudissements de la foule assemblée sur son passage. De toutes parts, on lui jetait des fleurs et l'on répandait sur lui des essences précieuses. C'est ainsi qu'il faisait le tour de la ville, et qu'il était amené ensuite sous le balcon du palais du roi, qui l'y attendait, entouré de toute sa cour. Là, l'initié montait sur une estrade qui avait été dressée à cet effet, posait le genou sur un coussin, s'inclinait, se relevait et tirait son épée, comme pour la mettre à la disposition du monarque. Puis il descendait de l'estrade, et il se rendait dans le temple, tenant toujours son épée nue à la main. Un trône fort élevé lui avait été préparé; il s'y plaçait suivi de deux ministres de l'ordre inférieur, qui tiraient deux rideaux pour le soustraire un moment à la vue du peuple. Ensuite, pendant que les voix des prêtres faisaient retentir les voûtes du temple d'hymnes sacrés, on dépouillait l'initié de son costume d'apparat et on le revêtait de la tunique blanche qu'il devait porter habituellement. Cette formalité achevée, les rideaux étaient ouverts, et l'initié, montré alors à découvert aux regards des assistants, était salué par les plus vives acclamations. Ainsi se terminait cette grande et solennelle cérémonie, qui était généralement suivie de festins sacrés qui se répétaient pendant trois jours, et dans lesquels le nouvel initié occupait la place d'honneur.

Lorsque l'initié aux mystères d'Isis et d'Horus en était jugé digne, on l'admettait aux mystères de Sérapis. Ceux-ci sont les moins connus de tous ceux qui se célébraient en Égypte, et Apulée est peut-être le seul auteur qui les ait cités. On voit ailleurs que lorsque Théodose eut détruit le temple de Sérapis à Canope, on découvrit les souterrains et les machines que les prêtres avaient fait établir pour éprouver les récipiendiaires. Apulée ne nous donne à l'égard des mystères de Sérapis que des détails sans importance. Il nous apprend seulement qu'ils se célébraient la nuit; qu'on s'y préparait par des abstinences et des purifications; et que, pour y être admis, il fallait avoir déjà été initié à ceux d'Isis. Les initiations avaient lieu à l'époque du solstice d'été. Dans plusieurs anciens monuments, Sérapis est appelé Jupiter, le soleil et Sérapis tout à la fois. En effet, ce n'était autre chose que le soleil des signes supérieurs. On le représentait avec une barbe longue et touffue, emblème de force, qui le rattache naturellement à l'époque de l'année à laquelle il présidait. Le *calathus,* ou boisseau, dont il était coiffé, avait aussi, comme symbole d'abondance, un rapport sensible aux travaux de la moisson. Les cornes de chèvre dont son front était armé reporteraient l'établissement de son culte au temps où le solstice d'été arrivait dans le signe du capricorne, c'est-à-dire à une date extrêmement reculée.

Les mystères d'Osiris formaient le complément de l'initiation égyptienne. On a vu, dans notre introduction (page 74), comment Osiris avait été mis à mort par Typhon, et comment son cadavre, enfermé dans un coffre, avait été abandonné au cours du Nil. La légende sacrée rapporte qu'Isis, informée de cet horrible événement, s'était mise à la recherche des restes de son époux et qu'elle avait fini par les retrouver à Byblos en Phénicie; qu'elle les avait déposés dans un lieu retiré, hors de la vue des hommes; que Typhon, étant allé à la chasse pendant la nuit, les découvrit par hazard; que, dans sa fureur, il dépeça le corps en quatorze morceaux, qu'il dispersa en des lieux différents; que la déesse, ayant appris ce nouveau crime, se hâta de rassembler ces débris épars; que les parties génitales sont les seules qu'elle ne pût retrouver, parce que Typhon les avait jetées dans le fleuve qui féconde l'Égypte et qu'elles y avaient été dévorées par un poisson appelé phagre; qu'Isis leur substitua une représentation factice de cet organe, ou le *phallus*, qu'elle consacra, et qui figura depuis dans les cérémonies secrètes des mystères. Le vulgaire ne possédait que le sens littéral de cette fable sacrée; mais la signification allégorique en était révélée aux initiés.

Il n'y a secret si bien gardé dont il ne transpire à la fin quelque chose. Porphyre a conservé un fragment de Chérémon, prêtre égyptien, qui nous apprend que les mystagogues de sa nation « faisant du soleil le grand dieu, architecte et modérateur du monde, expliquaient la fable d'Osiris et d'Isis par les astres, par leur apparition ou leur disparition, par leur ascension, par les phases de la lune et les accroissements ou la diminution de sa clarté, par la marche du soleil, par la division du temps et du ciel en deux parties, l'une affectée à la nuit, l'autre à la lumière. » Ainsi donc la légende d'Osiris et d'Isis est tout astronomique. Osiris est le soleil, Isis est la lune, et les aventures qu'on leur prête à tous deux font allusion à l'état du ciel à certaines époques de l'année. On fait d'Osiris un roi parce qu'on donnait généralement ce titre au soleil dans l'antiquité. Dans la mythologie égyptienne, cet astre porte successivement trois noms principaux. On l'appelle Horus au solstice d'hiver : c'est alors un enfant, dont la croissance s'effectue au milieu de mille difficultés, de mille maux, représentés par les vicissitudes et les rigueurs de l'hiver. A l'équinoxe du printemps, il s'appelle Sérapis; il a grandi; c'est un homme avec toutes les marques de la virilité : la barbe et les cornes de chèvre, qui se rapportent au solstice d'été, moment de la plus grande élévation du soleil et de l'apogée de sa puissance. Il féconde la terre; et le calathus, ou boisseau, dont il est coiffé témoigne que ses travaux ont eu d'heureux résultats et qu'une riche moisson est venue combler les vœux du laboureur. Enfin il s'appelle Osiris à l'équinoxe d'automne. Il porte, comme Bacchus, un thyrse marié de lierre, et préside à la vigne et aux fruits qui accompagnent cette saison. Il est parvenu à toute sa maturité. C'est l'instant où il doit décroître, s'affaiblir et mourir, pour faire place à un autre soleil, à Horus. Alors il tombe sous les coups du mauvais principe, de Typhon, père des ténèbres, de l'humidité et du froid, qui lui arrache les organes de sa virilité et le rend impuissant. Isis, sa veuve désolée, vêtue de deuil, éperdue, le cherche vainement dans l'obscurité et ne trouve que sa dépouille inanimée, qu'elle ne peut rendre à la vie. C'est cette catastrophe qui faisait le sujet des mystères d'Osiris. Les circonstances en étaient mise en action dans le cérémonial de la réception ; le récipiendaire représentait le dieu et subissait fictivement sa passion et sa mort.

Hérodote qui, le premier, parle de ces mystères, ne le fait qu'avec les plus grands ménagements. Il donne la description du temple de Minerve, à Saïs, un des sanctuaires où ils étaient célébrés; et il place derrière la chapelle, un tombeau assez semblable aux *calvaires* qui se trouvent derrière l'autel de nos églises. « C'est le tombeau d'un homme, dit-il, dont je dois taire le nom par respect. Dans l'enclos du temple, on voit de grands obélisques de pierre (1), et un lac circulaire. C'est dans ce lac que les Égyptiens célèbrent, pendant la nuit, les mystères, dans lesquels on donne la représentation des souffrances du dieu. » On déposait son cadavre fictif, c'est-à-dire le récipiendaire, dans un tombeau, et sa résurrection s'opérait immédiatement, au milieu de la lueur des éclairs et du fracas du tonnerre, qu'on imitait à l'aide de machines disposées pour cet effet. Le dieu qui ressuscitait ainsi n'était plus Osiris, c'était son fils Horus : on était figurément arrivé au solstice d'hiver, époque de la naissance d'un nouveau soleil.

L'explication que nous venons de donner n'est pas une pure hypothèse. Elle s'appuie du témoignage de la plupart des écrivains de l'antiquité. Un d'eux entre autres (Clément d'Alexandrie) qui avait été initié à tous les mystères, s'exprime ainsi à cet égard : « Tous ces mystères, qui ne nous présentent que des meurtres et des tombeaux, toutes ces tragédies religieuses avaient à peu près un fond commun, différemment brodé; et ce fond était la mort et la résurrection fictives du soleil, ame de l'univers, principe de vie et de mouvement dans le monde sublunaire, et source de nos intelligences, qui n'étaient qu'une portion de la lumière éternelle qui brille dans cet astre, son principal foyer. » On recueillait dans les mystères le prix des souffrances du dieu. Lorsqu'il ressuscitait et reprenait son empire sur les ténèbres, l'ame s'associait à son triomphe et remontait avec lui dans le séjour éthéré. C'était là un des plus beaux priviléges accordés aux initiés et le grand secret des mystères d'Osiris, et de tous les autres, qui reposaient sur la même base.

(1) Les obélisques et les piramides étaient consacrées au soleil, le grand foyer de lumière, à cause de leur forme conique, qui est celle qu'affecte la flamme.

Longtemps, les prêtres de l'Égypte avaient, sans opposition et au sein d'une paix profonde, gouverné les peuples de ce pays sous le nom de leurs rois. Par eux, les sciences, les arts, l'industrie, avaient été portés au plus haut point de perfection. En échange d'une liberté dont elle ne soupçonnait pas le prix, la nation avait reçu tout le bien-être matériel qu'elle pouvait désirer. Enfin les mystères, base et ciment de la puissance sacerdotale, étaient célébrés avec le plus grand éclat et entourés de vénération et d'inviolabilité. Environ cinq cent vingt-cinq ans avant notre ère, Cambyses, roi de Perse, à la tête d'une nombreuse armée, pénétra en Égypte, et s'en empara. Le vainqueur, pour affermir sa conquête, attaqua son véritable ennemi, le sacerdoce, dans ce qu'il avait de plus redoutable, dans l'ascendant qu'il exerçait sur les esprits à la faveur des opinions religieuses. Il voulut dissiper le prestige de puissance qui entourait les dieux, et, à la fois, avilir leurs ministres. Au milieu d'une fête célébrée en l'honneur d'Apis, il s'élance, suivi de ses soldats, sur le bœuf sacré, où l'ame d'Osiris s'était retirée et qui était Osiris lui-même, le perce de son épée et le tue, et fait ensuite fustiger de verges les prêtres qui présidaient à la pieuse cérémonie. Le peuple détesta et maudit l'impie; mais l'incrédulité trouva dès-lors accès dans son ame, et sa vénération pour les pontifes reçut une mortelle atteinte. Cambyses ne s'arrêta point là. Il envahit les temples, déchira les voiles des sanctuaires, les dépouilla des statues des dieux et des autres images, objet de la vénération publique, et les transporta en Perse. Dans la suite, un des Ptolémées, vainqueur des Perses à son tour, rapporta en Égypte plus de deux mille cinq cents de ces statues, et, à cette occasion, reçut, de la nation reconnaissante, le surnom d'*évergète,* ou de bienfaiteur.

Les successeurs de Cambyses laissèrent respirer quelque peu les ministres des dieux, et, à la faveur de la tolérance qui leur était accordée, les prêtres avaient successivement relevé leurs temples et ressaisi une partie de leur ancienne influence. Mais Alexandre parut, et jeta en passant sur l'Égypte le fléau des Ptolémées. La guerre extérieure, les dissensions intestines, des assassinats sans cesse renouvelés, signalèrent le règne presque tout entier de cette dynastie. Ptolémée-Physcon, s'emparant à force de crimes d'un trône déjà souillé de sang, remplit le pays de meurtres et de carnage, dépeupla les cités, détruisit les temples, et contraignit les prêtres à se dérober par la fuite à la mort qu'il leur destinait. Et quand l'orage eût passé, et que les prêtres purent espérer reprendre en paix l'exercice de leur saint ministère, ils ne trouvèrent plus que les ruines de leurs temples. A la place, s'étaient élevés des édifices nouveaux, construits par des artistes grecs; des dieux d'origine étrangère y étaient adorés. On y avait institué des mystères bizarres, dans lesquels les symboles primitifs étaient détournés de leur sens

véritable, et quelquefois même pris brutalement à la lettre. Au nombre de
ces mystères, étaient ceux de Saturne, dans lesquels on ne pouvait se faire
initier que chargé de chaînes, avec des anneaux aux narines, la barbe longue, et les habits dans un état repoussant de malpropreté. Dans d'autres
mystères, l'image sacrée du phallus n'était plus considérée comme l'emblème vénérable de la fécondance divine, mais comme un appel mystique
aux excès du libertinage. Les mœurs publiques se dépravèrent, les temples
furent le théâtre des plus honteuses pratiques, et les sanctuaires d'Isis eux-
mêmes ne furent pas à l'abri de ces profanations. La dégradation morale
des Égyptiens en vint enfin à ce point, sous la domination romaine, qu'ils
se laissèrent imposer sans résistance Antinoüs, l'infâme favori d'Adrien,
comme un dieu, et qu'ils instituèrent des mystères en son honneur. Mêlés
à l'antique religion de l'Égypte, ces rites impies formèrent ce qu'on appelle
les *isiaques,* ou les *rites alexandrins,* parce qu'ils avaient pris naissance dans
la ville bâtie par Alexandre et qui était devenue la résidence des Ptolémées.

Vers la fin du règne de cette dynastie, les nouveaux mystères avaient
franchi les frontières de l'Égypte, et s'étaient établis sur plusieurs points de
l'Europe. Corinthe les avait reçus, mais faiblement entachés des pratiques
alexandrines, et presque aussi purs qu'ils l'étaient dans les temps anciens;
ce dont on peut se convaincre par la description qu'en donne Apulée. Ils
avaient été introduits à Rome sous la dictature de Sylla; mais, environ
soixante ans avant notre ère, Isis, Anubis, et les autres divinités égyptiennes qu'on y révérait, furent, on ne sait pourquoi, chassées du Capitole, et
leurs statues renversées par ordre du sénat. Vainement le peuple les releva-
t-il peu après; elles furent expulsées de nouveau, et le décret du sénat prévalut. Cependant la communication plus libre entre Rome et l'Egypte, et la
fin des dernières guerres civiles les ramenèrent bientôt; et les mystères
isiaques, non-seulement reprirent dans Rome une nouvelle célébrité, mais
encore se propagèrent dans tout l'empire, et multiplièrent à l'infini le nombre de leurs initiés. Mais quels changements s'étaient opérés! Les ministres
du culte d'Isis n'étaient plus les arbitres des rois; ils n'étaient plus environnés de puissance et de faste; ils n'habitaient plus de somptueux palais, se
livrant, dans l'abondance de toutes choses, au calme de l'étude et aux sublimes spéculations de la science. C'était maintenant de misérables vagabonds
ayant à peine un chevet pour reposer leur tête, une masure délabrée pour y
placer leurs divinités et procéder aux saintes pratiques de l'initiation. Le
matin, après la prière, vêtus d'une longue tunique de lin, le chef rasé, le
visage couvert d'un masque à face de chacal (1), la besace sur le dos et le

---

(1) Les isiades, prêtres ou initiés, avaient coutume de vaquer à leurs affaires, le

sistre à la main, ils allaient mendier dans les rues de Rome, et revenaient ensuite, à la huitième heure du jour, fermer ce qu'ils appelaient le temple d'Isis. Souvent même, n'ayant point un asile pour abriter la statue de la déesse, ils la portaient sur leurs épaules, et allaient frapper aux portes avec leur sistre d'airain, offrant l'initiation à qui voulait la payer. On comprend que cette mendicité et cette vénalité des isiades n'étaient pas de nature à leur attirer la considération du public. En effet, ils étaient pour tout le monde un objet de mépris, et n'obtenaient quelque faveur qu'auprès des dernières classes de la population.

Cependant, dirigés par des vues politiques qu'on ne s'explique pas, les empereurs romains voulurent, dans la suite, anoblir le culte décrié d'Isis, en lui accordant une protection éclatante et en s'y attachant eux-mêmes. Domitien est le premier qui donna cet exemple; Commode ensuite; et celui-ci affectait une telle dévotion à ces mystères, qu'il en vint jusqu'à porter lui-même dans les processions publiques, ou pompes isiaques, la statue d'Anubis. On lit dans l'histoire de sa vie par Lamprides, que ce prince féroce s'amusait pendant la marche du cortége sacré à heurter violemment la tête des initiés avec le museau de chacal de la statue d'Anubis qu'il portait devant lui. Caracalla consacra des sommes énormes à la construction de temples dédiés à Isis. Le plus magnifique de tous était celui qu'il avait érigé dans le Champ-de-Mars et où se célébraient les cérémonies de l'initiation. La protection de ces tyrans fut fatale aux mystères isiaques. Jusqu'alors ils s'étaient du moins garantis des pratiques obscènes; mais, à partir de ce moment, ils devinrent le théâtre de la plus honteuse débauche; et la vertueuse Isis eut, à l'instar de Bélus, à Babylone, des lieux de prostitution, qu'on appela les *jardins de la déesse*.

Les mystères de l'Égypte sont la source commune de tous les mystères du paganisme. Il n'y a de différence entre les uns et les autres que dans les noms des personnages allégoriques qu'on y célèbre, et dans quelques circonstances des légendes sacrées. Tous se rapportent également aux phénomènes que la nature étale à nos yeux dans le cours de l'année. Le récipiendaire y représente le soleil. Comme cet astre, il naît, il grandit et il meurt fictivement sous les coups d'un ennemi puissant, figure de l'hiver, qui le frappe dans les marques de la virilité. Alors on simule le deuil et les larmes; mais bientôt la douleur fait place à la joie : un autre soleil se lève radieux, qui va répandre de nouveau l'abondance sur la terre; et cet événement est salué par

visage couvert de ce masque. On était habitué à cette mascarade; et le public non initié avait fini par n'y plus faire attention. C'est ce qui sauva la vie à l'édile Volusius, qui se couvrit le visage du masque d'un isiade pour se soustraire à la proscription dont les triumvirs l'avaient frappé.

l'exhibition du phallus, emblême saint, qui rappelle la fécondance céleste, objet de la reconnaissance des initiés.

En passant de l'Égypte dans la Phénicie, les mystères d'Osiris y furent appropriés au génie des peuples de cette contrée. Le Dieu y reçut le nom d'Adonaï ou Adonis. Suivant la légende, Vénus ayant vu Adonis enfant, le trouva si beau qu'elle l'enleva, le mit dans un *coffre,* pour le soustraire à tous les regards, et ne le montra qu'à Proserpine seule. Cette déesse, non moins charmée de la beauté d'Adonis, voulut à son tour s'en emparer. Elle y réussit malgré l'opposition de Vénus, et toutes deux prirent pour arbitre de leur différend le puissant Jupiter, qui décida qu'Adonis appartiendrait six mois de l'année à Vénus, et six mois à Proserpine. Cette décision fut exécutée. Mais Adonis, chasseur déterminé, fut tué sur le *Mont-Liban* par un sanglier, qui lui enfonça ses défenses dans les organes de la génération, et Vénus, accourue à ses cris, ne trouva plus qu'un corps inanimé, qu'elle inonda de ses larmes. Cependant, sensible à la douleur de la déesse, Cocyte, disciple de Chiron, rendit Adonis à la vie. Nous trouvons, dans Macrobe, l'explication de cette allégorie : « Les physiciens, dit cet auteur, ont donné le nom de Vénus à l'hémisphère supérieur, dont nous occupons une partie ; et ils ont donné le nom de Proserpine à l'hémisphère inférieur. Voilà pourquoi Vénus, chez les Assyriens et chez les Phéniciens, est en pleurs lorsque le soleil, parcourant dans sa course annuelle les douze signes du zodiaque, passe chez nos antipodes. Car, de ces douze signes, six sont dits inférieurs, et six supérieurs. Lorque le soleil est dans les signes inférieurs et que, par conséquent, les jours sont plus courts, la déesse est censée pleurer la mort temporaire et la privation du soleil, enlevé et retenu par Proserpine, que nous regardons comme la divinité des régions australes ou de nos antipodes. On dit qu'Adonis est rendu à Vénus, lorsque le soleil, ayant traversé les six signes inférieurs, commence à parcourir ceux de notre hémisphère, en nous apportant une lumière plus vive et des jours plus longs. Le sanglier que l'on suppose avoir tué Adonis est l'emblême de l'hiver, car cet animal à poils rudes et hérissés se plaît dans les lieux humides, fangeux, couverts de gelée, et se nourrit de glands, fruits particuliers à l'hiver. Or, l'hiver est une blessure pour le soleil, dont il nous enlève la lumière et la chaleur, effet que produit la mort sur les êtres animés. Vénus est représentée sur le *Mont-Liban* avec toute l'expression de la douleur : *sa tête,* penchée et couverte d'un voile, *est soutenue par sa main gauche près de sa poitrine,* et son visage semble baigné de larmes. Cette image figure aussi la terre pendant l'hiver, époque à laquelle, voilée par les nuages et privée de soleil, elle est dans l'engourdissement. Les fontaines, qui sont comme ses yeux, coulent abondamment, et les champs, dépouillés de leurs ornements, n'offrent qu'un triste spect. Mais lorsque le soleil s'élève au-dessus des régions inférieures de la terre, lorsqu'il franchit l'équinoxe du printemps et prolonge la durée du jour, alors Vénus est dans la joie, les champs s'embellissent de leurs moissons, les prés de leurs herbes, les arbres de leur feuillage. »

Le culte et les mystères d'Adonis se propagèrent de la Phénicie dans Assyrie, la Babylonie, la Perse, la Grèce et la Sicile. Les fêtes publiques célébrées en l'honneur du dieu commençaient, en Phénicie, à l'époque où les eaux du fleuve Adonis, qui tombent du Liban, sont chargées d'une couleur rougeâtre qu'elles conservent assez avant dans la mer, et qui provient de ce qu'elles entraînent avec elles une terre rouge, particulière à la montagne. Les femmes du pays s'imaginaient que la blessure d'Adonis se renouvelait tous les ans, et que c'était le sang qui en coulait qui rougissait les eaux du fleuve. Ce phénomène donnait le signal de la fête. Chacun prenait le deuil, et simulait l'affliction et les larmes. A Alexandrie, la reine portait la statue d'Adonis, accompagnée des femmes les plus considérables de la ville, qui tenaient à la main des corbeilles pleines de gâteaux, des boîtes de parfums, des fleurs, des *branches d'arbres* et des *grenades*. La pompe était fermée par d'autres femmes qui portaient de riches tapis, sur lesquels étaient deux lits en broderies d'or et d'argent, l'un pour Vénus, l'autre pour Adonis. A Athènes, on plaçait, dans divers quartiers de la ville, des figures représentant un jeune homme mort à la fleur de l'âge. Les femmes, vêtues d'habits de deuil, venaient ensuite les enlever, et célébraient leurs funérailles. Ces jours funèbres étaient réputés malheureux. On jugea de mauvais augure, dans ces circonstances, le départ de la flotte des Athéniens, qui mit à la voile pour aller en Sicile, et l'entrée de l'empereur Julien dans Antioche. Le dernier jour de la fête, la tristesse se changeait en joie, et l'on célébrait la résurrection d'Adonis. Les mystères de ce dieu avaient été aussi introduits en Judée. Adonis y portait le nom de Thammuz. Ezéchiel dit que tous les ans les femmes juives le pleuraient, assises à la porte de leurs maisons.

On a peu de détails sur les cérémonies qui accompagnaient l'initiation adonisienne. Lucien nous apprend que les récipiendaires sacrifiaient une brebis, mangeaient de la chair de cet animal, en mettaient la tête sur la leur, et posaient un genou sur une *peau de faon*, étendue sur le parvis. Dans cette attitude, ils adressaient leurs prières aux dieux; ils se mettaient ensuite dans un *bain, buvaient* de l'eau froide, et *se couchaient à terre*. Il est probable qu'ils représentaient le Dieu et passaient fictivement par toutes les phases de la catastrophe qui l'avait privé de la vie.

Le culte et les *mystères des Cabires,* qui s'étaient établis dans l'île de Samothrace, paraissent être, comme ceux d'Adonis, originaires de la Phéni-

cie. Ce nom de cabires était en effet phénicien, et signifiait grand et pu
sant. Il y avait quatre dieux cabires : Axiéros, Axiokersos, Axiokersa
Cadmilus. Le dernier, qui était le plus jeune, avait, disait-on, été tué p
ses frères. Ils s'étaient enfuis, emportant avec eux ses parties naturelles da
une ciste ou corbeille. Sa tête fut enveloppée dans une étoffe teinte en pou
pre, et son corps fut porté sur un bouclier, en Asie, au pied du mo
Olympe, où on l'enterra. On venait des pays les plus éloignés se fai
initier aux mystères de Samothrace. Les anactotelestes, ou hiérophante
promettaient aux adeptes de les rendre justes et saints. Ceux que tourme
tait le remords s'en débarrassaient en faisant l'aveu de leurs crimes à ι
prêtre, sorte de confesseur, que l'on appelait koès. Toutefois le koès n'ava
pas le pouvoir de purifier tous les coupables sans exception. Evandre, gén
ral de Persée, se présenta pour être initié; mais les Romains ayant repr
senté qu'il souillerait le sanctuaire par sa présence, on le somma de comp
raître devant l'ancien tribunal institué pour juger les homicides qui osaie
y pénétrer. Evandre n'insista pas et renonça à l'initiation.

Le meurtre allégorique de Cadmilus était commémoré dans les rites s
crets. Le myste ou récipiendaire se présentait couronné de branches d'olivi
et avec une ceinture de couleur pourpre. Ainsi vêtu, il se plaçait sur une e
pèce de trône que tous les assistants entouraient, se tenant par la main
exécutant des danses sacrées. Puis avait lieu le drame funèbre, dans lequ
le néophyte remplissait le rôle de Cadmilus. Pendant cette représentation
les initiés simulaient la douleur et faisaient entendre des sanglots et des ge
missements.

Les mystères de Samothrace n'avaient rien perdu de leur célébrité en l'a
·18 de notre ère; Germanicus s'étant embarqué pour aller s'y faire initier, n
put en être empêché que par la violence des vents contraires.

Il existait en Phrygie, sur le mont Ida, des mystères connus sous le no
de *mystères des Dactyles*. Ils reposaient sur la même fable sacrée que ceu
de l'île de Samothrace; mais Cadmilus y était appelé Kelmis. Une branch
détachée de l'initiation dactylienne s'établit dans l'île de Rhodes et y prit l
dénomination de *mystères rhodiens* ou *des Telchines*. Une autre branche d
la même initiation fut introduite dans l'île de Crète, où elle reçut le nom d
mystères des Curètes, ou de *mystères gnossiens*, parce qu'elle avait son siég
dans la ville de Gnosse. Les dieux honorés à Gnosse, étaient Ouranos, Rhé
et Jasion, lequel avait été massacré par les Titans. Cette catastrophe éta
mise en action, et le récipiendaire, couvert de la peau d'un agneau noir, re
présentait la victime. Comme dans les initiations d'Osiris, d'Adonis et de
Cabires, on exposait à la vue du néophyte une image du phallus.

Outre les mystères célébrés sur le mont Ida en l'honneur des Dactyles, l

Phrygie avait aussi les *mystères des Corybantes*, qui étaient établis dans la ville de Pessinunte. On y honorait Atys, fils de Cybèle. L'empereur Julien qualifie Atys de « dieu fécond par excellence. » Il raconte que ce dieu, exposé à sa naissance sur les bords du fleuve Gallus, y fut élevé jusqu'à l'âge de la puberté. A cette époque, Cybèle, à qui il devait le jour, s'éprit de sa beauté; et, en témoignage de la tendresse qu'elle éprouvait pour lui, elle décora sa tête d'un bonnet semé d'étoiles. Julien dit que ce bonnet désigne le ciel, et que le fleuve Gallus est la voie lactée, *galaxia*. Atys était entraîné vers la danse par un penchant irrésistible. Pour satisfaire ce goût, il recherche les nymphes. Il eut commerce avec une d'elles, et la suivit dans la grotte qu'elle habitait. Suivant Julien, « cette grotte, ou antre, est le monde, où s'opèrent les générations. » Cybèle, jalouse de son amant, lui avait donné pour surveillant un lion roux, qui lui découvrit cette infidélité du jeune dieu. Contraint alors de renoncer à la nymphe qu'il aimait, Atys, dans un accès de délire, se mutila. D'après d'autres traditions, Atys n'était qu'un simple prêtre de Cybèle, qui enseigna aux Phrygiens les mystères de la mère des dieux. Cet acte de piété le rendit cher à la déesse, mais excita la jalousie de Jupiter, qui suscita un sanglier monstrueux, lequel porta le ravage dans toute la Lydie et fit périr Atys. Dans cette dernière légende, Atys subit le sort d'Adonis : l'un et l'autre sont frappés par un sanglier dans les organes de la génération. Macrobe dit expressément qu'Atys était un des noms du soleil. Pour exprimer la puissance de cet astre et sa fonction de chef de l'harmonie céleste (1), on représentait le dieu tenant d'une main une verge et de l'autre la flûte à sept tuyaux. Dans les monuments, les figures du bélier et du taureau, signes, l'un de l'exaltation du soleil et l'autre de celle de la lune, qui successivement occupèrent le point équinoxial, se trouvent unies au pin sacré, emblème de la double puissance génératrice de l'univers, parce que cet arbre porte toujours des fleurs des deux sexes.

Les fêtes que l'on célébrait en l'honneur d'Atys avaient lieu à l'équinoxe du printemps, époque du triomphe que remporte le dieu soleil sur les ténèbres et sur les longues nuits de l'hiver. Ces fêtes duraient trois jours. Le premier était triste. On abattait un pin cruciforme auquel était attachée la figure d'Atys, parce que, suivant la légende, son corps mutilé avait été découvert au pied d'un pin par les Corybantes, qui l'avaient transporté dans le temple de Cybèle, où il avait expiré. Cette cérémonie avait rapport à la mort fictive du soleil, et rappelait sous un autre nom la catastrophe d'Osiris, d'Adonis et de Cadmilus. Le second jour était appelé la fête des trompettes. Tout

(1) *Voyez* page 75.

retentissait du bruit de ces instruments et de celui des tambours et des crot
les. On feignait ainsi de vouloir réveiller Atys. Les Phrygiens pensaient
effet que le soleil dormait l'hiver et ne se réveillait qu'au printemps.
troisième jour on procédait à l'initiation. Ensuite avaient lieu les fêtes
joie, nommées *hilaria*, en commémoration du retour du dieu à la vie.

Lorsqu'on procédait à l'initiation, le récipiendaire était interrogé par
grand-prêtre, à qui il devait répondre ces paroles énigmatiques : « J'
mangé du tambour, j'ai bu de la cymbale et j'ai porté le cernos. » Le cern
était un vase de terre dans lequel on mettait des pavots blancs, du fromen
de l'huile et du miel, tous emblèmes funéraires. A cet interrogatoire succ
daient des cérémonies dont les détails ne sont pas parvenus jusqu'à nous.
est vraisemblable qu'on y mettait en action l'histoire d'Atys, ainsi que cel
se pratiquait dans les mystères des autres dieux.

Les ministres de ce culte s'appelaient *galles*, parce que leur princip
temple était élevé sur les bords du fleuve Gallus. Pendant les fêtes tristes, i
se portaient à des actes de frénésie qu'on a peine à comprendre. Ils parcou
raient les bois et les montagnes, les cheveux épars, poussant des cris affreux
tenant d'une main un glaive, de l'autre, des branches de pin enflammées
et, pour donner une représentation de la catastrophe d'Atys, ils se muti
laient eux-mêmes et portaient comme en triomphe les marques déplorable
de leur délire, qu'ils finissaient par jeter dans quelque maison. Ils étaien
au reste les plus méprisés et les plus misérables de tous les hommes; ils al
laient de porte en porte, vendant au peuple la faveur d'Atys et de Cybèle
et jouant de divers instruments, particulièrement des cymbales et du tam
bour, qui étaient la musique obligée de leurs mystères.

L'initiation des Corybantes remontait à une époque très reculée. On er
fixe l'établissement à environ quinze siècles avant l'ère chrétienne. De la
Phrygie, elle passa dans la Syrie et dans la Grèce, où elle ne fut admise qu'a
vec difficulté parmi les Athéniens. Introduite à Rome pendant la deuxième
guerre punique, elle se propagea dans tout l'empire, et elle y subsista jus
qu'aux derniers temps du paganisme.

Les *mystères de Cotytto*, qui avaient beaucoup d'analogie avec ceux d'A
tys et de Cybèle, furent d'abord établis dans la Thrace. De là ils furent por
tés dans la Grèce, à Chio, à Corinthe et à Athènes. On a peu de renseigne
ments sur cette initiation; on sait seulement que les initiés prenaient le nom
de *baptes*, sans doute à cause de quelque ablution préparatoire, et qu'ils
buvaient dans un vase ayant la forme du phallus. De la Grèce, les mystères
de Cotytto passèrent à Rome, à l'époque de la fondation de cette ville, s'y
modifièrent, y prirent le nom de *mystères de la bonne déesse*, et y furent
spécialement consacrés aux femmes. Les vestales en étaient les prêtresses.

Cicéron prétend qu'ils avaient pour objet le salut du peuple romain. Suivant Denis d'Halicarnasse, la bonne déesse n'était autre que Cérès. La tradition mystérieuse portait qu'elle était fille de Faune, et qu'elle fut aimée par son père. Elle refusa de céder à ses vœux. Vainement la fustigea-t-il avec un rameau de myrte et eut-il recours ensuite à l'ivresse du vin, il ne put parvenir à vaincre sa résistance. Alors il se métamorphosa en serpent, et, sous cette forme, il lui plut ou il la trompa. Cette légende s'explique astronomiquement par la position des constellations au moment de la célébration de la fête de la bonne déesse, c'est-à-dire aux calendes de mai. Dupuis conjecture judicieusement que les femmes initiées, entre autres cérémonies rappelant la fable sacrée, représentaient par une flagellation la fustigation de la bonne déesse. En effet, les hommes et les femmes se flagellaient en Egypte en mémoire d'Isis que le dieu Pan avait fustigée.

Les mystères de la bonne déesse se célébraient la nuit, en présence des vestales, dans la maison du consul, dont la mère ou la femme présidait aux rites sacrés. Les hommes ne pouvaient y assister. Tous les tableaux qui en représentaient quelqu'un y étaient scrupuleusement voilés. Il en était de même de tous les animaux mâles. Non-seulement la curiosité, mais le hasard même ne pouvaient sans crime faire tomber les regards d'un homme sur les objets de ce culte mystérieux. Clodius, amant de la femme de César, dont il lui était difficile d'approcher, à cause de la grande surveillance qu'exerçait sur elle Aurélia, mère du consul, profita de cette fête pour pénétrer dans la maison de sa maîtresse, où avaient lieu les mystères. Clodius, qui n'avait point encore de barbe, se déguisa en femme et se fit introduire par une esclave qui était dans la confidence. Il fut découvert; la cérémonie cessa; on couvrit d'un voile les choses sacrées. Les initiées éperdues s'éloignèrent et allèrent dénoncer à leurs maris ce qui venait de se passer. Clodius, accusé d'impiété, fut traduit en justice; mais il eut le bonheur d'échapper à la mort qu'il avait encourue.

Si l'on en croit Juvénal, les hommes eurent aussi leurs mystères, dont les femmes furent exclues. Pour observer en quelque sorte les anciens rites, ils s'habillèrent eux-mêmes en femmes, et s'ornèrent la tête de bandelettes et le cou de colliers. Avant de commencer la célébration de ces mystères, le héraut faisait une proclamation où il disait : « Loin d'ici, profanes! On n'entend point en ces lieux les accents plaintifs de vos cors et de vos chanteuses. »

Il paraît que, du temps de Juvénal, les mystères de la bonne déesse, dans lesquels il ne s'était rien passé d'abord qui pût offenser les mœurs, avaient grandement dégénéré. On y accomplissait des cérémonies de nature à exciter de violents désirs dans les femmes; et le poète tonne contre la débauche qui souillait ces mystères.

40

Presque tous les écrivains de l'antiquité avouent l'identité d'Isis, honorée en Egypte, et de Cérès, que vénéraient les Grecs et les Romains. Les Athéniens, chez qui le culte de Cérès était établi, étaient une colonie d'Egyptiens venus de Saïs, où Isis était adorée. A Corinthe, en Phocide, dans l'Argolide, Cérès avait conservé son nom d'Isis. L'histoire de Cérès est, dans la plupart de ses circonstances, la même que celle de la déesse égyptienne. Voici en quoi elle en diffère. Pluton, dieu des signes inférieurs, comme Typhon est le dieu des ténèbres, enlève Proserpine, fille de Cérès, et l'emporte dans les enfers. Cérès, désolée de la disparition de sa fille, se met à sa recherche. Elle allume un flambeau pour éclairer ses pas, et, après avoir parcouru différents pays, elle arrive à Eleusis, dans l'Attique. Cependant Jupiter ordonne à Pluton de rendre Proserpine à sa mère. Le dieu y consent, à condition qu'elle n'aura rien mangé depuis son séjour aux enfers : ainsi le voulait l'arrêt des Parques. Par malheur, Proserpine, se promenant dans les jardins du palais infernal, avait cueilli une *grenade*, dont elle avait mangé *sept* grains. Tout ce que put faire alors Jupiter fut d'ordonner que Proserpine demeurerait chaque année six mois avec son mari et six mois avec sa mère. Cette particularité se retrouve dans la fable d'Adonis. De même qu'Isis, Cérès avait un jeune enfant appelé Iacchus. Ce nom signifiait en phénicien un enfant qui tète. Cet Iacchus, l'Horus des Egyptiens, était célèbre dans les *mystères d'Éleusis*. On l'appelait aussi Bacchus. Il avait été mis à mort par les Titans, comme Osiris par Typhon. On célébrait tous les ans à Patras, dans l'Achaïe, la fête de Bacchus-Æsymnète, le même que l'Iacchus des mystères d'Eleusis ; et, la nuit qui la précédait, le prêtre de ce dieu apportait un *coffre* dans lequel on gardait sa statue.

Les mystères de Cérès, dont on place généralement l'établissement au xvᵉ siècle avant l'ère vulgaire, ne restèrent pas confinés dans Eleusis. On les connaissait en Sicile et à Rome au temps de Sylla, et on en trouve des traces en Angleterre dès le règne de l'empereur Adrien. Lorsqu'on les célébrait en Grèce, toutes les nations accouraient à cette fête, comme, en Egypte, tout le peuple se rendait aux fêtes de Saïs, de Bubaste, d'Héliopolis, de Pampremis. On y venait de toutes les parties de la Grèce ; car non-seulement les Athéniens, mais encore les autres Grecs pouvaient s'y faire initier. Le concours était immense. En temps de guerre, les Athéniens s'empressaient d'envoyer offrir des sauf-conduits à tous ceux qui voulaient assister aux éleusinies, soit comme initiés, soit même comme simples spectateurs. Ces mystères étaient l'objet d'une profonde vénération pour les Grecs et pour les barbares eux-mêmes. Xercès, l'ennemi déclaré des dieux de la Grèce et le destructeur de leurs temples, épargna le sanctuaire d'Eleusis. Pour déterminer les Athéniens à se déclarer en faveur de Mithridate, Aristion leur dit que les Romains voulaient abolir les mystères d'Eleusis.

Ces mystères étaient de deux classes : les grands et les petits. Les derniers se célébraient à Agra, à deux ou trois stades au sud-est d'Athènes. On y trouvait un temple ou chapelle, près duquel coulait l'Ilissus. Cette rivière servait aux purifications préparatoires. Le dadouque, second ministre de l'initiation, faisait mettre le pied gauche du récipiendaire sur des *peaux* de victimes. Après cette lustration, le mystagogue exigeait de l'aspirant un serment terrible pour s'assurer de sa discrétion. Ensuite il lui faisait diverses questions, et, quand il y avait répondu, il le faisait asseoir sur un trône, et l'on dansait autour de lui. La même cérémonie avait lieu dans les mystères de Samothrace. Suivant Dion Chrysostôme, le temple d'Agra représentait l'*univers*. Les petits mystères étaient une préparation aux grands. Les initiés aux premiers prenaient le nom de *mystes*; ceux qu'on recevait aux seconds étaient appelés *époptes*. On mettait cinq ans d'intervalle entre les deux initiations.

Différentes cérémonies précédaient la célébration des grands mystères. Elles duraient neuf jours. Le premier s'appelait *agyrmos*, assemblée. Ce jour là, les aspirants se réunissaient au lieu du rendez-vous. Le lendemain, ils faisaient une procession jusqu'à la mer, traversant en chemin deux canaux d'eau salée qui séparaient le territoire d'Athènes de celui d'Eleusis, et dans lesquels ils se purifiaient. Ils consacraient au jeûne le troisième jour, et se préparaient à la continence en buvant de la liqueur appelée cycéon. Le soir, ils rompaient le jeûne par un léger repas composé de sésame, de biscuits appelés pyramides à cause de leur forme, et de divers autres aliments renfermés dans la ciste, ou corbeille mystique. Cette journée devait se passer dans l'affliction. Un sacrifice était accompli le quatrième jour. Il était interdit aux initiés de toucher les parties de la génération des victimes. Ils exécutaient des danses sacrées, qui faisaient allusion à la révolution des planètes autour du soleil; car l'opinion qui fait de cet astre le centre du système planétaire n'est pas nouvelle; elle était professée par les astronomes dès la plus haute antiquité. La cérémonie dite des flambeaux avait lieu le cinquième jour. Les initiés tenaient une torche à la main et défilaient ainsi deux à deux. Un profond silence régnait pendant tout le temps de cette cérémonie. On entrait dans le temple de Cérès à Eleusis, et on s'y faisait passer de main en main les torches, dont les flammes avaient la vertu de purifier. Le temple d'Eleusis était placé sur le sommet d'une colline et environné de murs. La sèque ou nef était d'une grandeur immense. Le grand mur qui entourait le temple était destiné à renfermer tous les mystes aspirants à la dernière initiation avant qu'ils fussent admis dans la sèque mystique. Le sixième jour était consacré au jeune Iacchus. Le dieu, représenté avec une couronne de myrte, plante funéraire, et tenant à la main un flambeau, était porté en cérémonie du Céramique à Eleusis. A la suite de la statue, venaient le van mystique, et le calathus avec tout ce qu'il contenait, notamment le phallus. Les cris répétés d'*Iacché* ! se faisaient entendre pendant toute la procession, qui sortait d'Athènes par la porte sacrée et prenait ensuite le chemin d'Eleusis, qu'on appelait pour cette raison la voie sacrée.

C'est alors qu'avait lieu l'initiation aux grands mystères. Les rituels en avaient été publiés pour les initiés. Au temps de Gallien, les copies s'en étaient fort multipliées, et elles excitaient vivement la curiosité des profanes. Il n'en est resté que des fragments incomplets, d'après lesquels nous allons essayer de décrire le cérémonial qui accompagnait l'initiation. Nous avons dit que le secret le plus inviolable entourait les mystères. Les femmes, quoique initiées aux thesmophories, dont nous parlerons plus loin, en étaient formellement exclues. Cependant il arriva une fois que Démétrius, archonte-roi, enhardi par la protection d'Antigone, roi de Macédoine, fit mettre un siége pour Aristagore, sa maîtresse, près du sanctuaire d'Eleusis pendant la célébration des mystères, menaçant de punir avec sévérité quiconque tenterait de s'y opposer. Avant de mourir, les Athéniens étaient obligés de s'y faire initier, et ils pouvaient dès leur enfance participer à cette cérémonie. Dans l'origine, l'initiation était gratuite ; mais les besoins de l'Etat ne permirent pas dans la suite de conserver cette coutume ; et, par une loi dont Aristogiton fut l'auteur, on ne put être admis aux mystères qu'en payant une somme d'argent. A Rome, les biens confisqués sur certains coupables et le produit des amendes étaient consacrés à Cérès.

Les aspirants n'étaient pas initiés tous à la fois ; ils n'entraient que successivement dans la sèque mystique. L'hiérocéryx, ou héraut sacré, ouvrait l'initiation, par la proclamation suivante : « Si quelque athée, chrétien ou épicurien, est spectateur de ces mystères, qu'il sorte, et que les personnes qui croient en Dieu soient initiées sous d'heureux auspices ! » Ensuite on faisait prêter aux aspirants un nouveau serment de discrétion. On leur demandait : « Avez-vous mangé du pain? » Ils répondaient : « Non, j'ai bu du cycéon, j'ai pris de la ciste ; après avoir *travaillé*, j'ai mis dans le calathus, puis du calathus dans la ciste. » Cette réponse prouvait qu'ils avaient été préalablement initiés aux mystères d'Agra. Il fallait que le récipiendaire se présentât *nu*. On le couvrait ensuite d'une *peau* de faon, dont il se faisait une ceinture. Il quittait de nouveau ce vêtement, et on le revêtait de la tunique sacrée, qu'il devait porter jusqu'à ce qu'elle tombât en lambeaux. Plongé dans les horreurs de la nuit et saisi de frayeur, l'aspirant attendait dans le vestibule, ou le *pronaos*, que les portes du sanctuaire s'ouvrissent pour lui. Il entendait un bruit pareil à celui du tonnerre ; les vents mugissaient, des éclairs brillaient par intervalles ; des fantômes apparaissaient à ses yeux, un, entre autres, qui avait la forme de Cerbère. Il est vraisemblable que c'est à ce moment que l'on représentait la fin tragique d'Iacchus, ou Bacchus, mis à mort par les Titans, ou le combat des deux principes, des ténèbres et de la lumière, qui avait fait donner aux ministres d'Éleusis l'épithète de *philopolèmes*, amis de la guerre. Après ces agitations et cette terreur, les portes du sanctuaire s'ouvraient, et le récipiendaire apercevait la statue de la déesse, entourée de la plus brillante clarté. Il était alors déclaré épopte ; et les mystagogues lui révélaient la doctrine secrète, « mais sans art, dit Plutarque, sans rapporter aucune preuve, aucun argument qui pût mériter à leurs discours une foi explicite. » Après l'exposition de cette doctrine, l'assemblée était congédiée par la formule *konx om pax*, qui était répétée par tous les initiés. Cette formule, qui se compose de mots sanskrits et qui devait être commune à d'autres mystères, vient à l'appui de l'opinion qui attribue aux gymnosophistes l'établissement des initiations.

Après les cérémonies que nous venons de décrire et qui avaient eu lieu pendant la nuit, les initiés retournaient à Athènes. Chemin faisant, ils se reposaient près du figuier sacré. C'est du bois de cet arbre qu'était fait le phallus renfermé dans le calathus : le fruit du figuier a, en effet, beaucoup d'analogie avec une partie de l'organe sexuel de l'homme. Les initiés se remettaient ensuite en marche. Les habitants des lieux environnants accouraient de toutes parts pour les voir passer, et les attaquaient d'épigrammes lorsqu'ils atteignaient le pont de Céphise. Les initiés tâchaient de répondre avec avantage, en se servant des mêmes armes, et celui d'entre eux qui était vainqueur dans la lutte était couronné de bandelettes. Le huitième jour de la fête s'appelait l'Épidaurie ; il était consacré à Esculape qui, étant arrivé d'Épidaure après l'initiation, n'avait pu y participer. Les Athéniens lui permirent de faire réitérer cette cérémonie le jour suivant ; et depuis ce temps, l'usage d'une seconde initiation s'établit pour ceux qui n'avaient pu prendre part à la première. On appelait le neuvième jour *plémochoé*. C'était le nom d'un vase de terre d'une forme particulière. Les prêtres remplissaient de vin deux de ces plémochoés, les renversaient ensuite, l'un du côté du levant, l'autre vers le couchant, en prononçant des paroles mystérieuses. Cette fête était triste. Le lendemain, avait lieu la célébration des jeux gymniques, par lesquels les éleusinies étaient terminées.

Les *thesmophories*, dont les mystères étaient particuliers aux femmes, se liaient, comme les éleusinies, au culte de Cérès. Les hommes en étaient rigoureusement exclus. Celui qui aurait pénétré dans le temple où on les cé-

lébrait, eût été puni de mort, ou eût eu les yeux crevés. Ces fêtes avaient lieu,
dans la Grèce, au moment où l'on solennisait en Égypte la mort d'Osiris,
c'est-à-dire à l'équinoxe d'automne. Le jour consacré au jeûne, les initiées
poussaient des hurlements, comme les Égyptiens aux fêtes d'Isis. Elles suivaient au prytanée le calathus traîné par quatre chevaux blancs et entouré
de vierges qui portaient des vases d'or devant elles. Les femmes qui n'a-
vaient pas encore été admises aux mystères, ne pouvaient se mêler à cette
sainte procession. Les initiations suivaient. On y procédait la nuit. Chaque femme tenait à la main un flambeau. En arrivant au thesmophorion,
temple de Cérès-Thesmophore, elle l'éteignait et elle le rallumait ensuite.
On simulait, dans les cérémonies secrètes, la disparition de Proserpine,
représentée par une prêtresse que l'on enlevait. De même que le phallus
était l'objet de la vénération des hommes dans les grands mystères, de
même on exposait aux respects des initiées, dans les thesmophories, une
image du ctéis, ou organe de la femme. Les thesmophores, se tenant toutes
par la main, exécutaient aussi des danses sacrées. A ce peu de renseignements se borne ce que les anciens nous ont laissé sur cette initiation.

Les divers *mystères de Bacchus*, connus sous les noms de dionysies, de
fêtes sabasiennes et orphiques, remontaient, chez les Grecs, à une haute
antiquité. Suivant Hérodote, ils leur avaient été apportés par Mélampe. On
les voit établis à une époque antérieure dans la Thrace, dans l'Arabie et
jusque dans l'Inde.

Les *dionysies* se divisaient en grandes et en petites. Celles-ci avaient lieu
tous les ans, à l'équinoxe d'automne. Les femmes y étaient admises. De
même qu'en Égypte, elles paraient leur cou d'une image du phallus. (Les
thesmophores portaient comme ornement une cigale d'or, qui, en Égypte
aussi, était le symbole de l'initiation. (Les petites dionysies s'ouvraient par
le sacrifice d'un porc, qu'on dépeçait ; les morceaux en étaient plus tard
partagés par l'hiérophante entre les assistants, dans le cours de l'initiation,
et l'on assure qu'ils devaient être mangés crus. Le sacrifice accompli, les
aspirants et les initiés se rendaient processionnellement au temple. Ils avaient
tous à la main des branches d'arbres, et, pendant la marche, ils exécutaient
des danses sacrées. De jeunes canéphores portaient des corbeilles, ou cistes
mystiques, dans lesquelles était, entre autres objets, l'ityphalle, ou phallus
droit, en bois de figuier. C'était par une feuille de cet arbre que les Égyptiens représentaient le phallus. La nuit qui suivait la procession, avaient lieu
les cérémonies initiatoires. On employait les mêmes moyens qu'à Éleusis
pour pénétrer le néophyte d'une sainte horreur. On mettait en action la
fable de Bacchus massacré par les Titans, géants qui, de même que le Typhon égyptien, avaient des pieds et des mains de serpent, et l'on feignait

d'*immoler* le récipiendaire. C'est du moins ce qui se passait à Chio et à Ténédos, au rapport de Porphyre. Les grandes dionysies se célébraient tous les trois ans, à l'équinoxe du printemps, dans le voisinage d'un marais, comme les fêtes de Saïs en Egypte. La nuit qui précédait l'initiation, la femme de l'archonte-roi, aidée des gérairai, ou vénérables, accomplissait le sacrifice d'un bouc. Elle représentait l'épouse de Bacchus; et lorsqu'elle était installée en cette qualité sur un trône disposé pour elle, les ministres et les initiés des deux sexes lui adressaient ces paroles : « Salut, épouse ! salut, nouvelle lumière ! » Venait ensuite l'introduction successive des aspirants dans le pronaos du temple. Le récipiendaire était purifié par le feu, par l'eau et par l'air. Pour accomplir la dernière purification, il s'élançait d'un lieu élevé pour saisir, à quelque distance, une figure de phallus, faite avec des fleurs, et qui était suspendue à une branche de pin, entre *deux colonnes.* Après cette cérémonie purificatoire, il était admis dans le sanctuaire, le front paré d'une couronne de myrte et enveloppé dans une *peau de faon,* et, là, il se trouvait en présence de la statue du dieu, toute étincelante de lumière.

Les *fêtes sabasiennes* avaient reçu ce nom de l'épithète de Sabasius donnée à Bacchus, qui en était l'objet, à cause d'un lieu ainsi appelé en Phrygie, où son culte était établi. Les mystères avaient pour ministres des prêtres appelés *besses.* Ils se célébraient la nuit. On y donnait le *spectacle* de Jupiter cohabitant avec Proserpine sous la forme d'un serpent. Ce cérémonial était relatif à la constellation d'Ophiucus, qui tient dans ses mains le serpent, lequel s'étend sous la couronne boréale, *Libéra*, ou Proserpine, mère de Bacchus. En mémoire de cette partie de la légende sacrée, on coulait un serpent d'or dans le sein des initiés, qui faisaient entendre l'acclamation : *Evoi, saboi, hyès, attès, attès, hyès!* Le culte de Bacchus-Sabasius, soit public, soit secret, subsista jusqu'aux derniers temps du paganisme, mais dégénéré et souillé par les plus honteuses pratiques. On voyait les initiés, couverts de peaux de chèvre, se livrer ostensiblement à la débauche, courir çà et là comme des ménades, mettre en pièces des chiens, et commettre les plus indécentes extravagances. On tenta d'introduire les fêtes sabasiennes à Rome, vers l'an 514 de la fondation de cette ville; mais C. Cornélius Hispallus, préteur des étrangers, s'y opposa de tout son pouvoir, dans l'intérêt des mœurs publiques, et il empêcha les novateurs de tenir aucune assemblée. En l'an 566, un prêtre grec fit adopter les rites sabasiens dans l'Etrurie. Environnée du plus profond secret, l'initiation n'y fut d'abord donnée qu'à un petit nombre de personnes des deux sexes, qui s'y livraient à tous les excès de la plus hideuse dépravation. La contagion s'étendit bientôt jusqu'à Rome, sans que les magistrats en fussent instruits. Le hasard seul fit tout découvrir. Un jeune chevalier avait été engagé à se faire admettre à ces mystères. Déjà il se préparait à subir les épreuves, lorsqu'il apprit d'une femme qui avait participé aux orgies toutes les infamies qui s'y commettaient. Indigné, il dénonce ce qu'il vient d'apprendre au consul Posthumius, qui prit des renseignements et obtint, contre les sectaires, un décret du sénat qui supprimait leur association. Une instruction eut lieu, et l'on apprit que le nombre des affiliés s'élevait à plus de sept mille, et que la plupart, outre la débauche à laquelle ils se livraient, étaient coupables de faux témoignages, de fausses signatures, ou de meurtres. Ceux d'entre les associés qui n'avaient prêté qu'un serment, sans avoir à se reprocher aucun acte punissable contre les personnes ou contre les propriétés, furent jetés dans les cachots; les autres furent punis de mort; et Tite-Live nous apprend qu'il y en eut beaucoup plus de mis à mort que d'emprisonnés. Cependant les fêtes sabasiennes se reproduisirent à Rome sous les empereurs, et principalement sous Domitien, comme on le voit par quelques inscriptions latines. En Grèce, ces fêtes éveillèrent également la sollicitude des magistrats; et Cicéron rapporte une loi du temps de Diagondas, qui les défendit à Thèbes.

Le culte de Bacchus était aussi celui des *orphiques*. On appelait ainsi une espèce de confrérie qui s'était établie sans y être autorisé par les lois, et qui était constituée à peu près de la même manière que le sont aujourd'hui les francs-maçons; seulement les membres empiétaient sur les attributions du sacerdoce et prétendaient ouvrir les portes du ciel à leurs adeptes à la faveur de certaines cérémonies religieuses. Ils se disaient dépositaires de l'ancienne doctrine d'Orphée, et s'efforçaient de ramener les mystères à leur véritable source, les idées égyptiennes. C'est ainsi qu'ils affirmaient que Bacchus et Osiris étaient un même dieu. Ils commémoraient dans leurs cérémonies secrètes, qui avaient lieu la nuit, l'histoire tragique de Bacchus mis à mort par les Titans, et ils saupoudraient de *plâtre* le récipiendaire, en mémoire de ce que les Titans s'en étaient couverts pour se déguiser, lorsqu'ils avaient résolu de massacrer Bacchus. Comme dans les fêtes sabasiennes, le serpent jouait un grand rôle dans les mystères des orphiques, et leur acclamation était aussi : *Évoi, saboi, hyès, attès, attès, hyès!* L'initiation orphique, parce qu'elle était en dehors du sacerdoce, ne brilla pas du même éclat que les autres, et elle finit par devenir le partage des classes ignorantes du peuple. Elle se releva pourtant dans les premiers siècles du christianisme. Alors, les pythagoriciens et les platoniciens, qui s'efforçaient d'arrêter la chûte du paganisme, s'en emparèrent et la remirent en honneur. Ils en modifièrent les rites, et donnèrent à Bacchus le surnom de Phanès, le plus grand des dieux, le principe lumineux de la nature. Mais cette tentative n'eut

qu'un succès passager, et ne put empêcher le triomphe définitif des nouvelles doctrines.

On ignore à qui est dû l'établissement des *mystères de Mithra*. L'opinion
commune les attribue à un législateur persan appelé Zoroastre; mais on
donne ce nom à plusieurs réformateurs qui auraient vécu à des époques
fort éloignées l'un de l'autre. Le premier Zoroastre, qu'on suppose avoir
existé environ 3200 ans avant notre ère, avait, dit-on, puisé sa doctrine chez
les brames de l'Inde. Poursuivis à différentes reprises et obligés de se cacher, les mages, ses disciples, conservèrent religieusement leurs mystères
jusqu'à la venue du dernier Zoroastre, c'est-à-dire au temps où Cambyses
semblait avoir conçu le projet d'anéantir tous les genres de lumières. Ce
dernier Zoroastre habitait alors l'Égypte, où il était venu sans doute se
faire initier aux sciences et à la philosophie des prêtres de ce pays. Des débris de l'ancienne loi des mages, il forma un nouveau corps de doctrine qui
devint le code religieux des Perses, des Chaldéens, des Parthes, des Bac-
triens, des Saïques, des Corasmiens et des Mèdes. D'après cette doctrine,
consignée dans le *Zend-Avesta*, l'Être-Suprême, Zeruané Akeréné, ou le
temps sans bornes, créa la lumière primitive; et, de cette lumière, sortit le
roi de lumière, Ormuzd. Au moyen de la *parole,* Ormuzd, à son tour, créa
le monde pur. De lui émanèrent des génies nommés amshaspands, qui entourent son trône, sont ses organes auprès des esprits inférieurs et des
hommes, et lui en transmettent les prières. D'Ormuzd, émanèrent encore
d'autres génies inférieurs nommés izeds, qui ont pour chef Mithra, et qui
veillent avec lui et avec les amshaspands au bonheur, à la pureté, à la con-
servation du monde, dont ils sont les anges et les gouverneurs. De Zeruané
Akeréné, était aussi émané directement Ahriman, à une époque postérieure.
Cet esprit naquit pur comme Ormuzd; mais bientôt il devint jaloux du pre-
mier-né; et sa haine et son orgueil le firent condamner par l'Être-Suprême
à habiter les espaces que n'éclaire aucun rayon de lumière, l'empire des ténèbres. Dès ce moment, commença entre Ormuzd, secondé par l'armée des
amshaspands et des izeds, et Ahriman et les mauvais génies appelés dews et
archidews, qu'il avait créés, une lutte acharnée, alternée de succès et de dé-
faites, qui devait durer douze mille ans, et se terminer à l'avantage du
principe de lumière. Des régions célestes, la guerre était descendue sur notre
globe, qu'Ormuzd avait formé après trois mille ans de règne et en six périodes
distinctes, avec toutes les autres planètes et tous les astres du firmament.
L'homme était un des produits d'Ormuzd à la pureté duquel il veillait avec
le plus de sollicitude. Ahriman parvint à séduire le premier couple, Meschia
et Meschiane, au moyen de lait et de fruits, et en gagnant d'abord la femme.
Toutefois, malgré la chûte de l'homme, les âmes n'ont rien à craindre;

41

elles sont assistées par les bons esprits; elles seront successivement purifiées; car le triomphe final du bien est résolu dans les arrêts de l'Être-Suprême.

L'ized Mithra présidait au soleil. On le confondit depuis avec cet astre; et
on lui rendit un culte exclusif, qui lui fit éclipser Ormuzd lui-même. Il est
représenté dans les monuments sous les traits d'un jeune homme, coiffé d'un
bonnet phrygien et vêtu d'une tunique et d'un manteau; il a le genou sur
un taureau abattu; et, pendant qu'il lui tient le mufle de la main gauche,
de la droite, il lui plonge un poignard dans le cou. Cette image fait allusion
à la force du soleil lorsqu'il atteint le signe du taureau. La figure de Mithra
est ordinairement accompagnée de différents animaux qui ont rapport aux
autres signes du zodiaque. La principale fête de ce dieu-soleil était celle de
sa naissance, qu'on plaçait, comme celle du Christ, huit jours avant les calendes de janvier. En Perse, la célébration de ses mystères avait lieu au
solstice d'hiver; à Rome, à l'équinoxe du printemps.

L'initiation était divisée en différents degrés, qu'on ne pouvait franchir
qu'en subissant de rigoureuses épreuves. Il fallait que le récipiendaire passât
à la nage une grande étendue d'eau, qu'il se jetât dans le feu, qu'il subît
un long jeûne, qu'il fût fustigé, qu'il éprouvât enfin des tourments de tout
genre et qui, allant toujours en croissant, mettaient souvent sa vie en danger. Ces épreuves terminées, on l'introduisait dans un antre qui représentait le *monde*. On y avait tracé toutes les divisions du ciel et l'image des corps
lumineux qui y circulent. Là, il était purifié par une sorte de *baptême;* on
imprimait une *marque* sur son front; il offrait du *pain* et un vase d'*eau*, en
prononçant des paroles mystérieuses; on lui présentait, à la pointe d'une
épée, une *couronne*, qu'on plaçait ensuite sur sa tête, et qu'il rejetait en
disant : « C'est Mithra qui est ma couronne. » On le déclarait alors *soldat*,
et il appelait les assistants ses *compagnons d'armes*. Le second grade était
celui de *lion*, pour les hommes, et d'*hyène*, pour les femmes. Le récipiendaire s'enveloppait d'un *manteau* sur lequel étaient tracées des figures d'animaux, qui faisaient allusion aux constellations du zodiaque. On frottait
de miel ses mains et sa langue pour le purifier. Il se passait alors une sorte
de spectacle, de *drame-pantomime;* ce qui fit dire par Archelaüs à Manès :
« Tu vas, barbare Persan, en imposer au peuple, et, comme un habile comédien, célébrer les mystères de ta divinité. » On plaçait le récipiendaire
derrière un rideau qu'on tirait tout à coup, et des figures de griffons paraissaient aux yeux des spectateurs. Après le grade de lion, venait celui de prêtre
ou de *corbeau*, puis, le degré de *Perse*, où l'initié revêtait le costume de cette
nation; ensuite les grades de *Bromius*, épithète de Bacchus, d'*Hélios*, ou
de soleil, et enfin de *père*. Les initiés de ce dernier grade étaient appelés

éperviers, animaux consacrés au soleil parmi les Égyptiens; ils avaient à leur tête le *pater patrum*, ou l'hiérophante. Ces grades, au nombre de sept, avaient rapport aux planètes. On n'a que des détails incomplets sur les cérémonies qui en accompagnaient la réception. Ici, on mettait un *serpent* d'or dans le sein du récipiendaire, ainsi que cela avait lieu dans les mystères de Bacchus-Sabasius. Ce reptile, qui change de peau tous les ans et reprend alors une nouvelle vigueur, était, pour les anciens, une image du soleil, dont la chaleur se renouvelle au printemps. Dans un autre grade, on feignait d'*immoler* le récipiendaire; on annonçait ensuite sa résurrection; et les assistants faisaient éclater leur joie. Comme dans les loges de francs-maçons, on exposait à la vue des aspirants des crânes et des ossements; ce qui parut justifier l'opinion où l'on était que les mithriades accomplissaient des sacrifices humains. Du témoignage de tous les auteurs, il résulte qu'on donnait au récipiendaire une interprétation astronomique des symboles exposés à leurs yeux et des cérémonies qui accompagnaient l'initiation. Dans une de ces cérémonies, on représentait, suivant Celse, cité par Origène, le *double mouvement des étoiles fixes et des planètes*. Ces pratiques mystérieuses faisaient aussi allusion à la purification successive des âmes, par leur passage à travers les astres, suivant la doctrine de Zoroastre. A cet effet, le récipiendaire gravissait une sorte d'échelle, le long de laquelle il y avait *sept* portes, et tout au haut, une huitième. La première porte était de plomb; on l'attribuait à Saturne. La seconde, d'étain, était affectée à Vénus; la troisième, d'airain, à Jupiter; la quatrième, de fer, à Mercure; la cinquième, d'un métal mélangé, à Mars; la sixième, d'argent, à la lune; et la septième, d'or, au soleil. La huitième porte était celle du ciel des fixes, séjour de la lumière incréée, et but final où devaient tendre les âmes.

On a vu que les mystères de Mithra prirent naissance dans la Perse. De là, ils passèrent en Arménie, en Cappadoce, en Cilicie. Ils furent introduits à Rome du temps de Pompée; mais ce n'est que sous Trajan qu'ils commencèrent à fleurir dans l'empire. Adrien en défendit l'exercice. On les voit reparaître sous le règne de Commode, qui s'y était fait initier, et qui y remplissait des fonctions élevées. Ils furent entourés d'un grand éclat sous Constantin et sous les empereurs qui lui succédèrent. A cette période, ils se répandirent dans toutes les cités, dans toutes les provinces romaines, et particulièrement dans l'île de Bretagne. Ce n'est qu'en l'an 378 qu'ils furent proscrits par le sénat; et l'antre sacré des mithriaques fut ouvert et détruit, par les ordres de Gracchus, préfet du prétoire.

Environ six cents ans avant l'ère vulgaire, les Kimris ou Cimbres, peuples nombreux qui habitaient la Crimée, firent irruption sur l'Europe septentrionale et occidentale, s'établirent successivement dans le vaste espace

compris entre la Scandinavie (Suède) et les chaînes des Alpes et des Pyrénées, et y apportèrent la religion et les *mystères druidiques*. Les chefs de
cette initiation, qui s'appelaient drottes, dans la Scandinavie, et druides,
dans les Gaules, étaient divisés en trois classes : les *vacies*, dépositaires des
dogmes secrets, et qui remplissaient les fonctions de prêtres et de juges ; les
bardes, qui chantaient les hymnes dans les cérémonies du culte et célébraient
les actions des grands hommes et des héros ; les *eubages*, qui présidaient au
gouvernement civil et à l'agriculture, et dressaient les calendriers. A la
mort du grand-prêtre, les druides choisissaient parmi eux, à la pluralité des
suffrages, celui qui devait lui succéder. Retirés au fond de leurs vastes forêts,
ils ne paraissaient aux yeux du peuple que lorsque leur saint ministère ou
le soin des affaires publiques nécessitait leur présence. Comme en Égypte,
ils associaient au sacerdoce, par une initiation, les sujets qui leur paraissaient aptes à recevoir l'instruction sacrée. Vingt ans suffisaient à peine aux
études préparatoires qu'ils imposaient à leurs élèves ; aucun livre, aucune
tradition écrite ne pouvaient soulager leur mémoire : les druides auraient
craint qu'un œil profane pénétrât le secret de leurs mystères. Après ce long
cours d'études, et à la suite d'épreuves et d'examens rigoureux, les élèves
étaient admis à l'initiation. Égaux de leurs maîtres, ils étaient, dès ce moment, entourés comme eux de la vénération publique. Dans la Gaule proprement dite, les druides avaient le siége principal de leur initiation dans
la forêt de Dreux ; dans la Grande-Bretagne, leur collége suprême était établi à Mona, aujourd'hui l'île de Man. Tout ce qu'on sait de leurs cérémonies
secrètes, c'est qu'on y voyait figurer un *autel triangulaire*, un *coffret mystique,* et l'*épée de Belinus* ou Belen, leur dieu-soleil.

L'établissement des Romains dans les Gaules et dans l'île de Bretagne
amena l'anéantissement de la religion druidique dans ces contrées. Claude
la proscrivit avec acharnement ; mais il en restait des vestiges au IVe siècle.

Persécutée dans les Gaules, elle se réfugia, ou plutôt elle se conserva dans
toute sa vigueur en Germanie et en Scandinavie. On l'y voit encore florissante vers le XIIe siècle. Dans la Scandinavie, elle paraît s'être mélangée de
rites nouveaux apportés de l'Orient par la tribue des Asi ou Asiatiques.
L'*Edda*, livre sacré des Scandinaves, retrouvé dans le siècle passé, fournit
de précieux renseignements sur l'initiation de ces peuples. L'*Edda* commence par un chant qui a pour titre : *Les prestiges de Har,* et qui contient
évidemment une description des cérémonies usitées pour la réception d'un
profane. Le récipiendaire se nomme Gylfe, c'est-à-dire *loup* ou initié (1).
Il vient pour connaître les sciences que possèdent les Asi, et qu'ils entourent

_____

(1) *Voyez* la note, page 53 de notre Introduction.

de mystère. Les Asi fascinent ses yeux par des prestiges. Il voit un *palais* dont le *toit,* élevé à perte de vue, est couvert de *boucliers dorés.* A l'entrée de ce palais, il rencontre un homme qui s'exerce à lancer en l'air *sept fleurets* à la fois. On reconnaît facilement ici un emblême commun à toutes les initiations : le palais, c'est le monde; le toit est le ciel; les boucliers dorés sont les étoiles du firmament; les sept fleurets, les planètes qui circulent dans l'espace. On demande au récipiendaire quel est son nom; il répond qu'il s'appelle Gangler, c'est-à-dire celui qui fait une tournée et distribue en chemin des objets nécessaires aux hommes. On voit que le récipiendaire commence à jouer son rôle de soleil. Il apprend que le palais où il se trouve appartient au *roi,* titre que les anciens mystagogues donnaient au chef du système planétaire. Il découvre ensuite *trois trônes* élevés l'un au-dessus de l'autre. On lui dit que le personnage qui est assis sur le trône inférieur est le roi, et qu'il se nomme Har (c'est-à-dire sublime); que le second est Jafnhar (l'égal du sublime); et que celui qui est le plus élevé s'appelle Trédie (le nombre trois). Ces personnages sont ceux que le néophyte voyait dans l'initiation éleusinienne : l'hiérophante, le dadouque et l'épibôme; ceux qu'il voit dans la franc-maçonnerie : le vénérable et les deux surveillants, images symboliques du soleil, de la lune, et du Dêmi-ourgos ou Grand-Architecte de l'univers. Parmi les instructions que l'on donne au néophyte, on lui apprend que le premier ou le plus ancien des dieux s'appelle Alfader (père de tous : c'est le Teutat des Gaulois). On lui dit que ce dieu a *douze* noms, ce qui rappelle, les douze attributs du soleil, les douze grands dieux des Égyptiens, des Grecs et des Romains. On complète son instruction par l'exposé de la théogonie et de la cosmogonie des Scandinaves. Au nombre des dieux de cette mythologie, se trouve particulièrement Balder-le-Bon, qui périt sous les coups du mauvais principe, comme nous l'avons rapporté dans notre Introduction (1). Il est vraisemblable que ce mythe funéraire était mis en action dans le cérémonial de l'initiation scandinave, suivant l'usage invariable de tous les mystères anciens et modernes.

Une circonstance qu'il faut noter, c'est qu'il se trouve dans l'*Edda,* une allégorie qui a des rapports frappants avec la légende maçonnique. On lit, en effet, dans le vingt-et-unième chant : « Gangler demanda : d'où vient le cheval Sleipner (2) dont vous parlez? à qui appartient-il? Har lui répondit : un jour, certain *architecte* vint s'offrir aux dieux pour leur *bâtir* dans l'es-

(1) *Voyez* page 75.

(2) De même que les navires, les chevaux étaient les attributs des astres parmi les anciens. Celui-ci a rapport au soleil des signes inférieurs, ou de l'hiver, temps de repos et de sommeil pour la nature, comme l'indique son nom, dérivé du saxon *sleep,* sommeil, repos. On sait que les Perses consacraient des chevaux au soleil.

pace de *deux saisons,* une ville si bien fortifiée qu'ils y seraient parfaitemen
à l'abri des incursions de toutes sortes de géants, quand bien même ils auraient déjà pénétré dans l'enceinte de Midgard (le *séjour du milieu*). Mais
il demandait pour récompense la déesse *Freya* (la Vénus scandinave, la nature), et de plus le *soleil* et la *lune.* Après une longue délibération, les dieux
firent accord avec lui, sous condition qu'il finirait tout l'ouvrage, sans se
faire aider de personne, dans l'espace d'un seul *hiver,* et que s'il restait encore quelque chose à faire au premier jour de l'été, il perdrait sa *récompense.* L'architecte, entendant cela, demanda l'autorisation de se servir de
son cheval; et les dieux, par le conseil de Loke (le mauvais principe), lui
accordèrent sa demande. Ce traité fut confirmé par plusieurs serments et
par la déposition de plusieurs témoins, car, sans cette précaution, un géant
n'eût pas cru être en sûreté parmi les dieux, surtout si *Thor* (1) était revenu
des *voyages qu'il était allé faire en Orient pour vaincre les géants.* Dès le
premier jour, l'ouvrier fit donc traîner des pierres prodigieuses, de *nuit,*
par son cheval; et les dieux voyaient avec surprise que cet animal faisait
beaucoup plus d'ouvrage que son maître lui-même. *L'hiver s'avançait* cependant; et *comme il était près de sa fin,* la *construction* de cette ville im-
prenable *touchait aussi à sa perfection;* enfin lorsqu'il ne restait plus que
trois jours, l'ouvrage était achevé, à la réserve des *portes,* qui n'étaient pas
posées. Alors les dieux commencèrent à tenir conseil, et à se demander les
uns aux autres qui était celui d'entre eux qui avait pu conseiller de marier
Freya *dans le pays des géants,* et de *plonger les airs et le ciel dans les ténèbres, en laissant enlever le soleil et la lune.* Ils convinrent tous que Loke
étant l'auteur de ce mauvais conseil, il fallait lui faire souffrir une mort
cruelle, s'il ne trouvait quelque moyen de frustrer l'ouvrier de la récompense qu'on lui avait promise. On se saisit aussitôt de lui; et, tout effrayé,
il promit par serment de faire ce que l'on souhaiterait, quoiqu'il dût lui en
coûter. Le même soir, l'architecte faisait porter à son ordinaire des pierres
par son cheval; il sortit tout-à-coup de la forêt voisine une *jument qui appelait le cheval par ses hennissements* (2). Cet animal ne l'eut pas plutôt
vue qu'entrant en fureur, il rompit sa bride et se mit à courir après la jument. L'ouvrier voulut aussi courir après son cheval; et l'un et l'autre ayant
ainsi perdu toute la nuit, l'ouvrage fut différé jusqu'au lendemain. Cependant
dant l'architecte, convaincu qu'il n'y avait pas d'autre moyen d'achever
l'ouvrage, reprit sa forme naturelle; et les dieux, voyant clairement que

(1) Thor est l'Hercule des Scandinaves; c'est une autre personnification du soleil
des signes supérieurs. On lui donne aussi les attributs de la foudre.

(2) On comprend que cette circonstance fait allusion à la venue du printemps, époque de reproduction dans la nature.

c'était, en effet, un géant avec qui ils avaient fait accord, ne tinrent plus aucun compte de leur serment, et ils appelèrent le dieu *Thor*, qui accourut
aussitôt et paya à l'ouvrier son *salaire* en lui donnant *un coup de sa massue qui lui mit la tête en pièces, et le précipita dans le Niflheim* (les enfers).
Peu à près, Loke revint, racontant que le cheval de l'architecte avait *produit un poulain*, qui avait *huit* pieds (1).» On voit ailleurs (dans le douzième
chant) que Balder possédait un palais où se trouvaient des *colonnes*, sur
lesquelles étaient gravées des runes (caractères de l'écriture scandinave)
propres à *évoquer les morts*. Au reste cette allégorie maçonnique n'est pas
particulière à la mythologie odinique, et il y en a de nombreuses traces dans
les fables du paganisme (2).

A l'exemple des prêtres païens, les philosophes avaient des mystères, qui
dérivaient de la même source. Phéricides est le plus ancien philosophe qui
paraisse avoir entouré sa doctrine des voiles de l'initiation. Le symbole qu'il
affectionnait le plus particulièrement représentait un chêne ailé, couvert
d'un manteau de diverses couleurs. Ce chêne ailé était probablement emblématique de l'amour, père du monde, à cause du fruit phallique de cet
arbre, et le manteau avait rapport au ciel. Phérécides fut le maître de Pythagore.

Né dans l'île de Samos, six cents ans environ avant notre ère, Pythagore,
dévoré du besoin de s'instruire, chercha longtemps la lumière chez les nations savantes. Il se fit initier aux mystères des Indiens et des Égyptiens, à
ceux de Samothrace et d'Éleusis, et revint enfin dans sa patrie. Polycrate
venait d'usurper à Samos l'autorité suprême. Ne pouvant se résigner à vivre
sous le sceptre de ce tyran, le philosophe quitta la Grèce et vint fonder à
Crotone la fameuse école italique, où sa doctrine, enseignée secrètement,
eut de nombreux et illustres disciples. Mais la nature de cet enseignement
arma contre les pythagoriciens l'ignorance et la méchanceté. La multitude
aveugle les poursuivit avec fureur. Chassé de Crotone, errant, persécuté,
Pythagore, avant de terminer son existence, vit ses malheureux disciples
tomber sous le glaive ou expirer dans les flammes.

Les pythagoriciens étaient partagés en trois classes : les *auditeurs*, les
disciples et les *physiciens*. L'auditeur, avant d'être admis à ce grade, devait
déposer tous ses biens entre les mains des trésoriers, et se résigner à un silence absolu pendant les trois années que durait son noviciat. Si, pendant
ce temps, il manifestait l'aptitude convenable, il était admis à la classe des
disciples, où il restait cinq autres années, astreint à un silence non moins

(1) Ce nombre est celui de la circulation des générations.
(2) *Voyez* page 56 de notre Introduction.

rigoureux, et la voix du maître ne parvenait à son oreille qu'à travers l'é-
paisseur du voile qui cachait l'entrée du sanctuaire. Admis enfin parmi les
physiciens, on lui communiquait entièrement la doctrine sacrée, et il travaillait à son tour à l'instruction des néophytes.

Les préceptes de Pythagore étaient entourés d'allégories, dont les plus
ordinaires étaient puisées dans les nombres mystiques, qui, suivant le philosophe, avaient présidé à la formation du monde et en gouvernaient les
mouvements et les rapports. Il faut croire aussi qu'il était question dans les
assemblées secrètes de quelque catastrophe pareille à celles qui étaient com-
mémorées dans les mystères du sacerdoce ; car, bien qu'il fût constant que
Pythagore n'avait point péri de mort violente, ses disciples lui attribuait cependant une fin de ce genre. Au reste, ils gardaient un silence religieux
sur tout ce qui concernait les mystères de leur école, et ne s'exprimaient
que par métaphores et par énigmes. Dispersés dans divers climats, ils se reconnaissaient à certains signes, et se traitaient, dès leur première entrevue,
comme s'ils eussent été liés par une ancienne et étroite amitié. « Voulez-
vous, dit Barthélemy, un exemple touchant de leur confiance mutuelle? Un
d'entre eux, voyageant à pied, s'égare dans un désert, arrive, épuisé de fatigue, dans une auberge, où il tombe malade. Sur le point d'expirer, hors
d'état de reconnaître les soins que l'on prend de lui, il trace d'une main
tremblante quelques marques symboliques sur une tablette, qu'il ordonne
d'exposer sur le grand chemin. Longtemps après, le hasard amène, en ces
lieux écartés, un disciple de Pythagore. Instruit par les caractères énigmatiques offerts à ses yeux de l'infortune du premier voyageur, il s'arrête,
rembourse avec usure les frais de l'aubergiste, et continue sa route. »

Zamolxis, Gète de nation, et esclave de Pythagore, après avoir accompagné ce philosophe dans ses voyages et avoir été initié à ses mystères, retourna
dans sa patrie, et se creusa, sur les bords du Tanaïs, une demeure souterraine, où, à son tour, il communiqua la doctrine de son maître à de nombreux disciples. « On ne peut guère rapporter qu'à Zamolxis, dit Guerrier
de Dumast, l'origine de la mystérieuse corporation des *plistes*, sorte de
sages, qui vivaient chez les Daces, et que Josèphe ne craint pas de comparer
aux esséniens. »

Socrate, Platon, et tous les philosophes qui fleurirent après Pythagore,
enseignaient, comme lui, leur doctrine secrètement. Lorsque le christianisme vint menacer l'ancienne religion, les diverses écoles philosophiques
s'entendirent pour défendre le paganisme expirant contre l'invasion des
dogmes chrétiens. Il y eut alors une sorte de pacte entre le sacerdoce et la
philosophie. On s'attacha à justifier ces fables religieuses que les pères de
l'Église présentaient comme impies et obscènes. Pour y parvenir, on dé-

COURSES DE DIANE.

chira tous les voiles qui en couvraient le sens; on montra qu'elles se rapportaient aux opérations de la nature, et qu'elles étaient en hommage rendu à
la divinité par la reconnaissance de l'homme; on établit des parallèles entre
les symboles païens et ceux du christianisme; et l'on s'appliqua à prouver
qu'il n'y avait de différence, quant à la signification, entre les uns et les
autres, qu'en ce que les premiers étaient plus savants que les seconds.
Mais tous ces moyens furent impuissants; le christianisme triompha, autant
par l'effet combiné de la protection et de la persécution dont il fut tour à
tour l'objet, que par l'énergie de l'esprit démocratique dont il était profondément empreint. Le sacerdoce et la philosophie périrent dans un commun
naufrage, quelques efforts qu'ils fissent pour résister au torrent qui les emportait, et peut-être à cause de ces efforts eux-mêmes. Effectivement, à mesure que les chrétiens déployaient plus de zèle pour augmenter leur nombre,
les païens, de leur côté, ne se montraient pas moins ardents à propager
leurs mystères. Toutes les anciennes initiations, modifiées et perfectionnées,
furent remises en vigueur, et leurs chefs ne négligèrent rien pour les faire
adopter par les masses. On cessa d'exiger des candidats les qualités morales
et l'instruction requises d'eux autrefois; tout le monde fut admis indistinctement; on en vint à donner en spectacle, dans les places et les carrefours,
les plus secrètes pratiques; et ces augustes cérémonies tombèrent dès-lors
dans un tel discrédit que, bien que les païens fussent encore en majorité,
Théodose put, sans péril, en 438, frapper les mystères païens d'une proscription générale.

Cependant, ce n'est que vers l'époque de la renaissance qu'ils cesseront
entièrement. Pendant toute la durée du moyen-âge, les *mystères de Diane*,
ou d'Hécate, sous le nom de *courses de Diane*, et les *mystères de Pan*, sous
le nom de *sabbats*, continuèrent d'être pratiqués dans les campagnes. On
voit, en effet, dans Ducange, qu'une multitude de femmes se réunissaient,
pendant la nuit, dans des lieux isolés, pour honorer *Dame-Habonde*, ou
Hécate; qu'elles y faisaient des repas, y exécutaient des danses, s'y occupaient de diverses affaires, et disaient, pour étonner les personnes crédules,
et cacher aux chrétiens le lieu de leurs réunions, qu'elles étaient transpor-
tées dans les airs par des animaux fantastiques, et qu'elles parcouraient
ainsi, en un clin-d'œil, la plus grande partie des régions de la terre (1). C'est
ce voyage prétendu qui avait fait donner à ces mystères le nom de courses
de Diane. Mais les mystères les plus suivis étaient ceux de Pan, dérivés des
anciennes lupercales. Les assemblées se tenaient la nuit, dans des endroits
déserts; les associés avaient des signes de reconnaissance, et s'engageaient,

(1) *Voyez* planche n° 20.

par serment, à garder le secret. Celui d'entre eux qui présidait se revêtait d'une *peau de bouc ;* son front était armé de cornes, et son menton garni de la barbe de cet animal.

On trouve, sur d'autres points du globe, des vestiges de l'initiation païenne, qui subsistent encore aujourd'hui. Tels sont, chez les nègres de la Guinée, les mystères appelés *Belly-Paaro.* La célébration en a lieu trois ou quatre fois dans un siècle. Les aspirants sont conduits dans un bois, après qu'ils se sont défaits de tout ce qu'ils peuvent posséder, comme s'ils ne devaient jamais revenir dans le monde. Les vieillards qui président à l'initiation leur donnent un nouveau nom, leur font apprendre des vers composés en l'honneur du dieu Belly, leur enseignent une certaine danse très vive, et font durer les instructions pendant quatre ou cinq ans. Les néophytes passent tout ce temps dans la retraite la plus austère, et ne peuvent avoir aucun commerce avec les non initiés. L'entrée du bois sacré est interdite aux femmes, et, en général, à tout profane. Le moment de l'initiation venu, les néophytes sont conduits dans des cabanes construites pour la cérémonie. C'est là que leur sont révélés les plus secrets mystères. Lorsqu'ils sortent de cette école pour rentrer dans le monde, ils se distinguent du vulgaire par des ornements particuliers : ils ont le corps couvert de plumes ; un large bonnet, fait d'écorce d'arbre, leur masque presque tout le visage ; et ils ont sur le cou et sur les épaules de profondes incisions dont ils conservent les cicatrices toute leur vie, comme le glorieux témoignage de leur initiation. A partir de ce moment, ils sont respectés du peuple comme des saints, et jouissent d'une autorité presque absolue.

Une association du même genre existe parmi les nègres du Congo. Elle compte un grand nombre de membres, et admet dans ses rangs les nègres de toutes les régions de l'Afrique. Les mystères de cette société, qu'on appelle les *cérémonies de l'Inquita,* sont plus connus que ne l'est le Belly-Paaro et offrent aussi plus de points de ressemblance avec les anciennes initiations que nous avons décrites. Au milieu d'une vaste forêt, s'élève un temple en forme de hangard fermé, dont le devant est peint de diverses couleurs et dont toutes les avenues sont gardées avec soin par les initiés. Tout profane qui tenterait d'y pénétrer serait impitoyablement mis à mort. Les réceptions ont lieu une fois par année. Quiconque aspire à être initié, doit *feindre de mourir.* A l'heure convenue, des initiés se rendent chez le postulant et entonnent les chants funèbres. Il est enveloppé dans une natte et porté au temple au milieu de danses et de chœurs funéraires. On l'étend sur une plaque de cuivre, sous laquelle on allume un feu modéré, et on le frotte d'huile de palmier, arbre consacré au soleil par les anciens Égyptiens, parce qu'ils lui avaient reconnu trois cent soixante-cinq propriétés. Il reste dans cette position pendant quarante jours. Ses parents ont la permission de venir eux-mêmes lui faire des onctions. A l'expiration de ce temps d'é-preuves, on le conduit hors de la forêt, en entonnant des chants de joie, et on le ramène ainsi dans sa demeure. Alors il feint de ne reconnaître per-sonne, et se fait expliquer tout ce qu'il voit, comme s'il arrivait d'un autre monde. Suivant la croyance populaire, l'initiation lui a donné une âme nouvelle, et celle qu'il avait auparavant a pris possession d'un autre corps. L'initié jouit d'une grande autorité; on n'exige de lui aucun travail, et ses amis s'estiment heureux de pouvoir le servir.

Le Japon et la Chine ont eu des mystères et des initiations, dont il reste encore des vestiges.

La mythologie des Japonais a des rapports frappants avec celles des païens de l'Afrique, de l'Europe et de l'Asie occidentale. Ce peuple compte *douze* grands dieux, apôtres de Tenjo-Daïsin; et le soleil, considéré comme héros planétaire, a, dans ses poésies religieuses, des combats à soutenir et des monstres à vaincre. Ces combats, qui sont représentés dans le pourtour des temples, forment toujours douze tableaux, à l'exemple des douze épi-sodes de la marche du Christ allant au Calvaire, que l'on voit sculptés sur les murs de la plupart de nos églises. Les prêtres qui desservent le temple du soleil, vêtus d'une robe couleur de feu, font passer les fidèles qui visitent le saint lieu à travers une sphère artificielle composée de cercles qui se meu-vent et désignent, au point de leur pénétration, soit le nœud où le cercle lunaire coupe l'écliptique, et où le *soleil* et la *lune* sont alors figurés, soit enfin toute autre révolution des astres dont on célèbre les périodes. Ils ont quatre fêtes principales, qu'ils solennisent le troisième jour du troisième mois, le cinquième jour du cinquième mois, le septième jour du septième mois, le neuvième jour du neuvième mois. Dans une de ces fêtes, qu'ils ap-pellent *Matsuri*, ils mettent en action une fable dont l'allégorie est la même que celle d'Adonis. Suivant leurs poètes, la mer devient rouge, comme en Syrie, lorsque les eaux du fleuve Adonis s'y confondent au printemps. Une singularité de ces fêtes, c'est qu'il se mêle toujours aux danses sacrées un personnage vêtu d'un habit de toutes les couleurs, qui ressemble exactement à notre *arlequin*, et qui, à leurs yeux, représente la nature. Il est vraisem-blable que les prêtres, qui cachent au peuple le sens de ces images symbo-liques, le révèlent aux novices qui se font agréger à leur ordre. Quoi qu'il en soit, une confrérie religieuse, dont les membres sont appelés *jam-mabos*, conserve des mystères, à la connaissance desquels elle n'admet les profanes qu'à prix d'argent et après qu'ils ont subi de pénibles épreu-ves. L'aspirant doit s'abstenir, pendant un assez longtemps, de se nour-rir de la chair des animaux; il faut qu'il se baigne *sept* fois par jour, et qu'il accomplisse un grand nombre d'autres purifications. C'est à la suite de ces formalités que la doctrine secrète de la secte lui est communiquée.

Il existe dans la Chine plusieurs associations secrètes qui se rattachent par leurs symboles aux initiations de l'antiquité. La plus célèbre est la *société de Tien-Tée-Ohé,* ou de l'union du ciel et de la terre. Elle a pour dogmes l'égalité entre tous les hommes, et le devoir, prescrit aux riches, de partager leur superflu avec les pauvres. On n'est admis à en faire partie qu'après avoir passé par de rudes épreuves. L'aspirant, introduit dans la salle d'assemblée, est amené devant le chef; deux initiés croisent au-dessus de sa tête leurs sabres nus; on lui tire quelques gouttes de sang, ainsi qu'au membre qui préside; ce sang est mêlé dans une tasse de thé; et, lorsque le récipiendaire a prêté le serment de périr plutôt que de dévoiler les secrets de la société ou de lui être infidèle, l'un et l'autre boivent le contenu de la tasse. Cette formalité achevée, on explique au néophyte les mystères de la société, et on lui enseigne les signes au moyen desquels il pourra se faire reconnaître par ses frères. L'association de Tien-Tée-Ohé a de nombreux affiliés dans les provinces de l'ouest et du sud de la Chine, et parmi les Chinois de l'île de Java. Dans la partie septentrionale et dans les provinces du centre de l'empire, existent deux autres aggrégations secrètes, connues sous les noms de *Pelin-Kin,* c'est-à-dire ennemie des religions étrangères, et de *Tien-Lée,* ou la raison céleste. Celles-ci, qui paraissent dériver de la première, reposent sur les mêmes principes et ont, comme elle, une initiation et des signes de reconnaissance. Le gouvernement chinois, dont ces associations veulent le renversement, à cause de son origine mantchoue, fait, de son côté, tous ses efforts pour les détruire; et, à différentes époques, un grand nombre des associés furent cruellement mis à mort par ses ordres; mais les rigueurs déployées par les magistrats n'ont pu parvenir à anéantir ces sociétés, et semblent, au contraire, les avoir rendues plus formidables encore.

L'Amérique eut incontestablement des rapports avec l'ancien monde. La civilisation des Mexicains, les monuments qu'ils ont laissés, accusent évidemment une origine égyptienne. Aussi ne faut-il point s'étonner qu'on trouve parmi les peuples de ce continent des traces des initiations de l'antiquité païenne. Les Virginiens nommaient *huséanawer* l'initiation qu'ils conféraient aux prêtres de leur religion et l'espèce de noviciat auquel ils soumettaient les aspirants. Ils admettaient aussi à cette *cérémonie* des jeunes gens étrangers à l'ordre sacerdotal. Les récipiendaires avaient le corps enduit d'une couleur *blanche.* On les conduisait devant l'assemblée des prêtres, qui tenaient à la main des gourdes et des *rameaux.* On exécutait autour d'eux des *danses sacrées,* et l'on entonnait des *chants funèbres.* Cinq jeunes gens étaient désignés pour saisir et porter tour à tour chacun des aspirants au pied d'un arbre, à travers une double haie de gens armés de petites cannes. Ces jeunes gens devaient couvrir de leurs corps le précieux fardeau dont ils étaient chargés, et recevoir les coups qui lui étaient destinés. Pendant ce temps, les mères apprêtaient en pleurant des nattes, des peaux, de la mousse et du bois sec, pour servir aux funérailles de leurs enfants, qu'elles considéraient déjà comme morts. Après cette cérémonie, l'arbre était abattu ; on en coupait les branches, dont on formait des *couronnes* pour parer le front des récipiendaires. On les enfermait ensuite, pendant plusieurs mois, et on leur faisait prendre un breuvage enivrant appelé *visoccan*, qui troublait leur raison. De jour en jour, la dose était diminuée ; et, quand ces épreuves étaient terminées, les néophytes recevaient la communication de la doctrine sacrée. On les montrait alors au peuple, qui les accueillait avec respect ; ils feignaient de ne reconnaître personne, comme s'ils entraient dans un monde nouveau. Les Indiens prétendaient que cette initiation avait pour but de délivrer les jeunes gens des mauvaises impressions de l'enfance et de tous les préjugés qu'ils avaient contractés avant que leur raison pût agir. Ils disaient que, remis en pleine liberté de suivre les lois de la nature, ils ne risquaient plus d'être les dupes de la coutume, et qu'ils étaient plus en état d'administrer équitablement la justice, sans égard à l'amitié ou aux liens du sang.

Dans le nord de l'Amérique, il existe encore parmi les Indiens Iroquois, Onéidas, Saint-Régis, Ménonies, Sénécas et autres, une institution secrète qu'ils prétendent remonter à l'origine du monde. Nul ne peut être admis dans cette association qu'à l'unanimité des suffrages ; il y a divers degrés d'initiation ; et les associés se reconnaissent entre eux à des signes convenus. Tous les trois ans, la société tient une assemblée générale, à laquelle assistent les députés des diverses aggrégations particulières.

CHAPITRE II.

Les Égyptiens n'ont pas seulement transmis leurs institutions aux nations païennes de l'antiquité; ils en ont également doté le peuple hébreu.

Et d'abord il est un fait incontestable, c'est que Moïse était un prêtre d'Héliopolis. Le défenseur le plus fervent du judaïsme, Flavien Josèphe lui-même, ne craint pas de l'avouer. Il rapporte, d'après Manéthon et Chérémon, que, sous le règne d'Aménophis, les juifs, chassés de l'Égypte, parce qu'ils étaient infectés de la lèpre, élurent pour chef un prêtre d'Héliopolis, nommé Moïse. Suivant Diodore de Sicile, une maladie qui souillait le corps et qu'on ne pouvait guérir (la lèpre), s'étant répandue en Égypte, le roi demanda un remède à l'oracle d'Ammon, qui conseilla de chasser du pays tous les habitants qui étaient atteints du fléau. On voit par un autre passage du même auteur que les malheureux ainsi expulsés de l'Égypte formèrent depuis la nation juive. Tacite, Justin, Strabon et Lysimaque rapportent les mêmes particularités.

Si maintenant l'on étudie la *Genèse*, l'*Exode*, le *Lévitique*, les *Nombres*, le *Deutéronome*, livres attribués à Moïse, on y reconnaît, en effet, l'ouvrage d'un prêtre égyptien qui a voulu rendre vulgaire, avec quelques ménagements, la doctrine secrète de l'initiation, et façonner d'après elle un peuple nouveau, qu'il était appelé à former. La circoncision distinguait les initiés aux mystères du reste des Égyptiens; Moïse voulut que tous les juifs fussent circoncis. Ils furent des *élus*, à qui l'on enseignait le dogme d'un dieu unique,

particulier aux initiés de l'Égypte. Si l'on compare ce qu'étaient les prêtres
chez les Égyptiens et ce qu'ils étaient chez les juifs, on remarque que, des
deux côtés, ils formaient une caste à part, possédant seuls les sciences, dérobant la connaissance de leurs livres sacrés aux gentils, au peuple hébreu
lui-même, ne laissant pénétrer aucun profane dans leurs demeures, punis-
sant de mort les lévites chargés de la garde des lieux saints qui négligeaient
de veiller nuit et jour, et le téméraire, étranger à leur ordre, qui se serait
seulement approché de l'entrée du tabernacle. Cette cérémonie, qui avait
lieu le 10 de Tischri, fête des expiations, dans laquelle le pontife prononçait
le nom du Très-Haut à la face du peuple, pendant que les lévites couvraient
sa voix par le son de leurs trompettes, accuse évidemment l'existence de
mystères dans le sein du sacerdoce. L'allégorie solaire, base de toutes les
religions du paganisme, se retrouve également parmi les Hébreux : chacune
de leurs douze tribus avait son drapeau, sur lequel était peint un des douze
signes du zodiaque (1), et Diodore de Sicile, dans son quarantième livre
cité par Photius, dit que Moïse avait divisé son peuple en douze tribus,
parce que ce nombre est parfait et qu'il correspond à la division même de
l'année (2). Diodore ajoutait que « la grande, la seule divinité de Moïse
était, comme celle des Perses, la circonférence du ciel, et que c'est pour cela
qu'il ne l'avait pas figurée sous une forme humaine. » Le temple où cette divinité était adorée et les ornements des ministres attachés à son culte présentaient des emblêmes qui viennent à l'appui de cette interprétation. Les
juifs eux-mêmes n'en faisaient point mystère ; et l'on peut voir, dans les *An-
tiquités judaïques* de Josèphe, qu'ils attachaient le même sens à leur temple,
aux ustensiles sacrés et aux attributs sacerdotaux (3).

(1) *Voyez* le plan du camp des Hébreux que le P. Kirker a fait graver, et l'explication qu'en donne Dupuis dans son *Origine de tous les cultes.*

(2) Les Perses et les Ismaélites étaient aussi divisés en douze tribus.

(3) Voici en quels termes s'exprime Josèphe : « Les proportions et les mesures du
tabernacle démontrent que c'était une *imitation du système du monde;* car cette
troisième partie (*a*), dans laquelle étaient les quatre colonnes (*b*), dans laquelle les
prêtres n'étaient pas admis, était comme le ciel, particulier à Dieu. L'espace de vingt
coudées (*c*) représentait la mer et la terre, sur lesquelles vit l'homme; et cette partie
était pour les prêtres seulement. Lorsque Moïse divisa le tabernacle en trois parties, et
en accorda deux aux prêtres comme un lieu accessible et commun, il désignait la

(*a*) Le temple était divisé en trois parties : le *saint des saints*, le *saint* et le *parvis des prêtres*. Le grand-prêtre
seul pouvait pénétrer dans le saint des saints, et encore n'y entrait-il qu'une fois chaque année. Le saint et le
parvis des prêtres n'étaient accessibles qu'aux lévites. Le peuple restait confiné dans une enceinte extérieure,
qu'on appelait le *parvis d'Israël.*

(*b*) Elles se trouvaient à l'entrée du saint des saints.

(*c*) Le saint avait vingt coudées de profondeur et une largeur égale ; il était séparé du saint des saints par un
rideau fixé aux quatre colonnes de l'entrée.

La légende d'Hiram, qui forme le thème de la franc-maçonnerie, était-elle aussi l'allégorie mise en action dans les mystères du judaïsme? C'est ce qu'il est impossible d'établir, faute de documents. Il est bien vrai qu'on lit dans les *Proverbes* ce passage que nous avons déjà cité : « La souveraine sagesse a *bâti sa maison;* elle a *taillé ses sept colonnes;* » mais il serait téméraire de baser sur cette phrase isolée une argumentation sérieuse. Quoi qu'il en soit, le silence de la Bible à cet égard ne fournirait pas non plus une preuve contraire. Toute la doctrine des juifs n'était pas écrite; ils avaient aussi une tradition orale qui n'était le partage que d'un petit nombre d'entre eux. En effet, Maimonides, savant rabbin qui vivait au XIIᵉ siècle, fait observer au disciple pour lequel il écrivit son ouvrage intitulé : *More*

terre et la mer, qui sont accessibles à tous les hommes; mais, lorsqu'il mit à part la troisième pour Dieu, c'était parce que le ciel est inaccessible aux hommes. Et, lorsqu'il ordonna que douze pains seraient placés sur la table (a), il désignait l'année divisée en douze mois. Lorsqu'il fit le chandelier (b) de soixante-dix parties, il indiquait secrètement les décans ou soixante-dix divisions des constellations. Quant aux sept lampes placées sur le chandelier, elles avaient rapport aux planètes, qui sont en même nombre. Le voile (c), qui était composé de quatre choses, indiquait les quatre éléments; car le lin était convenable pour signifier la terre, parce que le lin croît sur la terre; la pourpre signifiait la mer, parce que cette couleur est obtenue par un coquillage de la mer; le bleu est convenable pour signifier l'air, et l'écarlate est naturellement l'indication du feu. Maintenant le vêtement du grand-prêtre (d), étant fait de lin, signifiait la terre; le bleu désignait le ciel; les pommes de grenades imitaient les éclairs et les sonnettes rappelaient la foudre. L'éphod (e) montrait que Dieu avait formé l'univers de quatre éléments; et quant à l'or qui y était entremêlé, je suppose qu'il était relatif à la splendeur avec laquelle toutes choses sont éclairées. Il ordonna aussi qu'une large plaque (f) serait placée au milieu de l'éphod comme une image de la terre; la ceinture qui entourait les reins du grand-prêtre figurait l'océan. Les sardoines qui étaient placées, en guise de boutons, sur les épaules du grand-prêtre représentaient le soleil et la lune. Et quant aux douze pierres, soit que nous les prenions pour les douze mois, ou que nous les regardions comme figurant les douze signes du cercle que les Grecs nomment le zodiaque, nous ne pouvons nous tromper sur leur signification. Il me semble que la mitre (g), qui était de couleur bleue, signifiait le ciel; car autrement pourquoi le nom du Très-Haut y eût-il été inscrit? Elle était ornée d'une couronne et aussi en or, à cause de cette splendeur dans laquelle se complait la divinité. »

(a) L'auteur veut parler de la *table des pains de proposition*, qui se trouvait dans le saint.

(b) Ce chandelier, nommé chandelier à sept branches, était aussi dans le saint; les diverses parties qui'le composaient s'adaptaient l'une à l'autre et pouvaient se détacher.

(c) Celui qui cachait le saint des saints.

(d) C'était une grande robe bleue qui avait pour ornements principaux des sonnettes et des grenades.

(e) Espèce de bretelle qui, descendant de dessus les épaules, se croisait devant la poitrine et derrière le dos, puis repassant autour du corps servait de ceinture à la robe du pontife.

(f) Le rational. Il était orné de douze pierres fines.

(g) Coiffure du grand-prêtre.

nevochim, qu'il l'a déjà averti plusieurs fois que ce qu'il explique dans ce livre sont des *secrets de la loi.* « Or, vous savez, lui dit-il, que nos rabbins regardent comme *coupable d'un grand crime celui qui révèle ces secrets;* et qu'au contraire celui-là mérite une récompense, qui cache les secrets de la loi, que l'on *confie* aux hommes doctes et aux sages. » Il avait fait remarquer précédemment que les juifs avaient perdu la connaissance de plusieurs mystères sur les choses divines, non-seulement par la dispersion où les avaient jetés les persécutions de leurs ennemis, mais encore parce que ces mystères n'avaient point été écrits, par ce principe inviolable dans leur nation : « Les paroles que je vous ai dites de bouche, il ne vous est pas permis de les mettre en écrit. »

Quelques docteurs chrétiens, entre autres Clément d'Alexandrie, et, chez les juifs, Philon, Josèphe, et tous les docteurs talmudistes, ont interprété comme des allégories une foule de passages de la Bible. Parmi les derniers, M. Sarchi voit, dans les prodiges que raconte Moïse, à l'occasion de la remise des tables de la loi sur le Sinaï, une relation déguisée de l'initiation des Hébreux, qu'il prétend être la même que celle de la franc-maçonnerie. Quelque hypothétique que soit cette opinion, nous allons la reproduire. Si elle n'est pas incontestable, du moins est-elle ingénieuse et piquante ; et, à ce titre, elle sera lue sans doute avec intérêt. « Les Israélites, dit M. Sarchi, ne furent admis à l'orient radieux de la montagne sacrée qu'après trois voyages mystérieux que firent leurs ancêtres, pour se rendre dans la terre classique de la maçonnerie (1). Abraham y alla le premier, ensuite Joseph, et enfin Jacob avec ses descendants, au nombre mystique de soixante-dix individus. Leur postérité y fit un rude apprentissage en travaillant à la pierre brute (2), pendant trente fois sept ans. L'heure de la délivrance ayant sonné, les apprentis israélites n'obtinrent une augmentation de gages qu'à la suite de voyages mystérieux dans le désert, et en marchant entre les *deux colonnes,* l'une de feu, l'autre de nuages. Pendant cette marche longue et pénible, ils trouvèrent sur leur chemin *douze* fontaines, emblêmes des douze purifications. Arrivés enfin à la vue du Mont-Sinaï, leur initiation ne différa en rien de ce qui a lieu dans toutes les autres : purifications en passant par les quatre éléments ; par l'*air,* qu'agitaient les cors éclatants et le roulement du tonnerre ; par le *feu* du ciel, par ce feu mystique connu des adeptes sous le nom de vesta ; par l'*eau* des ablutions ordonnées ; par la *terre,* qui tremblait sous les pas de ce peuple néophyte. Plus on parcourt les pages où sont consignés les détails de cette auguste solennité, plus on reconnaît les rayons de

(1) L'Égypte.
(2) L'auteur veut parler des constructions gigantesques auxquelles on faisait travailler les juifs en Égypte, suivant la Bible.

43

la véritable lumière qui perce le voile impénétrable aux profanes. Le troisième mois fut choisi de préférence ; le troisième jour de ce mois, les récipiendaires furent assemblés au pied de cette montagne sur laquelle descendit le grand-maître par excellence ; trois jours furent employés aux ablutions et aux préparatifs ; et ce ne fut que le troisième de ces jours que le Grand-Architecte donna la loi de vérité, souche de toutes les croyances, principe de toutes les législations, base de la morale de tous les hommes, qui offre les trois nombres mystiques, 3, 5 et 7 : *trois* commandements positifs, *sept* négatifs, divisés par *cinq* sur chacune des deux tables. »

Si, ce qui est improbable, les mystères n'existaient pas dans le sein du sacerdoce juif, on les retrouvait du moins dans l'asile secret de diverses associations hébraïques, dont la plus célèbre est celle des *esséniens*. Celle-ci dérivait d'une aggrégation antérieure, connue sous le nom de *société des hhasidéens* ou *kasidéens*, qui existait à l'époque de la construction du temple de Salomon, et qui avait pour objet principal d'entretenir cet édifice et d'en orner les portiques. Josèphe donne de curieux renseignements sur les esséniens. Suivant cet auteur, ils formaient des communautés séparées, ne se mariaient point, n'admettaient point de femmes parmi eux, se livraient à l'exercice de diverses professions dont les produits ne pouvaient être nuisibles à l'homme, et mettaient en commun tout ce qu'ils possédaient. Quand quelque membre de leur société était en voyage, il était reçu dans les diverses *semnées* (1), comme s'il eût été chez lui, lors même qu'on ne l'eût jamais vu. Après avoir travaillé une partie de la journée, « les esséniens, dit Josèphe, se rassemblaient, mettaient des *tabliers de toile de lin* et faisaient une ablution dans l'eau froide ; ils se rendaient ensuite dans un *appartement où il n'était pas permis d'entrer, si l'on n'était de leur secte ;* ils se rangeaient autour de la table commune, sans proférer une parole, faisaient une prière, et commençaient leur repas. Lorsqu'ils l'avaient achevé, ils quittaient leur tablier blanc, qu'ils considéraient comme sacré, retournaient au travail jusqu'au soir, et faisaient un second repas avec les mêmes cérémonies... Quand un profane demandait à être admis dans leur société, ils exigeaient de lui un noviciat d'une année, durant lequel il était soumis à toutes les règles qu'ils suivaient eux-mêmes, bien qu'il restât en dehors de leurs habitations. On lui donnait un *marteau* ou herminette, et on le revêtait d'un habit blanc et du tablier dont j'ai parlé. Si, pendant ce noviciat, il manifestait les aptitudes convenables, on lui permettait de participer aux ablutions sacrées ; mais il n'était pas encore admis dans l'associa-

---

(1) Les esséniens appelaient *semnée*, ou *monastère (semnéon* ou *monastérion)* l'édifice où ils s'assemblaient et où ils vivaient séparés des profanes.

tion ; il lui fallait subir deux autres années d'épreuves, pendant lesquelles, assuré de sa tempérance, on examinait son esprit et ses sentiments. S'il sortait victorieux de cet examen, il était enfin reçu membre de la confrérie. Toutefois, avant de prendre place à la table commune, il faisait des vœux redoutables ; s'engageait à servir Dieu religieusement, à observer la justice envers tous les hommes, à garder toujours inviolablement ses promesses, à aimer la vérité et à la défendre, à ne point révéler les *secrets de la société* aux étrangers, lors même que sa vie serait menacée. » Les esséniens étaient partagés en quatre classes, qui se reconnaissaient entre elles à des signes particuliers, et leurs dogmes, la plupart empruntés des Égyptiens, étaient voilés par des emblêmes et par des paraboles.

Cette association ne demeura pas confinée dans la Terre-Sainte ; elle se répandit dans toutes les parties du monde ; et, quoique les semnées de la Judée fussent en majeure partie, si non en totalité, composées de juifs, cependant les esséniens admettaient dans leur ordre des hommes de toutes les religions.

Ceux des esséniens qui s'étaient établis en Égypte étaient distingués de la société-mère par le surnom de *thérapeutes* ou de *contemplatifs*. Ils admettaient des femmes parmi eux, et menaient une vie solitaire et toute de privations. « Ils étudient, dit Philon (1), les *saintes écritures* à leur manière, en philosophes, et les expliquent *allégoriquement*. Le septième jour de la semaine, ils s'assemblent tous solennellement, s'asseyent, selon leur rang d'ancienneté dans l'association, avec toute la gravité de la bienséance, la *main droite sur la poitrine un peu au-dessous du menton, et la gauche plus bas, le long du côté.* Alors un des plus habiles se lève, et leur fait un discours d'une voix grave et sérieuse. Ce qu'il leur dit est raisonné et sage, sans ostentation d'éloquence : ce sont des recherches et des explications si justes et si solides qu'elles excitent et soutiennent l'attention, et laissent des impressions qui ne s'effacent point. Pendant que celui-là parle, les autres écoutent en silence, et tout au plus marquent leur approbation par le mouvement des yeux et de la tête. » Chose remarquable pour le temps, les thérapeutes n'étaient point servis par des esclaves ; ils eussent cru agir contre la loi de la nature, qui, disaient-ils, fait naître libres tous les hommes.

Outre les esséniens et les thérapeutes, il y avait parmi les juifs une autre secte mystérieuse dont les membres étaient connus sous le nom de *kabalistes.* Elle avait une initiation individuelle, c'est-à-dire que chaque membre de l'association pouvait y aggréger de sa propre autorité les sujets qui lui

_____

(1) *De vita contemplativa.*

paraissaient aptes à recevoir la communication de la doctrine secrète. Cette doctrine était en grande partie empruntée de celles des mages de la Perse et des prêtres de l'Égypte. Au nombre des symboles qu'affectionnaient les kabalistes, il faut citer particulièrement les *colonnes Jakin et Booz* du temple de Salomon. Philon d'Alexandrie appartenait à cette secte, qui avait elle-même des rapports intimes avec les esséniens et les thérapeutes. Dans son traité *des Chérubins*, il fait allusion aux dogmes secrets des kabalistes; et, s'adressant à ceux qui en ont la connaissance, il leur dit : « O vous, *initiés*, vous, dont les oreilles sont purifiées, recevez cela dans votre ame comme des *mystères* qui n'en doivent jamais sortir; *ne le révélez à aucun profane*; cachez-le, et gardez-le en vous-mêmes comme un trésor qui n'est point corruptible, à l'instar de l'or et de l'argent, mais qui est plus précieux que tout autre chose, puisque c'est la science de la grande cause, de la vertu, et de ce qui naît de l'une et de l'autre. » La secte ou plutôt l'école des kabalistes n'a jamais cessé d'exister; et ses membres sont encore très nombreux parmi les juifs de l'Orient, de la Pologne et de l'Allemagne.

Dans l'origine, le *christianisme* fut une initiation semblable à celles des païens. En parlant de cette religion, Clément d'Alexandrie s'écrie : « O mystères véritablement sacrés! ô lumière pure! A la lueur des flambeaux, tombe le *voile* qui couvre Dieu et le ciel. Je deviens saint dès que je suis *initié*. C'est le Seigneur lui-même qui est l'hiérophante; il appose son *sceau* à l'adepte qu'il éclaire; et, pour récompenser sa foi, il le recommande éternellement à son père. Voilà les orgies de mes mystères. *Venez vous y faire recevoir.* » On pourrait prendre ces paroles pour une simple métaphore; mais les faits prouvent qu'il faut les interprêter à la lettre. Les évangiles sont remplis de réticences calculées, d'allusions à l'initiation chrétienne. On y lit : « Que celui qui peut deviner devine; que celui qui a des oreilles entende. » Jésus, s'adressant à la foule, emploie toujours des paraboles : « Cherchez, dit-il, et vous trouverez; frappez, et l'on vous ouvrira. » Les épreuves de la réception de Jésus-Christ sont évidemment décrites dans le quatorzième chapitre de saint Luc; et, dans le dix-septième chapitre de saint Matthieu, on reconnaît la manifestation complète de tous les secrets des mystères devant des disciples choisis. Quelque opinion que l'on professe sur la divinité du Christ et sur l'origine céleste de sa doctrine, on ne peut méconnaître qu'il n'y ait des rapports frappants entre la légende chrétienne et toutes celles par lesquelles les païens représentaient allégoriquement la révolution annuelle du soleil. Il paraîtrait même que, dans les assemblées des chrétiens, qui, à Rome notamment, se tenaient dans les profondeurs des catacombes, il se passait quelque circonstance qui se rapprochait de cette *immolation* fictive du récipiendaire, que nous avons vue pratiquer dans tous les mystères du paganisme. Voici, en effet, le discours que Minutius Félix attribue au païen Cécilius : « Le cérémonial que les chrétiens observent lorsqu'ils admettent quelqu'un à leurs mystères est horrible. On met devant le nouveau venu *un enfant couvert de pâte*, afin de lui cacher le *meurtre* qu'on veut lui faire commettre. Sur l'ordre qu'il en reçoit, il frappe la victime de plusieurs coups de couteau ; le sang coule de toutes parts, et les assistants le sucent avidement ; ils se partagent ensuite les membres de l'innocente créature ; et ce crime commun est le gage commun du silence. » Sans doute il ne faut pas croire que les choses se passaient avec cette cruauté, pas plus qu'on ne doit penser qu'on sacrifiait un homme dans les mystères de Mithra, comme c'était l'opinion des non-initiés ; mais il est permis d'inférer du passage que nous venons de citer que, si l'on ne tuait point un enfant en réalité dans les assemblées des chrétiens, on en faisait au moins le simulacre.

Quoiqu'il en fût, ces assemblées étaient secrètes. On n'y était admis qu'à des conditions déterminées. On n'arrivait à la connaissance complète de la doctrine qu'en franchissant trois degrés d'instruction. Les initiés étaient en conséquence partagés en trois classes. La première était celle des *auditeurs*, la seconde celle des *catéchumènes* ou *compétents*, et la troisième celle des *fidèles*. Les auditeurs constituaient une sorte de novices que l'on préparait, par certaines pratiques et par certaines instructions, à recevoir la communication des dogmes du christianisme. Une partie de ces dogmes était révélée aux catéchumènes, lesquels, après les purifications ordonnées, recevaient le baptême, ou l'*initiation de la théogénésie* (génération divine), comme l'appelle saint Denis, dans sa *Hiérarchie ecclésiastique* ; ils devenaient dès-lors *domestiques de la foi*, et avaient accès dans les églises. Il n'y avait rien de secret ni de caché dans les mystères pour les fidèles ; tout se faisait en leur présence ; ils pouvaient tout voir et tout entendre ; ils avaient droit d'assister à toute la liturgie ; il leur était prescrit de s'examiner attentivement, afin qu'il ne se glissât point parmi eux de profanes ou d'initiés d'un grade inférieur ; et le *signe de la croix* leur servait à se reconnaître les uns les autres.

Les mystères étaient partagés en deux parties. La première était appelée la *messe des catéchumènes,* parce que les membres de cette classe pouvaient y assister ; elle comprenait tout ce qui se dit depuis le commencement de l'office divin jusqu'à la récitation du symbole. La seconde se nommait la *messe des fidèles.* Elle comprenait la préparation du *sacrifice*, le sacrifice lui-même, et l'action de grâce qui suit. Lorsqu'on commençait cette messe, un diacre disait à haute voix : *sancta sanctis ; foris canes!* les choses saintes sont pour les saints ; que les chiens se retirent! Alors on chassait les catéchumènes et les pénitents, c'est-à-dire les fidèles qui, ayant eu quelque faute grave à se reprocher, avaient été soumis aux expiations ordonnées par l'église, et ne pouvaient assister à la célébration des *épouvantables mystères,* comme les appelle saint Jean Chrysostôme. Les fidèles, restés seuls, récitaient le symbole de la foi, afin qu'on fût assuré que tous les assistants avaient reçu l'initiation, et qu'on pouvait parler devant eux, *ouvertement et sans énigmes,* des grands mystères de la religion et surtout de l'Eucharistie. On tenait la doctrine et la célébration de ce sacrement dans un secret inviolable; et si les docteurs en parlaient dans leurs sermons ou dans leurs livres, ce n'était qu'avec une grande réserve, à demi-mot, énigmatiquement. Lorsque Dioclétien ordonna aux chrétiens de livrer aux magistrats leurs *livres sacrés,* ceux d'entre eux qui, par la crainte de la mort, obéirent à cet édit de l'empereur furent chassés de la communion des fidèles, et considérés comme des traîtres et des apostats. On peut voir dans saint Augustin quelle douleur ressentit alors l'Église en voyant les saintes écritures livrées aux mains des infidèles. C'était, aux yeux de l'Église, une horrible profanation lorsqu'un homme non initié entrait dans le temple et assistait au spectacle des mystères sacrés. Saint Jean Chrysostôme signale un fait de ce genre au pape Innocent I. Des soldats barbares étaient entrés dans l'église de Constantinople, la veille de Pâques. « Les femmes catéchumènes, qui s'étaient alors déshabillées pour être baptisées, furent obligées par la frayeur de s'enfuir toutes nues; ces barbares ne leur donnèrent pas le temps de se couvrir. Ils entrèrent dans les lieux où l'on conserve avec un profond respect les choses saintes; et quelques-uns d'entre eux, *qui n'étaient pas encore initiés à nos mystères,* virent tout ce qu'il y avait de plus sacré. »

Le nombre des fidèles, qui augmentait tous les jours, porta l'Eglise, dans le VIIe siècle, à instituer les ordres mineurs, parmi lesquels étaient les *portiers,* qui succédèrent aux diacres et aux sous-diacres dans la fonction de garder les portes des églises. Vers l'an 700, tout le monde fut admis à la vue de la liturgie; et, de tout le mystère qui entourait, dans les premiers temps, le cérémonial sacré, il ne s'est conservé que l'usage de réciter secrètement le canon de la messe. Cependant, dans le rite grec, l'officiant célèbre, encore aujourd'hui, l'office divin derrière un rideau, qui n'est tiré qu'au moment de l'élévation; mais, dans ce moment même, les assistants doivent être prosternés ou inclinés de telle sorte qu'ils ne puissent voir le saint-sacrement.

Dès l'année 58 de notre ère, il s'était introduit dans la doctrine chrétienne des idées empruntées au judaïsme, au zoroastrisme, à la philosophie platonicienne, aux théogonies et aux pneumatogonies de l'Égypte, de la Chaldée et de la Grèce. Ces idées étaient professées dans le secret par une foule de sectes connues sous le nom générique de *gnostiques,* parce qu'elles prétendaient posséder exclusivement la vraie *gnosis*, ou science. Divisées sur quelques circonstances de leur doctrine, ces différentes sectes s'accordaient sur le reste. Toutes prétendaient que l'Être-Suprême, l'être infiniment parfait et heureux, n'était pas le créateur de l'univers, qu'il n'était pas non plus le seul être indépendant; car, ainsi que lui, la matière était éternelle. L'Être-Suprême résidait dans l'immensité de l'espace, appelé le *plérôme* ou le plein. De lui étaient émanées d'autres natures immortelles et spirituelles, les *éons,* qui remplirent la demeure de la divinité d'êtres semblables à eux-mêmes. De ces éons, les uns furent placés dans les plus hautes régions, les autres dans les plus basses. Ceux des régions inférieures étaient le plus près de la matière, qui, dans l'origine, constituait une masse inerte et sans forme, jusqu'à ce qu'un d'entre eux, de son propre mouvement et sans l'aveu de la divinité, l'organisât et en animât une partie. L'auteur de cette œuvre était le Dêmi-ourgos, le Grand Ouvrier. Mais telle était la perversité de la matière, lorsqu'elle eut pris une forme, qu'elle devint la source de tous les maux. Pour atténuer ce fâcheux résultat autant qu'il était possible, la divinité ajouta la puissance rationnelle à la vie dont étaient animées plusieurs parties de la matière. Ces parties auxquelles la puissance rationnelle fut donnée sont les pères de la race humaine; les autres sont les animaux proprement dits. Malheureusement, cette intervention de l'Être-Suprême fut sans effet. Le Dêmi-ourgos, fier de sa puissance, séduisit l'homme, et l'excita à secouer l'obéissance qu'il devait à Dieu, et il appela à lui toute son adoration. Mais, par suite de leur éloignement de la divinité, les ames des hommes sont en proie à la souffrance; elles font de pénibles et vains efforts pour parvenir à la connaissance de la vérité, et pour retourner à leur primitive union avec l'Être-Suprême. Néanmoins, un moment viendra où leurs vœux seront accomplis, et où elles rentreront dans le sein du Dieu d'où elles sont émanées.

L'histoire du gnosticisme nous entraînerait au-delà des limites que nous nous sommes tracées. Nous nous bornerons à signaler les particularités qui prouvent que les différentes sectes qui le partageaient, constituaient autant de sociétés secrètes modelées sur les initiations que nous avons déjà décrites. Les gnostiques s'appelaient généralement *enfants de la lumière.* L'enseignement de la doctrine des *basilidiens* était partagé en plusieurs grades. On n'était admis au premier qu'après cinq années de silence, et après s'être soumis à certaines formalités. Un de ces degrés était celui de *croyant;* un autre, celui d'*élu.* Les basilidiens nous ont laissé une grande quantité de pierres gravées, qu'on désigne sous le nom d'*abrasax.* Ce nom mystérieux est, suivant Basnage, un mot vide de sens. La valeur numérique des lettres grecques qui servent à l'écrire donne, par l'addition, le nombre de trois cent soixante-cinq, qui est celui des jours de l'année, et qui rattache ces monuments au culte du soleil, professé par toute l'antiquité. Le nom grec de Mithra, *Meithras*, ou le soleil, avait, comme celui d'Abrasax, la valeur numérique de trois cent soixante-cinq. Dans le recueil de Chifflet, est reproduite une de ces pierres gnostiques, sur laquelle sont gravées *sept étoiles* d'égale grandeur, puis une *huitième*, plus grande que les autres, qui les surmonte. Ce sont les sept planètes et le ciel des fixes consacrés dans les mystères de Mithra. On y voit aussi un *compas* et une *équerre*, et diverses figures géométriques.

La secte des *ophites* se rattachait par ses emblèmes aux mystères de Bacchus-Sabasius. Le serpent, dont le nom grec *(ophis)* servit à la caractériser, est le serpent d'Ophiucus ou de l'Esculape céleste. Persuadés que le serpent qui engagea la femme à présenter à l'homme le fruit de l'arbre de la science du bien et du mal avait rendu service au genre humain, les ophites conservaient un de ces reptiles dans une ciste ou corbeille sacrée. Au moment de la célébration des mystères, on le mettait en liberté, et on l'appelait sur la table où les pains offerts étaient rangés. S'il montait sur cette table, s'il entourait de ses replis les pains consacrés, c'était une marque que le sacrifice était agréable à ce dieu serpent, que les ophites considéraient comme un roi tombé du ciel. Cette secte s'est conservée jusqu'au milieu du vie siècle.

Les *pépuziens* faisaient apparaître des fantômes dans leur initiation; et l'on prétendait qu'ils *égorgeaient un enfant*. Ils montraient aux yeux de l'initié une femme ailée ayant le *soleil* sur sa tête, la *lune* sous ses pieds, et qui était couronnée de *douze* étoiles. Cette figure allégorique était l'Isis égyptienne et la Cérès des Grecs. Le livre de l'*Apocalypse* n'est, comme l'a démontré Dupuis, que le rituel d'initiation de la secte pépuzienne.

Les *valentiniens* appelaient leur initiation *vanavin*, qu'ils traduisaient par le mot lumière. Tertullien leur reproche d'avoir dérobé leurs cérémonies au sanctuaire d'Éleusis.

Les *manichéens* étaient divisés en trois classes, ou degrés d'initiation. La première était celle des *auditeurs* ou catéchumènes, auxquels on se bornait à enseigner la doctrine sous le voile des emblèmes et des cérémonies. La deuxième classe était celle des *élus*. On y était admis après de longues épreuves et après s'être soumis à diverses purifications. Alors on recevait la communication d'une grande partie de la doctrine secrète. Une vie pure et sainte, délivrant l'ame de tous les attachements terrestres, la rendait digne de parvenir, après la destruction de sa prison corporelle, à la région de la *lune*. Là, elle était purifiée dans un grand *lac*. Elle arrivait ensuite dans la région du *soleil*, où elle était sanctifiée par le *feu*. Elle était admise alors au commerce intime avec le *Rédempteur, qui réside dans le soleil*, et avec les saints esprits des cieux. Dès ce moment, rien ne s'opposait plus à ce qu'elle s'élevât dans l'empire de la lumière, siége du *nombre des nombres,* ou de Dieu. La classe des *maîtres,* qui avait la révélation complète des mystères, ne se composait que de *douze* membres, sans compter le président. Le fondateur du manichéisme, Manès, né en Perse vers l'an 267, fut mis à mort par le roi de ce pays, dont il avait promis témérairement de guérir le fils, dangereusement malade. Ses disciples célébraient au printemps une fête funèbre appelée *Béma*, en mémoire de sa fin tragique. Après avoir pris quelques aliments et invoqué la divinité sous différents noms, ils se répandaient de l'huile sur la tête en prononçant le mot *sabaoth*, qu'ils prétendaient désigner le *phallus*. Persécuté par les rois de Perse, par les empereurs païens et par les empereurs chrétiens, le manichéisme survécut à cette longue oppression, et se perpétua jusqu'au XIIIe siècle. Du manichéisme, sortit, en Espagne, une autre association secrète, celle des *priscillianistes,* qui ne s'est dissoute entièrement qu'en l'an 711, à l'époque de l'invasion des Sarrasins.

Sur les ruines de l'ancienne initiation des mages, s'étaient élevées en Perse, à partir du IIIe siècle, plusieurs associations mystérieuses qui, aux doctrines de Zoroastre, avaient mêlé quelques dogmes nouveaux, empruntés, pour la plupart, au gnosticisme. Vers le milieu du VIIe siècle, ces associations étaient au nombre de sept. La première était celle des *keyoumerssié*, c'est-à-dire des partisans de la doctrine de Keyoumerz, le premier qui fut appelé roi; la seconde, celle des *servaniyé*, sectateurs de Servan, ou le temps infini, le créateur et le moteur de toutes choses; la troisième, celle des *serdouschtiyé*, disciples de Zoroastre; la quatrième, celle des *sséneviyé*, ou des vrais dualistes; la cinquième, celle des *maneviyé* ou manichéens; la sixième, celle des *farkouniyé*, sorte de gnostiques qui admettaient deux principes, le père et le fils, et prétendaient que la querelle qui s'était élevée entre eux avait été apaisée par une troisième puissance céleste. Enfin la septième association était celle des *mastekiyé*, ou partisans de Mastek, qui conjuraient la ruine de toutes les religions, prêchaient l'égalité et la liberté universelles, l'indifférence de toutes les actions humaines, et la communauté des biens et des femmes. La dernière était la plus nombreuse; elle comptait dans ses rangs des hommes de toutes les classes et particulièrement les plus hauts dignitaires de l'empire.

Lorsque les Arabes se furent emparés de la Perse, les différentes sociétés que nous venons de citer s'appliquèrent à répandre leurs doctrines parmi les sectateurs de l'islamisme, afin de miner les croyances mahométanes. Leurs adeptes mettaient en question, quand l'occasion s'en présentait, les dogmes les plus vénérés qu'enseignât le Koran; et cet esprit de doute

44

et de discussion leur fit donner le nom de *sindik*, ou esprits forts. Les prédications occultes des sociétés persanes, qui datent du milieu du viiie siècle,
ne tardèrent pas à porter leurs fruits. La division se glissa dans le mahométisme. Des sociétés analogues s'y formèrent. En l'an 758, surgirent, dans
le Khorassân, sous le khalife Manszour, les *rawendi*, qui enseignaient la
transmigration des âmes; en 778, dans le Dscharschân, sous le règne
d'Abdol-Kahir, les *mohamméens*, c'est-à-dire les rouges, ou les ânes, ces
deux idées s'exprimant en arabe par le même mot. En la même année, parurent, dans la Transoxane, les *séfiddschamegan*, ou ceux qui sont vêtus de
blanc. Le fondateur de cette dernière association, Hakem-ben-Haschem,
surnommé Makanaa, le masqué, parce qu'il portait un masque d'or, enseignait que Dieu avait revêtu la forme humaine depuis qu'il avait ordonné à
ses anges d'adorer le premier homme; qu'à partir de ce moment, la nature
divine s'était transmise de prophète en prophète jusqu'à lui; qu'à la mort,
l'âme des hommes passait dans le corps des animaux, si elle s'était souillée;
mais qu'au contraire, elle s'assimilait à l'essence divine, si elle s'était épurée
par de bonnes pensées pendant son séjour sur la terre.

La haine de l'islamisme, que toutes ces associations avaient propagée
parmi les populations musulmanes, donna naissance en 815 à une nouvelle secte qui avait pour chef Babek et qui ne prenait pas même le soin de
dissimuler son but. Les khalifes lui firent durant vingt ans une guerre
cruelle et finirent par l'exterminer. Mais, pendant que les partisans de Babek tombaient sous le fer des bourreaux, vivait à Ahwas, dans les provinces
méridionales de la Perse, Abdallah, petit-fils de Daïssan le dualiste, qui
avait hérité de la haine profonde vouée par son aïeul à la puissance et à
la foi des Arabes. Rendu circonspect par le sort des disciples de Babek,
il résolut de miner sourdement ce qu'il était si dangereux d'attaquer à
visage découvert. Il forma en conséquence le plan d'une société dans
laquelle l'enseignement des doctrines subversives du mahométisme était
divisé en sept degrés d'instruction, auxquels on n'était admis que successivement et lorsqu'on avait été convenablement éprouvé. Dans le septième
degré, on apprenait que toutes les religions étaient des chimères et que toutes
les actions humaines étaient indifférentes. Abdallah ne tarda pas à former
un certain nombre de disciples et à constituer sa société. Des missionnaires
l'allèrent propager au loin; elle eut bientôt des ramifications à Bassora et
dans toute la Syrie.

Le plus célèbre de ses émissaires fut Ahmed, fils d'Eskhaas, surnommé
Karmath. Les disciples de celui-ci, qu'on appelait les *karmathites*, n'eurent pas la prudence des autres adhérents d'Abdallah; ils se mirent en lutte
ouverte contre la puissance encore formidable du khalifat. Cette lutte fut

sanglante; elle dura un siècle entier, et ce n'est qu'alors que les karmathites furent entièrement détruits.

Un de leurs plus hardis missionnaires, qui se nommait aussi Abdallah et qui prétendait descendre de Mohammed, fils d'Ismaïl, parvint à s'échapper du cachot où l'avait fait jeter le khalife Motadhad. A la tête d'un parti nombreux et déterminé, il s'empara de l'Égypte et s'assit sur le trône sous le nom d'Obeidollah-Mehdi. Il fut le fondateur de la dynastie des khalifes égyptiens qui prétendaient descendre de Fatima, fille de Mahomet, et qui pour cette raison sont appelés fatimites. A partir de ce moment, la doctrine d'Abdallah régna sur l'Egypte. Elle fut propagée par des agents officiels, dont le chef portait les titres de *daïol-doat,* suprême missionnaire dans l'intérêt du trône, et de *kadhiol-khodat,* juge suprême de l'état. Les membres de l'association des ismaïlites, titre qu'on lui donnait en Egypte, avaient au Kaire, dès l'an 1104, des assemblées deux fois par semaine, le lundi et le mercredi, sous la présidence du daïol-doat. Il y assistait des hommes et des femmes, qui se réunissaient dans des salles séparées. Ces assemblées s'appelaient *medschalisol-hickmet,* sociétés de la sagesse; l'édifice où elles avaient lieu, *darol-hickmet,* maison de la sagesse. On y trouvait une bibliothèque abondamment pourvue de livres et tous les instruments propres aux diverses sciences. Chacun avait la faculté d'en faire usage, et l'on donnait à qui le désirait du parchemin, des plumes et de l'encre. Enfin des professeurs de tout genre faisaient des cours publics, auxquels présidaient souvent les khalifes eux-mêmes. Indépendamment de ces moyens d'instruction mis à la disposition de tous, il y avait aussi un enseignement particulier, qui était donné seulement aux sujets qui paraissaient aptes à recevoir la communication de la doctrine secrète, mélange d'idées persanes et gnostiques, partagée en neuf degrés. L'établissement du darol-hickmet subsista sans aucun changement depuis sa fondation par le khalife Hakem, en 1004, jusqu'en l'année 1122, époque à laquelle le khalife Emr-Biahkamillah le supprima et en fit raser les bâtiments, à l'occasion d'un tumulte qui avait éclaté parmi les membres de l'association. Cependant, l'année suivante, le khalife fit construire sur un autre emplacement un nouvel édifice appelé *darolilm-dschedide,* nouvelle maison des sciences. Les assemblées secrètes continuèrent jusqu'à la chute de l'empire des fatimites, et, pendant toute leur durée, des émissaires de la société allèrent propager ses doctrines dans les différentes contrées de l'Asie.

Dans la dernière moitié du XIe siècle, un de ces missionnaires, Hassan-ben-Sabah-Homaïri, devint le fondateur d'une nouvelle branche de la secte, celle des *ismaïlites de l'est,* ou *assassins* (1). Hassan, né dans le Khorassân,

(1) Ce nom dérive de l'arabe *haschischin,* mangeurs d'herbes, parce qu'on faisait

se lia d'amitié dans sa jeunesse avec Nisamolmoulk, un de ses compagnons d'études, et tous deux s'engagèrent par serment à se pousser mutuellement à la fortune. Dans la suite, le dernier étant parvenu à la dignité de grand-visir du sultan seldjoukide Melek-schâh, Hassan réclama l'exécution du pacte qu'ils avaient juré, et il fut en conséquence introduit près du sultan et comblé d'honneurs et de richesses. Cependant, dévoré d'ambition, il travailla dès ce moment à supplanter son bienfaiteur; mais Nisamolmoulk, indigné de tant d'ingratitude, employa tout son crédit pour le renverser du poste éminent où il l'avait placé, et il réussit à le faire chasser honteusement de la cour. Hassan s'éloigna la rage dans le cœur. Bientôt après, il jeta les fondements de l'ordre des assassins, et Nisamolmoulk et Melek-schâh ne tardèrent pas à tomber sous le poignard de ses sicaires. En 1090, il s'empara de la forteresse d'Alamout, bâtie au sommet d'une montagne escarpée, à peu de distance de Casbin, dans la province persane de l'Irak. Il fortifia ce château, y fit arriver des sources d'eaux vives, et obligea les habitants à se livrer à l'agriculture, afin de pouvoir au besoin soutenir un long siége à l'aide des récoltes conservées dans des silos.

Bien que l'enseignement de la doctrine secrète des ismaïlites fût divisé en neuf degrés, les initiés ne formaient cependant que deux classes distinctes, les *réfik* (compagnons) et les *daï* (maîtres). Hassan institua une troisième classe, celle des *fédavi*, c'est-à-dire les sacrés, ceux qui se sacrifient. Pour ceux-là, les secrets de l'ordre devaient toujours être couverts d'un voile impénétrable; ce n'étaient que des instruments aveugles, fanatiques, formés à exécuter, quels qu'ils fussent, les ordres de leur supérieur. Ils composaient la garde du grand-maître et ne quittaient jamais leur poignard, afin d'être constamment prêts à consommer les meurtres qui leur étaient commandés.

Les formalités employées pour la réception des fédavi sont décrites comme il suit dans le voyage de Marco Polo : « Au centre du territoire des assassins, en Perse, à Alamout, et, en Syrie, à Masziat, étaient des endroits entourés de murs, véritables paradis, où l'on trouvait tout ce qui pouvait satisfaire les besoins du corps et les caprices de la plus exigeante sensualité; des parterres de fleurs et des buissons d'arbres à fruits entrecoupés de canaux; des gazons ombragés et des prairies verdoyantes, où des sources d'eaux vives bruissaient sous les pas. Des bosquets de rosiers et des treilles de vigne ornaient de leur feuillage de riches salons ou des kiosques de porcelaine garnis de tapis de Perse et d'étoffes grecques. Des boissons délicieuses étaient servies dans des vases d'or, d'argent et de cristal, par de jeunes garçons ou par de jeunes

prendre, comme on le verra plus loin, aux novices de la secte, des boissons enivrantes préparées avec des herbes appelées *haschische*.

JARDINS DU VIEUX DE LA MONTAGNE.

Réveil d'un Fédavi.

Publié par Pagnerre

filles aux yeux noirs, semblables aux houris, divinités de ce paradis que le prophète avait promis aux croyants. Le son des harpes s'y mêlait au chant des oiseaux, et des voix mélodieuses unissaient leurs accords au murmure des ruisseaux. Tout y était plaisir, volupté, enchantement. Quand il se rencontrait un jeune homme doué d'assez de force et de résolution pour faire partie de cette légion de meurtriers, le grand-maître ou le grand-prieur l'invitaient à leur table ou à un entretien particulier, l'enivraient avec l'opium de jusquiame, et le faisaient transporter dans ces jardins. A son réveil, il se croyait au milieu du paradis (1). Ces femmes, ces houris, contribuaient encore à compléter son illusion. Lorsqu'il avait goûté jusqu'à satiété toutes les joies que le prophète promet aux élus après leur mort, lorsqu'enivré par ces douces voluptés et par les vapeurs d'un vin pétillant, il tombait de nouveau dans une sorte de léthargie, on le transportait hors de ces jardins; et, au bout de quelques minutes, il se trouvait auprès de son supérieur, qui s'efforçait de lui persuader qu'il venait d'avoir une vision céleste, que c'était bien le paradis qui s'était offert à ses regards et qu'il avait eu un avant-goût de ces ineffables jouissances réservées aux fidèles qui auront sacrifié leur vie à la propagation de la foi et auront eu pour leur supérieur une obéissance illimitée. »

Ces jeunes gens étaient élevés dans ce que le luxe asiatique a de plus somptueux et de plus attrayant. On leur enseignait plusieurs langues; on les armait d'un poignard, et on les envoyait commettre des assassinats sur des chrétiens ou sur des musulmans, pour venger les injures personnelles de l'ordre ou celles de ses amis. Ils prenaient toutes les formes, se revêtaient tantôt du froc du moine, tantôt de l'habit du commerçant; et ils agissaient avec tant de circonspection qu'il était presque impossible d'échapper à leurs coups. Ceux d'entre eux qui périssaient dans l'exécution de leur mission sanguinaire, étaient considérés par les autres comme des martyrs et comme des élus appelés à jouir dans le paradis d'une félicité sans bornes. Leurs parents recevaient de riches présents, ou, s'ils étaient esclaves, on les affranchissait.

On pourra, d'après l'exemple suivant, se faire une idée de la puissance qu'exerçait Hassan sur l'esprit de ces malheureux. Il s'était emparé en peu de temps d'une multitude de forteresses bâties sur la cime des montagnes de la Perse. Alarmé de ses progrès, Melek-schah lui envoya un officier pour le sommer d'évacuer ses châteaux. Hassan reçut cet envoyé avec distinction; et, sans s'expliquer sur ses desseins, il ordonna à un de ses fédavi de se plonger un poignard dans le cœur. Il n'avait pas achevé de parler que le

(1) *Voyez* planche n° 21.

corps sanglant de la victime venait rouler à ses pieds. A un autre fédavi, il commanda de se précipiter du haut d'une tour, et presque aussitôt le cadavre meurtri de l'infortuné était gisant dans le fossé. « Rapporte à ton maître, dit Hassan à l'ambassadeur effrayé, ce dont tu viens d'être témoin, et dis-lui que je commande à soixante-dix mille hommes qui m'obéissent avec une égale soumission. Voilà toute ma réponse. »

« Quelquefois, dit M. de Hammer, dans son *Histoire de l'ordre des assassins*, le grand-maître aimait mieux arrêter ses puissants ennemis en leur faisant entrevoir les dangers qui les menaçaient, et les désarmer par la terreur qu'augmenter inutilement leur nombre par des meurtres trop souvent renouvelés. Dans cette vue, il gagna un esclave du sultan Sandschar, qui, pendant le sommeil de son maître, planta un poignard dans la terre tout près de sa tête. Bien qu'effrayé de voir à son réveil cet instrument de mort, le sultan ne laissa point pénétrer ses craintes; mais, quelques jours après, le grand-maître lui écrivit, dans le style bref et tranchant de l'ordre : « Sans notre « affection pour le sultan, on lui aurait enfoncé le poignard dans la poi-« trine, au lieu de le planter dans la terre. » Sandschar, qui avait envoyé quelques troupes contre les châteaux des ismaïlites dans le Kouhistan, les rappela et fit sa paix avec Hassan, à qui il assigna, comme tribut annuel, une partie du revenu du pays de Kouxis. »

Au-dessous des fédavi, il y avait une classe de novices, qui n'appartenaient pas encore à l'ordre et aspiraient seulement à en faire partie. On leur avait donné pour cette raison le nom de *lassik*, ou aspirants. Comme les fédavi, cependant, ils faisaient partie de la garde du grand-maître.

Indépendamment des grades proprement dits, il y avait dans l'ordre une hiérarchie de fonctions. Après le grand-maître, qui était le chef suprême de la société, et que les historiens des Croisades appellent le *vieux de la montagne*, venaient les *daïlkebir*, ou grands-recruteurs. Ces officiers gouvernaient les trois provinces sur lesquelles la puissance de l'ordre s'était étendue : le Dschebal, le Kouhistan et la Syrie. On les désigne aussi sous le nom de grands-prieurs. Ils avaient sous leurs ordres un certain nombre de fonctionnaires, soit militaires, soit civils, dont les emplois étaient trop multipliés pour que nous puissions les énumérer ici.

Vers le milieu du XIIe siècle, la puissance de l'ordre s'étendait des frontières du Khorassan aux montagnes de la Syrie, du Mousdoramus au Liban, et de la mer Caspienne à la Méditerranée. Tout tremblait devant lui et se soumettait en quelque sorte à ses volontés. Hassan était mort en 1124, après avoir choisi pour son successeur Kia-Buzurgomid, celui des daï qui lui avait paru le plus digne d'être investi de la grande-maîtrise; mais, peu à peu, cette dignité devint héréditaire. L'ordre des assassins subsista dans son entier jusqu'en l'an 1254, époque à laquelle Mangou-Khan, petit-fils de Dschengis-Khan, inonda l'Orient de ses hordes mongoles, s'empara de la Perse, fit disparaître le khalifat de Bagdad, renversa d'autres trônes encore, et, du même coup, détruisit l'ordre des assassins. La forteresse d'Alamout et presque tous les châteaux de l'ordre tombèrent en son pouvoir, et les membres de cette secte sanguinaire furent en grande partie pris et massacrés ou dispersés. Dissoute dans la Perse, la société se conserva néanmoins en Syrie ; on l'y voit encore florissante en l'année 1326. Quant à l'association des ismaïlites de l'Egypte appartenant au darol-hickmet, que les historiens allemands désignent sous le nom de loge du Kaire, elle fut abolie, dès 1171, par Salaheddin, lieutenant de Noureddin, chef des Sarrasins. Il en reste quelques débris, connus sous la dénomination de *sufites*.

Bien que les doctrines des sociétés secrètes musulmanes aient été en grande partie révélées par les écrivains orientaux, on n'a point de détails authentiques sur le cérémonial qui s'accomplissait dans le cours de leurs initiations. Guerrier de Dumast conjecture avec raison que ce cérémonial est décrit dans le conte arabe ayant pour titre : *Histoire d'Habib et de Dorathilgoase*, dont l'auteur vivait, à ce que l'on croit, du temps et à la cour de Salaheddin.

Le héros de ce conte est d'abord élevé par un sage vieillard appelé Ilfakis, et il achève de se former sous les auspices du guerrier indien Ilhaboul, dont la loyauté et la courtoisie égalent celles de nos preux. Son éducation philosophique et virile est toute égyptienne, et ses précepteurs affectent d'employer un langage figuré. Habib, épris des charmes de Dorathilgoase, brigue la chevalerie pour se rendre digne d'elle. Il se dirige vers le Caucase, afin d'y conquérir les armes de Salomon. Conduit par Ilhaboul, il descend dans des cavernes immenses ; et, pour qu'on ne puisse pas se méprendre sur le sens de cette fiction, l'auteur arabe fait adresser par Ilhaboul ces paroles à son élève : « Songez que tout est symbolique dans ce séjour. » A l'entrée de la caverne, il lui faut prononcer, pour y pénétrer, un mot talismanique. Il rencontre sur son passage quatre statues mystérieuses et trois cent soixante-six hiéroglyphes dont il doit percer la signification énigmatique. Peu après, il découvre le glorieux trophée, qu'ombragent encore, après tant de siècles, les plumes du phénix, oiseau fabuleux qui était pour les anciens le symbole du soleil. Chaque pièce de l'armure que vient de conquérir Habib porte une inscription sentencieuse ; par exemple : « La fermeté est la véritable cuirasse de l'homme ; — la prudence est sa visière ; » et cette phrase d'Habib achève de montrer qu'à l'instar des mithriades, c'est une chevalerie morale et allégorique qu'il reçoit : « Couvrez-vous de fer, impuissants guerriers de la terre ; Salomon marchait à la conquête du monde à l'aide des vertus. »

C'est ainsi qu'un monarque pacifique est transformé en conquérant. « Ses triomphes, dit Guerrier de Dumast, ne sont que ceux de l'initiation. Le rôle qu'il joue ici est de la première importance. Dans ces entrailles du Caucase, où le héros entrevoit, comme Énée, l'Élysée et le Tartare, où il apprend l'histoire du monde et les traditions cosmogoniques sur les dews et sur la race d'Éblis (1); dans ces souterrains, dis-je, tout obéit à Salomon, tout se fait par Salomon. »

Le chevalier soulève à la fin un grand voile derrière lequel se trouvent les sept mers et les sept îles qu'il doit traverser avant d'atteindre Medinazilbalor, la ville de cristal, la Thèbes ou la Jérusalem mystique. Ces îles (les sept îles fortunées de Lucien, les sept degrés de l'échelle du magisme, les sept stations planétaires placées sur la route des ames qui retournent de ce monde de misère à la lumière éthérée d'Ormuzd, leur véritable patrie,) sont distinguées par le nom des sept couleurs; et, comme jamais les insignes blancs n'ont varié pour le premier grade, la première île que doit conquérir Habib est l'île blanche. Mais, avant d'y parvenir, il faut qu'il subisse l'épreuve des éléments. En effet, la nature semble bouleversée autour de lui; le vent siffle, la foudre gronde; un combat affreux des bons et des mauvais génies s'établit et trouble la terre et les mers. Si le héros reste inébranlable, c'est par le secours du glaive du roi philosophe et de la parole sacrée qui y est gravée.

Le reste est dans le même esprit. On ne saurait méconnaître les rapports frappants qu'offre cette histoire allégorique avec les doctrines des anciennes initiations, et particulièrement avec celles des mages et des gnostiques. C'est évidemment une narration dans le genre du sixième livre de l'*Énéide*, où Virgile a retracé, sous le voile de la fiction, les cérémonies secrètes des mystères d'Isis.

Quoi qu'il en soit, les débris de l'ordre des assassins se sont perpétués jusqu'à nos jours en Perse et en Syrie. Seulement ils sont étrangers à la politique révolutionnaire de leurs devanciers, et ils constituent, à proprement parler, une secte hérétique dans l'islamisme. S'ils ont conservé une partie des emblêmes de leurs anciens mystères, tout porte à croire qu'ils en ont perdu la signification. Les forteresses du district de Roudbâr, dans la Perse, sont encore occupées par les ismaïlites, connus dans le pays sous la dénomination générale d'*hosseinis*. En Syrie, ils occupent dix-huit villages autour de Masziat, autrefois le siége de leur domination.

D'autres sectes provenant de la même source habitent pareillement la Syrie. Ce sont les *nosaïris*, les *motewilis* et les *druzes*. Toutes ces sectes ont des assemblées secrètes, qu'elles tiennent la nuit; et, s'il faut en croire les mu-

(1) Nom que les mahométans donnent au démon.

sulmans orthodoxes, ce sont de véritables orgies, où l'on s'abandonne à tous les plaisirs des sens. Les druzes se plient extérieurement à l'exercice des cultes reconnus, et ce n'est qu'entre eux qu'ils professent leurs doctrines particulières. Ils ont plusieurs degrés d'initiation. Le lieu où l'on s'assemble est différent pour chaque grade. Des gardes veillent au dehors pour qu'on n'en approche point ; et tout profane qui parviendrait à y pénétrer serait à l'instant puni de mort. Les druzes se reconnaissent au moyen d'une formule énigmatique. L'interrogateur demande : « Sème-t-on dans votre pays de la graine d'halalidje, ou du mirobolaüs ? » A quoi il faut répondre : « On en sème dans le cœur des fidèles. »

Une branche réformée des ismaïlites s'est conservée jusqu'aujourd'hui dans l'Albanie, où elle constitue une sorte de franc-maçonnerie. Elle admet dans ses rangs les sectateurs de toutes les religions, et l'on n'y est reçu qu'avec un cérémonial mystique et après avoir prêté un serment de discrétion. Une autre société du même genre était établie, il y a environ trente ans, à Janina. Ali-Pacha s'y était fait agréger, et il fit servir à ses desseins ambitieux l'influence des principaux habitants de la ville, qui en étaient membres.

L'institution de la *chevalerie* dérive selon toute apparence des sociétés secrètes persanes, débris des anciens mithriades. La pensée en est la même que celle de l'association dont l'histoire du chevalier Habib nous décrit les formes mystérieuses. L'ordre de la chevalerie avait pour but le triomphe de la justice, la défense des opprimés, en un mot l'exercice de toutes les vertus sociales. Il était divisé en trois grades, ceux de *page* ou *damoiseau*, d'*écuyer* et de *chevalier*. L'éducation du page était confiée à quelque dame renommée par son esprit et par sa politesse, qui lui inculquait l'amour et la déférence pour les femmes et lui faisait apprécier l'importance des devoirs imposés par la chevalerie. Lorsqu'on le jugeait suffisamment instruit et qu'il avait d'ailleurs atteint l'âge voulu (quatorze ans), il était présenté à l'autel par son père. Le prêtre célébrant consacrait une épée et la suspendait au côté du page, devenu alors écuyer, qui, dès ce moment, commençait à la porter. Attaché au service d'un chevalier, admis dans son intimité, associé à tous ses travaux, l'écuyer recevait de lui le complément d'instructions particulières à son grade. Ces deux états successifs de page et d'écuyer ne formaient, à proprement parler, que le noviciat de la chevalerie. Le troisième grade, celui de chevalier, donnait seul la connaissance des mystères. La veille du jour où l'écuyer devait y être promu, il jeûnait et passait la nuit dans le temple, prosterné au pied des autels et au milieu de l'obscurité la plus profonde. C'est ce qu'on appelait *la nuit blanche*. Le lendemain, il s'agenouillait devant le chevalier qui procédait à sa réception et prêtait entre ses

45

mains le serment d'être toujours prêt à voler au secours de la patrie et des
opprimés, de se sacrifier pour l'honneur et la défense des *mystères* de la
chevalerie. Alors le chevalier qui présidait à la cérémonie lui ceignait une
épée, le frappait de la sienne sur le cou, le baisait sur les joues et sur le front
et le souffletait doucement avec la main, ce qui s'appelait une *paumée*. Il le
relevait ensuite, et le revêtait de toutes les pièces de son armure, dont il
lui expliquait le sens emblématique.

La Roque, dans son *Traité de la noblesse*, nous a conservé le formulaire
de cette partie de la réception. L'épée qu'on donnait au nouveau chevalier
s'appelait *armure de miséricorde*. Elle lui disait « qu'il devait vaincre son
ennemi plutôt par la miséricorde que par la force des armes. » Elle avait un
double tranchant, pour lui apprendre qu'il lui fallait « maintenir la chevalerie et la justice, et ne combattre jamais que pour le soutien de ces deux
grandes *colonnes du temple d'honneur*. » La lance représentait la vérité
« parce que la vérité est droite comme la lance. » Le haubert figurait « une
forteresse contre les vices ; car, de même que les châteaux sont enclos de
murs et de fossés, ainsi le haubert est fermé de toutes parts et défend le chevalier contre la trahison, la déloyauté, l'orgueil, et tous les autres mauvais
sentiments. » Les molettes des éperons lui étaient données « pour corriger
les reculons de l'honneur de noblesse et de toutes sortes de vertus. » L'écu
qu'il plaçait entre lui et son ennemi, lui rappelait que « le chevalier est un
moyen entre le prince et le peuple pour moyenner la paix et la tranquillité
publique entre les deux. »

Après la réception, le nouveau chevalier était montré en grande pompe
aux yeux du peuple, comme autrefois les initiés égyptiens. Des banquets,
suivis de largesses et d'aumônes, terminaient la cérémonie. Des signes de
reconnaissance permettaient aux chevaliers de prouver, à l'occasion, qu'ils
avaient reçu le baptême de la chevalerie, et l'on comprend que, seuls, ils
en possédaient le secret. Ils étaient en outre liés par un mystère. On trouve,
en effet, dans les anciens romans de chevalerie, certaines allégories qui se
rattachent aux doctrines de toutes les initiations. La plus grande partie des
fables de Turpin et des autres vieux romanciers sont remplis de figures
astronomiques, qu'ils appliquent à Charlemagne. Ce prince et ses douze
paladins doivent être considérés, dans ces légendes, comme le soleil et les
douze génies ou signes des douze palais du zodiaque.

Les ordres religieux et militaires de chevalerie, spécialement celui des
templiers, avaient pareillement des mystères et des initiations. Les mystères des templiers, longtemps ignorés du public, furent, en 1307, l'occasion et le motif de l'abolition de leur ordre. Les horribles persécutions
qu'éprouvèrent ces chevaliers, le supplice de leur chef, Jacques Molay,

Pl.22

SUPPLICE DE JACQUES MOLAI

Grand-Maître des Templiers

Publié par Pagnerre

brûlé vif à Paris, en 1314, dans la Cité (1), sont trop connus pour que nous en retracions l'histoire. On s'est attaché, dans le siècle passé, à innocenter la mémoire de cet ordre, et l'on a contesté la vérité des accusations dont il avait été l'objet dans le cours de son procès; mais de récentes découvertes établissent que la plupart des faits allégués étaient de la plus grande exactitude. Il est démontré aujourd'hui que les templiers étaient une branche du gnosticisme et qu'ils avaient adopté, en majeure partie, les doctrines et les allégories de la secte des ophites. Il a beaucoup été question dans leur procès, d'une tête barbue à laquelle ils attribuaient la puissance de faire croître les fleurs et les moissons. Cette figure était le symbole par lequel les gnostiques représentaient le dieu éternel, le créateur. De tous temps, les orientaux ont considéré la barbe comme le signe de la majesté, de la paternité, de la force génératrice. Aussi est-ce avec raison que les templiers disaient que l'être dont cette tête barbue offrait l'image était la source de la fertilité des campagnes. Cette tête portait le nom de *baphometus*, mot dérivé du grec βαφημετους, baptême de sagesse. Elle devait présider à l'initiation, qui était en effet pour le récipiendaire un baptême nouveau, le commencement d'une nouvelle vie. On la voit figurer sur deux pierres gravées, d'origine gnostique, rapportées dans la collection de Jean l'Heureux. Sur la fin du XVIIᵉ siècle, on a découvert en Allemagne, dans le tombeau d'un templier, mort avant la persécution de l'ordre, une espèce de talisman où sont tracés des symboles gnostiques : l'équerre et le compas, la sphère céleste, une étoile à cinq pointes, dit pentagone de Pythagore, qu'avaient aussi adoptée les ophites, enfin les huit étoiles de l'ogdoade gnostique. Dans plusieurs mémoires relatifs aux doctrines secrètes des templiers, M. de Hammer démontre que ces doctrines étaient celles des ophites. Entre autres monuments dont il s'étaye se trouvent deux coffrets ayant appartenu à l'ordre du temple et découverts, l'un en Bourgogne, et l'autre en Toscane. On voit sur le couvercle d'un de ces coffrets une image de la nature sous les traits de Cybèle et dans un état de complète nudité. D'une de ses mains, elle soutient le disque du soleil, et, de l'autre, le croissant de la lune, auxquels est attachée la chaîne des éons, la même qui est figurée dans les loges maçonniques par ce qu'on appelle la *houpe dentelée*. Aux pieds de la déesse, est une tête de mort entre le pentagone des ophites et une étoile à sept pointes, qui fait allusion au système planétaire et aux purifications successives des ames à travers les sept sphères. Autour du tableau, sont tracées plusieurs inscriptions en caractères arabes. Sur les quatre faces latérales, se groupent divers sujets qui paraissent retracer les cérémonies de l'initiation, telles que

(1) *Voyez* planche n° 22.

l'épreuve du feu et celle de l'eau, l'adoration du phallus, le sacrifice du taureau mithriaque. On voit sur l'autre coffret des indications analogues, relatives aux épreuves; le phallus, le ctéis, le veau de l'initiation des druzes et la croix à anse des Égyptiens.

Les historiens orientaux nous montrent, à différentes époques, l'ordre des templiers entretenant des relations intimes avec celui des assassins, et ils insistent sur l'affinité qui existait entre les deux associations. Ils remarquent qu'elles avaient adopté les mêmes couleurs, le blanc et le rouge; qu'elles avaient la même organisation, la même hiérarchie de grades, les degrés de fédavi, de refik et de daï de l'une répondant aux degrés de novice, de profès et de chevalier de l'autre; que toutes les deux conjuraient la ruine des religions qu'elles professaient en public; et que toutes les deux enfin possédaient de nombreux châteaux, la première, en Asie, la seconde, en Europe. Il est du moins constant qu'elles étaient liées par des transactions occultes, et qu'elles se rendaient réciproquement toutes sortes de bons offices. C'est par l'entremise des templiers que Baudouin II, roi de Jérusalem, conclut secrètement avec les assassins un traité par lequel ceuxci s'engageaient à lui livrer la ville de Damas, en échange de celle de Tyr, qui devait être abandonnée à l'ordre.

L'association des *francs-juges* tenait, par son but général, à la chevalerie, et, à l'ordre des assassins, par son mode de procéder. A l'époque où elle parut, la force brutale régnait à la place du droit, une odieuse tyrannie pesait sur le peuple, l'impunité était acquise aux crimes commis par les grands. La société des francs-juges se forma pour mettre un terme à cet état de choses. Elle s'institua en tribunal invisible pour juger les coupables puissants, ou pour les arrêter dans leurs excès en les frappant d'une vague terreur. Les sentences qu'elle prononçait, elle les exécutait elle-même. Les instruments qu'elle avait désignés saisissaient les criminels à l'improviste, dans des lieux écartés, et leur faisaient subir la peine qui avait été prononcée contre eux. Mais ce qui, dans l'origine, avait une apparence d'équité, un effet salutaire, dégénéra plus tard en un abus criant. L'association ne se servit plus de sa puissance pour protéger les faibles contre l'oppression des forts; elle l'employa à satisfaire ses vengeances personnelles; aussi l'appui et le concours qu'elle avait obtenus des populations molestées par les rois et par les grands vassaux finirent-ils par lui manquer, et elle dut succomber sous le poids de la réprobation universelle qu'elle avait soulevée.

La Westphalie paraît avoir été le berceau de cette institution, qu'on désignait sous divers noms : *vehme ding*, tribunal vehmique; *frey ding*, tribunal libre; *heimliche acht*, tribunal secret; *concilium sanctissimum arcanumque dilectissimorum integerrimorumque virorum*, conseil très saint et

L. Marey. del. et Sculp.

RÉCEPTION D'UN FRANC-JUGE.

Publié par Pagnerre.

secret d'hommes très excellents et très intègres, etc. Le suprême tribunal secret avait son siége à Dortmund. C'est dans le XIVe siècle qu'il est question de ce tribunal pour la première fois. Les francs-juges, dès cette époque, se donnaient Charlemagne pour fondateur. En vertu de cette origine prétendue, l'empereur régnant était le chef nominal de tous les tribunaux secrets de l'Allemagne; mais, pour qu'il pût exercer son autorité, il fallait qu'il fût lui-même franc-juge. Les francs-comtes, qui présidaient ces tribunaux, recevaient de l'empereur, à titre de fief, l'investiture de leur charge.

Les membres de l'ordre se partageaient en deux classes. Ceux de la première s'appelaient les *loyaux francs-juges*, les *chevaliers francs-juges avec armes et écu;* ils étaient nobles et militaires. Les membres de la deuxième classe étaient qualifiés de *véritables francs-juges*, de *saints juges du tribunal secret;* ils se composaient en général de bourgeois. Il n'y avait que les tribunaux de Westphalie qui eussent le droit de recevoir de nouveaux francs-juges. Les candidats devaient être nés de légitime mariage et jouir d'une bonne réputation. Il fallait qu'ils fussent « des hommes loyaux et justes. » On excluait « les esprits récalcitrants, les ménétriers, les banqueroutiers et les joueurs de profession. » Les réceptions se faisaient la nuit, soit dans une caverne, soit au milieu d'un bois solitaire, sous l'ombre d'une aubépine. Le récipiendaire amené au milieu des francs-juges, on le faisait agenouiller; et, la tête nue, l'index et le medium de la main droite posés sur le sabre du franc-comte (1), il répétait après celui-ci un serment ainsi conçu : « Je jure d'être fidèle au tribunal secret, de le défendre contre moi-même, contre l'eau, le soleil, la lune, les étoiles, le feuillage des arbres, tous les êtres vivants et tout ce que Dieu a créé entre le ciel et la terre; contre père, mère, frères, sœurs, femme, enfants, tous les hommes enfin, le chef de l'empire seul excepté; de maintenir les jugements du tribunal secret, d'aider à les exécuter et de dénoncer au présent tribunal ou à tout autre tribunal secret les délits de sa compétence qui viendront à ma connaissance ou que j'apprendrais par des gens dignes de foi, afin que les coupables y soient jugés comme de droit ou qu'il soit sursis au jugement avec le consentement de l'accusateur. Je promets de plus que ni l'attachement ni la douleur, ni l'or ni l'argent, ni père, ni mère, ni frères, ni sœurs, ni parents, ni aucune chose que Dieu ait créée, ne pourront m'engager à enfreindre ce serment, étant résolu de soutenir dorénavant de toutes mes forces et de tous mes moyens le tribunal secret dans tous les points ci-dessus mentionnés. Ainsi Dieu et ses saints me soient en aide ! » Ce serment prononcé, le franc-comte disait : « Je te demande, fiscal, si j'ai bien dicté le serment du tribunal secret à cet homme,

(1) *Voyez* planche n° 23.

et s'il l'a bien répété. » Le fiscal répondait : « Oui, M. le comte ; vous avez bien dicté le serment à cet homme, et il l'a bien répété. » Ce n'est qu'après l'accomplissement de ces formalités que, suivant le code de Dortmund, le franc-comte instruisait le récipiendaire des signes mystérieux auxquels les francs-juges se reconnaissaient entre eux. On a retrouvé à Hertfort un protocole de réception où on lit les quatre lettres S, S. G. G. Quelques auteurs voient dans ces lettres les initiales des mots *strick, stein, gras, grein*, corde, pierre, herbe, pleurs, et prétendent que ces quatre paroles mystérieuses étaient les mots de passe des francs-juges. Le souverain chef du tribunal secret recevait de chaque récipiendaire une mesure de vin ; le franc-juge chevalier, un marc d'or ; le franc-juge de la dernière classe, un marc d'argent ; le fiscal, quatre schellins. Le récipiendaire devait en outre donner un chapeau au franc-comte. Cependant ces taxes n'étaient pas de règle absolue, et, suivant leur condition, les nouveaux francs-juges étaient admis à faire des présents d'une moindre valeur.

Quand l'empereur était illuminé, ainsi qu'une partie des membres de son conseil, on lui découvrait les mystères du tribunal secret. Dans ce cas, on pouvait porter devant lui les affaires du ressort de ce tribunal, et il avait la faculté de les faire décider par ceux de ses conseillers qui appartenaient à l'ordre des francs-juges. C'est pour jouir de ce privilége qu'à leur avénement au trône, les empereurs étaient dans l'usage de demander l'initiation. Quand ils négligeaient ce soin, rien de ce qui se passait dans les assemblées de l'ordre ne leur était communiqué. Il était seulement permis de répondre oui ou non lorsqu'ils demandaient si une personne qu'ils désignaient avaient été condamnée. Les empereurs qui étaient initiés pouvaient procéder à l'admission d'un nouveau franc-juge ; mais il fallait que ce fût en *terre rouge*, c'est-à-dire en Westphalie, dans la salle d'un tribunal secret et avec l'assistance de trois ou quatre francs-juges, qui servaient de témoins.

On appelait *notschœpse* le profane qui, ayant surpris les secrets de l'ordre, jouissait frauduleusement des priviléges appartenant aux véritables francs-juges. « Ceux qui deviennent faux francs-juges, dit le code de Dortmund, et qui trompent ainsi le saint empire et le tribunal secret, s'ils sont découverts, doivent d'abord être *palmondés*, c'est-à-dire qu'il faut leur passer au cou une branche de chêne, leur bander les yeux et les mettre pendant neuf jours dans un cachot obscur : ce temps écoulé, on les amènera devant le tribunal et ils y seront étranglés avec sept mains, ainsi que de droit ; autrement ils pourraient se justifier. » Si un profane, poussé seulement par la curiosité, s'introduisait dans l'assemblée des francs-juges, le fiscal lui liait les mains avec une corde qui entourait aussi ses pieds, et le pendait à l'arbre le plus voisin.

Les crimes et les délits pour lesquels on pouvait être originairement cité au tribunal secret, étaient l'abjuration de la religion chrétienne, les pratiques de la magie, la violation et la profanation des églises et des cimetières, l'usurpation du pouvoir souverain consommée à l'aide de la ruse, les attentats commis dans les maisons ou sur les chemins publics, les violences sur les femmes enceintes, les malades et les marchands, le vol, le meurtre et l'incendie, la désobéissance au tribunal secret. Les francs-juges connaissaient en outre de certaines contestations civiles. Au temps de la puissance de l'ordre, chaque tribunal avait des séances publiques, qui se tenaient le jour, en plein air, et des séances secrètes, qui se tenaient, la nuit, dans une forêt ou dans des lieux souterrains. Les seules affaires civiles étaient instruites et jugées publiquement. Dans les affaires criminelles, on citait l'accusé à trois reprises différentes. S'il répondait à la citation, il se rendait trois quarts d'heure avant minuit sur une place qui lui avait été indiquée et où quatre chemins venaient aboutir. Là, il trouvait un franc-juge qui lui bandait les yeux, et, après l'avoir fait pivoter plusieurs fois sur lui-même avec rapidité, le conduisait enfin au tribunal. S'il faisait défaut, il était condamné, les deux premières fois à une amende, la dernière fois au *ban,* c'est-à-dire à la mort. La citation devait être écrite sur une large feuille de parchemin à laquelle pendaient huit sceaux, celui de six francs-juges et celui du franc-comte, et le sceau du tribunal secret, qui formait le huitième. Celui-ci représentait un homme armé de toutes pièces tenant une épée à la main. L'huissier du tribunal portait les citations. « Il les attachait, dit de Bock, à la maison de l'accusé, à la statue d'un saint placée à côté, ou au tronc des pauvres qui se trouvait à peu de distance d'un crucifix. L'huissier appelait un garde de nuit ou le premier passant et lui recommandait d'en informer l'accusé. Il enlevait ensuite trois copeaux d'un arbre voisin ou d'un des poteaux de la maison, et les emportait avec lui, comme une preuve authentique de l'accomplissement de sa mission. Si l'accusé était absent, ou qu'il se cachât, on affichait la citation dans un carrefour, ou, comme on s'exprimait alors, aux quatre coins du pays, l'est, le sud, l'ouest et le nord. » Dès qu'une sentence de mort était prononcée, le franc-comte jetait une corde ou une branche de saule au milieu de l'audience, et les juges crachaient dessus. Dès ce moment, on s'occupait de l'exécution du condamné, et les francs-juges qu'on envoyait à sa poursuite pouvaient le mettre à mort partout où ils le rencontraient. Lorsqu'un franc-juge se croyait trop faible pour arrêter et pendre à lui seul un condamné, il était obligé de le suivre jusqu'à ce qu'il aperçût d'autres francs-juges qu'il sommait alors, sous peine de ban, de venir à son aide, et qui devaient obéir s'ils ne voulaient eux-mêmes s'exposer à être punis. On pendait le condamné au premier arbre du grand chemin, et on se contentait de laisser un poignard aux pieds du cadavre, afin de donner à connaître que l'exécution avait été faite par ordre du tribunal secret. Un franc-juge qui, par cette formule énigmatique bien comprise de tous : « On mange ailleurs d'aussi bon pain qu'ici, » avertissait un condamné du danger qu'il courait, était considéré comme un traître, et pendu sept pieds plus haut qu'un malfaiteur ordinaire.

Il paraît qu'on désignait aussi les francs-juges sous le nom de *secrète compagnie*. Voici ce qu'on lit, en effet, dans le *Voyage d'outre-mer* de Bertrandon de la Broquière : « Un voyageur français venant de Constantinople va, en l'année 1433, loger, à Saint-Pœlten, chez le seigneur de Valce. Pendant qu'il y était, on annonce l'arrivée d'un gentilhomme de Bavière. A cette nouvelle, un seigneur nommé Jacques Trousset se lève et dit qu'il allait faire pendre ce gentilhomme aux branches d'une aubépine du jardin. Le seigneur de Valce prie Jacques Trousset de ne point offenser ce gentilhomme dans sa maison; mais Trousset répond : « Il ne peut l'échapper, il sera pendu. » De Valce va au devant du gentilhomme qui s'avançait et l'oblige à se retirer. La raison de cette colère est que messire Jacques, ainsi que la plupart des gens qu'il avait avec lui, était de la secrète compagnie, et que le gentilhomme, qui en était aussi, avait *mésusé*, c'est-à-dire enfreint quelqu'un de ses devoirs. »

Il est facile de concevoir quels énormes abus résultèrent d'une telle organisation. Les empereurs, les princes séculiers et ecclésiastiques, essayèrent, en divers temps, et par plusieurs moyens, de porter remède au mal; mais c'est en vain qu'ils s'efforcèrent de limiter la compétence des tribunaux secrets et de donner des garanties aux accusés. Pendant de longues années, les choses restèrent sur le même pied; et l'on voit, par différents actes, que les tribunaux secrets existaient encore avec tous leurs vices, en 1664. Au reste ces tribunaux n'ont jamais été formellement abolis par les lois de l'empire. En 1800, l'empereur continuait même de donner des francs-comtés à titre de fiefs; mais l'institution était bien dégénérée de sa puissance première. A cette époque, le tribunal de Dortmund, qui subsistait toujours, était réduit à juger des affaires de simple police et de délimitation de propriétés. Sa juridiction ne dépassait pas le territoire de la ville, et il n'avait plus de séances secrètes.

La résistance à l'oppression n'inspira pas seulement, dans le moyen-âge, l'établissement de la société des francs-juges : d'autres sociétés, avec un but analogue, apparaissent dans l'histoire pendant la même période. Telles étaient, à Langres, au XIVe siècle, la *société de la bonne volonté*; au XVIe siècle, à Poitiers, la *société des siffleurs*. Telle est aussi l'association des *frères roschild*, ou du bouclier rouge, qui fut instituée en Danemarck, en l'an 1170, dans le but·de purger les mers voisines et particulièrement la Baltique des pirates qui l'infestaient et qui venaient à l'improviste répandre la désolation et la mort parmi les populations du littoral: Toutes ces sociétés avaient des mystères et des réunions secrètes.

Nous avons parlé des *compagnonages*, et nous avons établi que leur origine remontait aux premiers âges du monde. Les membres de ces associations, obligés de parcourir incessamment le pays pour se procurer du travail sur un point quand ils en manquaient sur un autre, apportèrent, au moyen-âge, dans leur organisation, des modifications essentielles, commandées par les nécessités des temps. Continuellement exposés à être dévalisés sur les routes par les brigands de toute espèce, nobles et roturiers, qui les infestaient alors, ils imaginèrent de choisir, dans chaque ville importante, un agent, ordinairement aubergiste, qu'ils désignaient sous le titre de *mère,* et qui avait mission de recevoir, à leur arrivée, les compagnons voyageurs, de les loger, de les nourrir, de pourvoir, en un mot, à tous leurs besoins, sous la responsabilité de la portion de la société demeurant dans la ville, laquelle leur procurait du travail, s'il était possible, ou les dirigeait sur une autre localité, où ils recevaient le même accueil. Ce qui n'avait été, dans le principe, qu'une mesure de prévoyance devint plus tard, pour les divers ordres de compagnons, un moyen de se perfectionner dans les métiers qu'ils professaient. La facilité qu'avaient leurs membres de voyager sans frais les porta à changer volontairement et fréquemment de résidence, afin de connaître les procédés particuliers employés dans chaque ville et d'y porter à leur tour ceux dont ils faisaient personnellement usage. De cette manière, les connaissances individuelles devenaient en quelque sorte le patrimoine commun.

C'est en Allemagne que l'on trouve le plus anciennement des traces de cette nouvelle organisation du compagnonage. On en aperçoit également des vestiges en France à une époque très reculée. Des arrêts des cours et des tribunaux de différentes villes, s'appuyant du mystère dont s'entourait les sociétés des compagnons, sévirent contre leurs assemblées et les interdirent sous les peines les plus sévères. Le clergé aussi s'inquiéta de ce qui se passait dans le secret de ces réunions : les cordonniers et les tailleurs ayant été dénoncés, en 1645, à l'officialité de Paris, comme se livrant à des pratiques impies, la faculté de théologie défendit, sans plus ample informé, « les assemblées pernicieuses de compagnons, » sous peine d'excommunication majeure. Pour échapper aux poursuites de l'archevêque de Paris, ces agrégations se réunirent dans l'enceinte du Temple, qui jouissait d'une sorte de droit d'asile; mais, là encore, elles éprouvèrent de l'opposition, et une sentence du bailli de cette juridiction les en chassa le 11 septembre 1651.

En la même année, un écrit anonyme dévoila les cérémonies secrètes qui accompagnaient l'initiation des compagnons selliers. La nature de ces pratiques scandalisa au plus haut point le clergé. Les confesseurs eurent ordre d'engager leurs pénitents de tous les ordres du compagnonage à faire un aveu public de leurs mystères, mais surtout à renoncer aux formules sacriléges qui s'y trouvaient mêlées. Plusieurs évêques publièrent des mandements à ce sujet et tonnèrent contre le compagnonage. Il y eut, de la part de quelques-uns des compagnons de divers métiers, des déclarations écrites, où était détaillé tout ce qui se passait pendant les réceptions. Ces actes individuels provoquèrent une solennelle abjuration du corps entier des compagnons cordonniers, qui s'engagèrent « à n'user plus jamais à l'avenir de cérémonies semblables, comme étant très impies, pleines de sacriléges, injurieuses à Dieu, contraires aux bonnes mœurs, scandaleuses à la religion et contre la justice. » Cet exemple fut suivi par les selliers, les chapeliers et les tailleurs, et par une partie des charbonniers. Les autres corps de métier refusèrent de se joindre à ceux-ci, qu'ils accusaient d'apostasie, et ils continuèrent de pratiquer leurs mystères comme par le passé, tant à Paris que dans le reste de la France.

Les cérémonies du compagnonage qui furent révélées alors, accusent, comme on va le voir, une origine fort ancienne et dérivent incontestablement des initiations de l'antiquité. On y retrouve les purifications imposées au récipiendaire, le mythe funéraire, les symboles et le langage énigmatique qui caractérisaient ces mystérieuses solennités.

Les compagnons *charbonniers* se réunissaient dans une forêt. Ils se donnaient le titre de *bons-cousins*, et le récipiendaire était appelé *guépier*. Avant de procéder à la réception, on étendait sur la terre une nappe blanche ; on plaçait dessus une salière pleine de sel, un verre contenant de l'eau, un cierge allumé et une croix. On amenait ensuite l'aspirant, qui, prosterné, les mains étendues sur l'eau et sur le sel, jurait de garder religieusement le secret des compagnons. Soumis alors à différentes épreuves, il ne tardait pas à recevoir la communication des signes et des mots mystérieux à l'aide desquels il pouvait se faire reconnaître dans toutes les forêts pour un véritable et bon cousin charbonnier. Le compagnon qui présidait lui expliquait le sens emblématique des objets exposés à sa vue. « Le linge, lui disait-il, est l'image du linceul dans lequel nous serons ensevelis ; le sel signifie les trois vertus théologales ; le feu désigne les flambeaux qu'on allumera à notre mort ; l'eau est l'emblème de celle avec laquelle on nous aspergera ; et la croix est celle qui sera portée devant notre cercueil. » Il apprenait au néophyte que la croix de Jésus-Christ était de houx marin ; qu'elle avait soixante-et-dix pointes et que saint Thiébaud était le patron des charbonniers.

Ce compagnonage existe encore dans une grande partie de l'Europe, et il y a conservé le même cérémonial mystérieux. La Forêt-Noire, les forêts des Alpes et du Jura sont peuplées de ses initiés. Ils n'admettent pas uniquement parmi eux des hommes exerçant la profession de charbonnier; ils agrégent également des personnes de toutes les classes, auxquelles ils rendent, à l'occasion, les bons offices qui dépendent d'eux. Pendant les troubles de notre révolution, M. Briot, depuis membre du conseil des Cinq-Cents, et qui avait été reçu charbonnier près de Besançon, fut obligé de se soustraire par la fuite à un décret de proscription lancé contre lui. Il se réfugia à l'armée, et prit du service en qualité de simple soldat dans le 8ᵐᵉ régiment de hussards. Fait prisonnier par les Autrichiens, dans le voisinage de la Forêt-Noire, lors de la retraite de Moreau, il parvient à s'échapper, et cherche un refuge dans cette forêt; mais il s'y égare et vient tomber au milieu de la troupe de Schinderhannes, alors chef de partisans. A la vue de l'uniforme qu'il portait, on l'entoure et l'on s'apprête à lui faire subir de mauvais traitements. C'en était fait de lui, peut-être. Cependant il aperçoit dans la troupe quelques charbonniers, qu'il reconnaît à leur costume. Ce fut pour lui un trait de lumière. Il se hâte de faire les signes de la charbonnerie, et les frères qu'il trouve dans les rangs de ses ennemis l'accueillent avec les marques de la plus affectueuse cordialité et le prennent sous leur protection. Bientôt il s'éloigna sous la conduite d'un d'entre eux, qui le conduisit, par des sentiers détournés, au charbonnage le plus voisin. Là, un nouveau guide le dirigea sur un autre charbonnage; et il parvint ainsi successivement jusqu'à nos avant-postes, où il se vit enfin en sûreté.

Les *selliers* procédaient à leurs réceptions dans un local composé de deux chambres. Dans la première, l'aspirant jurait de ne point révéler les secrets du compagnonage, même au tribunal de la pénitence. C'est dans la seconde chambre qu'avait lieu l'initiation. Au fond, était placée une chapelle; sur l'autel, étaient un crucifix, des cierges, un missel, et tout ce qui est nécessaire pour la célébration de l'office divin. Le compagnon qui présidait disait la messe, en y mêlant quelques formules particulières. Le candidat recevait une espèce de consécration; et, à la suite, on lui communiquait les signes et les mots de reconnaissance; on lui expliquait le sens emblématique des formalités employées pour sa réception et des divers objets qui y avaient servi. Des pratiques à peu près semblables avaient lieu pour l'initiation des compagnons *cordonniers*.

On a des détails plus circonstanciés sur la réception des *chapeliers;* et l'analogie de cette réception avec ce qui se passait dans les mystères de l'antiquité est aussi plus frappante. On dressait, dans une grande salle, une table sur laquelle il y avait une croix, une couronne d'épines, une branche de palmier, et tous les instruments de la passion du Christ. Dans la cheminée de cette pièce, était un baquet rempli d'eau. Le récipiendaire représentait Jésus; on lui faisait subir les épreuves auxquelles le fils de l'homme fut soumis pendant son passage sur la terre, depuis la trahison de Judas jusqu'à son jugement et à son supplice. Ensuite on conduisait le récipiendaire devant la cheminée; il s'y prosternait la face contre terre; et l'eau contenue dans le baquet était répandue sur lui : c'est ce qu'on appelait le *baptême de la régénération.* Cette formalité terminait les épreuves; le néophyte prononçait un serment de discrétion; et on lui enseignait les mots et les signes à l'aide desquels il pouvait se faire reconnaître en sa nouvelle qualité.

Dans la réception des *tailleurs,* le candidat était d'abord introduit dans une pièce au milieu de laquelle était une table couverte d'une nappe blanche. Sur cette table, étaient placés un pain, un verre à moitié plein d'eau, une salière renversée, trois grands *blancs de roi,* et trois aiguilles. Le récipiendaire subissait, comme dans le devoir des chapeliers, les épreuves de la passion de Jésus-Christ, dont il figurait le personnage. Ce cérémonial accompli, il prêtait son serment, la main étendue sur la table où se trouvaient les emblêmes que nous avons décrits. On le faisait passer alors dans une seconde pièce, où tout était disposé pour un festin. Sur un des murs, se déployait un tableau où étaient représentés les divers épisodes de la vie galante de trois compagnons tailleurs. On donnait au néophyte l'explication de ces peintures; et, dit la déclaration d'où nous avons tiré ces détails, « on lui faisait un récit rempli d'obscénités. » On voit que cette partie de la réception des tailleurs se rattachait au culte du phallus, qui se mêlait à toutes les initiations de l'antiquité et dont cette association, une des plus anciennes, avait conservé des vestiges.

La publicité donnée à ces pratiques secrètes, les poursuites qu'elle motivèrent, déterminèrent plusieurs ordres de compagnons à les abandonner et même à se dissoudre. Quelques-uns se firent admettre dans une des diverses familles des compagnons du bâtiment.

Ces derniers compagnonages ont conservé jusqu'à présent leurs formulaires de réception originaires. Ils forment trois catégories distinctes : les *enfants de Salomon,* les *enfants de maître Jacques* et les *enfants du père Soubise.*

Les enfants de Salomon dérivent, comme on l'a vu (page 88), des anciennes corporations architectoniques privilégiées. Ils se donnent différents noms, particulièrement ceux de *compagnons étrangers,* ou de *loups;* de *compagnon du devoir de liberté,* ou de *gavots.* Le premier de ces surnoms leur fut appliqué « parce que ceux d'entre eux qui, dans l'origine, travaillèrent à la construction du temple de Salomon, étaient de Tyr et des pays voisins. » Nous avons expliqué (page 40) la signification de l'épithète de loups. Quant à la dénomination de gavots, elle fut donnée aux membres de ce compagnonage, « parce que leurs ancêtres qui vinrent de la Judée dans les Gaules débarquèrent sur les côtes de la Provence, où l'on appelle gavots les habitants de Barcelonnette, voisins du lieu du débarquement. » Dans les mystères de cette branche du compagnonage, on raconte au récipiendaire la mort tragique du respectable maître Hiram, traîtreusement mis à mort par de mauvais compagnons. C'est, à quelques légères différences près, la même légende que celle qui sert de thème aux mystères de la franc-maçonnerie.

Les enfants de maître Jacques paraissent avoir une origine tout aussi ancienne. Une partie d'entre eux a reçu le surnom de *compagnons passants*, ou de *loups-garous*, le reste, celui de *dévorants*. Ces qualifications ont probablement leur source dans l'esprit de rivalité et dans la haine qui animaient, contre les corporations privilégiées chargées de l'édification des églises et des monastères, la portion d'ouvriers constructeurs qui étaient restés en dehors de ces corporations et ne s'occupaient que d'architecture civile. La légende qui sert de base aux mystères de cette fraction du compagnonage rapporte que maître Jacques, un des premiers maîtres de Salomon, et le collègue d'Hiram, était fils de Jakin, célèbre architecte, et qu'il était né dans la Gaule méridionale. Encore enfant, il voyagea pour se former dans la pratique de son art et pour se livrer à l'étude de la philosophie. De la Grèce, où il s'était d'abord rendu, il passa en Égypte et ensuite en Judée. Là, ayant exécuté plusieurs travaux difficiles, notamment *deux colonnes* destinées au temple de Salomon, il mérita son admission au *grade de maître*. Le temple étant achevé, il revint dans sa patrie et débarqua en Provence avec plusieurs architectes de son grade, parmi lesquels se trouvait maître Soubise, homme orgueilleux et jaloux, qui ne pouvait lui pardonner de lui être supérieur en talent. Cette jalousie le porta à commettre un crime horrible sur la personne de son rival. Un jour, assailli inopinément par dix assassins, qu'avait envoyés le père Soubise, et voulant échapper à leurs coups, maître Jacques tomba dans un *marais*, où il eut péri si des *joncs* ne l'avaient soutenu à la surface de l'eau. Pendant ce temps, on était venu à son secours, et les assassins avaient pris la fuite. Un autre jour, que, retiré à la Sainte-Beaume, maître Jacques s'était mis en prière *avant le lever du soleil,* maître Soubise vint à lui, le salua cordialement, et lui donna le baiser de paix. Mais ces démonstrations amicales renfermaient un signal de mort. Au même instant, cinq misérables, complices de la trahison de maître Soubise, se jettent à l'improviste sur maître Jacques, et l'assassinent lâchement. Les disciples de maître Jacques le trouvèrent expirant, et, quand il eut cessé de vivre, ils le dépouillèrent de sa robe, qu'ils se proposaient de conserver comme une précieuse relique. Sous cette robe, ils trouvèrent un petit jonc, qu'il portait en mémoire de ceux qui lui avaient sauvé la vie lorsqu'il était tombé dans le marais. C'est depuis ce moment que les compagnons se décorent d'un jonc comme symbole de leur initiation. Quant à maître Soubise, poursuivi par le remords, il prit la vie en aversion et il se précipita dans un puits, que les compagnons comblèrent avec des pierres. Le corps de maître Jacques, placé sur un brancard, fut porté dans le désert de Cabra; on l'embauma; on lui fit de magnifique obsèques, qui durèrent trois jours; et, après plusieurs stations dans les montagnes, on arriva enfin au tombeau qui lui était destiné et où il fut descendu avec diverses cérémonies mystérieuses. Tel est la légende des enfants de maître Jacques, dont les rapports frappants avec la fable d'Osiris, mis à mort par Typhon, indiquent incontestablement une commune origine.

Les enfants de maître Soubise ont reçu les surnoms de *drilles* et de *dévorants*. On les nomme aussi les *chiens*. Ils se donnent eux-mêmes cette épithètes, en mémoire de la part qu'ils prirent, dit-on, à la punition des meurtriers du respectable maître Hiram, dont un chien avait découvert le cadavre caché sous des décombres. Mais il est probable que cette qualification vient de la même source que celle de loups par laquelle on désigne les enfants de Salomon, car on confond communément le chacal avec le chien (1).

Au second de ces compagnonages, embrassant primitivement les trois professions de tailleurs de pierres, de serruriers et de menuisiers, et, au troisième, qui se composait uniquement de charpentiers, ont été affiliés postérieurement plusieurs ordres de compagnonages, tels que ceux des tourneurs, des vitriers, des cloutiers, des tisserands, des ferrandiniers, des cordonniers, des chapeliers, des boulangers, des couvreurs, des plâtriers, des maréchaux, des forgerons, etc. D'un autre côté, des schismes se sont élevés dans leur sein; et, de là sont nés les compagnonages dits des *révoltés*, des *indépendants*, des *sociétaires*, des *renards de liberté*, et autres.

En général, les mystères du compagnonage sont divisés en plusieurs grades. Par exemple, parmi les menuisiers du devoir des enfants de Salomon, on compte les *compagnons reçus*, les *compagnons finis* et les *compagnons initiés*. Lorsqu'un sujet se présente pour se faire recevoir, il faut qu'il ait achevé son apprentissage et qu'il ait produit ce qu'on appelle son chef-d'œuvre. Un des membres de la société le présente et se porte garant de sa moralité. Après un certain temps de noviciat, et un jour d'assemblée générale, le candidat *monte en chambre*; et on lui fait subir un

---

(1) *Voyez* page 40. Il ne serait pas impossible que le nom de Soubise dérivât de l'épithète de Sabasius que l'on donnait à Bacchus.

georges del.　　　　　　　　　　　　　　　　　　Compagnon Sculp.

CONDUITE DE COMPAGNONS DU DEVOIR.

Publié par Pagnerre

interrogatoire suivi d'épreuves physiques et morales, qui ont beaucoup d'analogie avec celles de la franc-maçonnerie. On lui donne lecture des règlements et on lui fait prêter serment de s'y conformer et de garder le secret sur les mystères du compagnonage, sous peine du châtiment le plus terrible. On lui applique un nouveau nom, tel que *la clé des cœurs, le courageux*, ou tout autre de ce genre. Il reçoit l'accolade, et on lui communique les connaissances particulières à son grade. Indépendamment des mots, des attouchements et des signes propres à le faire reconnaître comme compagnon, il porte certains attributs qui lui servent encore à prouver sa qualité : ce sont, une canne d'une longueur particulière, des rubans de diverses couleurs attachés à son chapeau ou à sa boutonnière, des boucles d'oreilles dans le vide desquelles s'entrelacent une équerre et un compas, et souvent aussi un tatouage quelconque sur le bras ou sur la poitrine. Dans les grades supérieurs, on met en action les catastrophes funèbres rapportées dans les légendes.

Les fêtes du compagnonage ont lieu à différentes époques : les tailleurs de pierres chôment l'Assomption ; les serruriers, saint Pierre ; les charpentiers, saint Joseph ; les menuisiers, sainte Anne. Ces jours-là ont lieu les réélections des dignitaires ; il y a banquet et bal à la suite, où les parents des compagnons sont invités. Au décès de l'un d'eux, la société se charge des frais du convoi et accompagne le corps jusqu'au cimetière, où ont lieu les cérémonies mystérieuses des funérailles.

Aussitôt après sa réception, le nouveau compagnon se dispose à faire son *tour de France*. Un des membres de la société, investi de ce soin pour un temps, et qu'on nomme le *rouleur*, va *lever l'acquit* du partant chez le maître qu'il quitte, c'est-à-dire s'informer s'il n'y a aucune plainte à élever contre le compagnon. Si la réponse est négative, tous les membres de la corporation se réunissent et font au partant ce qu'on appelle la *conduite en règle*. Le rouleur marche en tête, à côté de lui, portant sur son épaule le sac de voyage suspendu à l'extrémité d'une longue canne. Le reste des compagnons, tenant aussi à la main des cannes ornées de rubans de diverses couleurs, suivent, à quelque distance, sur deux rangs et en colonne. Tous sont en outre munis de bouteilles et de verres. Au sortir de la ville, un des compagnons entonne la chanson de départ, dont tous les autres répètent en chœur le refrain. Lorsqu'on a ainsi parcouru un certain espace, toute la troupe s'arrête : c'est l'instant où il faut se séparer. Alors ont lieu des démonstrations qui varient dans chaque compagnonage, mais qui sont toujours suivies d'embrassades et de libations ; et, quand une bouteille est vidée, on la jette à travers champs avec mépris (1). Le signal du départ est ensuite

(1) *Voyez* planche n° 24.

donné, et le voyageur s'éloigne seul. S'il aperçoit au loin un autre compagnon venant à sa rencontre, il le *tope*, c'est-à-dire entame avec lui un dialogue de ce genre : « Tope, pays! Quelle vocation? — Forgeron. Et vous, pays? — Serrurier. — Compagnon? — Oui, pays. Et vous? — Compagnon aussi. » Ils se demandent ensuite à quel devoir ils appartiennent. S'ils sont de la même société, ils se font bon accueil et boivent à la même gourde. S'ils sont d'un devoir opposé, ils s'injurient et finissent par se battre. Car les diverses familles du compagnonage sont les unes envers les autres dans un état permanent d'hostilité. Le plus léger prétexte suffit pour qu'elles en viennent aux mains; et, quand les occasions leur manquent, elles savent les faire naître. Par exemple, lorsqu'a lieu une conduite en règle, il arrive souvent que des compagnons d'un devoir ennemi organisent ce qu'on appelle une *fausse conduite*. Ils simulent le départ d'un des leurs, sortent de la ville par la même porte que la vraie conduite, et vont à la rencontre de la colonne qui revient. Dès qu'ils l'aperçoivent, ils la topent, comme on l'a vu ci-dessus, et, les devoirs respectifs étant déclinés, les deux partis s'attaquent avec fureur : le sang coule, et, le plus souvent, des blessés et même des morts restent sur le champ de bataille. Cependant, il faut le reconnaître, ces collisions deviennent de jour en jour plus rares, grâce au progrès des esprits, grâce surtout aux généreux efforts d'un compagnon, M. Perdiguier, dit Avignonnais-la-Vertu, qui semble avoir dévoué sa vie à rétablir l'union et la concorde parmi ses frères. Tout porte à croire que le moment n'est pas loin où toutes les branches du compagnonage se confondront en une seule, et mettront en commun les ressources de l'association et les avantages du dévouement fraternel.

On ne saurait disconvenir que le compagnonage n'ait exercé une utile influence sur le progrès des arts mécaniques. Les sciences durent aussi beaucoup à une association qui se forma ou se reconstitua au commencement du XVIIᵉ siècle, et dont les membres portaient le nom de *frères de la rose-croix*. Nous concéderons, si l'on veut, que le but que se proposait cette société, celui de faire de l'or et de composer la panacée universelle et l'élixir de vie, était ce qu'il y avait de plus chimérique au monde. Toutefois c'est à la recherche de ces merveilles impossibles que la chimie moderne doit sa création, et la thérapeutique, une foule de préparations de la plus grande utilité.

L'alchimie n'était pas une science nouvelle. On en trouve des traces dès la plus haute antiquité. Elle a eu des partisans nombreux en Égypte, en Chaldée, en Grèce, et dans tout l'empire romain. Dioclétien fit brûler tous les livres hermétiques qu'on put se procurer. Caligula, au contraire, fut un des amateurs les plus passionnés de cette vaine science : Pline nous apprend qu'il entreprit de faire de l'or avec de l'orpiment, mais qu'il renonça bientôt à son opération, les frais en excédant de beaucoup les avantages, puisqu'une livre de cette substance ne procurait qu'un denier d'or. L'alchimie florissait aussi à la Chine dans le IIIe siècle avant l'ère chrétienne. Plusieurs empereurs y firent livrer aux flammes tous les livres qui traitaient de la transmutation des métaux et de la médecine hermétique. Les juifs kabalistes et les Maures d'Espagne étaient particulièrement imbus de ces erreurs, et le premier qui, au moyen-âge, les propagea dans l'Europe occidentale est un Arabe, Abou-Moussa Giaber, que nous nommons Géber. Après lui, viennent Cornélius Agrippa, Campanella, Paracelse, Raymond Lulle, Arnaud de Villeneuve, Cardan, et une foule d'autres, qui tous, dans les écrits qu'ils ont publiés, entouraient l'exposition de leurs doctrines d'emblèmes et d'allégories, à l'exemple de quelques auteurs de l'antiquité, qui cachaient les principes de la science hermétique sous le voile des fables de la mythologie.

La société des frères de la rose-croix, dont les emblêmes se rattachent aux anciennes initiations, doit, selon toute apparence, son établissement ou sa restauration au théologien wurtembergeois Jean-Valentin Andréa, qui, le premier, la fit connaître, en 1614, dans deux écrits intitulés : *Fama fraternitatis* et *Confessio fratrum rosœ-crucis*. Quoi qu'il en soit cette société se propagea rapidement en Europe et compta au nombre de ses adeptes les Anglais Bacon de Vérulam, Robert Fludd et Elie Ashmole; l'Allemand Michel Mayer, médecin de l'empereur Rodolphe, etc. Ses réunions étaient tenues si secrètes qu'on la considérait généralement comme imaginaire. Cependant il est certain qu'elle avait un établissement à la Haye, en 1622; un autre à Paris, à la même époque. Guillaume Naudé, secrétaire du cardinal Mazarin, appartenait, suivant toute probabilité, à la portion de la société qui avait son siége à Paris, bien qu'il ait paru la désavouer, la nier même, dans un écrit qu'il fit imprimer en 1623 sous ce titre : *Instructions à la France sur la vérité de l'histoire des frères de la rose-croix*.

Au reste, voici les renseignements que nous lisons sur cette association secrète dans l'ouvrage que nous venons de citer : « Il y a environ trois mois, que quelqu'un des frères voyant que, le roi étant à Fontainebleau, le royaume tranquille, et Mansfeld trop éloigné pour en avoir tous les jours des nouvelles, on manquait de discours sur le change et par toutes les compagnies, s'avisa, pour vous en fournir, de placarder par les carrefours ce billet contenant six lignes manuscrites : « Nous, députés du collége principal des « frères de la rose-croix, faisons séjour visible et invisible dans cette ville, « par la grâce du Très-Haut, vers lequel se tournent les cœurs des justes. « Nous montrons et enseignons, sans livres ni marques, à parler toutes « sortes de langues des pays où nous voulons être, pour tirer les hommes, « nos semblables, d'erreur de mort. »

Nous trouvons plus loin que la pensée première de la société est attribuée à un Allemand nommé Rosencreutz, né, en 1378, de parents pauvres, quoique nobles et de bonne maison. Mis par eux à l'âge de cinq ans dans un monastère, il y apprit le grec et le latin. A seize ans, il en sortit, se lia avec des magiciens, qui lui enseignèrent leur science, voyagea en Turquie, s'instruisit dans la philosophie des Arabes, dans la kabale, revint en Europe, tenta d'établir en Espagne l'institution de la rose-croix, mais, chassé du pays pour ce fait, se retira en Allemagne, y habita une caverne et y mourut en 1484, laissant son corps dans cette grotte, qui lui servit de tombeau. Cent vingt ans après, en 1604, ce sépulcre fut découvert par quatre sages, qui instituèrent à cette occasion la société des frères de la rose-croix. La description que l'on donne de cette grotte offre de frappants rapports avec l'antre des mithriaques. « Elle était éclairée, dit Naudé, d'un soleil qui était au fond et qui, recevant sa lumière du soleil du monde, donnait le moyen de reconnaître toutes les belles raretés qui étaient en icelle : premièrement, une platine de cuivre posée sur un autel rond, dans laquelle était écrit : « A. C. R. C. Vivant, je me suis réservé pour sépulchre cet abrégé de lu- « mière; » ensuite quatre figures avec leurs épigraphes : la première, « ja- « mais vide; » la seconde, « le joug de la loi; » la troisième, « liberté de l'é- « vangile; » et la dernière, « gloire de Dieu entière. » Il y avait aussi des lampes ardentes, des clochettes et miroirs de plusieurs façons, des livres de diverses sortes, et le *petit monde*, que le frère illuminé Rosencreutz avait industrieusement élaboré, semblable au grand dans toutes ses parties. » Suivant Naudé, les frères de la rose-croix s'engageaient notamment à exercer gratuitement la médecine, à se réunir une fois chaque année, à tenir leurs assemblées secrètes. Ils prétendaient que la doctrine de leur maître était la plus sublime qu'on eût jamais imaginée; qu'ils étaient pieux et sages au suprême degré; qu'ils connaissaient par révélation ceux qui étaient dignes d'être de leur compagnie; qu'ils n'étaient sujets ni à la faim, ni à la soif, ni aux maladies; qu'ils commandaient aux démons et aux esprits les plus puissants; qu'ils pouvaient attirer à eux, par la seule vertu de leurs chants, les perles et les pierres précieuses; qu'ils avaient trouvé un nouvel idiôme pour exprimer la nature de toutes les choses; qu'ils confessaient que le pape est l'antechrist; qu'ils reconnaissaient pour leur chef et pour celui de tous les chrétiens l'empereur des Romains; et qu'ils lui fourniraient plus d'or et d'argent que le roi d'Espagne n'en tirait du revenu des Indes, attendu que leurs trésors ne pouvaient jamais être épuisés.

Cette société se conserva, comme nous l'avons vu, jusqu'au commencement du XVIIIe siècle, et fut la souche de l'association des rose-croix allemands.

CHAPITRE III.

Peu de temps après l'institution de l'ordre des illuminés, s'établit en Allemagne une autre société, l'*ordre des frères noirs*, qui reposait sur les mêmes principes et avait adopté les formes mystérieuses du grade maçonnique de kadosch. Elle eut tour à tour son siége à Giessen, à Marbourg et à Francfort-sur-l'Oder. Dans la dernière de ces villes, ses membres étaient connus sous le nom de *têtes de mort*; on les appelait ailleurs les *frères de l'harmonie*, et les *chevaliers noirs*. Pendant la guerre de 1813, cet ordre fournit un grand nombre de volontaires, et forma la *légion noire*, commandée par M. de Lutzow.

De l'ordre des illuminés, sortit, en 1790, une autre association qui prenait le titre de *tugend-verein*, ou de *tugend-bund*, union de la vertu, et se proposait, comme la société mère, de diriger les cabinets des souverains. Elle subsista jusqu'en 1813; quelques efforts qu'eussent fait antérieurement les gouvernements de l'Allemagne pour arriver à la dissoudre. En cette année, il y eut entre elle et les cabinets, qui connaissaient sa force et son influence, un pacte secret par suite duquel elle se mit à la tête du mouvement qui amena la chute de la puissance de Napoléon. Des rangs du tugend-bund, se détachèrent, à cette époque, deux autres associations, les *concordistes* et la *réunion de Louise*, qui tendaient au même but patriotique, mais qui n'eurent qu'une courte durée.

Dans le tugend-bund, étaient venus se fondre les membres influents des deux partis qui fractionnaient alors l'Allemagne, dont l'un voulait maintenir l'ancienne constitution germanique, et l'autre opérer une réforme politique et créer une république une et indivisible ou une fédération modelée sur celle des États-Unis d'Amérique. Réunis pour l'accomplissement d'une œuvre commune, l'indépendance de la patrie, les deux partis se divisèrent lorsque cette œuvre fut consommée. Le tugend-bund cessa dès ce moment d'exister. Ceux de ses membres qui réclamaient des réformes politiques se firent admettre dans une autre association qui s'était fondée en 1810. Celle-ci avait pris le nom de *deutsche-bund*, ou ligue allemande ; elle tendait à l'établissement de constitutions représentatives dans les divers États de l'union germanique. Dès 1811, elle avait fixé l'attention du gouvernement westphalien, entre autres, qui l'avait dénoncée au public, dans le journal officiel, comme subversive du bon ordre. Ses règlements, publiés en 1814, sont timbrés du sceau de l'ordre, représentant un lion derrière lequel se dresse un bâton surmonté d'un bonnet de la liberté, avec l'inscription : « D. D. B (der deutsche bund) 1810. »

Dissoute à son tour, comme le tugend-bund, par suite des recherches de l'autorité, la ligue allemande se reconstitua sous une autre forme, et prit le nom de *burschenschaft*, ou d'association des étudiants. La burschenschaft recruta ses adhérents parmi les professeurs des universités. Elle avait en vue de s'emparer graduellement de la génération naissante, de la conduire à travers ses études, et de la diriger encore à son entrée dans la carrière civile. Elle chercha aussi des prosélytes dans la landwehr, sorte de garde nationale créée en Allemagne pour la délivrance de la patrie, et dans les rangs même de l'armée. Elle parvint à porter au plus haut point d'exaltation l'amour de ses jeunes adeptes pour l'indépendance et la liberté germaniques et leur haine pour le gouvernement russe, qu'elle considérait comme le plus grand obstacle à la réalisation de ses doctrines. C'est ce fanatisme qui arma le bras de Sand contre la vie de Kotzebue, l'agent de la Russie et le contempteur de ce qu'il appelait la teutomanie. Au reste, hâtons-nous de le dire, le meurtre commis par Sand était un crime individuel, un acte de délire ; et ce serait bien à tort qu'on en rendrait complice la burschenschaft, qui voulait employer d'autres moyens que l'assassinat pour parvenir à ses fins, quoi qu'aient pu avancer de contraire les rapports officiels publiés à cette époque et postérieurement. Un comité supérieur, qui avait son siége en Prusse, donnait l'impulsion à toute la société. Il avait organisé des comités secondaires à Halle, à Leipzig, à Iéna, à Gœttingue, à Erlang, à Wurtzbourg, à Heidelberg, à Tubingue, à Freybourg et sur d'autres points. L'Allemagne était divisée en dix cercles, et chaque cercle avait son directeur. Les assemblées étaient de deux espèces : il y avait la burschenschaft secrète, et la burschenschaft générale. Dans celle-ci, on ne s'attachait qu'à préparer les esprits, par la lecture des ouvrages politiques, et notamment par celle de la constitution des cortès, à recevoir les dernières communications. Le but de l'association était complètement dévoilé dans la burschenschaft secrète, et l'on y apprenait aux néophytes qu'on se proposait de doter l'ensemble des États allemands de la liberté, de l'égalité et de l'unité politiques.

Rigoureusement poursuivie par les gouvernements, la burschenschaft dut se dissoudre, comme les sociétés d'où elle était dérivée; mais, de ses débris, se formèrent, à différentes époques, d'autres associations particulières, qui prirent tour à tour le nom d'*Arminia*, en mémoire du héros germanique Arminius; celui de *bund der jungen*, ou union des jeunes gense, etc. Successivement découvertes, ces sociétés furent l'objet des sévérités de la justice; et tout porte à croire qu'à l'époque où nous écrivons, elles ont complètement cessé d'exister.

Le désir ardent que nourrissaient les Polonais de voir se reconstituer l'ancien royaume de Pologne et la haine vigoureuse qu'ils avaient vouée au vainqueur, porta, en 1814, quelques-uns d'entre eux à fonder une société secrète dans le but de secouer le joug de la Russie. Toutefois cette association, qui avait pris le titre de *vrais Polonais,* n'eut qu'une courte durée, et le nombre de ses membres n'excéda jamais celui de douze. Quelque temps après, le général Dabrowski projeta d'établir entre tous les Polonais un lien secret de nationalité. Il communiqua ses vues à plusieurs personnages importants, tels que le prince Jablanowski et les lieutenants-colonels Krasianowski et Pradzynski; mais sa pensée ne fut réalisée qu'après sa mort, arrivée en 1818. La nouvelle société s'organisa sous le nom de *franc-maçonnerie nationale;* elle emprunta à la vraie franc-maçonnerie ses emblêmes, ses grades et jusqu'à ses signes de reconnaissance. « Se seconder mutuellement dans les diverses vicissitudes de la vie, et contribuer au maintien de la nationalité en préservant de l'oubli la mémoire des fastes glorieux de la Pologne, » telle était la loi imposée aux membres de cette agrégation, dont le major Lukazinski fut le premier grand-maître. Les aspirants de toutes les classes pouvaient y être admis; cependant on s'attachait de préférence à initier des officiers en activité ou en retraite et des fonctionnaires publics. D'abord assez nombreuse, la société fut quelque temps stationnaire, et elle finit par se dissoudre en 1820; mais il resta en activité un chapitre secret qui devint, bientôt après, le noyau d'une nouvelle association. La franc-maçonnerie nationale, abandonnée à Varsovie, s'était conservée dans le grand duché de Posen. Là, néanmoins, son objet et ses statuts avaient subi des modifications et les affiliés avaient changé leur premier nom en celui de *kossinieri,* ou de *faucheurs,* en mémoire de la révolution de 1794, dans laquelle on avait vu des bataillons entiers de patriotes combattre armés de faux. Un ancien officier polonais, nommé Szczaniecki, et le général Umin-ski avaient eu la plus grande part à ces innovations. Tous les deux vinrent à Varsovie au mois d'avril 1821 et y rallièrent à leurs principes une partie des anciens maçons politiques, entre autres, les lieutenants-colonels Koza-kowski et Pradzynski. Une réunion eut lieu, le 1er mai 1821, à Potok, au-berge située à un quart de mille de Varsovie, et les assistants s'engagèrent, par un serment prêté sur l'épée de Pradzynski plantée dans la terre et à la garde de laquelle on avait attaché un médaillon en fer représentant Kos-ciuszko, à travailler de tous leurs efforts, et au péril même de leur vie, au triomphe de l'indépendance et de la liberté de la Pologne (1). A la suite de cette réunion, on forma un comité central qui eut son siége à Varsovie; et, afin de propager la société partout où l'on parlait la langue polonaise, l'an-cienne Pologne fut divisée en sept provinces, comprenant le duché de Posen, la Lithuanie, la Volhynie, le nouveau royaume de Pologne, la Gallicie, la ville libre de Cracovie et l'armée. Les noms de franc-maçonnerie nationale et d'association des faucheurs furent remplacés par celui de *société patriotique*.

Pendant que cette agrégation secrète se formait et se propageait dans les rangs du peuple et de l'armée, le professeur Zan instituait parmi les étu-diants de l'université de Wilna une société philantropique sous le nom d'as-sociation des *promiénisty*, ou des *frères rayonnants*, par laquelle il tendait à établir, entre les élèves riches et pauvres, une étroite solidarité qui fît servir les lumières des uns au profit des autres et la fortune de ceux-là au soulage-ment de ceux-ci. Le gouvernement prit ombrage de cette association et or-donna qu'elle fût dissoute. Elle se constitua alors en société secrète sous le nom de *société des philarètes*, ou amis de la vertu, et se proposa pour objet de conserver l'esprit de nationalité et la pureté de la langue polonaise. Cette association ne tarda pas à être découverte; Zan fut enfermé dans la forteresse d'Orenbourg, et l'on envoya beaucoup d'étudiants servir comme simples sol-dats dans l'armée russe. Quoique dissoute légalement, la société des philarètes n'en continua pas moins d'exister de fait; elle exerça sur les esprits une grande influence, et c'est à elle qu'il faut attribuer le concours que les ci-toyens prêtèrent plus tard aux entreprises de la conjuration militaire, à la-quelle nous revenons.

En 1822, la société patriotique se trouva mise en rapport avec celle des *templiers*, introduite en Pologne en 1821 par le capitaine Maiewski, le-quel, prisonnier de guerre des Anglais, avait résidé longtemps en Écosse, et y avait été reçu, disait-il, dans une loge templière. Le but de cette asso-ciation, dont la pensée doit être attribué au capitaine, avait été d'abord pu-

(1) *Voyez* planche n° 25.

Pl. 25.

SERMENT DES FRÈRES FAUCHEURS.

à Potok - 1831.

Publié par Paguerre.

rement philantropique; mais l'admission d'un grand nombre de membres
de la société patriotique détermina le fondateur à ajouter aux trois grades
existants un quatrième grade qui imposait aux initiés le devoir de s'appliquer
de tous leurs efforts à réunir les diverses parties de l'ancienne Pologne. En
1823, les enquêtes et les menaces du gouvernement arrêtèrent les progrès
des deux sociétés et rendirent leurs principaux agents plus circonspects.
Plusieurs membres de la société patriotique furent arrêtés et jetés dans les
prisons. Ce revers ne découragea pas ceux qui étaient restés libres; ils continuèrent de se réunir en secret et parvinrent même à obtenir, du comte
Stanislas Soltyk, l'acceptation de la grande-maîtrise. Plus tard, en 1827, la
société fut dénoncée à l'autorité; mais ses membres, mis en jugement, furent
tous acquittés. Elle subsista dans l'ombre jusqu'en 1830, et c'est elle qui
donna le signal de la révolution du mois de novembre.

A l'époque où les sociétés politiques s'organisaient en Pologne, il s'en
formait également dans l'empire russe. Quelques jeunes officiers qui avaient
fait les dernières guerres et avaient eu occasion d'être agrégés aux sociétés
politiques allemandes et d'apprécier les avantages du régime constitution-
nel appliqué parmi nous, s'occupèrent, à leur retour en Russie, en 1816, à
naturaliser dans leur patrie l'institution des sociétés secrètes, afin d'arriver
plus tard, par leur secours, à modifier dans un sens populaire la constitution et les lois de l'État. Cependant leur dessein ne reçut son exécution
qu'en 1817. En cette année, ils instituèrent l'*union du salut*, ou l'association des *vrais et fidèles enfants de la patrie*, qui eut pour principaux chefs
les colonels Alexandre Mouravieff, Pestel et Troubecki, le capitaine Nikita
Mouravieff, et deux autres officiers appelés Serge Troubecki et Yakouchkine.
Elle se divisait en trois classes: les *frères*, les *hommes* et les *boïars*. Les an-
ciens, ou directeurs de la société, étaient choisis parmi les membres de ce
dernier grade. Les réceptions étaient accompagnées de cérémonies solennelles empruntées à la franc-maçonnerie. Avant d'être initiés, les candidats
s'engageaient par serment à garder le secret sur tout ce qui leur serait confié,
lors même que leurs opinions et leurs vues ne s'accorderaient pas avec celles
de la société. A leur admission, ils prêtaient un second serment, et juraient
de concourir de tous leurs moyens à l'accomplissement du but de l'union
et de se soumettre constamment aux décisions du conseil suprême des
boïars.

Dans le moment même où l'union du salut se constituait, le général-major
Michel Orloff, le comte Mamonoff et le conseiller d'état Nicolas Tourguéneff
jetaient les fondements d'une autre agrégation sous le titre de *société des
chevaliers russes*. Celle-ci eut d'abord pour objet de mettre un terme aux
concussions et aux autres abus qui s'étaient glissés dans l'administration

intérieure de l'empire; mais, bientôt après, le bruit ayant couru que l'empereur Alexandre avait le projet de rétablir la Pologne dans ses anciennes limites et dans son indépéndance, projet qu'on attribuait aux suggestions des sociétés secrètes polonaises, les chevaliers russes se proposèrent de mettre obstacle à la réalisation de ce dessein présumé. Les deux sociétés eurent des conférences à l'effet, soit de se fondre en une seule, soit de travailler de concert à l'accomplissement de leurs vues respectives; mais ces pourparlers n'eurent aucun résultat, et les chevaliers russes ne tardèrent pas à se dissoudre.

De son côté, l'union du salut ne faisait aucun progrès. Son organisation était généralement critiquée. On voulut la modeler sur le tugend-bund allemand; mais cette proposition n'eut pas de suite : on préféra refondre les statuts, modifier le but de la société. Ces changements furent opérés, et l'association changea son titre en celui d'*union du bien public.* L'objet qu'elle se proposa, à partir de ce moment, était tout patriotique. « Il n'a, disait-elle, rien de contraire aux vues du gouvernement, lequel, malgré sa puissante influence, a besoin du concours des particuliers. » Elle voulait « servir d'auxiliaire au gouvernement pour faire le bien. » Elle déclarait que, « sans cacher ses intentions aux citoyens dignes de s'y associer, elle poursuivrait néanmoins en secret ses travaux, pour les soustraire aux interprétations de la malveillance et de la haine. » Les membres étaient divisés en quatre sections ou branches. La première avait pour mission de surveiller tous les établissements charitables, d'en dénoncer les abus et d'y apporter des améliorations. Les membres de la seconde section s'occupaient de l'éducation de la jeunesse; l'inspection de toutes les écoles leur était confiée. La troisième section portait son attention particulière sur la marche des tribunaux. La quatrième avait dans ses attributions l'étude de l'économie politique, et elle devait s'opposer à l'établissement des monopoles. Il n'y avait point de cérémonies spéciales pour les initiations. Le récipiendaire remettait seulement une déclaration écrite d'adhésion au but de la société, et plus tard cette déclaration était brûlée à son insu. Chaque membre devait verser dans une caisse commune la vingt-cinquième partie de son revenu annuel, et obéir aux lois de l'union. Toute la société était gouvernée par un comité appelé *direction centrale.*

Dans la suite, le but que se proposait l'union du bien public se modifia considérablement dans l'esprit de beaucoup de ses membres; il ne s'agit plus pour ceux-ci du simple redressement des abus et de l'introduction d'améliorations successives dans le régime intérieur du pays, mais de l'établissement de la forme républicaine. Seulement il fut résolu entre eux que si l'empereur Alexandre donnait de bonnes lois à la Russie, ils se soumettraient à leur exécution et renonceraient à réaliser leurs vues. Cependant de profondes dissidences ayant éclaté dans les rangs de la société, il fut déclaré, au mois de février 1821, que l'union du bien public était dissoute; et les statuts et les autres documents furent livrés aux flammes. Mais ce n'était là qu'une dissolution apparente, du moins pour une grande partie des affiliés, qui pensaient que la définition trop vague du but de l'union avait nui à son action et à son développement, et qui d'ailleurs n'étaient point fâchés de trouver une occasion d'éloigner certaines personnes dont le zèle s'était refroidi ou qui ne se montraient point dociles à exécuter les décisions de la direction centrale. Cette majorité de l'union du bien public fonda, en conséquence, à la fin de 1822, une association nouvelle qui prit le titre d'*union des boïars*. Les adeptes furent partagés en deux classes : les *adhérents* et les *croyants*. Les derniers étaient seuls initiés aux desseins véritables de la société. Les autres étaient en quelque sorte des novices dont on étudiait les dispositions et qui n'étaient ensuite admis à la deuxième classe qu'avec une extrême réserve. Cette société arrêta un projet de constitution pour la Russie. La forme monarchique y était conservée; mais l'empereur n'avait qu'une autorité très limitée, semblable à celle qu'exerce le président des États-Unis d'Amérique; et les provinces de l'empire formaient des États indépendants unis entre eux par un lien fédératif. Il paraîtrait néanmoins que cette constitution était transitoire, et qu'on se proposait d'établir effectivement un gouvernement républicain. Cette tendance conduisit les associés à examiner ce qu'ils feraient de l'empereur quand la république serait établie, et la conclusion fut qu'il faudrait lui donner la mort. Quoiqu'il y eût eu quelques dissidences d'opinions sur ce point, on finit cependant par ramener les opposants, et l'union des boïars dégénéra en une véritable conjuration.

Ceci se passait en 1824. A cette époque, on apprit l'existence de la société patriotique polonaise. On résolut de se mettre en rapport avec elle, afin de parvenir plus facilement, par le concours et l'assistance réciproque des deux sociétés, à l'accomplissement des projets qu'on avait formés. Il y eut en effet des pourparlers entre le Russe Bestoujeff Rumine et le Polonais Krzyzanowski. Les conditions du pacte furent facilement arrêtées. L'union des boïars s'engagea à reconnaître l'indépendance de la Pologne, et à lui restituer celles des provinces détachées de ce royaume où l'esprit de nationalité n'était pas encore détruit. De son côté, la société polonaise promettait de s'opposer par tous les moyens à ce que le grand-duc Constantin se rendît en Russie quand la révolution y éclaterait, d'opérer un soulèvement simultané, et d'établir un gouvernement républicain en Pologne. Toutefois ces relations entre les deux sociétés ne paraissent pas avoir eu d'autres

48

suites, les concessions faites aux Polonais ayant soulevé de vives oppositions parmi les membres de l'association moscovite.

Sur ces entrefaites, l'union des boïars fut mise en rapport avec une autre agrégation russe appelée les *Slaves réunis*, qui avait été fondée en 1823 par le sous-lieutenant d'artillerie Borissoff. Celle-ci avait pour but de réunir tous les peuples d'origine slave par un lien fédératif et sous un même régime républicain, sans porter d'ailleurs obstacle à leur indépendance respective. Cette société n'était pas nombreuse, et les membres qui la composaient, recrutés dans les rangs inférieurs de l'armée, étaient dépourvus d'influence ; aussi la décida-t-on facilement à se fondre dans l'union des boïars.

Les conjurés avaient tout préparé pour une insurrection, lorsque les révélations du capitaine Mayboroda mirent le gouvernement sur les traces du complot. Pestel, chef de la société dans le sud de la Russie, fut arrêté. Cet événement, qui répandit l'inquiétude parmi les affiliés, leur fit suspendre l'exécution de leurs projets. La mort de l'empereur Alexandre, arrivée en 1825, contribua encore à paralyser leur action. Cependant ils ne tardèrent pas à se rassurer, et ils songèrent sérieusement à mener à fin leur entreprise. Les conférences se multiplièrent, et le jour de l'insurrection fut fixé au 14 décembre. Le signal en fut donné par le refus que firent les matelots de la flotte, à l'instigation de leurs officiers, de prêter serment de fidélité au nouvel empereur. Ces officiers furent arrêtés. Quelques-uns des conjurés tentèrent de les délivrer à force ouverte. Un d'entre eux s'écria : « Soldats, entendez-vous ces décharges? Ce sont vos camarades que l'on massacre. » A ces mots, le bataillon entier sortit de la caserne et se joignit au régiment de Moscou, et à celui des grenadiers du corps, qui étaient aussi en pleine révolte. La lutte était engagée; des deux parts, le sang coula; mais bientôt les insurgés, abandonnés de leurs chefs, qui avaient reconnu trop tard l'impossibilité du succès, se virent réduits à mettre bas les armes. La plupart des conspirateurs furent arrêtés et livrés aux tribunaux. Trente-six furent condamnés à mort; les autres, à l'emprisonnement ou à l'exil en Sibérie.

Il ne paraît pas cependant que cette catastrophe ait tout à fait découragé les membres de l'union des boïars qui purent se soustraire au châtiment. Dans le cours de 1838, une société secrète, évidemment formée des débris de celle-là, fut découverte à Moscou, et neuf de ses membres, appartenant à la noblesse, soupçonnés d'en être les chefs, se virent condamnés à servir dans l'armée russe en qualité de simples soldats. Le prince Galitzin, gouverneur général de Moscou, fut obligé de résigner ses fonctions, pour n'avoir pas dénoncé cette association, dont il connaissait l'existence.

L'auteur de l'histoire de l'assassinat de Gustave III, roi de Suède, prétend qu'il s'était établi à Rome, en 1788, une société secrète qui prenait le titre de *tribunal du ciel*; mais il n'appuie son assertion d'aucune preuve, et nos recherches à cet égard ont été sans résultat. La première association secrète politique qu'on voie apparaître en Italie est celle des *carbonari*, ou charbonniers. Elle fut fondée, vers 1807, par M. Briot, conseiller-d'État, à Naples, sur le plan du compagnonage des charbonniers dont nous avons parlé dans notre chapitre précédent. L'objet primitif de cette association était purement philantropique; mais la reine Caroline d'Autriche, qui, après son expulsion du trône de Naples, s'était réfugiée en Sicile sous la protection des Anglais, parvint à faire adopter par beaucoup de membres de la carbonara un but exclusivement politique, tendant au rétablissement de sa dynastie. En échange du secours qu'ils lui auraient prêté, elle leur promettait un gouvernement fondé sur une sage liberté. Les conjurés formèrent une section du carbonarisme qui se donna spécialement la dénomination d'*unionistes*. Murat eut vent de cette conspiration, et, dans l'impossibilité de saisir les vrais coupables, il tenta de dissoudre la société tout entière. Sur ces entrefaites, quelques brigands ayant paru dans les Calabres, le général Menès fut envoyé pour les réduire; mais il avait pour mission réelle de poursuivre les carbonari. Cet homme cruel, ne prenant conseil que de ses instincts sanguinaires, outrepassa de beaucoup les ordres rigoureux qu'il avait reçus. Il invitait à sa table les carbonari qu'il supposait partisans de l'ancien ordre de choses, et au dessert, il les faisait fusiller, ou attacher nus et enduits de miel aux arbres de la route, pour qu'ils périssent lentement par les piqûres des mouches. Lorsque les carbonari virent que ces atrocités restaient impunies, ils se rallièrent tous au projet de renversement que nourrissaient les unionistes, et Murat eut en eux les plus implacables ennemis. Vainement essaya-t-il plus tard de les rallier à sa cause par une protection éclatante; il les avait trop profondément blessés; et il ne se servirent de l'appui qu'ils recevaient de lui que pour travailler plus efficacement à sa ruine.

Ferdinand remonta sur le trône de Naples, en 1815; mais, loin de donner satisfaction aux besoins de liberté que Caroline avait fait naître parmi les carbonari, il poursuivit leur société avec le plus grand acharnement, comme professant et propageant des principes révolutionnaires. Toutes les *vendite*, ou loges, furent fermées; leurs papiers, livrés aux flammes; et beaucoup de leurs membres plongés dans les cachots. Au lieu d'anéantir la carbonara, ces rigueurs lui imprimèrent, au contraire, une nouvelle activité; elle se grossit de tous les mécontents dont les actes du gouvernement augmentaient chaque jour le nombre; au mois de mars 1820, les personnes inscrites s'élevaient, dans moins de la moitié de l'Italie, à six cent quarante-deux mille; et l'armée, qui avait de nombreux griefs, entrait dans ce chiffre pour une notable partie. Il ne fallait qu'une étincelle pour embraser tout le royaume;

elle partit de Nola, le 2 juillet 1820. Cinq jours après, le carbonarisme avait opéré la révolution de Naples, et la constitution des cortès était devenue celle du pays. Le drapeau national avait les trois couleurs de l'association : le noir, qui représente le charbon éteint; le rouge, qui fait allusion au charbon allumé; et le bleu de ciel, qui désigne la flamme.

Une révolution semblable s'accomplissait vers le même temps dans le Piémont, par le concours d'une autre société secrète en relation avec le carbonarisme, qui était désignée sous le nom d'association des *sublimes maîtres parfaits*. Cette société, qu'on prétend avoir été instituée en 1818, et avoir succédé à celles des *adelphes*, des *Italiens libres*, des *amis de l'union* et des *frères écossais*, dont on trouve des traces, dès 1816, était partagée en deux grades : le *maître sublime* ou *maçon parfait*, et le *sublime élu*. Les réunions partielles prenaient les dénominations d'*églises* et de *synodes*, et dépendaient d'un comité central qu'on appelait le *Grand-Firmament*.

On connaît l'issue de ces deux mouvements politiques. Effrayés de la puissance des sociétés secrètes, les gouvernements italiens s'attachèrent, par tous les moyens, à les extirper du sol de la Péninsule. Ils rendirent contre elles les édits les plus rigoureux et remplirent les prisons de ceux de leurs membres qu'on parvint à saisir. Toutes ces mesures furent impuissantes; les associations continuèrent de subsister; et, après les événements de juillet 1830, on les voit faire de nouveaux efforts pour assurer la liberté de l'Italie. Vaincues dans ce dernier combat, mais non détruites, elles ont depuis, à diverses époques, donné encore signe de vie.

Un écrivain plus spirituel que véridique a publié, au commencement de 1815, l'histoire d'une société secrète qui aurait existé sous l'empire dans les rangs de l'armée française, aurait eu pour dénomination les *philadelphes*, et, pour chef, un officier appelé Jacques-Joseph Oudet. Tout ce que l'auteur rapporte de cette prétendue société est inventé à plaisir, et son livre n'est qu'une ingénieuse mystification. Des agents provocateurs ont essayé après les Cent-Jours, sur plusieurs points de la France, notamment dans les départements méridionaux, de réaliser cette société imaginaire, mais tous les officiers qu'ils voulurent embaucher eurent assez de bon sens pour ne point se laisser prendre à ce piége.

A la même époque, s'établissait une association qui avait pour titre les *Francs régénérés*. Elle se composait d'ultra-royalistes, avait son siége à Paris et se réunissait rue du Gros-Chenet, à la galerie Lebrun. Ses ramifications s'étendaient dans tous les départements. Quoiqu'on dît de ses membres qu'ils étaient plus royalistes que le roi, ce n'étaient au fond que des ambitieux qui s'étaient engagés à se pousser réciproquement aux emplois publics, sous le prétexte avoué de servir plus efficacement les intérêts du trône et ceux de l'autel. Il faut rendre cette justice au gouvernement de la restauration qu'il se hâta de dissoudre cette société, formée d'ailleurs, en presque totalité, d'hommes absolument incapables.

Une agrégation d'un tout autre genre, connue sous le nom de *charbonnerie*, s'organisa à Paris au commencement de 1821. Elle n'était point une branche du carbonarisme, dont elle avait cependant adopté le titre, les symboles et les pratiques; elle n'en était qu'une imitation. Deux membres de la loge des *amis de la vérité*, MM. Joubert et Dugied, s'étaient rendus en Italie, après l'avortement de la conspiration du 19 août 1820, dans le but d'offrir leurs services au nouveau gouvernement napolitain. Là, ils avaient été reçus carbonari. Lorsque l'ancien gouvernement eut repris les rênes de l'État, ils revinrent à Paris, et proposèrent au conseil d'administration des *amis de la vérité* d'instituer une société politique sur les bases du carbonarisme. Leur projet fut accueilli, et la charbonnerie française prit naissance. Elle eut pour fondateurs MM. Buchez, Bazard, Flotard, Limpérani, Carriol, Joubert et Dugied. Elle commença ses opérations par la rédaction de ses statuts. Dans une déclaration qui les précédait, on lisait en substance que, « la force ne constituant pas le droit, et les Bourbons ayant été ramenés par l'étranger, les charbonniers s'associaient pour rendre à la nation française le droit qu'elle a de choisir le gouvernement qui lui convient. » Suivait le plan de l'organisation de la charbonnerie. Un comité appelé *haute vente* la présidait. De ce comité, dépendaient directement des *ventes centrales*, dans lesquelles deux membres de la haute vente remplissaient les fonctions, l'un, de député, et correspondait avec la haute vente; l'autre, de censeur, et contrôlait les opérations de la vente centrale. Des *ventes particulières*, fractionnement de chaque vente centrale, permettaient de multiplier le nombre des agrégations inférieures, sans attirer l'attention de l'autorité. Chacune de ces subdivisions de la société s'assemblait isolément, et tout au plus un des membres de l'une connaissait l'existence de l'autre. La peine de mort était portée contre tout charbonnier qui eût tenté de s'introduire dans une vente à laquelle il n'appartenait pas. Indépendamment de cette organisation purement civile, il y avait une organisation militaire, avec les subdivisions de légions, de cohortes, de centuries et de manipules. Tout charbonnier était tenu d'avoir en sa possession un fusil et cinquante cartouches, et devait être constamment prêt à obéir aux ordres de ses chefs inconnus. L'histoire de la charbonnerie a été publiée tant de fois et l'on sait assez qu'elle eut pour chef le général Lafayette, qu'elle a participé aux affaires de Colmar, de Semur, de Béfort, de la Rochelle, et à toutes les tentatives d'insurrection qui eurent lieu pendant les dernières années de la restauration, pour qu'il soit inutile de retracer ici les détails de sa coopération à ces événements.

L'exécution des quatre sous-officiers de la Rochelle vint porter un rude coup à la charbonnerie française. D'un autre côté, le nombre des ventes s'était tellement accru que la haute vente en avait laissé échapper les fils et ne pouvait plus leur imprimer une direction. Il était résulté de là que toutes les opinions politiques hostiles à l'ordre de choses existant avaient trouvé accès dans la charbonnerie. Il y avait des ventes républicaines; il y en avait de bonapartistes et d'orléanistes. Cette anarchie amena graduellement la dissolution de la société. Seulement, lorsque parurent les ordonnances de juillet 1830, les débris de la charbonnerie se rencontrèrent les armes à la main partout où il y avait à combattre, et contribuèrent puissamment au succès et à l'affermissement de la révolution.

La fermentation qui suivit la victoire produisit l'établissement de la société des *amis du peuple*. Plus tard, cette société se fondit dans celle des *droits de l'homme et du citoyen*. L'existence de celle-ci fut d'abord publique; mais les poursuites dont elle devint l'objet ne tardèrent pas à la transformer en société secrète. Une partie de ses membres les plus ardents, qui ne pouvaient se plier à la marche progressive adoptée par le reste des associés, avait déjà subi cette métamorphose, en se constituant sous le titre de *société d'action*. Les *chevaliers de la fidélité*, association secrète composée de légitimistes, tentèrent sans succès, vers cette époque, d'être admis à faire cause commune avec la société républicaine. Cependant celle-ci étendit ses ramifications dans les départements. A Lyon, il en sortit ou il s'y réunit d'autres sociétés secrètes d'ouvriers, telles que les *mutuellistes*, les *ferrandiniers*, les *hommes libres*, etc. Toutes ces associations coopérèrent, à Paris, à Lyon, et dans d'autres villes, à l'insurrection du mois d'avril 1834. De leurs débris, se formèrent, à Paris, la *société des familles*, et postérieurement celle des *saisons*, qui prit part aux événements des 12 et 13 mai 1839. Enfin, dans ces derniers temps, l'invasion des idées saint-simoniennes et fourriéristes, entées sur le républicanisme, donna naissance à d'autres sociétés secrètes qui ont pris les titres de *communistes*, de *travailleurs égalitaires*, etc.

Nous avons dit qu'après l'invasion française de 1808, la franc-maçonnerie s'était reconstituée en Espagne, et qu'un grand-orient avait été établi à Madrid. Bien que cette autorité, qui avait un assez grand nombre d'ateliers sous sa dépendance dans la capitale et dans les provinces, fût composée de personnages marquants qui avaient adhéré au gouvernement de Joseph Napoléon, cependant le but qu'elle se proposait n'avait rien de politique, et elle se bornait à propager l'instruction parmi les classes inférieures du peuple et à faire des actes de pure bienfaisance. La chute de Joseph et le retour de Ferdinand amenèrent, comme on l'a vu, la suspension des travaux de ce corps et des loges qu'il avait instituées. En 1815 et en 1816, les mécontents qu'avait faits le nouveau régime, les hommes à idées libérales, des militaires revenus des prisons de France, et plusieurs chefs des *joséfinos* organisèrent des loges indépendantes et fondèrent à Madrid un grand-orient politique. Ce nouveau corps entoura ses opérations du plus profond secret; il multiplia les ateliers dans les provinces et il se mit en rapport avec les rares loges de France qui s'occupaient de politique. Dans le nombre, celle des *sectateurs de Zoroastre* donna l'initiation à beaucoup d'officiers espagnols résidant à Paris, notamment au capitaine de Quezada, le même qui, plus tard, favorisa l'évasion de Mina, que la police française gardait à vue. La révolution de l'île de Léon fut l'œuvre de la nouvelle maçonnerie espagnole, qui l'avait préparée depuis plusieurs années, sous la direction de Quiroga, de Riégo, et de cinq anciens députés aux cortès.

Après la victoire, il s'éleva des prétentions rivales entre les membres de cette société. Plusieurs s'en séparèrent et formèrent la *confédération des chevaliers communeros,* en mémoire de l'insurrection des communes, au temps de Charles-Quint, sous la conduite de don Juan de Padilla. Les réunions de communeros prenaient le nom de *torres*, ou tours; elles dépendaient, dans chaque province, d'une *grande junte,* présidée par un chevalier qui portait le titre de *gran-castellano,* grand-châtelain. La confédération avait pour but « d'encourager et de conserver, par tous les moyens, la liberté du genre humain; de défendre de toutes ses forces les droits du peuple espagnol contre les abus du pouvoir arbitraire; de secourir les nécessiteux, particulièrement s'ils étaient au nombre des confédérés. » L'Assemblée Suprême avait son siége à Madrid; elle se formait des chevaliers communeros les plus anciens qui résidaient dans cette ville et des procuradores, ou députés, nommés par les torres des provinces. Cette assemblée réglait tout ce qui concernait la confédération et prenait toutes les délibérations capables d'assurer et d'augmenter sa puissance et de la conduire à son but.

Tout candidat devait être proposé par écrit. La proposition indiquait son nom, son âge, le lieu de sa naissance, sa demeure, l'emploi qu'il occupait, la fortune ou le traitement dont il jouissait. Une commission de police recueillait des informations sur le compte du postulant et donnait son avis sur l'admission ou sur le rejet. L'avis étant favorable, le gouverneur de la torre, dont les fonctions répondaient à celles de l'expert dans les loges maçonniques, allait, accompagné du chevalier proposant, chercher l'aspirant pour le présenter à la salle d'armes, c'est-à-dire au lieu d'assemblée. Il l'informait préalablement des obligations auxquelles il devrait se soumettre; et si le récipiendaire acceptait ces conditions, le proposant lui bandait les yeux et l'amenait dans cet état à l'entrée d'une première pièce. Là, il appelait le gouverneur; et la sentinelle avancée ayant crié qui vive! il répondait : « Un citoyen qui s'est présenté aux ouvrages avancés sous drapeau de parlementaire pour être admis dans les rangs de la confédération. — Qu'il vienne, disait la sentinelle, je vais le conduire au corps-de-garde de la place d'armes. » Au même instant, on entendait une voix qui ordonnait de baisser le pont-levis et de lever toutes les herses. Cette opération était simulée en faisant un grand bruit. Introduit dans le corps-de-garde, ou cabinet des réflexions, le récipiendaire y restait seul, après que la sentinelle, le visage couvert d'un masque, lui avait débandé les yeux. Ce corps-de-garde était décoré de trophées militaires, et d'armures, quelques-unes ensanglantées. On lisait sur les murs des inscriptions en l'honneur des vertus civiques. Sur une table, il y avait une feuille de papier où l'on avait tracé les questions suivantes : « Quelles sont les obligations les plus sacrées d'un citoyen ? Quelle peine doit-on infliger à qui y manque ? Quelle récompense mériterait celui qui sacrifierait sa vie pour les remplir ? » Lorsque le récipiendaire avait écrit ses réponses, la sentinelle, qui veillait à la porte, les remettait au gouverneur, lequel les transmettait au châtelain, ou président, qui en donnait lecture à l'assemblée.

Le président ordonnait ensuite au gouverneur de conduire le récipiendaire, les yeux bandés, à la place d'armes. Le conducteur appelait le président. Celui-ci demandait : « Qui est-ce ? Que veut-on ? » et le conducteur répondait : « Je suis le gouverneur de cette forteresse ; j'accompagne un citoyen qui s'est présenté à l'avancée et qui demande à être reçu.» Alors on ouvrait la porte, et l'aspirant était introduit. On l'interrogeait sur le sens précis qu'il attachait à ses réponses. Si cet examen satisfaisait l'assemblée, tous les chevaliers mettaient l'épée à la main ; on débandait les yeux du néophyte, et le président lui disait : « Approchez-vous ; étendez la main sur le bouclier de notre chef Padilla ; et, avec toute l'ardeur patriotique dont vous êtes capable, répétez avec moi le serment que je vais vous dicter. » Par ce serment, le récipiendaire s'engageait à concourir par tous ses moyens au but de la société ; à s'opposer, seul ou avec le secours des confédérés, à ce qu'aucune corporation, aucune personne, sans excepter le roi, abusât de son autorité pour violer les constitutions nationales ; auquel cas il promettait d'en tirer vengeance, et d'agir contre les délinquants les armes à la main. Il jurait en outre que, si quelque chevalier manquait, en tout ou en partie, à ce serment commun, il le tuerait aussitôt qu'il serait déclaré traître par la confédération ; et il se soumettait à subir le même châtiment, s'il venait, lui aussi, à se parjurer. Le président ajoutait : « Vous êtes chevalier communero ; couvrez-vous du bouclier de notre chef Padilla. » Le récipiendaire ayant exécuté cet ordre, tous les chevaliers posaient la pointe de leur épée sur le bouclier ; et le président disait : « Ce bouclier de notre chef

RÉCEPTION AU 33ᵐᵉ DÉGRÉ DU RITE ÉCOSSAIS.

Publié par Pagnerre.

Padilla vous garantira de tous les coups que la malveillance voudrait vous porter ; mais, si vous violez votre serment, ce bouclier et toutes ces épées se retireront de vous, et vous serez mis en pièces, en punition de votre parjure. » Alors le nouveau chevalier quittait le bouclier ; le gouverneur lui chaussait les éperons, lui ceignait l'épée, et le conduisait à chacun des assistants, qui lui donnait la main. Ramené ensuite au président, il recevait de lui les mots et les signes de reconnaissance.

La maçonnerie politique et la société des communeros tendaient également à s'emparer du pouvoir. Plus adroits et plus expérimentés dans les affaires, les maçons obtinrent la majorité dans les élections aux cortès et formèrent le ministère. Cependant, au commencement de 1823, les communeros avaient fini par l'emporter sur leurs rivaux, et le ministère allait passer entre leurs mains, lorsque le Grand-Orient politique soudoya une tourbe de misérables qui forcèrent l'entrée de la résidence royale et contraignirent Ferdinand à conserver les ministres en fonctions. Il y eut à cette occasion un manifeste des communeros qui stigmatisa en termes énergiques ce qu'un tel procédé avait d'odieux. La rivalité des deux partis provoqua des scènes déplorables sur divers points de la Péninsule, notamment à Cadix, à Valence, à Tarragone. Cependant les communeros et les maçons se rapprochaient quelquefois, lorsqu'il s'agissait de s'opposer aux tentatives du parti rétrograde. L'Assemblée Suprême des communeros et le Grand-Orient politique entretenaient des relations suivies avec les corps de leur dépendance établis dans les provinces. Ils en recevaient toutes les informations qui pouvaient intéresser les sociétés dont ils étaient les chefs ; et, à leur tour, ils leur envoyaient le mot d'ordre pour opérer toutes les manifestations qu'ils jugeaient utiles au succès de leur cause. Les projets de loi, les changements de ministres étaient discutés dans le Grand-Orient politique et dans l'Assemblée Suprême des communeros ; on y désignait les candidats qui devaient être portés à la députation : de sorte qu'en dehors du gouvernement légal et ostensible, il existait deux gouvernements occultes qui se préoccupaient moins du bien public que du triomphe de leur intérêt privé.

Au milieu des luttes des deux sociétés, quelques hommes moins ambitieux, peut-être aussi plus politiques, voyant dans quelle anarchie on allait jeter le pays, songèrent à opposer une digue au torrent qui emportait l'Espagne vers sa ruine. Dans ce but, ils instituèrent une nouvelle société, dont les membres prirent le nom d'*anilleros*, à cause d'un anneau qu'il portait pour insigne. Malgré le succès qui, dès son établissement, semblait s'attacher à cette société, elle ne tarda pas à succomber sous les railleries des maçons et des communeros. Ce fut aussi l'époque où cessa de se réunir l'ancien Grand-Orient fondé en 1811, et qui, réorganisé en 1820, avait

49

tenté vainement de reconstituer la franc-maçonnerie sur ses bases véritables.

Dans le même temps, les *carbonari*, vaincus à Naples et dans le reste de l'Italie, s'étaient en grande partie réfugiés en Espagne, et y avaient fondé de nombreuses ventes, principalement dans la Catalogne, sous la direction de l'ex-major napolitain, Horace d'Attelis, et d'un autre réfugié appelé Pacchiarotti. Le carbonarisme fut introduit à Madrid par un réfugié piémontais nommé Pecchio. Au commencement, cette société réunit contre elle les maçons et les communeros; mais, en 1823, comme les élections étaient vivement disputées dans beaucoup de provinces entre les deux sociétés rivales, les maçons sollicitèrent et obtinrent l'appui des carbonari, qui leur donna la victoire. Dans la suite, la nécessité ayant rapproché les communeros et les maçons, les premiers exigèrent la destruction du carbonarisme, à qui ils avaient dû leur défaite; et ce point leur fut concédé. On employa, pour ruiner le carbonarisme le secours d'une quatrième société, formée récemment par des proscrits italiens sous le nom de *société européenne*, et qui avait pour but de révolutionner les différents États de l'Europe. Quelques membres de cette association commencèrent par corrompre avec de l'argent les chefs les plus influents des carbonari; ils mirent ensuite la discorde parmi les autres, et ils firent tant que l'association fut dissoute. Ses débris allèrent grossir les autres sociétés, notamment la société européenne.

Cependant l'alliance contractée entre les maçons et les communeros n'obtint pas l'unanimité des suffrages de la dernière agrégation. Il y eut à cette occasion des discussions fort orageuses; elles amenèrent un schisme et la formation d'une nouvelle branche de la confédération qui prit le titre d'*association des communeros constitutionnels*, et marcha de conserve avec le Grand-Orient politique.

Enfin une dernière société s'organisa en Espagne parmi les Français qui étaient venus s'enrôler sous le drapeau de la liberté espagnole, dans l'espérance de faire une diversion, à la faveur de laquelle ils pourraient, à leur tour, opérer une révolution en France et y établir le régime de la liberté sur les ruines du gouvernement des Bourbons. L'invasion de l'Espagne par les troupes françaises, en 1823, et le rétablissement du gouvernement absolu amenèrent la dissolution de toutes les associations politiques du pays, sauf une société secrète appelée la *junte apostolique*, qui dirigeait et dominait la régence de la Seu d'Urgel, et qui ne cessa d'exister que longtemps après que la contre-révolution eut été consommée.

Il paraît que la maçonnerie avait pris également au Brésil une tendance politique. Voici du moins ce qu'on lit à ce sujet dans un document publié à Rio-Janeiro, au mois de juin 1823, et intitulé: *Défense du citoyen Alve z*

Moniz Barreto, au sujet d'un crime imaginaire pour lequel il fut injuste-
ment condamné par le juge Francisco de Franca Miranda: « Je ne crains pas
d'être considéré comme un criminel pour avoir été franc-maçon. Je ne nie
pas d'avoir été membre d'une société dont l'existence dans la capitale était
de notoriété publique, et non-seulement tolérée, mais approuvée. Ce n'é-
tait pas un secret que cette société comptait parmi ses membres tous les ministres et conseillers-d'État de S. M. I., un seul excepté, et qu'elle était
dirigée par le jugement, le patriotisme et la probité du très excellent seigneur Joseph Boniface de Andrada e Silva, son président. C'est en sa présence que les francs-maçons discutaient toutes les mesures tendantes au
bien-être du Brésil, à son indépendance, et à la proclamation de l'auguste
empereur. Tout fut effectué par les travaux de cette société, constamment
dirigée par son illustre grand-maître, et aux dépens de sa trésorerie générale. C'est elle qui pourvut non-seulement au lustre de la journée glorieuse
du 12 octobre, y compris les cinq arcs de triomphe, et les émissaires envoyés dans toutes les provinces, tant sur la côte que dans l'intérieur, afin de
faire proclamer don Pedro empereur, le même jour dans tout l'empire.
Cette assemblée philantropique avait donné la même mission au général
Labatut, un de ses membres, lorsqu'il fut sur le point de s'embarquer pour
la province de Bahia; elle lui fit présent d'une épée de prix, et il jura sur
cette arme, devant toute l'assemblée des maçons, d'exterminer les Vandales
lusitaniens et d'unir cette province à l'empire. »

L'Angleterre et l'Irlande ont eu également leurs sociétés secrètes politiques. A l'époque de l'expédition du général Humbert, il en fut institué plusieurs en Irlande, dont les plus fameuses étaient celles des *enfants blancs,*
des *cœurs de chêne* et des *chevaliers du point du jour.* Plus tard, s'établit
celle des *Irlandais-unis.* Vers 1833, il en fut découvert une nouvelle qui
s'était formée parmi les catholiques, en haine du protestantisme. Celle-ci
était désignée sous le nom de *société de Saint-Patrick.* Le serment que
prêtaient les affiliés était terrible. « Je jure, disait le récipiendaire, de me
laisser couper la main droite, de laisser clouer cette main à la porte de la
prison d'Armagh, plutôt que de tromper ou de trahir un frère; de persé-
vérer dans la cause que j'ai embrassée; de n'épargner aucun individu depuis le berceau jusqu'aux béquilles, de n'avoir pitié ni des gémissements,
ni des cris de l'enfance, ni de ceux de la vieillesse, mais de me baigner dans
le sang des orangistes. » Les frères se reconnaissaient au moyen d'un dialogue dont voici un extrait : « Dieu vous garde ! — Et vous également —
Voici un beau jour ! — Un meilleur va luire. — La route est mauvaise. —
Elle sera réparée. — Avec quoi? — Avec les os des protestants. — Votre
profession de foi? — L'anéantissement des Philistins. — Quelle est la lon-

gueur de votre bâton?—Il est assez long pour les atteindre.—Quel tronc l'a
produit? — Un tronc français; mais il a fleuri en Amérique, et maintenant
la tige ombrage les fils de la verte Érin.—Qu'y a-t-il entre nous?—Amour,
patrie, vérité. — Comment reposez-vous? — En paix, pour me lever en
guerre. — Courage! — Persévérance! »

Les orangistes, dont il est question dans le serment que nous venons de
rapporter, sont les membres d'une association fondée en Angleterre à la fin
de 1798, sous le titre de *société orangiste*. Le but qu'elle se proposait en
1820 était de soutenir et de défendre le roi Georges IV, la constitution de
l'Angleterre et la succession au trône dans la maison régnante, autant que les
membres en seraient protestants. Elle avait aussi pour objet la perpétuité de la
vraie religion, c'est-à-dire le maintien exclusif de l'anglicanisme. Cette société
qui subsiste toujours et paraît avoir juré la ruine du catholicisme; qui, par
conséquent, est l'ennemie la plus implacable de l'émancipation irlandaise, a
fait de nombreux prosélytes dans toutes les classes, et, de préférence, dans
les rangs inférieurs de l'armée. Elle a étendu ses ramifications jusque dans
les colonies anglaises et particulièrement dans le haut Canada, où elle est
extrêmement répandue, et tient même des assemblées publiques. Le duc de
Cumberland, aujourd'hui roi de Hanôvre, en était le grand-maître en 1832.
Les formes qu'elle a adoptées sont calquées sur celles de la franc-maçonnerie.

Pendant les troubles qui agitèrent le haut et le bas Canada en 1837 et
1838, il se forma parmi les patriotes une société secrète qui prenait le titre de
société des chasseurs. L'organisation en était à peu près la même que celle
du carbonarisme français. Il y avait quatre rangs hiérarchiques donnant lieu
chacun à une initiation séparée. Le degré le plus élevé était celui d'*aigle*; il
répondait au grade de colonel. Le degré immédiatement inférieur était celui
de *castor*, qui équivalait au grade de capitaine. Chaque castor avait sous ses
ordres six *raquettes*, sorte de sergents qui commandaient à neuf *chasseurs*,
ou initiés du premier degré. Les lieux de réunions se nommaient *loges*, et
les loges ne pouvaient être composées de moins de neuf membres, sous la
présidence d'une raquette. La société avait pour but de soustraire les Canada
à la domination anglaise. Elle se propagea dans les provinces supérieure et
inférieure et dans les États septentrionaux de l'Union-Américaine, tels que
le Michigan, le New-York, le Vermont, le New-Hampshire et le Maine. Elle
eut même des affiliés en France, dans le parti républicain.

Des faits que nous avons relatés dans ce livre, nous ne tirons que cette
simple conclusion, qui, d'ailleurs, en ressort avec la plus complète évidence :
il a existé des sociétés secrètes à toutes les époques et dans tous les pays; et
ces sociétés, quelque fussent leurs dénominations et leurs objets divers, dérivaient d'une source unique, les mystères égyptiens.

APPENDICE.

NOMENCLATURE des sociétés secrètes maçonniques, politiques, religieuses ou de pur agrément dont il n'a pu être question dans l'histoire qui précède, à raison du rôle peu important qu'elles ont joué.

AIMABLE COMMERCE (chevalerie sociale de l'). Société de plaisir établie à Verdun-sur-Meuse, en 1724.

AMAZONES (ordre des). Maçonnerie androgyne, qu'on essaya d'instituer dans l'Amérique septentrionale, vers le milieu du siècle passé.

AMICISTES (les). Corporation d'écoliers qui s'était formée, à Paris, au collége de Clermont.

ANCIENS (académie des) ou des SECRETS. Association fondée à Varsovie par le colonel Toux de Salverte, sur les principes d'une autre société établie à Rome, sous le même nom, au commencement du xvie siècle, par Jean-Baptiste Porta. Elle s'occupait de sciences occultes. Elle s'est dissoute pendant les troubles de la Pologne.

ANONYME (société). L'association qu'on appelait ainsi en Allemagne se livrait à l'étude des sciences occultes. Elle prétendait que son grand-maître, qu'elle nommait Tajo, résidait en Espagne.

APOCALYPSE (ordre de l'). Institué à la fin du xviie siècle. Gabrino, qui en était le fondateur, prenait le titre de prince du nombre septenaire, ou de monarque de la sainte-trinité. Dans ces derniers temps, des loges de départements en ont fait un rite maçonnique.

BOISSON (ordre de la). Établi en 1705, dans le bas Languedoc, par M. de Posquières, qui en fut nommé grand-maître, sous le nom de frère réjouissant. C'était une société de plaisir. Elle publiait chaque année des recueils de vers et de prose.

BOUCHON (ordre du). Société du même genre, instituée en Allemagne dans le siècle passé et qui eut aussi des établissements en France. Ses statuts et ses secrets ont été imprimés en français dans le format in-8°, sans date.

CAJOTE (chevaliers de la). Les statuts de cette société de pur agrément ont été publiés in-8° en 1685.

CAPRIPÈDE RATIER ET LUCIFUGE (ordre). Société joyeuse et gastronomique qui existait en France avant la révolution.

COCUS RÉFORMÉS (ordre de chevalerie des). Les statuts de cette chevalerie burlesque, qui datent du commencement de ce siècle, ont été imprimés sans date à Paris, dans le format in-8°.

COLOMBE (chevaliers et chevalières de la). Maçonnerie androgyne instituée à Versailles en 1784.

COTEAUX (ordre des). Cité par de l'Aulnaye.

COURONNE (princesses de la). Maçonnerie androgyne fondée en Saxe en 1770.

CULOTTE (ordre de la). Les statuts de cette société de plaisir ont été rédigés en 1724 par le frère Béquillard.

DIAMANT (ordre du). On a les statuts de cette société, imprimés sans date in-4°, sous ce titre : *Le triomphe de la constance dans l'ordre héroïque des illustres seigneurs, les chevaliers invulnérables, ou du diamant.*

DIVE BOUTEILLE (ordre de la). Institué au xvie siècle d'après le roman de Rabelais.

ÉVEILLÉS (ordre des). Société qu'on suppose être une branche des illuminés de Weishaupt. Elle existait en Italie au commencement de ce siècle.

EXÉGÉTIQUE ET PHILANTROPIQUE (société). Fondée à Stockholm en 1787, pour l'enseignement secret des doctrines de Svedenborg et de Mesmer.

FEUILLANTS (ordre des chevaliers) ET DES DAMES PHILÉIDES. Société de plaisir instituée en Bretagne dans le dernier siècle.

GRAPPE (chevaliers de la). Société de table qui existait à Arles, en Provence, en 1697.

INVISIBLES (les). Société secrète italienne. Un auteur allemand du siècle passé dit que les réceptions s'en faisaient la nuit sous une voûte souterraine et qu'on y prêchait l'athéisme et le suicide.

ITRATIQUE (ordre). Institué dans le xviiie siècle. Les adeptes cherchaient la médecine universelle.

JOACHIM (ordre de). Fondé en Allemagne vers 1760. Les récipiendaires juraient de croire à la sainte-trinité et de ne jamais valser. On n'admettait que des nobles qu'ils pouvaient faire recevoir leurs femmes et leurs enfants.

JOIE (ordre des chevaliers de la), sous la protection de Bacchus et de l'Amour. Les statuts de cette société ont été imprimés en 1696, in-8°.

LANTURELUS (ordre des). Institué, en 1771, par le marquis de Croismare.

LIBERTÉ (ordre de la). Société secrète androgyne fondée à Paris en 1740.

MAGICIENS (ordre des). Institué à Florence dans le cours du siècle passé. C'était une scission des frères de la rose-croix. Les initiés portaient le costume des inquisiteurs.

MANICHÉENS (les frères). Société établie en Italie vers la même époque. La doctrine de Manès y étaient enseignée et divisée en plusieurs grades.

MÉDUSE (ordre de la). Existait à Marseille et à Toulon à la fin du xviie siècle. Les statuts ont été imprimés sous ce titre : *Les agréables divertissements de la table, ou règlements de la société des frères de la Méduse.* Marseille, sans date, in-12.

MEMPHIS (rite de). Nouvelle maçonnerie instituée à Paris en 1839, par MM. J.-E. Marconis et E.-N. Mouttet. Elle se composait de quatre-vingt-onze grades et paraissait être une modification du rite de Misraïm. Elle avait des établissements à Paris, à Marseille et à Bruxelles. Rien de tout cela n'existe plus aujourd'hui.

NICOCIATES (les), ou les PRISEURS. Maçonnerie en plusieurs grades et des plus compliquées, où est enseignée la doctrine de Pythagore.

NOÉ (ordre de). Société bachique citée par de l'Aulnaye.

PALLADIUM (société du). Institution fondée à Douai, et dont on attribue à Fénelon les statuts et les rites.

PANTHÉISTES (les) ou LOGE SOCRATIQUE. Société établie en Allemagne d'après les principes du *Panthéisticon*, que John Toland enseignait en Angleterre, vers 1720.

PARFAITS INITIÉS DE L'ÉGYPTE (rite des). Ce régime se composait de sept grades. Il avait son siége à Lyon.

PELOTE (ordre de la). Cité par de l'Aulnaye.

PÉNÉLOPE (ordre des compagnons de). Cité par le même.

PHI-BÊTA-KAPPA. Société américaine qui paraît être une dérivation de l'ordre des illuminés de Bavière.

POMME VERTE (ordre de la). Maçonnerie androgyne fondée en Allemagne en 1780, et qui parut en France peu de temps après.

PURE VÉRITÉ (chevaliers de la). Petite société secrète qui s'était introduite parmi les écoliers du collége des jésuites de Tulle.

PYTHAGORICIENS (société des). Établie en Allemagne d'après la doctrine de Pythagore et divisée en plusieurs grades.

RAMEURS (chevaliers). Société androgyne fondée à Rouen en 1738.

RAPE (ordre de la).

RIBALDERIE (ordre de la). Ces deux sociétés de plaisir furent instituées à Paris, en 1612.

SOPHISIEN (rite). Fondé en 1801 dans la loge des *frères artistes*, à Paris, par M. Cuvelier de Trie. Cette maçonnerie avait la prétention de dériver directement des anciens mystères de l'Égypte.

TANCARDINS (ordre des). Société de plaisir qui existait dans le midi de la France à la fin du xviie siècle.

VAISSEAU (ordre du). Maçonnerie androgyne établie dans l'Amérique septentrionale, vers le milieu du siècle dernier, à l'imitation de l'ordre des félicitaires.

VERRIÈRES (ordre de), ou ORDRE DU SIFFLET. Cité par de l'Aulnaye.

XÉROPHAGISTES (les). Institution mystérieuse fondée, suivant Thory, en Italie, en 1746, par des francs-maçons qui voulaient se soustraire aux peines prononcées par la bulle de Clément XII. Les affiliés s'engageaient à s'abstenir de vin et à ne se nourrir que de pain et de fruits secs.

TABLE DES MATIÈRES.

———

FIN DE LA TABLE.

INDEX DU PLACEMENT DES GRAVURES.

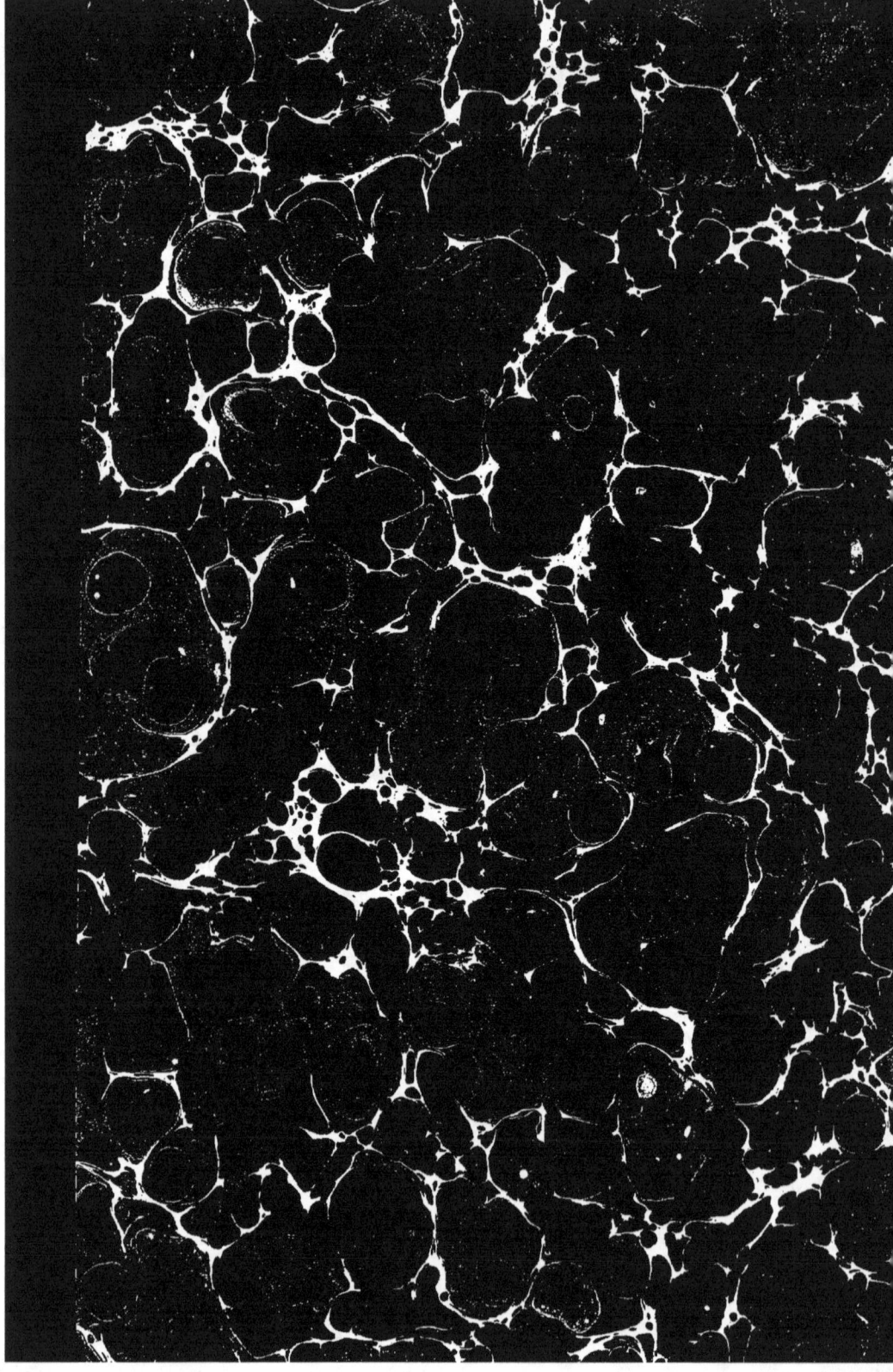

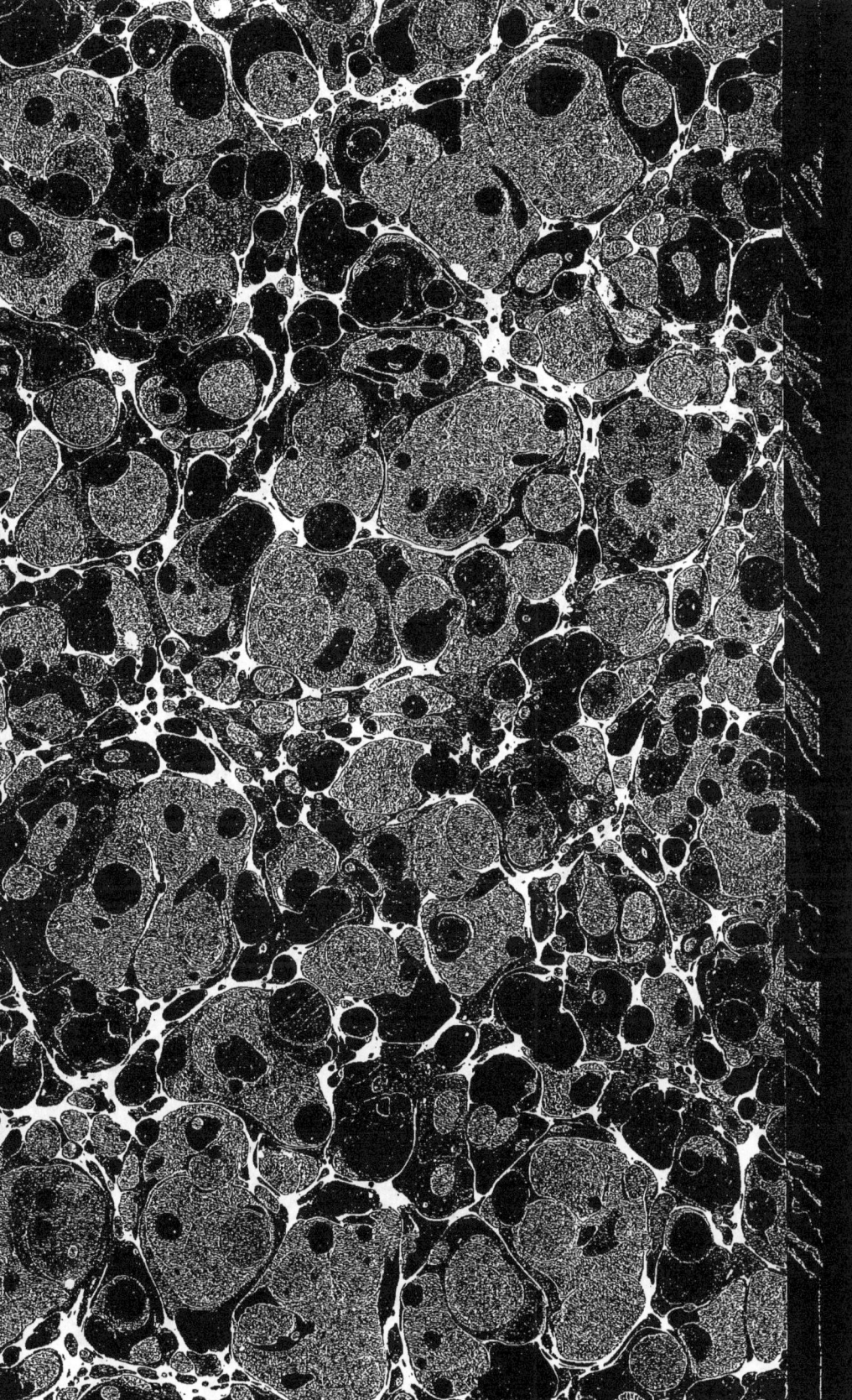

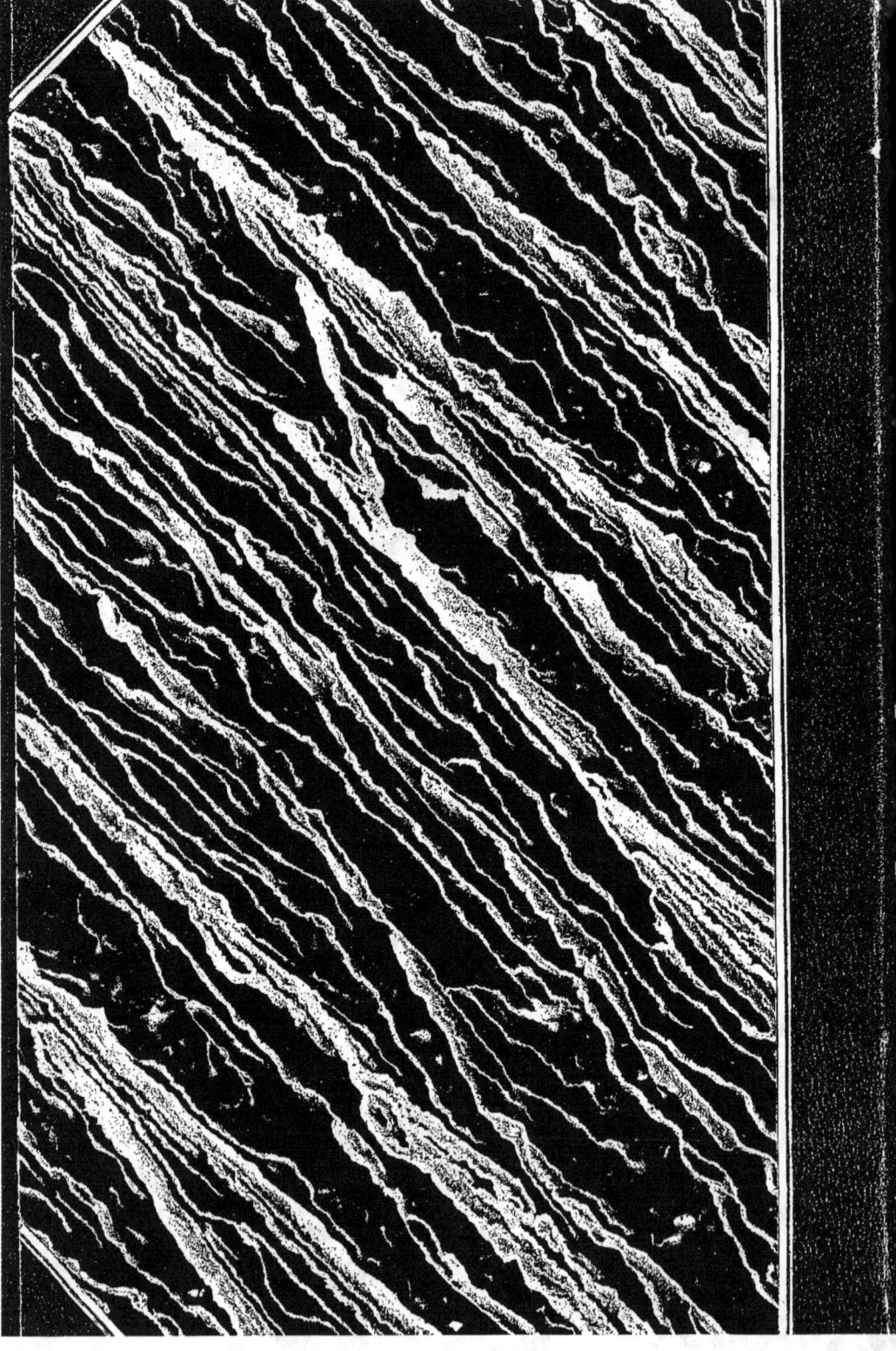